Geschichte und Geschehen

1. Auflage 1 5 4 3 2 1 | 29 28 27 26 25

Alle Drucke dieser Auflage sind unverändert und können im Unterricht nebeneinander verwendet werden.
Die letzte Zahl bezeichnet das Jahr des Druckes.

Konzeptionelle Beratung: Prof. Dr. Michael Sauer
Autorinnen und Autoren: Arne Borstelmann: S. 42–49; Christine Dzubiel: S. 20–29, 40–41; Prof. Dr. Michael Epkenhans: S. 228–229, 244–253; Dr. Ursula Fries: S. 66–67, 80–85, 98–105, 128–129; Dr. Benedikt Giesing: S. 50–53, 64–65; Dr. Charlotte Husemann: S. 38–39, 150–151, 240–241; Sönke Jaek: S. 20–21, 30–37, 40–41; Georg Langen: S. 54–61, 64–65, 68–75, 176–177, 206–209, 214–227; Dr. Katharina Litten: S. 14–15, 18–19, 158–167, 172–173; Dr. Christian Mehr: S. 62/63, 76–79, 182–183, 230–239; Jörg-Peter Müller: S. 190–205, 212–213; Anja Neubert: S. 118–119, 242–243; Dr. Heinz Niggemann: S. 66–67, 86–97, 128–129; Prof. Dr. Michael Sauer: S. 16–17, 152–153, 210–211; Dr. Helge Schröder: S. 106–117, 120–129; Dr. Lena Sebening: S. 174–175, 178–181, 184–189; Martin Thunich: S. 130–149, 154–157, 168–171
Mediendidaktische Beratung: Anja Neubert
Mit Beiträgen von: Sara Kröper, Prof. Dr. Josef Memminger, Dr. Matti Münch

Entstanden in Zusammenarbeit mit dem Projektteam des Verlages.
Externe Redaktion: Martin Fruhstorfer, Leipzig; Wiebke Schön, Lüneburg

Gestaltung: Normaldesign GbR, Jens-Peter Becker, Schwäbisch Gmünd
Umschlaggestaltung: Normaldesign GbR, Jens-Peter Becker, Schwäbisch Gmünd
Titelbild: Getty Images Plus, München (iStock / Niklas Roskos Photography)
Satz: Fotosatz Buck, Kumhausen
Reproduktion: Meyle & Müller GmbH & Co. KG, Pforzheim
Druck: PASSAVIA Druckservice GmbH & Co. KG, Passau

Printed in Germany
ISBN 978-3-12-443645-0

9 783124 436450

Epoche der Neuzeit (ca. 1500 bis heute)

1500 — 1650

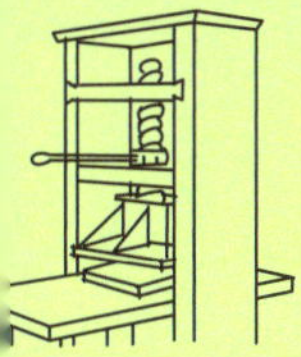

1450
des Buchdrucks
eglichen Lettern

1492
Christoph Kolumbus landet in Amerika.

1517
Beginn der Reformation durch Martin Luther

seit 1525
Verschleppung von Afrikanerinnen und Afrikanern nach Amerika

ab etwa 1550
Europäische Mächte gründen weltweit Kolonien.

1648
Mit dem Westfälischen Frieden endet der Dreißigjährige Krieg.

1661
Ludwig XIV. errichtet in Frankreich eine absolutistische Herrschaft.

1689
„Glorious Revolution“ in England

Frühe Neuzeit

1875 — 1900

ab 1880
„Wettlauf“ der Industriestaaten um Kolonien: Zeitalter des Imperialismus

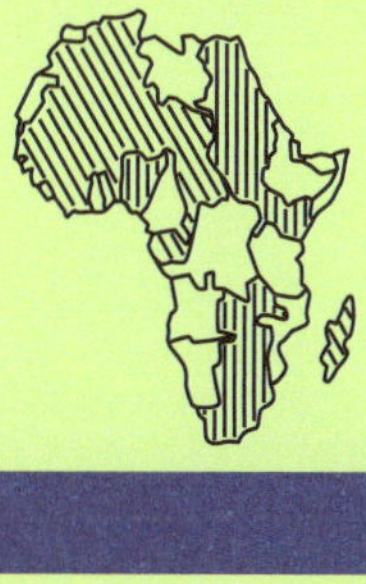

ab 1883
Sozialgesetzgebung in Deutschland

So löst du die Aufgaben in diesem Buch

Arbeiten mit Operatoren

Anforderungsbereich I

Du arbeitest Informationen aus Quellen und Darstellungen heraus und gibst sie schriftlich oder mündlich wieder.

Das steht in der Aufgabe	Das gehört in den Text	Formulierungshilfen
Beschreibe	Gib die wichtigsten Informationen, Eigenschaften oder Merkmale einer Quelle (z. B. eines Textes, eines Bildes oder eines Gegenstandes) genau und gut nachvollziehbar wieder.	**So kannst du …** **… etwas benennen:** Mit … bezeichnet man … … heißt … … nennt man/wird genannt … **… etwas aufzählen:** Erstens …, zweitens …, drittens … Zuerst …, dann …, danach … **… Informationen wiedergeben:** Das Thema/Die Kernaussage ist … Der Autor berichtet/schreibt, dass … Die wichtigsten Aspekte/Informationen sind … Die Quelle/Darstellung zeigt, dass … **… eine Bildquelle beschreiben:** Auf dem Bild sieht/erkennt man … Im Vordergrund/Hintergrund befindet sich … Dahinter/Davor/Daneben sieht man …
Fasse zusammen/ Gib wieder	Formuliere das Wichtigste eines Textes oder historischen Sachverhalts in verkürzter Form, ohne es zu kommentieren.	
Nenne/ Zähle auf	Entnimm Quellen und Darstellungen einzelne Informationen und Begriffe und gib sie nacheinander wieder.	
Schildere/ Skizziere	Gib die wichtigsten Informationen über eine historische Situation oder ein Ereignis kurz und präzise wieder.	

Anforderungsbereich II:

Du bearbeitest Quellen und Darstellungen unter besonderen Fragestellungen. Informationen, die du über historische Sachverhalte herausfinden konntest, verknüpfst du und stellst Zusammenhänge her. Du arbeitest so Gründe und Ursachen heraus.

Das steht in der Aufgabe	Das gehört in den Text	Formulierungshilfen
Analysiere/ Untersuche	Bearbeite Quellen und Darstellungen unter einer besonderen Fragestellung. Nimm die enthaltenen Merkmale und Inhalte genau unter die Lupe. Beantworte anhand deiner Ergebnisse die Frage. Schreibe die Informationen strukturiert und nachvollziehbar auf.	**So kannst du …** **… Zusammenhänge herstellen und verdeutlichen:** … da/weil/aufgrund/aus diesem Grund … Infolgedessen/Infolge von … Deshalb/Dadurch/Deswegen … Dies kann man erklären mit … **… Gründe und Argumente gliedern:** Erstens …, zweitens …, drittens … Außerdem/Darüber hinaus/Des Weiteren … An … Stelle
Arbeite heraus	Finde aus Quellen und Darstellungen wichtige Informationen heraus und stelle Zusammenhänge zwischen ihnen her.	

1000

1250

962
Der deutsche König Otto I. wird zum römischen Kaiser gekrönt.

1096–1099
erster Kreuzzug nach Palästina und Eroberung Jerusalems

1358
Die Hanse ist als Kaufmannsbund belegt.

Erfindung
mit bew

Hochmittelalter

Spätmittelalter

1825

1850

1814/1815
Wiener Kongress: Konferenz zur Neuordnung Europas

um 1840
Beginn der Industrialisierung in Deutschland

1848/49
Revolution in Deutschland: Wahl der ersten deutschen Nationalversammlung

1871
Gründung des Deutschen Reiches, Gleichberechtigung der Juden in Deutschland

Begründe/ Weise nach	Stütze eigene oder fremde Aussagen durch Argumente, z.B. mithilfe von Quellenbelegen oder historischen Beispielen.
Charakterisiere	Führe die wichtigsten Merkmale auf, die eine historische Situation, eine Handlung oder ein Ereignis besonders kennzeichnen.
Erkläre	Gib Gründe oder Ursachen an, die zu einem historischen Ereignis geführt haben, oder stelle die Folgen eines historischen Sachverhaltes dar. Beantworte so eine Warum-Frage.
Erläutere	Erkläre eine historische Situation, eine Handlung oder ein Ereignis ausführlich und gib zusätzliche Informationen und Beispiele an.
Ordne ein/ Ordne zu	Bringe Informationen in einen Zusammenhang. Ordne dazu Aussagen möglichen Überschriften oder Oberbegriffen zu und ordne Ereignisse in einen historischen Zusammenhang ein.
Stelle gegenüber	Arbeite verschiedene Informationen, Aussagen und Perspektiven zu historischen Sachverhalten heraus. Mache dann Unterschiede deutlich, ohne sie zu bewerten.
Widerlege	Belege mit passenden Informationen und Argumenten, dass eine Aussage nicht (!) zutrifft.

... Gründe und Argumente abwägen:
Besonders wichtig/überzeugend ist, dass ...
Vor allem ...
Schwerer wiegt, dass ...
In erster Linie ...

... Gründe und Argumente einschränken:
Aber/Allerdings/Jedoch/Trotzdem/Zwar/Trotz allem ...
Einschränkend muss man sagen, dass ...

... Aussagen/Argumente belegen:
In der Quelle schreibt dazu die Autorin/der Autor ... (Z. 10)
Diese Aussage wird gestützt durch die Tatsache, dass ...
Die Quelle zeigt, dass ...
Beispielsweise/Zum Beispiel ...

(weiter siehe Ausklappseite am Buchende)

Aufgaben zur Perspektivenübernahme

Du versetzt dich in eine vergangene Zeit und in eine bestimmte Person hinein und äußerst dich in dieser Rolle. Du musst bedenken, wie Menschen damals gedacht, gehandelt und geredet haben könnten.

Das steht in der Aufgabe	Das gehört in den Text
Schreibe einen Tagebucheintrag	Im Tagebuch schreibst du deine ganz persönlichen Eindrücke, Gedanken und Gefühle auf.
Schreibe einen Brief	Du berichtest einem anderen Menschen über Dinge, die du erfahren oder erlebt hast, und schilderst deine Eindrücke, Meinungen oder Gefühle.
Verfasse einen Zeitungsartikel	Deine Leser sollen über aktuelle Vorkommnisse informiert werden, du willst aber auch deine Meinung dazu formulieren. Verbindest du beides miteinander, schreibst du einen Leitartikel; stellst du deine Meinung in den Vordergrund, einen Kommentar. Zu einem Zeitungsartikel gehören auch eine Überschrift, eine Unterüberschrift und ein Vorspanntext. Sie sollen die Leser neugierig machen und die Richtung des Artikels anzeigen.
Verfasse eine politische Rede	Mit einer Rede möchtest du viele Leute von deiner Meinung überzeugen. Du musst deshalb gute Argumente finden, diese kurz auf den Punkt bringen und wirkungsvoll begründen.

Geschichte und Geschehen

Autorinnen und Autoren:
Arne Borstelmann
Christine Dzubiel
Prof. Dr. Michael Epkenhans
Dr. Ursula Fries
Dr. Benedikt Giesing
Dr. Charlotte Husemann
Sönke Jaek
Georg Langen
Dr. Katharina Litten
Dr. Christian Mehr
Jörg-Peter Müller
Anja Neubert
Dr. Heinz Niggemann
Prof. Dr. Michael Sauer
Dr. Helge Schröder
Dr. Lena Sebening
Martin Thunich

Ernst Klett Verlag
Stuttgart · Leipzig · Dortmund

Inhaltsverzeichnis

So löst du die Aufgaben in diesem Buch — Ausklappseiten
Medien zum Schulbuch — 8
So arbeitest du mit Geschichte und Geschehen — 12

Alles hat Geschichte – auch du! — 14
Wie finden wir etwas über die Vergangenheit heraus? — 16
Arbeite wie die Profis — 18

Epochenüberblick um 500 bis 1500

1 Herrschaft und Leben im Mittelalter — 20 MK SP

Das Mittelalter – Ordnung und Wandel — 22
Das Reich des Mittelalters — 24
Kompetenztraining: Mit Bildquellen arbeiten — 28
Wer schützt, wer betet, wer arbeitet? — 30
Zum Herrschen geboren? – Der Adel — 32
Bete und arbeite! – Die Geistlichen — 34
Immer nur arbeiten? – Die Bauern — 36
Kompetenztraining: Operatorentraining: Analysieren — 38
Wiederholen und Anwenden — 40

Epochenüberblick 1500 bis 1750

2 Die Frühe Neuzeit — 42 MK SP

Neue Zeiten – neues Denken – neuer Glaube — 44
Neue Weltbilder — 46
Erfindungen verändern das Leben — 48
Die Reformation – eine fortschrittliche Bewegung? — 50
Europa im Dreißigjährigen Krieg — 54
Macht und Pracht im Absolutismus – das Vorbild Ludwig XIV. — 56
Kompetenztraining: Mit Herrscherbildern arbeiten — 60
England: Die Macht des Königs wird beschränkt — 62
Wiederholen und Anwenden — 64

3

Epochenüberblick und -vertiefung* 1750 bis 1900

Zeitalter der Revolutionen 66 MK SP

Wer soll herrschen? 68
Im Zeichen der Vernunft: die Ideen der Aufklärung 72
Friedrich II. – ein aufgeklärter Herrscher? 74
Die Gründung der USA* 76
Frankreich in der Krise 80
Kompetenztraining: Mit Karikaturen arbeiten 84
„Freiheit, Gleichheit, Brüderlichkeit!" – Das alte Regime wird gestürzt 86
Geschichte begegnen: Menschenrechte heute – selbstverständlich oder immer noch missachtet? 88
Die Revolution radikalisiert sich 90
Kompetenztraining: Mit Verfassungsschaubildern arbeiten 96
Napoleon beendet die Revolution 98
Wird Europa französisch? 100
Kompetenztraining: Mit Geschichtskarten arbeiten 104
Wiener Kongress: Neuordnung Europas?* 106
Bürger fordern Einheit und Freiheit* 108
Revolution in Deutschland: Kommt es zum Umsturz?* 112
Das erste deutsche Parlament* 114
Kompetenztraining: Gemeinsam digital diskutieren 118
Das Ende der Revolution von 1848/1849* 120
Reichsgründung „von oben" – endlich Einheit und Freiheit? 124
Wiederholen und Anwenden 128

4

Epochenüberblick und -vertiefung* 1750 bis 1900

Industrialisierung und soziale Frage 130 MK SP

Kompetenztraining: An Stationen lernen 132
Warum beginnt die Industrialisierung in England? 134
Verspäteter Aufbruch in Deutschland 138
Kompetenztraining: Mit Statistiken arbeiten 142
Geschichte begegnen: Berlins Weg zur Industriemetropole 144
Die Industrialisierung verändert den Alltag* 146
Kompetenztraining: Operatorentraining: Erläutern 150
Frauen auf dem Weg zur Emanzipation 152
Die soziale Frage 154
Wiederholen und Anwenden 156

5

Längsschnitt 1000 bis heute

Armut und Reichtum 158 MK SP

Armenfürsorge im Mittelalter – wie kommt ein Reicher in den Himmel? 160
Frühe Neuzeit: Echte und unechte Arme 164
Wachsender Reichtum 166
Arbeiter kämpfen für ihre Rechte 168
Staat, Kirche und Fabrikanten reagieren 170
Wiederholen und Anwenden 172

6

Längsschnitt um 1200 bis heute

Migration und Bevölkerung 174 MK SP

Die mittelalterliche Ostsiedlung in Brandenburg 176
Hugenotten – neue Heimat in Brandenburg 178
Verschleppt und versklavt 180
Vernichtung der Indigenen in Nordamerika 182
Aus Deutschland nach Amerika 184
Arbeitsmigration in Deutschland 186
Wiederholen und Anwenden 188

7

Längsschnitt (Wahlmodul) 1250 v. Chr. bis 1900

Juden, Christen und Muslime begegnen sich 190 MK SP

Die Entstehung des Judentums 192
Das Christentum und seine jüdischen Wurzeln 194
Der Islam – ein neuer Glaube verbreitet sich 196
Die Kreuzzüge – Kriege im Namen Gottes? 200
Europa und das Osmanische Reich 204
Jüdisches Leben im Mittelalter 206
Jüdisches Leben im 19. Jahrhundert 210
Wiederholen und Anwenden 212

8

Längsschnitt (Wahlmodul) um 1000 bis 1900

Stadtentwicklung im Laufe der Jahrhunderte **214** MK SP

Leben im Schutz einer Mauer 216
Berlin – Stadt der steten Veränderung 218
Hinter Fassaden und vor Kulissen – das vielseitige Potsdam 222
Wiederholen und Anwenden 226

9

Längsschnitt (Wahlmodul) um 1500 bis 1914

Europäische Expansion und Kolonialismus **228** MK SP

Europäer suchen einen Seeweg nach Indien 230
Für Gott, Gold und Gewürze – die Eroberung Mittel- und Südamerikas 234
Europäer errichten weltweit Kolonien 238
Kompetenztraining: Operatorentraining: Erklären 240
Geschichte begegnen: Umstrittene Erinnerung: Nichts zu feiern am Columbus Day? 242
Die Unterwerfung Welt 244
Afrika – Land, das niemandem gehört? 246
Deutsche Außenpolitik im Zeitalter des Imperialismus 248
Wiederholen und Anwenden 252

Auf einen Blick **254**

Denkanstöße 254
Wichtige Bildgattungen in Band 7/8 268
Glossar Kompetenztraining 272
Begriffsglossar 284
Register 292
Quellenverzeichnis 295

Medien zum Schulbuch

D01	Arbeitsblatt: Eine digitale Zeitleiste erstellen	15
D02	Arbeitsblatt: Eine digitale Zeitleiste erstellen	18

1 Epochenüberblick: Herrschaft und Leben im Mittelalter

D03	Arbeitsblatt: Die Phasen des Mittelalters	22
W01	Website: Virtuelle Erkundung der Dorfkirche Alt-Marzahn	22
D04	Musterlösung: Mit Bildquellen arbeiten	28
V01	Erklärvideo: Mit Bildquellen arbeiten	29
I01	Multimedial arbeiten: Ein Bild digital beschriften	29
I02	Animation: Die Marksburg	33
V02	Video: Klostermodell in Minecraft	35
V03	Video: Kapitelsteckbrief: Herrschaft und Leben im Mittelalter	40

2 Epochenüberblick: Die Frühe Neuzeit

W02	Website: Virtuelles Museum Uffizien	44
A01	Audio: Hörspiel: Bei Meister Konrad in der Lehre	50
W03	Website: Luther-Spiel	50
W04	Website: Rundgang durch den Spiegelsaal	56
A02	Audio: Hörspiel: Auf Klassenfahrt in Versailles	56
D05	Musterlösung: Mit Herrscherbildern arbeiten	60
I03	Multimedial arbeiten: Ein Bild digital beschriften	61
W05	Website: Das englische Parlament	62
V04	Video: Kapitelsteckbrief: Die Frühe Neuzeit – Aufbruch in eine neue Zeit	64
V05	Video: Kapitelsteckbrief: Die Frühe Neuzeit – Reformation und Glaubenskonflikte in Europa	64

3 Epochenüberblick und -vertiefung: Zeitalter der Revolutionen

D06	Arbeitsblatt: Ein digitales Schaubild entwerfen	78
D07	Arbeitsblatt: Vergleich: Verfassertext – Geschichtserzählung	80
D08	Musterlösung: Mit Karikaturen arbeiten	84
V06	Erklärvideo: Mit Karikaturen arbeiten	85
I04	Multimedial arbeiten: Bildsymbole digital beschriften	87
W06	Websites: Grundrechte im Grundgesetz und Menschenrechtserklärung der UNO	88
W07	Websites: Menschenrechte heute	88
D09	Arbeitsblatt: Recherche: Bedeutende Frauen der Französischen Revolution	95
D10	Musterlösung: Mit Verfassungsschaubildern arbeiten	96
W08	Website: Virtuelles Museum Louvre	98
D11	Musterlösung: Mit Geschichtskarten arbeiten	104
V07	Erklärvideo: Mit Geschichtskarten arbeiten	105
W09	Website: KI-Texterkennung	107
D12	Arbeitsblatt: Mit KI Quellentexte entschlüsseln	107
D13	Arbeitsblatt: Sprechblasen in einem digitalen Bild einfügen	108
D14	Arbeitsblatt: Ein digitales Schaubild entwerfen	112
W10	Website: Abgeordnete der Paulskirche	115
W11	Website: Paulskirche virtuell erkunden	115
W12	Website: Bundestag 360°	115
W13	Website: Grundgesetz der Bundesrepublik	116
W14	Website: DHM: Abgeordnete der Nationalversammlung	118
D15	Arbeitsblatt: Gemeinsam arbeiten und diskutieren	118
D16	Arbeitsblatt: Einen Pecha-Kucha-Vortrag halten	122
D17	Arbeitsblatt: Eine digitale Zeitleiste erstellen	125
D18	Arbeitsblatt: Gemeinsam arbeiten und diskutieren	125
V08	Video: Kapitelsteckbrief: Zeitalter der Revolutionen – Die Französische Revolution	128
V09	Video: Kapitelsteckbrief: Zeitalter der Revolutionen – Auf dem Weg zum deutschen Nationalstaat	128
A03	Audio: Hörspiel: Ein großer Tag für die Demokratie?	129

4 Epochenüberblick und -vertiefung: Industrialisierung und soziale Frage

I05	Animation: Dampfmaschine	136
D19	Musterlösung: Mit Statistiken arbeiten	142
W15	Website: Berliner Industriegeschichte	145
W16	Website: Borsig GmbH	145
W17	Website: Virtuelles Kartenforum	146
W18	Website: Digitales deutsches Frauenarchiv	152
V10	Video: Kapitelsteckbrief: Industrialisierung und soziale Frage	156
V11	Erklärvideo: Die Industrialisierung	156

5 Längsschnitt: Armut und Reichtum

D20	Arbeitsblatt: Ergebnissicherung: Längsschnitt „Armut und Reichtum“	163
D21	Arbeitsblatt: Ergebnissicherung: Längsschnitt „Armut und Reichtum“	164
D22	Arbeitsblatt: Gemeinsam Fragen entwickeln	168
V12	Video: Kapitelsteckbrief: Armut und Reichtum	172

6 Längsschnitt: Migration und Bevölkerung

W19	Websites: Kloster Lehnin	176
W20	Website: Datenbank transatlantischer Sklavenhandel	180
W21	Website: Die Spuren deutscher Auswanderung	184
W22	Website: App „Glasfäden: Aus dem Osten in den Osten“	187
V13	Video: Kapitelsteckbrief: Migration und Bevölkerung	188
W23	Website: Eine Stunde History: „Gastarbeitende“ – Das Anwerbeabkommen	189

7 Längsschnitt: Juden, Christen und Muslime begegnen sich

W24	Website: Rundgang durch die Moschee von Córdoba	199
A04	Audio: Hörspiel: In der Kathedrale von Clermont	201
W25	Websites: Jüdische Gemeinden in Berlin und Brandenburg	207
W26	Website: Website Gabriel Riesser als einer von „100 Köpfen der Demokratie"	210
V14	Video: Kapitelsteckbrief: Juden, Christen und Muslime begegnen sich	212

8 Längsschnitt: Stadtentwicklung im Laufe der Jahrhunderte

A05	Audio: Kuno besucht eine Stadt	216
V15	Video: Kapitelsteckbrief: Stadtentwicklung im Laufe der Jahrhunderte	226
A06	Audio: Kuno besucht eine Stadt	226

9 Längsschnitt: Europäische Expansion und Kolonialismus

W27	Websites: Wikipedia zu Christoph Kolumbus	230
I06	Animation: Santa Maria	231
W28	Website: Kolumbus-Tag weltweit	243
W29	Website: Digitale Sammlung: Kolonialismus auf Ansichtskarten	244
W30	Website: Digitale Sammlung: Deutsche Geschichte in Dokumenten und Bildern	249
V16	Video: Kapitelsteckbrief: Europäische Expansion und Kolonialismus	252

So arbeitest du mit Geschichte und Geschehen

Einsteigen

Eine kurze **Einleitung** und eine große **Abbildung** zeigen dir, was dich in jedem Kapitel erwartet.

Eine **Karte** und eine **Zeitleiste** verraten dir Ort und Zeit des Themas.

Mithilfe der **Einstiegsfragen** kannst du dich mit dem Thema vertraut machen.

Erarbeiten

Der **Verfassertext VT** informiert dich über das Thema.

Mit den **Materialien Q** und **D** kannst du die Themen des Kapitels untersuchen.

Schon gewusst?-Kästen geben dir spannende Hintergrundinformationen zum Thema.

Die **Aufgaben** sind durch Zwischenüberschriften gegliedert. Sie helfen dir beim Erschließen der Materialien.

Den Lernprozess im Blick

SP Sprachbildung

Mit **sprachsensiblen Aufgaben** trainierst du das Verfassen eigener Texte und das Anwenden von Fachbegriffen. Seiten zum **Operatorentraining** helfen beim Umgang mit Aufgaben und Texten.

MK Medienkompetenz

Aufgaben zur Medienkompetenz beziehen spannende multimediale Materialien mit ein. **Kompetenztrainingsseiten** unterstützen dich beim Erschließen von Medien.

Individuelle Förderung

Mit **niveaudifferenzierenden Aufgaben** gelangen alle zum gleichen Ziel.

○ Aufgaben mit Denkanstoß
Wenn du Unterstützung zur Lösung einer Aufgabe brauchst, findest du hinten im Buch hilfreiche Tipps.

● Aufgaben zum Weiterdenken
Du willst mehr wissen und suchst eine Herausforderung? Diese etwas kniffligeren Aufgaben sind für dich!

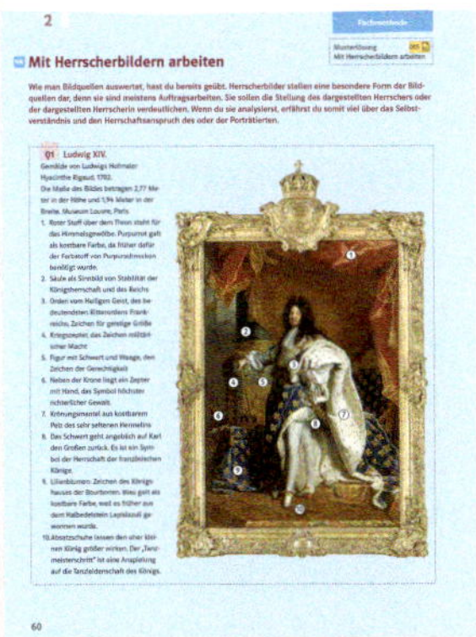

Kompetenzen trainieren

Mit dem **Kompetenz-training** lernst du, wie du dir Materialien und Themen selbstständig erschließen kannst. Seiten zum **Operatoren-training** unterstützen dich beim Umgang mit den Aufgaben.

Geschichte begegnen

Die Seiten **Geschichte begegnen** zeigen dir, wo du im Alltag auf Geschichte treffen kannst.

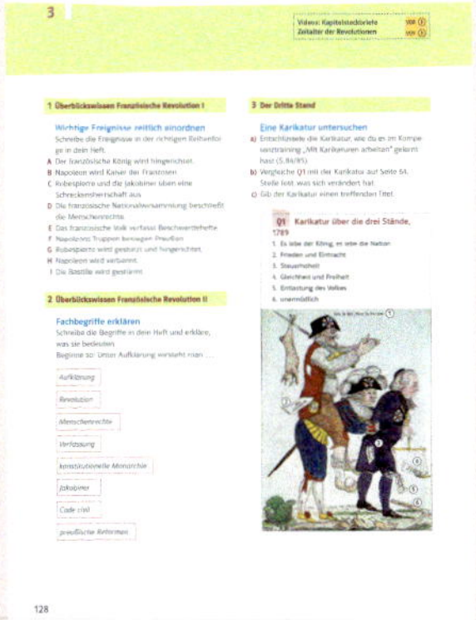

Überprüfen

Wiederholen und Anwenden ermöglicht dir, das Gelernte zu überprüfen.

Ein **Kapitelsteckbrief** V fasst die Inhalte des Kapitels zusammen.

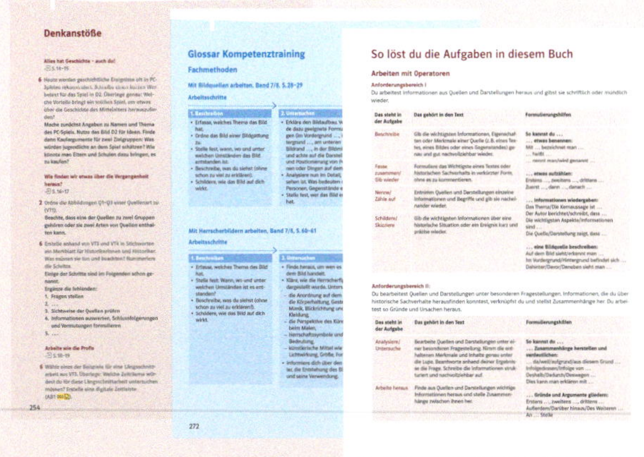

Nachschlagen im Anhang

Dort findest du die **Denkanstöße**, alle **methodischen Arbeitsschritte** und die **Fachbegriffe** zum Nachschlagen. Die **Operatorenliste** kannst du ausklappen.

Erklärung der Symbole

- ○ Aufgaben mit Denkanstößen (ab S. 254)
- ● Aufgaben zum Weiterdenken
- Diese Aufgaben löst ihr gemeinsam. Sie geben euch Schritt für Schritt den Weg vor.
- MK Aufgaben oder Seiten zur Medienkompetenz
- SP Aufgaben oder Seiten zur Sprachbildung
- Geschichtserzählung
- fakultative Inhalte

A01	Audio
V01	Video
I01	interaktive Anwendung
D01	Dokument
W01	Weblink

Die Medien (Audios, Videos, interaktive Übungen und Dokumente) zum Schulbuch sind online und offline verfügbar.

1. QR-Code scannen oder Link in einen Browser eingeben
2. Mit den persönlichen Klett-Zugangsdaten anmelden
3. Digitale Medien online nutzen oder in die **Klett Lernen App** herunterladen

Link
https://qr.klett.de/LC-AxB-uu5

Alles hat Geschichte – auch du!

Deine Geschichte beginnt mit deiner Geburt. Oder beginnt sie schon früher? Was fällt dir ein, wenn du das Wort „Geschichte" hörst?

Q1 Schulzeugnis 1930

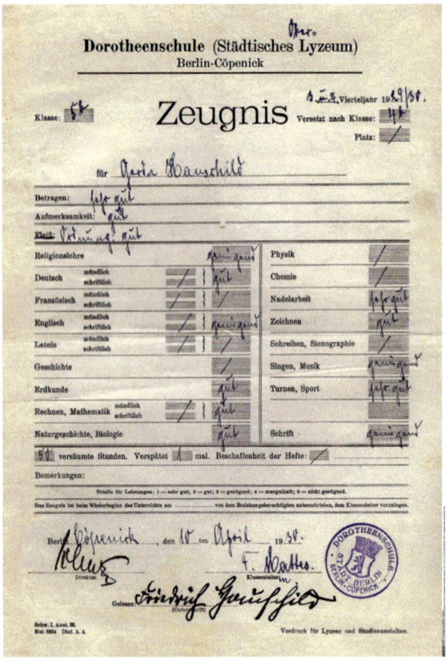

Dorotheenschule (Städtisches Ober-Lyzeum)
Berlin-Cöpenick

Klasse: 5b — **Zeugnis** — 4. Vierteljahr 1929/30. Versetzt nach Klasse: 4b. Platz: /

für Gerda Hauschild

Betragen:	sehr gut		
Aufmerksamkeit:	gut		
Fleiß:	Leistung: gut		
Religionslehre	genügend	Physik	/
Deutsch mündlich / schriftlich	gut	Chemie	/
Französisch mündlich / schriftlich	/	Nadelarbeit	sehr gut
Englisch mündlich / schriftlich	genügend	Zeichnen	gut
Latein mündlich / schriftlich	/	Schreiben, Stenographie	/
Geschichte	/	Singen, Musik	genügend
Erdkunde	gut	Turnen, Sport	sehr gut
Rechnen, Mathematik mündlich / schriftlich	gut		
Naturgeschichte, Biologie	gut	Schrift	genügend

50 versäumte Stunden. Verspätet 1 mal. Beschaffenheit der Hefte: /

Bemerkungen:

Urteile für Leistungen: 1 = sehr gut; 2 = gut; 3 = genügend; 4 = mangelhaft; 5 = nicht genügend.

Das Zeugnis ist beim Wiederbeginn des Unterrichts am .... von dem Erziehungsberechtigten unterschrieben, dem Klassenleiter vorzulegen.

Berlin-Cöpenick, den 10. ten April 1930.

Direktor — Klassenleiterin: F. Mattes

Gelesen: Friedrich Hauschild (Unterschrift)

Dorotheenschule Städt. Berlin Berlin-Cöpenick

Schw. I. Anst. 35. Mat. 2334 Dinf. A. 4. — Vordruck für Lyzeen und Studienanstalten.

Epoche
Epochen sind Zeitabschnitte, die sich durch besondere Merkmale voneinander abgrenzen. Wir geben ihnen Namen.

Quellen
Quellen nennen wir Hinterlassenschaften aus vergangenen Zeiten, die uns über die Vergangenheit informieren.

VT1 Fragen an die Geschichte

Beim Aufräumen auf dem Dachboden findest du ein altes Schulzeugnis (**Q1**). Es gelingt dir, die alte Schrift zu entziffern, und sofort hast du viele Fragen:
Wer war die Schülerin?
Welche Fächer gab es damals?
Welche Note bedeutete „genügend?"
Ein solches Überbleibsel der Vergangenheit kann uns viele Informationen über frühere Zeiten liefern. Noch interessanter sind meist die Fragen, die uns dazu in den Kopf kommen und mit denen wir die Vergangenheit weiter erforschen können.

VT2 Wie messen wir Zeit und Geschichte?

Die Vergangenheit beginnt vor etwa 13,8 Milliarden Jahren mit dem Urknall, als unser Universum entstand. Das, was wir „Geschichte" nennen, beginnt aber erst in der Zeit, in der Menschen erste schriftliche Zeugnisse auf der Erde hinterließen. Alles davor bezeichnen wir als „Ur- und Frühgeschichte". Um die Geschichte übersichtlich beschreiben zu können, orientieren wir uns an der christlichen Zeitrechnung. Sie setzt das angenommene Jahr von Christi Geburt als Orientierungspunkt und rechnet von dort aus vorwärts und rückwärts. Andere Kulturen machen es anders: Die jüdische Zeitrechnung beginnt bei der angenommenen Erschaffung der Welt (entspricht 3761 v.Chr.) und die islamische mit dem Auszug Mohammeds aus seiner Geburtsstadt Mekka (entspricht 622 n.Chr.).
Größere Zeitabschnitte fassen wir vereinfachend unter Überschriften zusammen. Diese nennen wir **Epochen**, zum Beispiel die Epoche des Mittelalters (**D1**).

VT3 Geschichte stellt Vergangenheit dar

Geschichte ist eine Darstellung vergangener Zeiten. Diese Darstellung stützt sich auf Zeugnisse aus der Vergangenheit, die wir heute noch besitzen. Solche Zeugnisse nennen wir **Quellen**. Auf den Seiten 16/17 lernst du sie genauer kennen.
Quellen bieten nur einen Ausschnitt aus der Vergangenheit. Sie unterscheiden sich, abhängig davon, wer sich wann und woran erinnert und was er oder sie zu welchem Zeitpunkt hinterlassen hat und warum. Nur zusammen ergeben glaubwürdige Quellen eine plausible Darstellung der Vergangenheit.
Daher kann man Geschichte nicht einfach lernen. Man muss sie immer wieder neu zusammensetzen und erzählen. Historiker und Historikerinnen übernehmen diese Arbeit professionell. Sie müssen unterschiedliche Quellen kombinieren und Widersprüche aufdecken. Daraus entsteht die Geschichtsschreibung.

D1 Zeitleiste

Die Zeitleiste gibt einen Überblick über die gesamte Zeitspanne, die wir als Geschichte bezeichnen.

	ca. 3000 v. Chr.	ca. 500 n. Chr.	ca. 1500 n. Chr.
Epoche Ur- und Frühgeschichte	Altertum	Mittelalter	Neuzeit
	– Ausbildung der Schrift – Aufstieg der altorientalischen Reiche (z. B. Mesopotamien) und Ägypten	– Zerfall des Römischen Reichs – Völkerwanderung – Aufstieg der Franken, Entstehung des Heiligen Römischen Reichs	– Erfindung des Buchdrucks – osmanische Eroberung Konstantinopels – Kolumbus landet in Amerika – Reformation

D2 Screenshot aus dem PC-Spiel Assassin's Creed

In diesem Teil der Serie wird der Protagonist ins Mittelalter zurückversetzt.

AB1 D01

Arbeitsblatt

Eine digitale Zeitleiste erstellen

Erster Blick

1 Was fällt dir ein, wenn du „Geschichte" hörst? Notiere spontan drei Stichpunkte.

Fragen an die Geschichte

2 Stell dir vor, du hättest das Schulzeugnis Q1 gefunden. Welche weiteren Fragen fallen dir zum Zeugnis und seiner Entstehungszeit ein (VT1)? Arbeitet zu zweit und erstellt eine Liste.

3 Untersucht jetzt Q1 gemeinsam. Hakt die Fragen ab, die ihr anhand des Zeugnisses beantworten könnt. Welche weiteren Informationen benötigt ihr?

Einteilung der Geschichte

4 Betrachte D1 und lies VT2. Gib wieder, was eine Epoche ist. Formuliere in einem Satz und nutze ein Beispiel aus der Zeitleiste zur Erklärung.

5 MK Zeichne eine Zeitleiste deines eigenen Lebens. In welche Abschnitte würdest du sie einteilen? Benenne die unterschiedlichen Epochen deiner Vergangenheit. Du kannst auch digital arbeiten (AB1 D01). ●

Darstellung der Geschichte

6 SP Heute werden geschichtliche Ereignisse oft in PC-Spielen rekonstruiert. Schreibe einen kurzen Werbetext für das Spiel in D2. Überlege genau: Welche Vorteile bringt ein solches Spiel, um etwas über die Geschichte des Mittelalters herauszufinden? ○ → S. 254

7 Befrage deine Eltern und Großeltern (oder Paten, Geschwister) nach dem geschichtlichen Ereignis deiner Geburt. Gibt es Unterschiede oder Widersprüche? Erkläre (VT3).

8 Was fällt dir jetzt ein, wenn du an Geschichte denkst? Schreibe in einem Satz auf, was Geschichte für dich ist. ●

AFB I: 1, 2, 3, 4 AFB II: 5, 6, 7, 8

Wie finden wir etwas über die Vergangenheit heraus?

Woher wissen wir heute eigentlich, was vor 100, vor 1000 oder vor 10 000 Jahren geschehen ist? Und wie schreibt man eigentlich Darstellungen der Geschichte?

Geschichtsdarstellung
Darstellungen beschäftigen sich im Rückblick mit einem historischen Thema. Sie beruhen auf Quellen. Es gibt verschiedene Arten von Geschichtsdarstellungen: Bücher, Filme, Ausstellungen oder Computerspiele. Auch der Verfassertext deines Schulbuches ist eine Darstellung.

Perspektive
Der besondere Blickwinkel, den eine Quelle oder Darstellung auf die Vergangenheit liefert. Die Perspektive kann vom sozialen Stand, von der Nationalität, vom Geschlecht oder vielen anderen Bedingungen abhängen.

VT1 Verschiedene Geschichtsquellen

Die Menschen, die früher gelebt haben, haben vieles hinterlassen, was uns Auskunft über die Vergangenheit geben kann (Q1, Q2). Weil diese Dinge die Quellen unseres Wissens darstellen, werden sie tatsächlich auch Quellen genannt. Es gibt ganz unterschiedliche Arten von Quellen:

- Sachquellen, z. B. Bauwerke, Waffen, Scherben oder Knochen,
- Textquellen, z. B. Gesetze, Verträge, Briefe, Urkunden,
- Bildquellen, von der Höhlenmalerei bis zur Fotografie,
- Tonaufnahmen und Filme.

Aus dem allergrößten Teil der Menschheitsgeschichte existieren nur Sachquellen. Für das Suchen, Ausgraben und Auswerten solcher Quellen gibt es Fachleute, die Archäologinnen und Archäologen. Für die jüngeren Zeiten sind die Textquellen am wichtigsten. Außerdem bringen Internet und Social Media neue digitale Quellen hervor.

VT2 Zeitzeuginnen und Zeitzeugen

Auch das, was uns andere Menschen über die Vergangenheit erzählen, die sie selbst erlebt haben, kann eine historische Quelle sein. Man nennt diese Menschen dann Zeitzeuginnen und Zeitzeugen. Jeder Mensch kann zum Zeitzeugen oder zur Zeitzeugin werden, vor allem für das alltägliche Leben, wie er oder sie selber es erfahren hat (Q3). Zeitzeuginnen und Zeitzeugen können eher zufällig und nebenbei über ihre Vergangenheit erzählen – so ist es meist in der Familie. Sie können aber auch gezielt von Fachleuten zu bestimmten Themen befragt werden. Als die Schrift noch nicht so eine große Rolle spielte, wurden Geschichten über die Vergangenheit von Generation zu Generation weitererzählt.

VT3 Wie Geschichte geschrieben wird

Die meisten Menschen begegnen Geschichte nicht in Quellen, sondern in Darstellungen. **Geschichtsdarstellungen** werden von Historikerinnen und Historikern verfasst. Sie untersuchen dafür verschiedene Quellen zu ihrem Thema und beziehen sie aufeinander. Außer den Quellen werten sie auch aus, was andere Fachleute schon über das Thema geschrieben haben.
Häufig kommt es vor, dass in verschiedenen Quellen ein Ereignis ganz unterschiedlich dargestellt wird. Wenn zum Beispiel zwei Länder gegeneinander Krieg geführt haben, gibt meistens jedes dem anderen die Schuld dafür. Es kommt also immer auf das Interesse und die **Perspektive** der Beteiligten an. Das müssen Historikerinnen oder Historiker überprüfen.
Je weniger Quellen es zu einem Thema gibt, desto mehr sind Historikerinnen und Historiker auf Vermutungen angewiesen. Solche Vermutungen werden durch Wörter wie „vermutlich“, „vielleicht“ oder „wahrscheinlich“ angezeigt.

VT4 Unterschiedliche Urteile

Am Ende ihrer Untersuchung schreiben Historikerinnen und Historiker ihre Sicht der historischen Geschehnisse auf. Dabei sind sie keineswegs immer alle einer Meinung. Auch wenn sie dieselben Quellen nutzen, können sie diese doch unterschiedlich bewerten. Und Historikerurteile verändern sich im Laufe der Zeit, denn Fragen an die Vergangenheit werden immer neu gestellt.

Q1 Griechisches Vorratsgefäß

Um 520 v. Chr.

Q2 Tagebuch

Q3 Zeitzeugeninterview

Schülerinnen befragen Zeitzeuginnen und Zeitzeugen zu ihren Erfahrungen nach dem Zweiten Weltkrieg. Foto, Freiburg, 2014

Erster Blick

1 VT1 listet unterschiedliche Quellenarten auf. Fällt dir eine Quelle ein, die ihr zu Hause habt? Beschreibe sie. Worüber könnte sie Auskunft geben?

Unterschiedliche Quellenarten

2 Ordne die Abbildungen Q1–Q3 einer Quellenart zu (VT1).
○ → S. 254

3 Finde in deinem Buch Abbildungsbeispiele für andere Quellenarten und ordne sie zu.

4 MK Nenne „neue" Quellenarten, mit denen Historikerinnen und Historiker zukünftig arbeiten werden. Erläutere die Herausforderungen, die damit verbunden sind.

Worauf muss man bei der Geschichtsschreibung achten?

5 Erläutere anhand von Q3 und VT2, mit welchen Schwierigkeiten Historikerinnen und Historiker bei den Erzählungen von Zeitzeugen zu tun haben können.

6 SP Erstelle anhand von VT3 und VT4 in Stichworten ein Merkblatt für Historikerinnen und Historiker. Was müssen sie tun und beachten? Nummeriere die Schritte.
○ → S. 254

AFB I: 1 AFB II: 2, 3, 4, 5, 6

Arbeite wie die Profis

Historikerinnen und Historiker rekonstruieren die Vergangenheit, indem sie überliefertes Wissen und Quellen in einen sinnvollen Zusammenhang bringen. In diesem Buch lernst du unterschiedliche Arten kennen, wie man Geschichte untersuchen kann.

D1 Epochenüberblick: Altes Rom

Mindmap

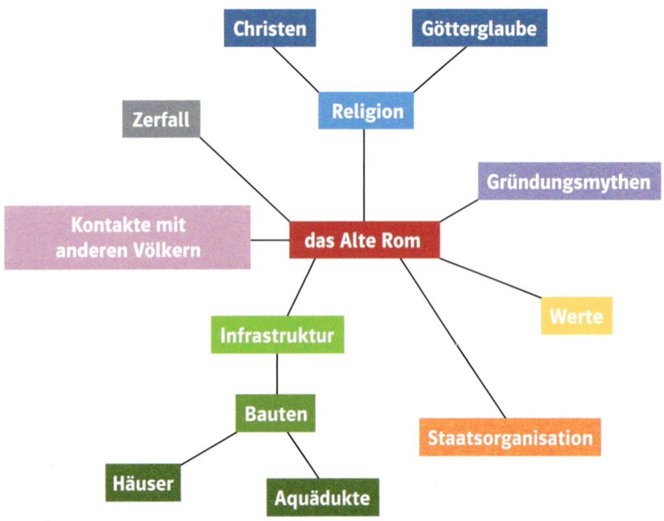

chronologisch
die Beschreibung von Themen als eine Abfolge von Ereignissen

AB1 D02
Arbeitsblatt
Eine digitale Zeitleiste erstellen

VT1 Zugriffe auf die Geschichte

Im Inhaltsverzeichnis dieses Buches findest du unterschiedliche Zugriffe auf die Geschichte, die Historiker nutzen können: den Epochenüberblick (**D1**), die Epochenvertiefung (**D3**) und den historischen Längsschnitt (**D2**).

VT2 Epochenüberblick und Epochenvertiefung

Epochenüberblicke und Epochenvertiefungen sind ähnlich aufgebaut: Die Themen der Geschichte werden **chronologisch**, also nach der Zeit geordnet. Die Darstellung beginnt mit den ältesten Zeiten und nähert sich immer weiter der Gegenwart. Größere Abschnitte sind in Epochen eingeteilt. Die Eingrenzung der Epochen ist von Historikerinnen und Historikern gewählt. Dabei kennzeichnen einschneidende Ereignisse Anfang und Ende.

Ein Epochenüberblick bietet dir eine gute Gesamtschau einer Epoche, in einer Epochenvertiefung werden die ausgewählten Zeitabschnitte ausführlicher untersucht. Ereignisse oder Entwicklungen, die wir für besonders wichtig für die jeweilige Epoche halten, werden hier genauer dargestellt als beim Epochenüberblick. Meist behandeln wir Epochen gründlicher, von denen wir finden, dass sie für unsere Gegenwart besonders bedeutsam sind.

VT3 Längsschnitt

Beim Längsschnitt steht ein bestimmtes Thema im Mittelpunkt, das wir über einen längeren Zeitraum untersuchen. Betrachten wir zum Beispiel die Entwicklung der Fahrzeuge über viele Jahrzehnte hinweg, kann man sehr deutlich die Veränderungen in der Zeit erkennen. Auch die Unterschiede zwischen den Epochen werden deutlich. Andere mögliche Themen für Längsschnittuntersuchungen sind die Geschichte von Arm und Reich, die Geschichte der Schule oder die Geschichte der Beziehung von Deutschen und Franzosen.

Für eine Längsschnittarbeit ist es sehr hilfreich, schon ein grundlegendes Überblickswissen über die Zeiträume zu haben, die behandelt werden sollen. Sie bilden den Hintergrund der Untersuchung.

D2 Historischer Längsschnitt: Zeitleiste Kindheit

Die Kindheit von Emma

Früheste Kindheit	Frühe Kindheit	Kindheit	
Geburt	2 Jahre	6 Jahre	12 Jahre
	- Kita - Schwester geboren	- Einschulung - Trennung der Eltern	- Wechsel aufs Gymnasium - Ende Freundschaft zu Daniel - Oma stirbt

D3 Epochenvertiefung: Zeitleiste Mittelalter

Bei einer Epochenvertiefung werden ausgewählte Epochen genauer untersucht. So kann man zum Beispiel für das Mittelalter eine genauere Unterteilung vornehmen und auch diese mit bestimmten Ereignissen begründen.

ca. 500 n. Chr.	ca. 1000 n. Chr.	ca. 1250 n. Chr.	ca. 1500 n. Chr.
Frühmittelalter	Hochmittelalter	Spätmittelalter	
- Völkerwanderung (375) - Untergang Roms (476) - Taufe Chlodwigs (498)	- Kaiserkrönung Otto I. (962) - Investiturstreit (1075) - Kreuzzüge (1095)	- Abkühlung des Klimas	- Erfindung des Buchdrucks (um 1440) - osmanische Eroberung Konstantinopels (1453) - Kolumbus landet in Amerika (1492) - Reformation (1517)

Erster Blick

1 Betrachtet die Zeitleiste D2 und führt ein Brainstorming in der Klasse durch: Welche Schwierigkeiten gibt es, wenn man eine Zeitleiste zeichnet? Welche Fragen muss man sich stellen?

Epochendarstellungen

2 Betrachte die Mindmap D1. Wähle einen Stichpunkt aus und gib dein Wissen zu ihm kurz wieder.

3 MK Gestaltet in Gruppenarbeit eine eigene digitale Mindmap als Epochenüberblick zum Alten Rom. Welche Punkte möchtet ihr übernehmen, welche fehlen? Begründet.

4 Betrachte noch einmal D1 auf S. 15. Vergleiche mit D3 oben und erkläre, warum es sich bei D3 um eine Epochenvertiefung handelt.

5 Untersuche die Ereignisse, die in D3 angeführt werden, um Epochen voneinander zu trennen. Wähle insgesamt drei Ereignisse aus und erkläre, warum du sie als sinnvolle Merkmale einer Epochengrenze bewertest.

Arbeit mit Längsschnitten

6 MK Wähle eines der Beispiele für eine Längsschnittarbeit aus VT3. Überlege: Welche Zeiträume würdest du für diese Längsschnittarbeit untersuchen müssen? Erstelle eine digitale Zeitleiste (AB1 D02). ○ → S. 254

7 SP Nimm eine Längsschnittuntersuchung in deiner Familie (Geschwister, Eltern, Tanten, Großeltern) vor. Mögliche Themen wären „Wohnen", „Heiraten", „Ostdeutsch sein", „Fremdsprachen lernen". ●

AFB I: 2 AFB II: 1, 3, 5, 6, 7 AFB III: 4

1

Epochenüberblick um 500 bis 1500

Herrschaft und Leben im Mittelalter

Die Geschichte Europas zwischen 500 und 1500 bezeichnen wir als Mittelalter. Manche sehen das Mittelalter als eine abenteuerliche Zeit, die vor allem mit Rittern, Burgen und Königen verbunden ist. Andere glauben, das Mittelalter sei hauptsächlich von Armut, Gewalt und Kriegen beherrscht gewesen. Doch wie lebten die Menschen im Mittelalter wirklich?

450 | 600 | 750 | 9

um 500
Taufe des Merowingerkönigs Chlodwig

800
Kaiserkrönung Karls des Großen

um 800
Die mittelalterliche Grundherrschaft entwickelt sich.

9
Kaiserkrönung Otto

D1 Europa um 500 n. Chr.

1050 | 1200 | 1350

ab Mitte 11. Jahrhundert
Machtkampf zwischen König und Papst

ab dem 11. Jahrhundert
Zahlreiche neue Städte werden gegründet.

um 1100
Die Dreifelderwirtschaft beginnt sich durchzusetzen.

1244
erste urkundliche Erwähnung Berlins

1253
Frankfurt (Oder) erhält Stadtrecht

1356
Die Goldene Bulle regelt die Königswahl.

1358
Die Hanse ist als Kaufmannsbund belegt.

Orientieren und Entdecken

Was kommt euch bei dem Begriff „Mittelalter" als Erstes in den Sinn? Was wisst ihr darüber schon – z. B. aus Filmen, Büchern oder Spielen? Sammelt eure Ideen in einer digitalen Wortwolke.

Die Zeit, die wir Mittelalter nennen, dauerte ungefähr 1000 Jahre. Schaut euch die Zeitleiste an: Welche Personengruppen, Ereignisse und Prozesse werden genannt? Welche Lebensbereiche werden damit angesprochen?

Wir wissen nicht von allen Orten in Europa, wie es dort vor 1500 Jahren war. Überlegt anhand der Karte, von welchen (heutigen) Regionen wir mehr wissen und von welchen eher weniger? Habt ihr Ideen, warum das so ist?

Habt ihr schon einmal einen Mittelaltermarkt besucht? Berichtet in der Klasse, was ihr dort erlebt und gesehen habt. Spiegeln solche Märkte die Lebenswirklichkeit des Mittelalters wider?

Burgen wurden von Rittern und ihren Bediensteten bewohnt – aber Bürger lebten in Städten. Wie kommt es trotz so unterschiedlicher Lebensumstände zu dieser begrifflichen Verwandtschaft? Stellt Vermutungen an.

D2 Mittelaltermarkt mit Reitturnier
Schauspieler liefern sich vor einem großen Publikum auf dem Felsplateau der Loreley einen Zweikampf. Foto, 2022

Das Mittelalter – Ordnung und Wandel

Um 500 entwickelte sich in Europa eine neue Herrschaftsordnung. Es begann eine Epoche, die erst um 1500 endete und die als Mittelalter bezeichnet wird. Welche Merkmale sind über diese lange Zeit so beständig geblieben, dass das Mittelalter als eine zusammengehörige Epoche gesehen werden kann? Und welche Veränderungen gab es?

Tagelöhner
Mensch ohne feste Arbeitsstelle, der jeweils für einen Tag bei unterschiedlichen Personen für Lohn arbeitet

Erzbischof
Bischof mit einem besonderen Amt, z. B. Leiter mehrerer Kirchenbezirke (Diözesen)

Papst
Bischof von Rom; dieser gilt seit dem 5. Jahrhundert als Papst und damit als Oberhaupt aller Christen.

AB1 D03
Arbeitsblatt
Die Phasen des Mittelalters

D2 W01
Website
Virtuelle Erkundung der Dorfkirche Alt-Marzahn

VT1 Die Grundherrschaft

Die meisten Menschen lebten im Mittelalter als Bauern und Bäuerinnen auf dem Land. Meist gehörte nicht ihnen das Land, sondern einem Herrn, dem sie Abgaben und Dienste leisteten. Seit dem 8. Jahrhundert gerieten darüber immer mehr Bauern in starke Abhängigkeit. Da sie kein Land besaßen, galten sie und ihre Familien zudem als unfrei. Der König, hohe Adlige, Bischöfe und Klöster besaßen das meiste Land. Sie lebten von den Abgaben der Bauern, die das Land bewirtschafteten. Dieses System der sogenannten Grundherrschaft prägte die Gesellschaft im Mittelalter.

D1 Dorfkirche in Alt-Marzahn

Die ursprünglich mittelalterliche Dorfkirche in Alt-Marzahn wurde zwar im 19. Jahrhundert neugebaut, Gestalt und Lage entsprechen jedoch immer noch weitgehend der mittelalterlichen Situation. Foto 2008

VT2 Wandel in der Gesellschaft

Im Hochmittelalter bildeten sich neue gesellschaftliche Gruppen heraus: Die Ritterschaft wurde zu einer angesehenen adligen Gruppe, deren Ideal von edlen und gerechten Tugenden bis heute bekannt ist. Ab dem späten 12. Jahrhundert entstanden viele Städte, in denen **Tagelöhner**, Handwerker und Kaufleute frei leben konnten. Im ausgehenden Mittelalter waren diese Städte neben Ritterschaft und weiteren adligen Familien wichtige politische Akteure im Reich. Zudem wurden die ersten Universitäten als Zentren der Bildung und des Wissens gegründet.

VT3 Christentum und Kirche

Im frühen Mittelalter verbreiteten Mönche den christlichen Glauben bei den Germanen und Slawen in Europa. Nach und nach nahmen die Herrscher den neuen Glauben an, um ihre Völker zu einen. Das Christentum prägte schließlich das Denken und Handeln fast aller Menschen in Mitteleuropa. Die Religion wurde zu einem festen Bestandteil des Alltags. Könige und Kaiser verstanden sich als christliche Herrscher, die **Erzbischöfe** hatten eine herausragende politische Position im Reich und in jeder Siedlung gab es eine Kirche, in der ein Pfarrer für das Seelenheil seiner Gemeinde wirkte.
Das Verhältnis der weltlichen Herrscher zum **Papst** schwankte jedoch im Mittelalter zwischen Verbundenheit und schweren Konflikten. Auch innerhalb der Kirche gab es Veränderungen. Immer wieder entstanden neue religiöse Bewegungen wie die Bettelorden im 12. Jahrhundert, die entweder in die Kirche aufgenommen oder verfolgt wurden. Der Papst konnte schließlich seine Stellung als Oberhaupt der Kirche im Laufe des Hochmittelalters deutlich stärken.

D3 Herrschaftsbereiche im 8. Jahrhundert

Ende des 4. Jahrhunderts wurde das Römische Reich in einen westlichen und einen östlichen Bereich geteilt. Die oströmischen Kaiser regierten von Konstantinopel aus über ihr byzantinisches Reich. Im Westen bildeten sich verschiedene Herrschaftsgebiete heraus, von denen hier das mächtigste Frankenreich dargestellt ist. Die islamischen Herrschaftsbereiche (Kalifate) entwickelten sich rasch nach dem Tod Mohammeds (622).

Q1 Eine gottgewollte Ordnung?

Hildegard von Bingen, eine gelehrte Nonne, schrieb um 1150 über die Ordnung der Gesellschaft:

Gott kommt es zu, jede Person zu untersuchen und zu erforschen, so daß der geringere Stand sich nicht über den höheren erhebe, wie es der Satan und der erste Mensch taten, die höher fliegen wollten, als sie gestellt worden sind. Und welcher Mensch sammelt seine ganze Herde in einem einzigen Stall, nämlich Ochsen, Esel, Schafe, Böcke, ohne daß sie aneinandergeraten? Daher gebe es auch einen Unterschied, daß nicht verschiedene Menschen zu einer Herde vereint [...] werden. Vor allem darf die sittliche Würde nicht zerbrochen werden, wenn sie sich gegenseitig in Haß zerfleischen, indem der höhere Stand über den niederen herfällt, und der niedrigere sich über den höheren erhebt.

Hildegard von Bingen: Im Feuer der Taube. Die Briefe. Übers. und hrsg. v. Walburga Storch. Pattloch, Augsburg 1997, S. 113.

Erster Blick

1 Stellt Vermutungen dazu an, was die hellgelben Flächen in Karte D3 bedeuten könnten.

1000 Jahre Mittelalter

2 [MK] Ordne die Ereignisse aus VT1–VT3 und D2 den Phasen des Mittelalters zu. Nutze dazu die Zeitleiste auf S. 20/21 oder AB1 D03.

3 Erstellt zu zweit eine Tabelle, in der ihr eintragt, welche Strukturen sich im Laufe des Mittelalters geändert haben und welche dauerhaft blieben (VT1–VT3, D3).

Mittelalter – nur Christen?

4 [SP] [MK] Erkunde die Kirche von Alt-Marzahn (D1, D2 W01). Beschreibe Lage und Umgebung: „Die Kirche liegt …“, Um sie herum ist …“, „Etwas weiter weg sieht man …“. Erkläre dann, welche Rolle die Kirche im mittelalterlichen Dorf spielte (VT3).

5 Arbeite heraus, wie Hildegard von Bingen die Ordnung der mittelalterlichen Gesellschaft begründet (Q1). ○ → S. 254

6 Listet in einer Tabelle auf, welche heutigen Regionen und Länder zum byzantinischen Reich, dem Frankenreich und den Kalifaten gehören (D2).

7 Diskutiert, inwieweit das europäische Mittelalter als christlich gelten kann (VT3, D3). ●

AFB I: 1, 3, 6 AFB II: 2, 4, 5 AFB III: 7

Das Reich des Mittelalters

Königin oder Kaiser zu sein, klingt für viele fantastisch: Wer möchte nicht einmal über alle und alles bestimmen? Die Herrscher im Mittelalter aber waren nicht unangefochten. Worauf konnten sie ihre Macht stützen und wer machte sie ihnen streitig? Über welches Reich herrschten sie eigentlich?

Heiliges Römisches Reich
Gebiet der römisch-deutschen Kaiser und Könige ab dem 13. Jahrhundert

Reichsidee
Die mittelalterliche Vorstellung von einer überstaatlichen Einheit aller christlichen Völker knüpfte an das römische Vorbild an. Es galt, eine christliche Ordnung durchzusetzen.

VT1 Die Idee einer Einheit

Sprechen wir heute vom Reich im Mittelalter, meinen wir damit das **Heilige Römische Reich**, das zum Teil das Gebiet des heutigen Deutschlands und Österreichs umfasste, aber auch weite Teile Italiens und Gebiete im Westen. Die Bezeichnung Heiliges Römisches Reich zeigt, dass die Herrscher des Reiches sich auf römische Traditionen bezogen und sich in besonderem Maße von Gott berufen sahen. Diese **Reichsidee** prägte grundlegend die Herrschaft im Mittelalter.

VT2 Wer wird König?

Im Frühmittelalter hatten die Könige noch keine feste Machtposition. Sie waren auf die Unterstützung der wichtigsten Fürsten, der Herzöge, angewiesen. Denn diese hatten entscheidenden Einfluss bei der Königswahl. Der König selbst stammte meist aus einer mächtigen Herrscherfamilie, deren Ziel es war, den Königstitel in der Familie zu halten. So wurde oft der älteste Sohn schon zu Lebzeiten als Nachfolger bestimmt. Allerdings musste auch er sich der Wahl durch die Fürsten stellen.

Q1 Chlodwigs Taufe

Um 500 tauft der Bischof von Reims den fränkischen König Chlodwig. Seitdem begründen alle mittelalterlichen Könige ihre Herrschaft auf dem christlichen Gott. Buchmalerei des 14. Jahrhunderts aus der Großen Chronik des Frankenreichs

VT3 König und Fürsten

Auch wenn die Fürsten bei der Wahl des Königs eine bedeutende Rolle spielten, so waren sie dem neuen König anschließend zum Gehorsam verpflichtet. Sie schworen ihm Treue, dienten ihm als Ratgeber und mussten ihm in den Krieg folgen. Dafür versprach er ihnen Schutz. Nicht immer hielten sich alle an diese Vereinbarung: Andere mächtige Familien wollten die Königswürde für sich erlangen, zum Beispiel die Welfen, Herzöge von Bayern. Das führte zu Konflikten und Kriegen im Reich. Erst 1356 wurde die Königswahl in der **Goldenen Bulle** vertraglich geregelt: Sieben „Kurfürsten" durften nun den König küren (wählen).

VT4 Wer wird Kaiser?

Weihnachten 800 gelang es dem fränkischen König Karl, eine noch größere Würde zu erreichen: Er wurde zum Kaiser gekrönt. Damit zeichnete der Papst ihn als besonderen Beschützer und Herrscher über die lateinische Christenheit (Christen im ehemals weströmischen Bereich) aus. Nach diesem Vorbild bemühten sich fortan alle deutschen Könige, die Kaiserwürde vom Papst zu erhalten. Meist mussten sie dazu nach Rom ziehen.

Q2 Reichsinsignien

Insignien (von lat. signum = Zeichen) sind Herrschaftszeichen, die die Macht und die Aufgaben ihres Trägers symbolisieren. Diese Insignien stammen aus der Zeit zwischen dem 9. und 12. Jahrhundert.

a) Reichskrone

b) Heilige Lanze

c) Reichsschwert

d) Reichsapfel

Q3 Schritte der Lehensvergabe

Buchillustrationen aus dem Sachsenspiegel, 13./14. Jahrhundert

a) Der Lehensträger unterwarf sich dem Lehensgeber im „Handgang" und bat um Schutz.

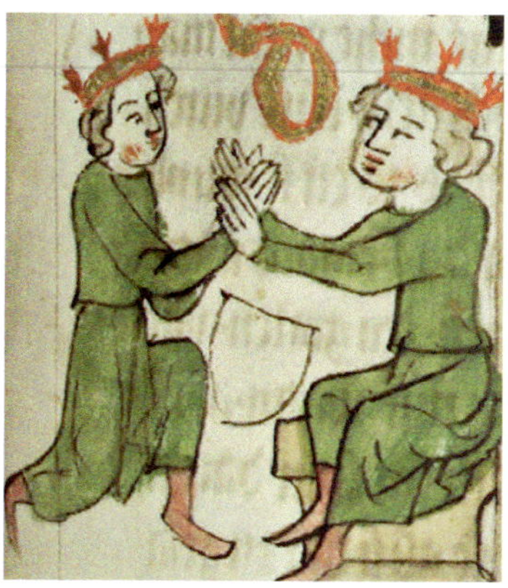

b) Im folgenden Lehenseid schworen sich beide gegenseitig vor Gott die Treue.

c) Der Lehensherr übergibt dem Lehensträger ein Lehenssymbol (hier: die Fahne) für das übertragene Land oder Amt.

VT5 Kaiser und Papst

Der Bischof von Rom ist seit dem 5. Jahrhundert auch Papst. Der Papst ist Herr über den Kirchenstaat und gilt als Oberhaupt aller Christen. Daher kann nur der Papst die Kaiserwürde verleihen. Doch er war auch auf den Schutz der weltlichen Herrscher angewiesen, zum Beispiel bei Konflikten mit dem römischen Adel oder anderen Mächten. Daher mussten beide Gewalten, die weltliche (König/Kaiser) und die geistliche (Papst) sich verständigen und Konflikte miteinander austragen.

VT6 Lehen

Neben der christlichen Religion und den Bündnissen mit den Fürsten stützte der Herrscher seine Macht auf seine Familie und ihren Landbesitz. Er vergab Ämter und Ländereien (= Lehen) an andere hohe Adlige. Sie durften darüber verfügen und die Erträge größtenteils behalten. Viele Adlige vergaben ihrerseits dieses Lehen an andere Herren weiter und verbanden sich so mit ihnen. Manchmal wurde das Lehen auch vererbt, oft fiel es aber nach dem Tod an den Lehensgeber zurück.

Goldene Bulle
hier: Urkunde, die verfügt, dass sieben Fürsten den König wählen dürfen – drei geistliche: die Erzbischöfe von Köln, Mainz und Trier; sowie vier weltliche: König von Böhmen, Pfalzgraf bei Rhein, Herzog von Sachsen, Markgraf von Brandenburg

D1 Das römisch-deutsche Reich um 1000

Q4 Kaisertitulatur

Kaiser Karl der Große nannte sich in vielen Urkunden so:

Carolus serenissimus augustus, a Deo coronatus magnus pacificus imperator, Romanum gubernans imperium, qui et per misericordiam Dei rex Francorum et Langobardorum.

Karl, der erlauchteste Erhabene, von Gott gekrönt, großer friedebringender Kaiser, der das römische Reich regiert und auch durch Gottes Gnade König der Franken und Langobarden ist.

Zit. nach Wilfried Hartmann (Hrsg.): Deutsche Geschichte in Quellen und Darstellung. Bd. 1: Frühes und hohes Mittelalter 750–1250. Reclam, Stuttgart 1995, S. 58.

Q5 Karls Kaiserkrönung – fränkische Sicht

Der fränkische Geschichtsschreiber Einhard berichtet über die Krönung Karls des Großen:

[Papst Leo sah sich gezwungen], den König um Schutz zu bitten. Daher begab sich Karl nach Rom, um die verworrenen Zustände der Kirche zu ordnen. Das dauerte den ganzen Winter. Bei dieser Gelegenheit erhielt er den Kaiser- und Augustustitel, der ihm anfangs so zuwider war, daß er erklärte, er würde die Kirche selbst an jenem hohen Feiertag[1] nicht freiwillig betreten haben, wenn er die Absicht des Papstes geahnt hätte.

1 erster Weihnachtstag 800

Einhard: Vita Karoli Magni. Das Leben Karls des Großen. Lateinisch/Deutsch. Übersetzung, Anmerkungen und Nachwort von Evelyn Scherabon Firchow. Reclam, Stuttgart 1981, S. 53.

Q6 Karls Kaiserkrönung – byzantinische Sicht

Der byzantinische Geschichtsschreiber Theophanes berichtet über die Krönung Karls des Großen:

[Der Papst] floh zum Frankenkönig Karl, der grausame Rache an den Feinden des Papstes nahm und ihn wieder auf seinen Thron einsetzte. Seit jener Zeit steht Rom unter der Macht der Franken. Als Belohnung dafür krönte der Papst ihn am 25. Dezember [des Jahres 800] zum römischen Kaiser in der Kirche des heiligen Apostels Petrus, nachdem er ihn vom Kopf bis zu den Füßen gesalbt und ihm das kaiserliche Gewand angelegt und die Krone aufgesetzt hatte.

Chronik des Theophanes. Zit. nach Wolfgang Lautemann/Manfred Schlenke (Hrsg.): Geschichte in Quellen. Bd. 2. Mittelalter: Reich und Kirche. 4. Aufl., bsv, München 1996, S. 71.

Q7 Papst Gregor VII. flieht aus Rom

Links sitzt Kaiser Heinrich IV., in der Mitte der von ihm eingesetzte Papst Clemens (III.), rechts verlässt der abgesetzte Papst Gregor VII. die Stadt Rom 1084. Federzeichnung in der Weltchronik Ottos von Freising, 12. Jahrhundert

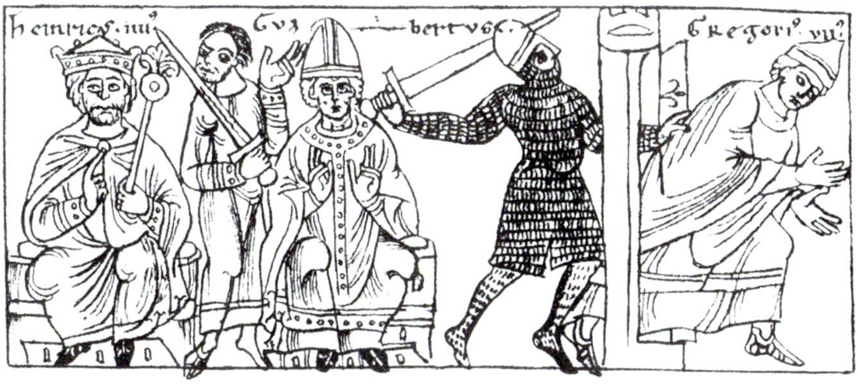

Q8 Der Anspruch des Papstes

Papst Gregor VII. hat ein Schriftstück etwa um 1075 verfasst, das „dictatus papae" heißt. Es war wahrscheinlich nicht zur Veröffentlichung gedacht. Dort stellt er dar, wie er sich als Papst versteht. Papst Gregor VII. ist der Meinung:

II. Daß allein der römische Bischof mit Recht „allgemein"[1] genannt wird.
IX. Daß alle Fürsten allein des Papstes Füße küssen.
XII. Daß es ihm erlaubt ist, Kaiser abzusetzen.
XIX. Daß er von niemandem gerichtet werden darf.
XXII. Daß die römische Kirche niemals irrt.
XXVII. Daß er Untergebene von dem Treueid gegenüber Sündern[2] lösen kann.

1 alleinvertretend
2 hier: ungerechte Herrscher

Zit. nach Quellen zum Investiturstreit. Teil 1. Ausgewählte Briefe Papst Gregors VII. Übers. v. Franz-Josef Schmale. wbg, Darmstadt 1978, S. 149 ff.

Erster Blick

1 Führt ein Think-Pair-Share durch:
a) Think: Zeichne einen König.
b) Pair: Betrachtet zu zweit eure Bilder. Findet ihr Gemeinsamkeiten?
c) Share: Teilt eure Ergebnisse in der Klasse. Gibt es Elemente, die auf (fast) allen Bildern vorkommen?

Der König – Herrschen mit anderen?

2 Beschreibe Q1 und erläutere, inwiefern diese Taufe für Könige im Mittelalter insgesamt bedeutsam war (Q1, VT1, VT2).

3 Untersuche die Reichsinsignien (Q2). Ordne ihnen Begriffe zu, die ihre Bedeutung beschreiben.
○ → S. 254

4 SP Stelle die Rolle der Fürsten im Reich dar, indem du eine Stellenanzeige für einen Herzog formulierst (VT3, D1). Sie sollte über folgende Dinge informieren: Aufgaben, Lohn, besondere Anforderungen und an welche Adressaten sie sich richtet.

5 Arbeitet zu zweit mit Q3. Erklärt die Lehensvergabe, indem ihr die Position des Lehensträgers und des Lehensgebers einnehmt. Beschreibt jeweils, was ihr tut (VT6).

Der Kaiser – weltliche Gewalt?

6 SP Erkläre den Unterschied zwischen König und Kaiser im Mittelalter. Nutze dazu die Begriffe Wahl, Krönung, Rom, Reich (VT2–VT4, Q4).
○ → S. 254

7 Vergleiche die beiden Berichte von der Kaiserkrönung Karls des Großen (Q5, Q6). Welche Gemeinsamkeiten und Unterschiede fallen dir auf und welche Schlüsse ziehst du daraus?

Zwei Gewalten: Kaiser und Papst

8 SP Arbeitet zu zweit. Stellt euch vor, ihr lest als Vertraute des Kaisers den „dictatus papae" (Q8). Verfasst ein Antwortschreiben.

9 Gestalte eine Zeitleiste. Nenne alle wichtigen Ereignisse, die das Verhältnis zwischen Kaiser und Papst zeigen. (VT4, Q1, Q5–Q8).

10 MK Vergleiche Q7 und Q8 und beschreibe, wie sich die Lage Papst Gregors VII. geändert hat. Recherchiere, wie der Streit zwischen Papst und Kaiser bis 1122 weiterging. ●

11 Gestaltet in Kleingruppen eine Skizze, in der Ihr die Herrschaft im Mittelalter darstellt. Nutzt dazu die Begriffe Papst, König, Kaiser, Fürsten und Reich.

AFB I: 1, 9 AFB II: 2, 3, 4, 5, 6, 8, 11 AFB III: 7, 10

Musterlösung D04
Mit Bildquellen arbeiten

MK Mit Bildquellen arbeiten

„Ein Bild sagt mehr als tausend Worte", heißt es in einer Redewendung. Auch über Geschichte können uns Bilder so manches erzählen. Bildquellen liefern uns Informationen über vergangene Ereignisse und geben Auskunft darüber, wie Menschen ihre Zeit sahen.
Um die Aussage eines Bildes zu erschließen, muss man es genau untersuchen. Das ist nicht immer leicht, zumal es unterschiedliche Gattungen gibt, die alle ihre Besonderheiten haben: angefangen bei Höhlenmalereien der Steinzeit über Vasenmalereien der Antike und die kostbaren Buchmalereien des Mittelalters bis hin zu Gemälden und Fotografien der Neuzeit.
Wie du Bildquellen am besten entschlüsseln kannst, erfährst du auf diesen Seiten.

VT1 Buchmalerei

Wollen wir uns ein Bild vom Mittelalter machen, so greifen wir oft auf Buchmalereien zurück. In ihnen treten uns Welt- und Glaubensvorstellungen der Zeit eindrucksvoll entgegen. Bücher wurden damals noch nicht wie heute gedruckt, sondern mit der Hand geschrieben und dabei auch mit aufwendig gemalten Bildern verziert. Um diese speziellen Bildquellen verstehen und untersuchen zu können, ist man oft auf Zusatzinformationen angewiesen (siehe Bildlegende zu **Q1**).

Q1 Buchmalerei um 1000

Dieses Bild zeigt Kaiser Otto III. Es stammt aus einem Buch, das zu Ehren Ottos im Kloster Reichenau angefertigt wurde. Die besten Mönche der Schreibwerkstatt arbeiteten sehr lange daran und verwendeten besonders teure Materialien (Pergament, Purpur, Gold). Das Bild hat eine Größe von 29,8 × 21,5 cm. Das Buch, aus dem es stammt, wird heute in der Schatzkammer des Aachener Doms aufbewahrt.

1. Mandorla: mandelförmiger Umriss, vergleichbar mit einem Heiligenschein, der den ganzen Körper umgibt
2. Gaia (griech.) oder Terra (lat.): Frauengestalt, die die Erde darstellt
3. Vier Evangelisten: Die Verfasser der vier Evangelien (Bücher) des Neuen Testaments werden oft symbolisch dargestellt. Hier: Stier = Lukas, Mensch = Matthäus, Adler = Johannes, Löwe = Markus. Das Schriftband, das sie gemeinsam halten, steht für die Heilige Schrift, die Bibel.
4. Gekrönte Herrscher mit Fahne: Historikerinnen und Historiker vermuten, dass die Figuren den polnischen Herrscher Boleslaw Chrobry und König Stephan von Ungarn darstellen.

Erklärvideo V01
Mit Bildquellen arbeiten

Arbeitsschritte

1. Beschreiben

- Erfasse, welches Thema das Bild hat.
- Ordne das Bild einer Bildgattung zu.
- Stelle fest, wann, wo und unter welchen Umständen das Bild entstanden ist.
- Beschreibe, was du siehst (ohne schon zu viel zu erklären).
- Schildere, wie das Bild auf dich wirkt.

2. Untersuchen

- Erkläre den Bildaufbau. Verwende dazu geeignete Formulierungen (im Vordergrund …, im Hintergrund …, am unteren Bildrand …, in der Bildmitte …) und achte auf die Darstellung und Positionierung von Personen oder Dingen auf dem Bild.
- Analysiere nun im Detail, was zu sehen ist. Was bedeuten die Personen, Gegenstände etc.?
- Stelle fest, wer das Bild erstellt hat.

3. Deuten

- Erläutere, welche Botschaft das Bild möglicherweise vermitteln soll.
- Überlege, welche Bedeutung das Bild als Quelle hat.

Formulierungshilfen

Beschreiben

Das Bild zeigt …
Es ist eine …, die um etwa … entstand.
Es ist zu sehen, wie …
Die Figur im Zentrum des oberen Bilddrittels sitzt …
Um sie herum …
Darunter …
Das Bild macht einen … Eindruck.

Untersuchen

Der Rahmen des Bildes …
Der Hintergrund …
In der Mandorla …
Die Frauengestalt in der Mitte …
Am oberen Bildrand …
Das versinnbildlicht …
Die vier Figuren mit Flügeln …
Links und rechts in der Bildmitte …
Im unteren Bilddrittel …

Deuten

Das Bild drückt aus, dass …
Die Menschen sollten glauben, …

D1 I01
Multimedial arbeiten
Ein Bild digital beschriften

1 Interpretiere Q1 mithilfe der Arbeitsschritte. Du kannst dafür die Formulierungshilfen nutzen.

2 Fasse noch einmal in eigenen Worten zusammen, wie die Könige und Kaiser des Mittelalters ihre Stellung sahen. Verwende dazu auch die Informationen aus dem VT auf Seite 24/25.

3 Ergänze auf einer Kopie des Bildes Q1 eine Sprech- oder Denkblase für eine Figur. Lasse sie einen treffenden Satz sagen oder denken, der in die Zeit passen würde.

4 Erkläre: Was konntest du bei deiner Bildanalyse selbst erschließen, wofür brauchtest du Zusatzinformationen?

5 Füge folgende Begriffe mit Pfeilen an die richtige Stelle im digitalisierten Bild von Q1 ein: Mandorla, Thron, Otto III., Kaiserkrone, Gaia/Terra, vier Evangelisten, Reichsapfel, Hand Gottes, Krieger/Ritter, Geistliche/Bischöfe. Nutze dafür D1 I01.

AFB I: 2, 5 AFB II: 3, 4 AFB III: 1

Wer schützt? Wer betet? Wer arbeitet?

Dörfer, Klöster, Kirchen und Burgen inmitten von Feldern, Wiesen, Wäldern, Sümpfen, Bergen und Flüssen. Das war die Welt, in der die Mehrheit der Menschen im Mittelalter lebte. Wovon wurde ihr Leben bestimmt? In welchem Verhältnis standen Adlige, Geistliche und Bauern zueinander?

Grundherrschaft
Organisationsform der Herrschaft auf dem Lande im Mittelalter. Die Bauern mussten an ihre Herren Abgaben zahlen und Frondienste leisten. Formen der Grundherrschaft bestanden in vielen Ländern Europas bis ins 19. Jahrhundert.

Stände
Die mittelalterliche Gesellschaft lässt sich als Ständeordnung beschreiben. Stände sind dabei soziale Gruppen, die über bestimmte Rechte und Pflichten verfügen. Zu den drei mittelalterlichen Ständen zählen die Geistlichkeit (Klerus), der Adel und Bauern.

VT1 Nicht alle waren gleich

Das Leben der Menschen im Mittelalter war vor allem dadurch bestimmt, ob jemand als frei oder als unfrei galt. Das war meistens schon von Geburt an festgelegt. Kinder von Freien waren wie ihre Eltern frei. Kinder von Unfreien waren unfrei und blieben es in der Regel bis an ihr Lebensende. Ob jemand frei oder unfrei war, hing ganz eng damit zusammen, ob er oder sie über Landbesitz verfügte oder nicht. Der König, mächtige Adelsfamilien, Bischöfe und Klöster besaßen das meiste Land. Zu diesem Land gehörten auch die Menschen, die darauf lebten und selbst kein Land hatten. Die Landbesitzer konnten ihr Land mit allem, was dazugehörte, vererben, verschenken oder verleihen.

VT2 Das Leben in der Grundherrschaft

Das Verhältnis zwischen abhängigen Bauern und ihren Herren nennen wir **Grundherrschaft**. Der Grundherr konnte ein Adliger oder ein Kloster sein. Er vergab einzelne Landstücke, die sogenannten Hufen, an die unfreien Bauern. Zu einer Hufe gehörten ein Bauernhof und ein Stück Land, auf dem Getreide, Flachs, Wein usw. angebaut wurden und das auch als Weide diente. Als Gegenleistung hatten die Bauern ihrem Herrn Dienste und Abgaben zu leisten.

Neben der Arbeit auf ihren eigenen Feldern mussten die Bauern bis zu sechs Wochen im Jahr Dienste auf dem Land des Grundherrn erbringen: Er konnte von ihnen verlangen, die Felder zu bestellen, die Ernte einzuholen, Zäune zu flicken, Bäume zu fällen oder das Vieh des Grundherrn zu hüten. Zu festen Terminen mussten die Bauern Abgaben abliefern: Schafe, Schweine, Ochsen, Geflügel, Fisch, Getreide, Gemüse, Wein, Käse, Flachs, Wachs, Honig, Salz und Pflanzenöl. Später ersetzten Geldzahlungen die Naturalabgaben. Doch auch der Grundherr hatte Pflichten: Er stellte seinen Bauern Saatgut, Zuchtvieh und Werkzeug sowie bei Ernteeinsätzen Bier und Brot zur Verfügung. Zudem garantierte er den Schutz der von ihm abhängigen Menschen vor Überfällen.

Der Grundherr lebte zumeist auf dem Herrenhof. Dieser wurde auch Fronhof genannt und die von den Bauern zu erbringenden Leistungen Frondienste (vom mittelhochdeutschen „fro" = Herr). Neben dem Herrensitz gab es in großen Grundherrschaften weitere Fronhöfe. Der Grundherr setzte dort Verwalter ein, die Meier genannt wurden. Sie überwachten die von den Bauern zu leistenden Abgaben und Dienste.

VT3 Eine göttliche Ordnung?

Wie ließ sich die Ungleichheit zwischen der kleinen Gruppe von adligen und geistlichen Herren und der großen Mehrheit rechtfertigen? Die Geistlichen erklärten das Zusammenleben der Menschen so: Gott habe bestimmt, dass die Menschen in drei **Stände** geteilt seien. Die Geistlichen bildeten in dieser Ordnung den Ersten, die Adligen den Zweiten, und die Bauern den Dritten Stand. So wurde es jahrhundertelang gepredigt. Doch was war mit den Bürgern in den Städten? Da sie frei, aber weder Adlige noch Geistliche waren, wurden sie dem Dritten Stand zugerechnet. Bettler und Tagelöhner gehörten keinem Stand an.

Die scheinbar so starre Ordnung war aber von unten nach oben durchlässig: Ein unfreier Mann, der seinem Grundherrn wichtige Dienste bei der Verwaltung und im Krieg geleistet hatte, konnte geadelt werden. Der Sohn eines reichen Kaufmanns konnte durch Förderung und Studium in den Priesterstand aufsteigen. Kein Wunder, dass die angeblich von Gott gegebene Ständeordnung zunehmend infrage gestellt wurde.

Q1 Bauern liefern ihre Abgaben ab

Holzschnitt, 1479

Q2 Vorstellungen vom Aufbau der mittelalterlichen Gesellschaft

Französische Buchmalerei aus einem Gesetzbuch, 15. Jahrhundert

1 Papst
2 Kardinäle
3 Bischöfe
4 Äbte und Äbtissin
5 Kaiser
6 Könige und Fürsten
7 Ministeriale (Verwalter)
8 Kaufleute/Bürger
9 Handwerker und Bauern
10 adlige Familie, die das Buch in Auftrag gab

Q3 „Gehorche!"

Im 12. Jahrhundert schreibt der Mönch Honorius von Autun (Frankreich):

An die Bauern. Und ihr, meine Brüder und Genossen, seid der Kirche Füße, weil ihr sie tragt, indem ihr sie ernährt. Ihr sollt den Priestern gehorsam sein, [...] sollt [...] den Zehnten [Teil] von allem, was ihr habt, Gott getreulich erstatten. Denn wer den Zehnten zurückbehält, begeht Raub am Eigentum Gottes; und wenn er Gott seinen Anteil raubt, so wird er ihm das neunfache wegnehmen, [...] entweder durch Getreidebrand, durch Viehseuche oder durch Gewalttätigkeit der Richter oder der Krieger, oder durch Heimsuchung mit Feuer, oder durch Plünderei von Dieben und Räubern. All dieses, ihr Lieben, könnt ihr von euch fernhalten, wenn ihr den Armen Almosen spendet und den Dienern Gottes den rechten Zehnt gebt.

Zit. nach Siegfried Epperlein: Bäuerliches Leben im Mittelalter, wbg, Darmstadt 2003, S. 80 f.

Erster Blick

1 Notiere, was du unter „frei sein" und „unfrei sein" verstehst. Beschreibe dann, was Freiheit und Unfreiheit im Mittelalter bedeuteten (VT1).

Herrschaft über Land und Leute

2 Arbeite anhand von VT2 die Aufgaben und Rechte des Grundherrn und der abgabepflichtigen Bauern heraus.

3 SP Teilt die Klasse in zwei Gruppen ein: Schreibt zu dem in Q1 dargestellten Geschehen jeweils einen kurzen Augenzeugenbericht aus der Perspektive der Bauern (rechts) bzw. des Grundherrn (links) (VT1, VT2). ○ → S. 255

Für jeden einen festen Platz?

4 Setze die Worte des Mönchs (Q3) in Beziehung zu der Vorstellung von einer Ständegesellschaft (VT3).

5 MK Überprüfe anhand von Q2, mit welchen Mitteln der Künstler Ungleichheit und Herrschaft im Mittelalter ausgedrückt hat. ●

AFB I: 1 AFB II: 2, 3, 4 AFB III: 5

Zum Herrschen geboren? – Der Adel

Die Adligen waren die Mächtigen des Mittelalters. Über Jahrhunderte hinweg prägte der Adel die politische, militärische und gesellschaftliche Entwicklung. Worauf beruhte die Macht dieses Standes, der glaubte, zum Herrschen geboren zu sein? Und wie lebte er?

Adel
führender Stand in der mittelalterlichen Gesellschaft, der seine Macht auf Grund- und Herrschaftsbesitz, die Nähe zum König und erlangte Vorrechte (Privilegien) stützte

Fehde
Mit Gewalt versuchten Freie bzw. Adlige, sich Recht zu verschaffen. Der Gegner wurde gezielt geschädigt, z. B. durch Überfälle auf dessen Bauern oder Kaufleute.

Vogt
(von lat. advocatus = der Herbeigerufene) Verwalter, Richter

Ritter
Die Bezeichnung „Ritter" leitet sich vom Wort „Reiter" ab. Die gepanzerten Reiterkrieger stiegen zu einer eigenen Schicht im Adel auf.

VT1 Die Stellung des Adels

Adlige hatten eine Vorrangstellung in der mittelalterlichen Gesellschaft, weil sie die Königsmacht stützten. Seine Macht zog der **Adel** vor allem aus seinem Grundbesitz. Oft war der Besitz über viele Generationen hinweg vererbt worden. Zudem verfügten Adlige über Vorrechte, die ihnen die Kontrolle über Flüsse und Straßen garantierten: So konnten sie Zölle von reisenden Kaufleuten erheben.
Besonders hochadlige Familien, die als Könige, Herzöge, Fürsten und Grafen herrschten, waren stolz auf ihre Vorfahren und hielten darum Abstand zu weniger vornehmen Adelsfamilien und Nichtadligen. Eheschließungen dienten dazu, Macht und Ansehen der Familie zu bewahren oder gar zu verbessern.

VT2 Junge Damen und Herren

Über ihre Kinder konnten Adlige den Stammbaum der Familie fortsetzen und die eigene Herrschaft sichern. So wurden Söhne und Töchter adliger Familie für die Ehe versprochen, um Bündnisse zwischen zwei Adelsfamilien abzusichern. Mädchen wurden dabei teilweise sehr früh mit ihnen unbekannten und oft sehr viel älteren Männern verheiratet. Als Vorbereitung auf ihr Leben als Herrin und Mutter beschäftigten sich die jungen Mädchen am Hof mit Musik, Tanz, Handarbeiten, Benimmregeln und der Organisation der Hauswirtschaft, manche lernten Lesen und Schreiben.
Adlige Jungen wurden bereits früh auf ihre künftigen Aufgaben als Herrscher und Krieger vorbereitet: Sie lernten den Umgang mit Waffen, das Reiten, Jagen und Schachspielen und erwarben Kenntnisse aus Heldenliedern, deren Figuren ihnen als Vorbilder gelten sollten. Vor ihrer Volljährigkeit konnten sie als Knappen anderen Herren dienen.

VT3 Aufgaben eines Adligen

„Adel verpflichtet": Es gab viel zu tun für Adlige. Sie mussten ihr Herrschaftsgebiet und die dort lebenden Menschen gegen äußere Feinde schützen und sprachen Recht. Wenn sie ihre Ehre verletzt sahen, führten sie **Fehden**.
Auch gegenüber dem König oder ihrem Lehnsherrn hatten Adlige Verpflichtungen zu erfüllen. Sie begleiteten den Kaiser oder König quer durch das Reich, organisierten Kriegszüge und führten die Kämpfer an.
Zudem konnte ein Adliger das Amt eines **Vogtes** für ein Kloster oder einen Bischof ausüben und war dann für deren bewaffneten Schutz verantwortlich. Als Gerichtsherr bei weltlichen Streitfällen entschied der Vogt über Strafen für Mord, Geldfälschung und Diebstahl, die die verurteilten Täter mit Leib und Leben büßen mussten.

VT4 Zentrum der Macht: die Burg

Um die eigene Herrschaft durchzusetzen und sich vor Feinden zu schützen, wurden Burgen an gut zu verteidigenden Plätzen errichtet. Von einem steilen Berg aus ließ sich das Umland kontrollieren. Ein Brunnen in der Burg versorgte die Menschen bei einer Belagerung mit Trinkwasser. Die Burg diente zudem als Ort für Verwaltung und Gericht.
Die Kontrolle des Umlands übernahmen schwerbewaffnete Reiter, die **Ritter**. Ursprünglich waren sie unfreie Dienstleute, die zur Verwaltung der Güter und als Krieger eingesetzt wurden, später stiegen sie in den selten wohlhabenden niederen Adel auf. Ihre Gewalttätigkeit führte dazu, dass Geistliche Verhaltensregeln aufstellten: Ritter sollten die Schwachen – Geistliche, Witwen, Waisen und Bauern – schützen, das Recht und den Frieden verteidigen und Heiden bekämpfen. So entwickelte sich das Ideal vom edlen Ritter, dem auch Hochadlige nacheiferten.

Q1 Die Marksburg bei Braubach am Rhein

Im 12. Jahrhundert errichtet und im 19. Jahrhundert umgebaut.

1 äußeres Tor mit Zugbrücke, Graben
2 Wehrtürme
3 Burgmauern mit Wehrgang und Schießscharten, dahinter Zwinger
4 inneres Tor
5 Burgvogt-Turm
6 Herrenhaus (Palas)
7 Kapellenturm
8 Bergfried mit Verlies
9 Saalbau mit Rittersaal und Kemenate, darunter Küche

D1 Animation

102

Die Marksburg

Q2 Ritter in der Kritik

Der Eisenacher Geistliche Johannes Rothe (ca. 1360–1434) ermahnt in seinem „Ritterspiegel", einer Art Lehrbuch für das Ritterleben, junge Adlige:

Über die Ritter muss ich noch mehr sagen. Von ihnen findet man drei Arten [...]. Die ersten wären kein Ei wert, sie haben weder Ehre noch Besitz [und] rauben und morden [nur].

Die zweiten [...] haben von den Edlen ihr Lehen, aber obwohl ihre Güter frei sind, verhalten sie sich nicht standesgemäß, denn sie handeln gegen den christlichen Glauben. Sie machen allezeit Witwen und Waisen, sie ernähren sich [...] durch Raub und andere unehrliche Dinge, wenn sie zu einem Dorf schnell hinreiten und armen Leuten ihr Vieh stehlen und ihnen Leben und Besitz rauben. [...]

Allein die dritten Ritter sind edel, die dann dazu werden, wenn Herren und Fürsten für den gemeinen[1] Nutzen und eine gerechte Sache kämpfen oder für den Frieden eines Landes oder gegen Ketzer[2] oder die Heiden oder auch gegen die schlechten Christen, die den armen Leuten Leid zufügen, oder wenn sie zum heiligen Grab[3] ziehen und sich dort zum Ritter segnen lassen.

1 allgemeinen
2 Person, die von der offiziellen Kirchenlehre abweicht
3 Grabstätte von Jesus Christus in Jerusalem

Zit. nach Johannes Rothe: Der Ritterspiegel. Hrsg., übers. u. komm. v. C. Huber u. P. Kalning. De Gruyter, Berlin/New York 2009, S. 75 ff.

Erster Blick

1 Betrachte die Marksburg (Q1): Was für Vermutungen über das Leben von Adligen und Rittern hast du?

Zum Herrschen geboren?

2 Arbeite Merkmale adliger Herrschaft heraus (VT1–VT3).

3 Vergleiche dein heutiges Leben mit dem Leben von adligen Jungen und Mädchen im Mittelalter (VT2). ○ → S. 255

Von Burgen und Rittern

4 MK Untersuche die Aufgaben einer Burg anhand ihrer Architektur und Lage (VT4, D1 102, Q1).

5 Interpretiere das Sprichwort „Adel verpflichtet" in Bezug auf das Leben im Mittelalter (VT1–VT4, Q2). ●

AFB I: 1 AFB II: 2, 4 AFB III: 3, 5

Bete und arbeite! – Die Geistlichen

Die Menschen im Mittelalter glaubten, dass der Stand der Geistlichen von Gott die Aufgabe zugewiesen bekommen habe, gottesfürchtig zu leben und Gottes Wort zu verbreiten. Wie sah das alltägliche Leben der Geistlichen genau aus?

Q1 Ein Kind wird dem Kloster übergeben

Das waren oft Söhne und Töchter von Adligen, die keine Erbschaft zu erwarten hatten oder nicht verheiratet werden konnten. Buchmalerei aus einem in Bologna verfassten Rechtsbuchs, um 1300

Klerus
(lat. Priesterstand) Der geistliche Stand weihte sein Leben Gott, um dessen Wort zu verbreiten und Seelsorge zu betreiben.

Reliquie
heilbringende Überreste von Heiligen oder Gegenstände, mit denen diese in Berührung gekommen sind

VT1 Die Kirche bestimmt den Alltag

Die meisten Menschen im Mittelalter waren überzeugt, dass sie nach dem Tod vor Gott wie vor einem Gericht stehen würden: Gute Menschen konnten auf ewiges Leben im Paradies hoffen, schlechte Menschen würden ewig in der Hölle leiden. Daher wollten sich die Menschen mit guten Taten und Bußen für ihre Sünden auf das Jenseits vorbereiten. Dabei spielte die Kirche eine zentrale Rolle: Der geistliche Stand, der **Klerus**, vermittelte den Willen Gottes und gab die Regeln für ein gottgefälliges Leben vor. Dazu gehörten auch Pilger- und Wallfahrten zu Kirchen, wo sich die **Reliquien** von Heiligen befanden: Die Heiligen sollten zwischen Gott und dem sündigen Menschen vermitteln.

In fast jedem Dorf gab es eine Kirche, in den Städten sogar mehrere. Hier predigten die Priester, tauften Neugeborene, schlossen Ehen und beerdigten die Toten. Die Menschen beichteten ihnen ihre Sünden in der Hoffnung auf Gottes Vergebung.

VT2 Unterschiede im Klerus

Die einflussreichsten Männer des Klerus waren Bischöfe und Erzbischöfe. Sie standen größeren Kirchenbezirken, den Bistümern, vor und stammten aus vornehmen Adelsfamilien. Neben ihrem geistlichen Amt hatten sie auch politische Aufgaben. Die Gottesdienste und die Seelsorge in den Gemeinden besorgten Priester und Mönche, die aus Bauern- und Bürgerfamilien stammten. Die Mehrheit der Geistlichen lebte als Mönche und Nonnen in **Klöstern**. Die Klostergemeinschaften heißen bis heute Orden.

VT3 Ein Leben im Kloster

Das Kloster hatte einen Vorsteher oder eine Vorsteherin: der Abt als „Vater" oder die Äbtissin als „Mutter". Mönche nannten sich „Brüder", Nonnen hießen „Schwestern". Sie mussten Gottes Allmacht anerkennen und sich an die Ordensregeln halten. Stolz, Eitelkeit und Habsucht galten als Todsünden. Eheschließung und Besitz waren nicht erlaubt. Der Klosteralltag war in feste Zeiten für das Lesen der Bibel, Gebete, Arbeit und den Schlaf eingeteilt (Q2). Nach dem Grundsatz „ora et labora" (lateinisch für „Bete und arbeite") verrichteten Mönche und Nonnen viele Aufgaben: Neben der Feld- und Handarbeit waren das vor allem Tätigkeiten, die das Lesen und Schreiben erforderten. In den Schreibstuben wurden die Bibel und Gebetbücher abgeschrieben. Neben christlichen Schriften sammelten Klosterbibliotheken auch Texte antiker Autoren. In den Klosterschulen wurden die angehenden Geistlichen unterrichtet. Zusätzlich stand das Kloster Gästen und Kranken offen, die dort Unterkunft und Hilfe fanden.

D1 Klosterplan

Nachzeichnung des Grundrisses eines Klosters, der um 820 in Sankt Gallen (Schweiz) entworfen wurde. Er diente als Musterbauplan, wurde so aber nie umgesetzt.

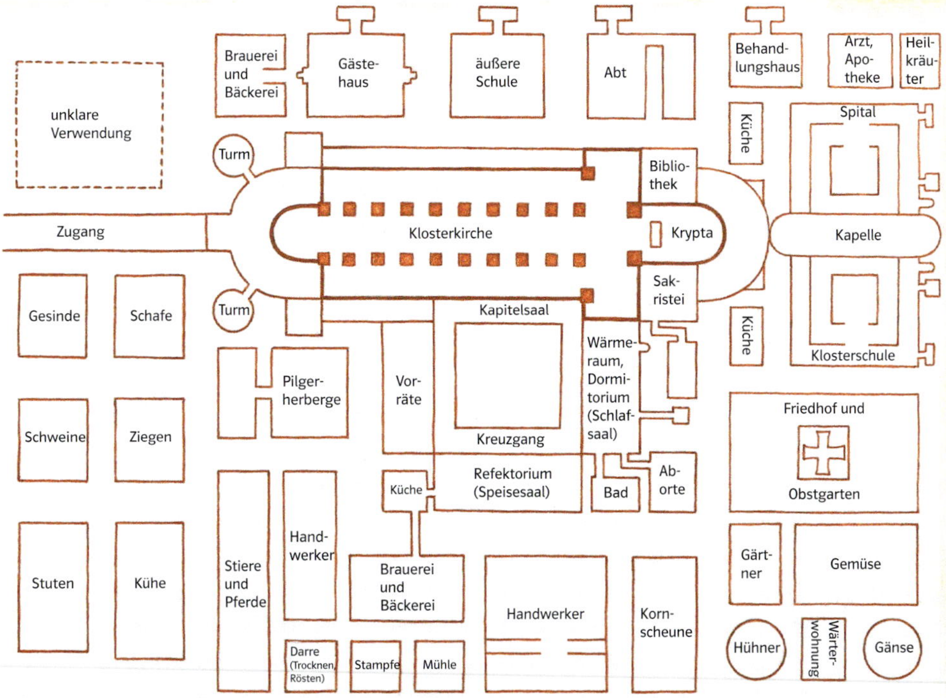

Kloster

Kann aus einem oder mehreren Gebäuden bestehen. Mönche und Nonnen führen hier gemäß den strengen Vorschriften ein von der Welt abgeschiedenes, frommes Leben.

D2 V02 Video

Klostermodell in Minecraft

Q2 Tagesablauf im Kloster

Aus einem Brief eines Abtes, 12. Jahrhundert:

Bemühe dich mit größtmöglicher Sorgfalt darum, [... dass ...] du vom 1. Oktober bis Ostern vor der Morgenröte, von Ostern bis zum genannten 1. Oktober kurz nach der Morgenröte den nächtlichen Gottesdienst beendest. Die Prim[1] sollst du im Winter bei hell werdender Morgenröte singen, die Terz[2] bei aufgehender Sonne, die Sext[3] aber und die Non[4], die Vesper[5] und die Complet[6] beim Glockenzeichen der Mönche. Wenn du die vorgeschriebene Zeit des Aufstehens zum nächtlichen Gottesdienst einhalten kannst, sollst du während der morgendlichen Stunden nicht mehr ins Bett zurückgehen.

1 erstes Gebet des Tages
2 Gebet zur dritten Stunde des Tages
3 Gebet zur sechsten Stunde des Tages
4 Gebet zur neunten Stunde des Tages
5 Abendgebet
6 Nachtgebet

Zit. nach Quellen zur Alltagsgeschichte im Früh- und Hochmittelalter, erster Teil. Ausg. u. übers. v. Ulrich Nonn. wbg, Darmstadt 2003, S. 25.

Erster Blick

1 Ein Blick ins Kloster: Stelle mithilfe von D2 V02 Überlegungen darüber an, welchen Zweck dieser Ort haben könnte. MK

Glaube und Alltag

2 Erkläre die Aufgaben von Geistlichen im alltäglichen Leben der Menschen (VT1).

AFB I: 1, 3 AFB II: 2, 4, 5, 6

Leben im Kloster

3 Beschreibe den Alltag von Mönchen und Nonnen (VT3, D1, Q2).

4 Untersuche, was alles zu einem Kloster gehören konnte und wozu es diente (D1).

5 Beschreibe Q1. Formuliere in Sprech- oder Denkblasen, was die Personen (Eltern, Mönche, Junge) sagen oder denken könnten. SP
○ → S. 255

Klöster damals und heute

6 Charakterisiere die besonderen Merkmale des Lebens in einem Kloster (VT2, VT3). Recherchiere im Internet, ob diese auch in heutigen Klöstern noch gelten. ●

Immer nur arbeiten? – Die Bauern

Heute arbeiten bei uns weniger als sechs Prozent der Bevölkerung in der Landwirtschaft. Im Mittelalter waren es über 90 Prozent. Was bedeutete es, ein Leben als Bauer oder Bäuerin zu führen?

→ Themen verknüpfen
Wie die Grundherrschaft aufgebaut war und funktionierte, kannst du auf Seite 30/31 noch einmal nachlesen.

Allmende
von der Allgemeinheit zumeist frei nutzbares Land oder Gewässer

Dorfschulze
Vorsteher eines Dorfes

→ Themen verknüpfen
Informiere dich auf Seite 216/217 über das Leben der Bürger und Bürgerinnen in der Stadt.

VT1 Das Leben im Dorf

Die meisten Menschen des Mittelalters lebten als Bäuerinnen und Bauern auf dem Land. In den ersten Jahrhunderten des Mittelalters wohnten sie in kleinen Siedlungen, die aus einzelnen Höfen bestanden und zu einem Fronhof gehörten. Als später die Fronhöfe aufgelöst wurden und das Land an Bauern verpachtet wurde, entstanden kleine Ansammlungen von Bauernhöfen, die Dörfer bildeten. Zu einem Dorf gehörten auch Wiesen, Wälder, Bäche und Teiche. Diese wurden als **Allmende** von allen Dorfbewohnerinnen und Dorfbewohnern genutzt, sofern nicht der Grundherr Anspruch darauf erhob. Zur Allmende gehörten auch der Dorfbrunnen und das Backhaus. Die Wiesen dienten als Weideflächen. Das Holz aus den Wäldern wurde zum Hausbau, zur Anfertigung von Werkzeugen, Geräten und Zäunen sowie zum Feuermachen benutzt. Zudem bot der Wald mit seinen Früchten, Kräutern und Pilzen nicht nur den Menschen, sondern auch ihren Schweinen Nahrung.

VT2 Leben und Arbeit auf dem Hof

Nur wenige freie Bauern bewirtschafteten eigenes Land. Die meisten Bauern waren unfrei und von einem Grundherrn abhängig. Sie lebten zumeist in ärmlichen Verhältnissen. Häufig lebten die Familie und das Vieh unter einem Dach (**D2**). In einem solchen Haus waren zudem oft Lagerräume für Heu und Getreide untergebracht. Es gab aber auch Höfe mit abgetrenntem Wohnhaus, Ställen, Scheunen und anderen Gebäuden. Zu diesen Bauernhöfen gehörten zudem Äcker und Gemüsegärten.

VT3 Der Einfluss der Natur

Leben und Arbeit der Bauern waren vom Rhythmus der Natur abhängig. Der Tagesablauf und die Jahreszeiten bestimmten den Arbeitstag. Die körperlich harte Arbeit garantierte jedoch nicht, dass jeder ausreichend zu essen hatte. Wie ergiebig die Ernte ausfiel, hing stark vom Wetter ab. Kälte und Hitze zur falschen Zeit sowie zu viel oder zu wenig Regen führten oft zu Missernten: Hunger bedrohte oft das Leben der Menschen.

VT4 Neuerungen erleichtern die Arbeit

Über die Jahrhunderte hinweg erleichterten zunehmend technische Erfindungen die Arbeit. Ab dem 10. Jahrhundert lockerten die Bauern mit dem neuen Wendepflug den Erdboden vor der Aussaat tiefer auf, sodass die Pflanzen mehr Nährstoffe nutzen konnten. So gab es ertragreichere Ernten. Mithilfe von Mühlen, die durch Wind- oder Wasserkraft angetrieben wurden, konnte aus dem geernteten Getreide nun mehr Mehl gemahlen werden.

Die wohl wichtigste Neuerung war die Dreifelderwirtschaft (**D3**): Wurden bisher zwei Felder im Wechsel als Getreidefeld und Weide genutzt, teilte man ab 1100 die Fläche in drei Felder ein. Dadurch wurden zwei Ernten im Jahr möglich. Zudem profitierten die Menschen davon, dass sich zwischen dem 11. und dem 13. Jahrhundert das Klima erwärmte. Deshalb gab es häufiger bessere Ernten, wodurch die Überlebenschancen der Menschen stiegen. Die Bevölkerung wuchs an.

VT5 Wer bestimmt im Dorf?

Die Bauern regelten ihr Zusammenleben im Dorf zunehmend selbstständig. Dazu wählten sie einen **Dorfschulzen**. Er organisierte Versammlungen, auf denen wichtige Fragen besprochen und Entscheidungen getroffen wurden. Er schlichtete Streitigkeiten und trat bei kleineren Vergehen als Richter auf. Seine zunehmende Macht führte aber auch zu mehr Ungleichheit der Dorfbewohner untereinander.

D1 Bauernleben im Mittelalter

Rekonstruktionszeichnung

D2 Bauernhaus im Mittelalter

Rekonstruktionszeichnung

D3 Die Dreifelderwirtschaft

Ab dem 8. Jahrhundert löste die Dreifelderwirtschaft die Zweifelderwirtschaft ab.

Brache: Der Boden erholt sich durch den nährstoffhaltigen Mist der weidenden Tiere.

Wintergetreide: Aussaat von Dinkel und Roggen im Herbst, Ernte im Frühsommer.

Sommergetreide: Aussaat von Hafer, Weizen und Gerste im Frühjahr, Ernte im Spätsommer.

Erster Blick

1 Betrachte D1 und D2: Wie könnte ein typischer Tag einer Bäuerin oder eines Bauern im Mittelalter ausgesehen haben? Beschreibe.

Leben im Dorf

2 Nenne Merkmale eines mittelalterlichen Dorfes (D1). ○ → S.255

3 Beschreibe den Alltag der Bauern im Mittelalter (VT1, VT2, VT5, D1, D2). Vergleiche deine Ergebnisse mit deinen Vermutungen aus Aufgabe 1.

Leben mit der Natur

4 Erläutere, wie sich die Menschen die Natur nutzbar machten (VT).

5 SP Erkläre die Funktionsweise der Dreifelderwirtschaft. Nutze dazu Wörter, die sie zeitlich (während, solange), in ihrem Zweck (damit, um zu) und ihren Folgen beschreiben (sodass, folglich).

6 Untersuche, in welcher Beziehung Natureinflüsse, Neuerungen und Bevölkerungsentwicklung zueinander standen (VT3, VT4, D3). ●

7 Nach einer schlechten Ernte sind im Winter einige Dorfbewohner verhungert. Als Dorfversammlung sucht ihr gemeinsam mit eurem Grundherrn und dem Dorfschulzen nach Lösungen für die Zukunft (VT3, VT5, D1, D3). Diskutiert.

AFB I: 1, 2, 3 AFB II: 4, 5, 6 AFB III: 7

SP Operatorentraining: Analysieren

Um im Geschichtsunterricht etwas über die Vergangenheit herauszufinden, müsst ihr Quellen genau untersuchen. Wichtige Details entdeckt man häufig erst, wenn man einen Gegenstand oder ein Bild ganz genau unter die Lupe nimmt. Um zum Beispiel die Aussage eines Textes herauszufinden oder ein Bild deuten zu können, müsst ihr diese Quellen zuvor sorgfältig analysieren. Oft wird eine Analyse als Text aufgeschrieben. So kann man die Ergebnisse strukturiert und nachvollziehbar an andere weitergeben oder selber auf den Text zurückgreifen, um anschließend Quellen zu vergleichen oder ein Urteil zu bilden.

Q1 Holzschnitt aus dem Ständebuch

Das Ständebuch wurde von Hans Sachs im Jahr 1568 geschrieben. In dem Buch hat Sachs die verschiedenen Stände mit ihren Rechten und Pflichten dargestellt. Der Zeichner Jost Amman hat Bilder für das Ständebuch angefertigt. Dieser Holzschnitt zeigt zwei Kaufleute.

Q2 Hafenszene in Hamburg, 1497

Aus einer Bilderhandschrift zum hamburgischen Stadtrecht.

1 Beschreibe das Bild **Q1**. Welchen Eindruck gewinnst du von der gezeigten Szene?

2 Vergleiche die beiden Modelltexte in **D1**. Welche Unterschiede fallen dir auf? Welche Analyse ist besser gelungen? Begründe mithilfe von „Schritt für Schritt".

3 Findest du die verschiedenen Details aus der Analyse A in **Q1** wieder? Welche Details kannst du der Analyse B hinzufügen?

4 Analysiert nun gemeinsam die Hamburger Hafenszene (**Q2**). Bearbeitet vorbereitend dazu die folgenden Aufgaben in Einzel- bzw. Gruppenarbeit:

a) Wählt einen der markierten Bildausschnitte aus **Q2**. Beantwortet die Fragen in Stichworten:
- Welche Personen sind dargestellt? Wo befinden sie sich? Welche Kleidung tragen sie? Welche Tätigkeiten üben sie aus?

Schritt für Schritt

Analysieren:

Bearbeite Quellen und Darstellungen unter einer besonderen Fragestellung. Nimm die enthaltenen Merkmale und Inhalte genau unter die Lupe. Beantworte die Frage anhand deiner Ergebnisse. Schreibe die Informationen strukturiert und nachvollziehbar auf.

Das gehört in den Text

- Am *Anfang* werden Entstehungszeit und -ort, Urheber und Thema der Quelle oder Darstellung genannt.
- Im *Hauptteil* erklärt man den Bildaufbau. Achte besonders darauf, welche Personen und Gegenstände dargestellt sind.
- Zum *Schluss* wird die Bildaussage zusammengefasst. Dazu kannst du die verschiedenen Bildelemente mit deinem Wissen zur Entstehungszeit verknüpfen.

Darauf musst du achten

- Beschreibe die Quelle oder Darstellung zuerst. Beachte dazu die Arbeitsschritte zur Arbeit mit Bildquellen. (Tipp: Eine Textquelle kannst du zusammenfassen.) So schaffst du eine Grundlage für deine Analyse.
- Schreibe so strukturiert und nachvollziehbar, dass jemand deine Analyse verstehen kann, ohne die Quelle zu kennen.
- Zeitform: Um eine Quelle zu analysieren, wird das Präsens verwendet.

Formulierungshilfen

- Um den Bildaufbau zu beschreiben, können Formulierungen verwendet werden wie: *Im Vordergrund/Hintergrund …; In der Bildmitte …; Am rechten/linken Bildrand …*
- Um Aussagen über Bildelemente zu machen, können Formulierungen verwendet werden wie: *Das Bild zeigt, dass …; Man kann vermuten, dass …*

D1 Modelltexte: Analyse zu Q1

A: Der Holzschnitt wurde im Jahr 1568 von Jost Amman für das Ständebuch angefertigt. Das Bild zeigt zwei Männer, die sich gegenüberstehen. Im Hintergrund erkennt man Kisten und Säcke, die in einem Torbogen gestapelt sind. Zwischen den Männern im Vordergrund liegen zwei verschnürte Pakete. Wahrscheinlich handelt es sich um Tuchballen. Die Männer tragen Pelzmäntel, kurze, eng anliegende Beinkleider und Kopfbedeckungen. Ihre Kleidung wirkt sehr teuer. Sie weisen mit den Händen auf die Tuchballen und aufeinander. Vielleicht verhandeln sie über den Preis für Tuchballen, denn es scheinen Kaufleute zu sein. Beide tragen ein Schwert bei sich. Es könnte sein, dass sie ihre Ware damit verteidigen müssen. Jost Amman zeigt in dem Bild also die typische Kleidung eines Kaufmanns und stellt seine Tätigkeit dar. Durch die Kleidung zeigt er, dass Kaufleute Reichtum erlangen konnten. Das Schwert weist darauf hin, dass ihre Reisen mit Gefahren verbunden waren.

B: Das Bild ist ein Holzschnitt. Man sieht zwei Männer in Mänteln und kurzen Hosen. Sie sind vorne im Bild. Hinten sind noch weitere Dinge. Vorne sind auch noch zwei Kisten. Die Kaufmänner verhandeln über die Kisten. Der rechte Kaufmann gewinnt. Der Zeichner will zeigen, dass Handel gefährlich ist. Deshalb hat er auch eine Waffe gezeichnet.

- Welche Gegenstände sieht man? Gibt es Dinge, die besonders auffallen?

b) Stelle der Klasse den Bildausschnitt vor, mit dem du dich beschäftigt hast.

c) Analysiert in Gruppenarbeit das Gesamtbild (**Q2**), indem ihr folgende Aufgaben löst:
- Welches Thema hat das Bild? Verfasst gemeinsam einen Einleitungssatz. Orientiert euch am Modelltext A (**D1**).
- Verfasst gemeinsam den Hauptteil der Analyse. Nutzt dafür eure Ergebnisse aus a) und b).
- Formuliert den Schluss, indem ihr die Bildaussage zusammenfasst.

AFB I: 1 AFB II: 3, 4 AFB III: 2

Video: Kapitelsteckbrief V03
Herrschaft und Leben im Mittelalter

1 Überblickswissen Mittelalter

Begriffe erklären

Hier sind Begriffe zu Herrschaft und Leben im Mittelalter erklärt. Bei vier Begriffen haben sich Fehler eingeschlichen. Finde diese und erkläre die Begriffe richtig.

Grund-herrschaft	Organisationsform der Herrschaft auf dem Lande im Mittelalter
Stände-ordnung	Vorschrift, wie die Verkaufsstände auf dem Markt aufgestellt werden mussten
Kloster	Ort, an dem Menschen lebten, die ihr Leben ganz in den Dienst Gottes stellten
Allmende	Flächen und Gewässer in Dörfern, die alle gemeinsam nutzen durften
Adel	Der Dritte Stand im Mittelalter; Adlige waren arm und meist ohne eigenen Besitz.
Dreifelder-wirtschaft	Im Mittelalter durfte jeder Bauer nur drei Felder bewirtschaften.
Papst	Oberhaupt der Fürsten

2 Herrschaft im Mittelalter

Eine Bildquelle untersuchen

a) Beschreibe Q1 mithilfe der methodischen Arbeitsschritte auf S. 29.

b) Identifiziere die dargestellten Personen mithilfe der Schrift und erläutere ihre Aufgabe und Herrschaft.

c) Erkläre einem Partner oder einer Partnerin, wie du das Verhältnis von Kaiser und Kurfürsten auf diesem Bild deutest. Tauscht euch auch darüber aus, ob Personen fehlen.

Q1 Kaiser Maximilian II. und die sieben Kurfürsten
Seit 1356 besaßen sieben Kurfürsten (von „küren“ = wählen) im Reich der Deutschen das Recht, den König zu wählen. Holzschnitt, um 1600

3 Das Verhältnis von Kaiser und Papst

Ein Bild untersuchen und Hintergründe erklären

a) Beschreibe das Bild Q3 genau.
b) Vergleiche das hier dargestellte Verhältnis von Kaiser und Papst mit den Ansprüchen Gregors VII. (Q8, S. 27).
c) Bildet Vierergruppen. Ein Zweierteam stellt die Szene aus Q3 im Standbild nach, das andere versucht, ein Standbild zu schaffen, das die Auffassung Gregors VII. abbildet.

4 Leben in der Grundherrschaft

Eine Bildquelle untersuchen

a) Beschreibe das Bild Q2 mithilfe der methodischen Arbeitsschritte auf S. 29.
b) Erkläre, welche Beziehung zwischen Bauer und Grundherr das Bild darstellt.
c) Formuliere für alle Personen Sprechblasen, die der historischen Situation angemessen sind.

Q2 Bauern leisten Abgaben an Grundherrn

Holzschnitt aus dem 15. Jahrhundert

Q3 Kaiser und Papst auf einem Thron

Die Buchmalerei entstammt dem Heidelberger Sachsenspiegel aus dem 14. Jahrhundert. Der Sachsenspiegel ist eines der bedeutendsten Rechtsbücher des Mittelalters.

5 Wie wird das Mittelalter heute dargestellt?

MK Heutige Mittelalterbilder hinterfragen

a) Recherchiere im Internet nach Bildern zum Suchbegriff „Mittelalter für Kinder".
b) Erstelle eine Liste, worum es sich bei dem Bild handelt (z. B. Werbung für ein Spiel, ein Buch etc.) und welche Merkmale des Mittelalters jeweils abgebildet sind. Notiere dabei auch, wie oft du ein Thema findest.
c) Vergleicht eure Beobachtungen mit den Themen zum Mittelalter in eurem Schulbuch: Welche Unterschiede stellt ihr fest? Überlegt gemeinsam, warum einige Themen sehr häufig, andere gar nicht vorkommen.
d) Bewertet, inwiefern das Mittelalterbild, das in den Medien verbreitet wird, realistisch ist.

2

Die Frühe Neuzeit

Die Frühe Neuzeit wird auch als eine Zeit des Auf- oder Umbruchs beschrieben. Um 1500 begannen sich Wissenschaft und Kultur grundlegend zu verändern. Europäische Seefahrer brachen zu Erkundungsreisen in ferne Länder auf. Martin Luther stieß durch seine kritischen Schriften eine Spaltung der Kirche an – die Reformation. Und auch im Bereich Herrschaft entwickelte sich mit dem Bild des absolutistischen Herrschers ein neues Ideal.

1400 1450 1500 1

ab etwa 1400
Wiederentdeckung von antiker Literatur und Kunst

1450
Johannes Gutenberg entwickelt den Buchdruck mit beweglichen Lettern.

1492
Christoph Kolumbus landet in Amerika.

um 1500
Entwicklung eines neuen Weltbildes durch Nikolaus Kopernikus

1517
Beginn der Reformation durch Martin Luther

D1 Europa nach der Reformation (um 1560)

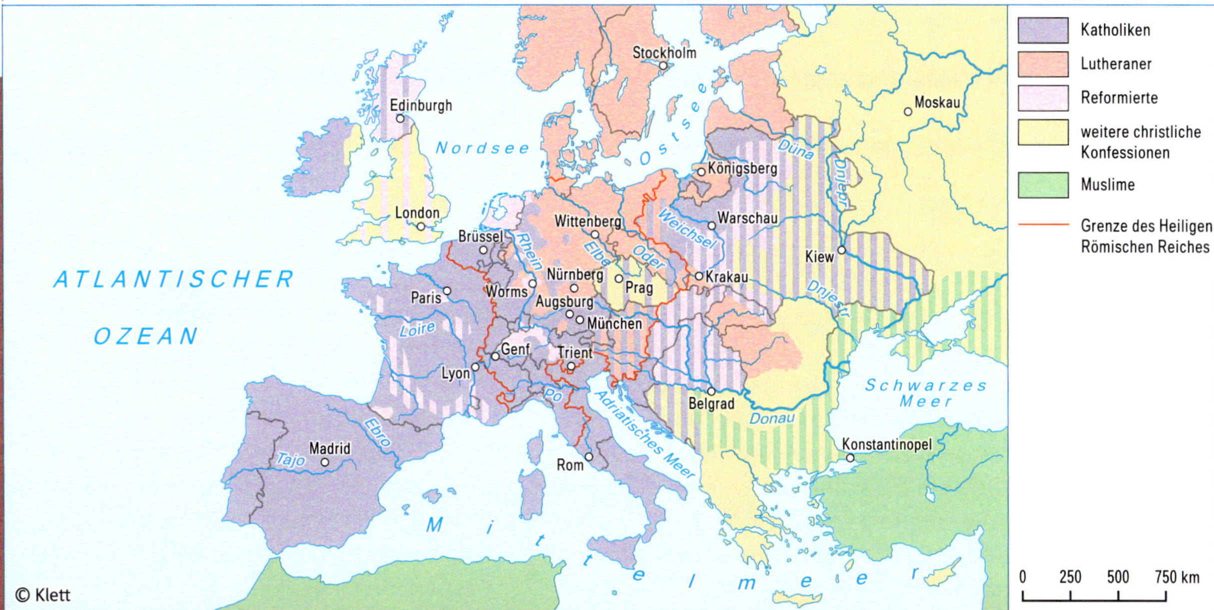

1600 – 1650 – 1700

1618
Prager Fenstersturz: Beginn des Dreißigjährigen Krieges

1635
Frankreich tritt in den Dreißigjährigen Krieg ein.

1648
Westfälischer Frieden: Ende des Dreißigjährigen Krieges

1661
Ludwig XIV. übernimmt die Regierung in Frankreich und begründet das Ideal eines absolutistischen Herrschers in Europa.

Orientieren und Entdecken

Suche auf der Zeitleiste nach Personennamen: Erzähle, welche du bereits kennst und was du über sie weißt.

Die Frühe Neuzeit markiert den Übergang vom Mittelalter zur Neuzeit. Sammelt Fragen, die ihr zu diesem Übergang von einer Epoche zur nächsten habt.

Leonardo da Vinci steht mit seinem Erfindergeist (**D2**) stellvertretend für die Veränderungen in der Frühen Neuzeit. Recherchiert Erfindungen und Maschinen, die Leonardo da Vinci entworfen hat, und stellt sie euch gegenseitig vor.

Beschreibe anhand der Karte **D1** die Verteilung der Glaubensrichtungen in Europa um 1560: Zu welcher gehörte damals dein Heimatort? Und wie sieht es heute aus: Fühlst du dich einer Glaubensrichtung zugehörig?

D2 Modell eines Fluggeräts nach einem Entwurf von Leonardo da Vinci im Victoria and Albert Museum, London

Eine Museumsausstellung in London widmet sich im Jahr 2006 dem Erfinder Leonardo da Vinci. Sie zeigt Zeichnungen seiner Erfindungen und präsentiert nachgebaute Modelle auf der Grundlage seiner Entwürfe.

Neue Zeiten – neues Denken – neuer Glaube

„O Jahrhundert! O Wissenschaften! Es ist eine Lust zu leben", schrieb der deutsche Dichter Ulrich von Hutten 1518. Er feierte eine neue Zeit, in der sich Vernunft und Wissen gegen Glauben und Tradition durchzusetzen begannen. Die Menschen hinterfragten vieles – auch die Kirche. Wie kam es dazu? Und welche Folgen hatte das neue Denken?

Neuzeit
Zeit vom Ende des Mittelalters bis zur Gegenwart. Das Gefühl, in einer neuen Zeit zu leben, kam in der Renaissance auf, als die Menschen vieles Alte infrage stellten.

Renaissance
(franz. für Wiedergeburt) geistige Bewegung, die vom Ende des 14. bis zum Ende des 16. Jahrhunderts dauerte und sich ausgehend von Italien über ganz Europa verbreitete

Humanismus
(von lat. humanus = menschlich) Geisteshaltung, die im 14. Jahrhundert von Italien ausging: Mithilfe des Studiums der klassischen Sprachen (Latein, Griechisch) und der Lektüre antiker Schriften sollten die Menschen zu selbstbewussten und gebildeten Wesen werden.

D1 W02
Website
Virtuelles Museum Uffizien

VT1 Neues Denken auf alten Grundlagen

Der christliche Glaube hatte im Mittelalter das Leben der Menschen geprägt. Die Kirche bestimmte, welches Wissen mit dem Glauben vereinbar war und gelehrt werden durfte. In der Frühen **Neuzeit** entstand ein neues Denken über den Menschen und seine Welt. Gelehrte wollten genau wissen, erforschen und prüfen und nicht allein von der Bibel und den Aussagen der Kirche abhängig sein. Ihre Erfindungen und Entdeckungen stellten vieles infrage, was für die Menschen bislang unumstößlich gewesen war. Sie begannen alte Schriften aus der Antike zu studieren und die daraus erworbenen Erkenntnisse anhand eigener Naturbeobachtungen und Untersuchungen zu überprüfen. Diese „Wiedergeburt der Antike" nennt man **Renaissance**.

VT2 Ein neues Menschenbild

Das christliche Menschenbild der Kirche im Mittelalter baute auf der Schöpfungsgeschichte auf: Gott habe den Menschen geschaffen und bestimme über dessen Geschick. Entsprechend hatte jeder Mensch seinen festen Platz in der mittelalterlichen Gesellschaft. Mit der Renaissance änderte sich diese starre Sicht auf den Menschen. In philosophischen Schriften dieser Zeit heißt es, der Mensch habe die Freiheit, sich entsprechend seinem eigenen Willen zu entfalten (Q4). Er könne sein Leben selbst bestimmen und mithilfe seines Verstandes die Natur und die Welt erforschen. Der Mensch selbst und seine Vervollkommnung rückten also ins Zentrum der Betrachtung (**Humanismus**). Diese neue Sichtweise lässt sich auch in der Kunst, Literatur, Philosophie und Architektur wiederfinden. Sie entstand selbstverständlich nicht von einem auf den anderen Tag, sondern war das Ergebnis eines längeren Wandels, der zwischen dem 14. und 16. Jahrhundert stattfand.

VT3 Die Spaltung der Kirche

Auch in religiösen Fragen forderten die Menschen bald mehr Mitsprache. Einer von ihnen war der Mönch Martin Luther. Er verlangte eine grundlegende Reform der Kirche. Der von Johannes Gutenberg um 1450 erfundene Buchdruck mit beweglichen Lettern verhalf seinen Ideen zum Durchbruch. Flugschriften trugen die Kritik an Kirche und Herrschaftsverhältnissen in alle Schichten der Bevölkerung. Luthers Bibelübersetzung aus dem Lateinischen ins Deutsche stiftete die Menschen an, selbst die Bibel zu lesen und darüber zu diskutieren. Es entstand ein neuer Glaube, der sich mit sozialen und politischen Forderungen verband und in vielen Regionen gegen die katholische Kirche durchsetzte.

VT4 Der neue Staat

Die Spaltung der Kirche hatte verheerende Folgen in Europa. Aufstände und Kriege im Namen des Glaubens brachen aus. Besonders der Dreißigjährige Krieg von 1618 bis 1648 verwüstete den gesamten Kontinent. Am Ende einigten sich die Fürsten auf eine neue Friedensordnung. Die Idee des frühmodernen Staates setzte sich durch (Q2): Die Fürsten herrschten danach weitgehend unabhängig über ein festes Territorium und dessen Bevölkerung. Sie bestimmten auch über Krieg und Frieden sowie die Religion. Sie waren nicht mehr an die komplizierten persönlichen Treuebeziehungen zu Vasallen gebunden wie im Mittelalter, sondern versuchten, zentralistisch mithilfe eines Beamtenapparats zu regieren. In Frankreich erhob Ludwig XIV. sogar den Anspruch, allein und absolut zu herrschen, und wurde zum Vorbild für viele weitere Herrscher.

Q1 Gott selbst spricht zu den Menschen

Der italienische Philosoph Giovanni Pico della Mirandola (1463–1494) lässt in seinem Büchlein „Über die Würde des Menschen" Gott selbst zu den Menschen sprechen:

Also war er zufrieden mit dem Menschen als einem Geschöpf von unbestimmter Gestalt, stellte ihn in die Mitte der Welt und sprach ihn so an: „Wir haben dir keinen festen Wohnsitz gegeben, Adam, kein eigenes Aussehen noch irgendeine besondere Gabe, damit du den Wohnsitz, das Aussehen und die Gaben, die du selbst dir ausersiehst[1], entsprechend deinem Wunsch und Entschluß habest und besitzest. Die Natur der übrigen Geschöpfe ist fest bestimmt und wird innerhalb von uns vorgeschriebener Gesetze begrenzt. Du sollst dir deine [Natur] ohne jede Einschränkung und Enge, nach deinem Ermessen, dem ich dich anvertraut habe, selber bestimmen. Ich habe dich in die Mitte der Welt gestellt, damit du dich von dort aus bequemer umsehen kannst, was es auf der Welt gibt. Weder haben wir dich himmlisch noch irdisch, weder sterblich noch unsterblich geschaffen, damit du wie dein eigener, in Ehre frei entscheidender, schöpferischer Bildhauer dich selbst zu der Gestalt ausformst, die du bevorzugst. Du kannst zum Niedrigeren, zum Tierischen entarten; du kannst aber auch zum Höheren, zum Göttlichen wiedergeboren werden, wenn deine Seele es beschließt."

1 auswählst

Zit. nach August Buck (Hrsg.): Giovanni Pico della Mirandola. De hominis dignitate. Über die Würde des Menschen. Übers. v. Norbert Baumgarten. Meiner, Hamburg 1990, S. 5–7.

Q2 Titelbild des Buches „Leviathan oder Wesen, Form und Gewalt eines kirchlichen und staatlichen Gemeinwesens"

Der Brite Thomas Hobbes hat 1651 in diesem Buch seine Gedanken zur Herrschaft und zum Staat aufgeschrieben. In seiner Staatslehre unterwirft sich der Einzelne zum eigenen Schutz der absoluten Gewalt des Staates. (1) Kopf mit Krone = der Fürst als Oberhaupt, das mit unumschränkter Macht ausgestattet ist und den Staat lenkt; (2) Körper = das Volk; (3) das Schwert = Symbol für die ausführende Gewalt/weltliche Macht; (4) Bischofsstab als Zeichen der geistlichen Macht. Der lateinische Satz aus der Bibel, der über dem Bild steht, lautet übersetzt „Keine Macht auf Erden kommt ihm gleich".

Erster Blick

1 Was könnte an der neuen Zeit so „neu" sein? Stellt Vermutungen anhand der Überschriften auf dieser Doppelseite an.

Das Denken im Wandel

2 Erkläre mithilfe von VT1 den Unterschied zwischen mittelalterlichem und frühneuzeitlichem Denken.

Ein neues Menschenbild

3 Fasse den Auftrag, den Gott den Menschen laut Giovanni Pico della Mirandola gegeben hat, in eigenen Worten zusammen (Q1).

4 MK Die Uffizien in Florenz (D1 W02) sind das berühmteste Museum für Renaissancekunst. Erkunde die Ausstellung virtuell. Diskutiert in der Klasse, ob virtuelle Ausstellungen wie diese zukünftig den Besuch vor Ort ersetzen werden.

Frühmoderne Herrschaft

5 SP Analysiere, wie das Titelbild des Buches „Leviathan" den frühmodernen Staat veranschaulicht (Q2, VT4). Nutze dafür die Schritt-für-Schritt-Hinweise zum Analysieren von Quellen auf S. 39. ○ → S. 255

6 Beurteile, inwiefern das folgende Zitat aus dem Buch „Leviathan" von Thomas Hobbes (1651) auch in der heutigen Zeit zutreffend ist: „Das Fehlen von Wissenschaft, das heißt Unkenntnis von Ursachen, macht dazu geneigt, oder besser, zwingt dazu, sich auf den Rat und die Autorität anderer zu verlassen." ●

AFB I: 1, 3 AFB II: 2, 5 AFB III: 4, 6

Neue Weltbilder

Der Erfinder- und Entdeckergeist der neuen Zeit veränderte den Blick auf die Welt. Die Menschen begannen, über bisherige Grenzen hinaus zu denken. Welche Folgen hatte dies?

geozentrisches Weltbild
die Vorstellung, dass die Erde (griech. gäa) den Mittelpunkt des Weltalls bildet

heliozentrisches Weltbild
die Vorstellung, dass die Sonne (griech. helios) den Mittelpunkt des Weltalls bildet

Inquisition
Gericht der katholischen Kirche, das über die Einhaltung der christlichen Lehre wachte

→ Themen verknüpfen
Mehr über die Ankunft der Europäer in der „Neuen Welt" erfährst du auf den Seiten 230 bis 233.

VT1 Altes und neues Weltbild

„Am Anfang schuf Gott Himmel und Erde." Dieser Satz aus der Bibel stellt die Erde als fest im Mittelpunkt des Weltalls stehende Schöpfung Gottes dar. So lehrte es die Kirche im Mittelalter und stützte sich dabei auch auf das **geozentrische Weltbild** des Griechen Claudius Ptolemäus aus dem 2. Jahrhundert n. Chr.
Dieses Weltbild stellten Forscher nun infrage: Der Astronom Nikolaus Kopernikus (1473–1543) versuchte, die Bahnen der Planeten um die Erde genau zu berechnen. Dabei entdeckte er, dass seine Berechnungen nur dann Sinn ergaben, wenn er die Sonne in den Mittelpunkt stellte (**heliozentrisches Weltbild**). Galileo Galilei (1564–1642) bestätigte und ergänzte das kopernikanische Modell (**D1**) durch Beobachtungen mit einem der ersten Fernrohre.

VT2 Reaktion der Kirche

Die wissenschaftlichen Ergebnisse von Kopernikus und Galilei widersprachen der Bibel und damit dem christlichen Glauben. Nach wie vor erhob die Kirche den Anspruch, zu bestimmen, was die Menschen wissen und glauben sollten. Der Anpassungsdruck an die kirchlichen Vorgaben wurde durch die **Inquisition** erhöht. Das war ein Gericht der Kirche, das Menschen verfolgte, die Zweifel an den Lehren der Kirche hatten. Die Inquisition erzwang Geständnisse mit Drohungen, Folter und Hinrichtungen. So wurde auch Galilei von der Inquisition gefangen genommen und verhört. Er widerrief seine Erkenntnisse und Lehren.

VT3 Eine „Neue Welt"

Zu Beginn der Neuzeit brachen Seefahrer und Kaufleute auf, um neue Seewege und unbekannte Gebiete außerhalb Europas zu erkunden. Erfindungen wie das Fernrohr, bessere Messinstrumente zur Navigation und genauere Karten halfen ihnen dabei. Europäische Herrscher ließen Expeditionen ausrüsten. Sie wollten ihre Herrschaftsgebiete erweitern und versprachen sich hohe Einkünfte aus den mitgebrachten Luxusgütern und Edelmetallen. 1492 brach Christoph Kolumbus im Auftrag des spanischen Königspaares auf, um in Richtung Westen einen Seeweg nach Indien zu finden. Er stieß dabei auf einen den Europäern noch unbekannten Kontinent, auch wenn ihm dies noch nicht bewusst war. Erst weitere Erkundungsreisen zeigten, dass es sich um eine „Neue Welt" handeln musste.

Q1 Weltkarte von Martin Waldseemüller, Straßburg 1507 (1,34 × 2,44 m)
Waldseemüllers Karte war die erste, die Amerika als eigenen Kontinent zeigte. Er gab der „Neuen Welt" den Namen „America", um den italienischen Seefahrer Amerigo Vespucci zu ehren.

D1 Weltbilder im Vergleich

a) Geozentrisches Weltbild (nach der Vorstellung des Griechen Ptolemäus aus dem 2. Jahrhundert n. Chr.)

b) Heliozentrisches Weltbild (nach einem Modell des Nikolaus Kopernikus aus dem Jahr 1543): Kopernikus ging dabei noch von einer kreisförmigen Bewegung der Planeten aus.

c) Erweitertes heliozentrisches Weltbild: Knapp ein Jahrhundert nach Kopernikus ergänzten Galilei und andere Wissenschaftler das heliozentrische Modell. Nun gingen die Forscher von einer ellipsenförmigen Bewegung der Planeten aus und erkannten die Unendlichkeit des Weltraumes. Dieses Modell besitzt noch heute Gültigkeit.

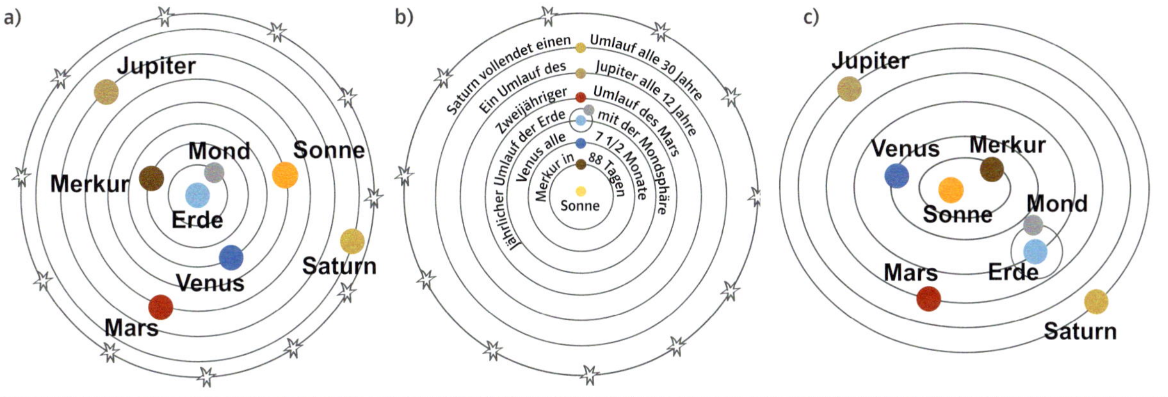

Q2 „Die Erde bewegt sich"

Aus dem Werk „Über die Kreisbewegung der Himmelskörper" von Nikolaus Kopernikus von 1543:

Die Meinung von der Unbeweglichkeit der Erde [schien] durch das Urteil vieler Jahrhunderte bestätigt, ich dagegen behaupte, die Erde bewegt sich. Als ich nun die Unsicherheit der mathematischen Überlieferung über die zu berechnenden Kreisbewegungen lange überlegt hatte, da fand ich bei Cicero [römischer Redner, Politiker und Philosoph], daß die Erde sich bewege. Nachher fand ich auch bei Plutarch [griechischer Philosoph und Schriftsteller], daß einige andere ebenfalls dieser Meinung gewesen seien. Ich war der Meinung, daß es auch mir wohl erlaubt wäre, zu versuchen, ob unter Voraussetzung irgendeiner Bewegung der Erde zuverlässigere Erklärungen für die Kreisbewegung der Weltkörper gefunden werden könnten als bisher. Und so habe ich denn durch viele und lange Beobachtungen endlich gefunden, daß die Erde und die Planeten sich um die Sonne drehen.

Nikolaus Kopernikus: Über die Kreisbewegungen der Weltkörper. Buch 1. Hrsg. v. Georg Klaus. Akademie-Verlag, Berlin 1959, S. 4 f.

Erster Blick

1 Eilmeldung: Erde nicht Mittelpunkt des Weltalls – soll sich sogar bewegen – Weltbild gerät ins Wanken! Stellt Vermutungen an, wie die Kirche auf diese Meldung reagiert haben könnte.

Streit um das richtige Weltbild

2 Vergleiche die Weltbilder (VT1, D1). Beachte die Stellung von Erde, Sonne und Planeten zueinander sowie die Bahnen der Planeten und die Grenzen des Universums.

3 Erläutere, wie Kopernikus (Q2) und wie die Kirche (VT1) ihre Weltbilder jeweils begründeten.

4 SP Stellt ein Gespräch zwischen dem Papst und zwei Beratern als Rollenspiel dar. Nutzt die Arbeitsschritte auf S. 281.

a) Legt die Rollen fest und erarbeitet Rollenkarten. Der eine Berater lehnt die Überlegungen von Kopernikus ab, der andere hat eine eher fortschrittliche Haltung. Welcher Position folgt der Papst? ○ → S. 255

b) Vergleicht im Anschluss an das Rollenspiel euer Ergebnis mit dem tatsächlichen Ausgang (VT2).

Eine „Neue Welt"?

5 Untersuche die Karte Q1. Worin bestehen Unterschiede zur Weltsicht des Mittelalters und einer heutigen Weltkarte?

6 Diskutiere, inwiefern eine Gegenüberstellung der damals bekannten „alten Welt" und einer vermeintlich „neue Welt" problematisch ist. ●

AFB I: 1 AFB II: 3, 5 AFB III: 2, 4, 6

Erfindungen verändern das Leben

Der Übergang vom Mittelalter zur Neuzeit war geprägt von zahlreichen Erfindungen, die das Leben der Menschen veränderten. Doch welche Erfindungen waren das und wie reagierten die Menschen darauf?

VT1 Buchdruck mit beweglichen Lettern

Bis zum Ende des Mittelalters wurden in Europa Texte und Bücher aufwendig von Hand kopiert. Dies nahm nicht nur sehr viel Zeit in Anspruch, sondern bewirkte auch, dass Bücher extrem teuer waren. Eine einfache Form des Buchdrucks gab es jedoch bereits im 9. Jahrhundert in China: Buchstaben wurden in Holztafeln geritzt und diese auf Papier gepresst. Mitte des 15. Jahrhunderts entwickelte der Mainzer Johannes Gutenberg diese Form des Buchdrucks weiter: Er nutzte für den Druck bewegliche Lettern – einzelne Buchstaben aus Metall, die je nach Text immer wieder neu zusammengesetzt und mithilfe einer Presse sowie Farbe gedruckt werden konnten. Durch diese Technik entwickelte sich das Buch allmählich zu einem erschwinglichen Produkt.

Nicht nur Bücher wurden gedruckt, sondern auch Flugblätter, die in Massen verteilt werden konnten. Ideen, Wissen und Neuigkeiten konnten sich nun viel schneller verbreiten als zuvor. Und obwohl um 1500 schätzungsweise nicht einmal fünf Prozent der Menschen in Europa lesen und schreiben konnten, profitierten doch alle: Es war damals üblich, dass Menschen, die lesen konnten, anderen vorlasen. Auch die Abbildungen und Illustrationen in den gedruckten Büchern oder auf den Flugblättern halfen hier weiter.

Q1 Mechanische Taschenuhr, um 1530

Seit der Erfindung der Spiralfeder ließen sich kleine Uhren bauen, die in einem Beutel am Gürtel getragen wurden. Nur wohlhabende Leute konnten sich diese teuren Uhren leisten.

VT2 Mechanische Uhren

Lange Zeit bestimmte der Wechsel von Tag und Nacht das Leben der Menschen. Doch bis weit in die Antike hinein lässt sich das Bedürfnis nachweisen, Zeit genauer zu messen. Hierzu wurden allerlei Hilfsmittel verwendet: die Sonne, Kerzen, Stundengläser. Doch diese waren ungenau und, wie zum Beispiel die Sonne, nicht immer verfügbar. Erst die Entwicklung mechanischer Uhren machte eine genauere Zeitmessung möglich. Von Italien aus breiteten sich diese zunächst noch recht großen Uhren in Europa aus. Den frühesten Beleg für eine Uhr, die sogar die Sekunden messen konnte, findet sich wohl in einer Rechnung aus dem Jahre 1586. In dieser Rechnung wird eine entsprechende Gewichtsuhr erwähnt.

Eine Weiterentwicklung waren sogenannte Federzuguhren, die den Bau deutlich kleinerer Uhren bis hin zur Taschenuhr ermöglichten (Q1). Die neuen Uhren machten es möglich, den Tag genau zu strukturieren und Abläufe aufeinander abzustimmen. Es entstand zudem ein spezialisierter Berufszweig: Der Uhrmacher.

VT3 Schießpulver

Schießpulver war bereits im 11. Jahrhundert in China bekannt. Es diente als Treibmittel für Feuerwaffen – Pistolen, Gewehre, Geschütze und sogar Raketen. Die Europäer lernten das explosive Pulver wahrscheinlich erstmals durch die Mongolen kennen. Seit dem 14. Jahrhundert ist belegt, dass europäische Adlige mit Feuerwaffen hantierten und Kanonen zu einer Bedrohung für Burg- und Stadtmauern wurden. Mittelalterliche Kampftechniken waren plötzlich veraltet und Ritter in schweren Rüstungen konnten den neuen Feuerwaffen nicht standhalten. Für vergnügliches Feuerwerk ist der Einsatz von Schießpulver zu dieser Zeit ebenfalls belegt.

Q2 „Schreiber verleihen den Worten Kraft“

Der Mönch und Humanist Johannes Trithemius erläutert um 1494 die Vorteile handschriftlicher Bücher:

Erst die Schreiber verleihen den Worten Kraft, den Dingen Dauer [...]. Wenn das Geschriebene nicht wäre, würde das Volk zerstreut, die Frömmigkeit[1] ausgelöscht und der Friede der katholischen Einheit[2] vollständig aufgelöst. [...] Der Buchdruck [...] hängt vom Papier ab und dieses wird in kurzer Zeit völlig zerstört. Der Schreiber jedoch, der seine Buchstaben dem Pergament anvertraut, sichert sich und dem, was er schreibt, langdauerndes Gedächtnis. [...] Denn wenn wir die Geschichte vergangener Zeiten sorgfältig betrachten, erfahren wir zu unserem Erstaunen, welche Sorgfalt die Alten und die heiligen Väter auf das Schreiben von Büchern sogar mit ihrer eigenen Hände Arbeit verwandten. Sie wussten vom doppelten Nutzen dieser Fertigkeit, die ihnen für Körper und Seele vielfach nützlich war und dazu den Nachfolgenden zu einem aufrechten Leben diente.

1 Gläubigkeit, Gottesfurcht
2 Vormachtstellung der katholischen Kirche

Johannes Trithemius: De laude scriptorum. Hrsg. v. Klaus Arnold. Freunde Mainfränkischer Kunst und Geschichte e. V., Würzburg 1973, S. 35, 49.

Q3 „Fehler kaum möglich“

Der Gelehrte Bonus Accursius schrieb 1475 über den Buchdruck:

Du weißt ja, daß in unserer Zeit die bekannte Kunst des Buchdrucks ans Licht getreten ist. Es ist eine wahrhaft nutzbringende und gar schöne Kunst, denn Abschriften von Büchern zu verschaffen ist wegen der hohen Preise für jedermann nicht gerade leicht. Aber wenn dies Gott sei Dank für dich auch kein Hinderungsgrund ist, so mußt doch auch du den Buchdruck wegen seiner künstlerischen Schönheit hochschätzen; und dann auch deshalb, weil dieser Buchdruck, sobald er einmal richtig feststeht, immer in derselben Weise durch alle Druckbogen fortschreitet, so daß ein Fehler kaum möglich ist, eine Sache, mit der es beim Abschreiben von Büchern ganz anders aussieht.

Zit. nach Helmut Presser: Johannes Gutenberg mit Selbstzeugnissen und Bilddokumenten. Rowohlt, Hamburg 1967, S. 124.

Q4 „Eine neue Kunst“

Der Bischof Dominicus de Dominicis schrieb 1475 über den Buchdruck:

Es gefiel aber dem allgütigen Gott, in unseren Tagen die Menschen eine neue Kunst zu lehren, die nämlich, daß durch den Druck mit Lettern die Vervielfältigung der Bücher möglichst erleichtert werde, so sehr, daß durch dreimonatige Arbeit nur dreier Männer von dem vorliegenden Werke dreihundert Exemplare durch den Druck hergestellt worden sind. Wollte jemand mit seiner Hand und mit Kiel oder Feder[1] dieselbe Zahl abschreiben, so würde wohl ein dreifaches Menschenleben kaum hierfür ausreichen.

1 Federkiel: fester, rohrartiger Teil einer Vogelfeder, wurde früher als Schreibgerät benutzt

Zit. nach Helmut Presser: Johannes Gutenberg mit Selbstzeugnissen und Bilddokumenten. Rowohlt, Hamburg 1967, S. 124.

Erster Blick

1 Überlegt, welche Erfindungen unser Leben heute verändert haben.

Wandel durch Erfindungen?

2 Beschreibe, welche Veränderungen die Erfindungen Buchdruck, Uhr, Schießpulver im Leben der Menschen bewirkt haben (VT, Q1).

3 SP Stell dir vor, du hast eine der drei Erfindungen das erste Mal gesehen. In einem Brief berichtest du einem Bekannten von deinem Erlebnis. Schreibe, was du gesehen und wie du dich gefühlt hast. Berichte auch, was du über die Erfindung denkst. ○ → S. 256

Buchdruck im Urteil der Zeitgenossen

4 Erläutere die Vorteile, die der Mönch Trithemius im handschriftlichen Kopieren von Büchern gegenüber dem Buchdruck sah (Q2).

5 Arbeite heraus, welche Vorteile des Buchdrucks in Q3 und Q4 genannt werden.

6 Beurteile zusammenfassend die unterschiedlichen Einschätzungen des Buchdrucks (Q2–Q4).

7 MK Die Erfindung des Buchdrucks ließ Nachrichten deutlich schneller kursieren als jemals zuvor. Diskutiere, ob man den Buchdruck als TikTok der frühen Neuzeit bezeichnen kann. ●

AFB I: 1, 2 AFB II: 3, 4, 5 AFB III: 6, 7

Die Reformation – eine fortschrittliche Bewegung?

Für die Menschen des Mittelalters war es wichtig, so zu leben, wie es die Kirche lehrte. Doch im Spätmittelalter kamen ihnen immer mehr Zweifel. Der Mönch Martin Luther entwickelte mit seiner Kirchenkritik eine neue christliche Lehre, der sich viele anschlossen – aber nicht alle. So kam es zu Uneinigkeit, Streit und einer Spaltung der Kirche. Warum? Und waren Luthers Lehre und die mit ihr angestoßene Reformation auch fortschrittlich?

Ablass
Erlass einer Strafe für eine Sünde. Im 15. und 16. Jahrhundert wurde diese Praxis missbraucht, indem man den Ablass einfach mit Geld kaufen konnte.

Ketzer
Bezeichnung für Christen, die nicht an die Lehren der katholischen Kirche glaubten

Reichstag
Versammlung, auf der der Kaiser, die bedeutendsten Fürsten und die Reichsstädte über wichtige Angelegenheiten berieten

VT1 Glauben und Kirche im Spätmittelalter

Die meisten Menschen in Mitteleuropa gehörten im Spätmittelalter zur christlichen Kirche. Der Glaube und die Regeln der Kirche bestimmten ihr Leben. Dabei lebten viele in Angst vor den strafen Gottes (Q3). Sündern, so glaubten sie, drohe die Hölle. Um den Strafen der Hölle zu entgehen und ins Paradies zu gelangen, kauften die Menschen die von der Kirche angebotenen **Ablass**briefe. Doch manchen kamen Zweifel: Konnte man sich mit Geld wirklich von seinen Sünden freikaufen?

Gleichzeitig ärgerten sich viele Christen über ihre Kirche. In den Gemeinden fühlten sich die Menschen nicht gut betreut. Zu oft wurden nicht die fähigsten und frommsten Männer in Kirchenämter berufen, sondern diejenigen, die der Kirche das meiste Geld dafür bezahlten.

Viele betrachteten zudem die Päpste mit Misstrauen, weil diese in großem Prunk lebten. Das verschlang viel Geld, welches durch den Verkauf von Ablassbriefen eingenommen werden sollte. Viele einfache Gläubige, aber auch einige kirchliche Amtsträger sahen darin einen Missstand und sehnten deshalb eine Kirchenreform herbei.

VT2 Luthers Kirchenkritik

Auch im Jahr 1517 übte ein Mann Kritik: Der Mönch Martin Luther (Q1, Q2) kritisierte öffentlich den Ablasshandel. Luther ging davon aus, dass Gott den Menschen ihre Sünden allein aufgrund seiner göttlichen Gnade verzeihe. Der Mensch könne sich die Gnade Gottes also nicht verdienen oder gar erkaufen. Auch sei eine Kirche als Vermittler zwischen Gott und den Menschen nicht unbedingt nötig. Ein fester Glaube der Menschen sei ausreichend. Luther forderte, dass in der Kirche nur noch das stattfinden dürfe, was sich aus der Bibel begründen ließ. Damit möglichst viele das überprüfen konnten, übersetzte er die Bibel ins Deutsche.

VT3 Wie reagieren Papst und Kaiser?

Anfangs diskutierten kirchliche Amtsträger mit Luther über dessen Ideen. Als dieser jedoch auf seinen Ansichten beharrte und seine Ideen radikal ausbaute, sorgten sie sich um die Einheit der Kirche. Deshalb begannen Papst und Kaiser einen **Ketzer**prozess gegen Luther. Im Jahr 1520 verhängte der Papst über Luther den Kirchenbann und schloss ihn damit aus der Kirche aus. Zudem musste Luther 1521 auf dem **Reichstag** in Worms erscheinen. Dort sollte er vor dem Kaiser und den Fürsten seine Lehre widerrufen. Doch Luther blieb bei seinen Ansichten.

D1 A01
Audio
Hörspiel: Bei Meister Konrad in der Lehre

D2 W03
Website
Luther-Spiel

Q1 Über Luther schwebt die Taube des Heiligen Geistes
Holzschnitt von Hieronymus Hopfer, 1521

VT4 Die Reformation breitet sich aus

Der Buchdruck machte es möglich, Luthers Gedanken mithilfe von Flugblättern, Plakaten und Büchern im ganzen Reich bekannt zu machen. Zahlreiche Städte und Gemeinden übernahmen die neue **evangelische** Lehre und führten bei sich die **Reformation** durch. Doch oft kam es innerhalb der Gemeinden zwischen Anhängern und Gegnern Luthers zu Konflikten. Manche Besucher von Gottesdiensten hinderten die Priester daran, so zu predigen wie bisher, indem sie diese niederschrien oder neue, lutherische Kirchenlieder anstimmten. Auch kam es vor, dass Anhänger der neuen Lehre Bilder und Statuen aus den Kirchen heraustrugen und zerstörten (Q6) oder Mönche und Nonnen aus ihren Klöstern vertrieben. Auf der anderen Seite mussten manche lutherisch eingestellten Prediger mit Waffen gegen Angriffe von papsttreuen Leuten verteidigt werden. Gemeinden, die die Reformation durchführten, erlaubten ihren Pfarrern, zu heiraten und Familien zu gründen. Auch sollten die Gottesdienste nicht mehr in lateinischer Sprache, sondern auf Deutsch gehalten werden. Zudem sollte darauf verzichtet werden, sich zum Gebet zu bekreuzigen. Ihre Kirchengebäude gestalteten diese Gemeinden sehr viel schlichter, ohne bunte Abbildungen von Heiligen, die als unbiblisch galten.

VT5 Die Fürsten mischen sich ein

Viele Fürsten merkten rasch, dass sie ihre eigene Macht und ihren Reichtum vergrößern konnten, wenn sie in ihrem Herrschaftsgebiet die Führung bei der Umsetzung der Reformation übernahmen. Dabei eigneten sie sich große Teile des Kirchenbesitzes an. Mit der Reformation übernahmen die Fürsten aber auch Aufgaben der alten Kirche. Denn nun waren sie es, die die Pfarrer und Lehrer einstellen und deren Gehälter bezahlen mussten. Auch die Fürsorge für die Armen und Kranken ging auf die Fürsten über.

VT6 Folgen der Reformation

Luther war nicht der einzige wichtige Reformator. In Genf in der Schweiz entwickelte Johannes Calvin die Lehren der Reformation weiter. Daraus entstand der **Calvinismus**. Dieser gilt als besonders streng. Er unterschied sich von Luthers Lehre so sehr, dass aus ihm eine eigene **Konfession** und eine eigene Kirche entstand, die sogenannte reformierte Kirche.

Doch auch die katholische Kirche reformierte sich. Das Konzil von Trient (1545–1563) verbot den Ablasshandel sowie die Häufung und den Verkauf kirchlicher Ämter. Zusammen mit dem Kaiser und den katholisch gebliebenen Fürsten versuchte man, Evangelische für die katholische Konfession zurückzugewinnen. Manche Historikerinnen und Historiker bezeichnen dies als **Gegenreformation**. Lutheraner, Reformierte und Katholiken traten in einen regelrechten Wettstreit um die Christen. Dazu verbesserten sie die Bildung und Ausbildung ihrer Pfarrer und Lehrer, gründeten neue konfessionelle Schulen und Universitäten und sorgten so auch dafür, dass immer mehr Kinder Lesen und Schreiben lernten.

Q2 Luther und der Teufel

Holzschnittkarikatur auf dem Titel einer Druckschrift des katholischen Schriftstellers Petrus Sylvius, 1535

evangelisch
Selbstbezeichnung jener Christen, die sich wie Luther allein an die Bibeltexte, insbesondere die Evangelien, halten wollten

Reformation
religiöse Erneuerungsbewegung des 16. Jahrhunderts, die zur Entstehung der evangelischen Kirche führte

Calvinismus
Evangelische Konfession, die auf die Lehre Johannes Calvins (1509–1564) zurückgeht. Sie prägte vor allem die Schweiz, die Niederlande und die USA.

Konfession
Bekenntnis; Glaubensüberzeugung, zu der sich ein Mitglied einer Religionsgemeinschaft öffentlich bekennt

Gegenreformation
Maßnahmen katholischer Fürsten zur Rückgewinnung von Gebieten, die in der Reformationszeit evangelisch geworden waren. Auch Waffengewalt wurde eingesetzt.

Q3 Spätmittelalterliche Glaubenswelt: „Seelen im Fegefeuer"

Altarbild aus dem Jahr 1480, 113 × 64 cm, Museum der Stadt Regensburg

Q4 Luther auf dem Reichstag in Worms

Am 18. April 1521 begründet Martin Luther seine Haltung:

Allergnädigster Kaiser, durchlauchtigste Fürsten! [...] Die zweite Gruppe [meiner Bücher] greift das Papsttum und die Taten seiner Anhänger an, weil ihre Lehren und ihr schlechtes Beispiel die ganze Christenheit sowohl geistlich wie leiblich verstört hat. Das kann niemand leugnen oder übersehen wollen. Denn jedermann macht die Erfahrung, und die allgemeine Unzufriedenheit kann es bezeugen, daß päpstliche Gesetze und Menschenlehren die Gewissen der Gläubigen aufs jämmerlichste verstrickt, beschwert und gequält haben, daß aber die unglaubliche Tyrannei auch Hab und Gut verschlungen hat und fort und fort auf empörende Weise weiter verschlingt [...]. Denn ich glaube weder dem Papst noch den Konzilien[1] allein, weil es offenkundig ist, daß sie öfters geirrt und sich selbst widersprochen haben. Widerrufen kann und will ich nichts, weil es weder sicher noch geraten ist, etwas gegen sein Gewissen zu tun. Gott helfe mir, Amen.

1 Versammlung der höchsten Vertreter der Kirche

Martin Luther: Ausgewählte Schriften. 1. Bd.: Aufbruch zur Reformation. Hrsg. v. Karin Bornkamm/Gerhard Ebeling. 1. Aufl., Insel-Verlag, Frankfurt a. M. 1982, S. 265–269.

Q5 Die Wittenberger verändern ihr Leben

Die Anhänger Luthers beginnen 1521, die neuen Vorstellungen umzusetzen. Ein Zeitgenosse berichtet:

Der Propst[1] zu Wittenberg hat Erich Saltes Tochter zu Ehe genommen. Ein Barfüßermönch ist ein Schuster geworden und hat eines Bürgers Tochter genommen. Ein anderer Barfüßer ist ein Bäcker geworden und hat eine Frau genommen. Ein Augustiner[2] ist ein Schreiner geworden und hat eine Frau genommen. Dr. Feldkirch hat seine Köchin genommen. Der Rat zu Wittenberg hat den Barfüßern und Augustinern gesagt, sie sollen ihre Klöster vor Mittfasten[3] räumen, und haben alle Kleinode[4] in den Klöstern aufgezeichnet. Alle gemeinen Frauen[5] sind vertrieben; sitzt einer in der Unehe, so muß er sie ehelichen oder fahren lassen. Der Rat hat 14 Männer gesetzt und verordnet, die sollen alle armen Leute aufweisen[6]; denen giebt der Rat von den geistlichen Gütern einem jeglichen nach seiner Notdurft; einem alten Priester giebt er sechs Gulden, ein junger soll ein Handwerk lernen. [...] Die Pfarrkirche steht alle Tage zu; nur am Sonntag hält man eine deutsche Messe darin und predigt, und das Volk geht eifrig zum hochwürdigen Sakrament[7] und nehmen es selbst auf dem Altar, und nehmen den Kelch selbst in die Hand und trinken das Blut Christi. [...] Allenthalben lassen die Mönche und Pfaffen ihre Platte[8] verwachsen und nehmen Eheweiber.

1 Kirchenvorsteher
2 Mönch des Augustinerordens
3 der Mittwoch, der die Mitte der Fastenzeit bildet
4 Wertsachen
5 Prostituierte
6 in Listen erfassen
7 hier: Abendmahl
8 aus religiösen Gründen vollständig oder teilweise abrasiertes Haar

Zit. nach Karl Kaulfuß-Diesch (Hrsg.): Das Buch der Reformation. 2. Aufl., Voigtländer, Leipzig 1917, S. 287 f.

Q6 Bildersturm

Anhänger der Reformation entfernten Gemälde, Skulpturen und Kirchenfenster mit Darstellungen Christi und der Heiligen aus ihren Kirchen. Der um 1530 entstandene Holzschnitt von Erhard Schoen trägt die Überschrift: „Klagerede der armen verfolgten Götzen vnd Tempelpilder über so vngleich vrtayl vnd straffe".

Erster Blick

1 Besprecht: Wie wichtig ist den Menschen heutzutage ihr Glauben?

Kirche in der Krise

2 Beschreibe (Q3): Wovor fürchteten sich die Menschen des Spätmittelalters, worauf hofften sie (VT1)? Vergleiche dies mit deinen Hoffnungen und Befürchtungen.

3 Liste auf, was an der Kirche kritisiert wurde (VT1, VT2), und markiere verschiedenfarbig, welche Kritik du besonders gut nachvollziehen kannst und welche nicht.

Die Reformation und ihre Gegner

4 Erläutere, was Luther dem Papst vorwirft (Q4).

5 Erkläre mithilfe von Q4, warum Luther seine Kritik am Papst und dessen Kirche nicht zurücknahm.

6 Erläutere den Einfluss des Buchdrucks auf die Verbreitung von Luthers Schriften und die Reformation (VT4, D1 A01)

7 Vergleiche die beiden Darstellungen von Luther und begründe, welcher Zeichner ein Anhänger der Reformation war (Q1, Q2). ○ → S. 256

Wie verändert die Reformation das Alltagsleben?

8 Analysiere, auf welche Weise sich die Reformation an vielen Orten durchsetzte (Q6, VT4). ○ → S. 256

9 Liste genau auf, welche Menschen wie ihr Alltagsleben änderten (Q5). ○ → S. 256

Folgen der Reformation

10 Beschreibe, wie die Reformation die religiöse Landkarte Europas veränderte (D1 auf S. 43).

11 SP Stell dir vor, ein Austauschschüler aus Asien kommt neu in deine Klasse. Er wundert sich, dass die Klasse für den Religionsunterricht aufgeteilt wird. Gib ihm eine historische Erklärung dafür. Zeige dabei Zusammenhänge zwischen vergangenen Ereignissen und Entwicklungen und heute auf.

12 Die Zeit der Reformation gilt als Übergang vom Mittelalter zur Frühen Neuzeit. Diskutiert: Was war an Luther und der Reformation mittelalterlich, was war fortschrittlich? Was von beidem überwiegt?

13 MK Informiere dich über Funktionsweise, Anbieter und Darstellungen Luthers in D2 W03. Diskutiert gemeinsam Chancen und Grenzen derartiger Geschichtsangebote und verfasst zu zweit eine Rezension zum Spiel. ●

AFB I: 1, 2, 3, 9, 10 AFB II: 4, 5, 6, 8, 11 AFB III: 7, 12, 13

Europa im Dreißigjährigen Krieg

Im Jahr 1618 brach ein verheerender Krieg in Mitteleuropa aus, der sehr viele Menschenleben kostete. Warum kam es zum Krieg, wie verlief er und welche Folgen hatte er?

protestantisch
aus der Reformation entstandene Glaubensrichtung, die die verschiedenen Kirchengemeinschaften umfasst, z.B. Lutheraner, Reformierte

Habsburger
Katholisches Herrschergeschlecht, das über Jahrhunderte Könige und Kaiser des römisch-deutschen Reiches stellte. Ihre Besitzungen lagen vor allem in Österreich und Spanien.

Söldner
Berufssoldat, der für Bezahlung (Sold) kämpft

VT1 Religiöser Streit – der Krieg beginnt

Die Reformation hatte das Christentum in Mitteleuropa gespalten. Die **protestantische** Konfession konkurrierte mit der katholischen Kirche. Oft vermischten sich religiöse Streitpunkte mit politischen Machtfragen. In Böhmen, im heutigen Tschechien, kam es so zum Konflikt zwischen König und Adel. Als König herrschte dort der **Habsburger** Ferdinand II., ein Katholik. Als dieser die ursprünglich versprochene Religionsfreiheit abschaffen wollte, wehrten sich protestantische Adlige: 1618 drangen sie in Prag in die Königsburg ein und warfen drei königliche Beamte aus dem Fenster, die mit Glück überlebten. Der Konflikt verschärfte sich und führte zum Krieg, der in mehreren Phasen dreißig Jahre andauerte – von 1618 bis 1648.

VT2 Ein europäischer Machtkonflikt

Die böhmischen Adligen wählten sich nun mit Kurfürst Friedrich V. von der Pfalz einen protestantischen Herrscher. Ferdinand II. reagierte mit Gewalt und erhielt Unterstützung von katholischer Seite. Protestantische Fürsten im Reich fürchteten nun, dass Ferdinand zu mächtig würde, zumal er 1619 auch zum Kaiser gewählt worden war. Sie organisierten Unterstützung durch Protestanten: 1625 trat König Christian IV. von Dänemark auf ihrer Seite in den Krieg ein. England und die Niederlande halfen mit Geld und 1630 griff auch der schwedische König Gustav II. Adolf in den Krieg ein.

1635 schließlich geschah Unerhörtes: Katholiken kämpften jetzt gegen Katholiken, denn der katholische König Frankreichs trat auf der Seite der Protestanten in den Krieg ein. Er sah sein Königreich durch die Macht der Habsburger bedroht, die verschiedene angrenzende Gebiete regierten. Letztlich war aber keine Seite stark genug, um die andere zu besiegen.

Q1 Prager Fenstersturz
Kupferstich, nachträglich koloriert, um 1635

VT3 Leid und Zerstörung

Beide Lager setzten zur Kriegsführung **Söldner** ein. Diese mussten ausgerüstet und bezahlt werden, was jedoch nicht immer gelang. So versetzten die Söldnerarmeen ganze Regionen in Angst und Schrecken: Sie raubten Bauern den letzten Besitz, wurden gewalttätig gegenüber Frauen und Männern, brannten Dörfer ab und mordeten aus Lust am Töten. Krankheiten forderten zusätzliche Opfer. Historikerinnen und Historiker schätzen, dass die Bevölkerung in Deutschland von rund 16 Mio. Menschen im Jahr 1600 auf etwa 10 Mio. im Jahr 1650 sank.

VT4 Der Westfälische Frieden

1648 wurde in Münster und Osnabrück der Westfälische Frieden geschlossen, der den Dreißigjährigen Krieg beendete. Ab jetzt wurden alle Konfessionen geduldet. Eine neue europäische Friedensordnung entstand, in der u.a. die Schweiz sowie die Niederlande selbstständig wurden. Der Kaiser verlor an Macht gegenüber den Herrschern in den Teilgebieten seines Reiches.

Q2 Kriegsgründe des Königs von Schweden

Gustav II. Adolf erklärt sie 1629 so:

Die Absicht der Katholischen ist allgemein kundig und offenbar. Seit langem wollen sie nichts anderes als den Untergang der rechtgläubigen Evangelischen. Schon haben die Päpstler[1] an der Ostsee Fuß gefaßt, sich auf ihr stark gemacht, strengen alles an, eine Ostseeflotte zu errichten, um mit ihr den schwedischen Handel und Trafik[2] zu turbieren[3] und, hinüber nach Schweden kommend, hier Fuß zu fassen.

1 hier: Katholiken
2 Verkehr
3 stören

Zit. nach Hans Jessen (Hrsg.): Der Dreißigjährige Krieg in Augenzeugenberichten. 4. Aufl., dtv, München 1980, S. 229.

Q3 Kriegsgründe des Königs von Frankreich

Der oberste Berater des französischen Königs 1633:

In der gegenwärtigen Lage muß das erste Ziel des Königs sein, durch Geld [...] zu versuchen, den Krieg [...] fortzusetzen, ohne [...] offen daran teilzunehmen. [...] Aber wenn es klar zu erkennen wäre, daß die Kriegsmüdigkeit einen Friedensschluß befürchten [...] ließe, dann wäre zu überlegen, ob der König besser daran täte, im Bündnis mit den deutschen und holländischen Protestanten sich offen gegen das Haus Habsburg zu erklären, unter folgenden Bedingungen: Die Religion soll den Protestanten an allen Orten erhalten bleiben, wo sie vor dem Krieg herrschte. Sie sollen [als Gegenleistung] alles in die Hände des Königs legen, was sie diesseits des Rheins[1] besetzt halten [...].

1 auf der linken Rheinseite

Zit. nach Hans Jessen (Hrsg.): Der Dreißigjährige Krieg in Augenzeugenberichten. 4. Aufl., dtv, München 1980, S. 335.

D1 Verlauf des Dreißigjährigen Krieges

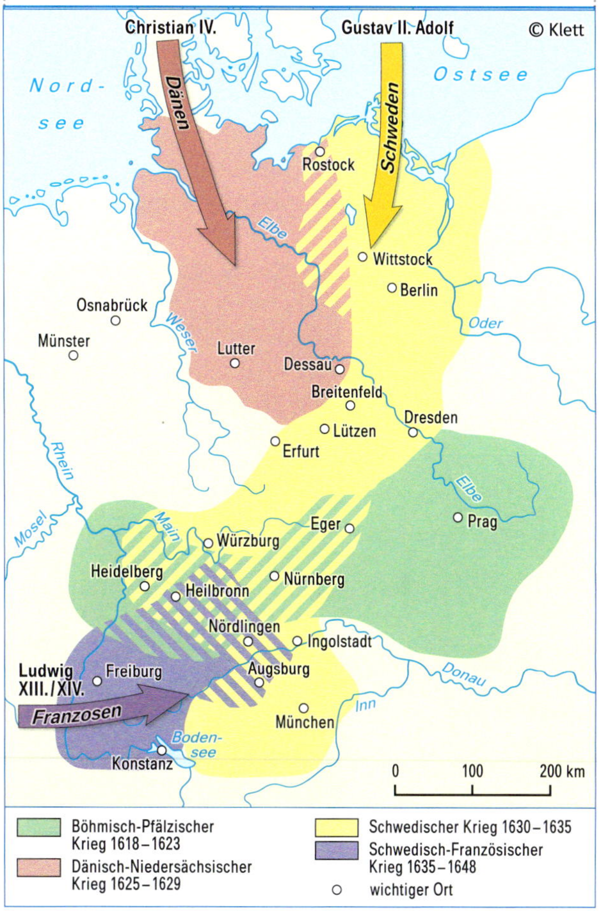

Erster Blick

1 30 Jahre Krieg: In welchen Zustand versetzt dies Länder und Menschen?

Krieg – Ursachen und Verlauf

2 Du besuchst die Prager Burg. Erkläre deinen Begleitern den Prager Fenstersturz und seine Folgen (Q1, D1, VT). ○ → S. 256

3 Untersuche, inwieweit in Q2 und Q3 eher religiöse oder eher machtpolitische Gründe für den Kriegseintritt genannt werden.

4 Krieg der Konfessionen oder Machtkampf? Beurteile den Dreißigjährigen Krieg (VT1, VT2, Q2, Q3). ○ → S. 256

5 Überprüfe, inwieweit man überhaupt von „dem Dreißigjährigen Krieg" sprechen kann (D1, VT).

Endlich Frieden

6 SP Reiter verbreiten die Nachricht vom Friedensschluss. Entwerft einen Dialog, in dem ein Reiter die Beschlüsse verkündet (VT4) und Zuhörer ihre Gedanken dazu ausdrücken (VT3). ○ → S. 257

AFB I: 1 AFB II: 2, 3, 6 AFB III: 4, 5

Macht und Pracht im Absolutismus – das Vorbild Ludwig XIV.

Besonders mächtig zu sein und dies jedermann zu beweisen, das waren Anspruch und Ziel der absolutistischen Herrscher in der Frühen Neuzeit. Was machten sie anders als die Herrschenden in vorangegangenen Zeiten?

D1 Spiegelsaal in Versailles
Foto, 2022

Absolutismus
(von lat. legibus absolutus = von den Gesetzen losgelöst) von Ludwig XIV. begründete und im 17. und 18. Jh. von vielen Herrschern nachgeahmte Herrschaftsform

D2 W04
Website
Rundgang durch den Spiegelsaal

D3 A02
Audio
Hörspiel: Auf Klassenfahrt in Versailles

VT1 Der Staat – das bin ich?

Der französische König Ludwig XIV. (1638–1715) lebte alles andere als bescheiden. Er ließ sich in Versailles ein Schloss erbauen, das rund 2 000 Räume besaß. Es war von einem aufwendig bepflanzten Park umgeben, für den ein riesiges Sumpfgebiet entwässert werden musste. Damit zeigte der König, dass er nicht nur die Menschen, sondern auch die Natur beherrschte. Rund 20 000 Menschen, darunter viele Leibwächter, aber auch 338 Köche, 125 Sänger und zahlreiche Ärzte, waren ständig für Ludwig XIV. und die im Schloss lebenden Angehörigen des Hochadels tätig. In Versailles wurde unablässig gefeiert, was das Leben am Hof sehr teuer machte. Der Hochadel und auch der hohe Klerus (Bischöfe und Äbte) mussten hier leben und gerieten damit in Abhängigkeit vom König, der ihre aus dem Mittelalter erhaltenen Mitbestimmungsrechte ignorierte. Stattdessen versuchte er, alle Macht in seinen Händen zu bündeln – denn er sei von Gott selbst zum König eingesetzt worden, so glaube er (**Q3**). Deshalb unterliege er auch weder den Gesetzen noch anderen Regeln. Der Satz „L'État c'est moi" („der Staat bin ich") bringt dieses Verständnis von Herrschaft auf den Punkt. Seit dem 19. Jahrhundert bis heute wird dafür meist der Begriff **Absolutismus** benutzt oder von „absolutistischer Herrschaft" gesprochen.

VT2 Drei Stände – kein Gleichklang

Die noch auf das Mittelalter zurückgehende gesellschaftliche Ordnung verfestigte sich unter den absolutistisch regierenden Königen. Stellt man die Rechte und die Pflichten der drei Stände jeweils gegenüber, so erkennt man eine sehr ungleiche Verteilung zwischen Klerus (katholische Geistlichkeit, Erster Stand), Adel (Zweiter Stand) und fast allen anderen – dem Dritten Stand (**D4**).

VT3 Ein „moderner" Staat

Ludwig XIV. und seine Nachfolger nutzten ihre Macht auch, um Frankreich zu modernisieren. So verzichtete Ludwig auf einen Regierungschef und übernahm selbst die Leitung der Regierungsgeschäfte. Aus dem Dritten Stand stammende Fachleute (sogenannte Intendanten) übernahmen mit weiteren Beamten die Verwaltungsaufgaben, sprachen z. B. Recht und zogen Steuern ein, sodass der König sich auf die wichtigsten Angelegenheiten konzentrieren konnte.
Um nicht mehr von den Truppen der Adligen abhängig zu sein, baute Ludwig sein eigenes „Stehendes Heer" auf: Diese Soldaten unterstanden seinem Oberbefehl und waren jederzeit mit Waffen ausgestattet, uniformiert und in Kasernen untergebracht. Mit ihrer Hilfe wollte er auch den französischen Machtbereich ausdehnen und den Kaiser des Heiligen Römischen Reiches von seinem Spitzenplatz in der Rangordnung der europäischen Herrscher verdrängen. Ludwig XIV. führte deswegen zahlreiche Kriege.
Der Widerstand anderer europäischer Herrscher sorgte dafür, dass Frankreich die angestrebte Vormachtstellung nicht erringen konnte. Immerhin richtete Frankreich diplomatische Vertretungen in anderen Hauptstädten ein. Die Gesandten sollten dort die Interessen ihres Königs vertreten.
Viele europäische Herrscher übernahmen neben den Reformen in Verwaltung und Militär auch diese Neuerung.

VT4 Merkantilismus – Weg zum Wohlstand?

Die königlichen Ausgaben für das verschwenderische Leben und den Luxus am Hof sowie das „Stehende Heer" stiegen immer weiter an. Die beiden ersten Stände beharrten auf ihrem Vorrecht, keine **direkten Steuern** zahlen zu müssen. Der Dritte Stand war ohnehin schon stark belastet. Ludwigs Finanzintendant Jean-Baptiste Colbert setzte sich deshalb zum Ziel, Frankreichs Einnahmen durch **indirekte Steuern** auf Handelsgeschäfte und durch Zölle zu steigern. Dafür ließ er das Straßennetz verbessern und Kanäle für die Schifffahrt bauen. Außerdem förderte er die Errichtung von **Manufakturen**. Mit seiner Wirtschaftspolitik, die wir heute Merkantilismus nennen, wollte er mehr ins Ausland verkaufen als von dort nach Frankreich einführen (**D5**). Auf diese Weise wollte er einen Vorrat an Gold und Edelmetallen anlegen.
Die Einnahmen Frankreichs stiegen dadurch zwar, aber Ludwig XIV. und seine Nachfolger gaben weiterhin mehr Geld aus, als sie einnahmen. Dieser Umstand spielte später eine wichtige Rolle für den Ausbruch der Französischen Revolution.

(in-)direkte Steuern
Direkte Steuern werden auf das Einkommen und das Vermögen von Personen erhoben. Indirekte Steuern werden auf den Verbrauch von Gütern, auf Handel oder Dienstleistungen erhoben und verteuern diese für den Verbraucher.

Manufakturen
(von lat. manu = mit der Hand und facere = machen)
Die zur Herstellung notwendigen Arbeitsschritte wurden auf verschiedene Arbeitskräfte aufgeteilt, die immer die gleichen Handgriffe ausführten (statt wie im Handwerk das gesamte Werkstück herzustellen).

Q1 Wandteppich aus der Zeit Ludwigs XIV.

Die Inschrift bedeutet: „Auch nicht mehreren unterlegen."

Schon gewusst?

Schloss und Garten von Versailles gehörten 1979 zu den ersten Anlagen weltweit, die **von der UNESCO als Weltkulturerbe registriert** wurden. Sie gelten also als Orte, die eine besondere **kulturelle Bedeutung für die gesamte Menschheit** haben und besonders schützenswert sind. Inzwischen tragen mehr als 1150 Stätten in fast 170 Staaten diesen Titel. Er ist begehrt, weil er einen Ort bzw. eine Region würdigt und weil er den Tourismus ankurbelt.

D4 Die französische Ständegesellschaft zur Zeit Ludwigs XIV.

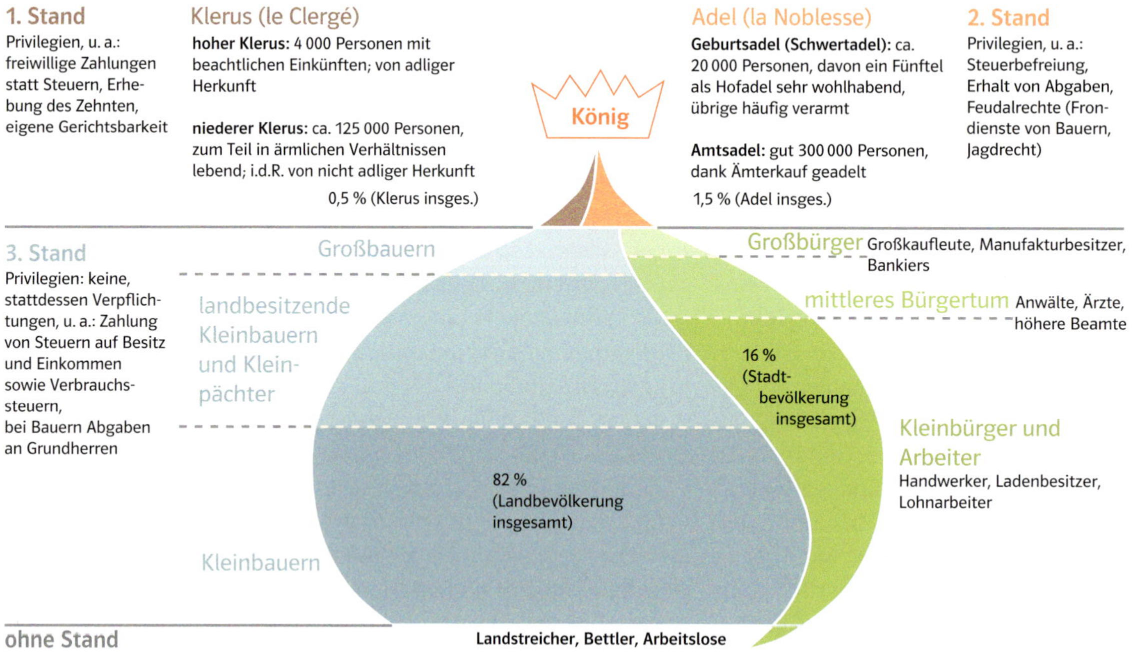

Q2 Der Regierungsstil des Königs

Ludwig XIV. schildert in den ersten Jahren seiner Herrschaft seine Amtsauffassung für den Thronfolger:

Ich begann meine eigene Regierung damit, daß ich die vier Staatssekretäre nichts mehr unterzeichnen ließ, worüber sie mit mir nicht vorher gesprochen hatten. Ebenso stand es mit dem Finanzintendanten[1] [...]. Ich bin über alles unterrichtet, ich höre dem geringsten meiner Untertanen zu, ich kenne zu jeder Stunde die Zahl und den Wert meiner Truppen, den Zustand meiner befestigten Plätze. Ich treffe dauernd meine Anordnungen für alle Bedürfnisse der Truppe, ich verhandle direkt mit den fremden Gesandten, ich empfange und lese die Nachrichten der Diplomaten, ich verfasse selbst einen Teil der Antworten und erkläre bei den übrigen meinen Sekretären kurz den Inhalt des Antwortschreibens. Ich regele selbst Einnahmen und Ausgaben des Staates, ich lasse mir von den Männern, denen ich wichtige Posten anvertraut habe, direkt Rechenschaft ablegen. [...]

1 Finanzminister

Leopold Steinfeld (Hrsg.): Ludwig XIV. Memoiren. Kompass Verlag, Basel 1931, S. 25 f., 33 f.

Erster Blick

1 König Ludwig nennt man auch den Sonnenkönig, denn er verwendete für sich das Sonnensymbol (Q1). Welche Absicht verfolgte er wohl damit?

Der König – Herrschaft mit Macht und Pracht

2 MK Als Schlossführer zeigst du Besuchern den Spiegelsaal von Versailles (D1, D2 W04). Informiere mit VT1 über die Ausstattung der Räume, die Bewohner des Schlosses sowie Wirkung und Zweck des Baus. Diskutiert anschließend in der Klasse, inwiefern D2 einen anderen Eindruck vermittelt als D1.

3 Nenne die Argumente, mit denen Bossuet die absolutistische Herrschaft begründet (Q3). Gehe auch auf die Rolle der Untertanen ein. ○ → S.257

4 Nimm Stellung zu Bossuets Argumentation (Q3). ○ → S.257

5 Erkläre mithilfe von D3 A02, wie es Ludwig XIV. gelang, den Adel von sich abhängig zu machen.

6 SP Schreibe als Finanzminister dem König einen Brief, in dem du deine Ideen für die Verbesserung

D5 Frankreichs Wirtschaft im späten 17. Jahrhundert

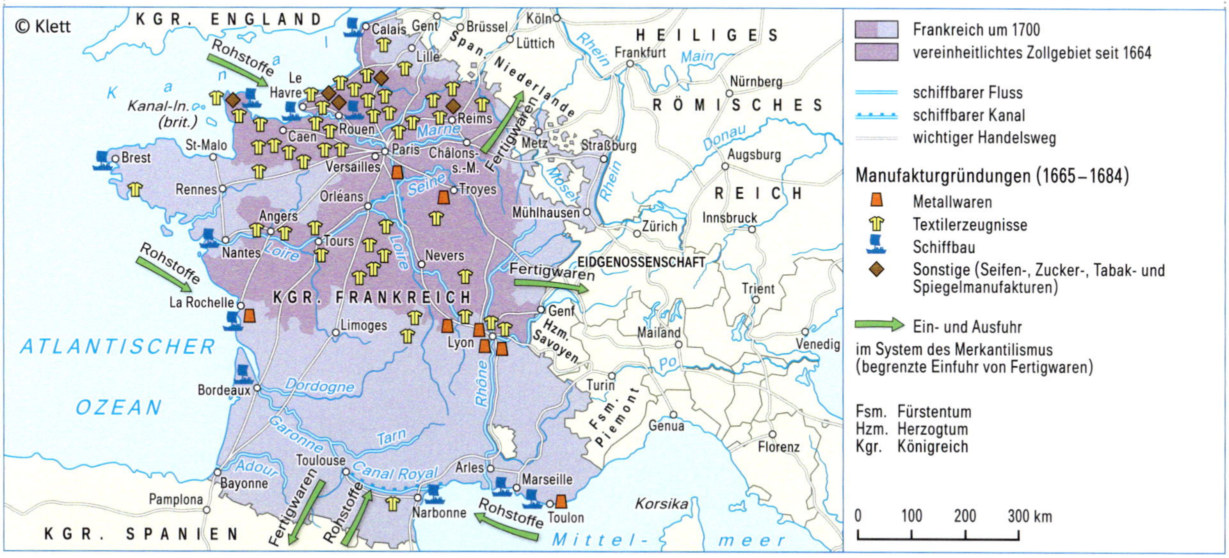

Q3 Der Ursprung der königlichen Gewalt

Der Theologe Jacques-Bénigne Bossuet erklärt 1682:

Wenn man Staaten gründet, will man sich vereinigen; niemals aber ist die Einheit besser gewahrt als unter einem einzigen Oberhaupt. [...] Wir haben [...] mit der Bibel begründet, daß [...] [Gott die königliche Gewalt] seit der Erschaffung der Welt sichtbar über die Menschen ausgeübt hat; daß er [...] darauf die Staatsform der erblichen Monarchie als die natürlichste und dauerhafteste unter allen ausgewählt hat [...].

Die Fürsten handeln also als Gottes Diener und Statthalter auf Erden. Durch sie übt er seine Herrschaft aus [...]. Deshalb ist, wie wir gesehen haben, der königliche Thron nicht der Thron eines Menschen, sondern [der Thron] Gottes. [...] Aus alledem ergibt sich, daß die Person der Könige geheiligt ist [...]. Kommt der Könige Gewalt von oben, so dürfen sie doch nicht glauben, sie seien Herren über diese Gewalt, um nach ihrem Belieben[1] davon Gebrauch zu machen. Vielmehr sollen sie sich ihrer mit Scheu und Zurückhaltung bedienen, als einer ihnen von Gott anvertrauten Sache, über die Gott von ihnen Rechenschaft fordern wird [...]. Der Fürst blickt von einem höheren und weiteren Standort aus; man darf darauf vertrauen, daß er weiter sieht [als andere Menschen]; deshalb muß man ihm ohne Murren[2] gehorchen, denn das Murren ist schon so viel wie eine Neigung zur Empörung [...].

1 Lust und Laune
2 protestieren

Zit. nach Wolfgang Lautemann/Manfred Schlenke (Hrsg.): Geschichte in Quellen. Bd. 3. Bearb. v. Fritz Dickmann. bsv, München 1966, S. 450–452.

der Finanzlage Frankreichs vorträgst (D5, VT4).

7 Gestalte ein Plakat zum Selbstverständnis Ludwigs XIV. (Q2, VT1, VT3).

Frankreichs Ständesystem – wer profitiert, wer nicht?

8 Untersuche die Gliederung der französischen Gesellschaft in absolutistischer Zeit (D4). Arbeite dabei insbesondere die Verteilung der Bevölkerung auf die drei Stände heraus. Vergleiche diese dann mit der Verteilung der Rechte und Pflichten. ○ → S. 257

9 SP Angehörige der drei Stände diskutieren über ihre Rechte und Pflichten. Gestaltet ein Streitgespräch und lasst alle Bevölkerungsgruppen zu Wort kommen. Notiert euch dafür vorab in Stichworten Argumente für eure Rolle und bereitet euch auf Argumente der anderen Gruppen vor (D4, VT1, VT2).

10 Nimm Stellung zu der Frage, ob Frankreich unter Ludwig XIV. ein fortschrittlicher oder ein rückwärtsgewandter Staat war. ●

AFB I: 1, 3 AFB II: 5, 6, 7 AFB III: 2, 4, 8, 9, 10

Musterlösung D05
Mit Herrscherbildern arbeiten

MK Mit Herrscherbildern arbeiten

Wie man Bildquellen auswertet, hast du bereits geübt. Herrscherbilder stellen eine besondere Form der Bildquellen dar, denn sie sind meistens Auftragsarbeiten. Sie sollen die Stellung des dargestellten Herrschers oder der dargestellten Herrscherin verdeutlichen. Wenn du sie analysierst, erfährst du somit viel über das Selbstverständnis und den Herrschaftsanspruch des oder der Porträtierten.

Q1 Ludwig XIV.

Gemälde von Ludwigs Hofmaler Hyacinthe Rigaud, 1702.
Die Maße des Bildes betragen 2,77 Meter in der Höhe und 1,94 Meter in der Breite. Museum Louvre, Paris

1. Roter Stoff über dem Thron steht für das Himmelsgewölbe. Purpurrot galt als kostbare Farbe, da früher dafür der Farbstoff von Purpurschnecken benötigt wurde.
2. Säule als Sinnbild von Stabilität der Königsherrschaft und des Reichs
3. Orden vom Heiligen Geist, des bedeutendsten Ritterordens Frankreichs; Zeichen für geistige Größe
4. Kriegszepter, das Zeichen militärischer Macht
5. Figur mit Schwert und Waage, den Zeichen der Gerechtigkeit
6. Neben der Krone liegt ein Zepter mit Hand, das Symbol höchster richterlicher Gewalt.
7. Krönungsmantel aus kostbarem Pelz des sehr seltenen Hermelins
8. Das Schwert geht angeblich auf Karl den Großen zurück. Es ist ein Symbol der Herrschaft der französischen Könige.
9. Lilienblumen: Zeichen des Königshauses der Bourbonen. Blau galt als kostbare Farbe, weil es früher aus dem Halbedelstein Lapislazuli gewonnen wurde.
10. Absatzschuhe lassen den eher kleinen König größer wirken. Der „Tanzmeisterschritt" ist eine Anspielung auf die Tanzleidenschaft des Königs.

Arbeitsschritte

1. Beschreiben

- Erfasse, welches Thema das Bild hat.
- Stelle fest: Wann, wo und unter welchen Umständen ist es entstanden?
- Beschreibe, was du siehst (ohne schon zu viel zu erklären!).
- Schildere, wie das Bild auf dich wirkt.

2. Untersuchen

- Finde heraus, um wen es sich auf dem Bild handelt.
- Kläre, wie die Herrscherfigur dargestellt wurde. Untersuche:
  - die Anordnung auf dem Bild, die Körperhaltung, Gesten und Mimik, Blickrichtung und Kleidung,
  - die Perspektive des Künstlers beim Malen,
  - Herrschaftssymbole und deren Bedeutung,
  - künstlerische Mittel wie Farben, Lichtwirkung, Größe, Format.
- Informiere dich über den Künstler, die Entstehung des Bildes und seine Verwendung.

3. Deuten

- Formuliere zusammenfassend die Wirkung, die das Bild deiner Meinung nach bei den Zeitgenossen und späteren Generationen erzielen sollte.
- Erkläre, welcher Herrschaftsanspruch in dem Bild deutlich wird.
- Überlege, welche Bedeutung als Quelle das Bild hat.

Formulierungshilfen

Beschreiben

Das Bild zeigt ...
Es wurde im Jahr ...
In der Bildmitte ...

Untersuchen

Bei der dargestellten Person handelt es sich um ...
Der Herrscher blickt ...
Als Zeichen seiner Herrschaft werden ... gezeigt.
Die Farben des Krönungsmantels bringen ... zum Ausdruck.
Der Rahmen des Bildes verdeutlicht, dass ...

Deuten

Das Bild vermittelt dem Betrachter, dass ...
Diese Wirkung wird insbesondere durch ... erzielt.
Als besondere Stilmittel verwendet der Künstler dazu ...
Die Betrachtenden sollen insgesamt ...

D1 103
Multimedial arbeiten
Ein Bild digital beschriften

1 Interpretiere das Gemälde von Ludwig XIV. (Q1) mithilfe der Arbeitsschritte. Nutze dazu die Formulierungshilfen.

2 Stelle die Pose und die Position Ludwigs XIV. zusammen mit anderen Lernenden nach. Berichte selbst, wie dies auf dich wirkt, und lass die anderen ihre Eindrücke schildern.

3 SP Verfasse einen Brief, in dem Ludwig XIV. dem Maler Rigaud seine Vorstellungen von der Aussage des Herrscherbildes mitteilt.

4 MK Füge folgende Begriffe an der richtigen Stelle im digitalisierten Bild von Q1 ein und ergänze die jeweilige Bedeutung: Krönungsmantel, Kriegszepter, Figur mit Schwert und Waage, Zepter mit Hand, Schwert, Orden vom Heiligen Geist, roter Stoff, Säule, Thron, Krone. Die Bildlegende zu Q1 hilft dir. Nutze das Arbeitsblatt und das digitale Bild (D1 103).

AFB I: 2, 4 AFB II: 3 AFB III: 1

England: Die Macht des Königs wird beschränkt

England wird oft als älteste Demokratie bezeichnet. Schon im Mittelalter sicherte eine Urkunde den Untertanen gewisse Freiheiten. Der König musste seine Macht teilen. Wie kam es dazu? Um welche Freiheiten ging es? Wie bereitwillig teilten die Könige ihre Macht?

Verfassung
Die rechtliche Festlegung der Verhältnisse in einem Staat. Dazu gehören der organisatorische Aufbau sowie die Rechte und Pflichten der Bevölkerung.

Parlament
(von mittellat. Parlamentum = Besprechung) Volksvertretung, die Gesetze beschließt, Ausgaben des Staates festlegt und die Regierung kontrolliert

puritanisch, Puritaner
Anhänger der Reformation innerhalb der Kirche von England, die gegen katholische Einflüsse und für eine Lebensführung streng nach der Bibel eintraten

D1 W05
Website
Das englische Parlament

VT1 Wie das Parlament entstand

Ursprünglich herrschte im Mittelalter der englische König uneingeschränkt über sein Land. Anders als in den Ländern auf dem europäischen Kontinent musste er seine Macht nicht mit den Fürsten teilen. Durch die Insellage und sein vergleichsweise kleines Herrschaftsgebiet konnte er allein regieren. Doch die adligen Grundherren, die Barone, wollten die Herrschaft des Königs begrenzen und sich Mitspracherechte sichern. Als der König durch einen verlorenen Krieg geschwächt war, konnten sie sich durchsetzen. Ergebnis war einer der wichtigsten Vorläufer moderner **Verfassungen** in Europa: die Magna Carta Libertatum (= Große Urkunde der Freiheiten) aus dem Jahr 1215 (Q2). Die Magna Carta legte unter anderem fest, dass der König nicht ohne Zustimmung und Beratung mit den Grundherren Steuern erheben durfte. Daher rief der König die Vertreter des Landes seit 1295 regelmäßig zusammen, damit diese die Steuern bewilligten. Das **Parlament** war geboren. Damit stimmten erstmalig in Europa Abgeordnete für ein Land ab. Sie gehörten zwar überwiegend dem Adel an, beanspruchten aber, ganz England zu vertreten. Wegen des wachsenden Geldbedarfs des Königs wurde es nötig, auch die Vertreter der Gemeinden einzubeziehen und das Parlament zu erweitern. Im 14. Jahrhundert teilte sich das Parlament daher in ein Oberhaus (House of Lords) und ein Unterhaus (House of Commons). Das Unterhaus bestand aus Vertretern des niederen Adels und reichen Bürgern, vor allem städtischen Kaufleuten. Dem Oberhaus gehörten dagegen Mitglieder des Hochadels und der hohen Geistlichkeit an.

Q1 König Eduard I. (1239–1307) mit dem Parlament
Buchmalerei aus England, um 1524

VT2 Ringen um die Macht

Im Laufe der Zeit wuchs die Macht des englischen Parlaments und die Konflikte mit den Königen häuften sich. 1649 wurde der damalige König Karl I., der sich weiterhin als absoluter Herrscher sah, hingerichtet. Aber auch die im Folgenden von **puritanischen** Parlamentariern unter der Führung von Oliver Cromwell errichtete Republik hatte keinen Bestand. Mit den erneut als Königen eingesetzten Kindern Karls I. kam es wegen der Religionspolitik und deren Alleinherrschaftsansprüchen erneut zu Spannungen. Einige Jahrzehnte später konnten diese 1689 ohne Krieg in der sogenannten „Glorious Revolution" gelöst werden. Dabei verbündete sich das englische Parlament mit Wilhelm III. und dessen Armee aus den Niederlanden, woraufhin dem englischen König eine Flucht nach Frankreich gestattet wurde. Durch diese Form der Abdankung war der Weg für Wilhelm als neuem König von England frei. Als Gegenleistung stellte er die alten Freiheiten wieder her, in der Bill of Rights (Q3).

Q2 Magna Carta Libertatum (1215)

Das über 800 Jahre alte Dokument ist auch heute noch Grundlage der Rechtsprechung im Vereinigten Königreich Großbritannien und Nordirland. Zwar sind viele Bestimmungen durch neuere Parlamentsgesetze überholt, doch einige Grundgedanken zur Bildung des Parlaments und zur Freiheit der Bürger sind immer noch in Kraft. Ein Auszug:

§ 1 Vor Gott bekennen wir und bestätigen mit dieser Carta, für uns und unsere Erben in Ewigkeit, dass die englische Kirche frei sein soll und ihre vollen Rechte und ihre Freiheiten unangetastet bleiben sollen. [...]

§ 14 In einem gemeinsamen Rat des Königreichs versammeln wir für die Erhebung von Steuern und Abgaben die Erzbischöfe, Bischöfe, Äbte, Grafen und größeren Barone, die einzeln durch Briefe eingeladen werden, mindestens vierzig Tage im Voraus an einem festen Ort. Und in allen Vorladungsbriefen sollen wir den Grund der Vorladung darlegen. Und nachdem die Ladung auf diese Weise erfolgt ist, soll die Sache am festgesetzten Tag nach dem Rat der Anwesenden erörtert werden, auch wenn nicht alle Geladenen gekommen sind. [...]

§ 38 Kein Gerichtsvollzieher soll in Zukunft jemanden allein durch seine Anschuldigung vor Gericht stellen, ohne dass dafür vertrauenswürdige Zeugen hinzugezogen werden.

§ 39 Kein freier Mensch soll verhaftet, eingekerkert, gefoltert, geächtet, verbannt oder auf andere Weise ruiniert werden, und wir werden auch nicht gegen ihn vorgehen, es sei denn durch das rechtmäßige Urteil seinesgleichen oder durch das Gesetz des Landes.

The Magna Carta Project (Hrsg.): Magna Carta Libertatum, 1215. Unter: https://magnacartaresearch.org (Zugriff: 16.04.2021). Übers. v. Christian Mehr.

Q3 Bill of Rights

Die Bill of Rights wurde nach Ende der Glorious Revolution 1689 dem zukünftigen Königspaar zur Annahme vorgelegt:

[Die] angemaßte Befugnis, Gesetze oder die Ausführung von Gesetzen durch königliche Autorität ohne Zustimmung des Parlaments aufzuheben, ist gesetzwidrig. [...] Steuern für die Krone oder zum Gebrauch der Krone unter dem Vorwand eines Prärogativs[1] ohne Erlaubnis des Parlaments für längere Zeit oder in anderer Weise, als erlaubt und bewilligt wurde, zu erheben, ist gesetzwidrig.

Es ist das Recht des Untertans, dem König Bittschriften einzureichen, und jede Untersuchungshaft sowie Verfolgung wegen solch einer Petition[2] ist gesetzwidrig. Es ist gegen das Gesetz, es sei denn mit Zustimmung des Parlaments, eine stehende Armee im Königreich in Friedenszeiten aufzustellen oder zu halten. Den protestantischen Untertanen ist es erlaubt, Waffen zu ihrer Verteidigung [...] zu führen. Die Wahl von Parlamentsmitgliedern soll frei sein. Die Freiheit der Rede und der Debatten und Verhandlungen im Parlament darf von keinem Gerichtshof oder sonstwie außerhalb des Parlaments angefochten oder infrage gestellt werden. [...] Auch dürfen keine übermäßigen Geldstrafen auferlegt oder grausame und ungewohnte Strafen vollzogen werden. [...] Um allen Beschwerden abzuhelfen sowie zur Besserung, Stärkung und Erhaltung der Gesetze sollen Parlamentssitzungen häufig gehalten werden.

1 Vorrecht
2 schriftliche Bitte oder Beschwerde

Zit. nach Wolfgang Lautemann, Manfred Schlenke (Hrsg.): Geschichte in Quellen. Bd. 3: Renaissance. Glaubenskämpfe. Absolutismus. Bearb. v. Fritz Dickmann. Bayerischer Schulbuch-Verlag, München 1982, S. 495.

Erster Blick

1 Erkundet das heutige englische Parlament virtuell (D1 W05). Benennt historische Merkmale, die an frühere Zeiten erinnern. MK

Machtverteilung im Mittelalter

2 Beschreibe in Q1 die Personen und ihre Anordnung zueinander. Untersuche, welche Position der König einnimmt und was dies über seine Macht aussagt.

3 Analysiere Q2. Auf welche Weise wird die Macht des Königs beschränkt? ○ → S. 257

Das Parlament sichert sich seine Macht

4 Erläutere, welche Rechte die Bill of Rights dem Parlament und welche sie den Bürgern zusichert (Q3).

5 Auch heute spielt der König in Großbritannien eine wichtige Rolle in der Gesellschaft. Recherchiere, wie heute die Machtbefugnisse zwischen Parlament und König verteilt sind. ● MK

AFB I: 1 AFB II: 2, 3, 4, 5

Videos: Kapitelsteckbriefe V04
Die Frühe Neuzeit V05

1 Überblickswissen Frühe Neuzeit

Aussagen überprüfen und ggf. korrigieren

a) Übertrage die Tabelle in dein Heft.

b) Überprüfe die einzelnen Aussagen und kreuze „richtig" oder „falsch" an.

c) Korrigiere die falschen Aussagen.

Aussage	richtig	falsch	Korrektur
Nach dem heliozentrischen Weltbild steht die Sonne im Mittelpunkt des Universums.			
Die Neuzeit beginnt im Jahr 1450.			
Durch den Buchdruck mit beweglichen Lettern konnten in kurzer Zeit viele Bücher billig vervielfältigt werden.			
Der Kaiser unterstützte die Vorschläge Martin Luthers für eine Kirchenreform.			
Im Dreißigjährigen Krieg sank die Bevölkerungszahl in vielen Gebieten Europas stark wegen der Gewalttaten und der Notzeiten.			
Der Westfälische Frieden von Münster und Enschede löste kaum eine Streitfrage des Krieges.			
Die Staatskasse Ludwigs XIV. und seiner Nachfolger war dank des Merkantilismus immer prall gefüllt.			

2 Renaissance und Humanismus

Eine Textquelle untersuchen

a) Liste Entdeckungen und Erfindungen auf, die Cardano in seiner Lebensbeschreibung erwähnt (Q1).

a) Arbeite Cardanos Haltung gegenüber den Veränderungen seiner Zeit heraus. Gib Textbelege an.

a) Erläutere, warum Cardano als Humanist zur Zeit der Renaissance gilt.

Q1 Cardano über Entdeckungen und Erfindungen seiner Zeit

Der italienische Gelehrte Gerolamo Cardano (1501–1576) notiert in seiner Lebensbeschreibung:

Zu den größten und allerseltsamsten Ereignissen natürlicher Art zähle ich in erster Linie dies, dass ich in dem Jahrhundert zur Welt kam, da der ganze Erdkreis entdeckt wurde, während den Alten nur wenig mehr als der dritte Teil bekannt gewesen war. [...] Gibt es Wunderbareres als die Erfindung des Pulvers, dieses Blitzes in Menschenhand, der viel verderbenbringender noch ist als der des Himmels? Und auch dich will ich nicht vergessen, du großer Magnet, der du uns durch die weitesten Meere, durch finstere Nacht und fürchterliche Stürme sicher in fremde, unbekannte Länder geleitest. Und als viertes sei noch genannt die Erfindung der Buchdruckerkunst. Menschenhände haben dies alles gemacht, Menschengeist erfunden, was mit des Himmels Wundern wetteifern kann! Was fehlt uns noch, dass wir den Himmel stürmen?

Girolamo Cardano: Des Girolamo Cardano von Mailand eigene Lebensbeschreibung. Übers. v. Hermann Hefele. Chiron Verlag, München 2014, S. 138.

3 Bedeutung der Reformation

SP Einen Kommentar schreiben

Der Reformationstag (31.10.) ist in einigen Bundesländern gesetzlicher Feiertag, in anderen nicht. Recherchiere, was am 31. Oktober 1517 angeblich geschah. Formuliere anschließend einen Kommentar zum Thema „Reformationstag – ein Feiertag?". Begründe darin, warum du den Tag als gesetzlichen Feiertag für sinnvoll hältst oder nicht. Gehe auch auf die Argumente ein, mit denen in Q2 für die Einführung des Reformationstages als Feiertag geworben wird.

4 Herrscherbilder hinterfragen

Eine Karikatur erschließen

Interpretiere die Karikatur Q3. Arbeite dabei heraus, wie es dem Künstler gelingt, das berühmte Herrscherbild Ludwigs als Inszenierung zu entlarven.

Q2 Reformationstag als Feiertag

In Brandenburg, Sachsen-Anhalt oder Thüringen ist der Reformationstag seit 1990 gesetzlicher Feiertag. In Niedersachsen wurde er erst 2018 als solcher eingeführt. Der damalige Vorsitzende der CDU-Fraktion im niedersächsischen Landtag, Björn Thümler, begründet den Antrag zur Einführung unter anderem so:

[Wir möchten] den Reformationstag als dauerhaften gesetzlichen Feiertag einführen. Mit Reformation verbinden wir Wandel, Veränderung und Aufklärung. Deshalb regt der Reformationstag in besonderer Weise zum Nachdenken über das eigene Wertegerüst an.

Björn Thümler: O. Titel. O. Datum. Unter: http://presse.cdu-fraktion-niedersachsen.de/assets/ Uploads/ PM32AnlageReformationstag.pdf (Zugriff: 15.06.2015).

Q3 „What makes the King?"

Karikatur des Briten W. M. Thackeray aus dem Jahr 1840,
Rex = König, Ludovicus = Ludwig, Ludovicus Rex = König Ludwig

Zeitalter der Revolutionen

Im 18. und 19. Jahrhundert gab es in Europa und Nordamerika große Veränderungen. In vielen Ländern wehrten sich die Menschen gegen die bisherige Gesellschaftsordnung und Herrschaftsform. Es kam zu Revolutionen vor allem in Nordamerika und Frankreich, mit etwas Verzögerung auch in Deutschland. In Frankreich begann die Revolution am 14. Juli 1789 mit der Erstürmung der Bastille. Das war ein Gefängnis, welches damals als Symbol der Unterdrückung galt.

1650 — 1700 — 1750

1648/1649 Sturz und Hinrichtung des englischen Königs

1689 „Glorious Revolution" in England

1748 Montesquieu veröffentlicht seine Schrift über die Gewaltenteilung.

1776 Amerikanische Unabhängigkeitserklärung

1789 Erstürmung der Bastille: Beginn der Französischen Revolution; Erklärung der Menschen- und Bürgerrechte

D1 Europa um 1789

1800 — 1850

1792/1793
Sturz und Hinrichtung des französischen Königs – Frankreich wird Republik

1793/1794
Schreckensherrschaft der Jakobiner

1799
Napoleon wird Alleinherrscher in Frankreich; Beginn seiner Eroberungskriege in Europa

1806
Auflösung des Heiligen Römischen Reiches Deutscher Nation

1813/1815
Niederlagen und Verbannung Napoleons

1814/1815
Wiener Kongress: Neuordnung Europas

1848
Revolution in Deutschland

Orientieren und Entdecken

- Die Abbildung **D2** zeigt eine Szene aus einem Spielfilm über die Französische Revolution. Beschreibe die Szene und die Stimmung der Menschen.

- Diskutiert, inwieweit sich ein Spielfilm historischem Geschehen annähern kann (**D2**).

- Welche Begriffe fallen dir beim Wort Revolution ein? Schreibe fünf auf. Vergleicht dann eure Ergebnisse in der Klasse.

- Am 14. Juli 1789 begann die Revolution in Frankreich. Dieser Tag ist bis heute der französische Nationalfeiertag. Was weißt du über den deutschen Nationalfeiertag, den 3. Oktober?

- Vergleiche anhand der Karte **D1** die Herrschaftsformen der Staaten in Europa damals und heute.

- Bei den Revolutionen in Europa und Nordamerika ging es auch um Menschenrechte. Klärt gemeinsam, was ihr darunter versteht.

D2 Szene aus dem Spielfilm „Die Französische Revolution – Jahre der Hoffnung", 1989

Der Spielfilm des Regisseurs Robert Enrico ist der erste Teil einer zweiteiligen Filmreihe, die sich mit den Revolutionsjahren von 1789 bis 1794 beschäftigt. Beide Filme entstanden zum 200-jährigen Jubiläum der Französischen Revolution. Die Szene zeigt den Sturm auf die Bastille im Jahr 1789.

Wer soll herrschen?

„Im Namen des Volkes ergeht folgendes Urteil ...“ So beginnt der Urteilsspruch in deutschen Gerichten. Denn bei uns beruht alles staatliche Handeln auf der Herrschaft des Volkes, der Demokratie. Doch wie war Herrschaft in der Vergangenheit organisiert? Und welche Ziele verfolgten die Menschen, die sich im 19. Jahrhundert dagegen wehrten?

Absolutismus
Bei absolutistischer Herrschaft liegen Gesetzgebung, Regierungsgewalt und Gerichtsbarkeit ungeteilt in der Hand eines dadurch sehr mächtigen Königs.

VT1 Die parlamentarische Demokratie

Die meisten Deutschen sind von den Vorzügen unserer politischen Ordnung überzeugt. Rechte und Pflichten eines jeden ergeben sich aus der Verfassung und den auf ihr beruhenden Gesetzen. Diese Gesetze beschließen die vom Volk auf Zeit gewählten Abgeordneten in den Volksvertretungen bzw. Parlamenten. Zu den Aufgaben der Regierung gehört es dann unter anderem, diese Gesetze im Alltag zu verwirklichen. Richterinnen und Richter sind unabhängig, fällen ihre Urteile jedoch auf der Grundlage der bestehenden Gesetze.

Die wichtigsten Aufgaben und Befugnisse des Staates sind heute in Deutschland also auf die verschiedenen Institutionen verteilt: auf das Parlament, die Regierung und die unabhängigen Gerichte. Diese Gewaltenteilung schützt die Bevölkerung vor einem Missbrauch der Macht.

Q1 Die Freiheit führt das Volk

Marianne, für die Franzosen ein Symbol der Freiheit, führt in der Julirevolution 1830 das Volk an gegen einen König, der den Absolutismus wiederherstellen will. Gemälde von Eugène Delacroix, 1830, 260 × 325 cm, Musee du Luvre, Paris

VT2 Herrschaft wird unterschiedlich organisiert

Im Laufe der Menschheitsgeschichte gab und gibt es verschiedene Ausprägungen von Herrschaft. Wenn einzelne Personen oder Gruppen sehr viel Macht in ihren Händen halten und es keine Gewaltenteilung gibt, leidet die Bevölkerung oft darunter.

Bereits der griechische Geschichtsschreiber Herodot unterschied schon vor rund 2500 Jahren drei Möglichkeiten, wie Herrschaft organisiert werden kann:

- als Herrschaft eines Königs – Monarchie,
- als Herrschaft einer Gruppe, die sich für die Besten halten – Oligarchie,
- und schließlich als Herrschaft des Volkes – Demokratie.

Wenn man unter König auch andere „starke Männer“ versteht, erfassen diese drei Möglichkeiten im Prinzip alle bekannten Formen von Herrschaft.

Schon im antiken Athen herrschte zeitweise das Volk. Doch bis Ende des 18. Jahrhunderts kommen ansonsten fast ausschließlich die beiden anderen Formen von Herrschaft vor, insbesondere die Königsherrschaft. Im 17. und 18. Jahrhundert war diese in Europa in Form des **Absolutismus** vorherrschend.

Nur mühsam und teilweise gewaltsam gelang es, den Einfluss des Volkes zu stärken. In Europa übernahm England dafür die Vorreiterrolle. Dort wurde im Zuge der „Glorreichen Revolution“ die Königskrone 1688 der Königstochter Maria und ihrem Gatten Wilhelm III. von Oranien aus den Niederlanden angeboten. Im Gegenzug musste das neue Herrscherpaar die „Bill of Rights“ unterschreiben, deren wichtigstes Prinzip die Gewaltenteilung war. Seitdem ist England eine **konstitutionelle Monarchie.**

1776 lösten sich die Siedler in Nordamerika vom britischen Königreich und riefen ihre Unabhängigkeit als Vereinigte Staaten von Amerika aus. Die daraufhin erarbeitete Verfassung des neuen Staates wurde zum Vorbild für Demokratien weltweit.

Führende Denker der **Aufklärung** in Europa begrüßten den einsetzenden Wandel. Spätestens mit der Französischen Revolution ab 1789, während der ein ohne jede Gewaltenteilung herrschender König gestürzt und hingerichtet wurde, begann das sogenannte „Zeitalter der Revolutionen".

VT3 Liberalismus und Konservativismus

Im Zuge der Auseinandersetzungen um Herrschaft im 18. und 19. Jahrhundert sowie unter dem Einfluss der Aufklärung entwickelten sich in Europa verschiedene politische Denkrichtungen, die sich im Wesentlichen drei Strömungen zuordnen lassen: dem Liberalismus, dem Konservativismus und dem Sozialismus (**D2**).

Der Liberalismus (von lat. liber = frei) entsprach in besonderer Weise den Lehren der Aufklärung. Seine Hauptziele bestanden darin, die absolutistische Herrschaft zu beenden und stattdessen ein politisches System mit Gewaltenteilung zu verwirklichen – beispielsweise wie in England. Außerdem befürworteten die Anhänger des Liberalismus politische Mitwirkungsrechte für die männlichen Bürger und im Wirtschaftsleben eine uneingeschränkte Betätigungsmöglichkeit für alle. Mehr Bildung für alle sollte das Erreichen dieser Ziele unterstützen. Die erste deutsche Verfassung, die während des Revolutionsjahrs 1848/1849 erarbeitet wurde, entsprach den Vorstellungen der Liberalen. Die Revolution war jedoch zunächst nicht erfolgreich, weil die Herrschenden sie abwehren konnten.

Deutlich andere Ziele verfolgten die Anhänger des Konservativismus (von lat. conservare = bewahren): Sie wollten in der gesellschaftlichen und politischen Ordnung das Bewährte erhalten. Traditionelle, also althergebrachte Einrichtungen sollten geschützt und insbesondere christliche Werte beachtet werden.

1870/1871 entstand ein Deutsches Kaiserreich und es wurde erneut eine Verfassung erarbeitet, diesmal allerdings auf Initiative und mit viel Einfluss der Fürsten. Die Konservativen sahen dies positiv.

VT4 Sozialismus

Im 19. Jahrhundert veränderte sich durch die **Industrialisierung** die Arbeitswelt vieler Menschen radikal. Die Erfindung der Dampfmaschine ermöglichte die Herstellung von Waren durch Maschinen. In den neu entstandenen Fabriken wurden Arbeiterinnen und Arbeiter von den Fabrikbesitzern ausgenutzt. Sie mussten sehr lange arbeiten und wurden dafür schlecht bezahlt. Anhänger des Sozialismus (von lat. socialis = kameradschaftlich) hatten diese Probleme und die Not der Arbeiterschaft im Blick. Die Sozialisten forderten, dass die Arbeiter weitaus besser behandelt werden und mitbestimmen sollten. Die Radikaleren unter den Sozialisten wollten den Unternehmern ihr privates Eigentum an Industriebetrieben entziehen und es durch Genossenschaften oder andere Formen gemeinschaftlichen Eigentums ersetzen. Für Könige war in ihren Vorstellungen kein Platz. Verbesserungen für Arbeitskräfte wurden erst nach und nach eingeführt, weil Arbeiterinnen und Arbeiter sie durch Streiks erzwangen oder weil die Regierenden sich vor Aufständen der Arbeitenden fürchteten.

VT5 Parteien entstehen

Im Lauf des 19. Jahrhunderts bildeten sich Parteien, die jeweils bestimmte Ziele der drei Strömungen – Liberalismus, Konservativismus und Sozialismus – politisch umsetzen wollten. In weiterentwickelter Form prägen die drei politischen Strömungen bis heute unsere Parteienlandschaft, wobei die Umweltbewegung als weitere Strömung dazugestoßen ist.

konstitutionelle Monarchie
Staatsform mit einem König an der Spitze, der an eine Verfassung gebunden ist

Aufklärung
im 17. und 18. Jahrhundert verbreitete Denkrichtung, die nur gelten lässt, was eine Überprüfung durch den Verstand besteht

→ Themen verknüpfen
Über die Ideen der Aufklärung kannst du auf Seite 72/73 nachlesen.

Industrialisierung
ab etwa 1760 in England einsetzender, lange andauernder Prozess, bei dem die Handarbeit zunehmend durch maschinenunterstützte Fabrikarbeit abgelöst wurde

→ Themen verknüpfen
Erfahre mehr zur Industrialisierung und der damit verbundenen sozialen Frage ab Seite 130.

D1 Staats- und Herrschaftsformen nach Herodot

Herodots Unterscheidung ist quasi zeitlos. Hier ist sie am Beispiel des antiken Athens dargestellt. Jeweils ganz oben befindet sich die Gruppe von Personen, die an der politischen Macht beteiligt ist. Bei der Aristokratie handelt es sich wie bei der Oligarchie um die Herrschaft einer Gruppe. Übersetzt heißt der Begriff „Herrschaft der Vornehmsten“.

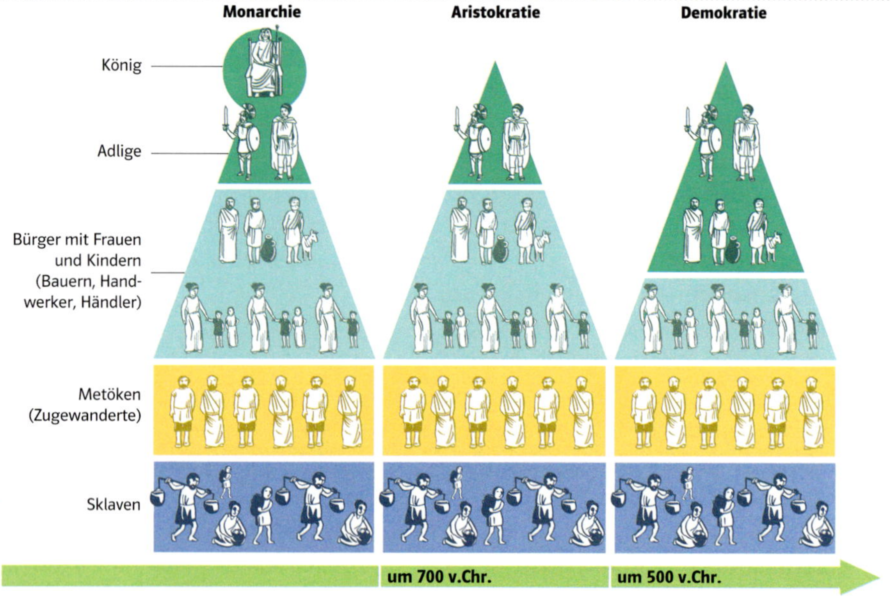

Q2 Was ist die beste Staatsform?

Der Geschichtsschreiber Herodot (um 486–424 v. Chr.) schreibt zu dieser Frage ein wahrscheinlich erfundenes Gespräch zwischen persischen Adeligen auf:

Otanes setzte sich für die Herrschaft des ganzen Volkes, für die Demokratie, ein und sagte: „Auch der Edelste wird, wenn er zur Herrschaft gelangt, überheblich, aber auch neidisch auf das Gut der anderen werden. Er verlangt Schmeichelei und setzt das Recht außer Kraft. Die Herrschaft des Volkes aber bringt erstens gleiches Recht für alle. Zweitens aber tut sie nichts von all dem, was ein Alleinherrscher tut. Sie bestimmt die Regierung [...] und diese Regierung ist dem Volke verantwortlich. [...]“

Ein zweiter, Megabyzos, spricht für die Herrschaft der Adligen, für die Oligarchie[1] [...] „Woher sollte vom Volk Vernunft kommen? Ohne Sinn und Verstand [...] stürzt es sich auf die Staatslenkung. [...] Wir sollten vielmehr einem Ausschuss von Männern des höchsten Adels die Regierung übertragen. Es ist doch klar, dass von den Edelsten auch die edelsten Entschlüsse ausgehen.“

Dareios dagegen wünscht die Herrschaft eines Einzelnen, die Monarchie: „Es gibt nichts Besseres, als wenn der Beste regiert. Er wird untadelig[2] für sein Volk sorgen und Beschlüsse gegen Feinde des Volkes werden am besten geheim gehalten werden. In der Oligarchie [...] will jeder der Erste sein und seine Meinung durchsetzen. Daher pflegt es zu heftigen Kämpfen der Adligen untereinander zu kommen. Herrscht dagegen das Volk, so kann es nicht ausbleiben, dass Schlechtigkeit und Gemeinheit sich einstellen!“

1 Herrschaft Weniger
2 korrekt und fehlerfrei

Herodot, zit. nach Hans-Wilhelm Haussig (Hrsg.): Herodot. Historien: deutsche Gesamtausgabe. Übers. v. August Horneffer, 4. Aufl., Alfred Kröner Verlag, Stuttgart, 1971, S. 80–82., bearb. v. Georg Langen.

Erster Blick

1 Kann Gewaltanwendung eine Lösung für innenpolitische Konflikte sein? Sprecht darüber, wie Eugène Delacroix diese Frage in Q1 beantwortet, und sammelt eigene Argumente dafür bzw. dagegen.

Drei Herrschaftsformen

2 SP Stelle in einem Kurzvortrag die drei Herrschaftsformen dar (VT2, D1). Benutze Formulierungen wie „Für (oder gegen) ... spricht“, „Als vorteilhaft (oder problematisch) erweist sich“, „Wenn eine kleine Personengruppe herrscht“.

3 Drei Perser (Q2) wollen ihre Mitmenschen von den Vorteilen der Herrschaftsformen überzeugen. Gestaltet ein Rollenspiel. Weitere Mitspieler stellen kritische Fragen (Q2, D1, VT2). ○ → S. 257

4 „Wenn wie vor 300 Jahren ein machtvoller König das Land re-

D2 Politische Strömungen im 19. Jahrhundert

Ein Schülerlexikon erklärt:

Liberalismus

Die Grundidee liberaler Konzepte ist, dass die Freiheit des Einzelnen [...] im Zentrum steht. Freiheit umfasst die Freiheit der privaten Lebensgestaltung und wirtschaftlichen Betätigung sowie politische Freiheiten des Bürgers (i. S. von Meinungs-, Rede-, Versammlungsfreiheit). Grundvorstellung ist, dass die freie Entfaltung des Individuums nach seinen persönlichen Interessen und Fähigkeiten zugleich Wohlstand und Fortschritt für die Gesamtgesellschaft bringt [...]. Ein wesentliches Ziel des Liberalismus war die Errichtung eines Rechts- und Verfassungsstaates. [...] Die Verfassung soll durch Gesetze das gesellschaftliche Zusammenleben nach den Prinzipien der Vernunft regeln [...]. Liberale Denker des 18. und 19. Jhs. forderten keine soziale Gleichheit, sondern die Gleichberechtigung vernunftbegabter Bürger. Allerdings knüpften sie anfangs das Recht auf politische Mitwirkung an Geschlecht, Privateigentum und Bildung. Dadurch waren Frauen, Lohnabhängige und die Unterschichten faktisch von allen politischen Rechten ausgeschlossen [...]

Konservatismus

Die Grundidee des Konservatismus [...] zielt darauf, die bestehende politische, wirtschaftliche und soziale Ordnung im Grundsatz zu erhalten und traditionelle Werte, Strukturen und Institutionen zu schützen (Traditionalismus). Kerngedanke ist das Bewahren des Bewährten – und deshalb Erhaltenswerten – in einer bestehenden Ordnung. [...] Grundlegende gesellschaftliche Umwälzungen, wie Revolutionen, werden prinzipiell abgelehnt, sozialer Wandel und Fortschritt mit großer Skepsis betrachtet, da tradierte[1] Werte und Institutionen gefährdet oder zerstört werden könnten [...]. Die überkommenen Macht- und Eigentumsverhältnisse werden als Teil einer natürlich gewachsenen Ordnung interpretiert, weshalb auch das Prinzip der sozialen Gleichheit [...] abgelehnt wird. Konservative Denkmodelle zielen immer auch [...] auf den Machterhalt der jeweils besitzenden und privilegierten Schichten.

Sozialismus

Die Grundidee des Sozialismus [...] besteht darin, die gesellschaftlichen Verhältnisse politisch und ökonomisch mit dem Ziel der Gleichheit und Gerechtigkeit grundlegend zu verändern. [...] Niemand soll durch Reichtum, Herkunft oder Bildung bevorzugt sein oder sich auf Kosten anderer bereichern; die erarbeiteten wirtschaftlichen Gewinne sollen gleichmäßig verteilt werden. [...]

Um die Jahrhundertwende (19./20. Jh.) [...] bildeten sich zwei grundsätzlich verschiedene Denkrichtungen des Sozialismus heraus [...]:

1. orthodoxer[2] Marxismus, nach dem eine sozial gerechte, herrschaftsfreie Gesellschaft (Kommunismus) nur durch eine radikale Beseitigung des bürgerlich-kapitalistischen[3] Staates – über eine Revolution – zu verwirklichen ist.
2. demokratischer Sozialismus/Sozialdemokratie, nach dem soziale Gerechtigkeit [...] durch eine schrittweise demokratische Umgestaltung des bürgerlichen Staates – über Reformen – erreicht werden kann.

1 traditionelle
2 strenggläubig, streng bestimmten Lehren folgend
3 kapitalistisch: streng den Marktgesetzen, also dem Prinzip von Angebot und Nachfrage folgend

Duden Learnattack: lernhelfer.de. Unter: https://www.lernhelfer.de/schuelerlexikon/politikwirtschaft (Zugriff: 18.03.2024).

gieren würde, wäre alles besser." Bewerte diese Aussage aus heutiger Sicht. ●

Drei politische Strömungen

5 Arbeitet in Gruppen zusammen:

a) Gestaltet arbeitsteilig Plakate für einen Wahlkampf um das Jahr 1900. Berücksichtigt die politischen, gesellschaftlichen und wirtschaftlichen Vorstellungen der Liberalen, Konservativen und gemäßigten Sozialdemokraten (D2, VT3, VT4). ○ → S. 257

b) Präsentiert eure Plakate in einem Gallery Walk (S. 282).

6 Ein Fabrikbesitzer, ein Industriearbeiter und ein Landwirt, dem ein sehr großer Hof gehört, wählen. Beurteile, welche der drei politischen Strömungen jeweils am besten passt und voraussichtlich von der Person gewählt wird (D2, VT3, VT4). ○ → S. 257

AFB II: 1, 2, 3, 5 AFB III: 4, 6

Im Zeichen der Vernunft: die Ideen der Aufklärung

„Jetzt benutz doch mal deinen Verstand!" – Eltern und Lehrkräfte sprechen heute manchmal so. Vor rund 250 Jahren aber wollten die Herrschenden genau dies verhindern. Was machte ausgerechnet den Verstand so gefährlich?

Aufklärung
Diese Denkrichtung will mit dem „Licht der Vernunft" das „Dunkel der Bevormundung" vertreiben. Der englische Begriff „enlightenment" drückt dies noch deutlicher aus. Die Philosophen der Aufklärung nennt man Aufklärer.

Gewaltenteilung
Die Gesetzgebung, die Ausführung der Gesetze und die Rechtsprechung werden in die Hände von drei verschiedenen Staatsorganen gelegt. Diese müssen voneinander unabhängig sein.

VT1 Nicht glauben – beweisen!

Seit dem 15. Jahrhundert hatte sich in den Naturwissenschaften eine neue Vorgehensweise entwickelt: Durch Beobachtung und Experimente fanden Forscher heraus, dass die Natur eigenen Gesetzmäßigkeiten folgt. Diese neue, wissenschaftliche Denkweise übertrug man auch auf andere Bereiche, wie z. B. Medizin, Technik und Landwirtschaft. Zuvor hatte man sich vor allem auf das verlassen, was in der Bibel oder den Schriften antiker Autoren stand.

VT2 Nutze deinen Verstand!

Philosophen und Schriftsteller griffen diese Sichtweise auf und forderten: Der Mensch solle sich von Herrschenden und Vertretern der Kirche nicht alles vorschreiben lassen. Stattdessen solle er sein Leben und Wirken selbst bestimmen. Der deutsche Philosoph Immanuel Kant fasste diese Idee um 1784 in einem berühmt gewordenen Satz zusammen: „Habe Mut, dich deines eigenen Verstandes zu bedienen!".
Wenn man die Menschen entsprechend aufklären würde, so würden sie danach handeln. Die Bevormundung durch Könige und die Kirche werde dann durch die menschliche Vernunft ersetzt. Dies waren die zentralen Vorstellungen der **Aufklärung**.

VT3 Herrschaft, weil das Volk es will

Für die Aufklärer war es nicht mit dem Verstand begründbar, dass Abstammung und ererbte Privilegien das Leben bestimmen sollten. Vielmehr sollten alle Menschen ihre Fähigkeiten frei und gleichberechtigt entwickeln und danach leben dürfen. Außerdem formulierten die Aufklärer den Gedanken der Volkssouveränität: Herrschaft gehe nicht auf den Willen Gottes, sondern auf den Auftrag und die Zustimmung des Volkes zurück. Das Volk könne also einem Herrscher auch den Gehorsam verweigern.
Schließlich wurde der Gedanke der **Gewaltenteilung** entwickelt: Sie sollte die Rechte und Freiheiten der Untertanen schützen und eine Willkürherrschaft verhindern. Es liegt nahe, dass in absolutistischer Zeit die meisten Regierenden solche Vorstellungen ablehnten.

Q1 Abendgesellschaft im Salon der Madame Geoffrin

Das Bild zeigt die Lesung eines Theaterstückes des Aufklärers Voltaire im Jahr 1755. In Lesezirkeln, Salons und Clubs wurden die Ideen der Aufklärer diskutiert. Ausschnitt aus einem Ölgemälde von Gabriel Lemonnier, 1,29 × 1,96 m, 1812

Q2 Die politische Autorität

Der französische Philosoph Denis Diderot schreibt 1751:

Kein Mensch hat von Natur das Recht erhalten, über andere zu herrschen. [...] Wenn man genau prüft, kann man politische Autorität[1] immer auf folgende zwei Quellen zurückführen: entweder auf die Stärke und Macht eines Mannes, der die Autorität an sich gerissen hat – oder auf das Einverständnis der Menschen, die sich der Autorität durch einen Vertrag unterworfen haben [...]. Die Autorität, die durch Gewalt errungen wird [...], dauert nur so lange, wie die Macht der Befehlenden größer ist als die Macht der Gehorchenden. Wenn Letztere [...] das Joch[2] abschütteln, dann tun sie es mit ebenso viel Recht und Berechtigung, wie es ihnen der andere aufgezwungen hat.

1 Ansehen, aber auch Vorrang einer Person
2 hier: eine als bedrückend empfundene Fremdherrschaft

Zit. nach Erich Stahleder: Absolutismus und Aufklärung 1648–1789. Langewiesche-Brandt, Ebenhausen 1964, S. 112–114.

Q3 „Vom Geist der Gesetze"

In seiner Schrift von 1748 äußert sich der französische Staatstheoretiker Charles de Secondat Montesquieu:

Die politische Freiheit ist nur unter maßvollen Regierungen anzutreffen. Indes besteht sie selbst in maßvollen Staaten nicht immer, sondern nur dann, wenn man die Macht nicht mißbraucht. Eine ewige Erfahrung lehrt jedoch, daß jeder Mensch, der Macht hat, dazu getrieben wird, sie zu mißbrauchen. Er geht immer weiter, bis er an die Grenzen stößt [...]. Alles wäre verloren, wenn ein und derselbe Mann beziehungsweise die gleiche Körperschaft [...] folgende drei Machtvollkommenheiten ausübte: Gesetze erlassen, öffentliche Beschlüsse in die Tat umsetzen, Verbrechen und private Streitfälle aburteilen.

Charles de Secondat Montesquieu: Vom Geist der Gesetze. Übers. v. Kurt Weigand. Reclam, Stuttgart 1994, S. 215, 217.

Q4 Was ist Aufklärung?

Der Königsberger Philosophieprofessor Immanuel Kant schreibt in der „Berlinischen Monatsschrift" 1784:

Aufklärung ist der Ausgang des Menschen aus seiner selbst verschuldeten Unmündigkeit[1]. Unmündigkeit ist das Unvermögen, sich seines Verstandes ohne Leitung eines anderen zu bedienen. Selbstverschuldet ist die Unmündigkeit, wenn die Ursache derselben nicht am Mangel des Verstandes, sondern der Entschließung und des Mutes liegt, sich seiner ohne Leitung eines anderen zu bedienen. [...] Habe Mut, dich deines eigenen Verstandes zu bedienen! ist also der Wahlspruch der Aufklärung. Faulheit und Feigheit sind die Ursachen, warum ein so großer Teil der Menschen [...] gerne zeitlebens unmündig bleibet; und warum es anderen so leicht wird, sich zu deren Vormündern aufzuwerfen. Es ist so bequem, unmündig zu sein.

1 Abhängigkeit, Mangel an Selbstbestimmung und Eigenverantwortung

Immanuel Kant: „Was ist Aufklärung?". Hrsg. v. Erhard Bahr. Reclam, Stuttgart 1974, S. 9.

Erster Blick

1 Besprecht in der Klasse, was unter Aufklärung zu verstehen ist (VT2).

Ideen der Aufklärung: Herrschaft neu gedacht

2 Fasse zusammen, wie sich die Aufklärer Herrschaft vorstellten. Worin unterschieden sich diese Ideen von absolutistischen Vorstellungen, wie sie Ludwig XIV. vertrat (VT3)?

3 SP Arbeite die wichtigsten Gedanken von Diderot heraus (Q2). Benutze Formulierungen wie „Diderot unterscheidet zwischen …", „Der Autor zeigt auf, dass …" oder „Die Folge davon wird sein …".

4 Erläutere, wie und warum Montesquieu die Macht aufteilen will (Q3).

5 Gib wieder, worin Kant die Ursachen dafür sieht, dass Menschen sich beherrschen lassen. Zeige auch, welche Schlussfolgerungen er daraus zieht (Q4).

6 Du bist Anhänger der Aufklärung und warst Teilnehmer der Veranstaltung (Q1). Schreibe einen Tagebucheintrag. ○ → S. 258

7 Erkläre, warum die Gedanken der Aufklärung für damalige Herrschende bedrohlich waren.

8 Bewerte die Ideen der Aufklärung im Hinblick auf ihre Bedeutung für uns heute. ●

AFB I: 1, 2, 5 AFB II: 3, 4, 6, 7 AFB III: 8

Friedrich II. – ein aufgeklärter Herrscher?

„Die erste Bürgerpflicht ist, seinem Vaterland zu dienen. Ich habe sie in allen verschiedenen Lagen meines Lebens zu erfüllen gesucht." Trifft zu, was Preußens König Friedrich II. von sich behauptete?

Schlesische Kriege
Die drei Kriege zwischen Preußen und Österreich um Schlesien (1740–1742, 1744/45, 1756–1763) gingen zugunsten Preußens aus, jeweils eingebunden in Auseinandersetzungen der europäischen Mächte.

Aufgeklärter Absolutismus
Seit Mitte des 19. Jh. benutzter Begriff, der eine absolutistische Herrschaft beschreibt, die vom Prinzip der Vernunft geleitet sein soll. Z. B. tritt an die Stelle eines göttlichen Auftrags der „Zufall der Geburt" als Begründung der Herrschaft.

Reformabsolutismus
neuerer Begriff, der Widersprüche zwischen „aufgeklärt" und „Absolutismus" umgehen will und den Nutzen der Reformen für die Herrschenden betont

VT1 Ein absolutistischer Herrscher wie andere?

1740 ließ der junge preußische König Friedrich II. seine Truppen mitten im Frieden in das zu Österreich gehörende Schlesien einmarschieren. Um diese reiche Provinz und andere Gebiete führte er mehrere Kriege (**Schlesische Kriege**), bis 1763 Schlesien endgültig preußisch wurde. 1772 teilten Preußen, Österreich und Russland große Teile Polens unter sich auf, wodurch Friedrich weiteres Land gewann. Durch seine außenpolitischen und militärischen Erfolge stieg Preußen zu einer europäischen Großmacht auf. Den Preis dafür – finanzielle Lasten, Elend, Zerstörungen und Menschenverluste – bezahlte jedoch vor allem die Bevölkerung.

VT2 Der aufgeklärte Monarch

Zu jener Zeit galt Krieg als gängiges Mittel der Politik, doch zu Friedrich schien er gar nicht zu passen. In Potsdam ließ er sich Schloss Sanssouci (frz. sorgenfrei) erbauen, führte dort philosophische Gespräche, spielte Flöte und komponierte Musik. Er liebte alles Französische und lernte dadurch auch das Gedankengut der Aufklärung kennen. Aus diesem folgerte Friedrich, dass er als Alleinherrscher der „erste Diener seines Staates" sein wollte. Er schaffte die Folter ab und führte die Pressefreiheit ein, allerdings nicht für politische Fragen. Auch die anderswo übliche Ausgrenzung christlicher Minderheiten hob er auf – nicht aber die der Juden. Für bessere Bildung ordnete Friedrich die Einführung eines festen Lehrplans für den Schulunterricht an. Bauern auf königlichem Land erhielten persönliche Freiheit und Flächen, die sie pachten und bebauen konnten. Entwässerungsmaßnahmen in Sumpfgebieten erbrachten zusätzliche Siedlungsgebiete und Ackerland. So trug Friedrich II. viel dazu bei, dass Preußen ein moderner Staat wurde. Friedrichs Erfolge bewirkten, dass er schon früh den Beinamen „der Große" erhielt.

VT3 Aufgeklärter Absolutismus?

Die Urteile über Friedrich als Aufklärer schwanken zwischen Bewunderung und Kritik. So sollte z. B. eine Rechtsreform Recht und Gesetz in Preußen vereinheitlichen – Friedrich hat jedoch viele Vorschläge aufgeklärt denkender Beamter verworfen. Dennoch war es ein großer Fortschritt, als nach seinem Tod das „Allgemeine Landrecht" als neues Gesetzbuch eingeführt wurde. Die Ständeordnung und die althergebrachten Rechte des Königs und des Adels blieben allerdings bestehen. So sehen einige Wissenschaftlerinnen und Wissenschaftler im „**Aufgeklärten Absolutismus**" in erster Linie eine Methode, um die eigene absolutistische Macht abzusichern. Sie bevorzugen daher den Begriff „**Reformabsolutismus**".

Q1 Friedrich II. in seiner Bibliothek

Aquarell auf Elfenbein von Anton Friedrich König, 1769; Höhe: 15 cm; Breite: 11,3 cm

Q2 Friedrich zum Verhalten von Fürsten

Als Kronprinz notiert er für eine nicht veröffentlichte Flugschrift 1738:

In folgendem liegt der Irrtum der meisten Fürsten. Sie glauben, [...] ihre Untertanen seien nichts weiter als Werkzeuge und Diener ihrer zügellosen[1] Leidenschaften. Sobald das Prinzip, von dem man ausgeht, verkehrt ist, müssen die Folgen unweigerlich[2] immer verhängnisvoller werden. Daher jener unbändige[3] Drang nach falschem Ruhme, jenes glühende Verlangen, alles zu erobern, die harten Auflagen, mit denen das Volk bedrückt wird [...] Legten die Fürsten diese falschen Ideen ab und gingen auf den Ursprung ihres Amtes zurück, sie sähen, daß [...] die Abertausende[4], die ihnen anvertraut sind, sich nicht einem Einzigen sklavisch unterwarfen[5], um ihn mächtiger und furchtgebietender[6] zu machen [...], sondern daß sie Den unter sich erwählten, den sie für den Gerechtesten hielten, um sie zu regleren, [...] kurz, den rechten[7] Mann, um den Staat zu repräsentieren, den, dessen souveräne Macht eine Stütze für Recht und Gesetz ist und nicht ein Mittel, um ungestraft Verbrechen zu begehen und Tyrannei auszuüben.
[...] Dann würden diese irdischen Götter[8], statt immerfort auf Eroberungen zu sinnen, nur für das Glück ihrer Völker wirken. [...]
Kurz, es ist eine Schmach[9] und Schande, seine Staaten zugrunde zu richten, und eine Ungerechtigkeit, eine verbrecherische Raubgier[10], etwas zu erobern, worauf man keinen rechtlichen Anspruch besitzt.

1 wild, leidenschaftlich
2 zweifelsfrei, ganz bestimmt
3 auffallend, heftig
4 viele Tausende
5 willenlos unter die Herrschaft von jemand stellen
6 Furcht erweckend
7 richtigen
8 hier: die Fürsten
9 Herabwürdigung, Blamage
10 (veraltet für) Drang etwas zu erbeuten/zu rauben

Gustav Berthold Volz (Hrsg.): Die Werke Friedrichs des Großen. Bd 1. Hobbing Verlag, Berlin 1913, S. 242–244.

D1 Brandenburg-Preußen 1740 bis 1786

Erster Blick

1 Formuliere deinen ersten Eindruck von König Friedrich (Q1).

Der Kriegsherr

2 Beschreibe Lage und Ausdehnung der von König Friedrich regierten Gebiete 1740 (D1). Ergänze dann schrittweise die Veränderungen bis zu seinem Tod 1786.

3 Nenne die Folgen der Kriegsführung des Königs (VT1, Begriffserklärung).

Ein aufgeklärter König?

4 Vergleiche die Darstellung Friedrichs II. (Q1) mit dem Herrscherbild Ludwigs XIV. (Q1 auf S. 60). ○ → S. 258

5 Stelle in einer Tabelle gegenüber, worin sich das Absolutistische an Friedrichs Herrschaft zeigt und worin das Aufgeklärte (VT, Q1, Q2).

6 SP Arbeite heraus, was Kronprinz Friedrich in seiner nicht veröffentlichten Flugschrift kritisiert und welche Lösungsvorschläge er macht (Q2). Verwende Formulierungen wie „Friedrich kritisiert", „er prangert in besonderer Weise an" oder „eine Lösungsmöglichkeit sieht er in".

7 Beurteile, inwiefern Friedrich in seiner langen Regierungszeit, die von ihm formulierten Grundsätze (Q2) selbst beachtet hat (VT, D1).

8 Diskutiert darüber, ob ihr die Herrschaft Friedrichs II. als „Aufgeklärten Absolutismus" oder als „Reformabsolutismus" charakterisieren würdet. ●

AFB I: 1, 2, 3 AFB II: 5, 6 AFB III: 4, 7, 8

Die Gründung der USA

Die Gründung der Vereinigten Staaten ging von englischen Siedlern aus, die von ihrem Mutterland unabhängig werden wollten. Sie besiegten Großbritannien in einem Unabhängigkeitskrieg und gaben sich schließlich eine gemeinsame Verfassung. Diese sollte zum Vorbild für Demokratien weltweit werden. Wodurch zeichnete sie sich aus?

Q1 „Join, or Die."
Karikatur von Benjamin Franklin für die Zeitung „Pennsylvania Gazette". Die Teile der Schlange stehen für die britischen Kolonien. Druck, 1754

Großbritannien
1707 hatten sich die Königreiche England und Schottland im „Act of Union" zu Großbritannien vereinigt.

East India Company
Die britische Ostindien-Kompanie war eine Kaufmannsgesellschaft für den Indienhandel, die die Kolonialherrschaft Großbritanniens über Indien begründete.

VT1 Streit um Steuern

Großbritannien und Frankreich stritten im 18. Jahrhundert um die weltweite Vorherrschaft. Dies machte sich auch in Nordamerika bemerkbar, wo sie ebenfalls um Landbesitz gegeneinander kämpften.

Großbritannien ging als Sieger aus dem Krieg hervor, war dadurch aber hoch verschuldet. Das britische Parlament verabschiedete deshalb 1764 eine Besteuerung von Zucker, die vor allem die Wirtschaft in den britischen Kolonien der Karibik belastete. Gleichzeitig wurde diesen Kolonien aber das Vorrecht auf den alleinigen Zuckerhandel eingeräumt, was sie gegenüber den nördlichen Kolonien Amerikas begünstigte.

Die Plantagenbesitzer auf den Westindischen Inseln der Karibik lehnten sich auch deshalb nicht gegen die Zuckersteuer auf, weil sich zu dieser Zeit immer wieder Sklaven gegen ihre Unterdrückung wehrten und sie angesichts dieser Aufstände nicht auch noch in einen Konflikt mit der britischen Kolonialmacht geraten wollten. Anders in den Kolonien Nordamerikas: Hier stießen die Benachteiligung im Zuckerhandel und die 1765 auferlegte Steuer auf bedrucktes Papier auf Widerstand. Schließlich entlud sich der Unmut in einem bis heute symbolträchtigen Ereignis: der Boston Tea Party von 1773. Bostoner Bürger warfen mehr als 300 Kisten Tee der britischen Handelsgesellschaft **East India Company** ins Hafenbecken, um ihren Widerstand gegen Zölle der britischen Kolonialmacht kundzutun.

Die Siedler wollten keine Besteuerung ohne eine eigene Vertretung im britischen Parlament akzeptieren. Ihre zentrale Forderung lautete deshalb: „No taxation without representation". Das hielten die Siedler für ihr gutes, altes Recht: Sie beriefen sich auf die Magna Carta von 1215, die schon im Mittelalter den König verpflichtete, Steuern nur in Absprache mit dem Parlament zu erheben. In zahlreichen Verhandlungen zwischen der britischen Krone und den Kolonisten konnte jedoch kein Kompromiss erzielt werden.

VT2 Der amerikanische Unabhängigkeitskrieg

Die Auseinandersetzungen führten 1775 zum Unabhängigkeitskrieg zwischen den Kolonien und der britischen Krone. Die 13 Kolonien handelten erstmals vereint. Sie gaben dem Gutsbesitzer und späteren ersten Präsidenten der USA, George Washington (1789–1797, Q2) aus Virginia, den Oberbefehl über eine 15 000 Mann starke Armee aus Freiwilligen.

Die amerikanischen Siedler kämpften gemeinsam mit Franzosen, Spaniern und Niederländern, die in diesem Krieg ihre Chance sahen, Großbritannien als Rivalen in Europa zu schwächen.

D1 Die 13 Kolonien in Nordamerika, die 1776 die USA gründeten

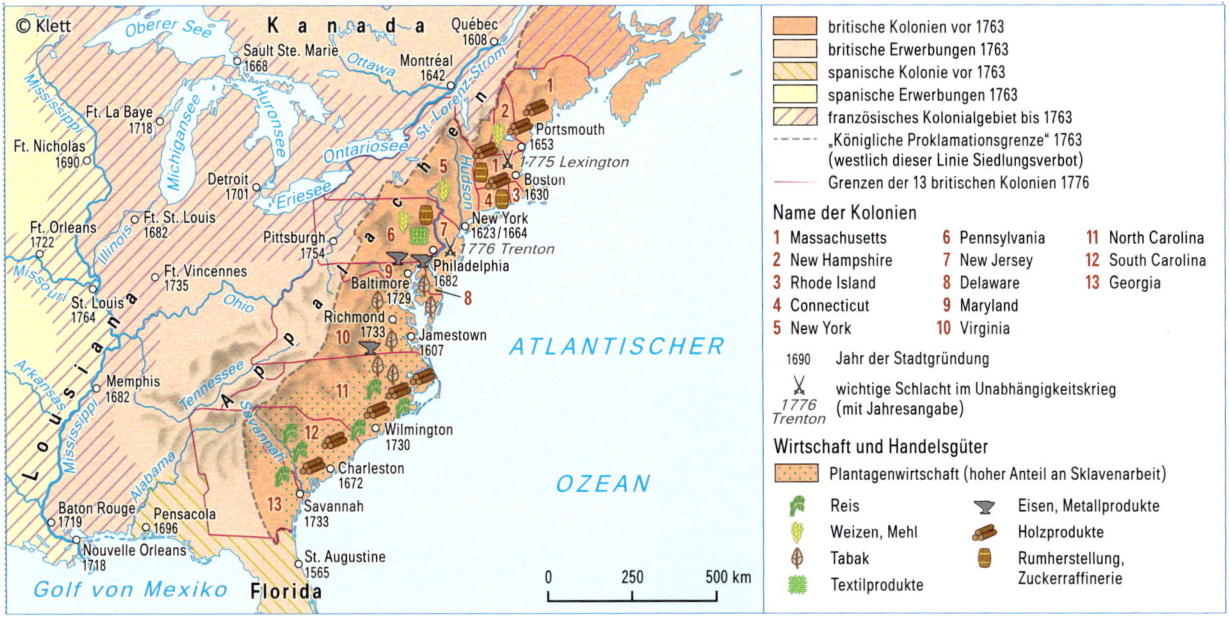

Auf der Gegenseite standen erfahrene britische Truppen und rund 30 000 Söldner aus deutschen Staaten. Diese Streitmacht wurde von englandtreuen Siedlern, Indigenen und Schwarzen unterstützt. Britische Kommandeure boten Sklaven die Freilassung an, wenn sie sich für die britische Armee meldeten.

Am 4. Juli 1776 erklärten die aufständischen Kolonien Nordamerikas ihre Unabhängigkeit. Der Krieg war zwar noch nicht gewonnen, aber die Unabhängigkeitserklärung (Q3) formulierte das Ziel und verkündete zugleich allgemeine **Menschen- und Bürgerrechte**, in denen sich die Ideen der europäischen Aufklärung widerspiegelten. Unter dem Eindruck der Ereignisse in Nordamerika sollten 13 Jahre später Revolutionäre in Frankreich ähnliche Forderungen verabschieden.

VT3 Eine neue Verfassung

1783 endete der Unabhängigkeitskrieg mit dem Sieg der Kolonien. Großbritannien erkannte den neuen Staat an. Die sogenannten Gründungsväter entwarfen eine Verfassung, die 1787 verabschiedet wurde und festlegte, dass die Vereinigten Staaten von Amerika eine **föderale** Republik mit einem starken Präsidenten an der Spitze sein sollten. Die Regierung unter Führung des Präsidenten sollte vor allem für die Verteidigung, die Außen-, Handels- und Finanzpolitik zuständig sein. Die Einzelstaaten behielten weiterhin viele Entscheidungsfreiheiten, zum Beispiel über ihre innenpolitischen Angelegenheiten wie etwa die Sklaverei.

Das Volk wählte den Präsidenten und das Parlament in freien und offenen Wahlen, allerdings in einem indirekten Abstimmungsverfahren durch Wahlmänner in den Bundesstaaten. Die Gründungsväter beschränkten das Wahlrecht auf Männer, die Grundbesitz hatten und Steuern zahlten. Sklaven, Indigene, Bedienstete und Frauen blieben davon lange ausgeschlossen. Die Rechtsprechung, das gesetzgebende Abgeordnetenhaus und die Regierung sollten als die drei Gewalten voneinander unabhängig sein.

1791 wurden die ersten zehn Verfassungszusätze (Amendments) über die Grundrechte ergänzt, die bis heute gültig sind. Beides, die Verfassung und der ihr vorangestellte Katalog von Menschen- und Bürgerrechten (Bill of Rights), sind wesentliche Kennzeichen einer Demokratie. Mit den USA war somit ein erster demokratischer Staat entstanden – früher als in Europa.

Menschen- und Bürgerrechte
Individuelle, angeborene, unveräußerliche und universelle Rechte, die jedem einzelnen Menschen von Natur aus zustehen. Dazu gehören Leben, Freiheit und Eigentum als allgemeine Menschenrechte sowie politische Rechte der Staatsbürgerinnen und -bürger.

föderal
Charakterisiert einen Bund, der aus gleichberechtigten Gliedstaaten zusammengesetzt ist, die über eigene Rechte und Kompetenzen verfügen. Die USA und die Bundesrepublik Deutschland sind föderale Staaten.

Q2 George Washington

Der Oberbefehlshaber nach einer gewonnenen Schlacht gegen die Briten. Gemälde von James Peale, ca. 1782, 91,4 × 68,6 cm, Metropolitan Museum of Art, New York

Q3 Die Rechte des Volkes

Aus der Unabhängigkeitserklärung der Vereinigten Staaten von Amerika vom 4. Juli 1776:

Wir halten diese Wahrheiten für in sich einleuchtend: daß alle Menschen gleich geschaffen sind; daß sie von ihrem Schöpfer mit gewissen unveräußerlichen Rechten ausgestattet sind [...]; darunter Leben, Freiheit und das Streben nach Glück; daß zur Sicherung dieser Rechte Regierungen unter den Menschen eingesetzt sind, die ihre gerechten Vollmachten von der Einwilligung der Regierten herleiten; daß, wenn immer eine Regierungsform diesen Zielen zum Schaden gereicht, es das Recht des Volkes ist, sie zu ändern oder abzuschaffen und eine neue Regierung einzusetzen, die sich auf solchen Grundsätzen aufbaut und ihre Macht in einer Weise organisiert, wie sie am geeignetsten erscheint, seine Sicherheit und sein Glück zu schaffen.

Zit. nach Wolfgang Lautemann/Manfred Schlenke (Hrsg.): Geschichte in Quellen. Bd. 4. Bayerischer Schulbuch-Verlag, München 1981, S. 90 f.

Q4 Deutsche Soldaten im Unabhängigkeitskrieg

Friedrich Kapp (1824–1884) wanderte Mitte des 19. Jahrhunderts in die USA aus. 1864 beschreibt der deutsch-amerikanische Schriftsteller, Jurist und Politiker den Soldatenhandel zwischen deutschen Fürsten und dem britischen König. Mit Unterstützung des amerikanischen Historikers George Bancroft (1800–1891) bezog Kapp seine Informationen aus handschriftlichen Tagebüchern deutscher Offiziere.

Nach geschlossenem Frieden [1783] blieben mehrere hundert Braunschweiger und Hessen mit Genehmigung ihrer Vorgesetzten in Amerika. [...] Natürlich hatte keiner dieser Offiziere eine Ahnung von der Macht des Volkes, von der Existenz einer Nationalkraft und ihrer Erhebung. Mit dem Augenblick, wo sie von England übernommen wurden, fingen sie auch pflichtmäßig an, über das amerikanische Rebellengesindel zu schimpfen. In Amerika angekommen, wunderten sie sich über die Wohlhabenheit und den Reichtum des Farmers[1] und berichteten ganz naiv nach Hause, daß eine Bewohnerin Neu-Englands[2] oder Staten Islands[3] bessere Kleider, ja selbst ein feineres Benehmen habe als selbst manche junge adelige Dame in Deutschland. Unter diesen Umständen schrieben sie die Revolution nur dem Übermut des „frechen Packs" zu, dem es unter englischer Herrschaft zu gut gegangen sei.

1 Landwirt/Bauer
2 Gebiet im Nordosten der USA
3 Insel an der Ostküste der USA

Friedrich Kapp: Der Soldatenhandel deutscher Fürsten nach Amerika. Berlin 1864. Zit. nach www.gutenberg.de (Zugriff: 16.04.2021).

AB1 D06

Arbeitsblatt

Ein digitales Schaubild entwerfen

D2 Die Bundesverfassung der USA von 1787

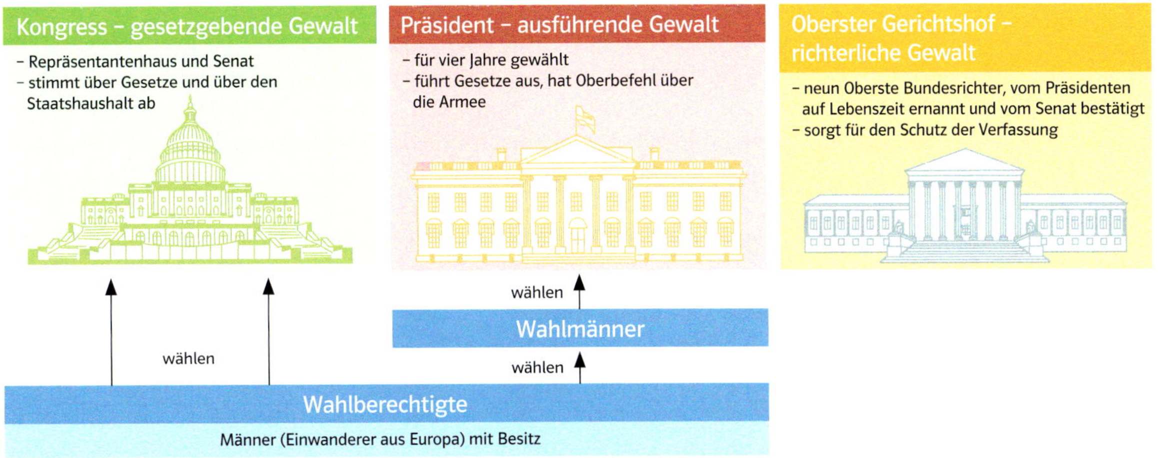

Q5 Demokratische Rechte für alle

Zusatzartikel (Amendments) aus der Bill of Rights der USA:

Zusatzartikel I: Der Kongress darf kein Gesetz erlassen, das die Einführung einer Staatsreligion zum Gegenstand hat, die freie Religionsausübung verbietet, die Rede oder Pressefreiheit oder das Recht des Volkes einschränkt, sich friedlich zu versammeln und die Regierung durch Petition um Abstellung von Missständen zu ersuchen.

Zusatzartikel II: Da eine gut ausgebildete Miliz für die Sicherheit eines freien Staates erforderlich ist, darf das Recht des Volkes, Waffen zu besitzen und zu tragen, nicht beeinträchtigt werden. [...]

Zusatzartikel IV: Das Recht des Volkes auf Sicherheit der Person und der Wohnung, der Urkunden und des Eigentums, vor willkürlicher Durchsuchung, Verhaftung und Beschlagnahme darf nicht verletzt werden, und Haussuchungs- und Haftbefehle dürfen nur bei Vorliegen eines eidlich oder eidesstattlich erhärteten Rechtsgrundes ausgestellt werden [...].

Zusatzartikel V: [...] Privateigentum darf nicht ohne angemessene Entschädigung für öffentliche Zwecke eingezogen werden.

Zit. nach Dominik Nagl/Marion Stange (Hrsg.): Die USA. Klett, Stuttgart 2008, S. 23.

Erster Blick

1 Q1 gilt weltweit als die erste politische Karikatur, die veröffentlicht wurde. Überlege, warum die Abbildung eine Karikatur ist (S. 84) und was die Buchstaben an der Schlange bedeuten könnten.

Der Unabhängigkeitskrieg

2 Arbeite heraus, wie sich die Kolonien im 17. und 18. Jahrhundert entwickelten und welche Bedeutung sie für England hatten (D1).

3 MK Arbeite heraus, wer gegen wen kämpfte (VT2). Erstelle dazu ein digitales Schaubild (AB1 D06).

4 Analysiere den Bericht des Deutsch-Amerikaners Friedrich Kapp (Q4). Was sagt er aus über die Einstellung der Offiziere zur „Macht des Volkes"? ○ → S. 258

5 SP Ist der Unabhängigkeitskrieg gerechtfertigt? Simuliert zu zweit ein Streitgespräch:
- Ein Siedler fordert die Eigenständigkeit der USA gegenüber Großbritannien (VT, Q1, Q3).
- Ein deutscher Soldat kämpft für den britischen König in Amerika (VT, Q4). ●

Die USA als erste Demokratie

6 Untersuche das Bildnis Washingtons (Q2) mithilfe der Fachmethode „Mit Herrscherbildern arbeiten" (S. 60/61) und vergleiche das Porträt mit demjenigen Ludwigs XIV. Zeige Gemeinsamkeiten und Unterschiede auf. Bewerte anschließend die Art, in der sich Washington darstellen lässt.

7 Beschreibe die Verfassung der USA (D2). Begründe, weshalb sie als die erste demokratische Verfassung der Neuzeit gilt (VT3, Q5).

AFB II: 2, 3, 4, 7 AFB III: 1, 5, 6

Frankreich in der Krise

Frankreich – ein Land mit großartigen Schlössern und prachtvollen Bauten, das Land des Sonnenkönigs! Doch gegen Ende des 18. Jahrhunderts war die Staatskasse leer. Viele Französinnen und Franzosen waren arm und hungerten. Ob Adel, Klerus, Bürger oder Bauer – niemand war mit den politischen und wirtschaftlichen Verhältnissen zufrieden. Wie war es dazu gekommen – und wie sollte es weitergehen?

Bankrott
Ist ein Staat nicht mehr zahlungsfähig, spricht man von einem Staatsbankrott.

Feudalabgaben
Die Bauern waren den adligen Grundherren untertan. Sie bewirtschafteten deren Land und mussten dafür Abgaben und bestimmte Dienste (Frondienste) leisten – oft weit über ihre Kräfte.

→ Themen verknüpfen
Zum Sonnenkönig Ludwig XIV. und zum Absolutismus kannst du auf den Seiten 56 bis 59 nachlesen.

AB1 D07
Arbeitsblatt
Vergleich: Verfassertext – Geschichtserzählung

VT1 Monarchie in der Krise

1774 wurde der junge Ludwig XVI. in einer prunkvollen Zeremonie zum König von Frankreich gekrönt. Eine begeisterte Menge jubelte ihm dabei zu. Der König war beliebt und seine Macht schien unangefochten zu sein. Hinter der prachtvollen Fassade sah es allerdings anders aus: Frankreich war hoch verschuldet und die Unzufriedenheit mit dem bestehenden System, dem Absolutismus, wuchs.

VT2 Staatsbankrott – die Ursachen

Aber wie konnte Frankreich **bankrott** sein, wie konnte der König in ständiger Geldnot sein? Es gab mehrere Gründe: Die Franzosen hatten einige teure Kriege in Europa geführt und verloren. In Amerika hatten sie die Kolonien im Unabhängigkeitskrieg gegen Großbritannien unterstützt. Um das alles zu finanzieren, hatte der Staat enorme Schulden gemacht. Außerdem verschlang auch das verschwenderische Leben des Hofes in Versailles eine Menge Geld. Die wichtigste Ursache der finanziellen Krise war aber die Steuerfreiheit für den Ersten und Zweiten Stand.

VT3 Unzufriedenheit des Adels

Obwohl sie keine Steuern zahlen mussten und auch sonst viele Privilegien hatten, gehörten die Adligen – der Zweite Stand – zu den Gegnern des Absolutismus. Sie wollten die absolute Königsgewalt abschaffen, um selbst einen größeren Anteil an der politischen Macht zu gewinnen.

Deutlich einflussloser und belasteter als der Adel war der Dritte Stand. Dazu gehörten zum Beispiel Handwerker und ihre Familien. Begleite nun Julie in das Paris des Jahres 1788 und erlebe mit ihr das Geschehen in dieser Zeit.

VT4 Kritik des Dritten Standes

Julie ist eine 14-jährige Pariserin. Ihr Vater ist Uhrmacher und gehört damit zum Dritten Stand. Alle Freunde und Bekannten gehören ebenfalls dazu – mit Ausnahme des Priesters. Fast die gesamte Bevölkerung ist Teil dieses Standes: erfolgreiche Unternehmer und Großkaufleute, Ärzte, Handwerkerinnen und Handwerker, Hilfsarbeiterinnen und Hilfsarbeiter und vor allem Bäuerinnen, Bauern und Landarbeiter ohne eigenen Boden. Julies Großeltern leben auf dem Land, wie etwa 85 Prozent der Bevölkerung. Der Großvater hat einen eigenen kleinen Hof, was auf dem Land nicht selbstverständlich ist. All diese höchst verschiedenen Gruppen von Menschen haben etwas gemeinsam: Sie müssen Steuern zahlen und damit den Staat finanzieren – und sie haben keinerlei Mitspracherecht in der Politik. Auch dürfen sie keine höheren Staatsämter übernehmen.

Julies Vater findet das sehr ungerecht – so wie immer mehr Menschen im ganzen Land. Immer offener wird nun darüber gesprochen, dass es so nicht weitergehen kann.

VT5 Interessen des Dritten Standes

„Aber was will der Weinhändler denn? Er ist doch schon so reich?" Julie wundert sich. Einige Kunden ihres Vaters haben in den letzten Jahren viel Geld verdient, einer von ihnen durch den Weinhandel mit Amerika. Julies Vater erklärt es ihr: „Er ist erfolgreich und verdient viel, aber er hat im Staat nichts zu sagen. Er darf nicht mitbestimmen – dabei muss er sehr viele Steuern zahlen. Er will, dass seine Stimme auch in der Politik zählt." Vorrechte für den Klerus und den Adel empfinden Julies Vater und der Weinhändler als überflüssig, ungerecht und nicht mehr zeit-

gemäß. In der Gesellschaft sollte Leistung zählen, nicht die Herkunft!
Julie weiß aber auch, dass die ärmeren Leute ganz andere Probleme haben. Onkel Maurice arbeitet als Schuhmacher – er fürchtet sich vor der Konkurrenz durch die Manufakturen. Und der Vater ihrer Freundin Marie ist Lohnarbeiter und fordert mehr Lohn. Die Bauern auf dem Land lehnen sich gegen die drückenden **Feudalabgaben** auf. Der Buchverleger aber, der manchmal mit dem Vater ein Glas Wein trinkt, redet oft von den Schriften von Diderot, Montesquieu, Rousseau und Voltaire – Namen, die Julie nichts sagen. Doch der Freund ihres Vaters ereifert sich in diesen Gesprächen dann immer und spricht von Freiheit, Vernunft, Menschenrechten und Toleranz. Julie hört gut zu, wenn er spricht. Ihr gefallen diese Ideen, auch wenn sie nicht alles versteht, was er sagt.

VT6 Einberufung der Generalstände

Zum Ende des Jahres 1788 wird das Leben in Paris immer schwieriger. Schlechte Ernten treiben den Brotpreis in die Höhe. Manchmal bekommt Julies Mutter gar kein Brot mehr beim Bäcker (D1). Auf der Straße sieht Julie jetzt oft Bettler, viele Menschen hungern. „Der König weiß nicht mehr weiter. Er beruft die **Generalstände** ein (Q2). Das ist eine gute Nachricht", erzählt der Vater eines Abends. Die Wahlen für die Vertreter der drei Stände finden überall in Frankreich statt. Wahlberechtigt sind alle männlichen Franzosen über 25 Jahre, die Steuern zahlen und einen festen Wohnsitz haben. Das ist für Julie und ihre Familie aufregend genug: Das erste Mal in seinem Leben darf ihr Vater wählen. Noch aufregender sind die Wahlversammlungen, bei denen **Beschwerdehefte** geschrieben werden. Das hat der König verfügt. Alle Männer und auch Frauen können ihre Probleme schildern, auf Ungerechtigkeiten aufmerksam machen und Vorschläge zur Abhilfe unterbreiten. Julies Vater erzählt von heftigen Diskussionen: Einige Bürger wollen den Handel beschränken, weil sie keine billigen ausländischen Waren wollen, andere sind strikt dagegen. „Dürfen Frauen dann auch wählen?", fragt Julie. Der Vater lacht. Aber Julie hat auf der Straße gehört, dass einige Frauen dies gefordert haben. Und was wohl ihr Großvater und die Leute in seinem Dorf in ihr Beschwerdeheft geschrieben haben? ☐

VT7 Scheitern der Generalstände

Im Mai 1789 begrüßte der König feierlich die Generalstände auf seinem Schloss in Versailles. Der Dritte Stand hatte ca. 600 Vertreter wählen dürfen, der Adel und Klerus je ca. 300. Abgestimmt werden sollte aber nach Ständen, das heißt, jeder Stand sollte eine Stimme haben. Damit waren die Vertreter des Dritten Standes nicht einverstanden. Sie befürchteten, in allen Entscheidungen mit 2:1 überstimmt zu werden. Sie wollten „nach Köpfen" abstimmen, das heißt, jeder Abgeordnete sollte eine Stimme haben. Bis zum Juni gab es darüber keine Einigung und der Dritte Stand erkannte, dass er seine Interessen nur im Konflikt mit den beiden anderen Ständen und dem König durchsetzen konnte. Es kam zur **Revolution**.

Generalstände
Versammlung von Vertretern aller drei Stände, die den König beraten sollte

Beschwerdehefte
(frz.: cahiers de doléances) Mit ihnen sollten die Franzosen dem König über ihre Nöte und Wünsche berichten. Es war eine der größten Volksbefragungen der Geschichte. Noch heute sind über 40 000 dieser Hefte erhalten.

Revolution
eine radikale Veränderung der bestehenden Ordnung, oft in Form von gewaltsamen Auseinandersetzungen

Q1 Das Erwachen des Dritten Standes

Radierung, 1789

Q2 Die Eröffnung der Generalstände in Versailles

Gemälde von Auguste Couder, 1839, 4 m x 7,15 m, Versailles, Château de Trianon

Q3 Forderungen von Bürgern

Aus der Beschwerdeschrift des Ortes Pavilly:

3. Die Gemeinde von Pavilly wünscht, daß in den Generalständen die Stimmen der Abgeordneten nach Köpfen und ohne Standesunterschied gezählt werden. Das gilt vor allem bei den Steuern, deren Verteilung nach Maßgabe ihrer Vermögen bei allen Staatsbürgern gleich gehandhabt werden muß. // 4. Die mechanischen Webstühle sind eine öffentliche Last, sie nehmen den Armen und den Handwerkern die notwendigen Existenzmittel. [...] Es ist also dringend und unvermeidlich, sie abzuschaffen. [...] // 6. Die indirekten Steuern und die Salzsteuer sind für die Nation eine Last [...]; ihre Aufhebung ist zu wünschen. [...] // 9. Die Mühlen sind für die Bevölkerung notwendig, aber das Zwangsrecht gibt den Müllern die Möglichkeit, [...] untreu zu handeln. Wir wünschen deshalb, daß jedermann die Freiheit bekomme, zu der Mühle zu gehen, bei der er sich am besten bedient sieht. // 10. Wir wünschen, daß die Freiheit des Handels mit den Engländern aufgehoben werde, denn durch sie entsteht dem Handel nur schwerer Schaden.

Zit. nach Wolfgang Lautemann/Manfred Schlenke (Hrsg.): Geschichte in Quellen. Bd. 4: Amerikanische und Französische Revolution. Bayerischer Schulbuch-Verlag, München 1981, S. 156 f.

Erster Blick

1 Überlege, wie ein Staat in eine Krise geraten kann.

Wie kam es zur Krise?

2 Fasse zusammen, warum sich Frankreich 1788/89 in einer Krise befand (VT1–VT3).

3 Lies die Geschichte von Julie (VT4–VT6). Arbeite heraus, worüber sich der Dritte Stand beklagte und was der Anlass für die Einberufung der Generalstände war. ○ → S. 258

4 MK Erläutere die Unterschiede zwischen einem Darstellungstext (VT1–VT3) und einer Geschichtserzählung (VT4–VT6). Nutze das Arbeitsblatt AB1 D07.

5 Untersuche mithilfe der Grafik die Lebensbedingungen von Handwerkern und ungelernten Arbeitern (D1).

6 Liste die unterschiedlichen Interessen der Bevölkerungsgruppen in einer Tabelle auf (VT). ○ → S. 258

Der Dritte Stand stellt Forderungen

7 Nenne die in den Beschwerdebriefen (Q3–Q5) formulierten

Q4 Forderungen von Bauern

Aus der Beschwerdeschrift des Dorfes Guyancourt, 1789:

Die Einwohner dieser Gemeinde fordern: 1. daß alle Steuern von den drei Ständen ohne irgendwelche Ausnahme gezahlt werden, von jedem Stand gemäß seinen Kräften; // 2. das gleiche Gesetz und Recht im ganzen Königreich; [...] //5. die völlige Beseitigung jeglicher Art von Zehnten[1] in Naturalien; [...] // 8. daß die Eigentumsrechte heilig [...] sind; // 9. daß rascher und mit weniger Parteilichkeit Recht gesprochen wird; // 10. daß alle Frondienste, welcher Art sie auch sein mögen, beseitigt werden; [...] // 17. daß alle Pfarrer verpflichtet sind, alle ihre Amtspflichten zu erfüllen, ohne dafür irgendwelche Bezahlung zu fordern; [...]

1 Abgabe des zehnten Teils vom Ertrag eines Grundstücks

Zit. nach Irmgard und Paul Hartig: Die Französische Revolution. Klett, Stuttgart 1985, S. 34 f.

Q5 Forderungen von Frauen

Aus einem anonymen Beschwerdeschreiben an die Generalstände, 1789:

Wir trachten durchaus nicht nach den Würden des Regierungsamtes [...]. Aber wir glauben, daß es den Frauen, den Witwen und Töchtern, die [...] Vermögen besitzen, billigerweise[1] gestattet sein muß, dem Thron ihre Beschwerden zu Füßen zu legen, und daß es ebenso nur gerecht ist, die Stimmen der Frauen zu zählen, da sie doch, wie die Männer, dazu verpflichtet sind, die königlichen Abgaben zu zahlen [...]. Kein Mann [kann] eine Frau vertreten, da doch der Vertreter völlig die gleichen Interessen haben muß wie der Vertretene. Folglich können Frauen nur von Frauen vertreten werden.

1 gerechterweise

Zit. nach Landesregierung NRW (Hrsg.): Geschichte auch für Mädchen. Übers. von Gerhard Seidel u. Sabine Franzen. Düsseldorf 1989, S. 21.

D1 Lebenshaltungskosten in Paris im Februar 1789

Zimmermannsgeselle, Schlosser usw.
(durchschnittlicher Tagesverdienst 30 Sous)

ungelernter Bauarbeiter
(durchschnittlicher Tagesverdienst 18 Sous)

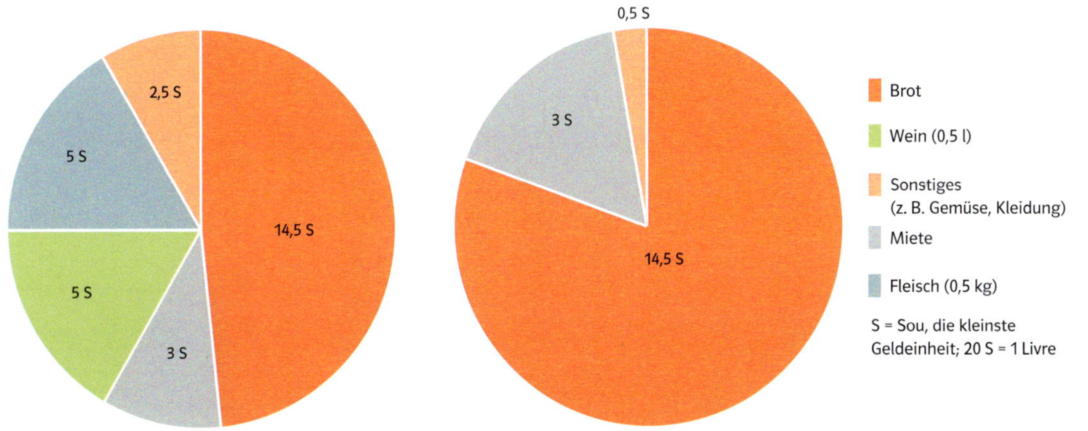

Forderungen und ordne sie nach selbst gewählten Kategorien.

8 Überprüfe, ob die Forderungen des Volkes revolutionär waren (Q3–Q5). Beachte die Definition des Begriffs Revolution auf S. 81.

9 Interpretiere die Karikatur Q1 mithilfe der Arbeitsschritte auf S. 85. Erläutere dabei den Titel der Karikatur.

Wie lassen sich die Probleme lösen?

10 Benenne die Personengruppen in Q2. Erläutere, was Kleidung und Sitzordnung über die Generalstände aussagen. ○ → S. 258

11 SP Schreibe ein Streitgespräch zwischen einem Vertreter des Dritten Standes und einem Adligen: Wie soll abgestimmt werden (VT7)? Sammle zunächst Argumente für jede Seite. Überlege auch, wie die Vertreter die Argumente der Gegenseite entkräften könnten. ○ → S. 258

12 Beurteile das Verhalten des Königs. In welcher Hinsicht hätte er anders – und vielleicht klüger – handeln können (VT7)? ●

AFB I: 1, 2, 6 AFB II: 3, 4, 5, 7, 10 AFB III: 8, 9, 11, 12

Musterlösung D08
Mit Karikaturen arbeiten

MK Mit Karikaturen arbeiten

Karikaturen sind Zeichnungen, in denen Menschen und politische Ereignisse – zumeist aus einem aktuellen Anlass – kritisch dargestellt werden. Zu diesem Zweck stellen sie zum Beispiel Menschen überspitzt dar, nehmen Redewendungen wörtlich („jemanden unterdrücken") oder heben Gegensätze überdeutlich hervor. Vor und während der Französischen Revolution wurden viele Karikaturen in Umlauf gebracht, zum Teil als Flugblätter. Das lag auch daran, dass damals viele Menschen nicht lesen konnten. Für uns sind Karikaturen wichtige Quellen. Allerdings ist es nicht immer leicht, sie zu verstehen.

Q1 „Man muss hoffen, dass dies Spiel bald ein Ende hat"

Karikatur aus dem Jahr 1789, unbekannter Künstler

1. Titel der Karikatur: „Man muss hoffen, dass dies Spiel bald ein Ende hat."
2. Untertitel: „Ein Bauer trägt einen Prälaten [Würdenträger der Kirche] und einen Adligen."
3. „mit Tränen getränkt"
4. „gerötet vom Blut"
5. „Bischof", „Abt", „Herzog", „Graf", „steuerfreier Unterhalt", „Prahlerei"
6. „Salzsteuer", „Tabaksteuer", „direkte Steuer", „Fronarbeit", „kirchlicher Zehnt", „Dienst im Militär"

Erklärvideo V06
Mit Karikaturen arbeiten

Arbeitsschritte

1. Beschreiben

- Erfasse, mit welchem Thema sich die Karikatur beschäftigt.
- Stelle fest: Wann, wo und unter welchen Umständen ist sie entstanden?
- Beschreibe, was du siehst (ohne schon zu viel zu erklären).
- Lies gründlich die Texte, die zur Karikatur gehören (Beschriftung, Titel, Bildunterschrift, Sprechblasen).

2. Untersuchen

- Untersuche, wen oder was die einzelnen Figuren oder Gegenstände darstellen. Prüfe, in welcher Beziehung sie zueinander stehen. Beziehe vorhandene Texte mit ein und erläutere diese.
- Informiere dich über den geschichtlichen Hintergrund: abgebildete Personen, Entstehungszeit, Karikaturist, Ort der Veröffentlichung, Adressatenkreis. Manche Angaben findest du im Geschichtsbuch, andere in Lexika oder im Internet.

3. Deuten

- Stelle fest, welche Meinung oder Kritik in der Karikatur deutlich wird. Was wollte der Zeichner ausdrücken?
- Stelle Vermutungen darüber an, ob die Aussage, die in der Karikatur steckt, für die Zeitgenossen leicht zu verstehen war.
- Nimm Stellung zu der Aussage der Karikatur.
- Überlege, welche Bedeutung als Quelle die Karikatur hat.

Formulierungshilfen

Beschreiben

Das Thema der Karikatur ist die Verteilung der Lasten ...
Man sieht drei Männer, einer von ihnen ...
Auf dem Boden sieht man ...
Es gibt mehrere französische Beschriftungen ...

Untersuchen

Jede Figur stellt einen Stand dar: ...
Der gebückte Bauer, der Dritte Stand, trägt ...
Die Tiere am Boden zeigen weitere Probleme: ...

Deuten

Die Karikatur kritisiert ...
Der Zeichner findet es ungerecht, dass ...
Die Franzosen damals konnten leicht erkennen, dass ...

VT1 Ausdruck der eigenen Meinung

Karikaturen möchten meist eine Sache oder Person kritisch darstellen und nutzen dabei das Mittel der Übertreibung. Sie sind Ausdruck der persönlichen Meinung des Karikaturisten und damit keine wertfreie Darstellung eines (historischen) Sachverhalts. Aus früheren Karikaturen können wir deswegen heute viel über die unterschiedlichen Meinungen der damaligen Zeitgenossen erfahren. Karikaturen können lustig, spöttisch oder sogar beleidigend sein. Sie machen auf Missstände aufmerksam und weisen auf manches Fehlverhalten von Politikerinnen und Politikern hin.

VT2 Karikaturisten leb(t)en gefährlich

Der französische Zeichner Honoré Daumier wurde 1834 zu sechs Monaten Gefängnis verurteilt, weil er den König auf einer Karikatur als Monster dargestellt hatte. Auch heute kommt es mitunter zu Prozessen oder zu Beschwerden, wenn sich Personen von einer Karikatur angegriffen oder beleidigt fühlen. Es ist nicht leicht zu entscheiden, wie weit eine Karikatur gehen darf. Muss es Verbote geben, um die Würde einzelner Menschen zu schützen? Oder schränken solche Verbote die Meinungsfreiheit ein?

1 Beschreibe, welche Möglichkeiten und Grenzen eine Karikatur im Vergleich zu einem Text hat.

2 Interpretiere Q1 mithilfe der Arbeitsschritte und Formulierungshilfen.

3 Wähle aus einer aktuellen Zeitung eine Karikatur und interpretiere sie. Welche Schwierigkeiten ergeben sich?

4 Erkläre, warum Karikaturen mitunter Ärger hervorrufen und Karikaturisten manchmal sogar bedroht werden (VT2).

AFB I: 1 AFB II: 4 AFB III: 2, 3

„Freiheit, Gleichheit, Brüderlichkeit!" – Das alte Regime wird gestürzt

Im Juni 1789 hatten die Generalstände bereits einen Monat lang ohne Ergebnis getagt. Dann überschlugen sich die Ereignisse.

Frondienste
unbezahlte Dienstleistungen der abhängigen Bauern für ihren adligen Herrn

VT1 Der Ballhausschwur

Am 17. Juni 1789 formulierten die Abgeordneten des Dritten Standes den Anspruch, die gesamte Nation zu vertreten, und nannten sich „Nationalversammlung". Damit wandten sie sich gegen Adel und Klerus. Im Ballhaus von Versailles, das sonst für Ballspiele genutzt wurde, schworen sie, nicht auseinanderzugehen, bis sie für Frankreich eine Verfassung ausgearbeitet hätten.

VT2 Die Erstürmung der Bastille

Die politische Krise wurde durch die wirtschaftliche Situation verschärft. Dies zeigte sich vor allem in Paris. Die Menschen dort waren wegen der hohen Arbeitslosigkeit und gestiegener Brotpreise unzufrieden und verzweifelt. Der König in Versailles erkannte, dass ihm immer weniger Spielraum blieb. Er empfahl nun den Vertretern der ersten beiden Stände, sich der Nationalversammlung anzuschließen. So erkannte er diese Institution an. Gleichzeitig aber ließ er Truppen zusammenziehen. Als sich diese Nachricht verbreitete, bewaffneten sich die Bürger – und auch manche Bürgerinnen – von Paris und stürmten am 14. Juli 1789 die Bastille, ein berüchtigtes Gefängnis (Q1). Obwohl in dieser Festung nur noch sieben Häftlinge saßen, wurde dieses Ereignis zum Symbol der Revolution.

Q1 Sturm auf die Bastille am 14. Juli 1789
Aquarell von Jean-Pierre Houël, 18. Jh., Musée Carnavalet, Paris

VT3 „Die große Angst"

Ende Juli griff die Revolution auf das Land über. Bäuerinnen und Bauern bewaffneten sich, vertrieben die adligen Grundherren, zündeten Schlösser und Klöster an und vernichteten die Urkunden, in denen Abgaben, **Frondienste** und Adelsvorrechte festgelegt waren. Beim Landadel herrschte „la grande peur" – „die große Angst". Viele Adlige flüchteten ins Ausland, um ihr Leben zu retten.

VT4 „Freiheit, Gleichheit, Brüderlichkeit"

Die Forderung nach „liberté, égalité, fraternité" („Freiheit, Gleichheit, Brüderlichkeit") wurde zum berühmtesten Wahlspruch der Revolutionäre. Die Nationalversammlung in Versailles verabschiedete Beschlüsse, um diese Forderungen in die Tat umzusetzen: So wurden die Leibeigenschaft und alle Privilegien des Ersten und Zweiten Standes abgeschafft. Am 26. August veröffentlichte die Nationalversammlung die Erklärung der Menschen- und Bürgerrechte. Diese Beschlüsse bedeuteten das Ende des Ancien Régime (der alten Herrschaftsform).
An Freiheit und Gleichheit auch für die Frauen dachten die Revolutionäre jedoch nicht. Deshalb verfasste die Schriftstellerin Olympe de Gouges eine „Erklärung der Rechte der Frau und Bürgerin", ohne allerdings Gehör bei der Nationalversammlung zu finden.

Q2 Auszüge aus der Erklärung der Menschen- und Bürgerrechte

Verabschiedet von der französischen Nationalversammlung am 26. August 1789:

1. Die Menschen werden frei und gleich an Rechten geboren und bleiben es. [...]
2. Der Zweck jeder staatlichen Vereinigung ist die Erhaltung der natürlichen und unverjährbaren Menschenrechte. Diese Rechte sind Freiheit, Eigentum, Sicherheit und Widerstand gegen Unterdrückung.
3. Der Ursprung jeder Herrschaft liegt wesensmäßig beim Volke; [...].
4. Die Freiheit besteht darin, alles tun zu können, was einem anderen nicht schadet. [...]
5. Das Gesetz darf nur Handlungen verbieten, die der Gesellschaft schaden. [...]
6. Das Gesetz ist der Ausdruck des allgemeinen Willens. [...] Es muß für alle gleich sein, mag es beschützen oder bestrafen. [...]
7. Niemand darf angeklagt, verhaftet oder gefangen gehalten werden, es sei denn in den durch das Gesetz bestimmten Fällen und nur in den von ihm vorgeschriebenen Formen. [...]

10. Niemand darf wegen seiner Ansichten, selbst nicht der religiösen, bedrängt werden, vorausgesetzt, daß ihre Äußerung nicht die durch das Gesetz festgelegte öffentliche Meinung stört.
11. Die freie Mitteilung der Gedanken und Ansichten ist eines der kostbarsten Menschenrechte; daher kann jeder Bürger frei sprechen, schreiben, drucken [...].

Zit. nach Irmgard und Paul Hartig: Die Französische Revolution. Klett, Stuttgart 1985, S. 52 f.

Q3 Erklärung der Menschen- und Bürgerrechte

Gemälde von Jean-Jacques François Le Barbier, um 1790

D1 104

Multimedial arbeiten

Bildsymbole digital beschriften

Erster Blick

1 „Freiheit, Gleichheit, Brüderlichkeit" – besprecht, welche dieser Forderungen ihr am wichtigsten findet.

Die Revolution beginnt

2 Stelle auf einer Zeitleiste die Ereignisse von Juni bis August 1789 zusammen (VT1–VT4).

3 Beschreibe die in Q1 erkennbaren Einzelheiten und die Gesamtwirkung des Bildes. ○ → S. 259

4 Stelle Vermutungen an, warum der 14. Juli bis heute der französische Nationalfeiertag ist.

Die Erklärung der Menschenrechte

5 SP Formuliere zu jedem Artikel der Menschenrechtserklärung eine passende Überschrift (Q2).

6 MK Beschreibe und analysiere die Symbole in Q3. Du kannst auch digital arbeiten. Nutze dafür das Arbeitsblatt mit Symbolerklärungen (D1 104). ○ → S. 259

7 Erläutere, inwiefern die Erklärung der Menschen- und Bürgerrechte (Q2, Q3) einen revolutionären Bruch mit der Vergangenheit bedeutete und welche Bedeutung sie noch heute hat. ●

AFB I: 2, 3, 5 AFB II: 1, 4, 6 AFB III: 7

Menschenrechte heute – selbstverständlich oder immer noch missachtet?

Die Erklärung der Menschenrechte von 1789 wurde zum Vorbild für Europa – und dies ist bis heute so. Viele Menschen halten die Menschenrechte mittlerweile für selbstverständlich, doch weltweit gilt das keineswegs für alle. Fast täglich erfahren wir von Menschenrechtsverletzungen.

VT1 Entwicklung der Menschenrechte

Die Menschenrechtserklärung der Französischen Revolution hatte Vorläufer: Erstmalig wurden Menschenrechte in der amerikanischen Unabhängigkeitserklärung im Jahr 1776 formuliert. Die Erklärung der Menschen- und Bürgerrechte 1789 baute darauf auf. Im 19. und 20. Jahrhundert verlangten immer mehr Menschen vor allem in den europäischen Ländern nach Mitbestimmung und Demokratie. Nach dem Ende des Zweiten Weltkrieges wurden die Menschenrechte schließlich als Grundrechte in viele demokratische Verfassungen aufgenommen, auch in das Grundgesetz der Bundesrepublik Deutschland. Die Organisation der Vereinten Nationen (UNO), zu der heute 193 Staaten gehören, beschloss 1948 eine Allgemeine Erklärung der Menschenrechte.

VT2 Menschenrechtsverletzungen

Wenn Regeln oder Normen beschlossen sind, heißt das jedoch noch nicht, dass sie auch in der Realität durchgesetzt werden. Zudem haben längst nicht alle Staaten die Menschenrechte anerkannt. Tatsächlich gibt es in vielen Ländern der Erde Menschenrechtsverletzungen: Einschränkungen der Meinungsfreiheit, Strafen für unerwünschtes politisches Engagement, Missachtung von Frauenrechten und der Rechte von Minderheiten sowie Folter oder Hinrichtungen.

VT3 Kampf für die Menschenrechte heute

Viele staatliche und nichtstaatliche Organisationen setzen sich für die Beachtung der Menschenrechte und die Freilassung politischer Gefangener ein. Politikerinnen und Politiker demokratischer Länder haben immer wieder das Problem, dass sie auch mit Regierungen von Staaten verhandeln müssen, die die Menschenrechte nicht akzeptieren. So bleibt ihre Durchsetzung auch im 21. Jahrhundert, weit über 200 Jahre nach der Französischen Revolution, eine Herausforderung.

VT4 Menschenrechte – auch für Kinder

1959 wurde erstmals eine gesonderte Erklärung der Rechte von Kindern von der UNO beschlossen. 1989 folgte die sogenannte Kinderrechtskonvention für alle Kinder unter 18 Jahren. Alle Mitgliedstaaten der UNO mit Ausnahme der USA haben die Konvention ratifiziert, also in Kraft gesetzt.

Auch die Kinderrechte werden häufig missachtet. In vielen Ländern müssen Kinder schwere und ungesunde Arbeit verrichten (Q1) und keineswegs überall dürfen sie zur Schule gehen. UNICEF, das Kinderhilfswerk der UNO, setzt sich seit 1946 weltweit für Kinderrechte ein.

D1 W06

Websites

Grundrechte im Grundgesetz und Menschenrechtserklärung der UNO

D2 W07

Websites

Menschenrechte heute

Q1 Kinderarbeit in Yangon (Myanmar)

Ein Kind schaufelt Kieselsteine in Tragekörbe. Anschließend tragen Tagelöhner die bis zu 40 Kilogramm schweren Körbe und erhalten pro Korb etwa 4 Cent. Foto, 2014

Q2 Erklärung der Rechte des Kindes

Beschluss der UN-Vollversammlung, 20. November 1959:

Artikel 1

Das Kind genießt alle in dieser Erklärung aufgeführten Rechte. Alle Kinder ohne jede Ausnahme haben ohne Unterschied oder Diskriminierung auf Grund der Rasse, der Hautfarbe, des Geschlechts, der Sprache, der Religion, der politischen oder sozialen Herkunft, des Eigentums, der Geburt oder der sonstigen Umstände, die in der eigenen Person oder in der Familie begründet sind, Anspruch auf diese Rechte. [...]

Artikel 7

Das Kind hat Anspruch auf unentgeltliche Pflichtunterrichtung, zumindest in der Elementarstufe. Ihm wird eine Erziehung zuteil, die seine allgemeine Bildung fördert und es auf der Grundlage der Chancengleichheit in die Lage versetzt, seine Fähigkeiten, sein persönliches Urteilsvermögen, seinen Sinn für moralische und soziale Verantwortung zu entwickeln und ein nützliches Glied der Gesellschaft zu werden. [...]

Artikel 9

Das Kind wird vor allen Formen der Vernachlässigung, Grausamkeit und Ausbeutung geschützt. Es darf nicht Handelsgegenstand in irgendeiner Form sein. Das Kind wird vor Erreichung eines angemessenen Mindestalters nicht zur Arbeit zugelassen; in keinem Fall wird es veranlasst oder wird ihm erlaubt, einen Beruf oder eine Tätigkeit auszuüben, die seine Gesundheit oder Erziehung beeinträchtigen oder seine körperliche, geistige oder sittliche Entwicklung hemmen würden.

Erklärung der Rechte des Kindes vom 20. November 1959. Unter: www.kinderrechtskonvention.info/erklaerung-der-rechte-des-kindes-vom-20-november-1959-3347/ (Zugriff: 10.11.2023).

Q3 Übereinkommen über die Rechte des Kindes

Aus den Kindergrundrechten der UNICEF:

Das Recht auf Gleichheit

Alle Kinder sind gleich. Niemand darf auf Grund seiner Hautfarbe, Geschlechts oder Religion benachteiligt werden. [...]

Das Recht auf Bildung

Jedes Kind hat das Recht, zur Schule zu gehen und zu lernen, was wichtig ist. [...]

Das Recht auf Freizeit, Spiel und Erholung

Jedes Kind hat das Recht, zu spielen und in einer gesunden Umgebung aufzuwachsen und zu leben.

Das Recht, sich zu informieren, sich mitzuteilen, gehört zu werden und sich zu versammeln

Jedes Kind hat das Recht, seine Gedanken frei zu äußern. [...]

Das Recht auf gewaltfreie Erziehung

Jedes Kind hat das Recht auf eine Erziehung ohne Anwendung von Gewalt. [...]

Das Recht auf Schutz im Krieg und auf der Flucht

Ein Kind, das aus seinem Land flüchten musste, hat dieselben Rechte wie alle Kinder in dem neuen Land. [...]

Das Recht auf eine Familie, elterliche Fürsorge und ein sicheres Zuhause

Jedes Kind hat das Recht, mit seiner Mutter und seinem Vater zu leben, auch wenn diese nicht zusammen wohnen. [...]

Das Recht auf Betreuung bei Behinderung

Jedes Kind hat das Recht auf ein gutes Leben. Wenn du behindert bist, hast du das Recht auf zusätzliche Unterstützung und Hilfe.

Kinderrechte für jedes Kind. Unter: https://haus.unicef.lu/kinderrechte (Zugriff: 10.11.2022).

1 Vergleiche die Menschenrechtserklärung in Frankreich (Q3 auf S. 87), die Allgemeine Erklärung der Menschenrechte der UNO und die Grundrechte im Grundgesetz der Bundesrepublik Deutschland (D1 W06).

2 Überprüft, wo heute noch Menschenrechte verletzt werden. Untersucht arbeitsteilig verschiedene Länder. Nutzt die Websites in D2 W07. Stellt eure Ergebnisse in einer digitalen Präsentation vor (siehe S. 276).

MK

3 Benenne die Rechte des Kindes (Q2, Q3), die du besonders wichtig findest. Beziehe auch Q1 in deine Überlegungen mit ein.

4 Beurteile, inwieweit die Rechte des Kindes in Deutschland verwirklicht sind (Q2, Q3).

5 Finde und präsentiere ein aktuelles Beispiel für die Arbeit einer Organisation, die sich für die Beachtung der Menschenrechte einsetzt. ●

AFB I: 3 AFB II: 5 AFB III: 1, 2, 4

Die Revolution radikalisiert sich

Die wichtigsten Forderungen der Revolutionäre nach Freiheit, Gleichheit und Brüderlichkeit schienen eingelöst zu sein. Doch es fehlte noch eine Verfassung, mit der die neuen Machtverhältnisse festgeschrieben werden sollten. Nach langen Beratungen trat schließlich am 3. September 1791 eine neue Verfassung in Kraft. Damit war Frankreich eine konstitutionelle Monarchie geworden. Sollte die Revolution damit ein Ende finden?

Sansculotten
(frz.: ohne Kniehosen) Bezeichnung für die ärmeren Bevölkerungsgruppen in Paris

Jakobiner
Bezeichnung für den wichtigsten politischen Club der Französischen Revolution; benannt nach seinem Versammlungsort, dem Jakobinerkloster Saint-Honoré in Paris

VT1 Sansculotten und Jakobiner

Viele dachten, mit der neuen Verfassung sei die Revolution beendet und es habe eine neue stabile Ordnung begonnen. Doch andere waren noch nicht zufrieden und wollten die Revolution weitertreiben. Dazu gehörten vor allem die **Sansculotten**. Dies waren Angehörige der ärmeren Bevölkerung von Paris und anderen Großstädten, also Kleinladenbesitzer, Händler, Handwerker und Manufakturarbeiter.

Im Verlauf der Revolution politisierten sie sich immer mehr. So trafen sie sich zum Teil täglich in politischen Clubs und Versammlungen, in denen sie ihre politischen Forderungen diskutierten. Sie setzten sich für radikale soziale und wirtschaftliche Gleichheit sowie die Abschaffung der bestehenden Privilegien und Besitzverhältnisse ein.

Auch die **Jakobiner** wollten mehr als das bisher Erreichte. Sie waren in ihren Forderungen aber nicht so radikal wie die Sansculotten. Zum Jakobinerclub gehörten eher wohlhabende und gebildete Franzosen aus dem Bürgertum. Ihr Club wurde der bedeutendste der Französischen Revolution. Während die Jakobiner eine große Zahl der Abgeordneten des Parlaments stellten, waren die Sansculotten dort fast gar nicht vertreten.

VT2 Das Ende der Monarchie

In Paris wurden die Sansculotten immer unruhiger: Seit 1792 befand sich Frankreich im Krieg gegen ausländische Monarchien. Preußen und Österreich versuchten, die revolutionäre Entwicklung in Frankreich aufzuhalten. So forderte der Herzog von Braunschweig als Oberbefehlshaber der gegnerischen Truppen das französische Volk auf, die Revolution zu beenden.

Dieser Aufruf bewirkte jedoch das Gegenteil: Er löste eine Art zweite Revolution aus. Im August 1792 stürmten, besetzten und plünderten die Sansculotten das Schloss, in dem sich die königliche Familie aufhielt. Dabei fanden sie Briefe des Königs, die bewiesen, dass er auf eine Niederlage Frankreichs im Krieg und damit auf den Sieg der Monarchisten hoffte. Ein neu gewähltes Parlament, das sich jetzt Nationalkonvent nannte, setzte den König ab und erklärte Frankreich am 21. September 1792 zu einer Republik. Der Konvent hielt nun einen Prozess gegen Ludwig XVI. ab. Die Gegner der Monarchie warfen ihm Landesverrat vor. Schließlich stimmte eine knappe Mehrheit für die Todesstrafe. Am 21. Januar 1793 wurde der König hingerichtet, am 16. Oktober 1793 auch seine Frau, Marie Antoinette. Die **konstitutionelle Monarchie** war beendet.

Q1 Hinrichtung König Ludwigs XVI., 1793

Zur Hinrichtung wurde die Guillotine (Fallbeil) verwendet. Anonymer zeitgenössischer Stich, 24,9 × 33,3 cm

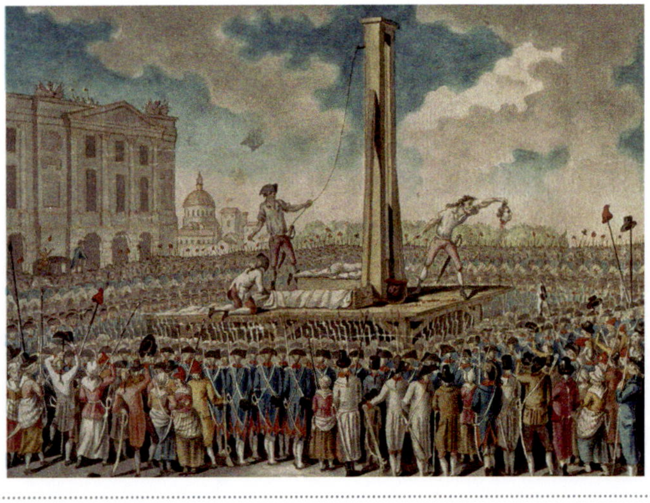

VT3 Die Revolution in Gefahr: der Krieg

Die Hinrichtung des Königs schockierte und ängstigte die europäischen Königshäuser. Die meisten von ihnen schlossen sich zusammen, um gegen Frankreich Krieg zu führen und die Revolution zu besiegen. Denn sie befürchteten, sie könnte auf ihre eigenen Länder überspringen. Hunderttausende Franzosen meldeten sich nun freiwillig, um ihre Nation und die Revolution zu verteidigen. Ein revolutionäres Kampflied, die Marseillaise, wurde die neue Nationalhymne und ist es bis heute. Um den Krieg gegen die verbündeten Monarchien Europas nicht zu verlieren, führte die vom Konvent eingesetzte Revolutionsregierung die allgemeine Wehrpflicht ein. Tatsächlich gelang es den hoch motivierten Franzosen, den Angriff der monarchischen Söldnerarmeen zurückzuschlagen. Auch antirevolutionäre Aufstände in Frankreich selbst wurden niedergeworfen. Viele Aufständische wurden hingerichtet.

VT4 Armut und Inflation

Wirtschaftlich war die Lage in Frankreich äußerst kritisch: Die Ernte von 1793 war schlecht, die Brotpreise stiegen, das neue Papiergeld, die sogenannten Assignaten, verlor durch Inflation an Wert. **Wucherer** verkauften Lebensmittel zu hohen Preisen auf dem Schwarzmarkt. Widersprach das nicht den Gedanken der Gleichheit und Brüderlichkeit? Vor allem die ärmere Bevölkerung von Paris litt Hunger. Die Sansculotten verlangten harte Strafen gegen Wucherer und die Festsetzung von Höchstpreisen für Brot, damit es sich auch die Armen leisten konnten. Die revolutionäre Regierung erfüllte diese Forderungen: Sie setzte Höchstgrenzen für Brot- und Getreidepreise, aber auch für Löhne und Gehälter fest. Auf Verstöße dagegen stand die Todesstrafe.

VT5 Frauen in der Revolution

Auch Frauen beteiligten sich am revolutionären Geschehen, etwa beim Zug nach Versailles im Oktober 1789. Mit dieser von Frauen initiierten Aktion wurde der König gezwungen, aus seinem Versailler Schloss ins revolutionäre Paris umzuziehen. Die Frauen hofften, dass der König so die dramatische Mangelsituation in Paris besser wahrnehmen und den Hunger stärker bekämpfen würde.

Während der Revolution stießen die Frauen aber auch an gesellschaftliche Grenzen. Weder war es ihnen gestattet, als Abgeordnete in das Parlament einzuziehen, noch durften sie in den bestehenden politischen Clubs abstimmen. Aus diesem Grund bildeten sie spezielle Frauenclubs (Q7). Aus patriotischer und revolutionärer Begeisterung unterstützten sie die Armee und kümmerten sich um Verletzte. Ihr Engagement trug ihnen dennoch nicht die erhoffte Gleichberechtigung ein. Selbst die radikalsten männlichen Revolutionäre meinten, dass Politik nichts für Frauen sei. 1793 wurden die Frauenclubs verboten. Erst im 20. Jahrhundert gelang es den Frauen, das Wahlrecht zu erhalten.

Q2 Sansculotten

Die Sansculotten erhielten ihren Namen, weil die Männer nicht die „culottes", die vornehmen Kniehosen der Adligen und Reichen, trugen. Zeitgenössische Radierungen

konstitutionelle Monarchie
Staatsform mit einem Monarchen an der Spitze, der an eine Verfassung gebunden ist

Wucherer
Menschen, die die Notlage anderer ausnutzen, indem sie von ihnen überhöhte Preise und Zinsen verlangen

Wohlfahrtsausschuss
Dieser wurde im April 1793 gegründet und hatte ursprünglich die Aufgabe, den Konvent zu kontrollieren, wurde jedoch unter dem Einfluss von Robespierre zum Machtzentrum der Jakobiner.

Diktatur
Herrschaftsform, bei der eine Person oder Personengruppe die uneingeschränkte Macht über einen Staat und das Volk hat

VT6 Die Spaltung der Revolutionäre

Anfangs hatte alle Revolutionäre das Ziel geeint, die Privilegien des Adels abzuschaffen. Doch was nach dem Sturz des Ancien Régime und der Hinrichtung des Königs aus Frankreich werden sollte, war umstritten. Unter den Revolutionären kam es zu Spaltungen und Gruppenbildungen. Dies zeigte sich schon früh in den Sitzungen der Nationalversammlung und später in den Treffen des Konvents: Dort saßen die Abgeordneten mit gleichen Überzeugungen zusammen: die entschlossensten Verfechter von Freiheit und Gleichheit links, die radikalsten unter ihnen oben, die Gemäßigten in der Mitte und die Konservativen rechts.

VT7 Die Schreckensherrschaft

Auch der Club der Jakobiner zeigte sich gespalten: Die radikalen Vertreter der Jakobiner verbündeten sich mit den Sansculotten und ließen gemäßigte Jakobiner verhaften und hinrichten. So gelangten die radikalsten Revolutionäre an die Macht. Sie errichteten eine **Diktatur**, die bald zur Schreckensherrschaft (frz.: „La Terreur") wurde. Zwar lag bereits eine neue, republikanische Verfassung für Frankreich vor, die keinen Monarchen mehr an der Spitze des Staates vorsah und allen Männern – unabhängig von Besitz und Vermögen – das Wahlrecht zugestand. Doch die neue Verfassung sollte erst in Kraft treten, wenn die Feinde der Revolution besiegt waren. Um das zu erreichen, gab der Nationalkonvent den radikalen Jakobinern diktatorische Vollmachten. Der sogenannte **Wohlfahrtsausschuss** wurde zur eigentlichen Regierung. Der mächtigste Mann in diesem Ausschuss wurde Maximilien Robespierre, ein als unbestechlich geachteter Rechtsanwalt.
Als Präsident des Jakobinerclubs und Vorsitzender des Wohlfahrtsausschusses schreckte Robespierre vor Gewalt und Terror nicht zurück: Die Pressefreiheit wurde abgeschafft. Ein „Gesetz über die Verdächtigen" ermöglichte es zudem, alle „Feinde der Freiheit" zu verhaften, vor das Revolutionsgericht zu stellen und mit der Guillotine hinzurichten. Allein von März 1793 bis August 1794 wurden fast 14 000 Menschen zum Tode verurteilt und hingerichtet (Q3). Diese Diktatur der Jakobiner rechtfertigte Robespierre als „Despotismus der Freiheit".

VT8 Revolution im Alltag

Auch das Alltagsleben wurde umfassend revolutioniert. Überall sollte die Vernunft die katholische Religion ersetzen: Man führte einen neuen Kalender ein, in dem das erste Jahr nach Abschaffung der Monarchie als „Jahr I der Gleichheit" gezählt wurde. Die Monate erhielten neue Namen, z. B. Thermidor (Hitzemonat) oder Brumaire (Nebelmonat). Straßen und Plätze wurden umbenannt und kirchliche Feiertage wurden durch neue revolutionäre und republikanische Feiertage, z. B. den 14. Juli, ersetzt. Ehen wurden nun vor staatlichen Amtsträgern und nicht mehr in der Kirche geschlossen, die Ehescheidung wurde 1792 eingeführt. Man redete sich als „Bürger" und „Bürgerin" an.

VT9 Das Ende der Schreckensherrschaft

Bald sahen sich die radikalen Jakobiner durch ihre Erfolge bestätigt. Es war ihnen gelungen, drohende Gefahren für das revolutionäre Frankreich abzuwenden: Der Angriff von außen war zurückgeschlagen, die Aufstände im Innern zusammengebrochen, die Hungersnot unter Kontrolle. Nun meinten auch viele Jakobiner selbst, es gebe keinen Grund mehr für eine Terrorherrschaft. Robespierre jedoch sah noch zahlreiche Gefahren für den von ihm angestrebten Staat der Freiheit und Gleichheit und der „Tugend". Er ging sogar gegen Jakobiner und Sansculotten mit Gewalt vor, wenn sie seine Politik kritisierten. Der berühmteste Kritiker unter ihnen war Danton, der beim Volk sehr beliebt war. Er wurde nach einem aufsehenerregenden Prozess hingerichtet. Niemand konnte sich mehr sicher fühlen. Schließlich beschlossen die Jakobiner, Robespierre und seine Anhänger zu verhaften und hinzurichten. Am 28. Juli 1794 starben sie unter der Guillotine – die Zeit der Schreckensherrschaft war beendet.

Q3 „The Zenith of French Glory“

Karikatur des Briten James Gillray zur Hinrichtung Ludwigs XVI., Februar 1793. Die Übersetzung der Bildunterschrift lautet: „Der Zenith des französischen Ruhmes – der Gipfel der Freiheit. Fahrt hin Religion, Gerechtigkeit, Treue und all ihr Schrecken unaufgeklärter Geister!“

1. Krone an der Guillotine (Fallbeil)
2. Fahne mit „Vive l'Égalité“ („Es lebe die Gleichheit“)
3. Jakobinermütze mit Revolutionszeichen als Aufnäher (Kokarde) und Aufschrift „Ça ira“ („Das wird schon gehen“). Die Aufschrift bezieht sich auf das gleichnamige Revolutionslied, das zum Kampf gegen Adel und Klerus aufrief.
4. Kreuz mit Jesus und Inschrift „Bon Soir, Monsieur“ („Guten Abend der Herr“)
5. gelynchter (= getöteter) Richter mit Waage und Schwert an Laternenstange
6. höherer Amtsträger der Kirche
7. Mönche

Q4 Das Gesetz über die Verdächtigen

Konventsbeschluss vom 17. September 1793:

Art. 1. Unmittelbar nach der Veröffentlichung dieses Gesetzes werden alle verdächtigen Personen, die sich auf dem Gebiet der Republik befinden und noch in Freiheit sind, unter Arrest gestellt. Als verdächtig gilt: 1. wer sich durch sein Verhalten, seine Beziehungen, seine Äußerungen oder Schriften als Befürworter der Tyrannei [...] und Feind der Freiheit gezeigt hat. [...] 5. wer von den ehemals Adligen, allen Ehemännern und -frauen, Vätern, Müttern, Söhnen oder Töchtern, Brüdern oder Schwestern und Unterstützern der Emigranten[1] sich nicht ständig als Anhänger der Revolution bekannt hat [...]. 10. Die Zivil- und Strafgerichte können, wenn nötig, angeklagte Personen weiterhin in Haft halten und in die [...] Gefängnisse einliefern, [...] auch wenn sie von den gegen sie erhobenen Anschuldigungen freigesprochen wurden.

1 Auswanderer

Jean Baptiste Duvergier: Collection complète des lois, décrets d'intérêt général, traités internationaux, arrêtés, circulaires, instructions, etc. Bd. 6. Guyot et Scribe, Paris 1825, S. 213. Übers. von Heinz Niggemann.

Q5 Manifest der Enragés (Wütenden)

Dieses Schreiben wurde im Juni 1793 dem Nationalkonvent vorgelegt. Der Verfasser war Jacques Roux, ein ehemaliger Priester und Anführer dieser Sansculotten-Untergruppe. Er setzte sich für eine radikal soziale Demokratie ein, wurde am 5. September 1793 verhaftet und beging am 10. Februar 1794 in der Haft Selbstmord:

Abgeordnete des französischen Volkes, [...] immer wieder habt ihr uns versprochen, die Blutsauger des Volkes zu bestrafen. [...] Habt ihr darin [in der Verfassung] die Börsenspekulanten geächtet[1]? Nein. Habt ihr die Todesstrafe gegen die Hamsterer[2] ausgesprochen? Nein [...]. Nun, dann erklären wir euch, daß ihr für das Glück des Volkes nicht alles getan habt. Die Freiheit ist nur ein leerer Wahn, wenn eine Klasse von Menschen die andere ungestraft verhungern lassen kann. Die Gleichheit ist nur ein leerer Wahn, wenn der Reiche kraft seines Monopols[3] über Leben und Tod seiner Mitbürger entscheidet. Die Republik ist nur ein leerer Wahn, wenn die Gegenrevolution Tag für Tag am Werke ist und die Preise für die Lebensmittel in die Höhe treibt. [...] Hingegen werdet ihr, wenn ihr die räuberischen Handelsmethoden [...] unterdrückt und wenn ihr den Sansculotten die Lebensmittel erschwinglich macht, diese an die Revolution binden. [...] Nur die Reichen haben seit vier Jahren aus der Revolution Nutzen gezogen. [...] Bürger-Vertreter, es ist Zeit, daß der Kampf auf Leben und Tod, den die Egoisten gegen die arbeitsame Klasse der Gesellschaft führen, aufhört.

1 aus der Gemeinschaft ausgeschlossen
2 Personen, die Lebensmittel oder andere Waren horten
3 Vorrecht, alleiniger Anspruch

Jacques Roux: Scripta et Acta. Textes presentés par Walter Markov. Berlin 1969, S. 140f. Zit. nach Irmgard und Paul Hartig: Die Französische Revolution. Klett, Stuttgart 1984, S. 91.

Q6 „Der Despotismus der Freiheit“

In einer Rede am 5. Februar 1794 rechtfertigt der Revolutionär Maximilien Robespierre die Gewaltherrschaft der Jakobiner:

Wir wollen eine Gesellschaftsordnung, in der alle niedrigen und grausamen Leidenschaften unbekannt sind, alle gemeinnützigen und hochherzigen Leidenschaften durch die Gesetze geweckt werden, wo der Ehrgeiz zu dem Wunsche wird, Ruhm zu gewinnen und dem Vaterland zu dienen; wo Auszeichnungen nur aus der Gleichheit hervorgehen; wo der Bürger der Verwaltung, die Verwaltung dem Volke und das Volk der Gerechtigkeit untersteht. [...]
Wenn die Triebkraft der Volksregierung im Frieden die Tugend ist, so ist in revolutionärer Zeit diese Triebkraft zugleich die Tugend und der Schrecken, die Tugend, ohne die der Schrecken unheilvoll wäre, der Schrecken, ohne den die Tugend ohnmächtig bliebe. Der Schrecken ist nichts anderes als die rasche, strenge, unbeugsame Gerechtigkeit; er ist also ein Ausfluß der Tugend; er ist weniger ein besonderes Prinzip als eine Folge des allgemeinen Prinzips der Demokratie in seiner Anwendung auf die dringendsten Bedürfnisse des Vaterlandes. [...] Die Regierung der Revolution ist der Despotismus[1] der Freiheit im Kampf gegen die Tyrannei.

1 Gewaltherrschaft, uneingeschränkte Herrschergewalt

Zit. nach Irmgard und Paul Hartig: Die Französische Revolution. Klett, Stuttgart 1984, S. 99f.

Erster Blick

1 Die Revolutionäre setzten König Ludwig ab und ließen ihn hinrichten. Beschreibe Q1 und gehe dabei auf die Art der Hinrichtung ein.

Das Ende der Monarchie

2 Fasse die Entwicklung zusammen, die zum Ende der Monarchie und zur Hinrichtung des Königs führte (VT1, VT2).

3 Diskutiert, warum die Hinrichtung des Königs öffentlich stattfand (Q1, VT2). ○ → S. 259

Wer waren die Revolutionäre?

4 Jakobiner und Sansculotten trieben die Revolution weiter voran. Entwickle jeweils kurze Steckbriefe dieser Gruppen (VT1, Q2).

5 Beschreibe die Kleidung und die Bewaffnung der Sansculotten (Q2). Wodurch wird ihre Zugehörigkeit zum Dritten Stand deutlich?

6 Erkläre mithilfe von VT5 und Q7, welche Handlungsmöglichkeiten Frauen in der Revolutionszeit hatten.

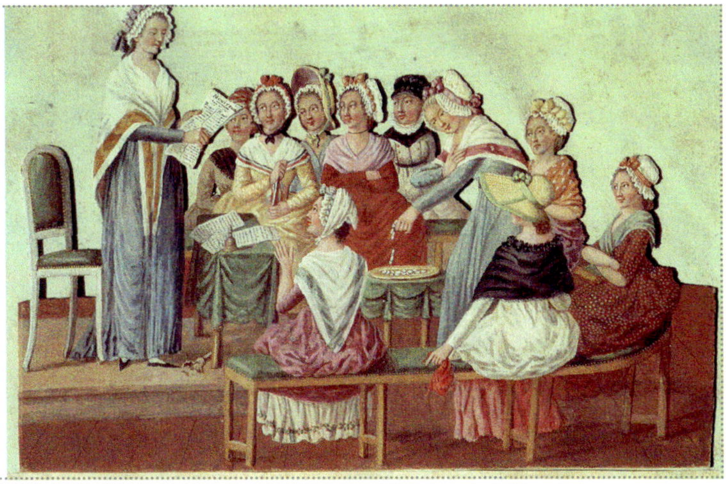

Q7 Patriotischer Frauenclub
Während der Versammlung wird Geld für Arme gesammelt. Gemälde von Pierre-Etienne Lesueur, 36,7 × 53,5 cm, um 1792

AB1 D09 **Arbeitsblatt**
Recherche: Bedeutende Frauen der Französischen Revolution

Q8 Frauen und politische Rechte

Der Revolutionär Jean-Baptiste André Amar in einer Rede vor dem Nationalkonvent am 30. Oktober 1793:

1. Dürfen Frauen politische Rechte ausüben und sich in Regierungsangelegenheiten einmischen? Regieren heißt, die öffentlichen Angelegenheiten durch Gesetze zu lenken, deren Abfassung ausgedehnte Kenntnisse, eine Hingabe und grenzenlose Ergebenheit, eine strenge Unempfindlichkeit und Verneinung seiner selbst verlangt. Regieren heißt darüber hinaus, die Handlungsweise der gewählten Vertreter zu lenken und zu berichtigen. Sind die Frauen für diese Bedürfnisse und Fähigkeiten, die sie erfordern, geeignet? [...]
2. Der Mann ist stark, robust, mit einer großen Energie, mit Kühnheit und Mut geboren. [...] Er ist für die Künste wie für die schwere Arbeit geeignet. Und da er fast ausschließlich für die Landwirtschaft, den Handel, die Schiffahrt, die Reisen, den Krieg bestimmt ist, zu all jenem, was nach Kraft, Intelligenz und Fähigkeit verlangt, so scheint auch er allein zu tiefgehenden und ernsthaften Meditationen geeignet, die eine große Anstrengung des Geistes und lange Studien voraussetzen [...].

Welches ist der der Frau eigentümliche Charakter? Die Sitten und die Natur selbst haben ihr Aufgaben zugesprochen: die Erziehung der Menschen zu beginnen, den Geist und das Herz der Kinder auf die öffentlichen Tugenden vorzubereiten, sie von früh an zum Guten hin zu lenken, ihr Gemüt zu entfalten und sie im Freiheitskult zu unterweisen – darin bestehen ihre Aufgaben nach dem Haushalt. [...] Dürfen sie aber [...] aktiv an Diskussionen teilhaben, deren Hitzigkeit unvereinbar mit der Sanftmut und Bescheidenheit ist, die den Charme ihres Geschlechts ausmachen? [...] Wir glauben also, daß eine Frau nicht ihre Familie verlassen darf, um sich in Regierungsgeschäfte einzumischen.

Zit. nach Susanne Petersen: Marktweiber und Amazonen. Frauen in der Französischen Revolution. Pahl-Rugenstein, Köln 1987, S. 221 ff.

7 MK Recherchiert Forderungen bedeutender Revolutionärinnen und ihren Einfluss auf die Revolution. Erstellt mit AB1 D09 Steckbriefe.

8 Untersuche, wie der Autor von Q8 über Freiheit und Gleichheit auch für Frauen dachte. Antworte ihm aus Sicht einer Revolutionärin. Nutze auch AB1 D09.

Die Schreckensherrschaft

9 SP Verfasse einen Eintrag für ein Schülerlexikon zum Stichwort „Jakobinerdiktatur" (VT7–VT9).

10 Interpretiere die Karikatur Q3 mithilfe der Arbeitsschritte auf S. 85. Erläutere dabei, wie der Karikaturist die Hinrichtung des Königs beurteilte. ○ → S. 259

11 Überprüfe, ob das Gesetz Q4 zwischen Verdächtigen und Schuldigen unterschied.

12 Untersuche, in welche zwei Gruppen die Enragés die französische Gesellschaft einteilten (Q5).

13 Diskutiert, ob Robespierres Rechtfertigung für den „Despotismus der Freiheit" überzeugend ist (Q6). ●

AFB I: 1, 2, 5 AFB II: 4, 6, 7, 8, 9, 12 AFB III: 3, 10, 11, 13

Musterlösung D10
Mit Verfassungs-
schaubildern arbeiten

MK Mit Verfassungsschaubildern arbeiten

Verfassungen sind meist sehr lange Texte, die die Machtverteilung zwischen den Institutionen eines Staates festlegen. Sie geben auch darüber Auskunft, wer wählen darf und wer gewählt werden kann. Verfassungsschaubilder versuchen, diese Regelungen knapp und übersichtlich in einer schematischen Abbildung wiederzugeben. Hier lernst du, wie man solch ein Schaubild auswertet.

D1 Die französische Verfassung von 1791 (vereinfacht)

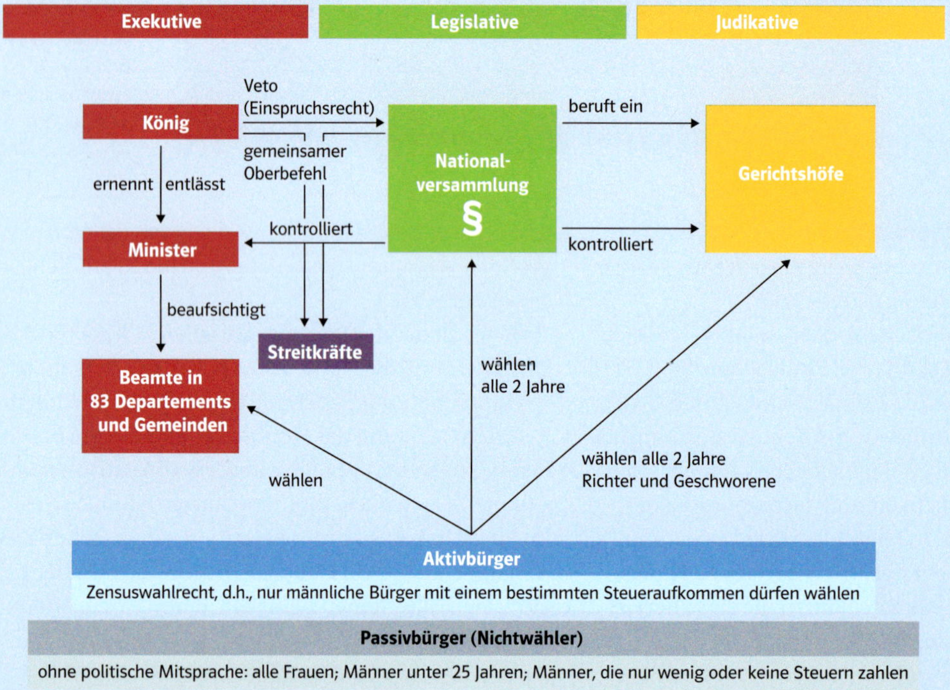

VT1 Die Verfassung von 1791

Die französische Verfassung von 1791 ist bedeutend, weil sie erstmals die Idee der Gewaltenteilung in Exekutive (ausführende Gewalt), Legislative (gesetzgebende Gewalt) und Judikative (Rechtsprechung) umsetzte. Allerdings galt diese Verfassung nur kurze Zeit. Nach der Hinrichtung König Ludwigs XVI. wurde sie bereits im Juni 1793 von einer neuen Verfassung abgelöst.

VT2 Hinweise zu Verfassungsschaubildern

Verfassungsschaubilder sind immer vereinfacht, weil sie nicht alle Einzelheiten zeigen können, die in einer Verfassung stehen. Dafür sind sie aber anschaulich und leichter verständlich als Verfassungstexte. Zum Beispiel gibt es im Schaubild der Verfassung von 1791 einen Pfeil zwischen den Aktivbürgern und der Nationalversammlung mit dem Text „wählen alle 2 Jahre“. Das ist richtig, aber vereinfacht, denn die Bürger wählten die Abgeordneten nicht direkt, sondern indirekt: Sie wählten sogenannte Wahlmänner, die dann die Nationalversammlung wählten.

Ein zweites Beispiel ist der Pfeil zwischen König und Nationalversammlung mit der Beschriftung „Veto (Einspruchsrecht)“. Das ist ebenfalls eine Vereinfachung. Eigentlich hatte der König kein absolutes Einspruchsrecht, sondern ein aufschiebendes: Er konnte nämlich Beschlüsse der Nationalversammlung vier Jahre lang aufschieben und abwarten, ob die dann schon zweimal wieder neu gewählte Versammlung vielleicht einen anderen Beschluss traf.

Meist reicht aber ein vereinfachtes Schaubild aus, um die wichtigsten Elemente einer Verfassung zu erkennen und zu verstehen.

Arbeitsschritte

1. Beschreiben

- Nenne das Land, für das die Verfassung gelten soll.
- Beschreibe den Aufbau und die grafischen Elemente des Schaubildes (Farbigkeit, Symbole, Pfeile, Aufteilung).
- Recherchiere, wenn nötig, Zusatzinformationen, z. B.:
  - Wann ist die Verfassung in Kraft getreten?
  - Wie lange und für welchen geografischen Raum war sie gültig?
  - Wer hat sie beraten und beschlossen?

2. Untersuchen

- Untersuche, welche Bestandteile das Schaubild hat.
- Erläutere die Bedeutung der verschiedenen Bestandteile (Pfeile, Farben, Symbole).
- Überprüfe, wer wählen darf und wer nicht, wer gewählt wird und wer nicht.
- Erläutere, welche Aufgaben und Rechte die einzelnen Institutionen haben.
- Untersuche, welche Beziehungen es zwischen diesen Institutionen gibt.

3. Deuten

- Überprüfe, wie die Macht in dieser Verfassung verteilt ist.
- Stelle fest, um welche Staatsform es sich handelt.
- Formuliere ein Urteil darüber, wie demokratisch die Verfassung deiner Meinung nach ist.
- Stelle Vermutungen darüber an, ob alle mit dieser Verfassung zufrieden sein konnten oder ob sie Anlässe für Konflikte bot.

Formulierungshilfen

Beschreiben

Das Schaubild zeigt die französische Verfassung ...
Sie wurde von der Nationalversammlung ...
Mithilfe der beschrifteten Kästchen in verschiedenen Farben ...

Untersuchen

Untersucht man das Schaubild von unten nach oben, finden sich ...
Im unteren Teil des Schaubilds, in den blauen und grauen Feldern, ...
Die Aktivbürger wählten ...
An der Spitze der Exekutive ...
Die Legislative ...
Zur Judikative gehörten ...
Die Pfeile ...

Deuten

Die Verfassung war ein Ergebnis der ...
Der zuvor absolut herrschende Monarch war ...
Frankreich war jetzt eine ...
Der König behielt weitreichende Machtbefugnisse: ...
Man kann nicht erkennen, wie viele ...
Die Analyse des Verfassungsschemas lässt vermuten, dass ...

1 Interpretiere D1 mithilfe der Arbeitsschritte. Du kannst dabei die Formulierungshilfen nutzen.

2 Der französische Revolutionär Robespierre stellte in einer Rede am 2. Januar 1792 die Frage: „Gleicht denn die Verfassung, von der man sagt, sie sei die Tochter der Erklärung der Menschen- und Bürgerrechte, wirklich noch ihrer Mutter?“ Erkläre, was er damit meint (D1).

3 Vergleiche Anspruch und Wirklichkeit: Was wollten die Revolutionäre erreichen? Wurden ihre Forderungen mit dieser Verfassung (D1) erfüllt?

AFB II: 2 AFB III: 1, 3

Napoleon beendet die Revolution

Wie sollte es nach der Schreckensherrschaft weitergehen? Darüber gab es in Frankreich verschiedene Meinungen. Schließlich ergriff ein General die Macht: Napoleon Bonaparte. Wie ging er mit den Errungenschaften der Revolution um?

Direktorium
Gruppe von fünf Männern, „Direktoren", die von 1795 bis 1799 die Regierung stellten. Sie schafften viele Rechte ab, die durch die Revolution erkämpft worden waren, z. B. das Recht auf Versammlungsfreiheit und die Pressefreiheit. Sie wurden anhand einer Vorschlagsliste gewählt.

Pressezensur
Einschränkung der Pressefreiheit durch staatliche Eingriffe

D1 W08
Website
Virtuelles Museum Louvre

VT1 Unruhe und Bürgerkrieg

Nach der Jakobinerherrschaft bekämpften sich drei große Gruppen: das Großbürgertum, das eine Herrschaft der Reichen wollte; die Royalisten, die eine Rückkehr zur Monarchie anstrebten, und die „Linken", meist Jakobiner, die die Ideen der Französischen Revolution nicht aufgeben wollten. Die Großbürger konnten sich in dieser Situation schließlich durchsetzen. Sie ließen eine neue Verfassung ausarbeiten: Nun gab es wieder ein Wahlrecht, das nur den Reichen – etwa 30 000 Franzosen – die Wahl erlaubte. Die neue Regierung bestand aus einem **Direktorium**. Mit dieser Entwicklung waren viele nicht zufrieden und es kam zu mehreren Aufständen, die jedoch niedergeschlagen wurden. Dabei tat sich ein junger General hervor, sein Name war Napoleon Bonaparte.

VT2 Napoleons Aufstieg

Napoleon wurde 1769 als Sohn eines Rechtsanwaltes auf Korsika geboren. Er besuchte die Pariser Militärschule und hatte es bis zum Ende der Revolution zum General gebracht – eine Stellung, die für einen Nichtadligen vor der Revolution unerreichbar gewesen wäre. Auch unter dem Direktorium blieb er in der Armee. Seine Siege in Italien, später auch in Ägypten machten ihn schnell bekannt. Nicht nur bei den Truppen, zunehmend auch bei der französischen Bevölkerung genoss er großes Ansehen. 1799 löste Napoleon Bonaparte mithilfe seiner Truppen das Parlament auf und machte sich selbst zum Staatsoberhaupt. Er nannte sich „Erster Konsul" und erließ eine Verfassung, die ihm alle Macht sicherte. Eine Volksvertretung wurde nur zum Schein beibehalten.

VT3 Volkskaiser

1800 wurde Napoleon durch eine Volksabstimmung in seinem Amt bestätigt, 1802 wurde er „Konsul auf Lebenszeit", 1804 krönte er sich zum Kaiser. Auch diese beiden Schritte ließ er durch Volksabstimmungen absichern. Die überwältigende Mehrheit der Bürger sprach sich jedes Mal dafür aus. Die Menschen in Frankreich, die mit der Revolution die alten Autoritäten abgeschafft hatten, akzeptierten nun einen neuen „starken Mann". Die Kaiserkrönung verlief ungewöhnlich: Napoleon krönte sich nämlich selbst. Er setzte erst sich die Krone auf und dann seiner Frau. Der Papst und der Erzbischof durften nur zuschauen (Q1).

VT4 Neuordnung

Die meisten Franzosen sehnten sich nach Frieden, Ruhe und geordneten Verhältnissen – und das schien Napoleon garantieren zu können. Er sanierte die zerrütteten Staatsfinanzen und schuf eine neue, vertrauenswürdige Währung, den Franc. Die Steuern wurden unnachgiebig eingetrieben – so floss Geld in die Staatskasse. Damit konnte die hohe Arbeitslosigkeit abgebaut werden und allmählich wurde die französische Wirtschaft wiederbelebt.

VT5 Code civil

Napoleon baute einen großen Polizeiapparat auf und verhängte eine strenge **Pressezensur**. Im Jahr 1804 wurde ein bürgerliches Gesetzbuch eingeführt, der Code civil, auch Code Napoléon genannt. Mit ihm wurden zentrale Forderungen der Französischen Revolution zum Gesetz erhoben: Gleichheit vor dem Gesetz, Trennung von Kirche und Staat, Recht auf Eigentum und persönliche Freiheiten. Gleichberechtigung der Frauen gab es nicht. Trotzdem war der Code civil damals das fortschrittlichste Gesetzbuch Europas. In Frankreich ist der Code civil in wesentlichen Teilen noch heute gültig.

Q1 Kaiserkrönung Napoleons am 2. Dezember 1804 in der Kirche Notre-Dame in Paris

Gemälde von Jacques Louis David (Ausschnitt), 1806, 6,10 m × 9,30 m, Museum Louvre, Paris

Q2 Napoleon über Republik und Freiheit

In einem vertraulichen Gespräch mit einem Diplomaten äußerte sich Napoleon 1797:

Glauben Sie vielleicht, daß ich eine Republik begründen will: Welcher Gedanke! […] Das ist eine Wahnvorstellung, in die die Franzosen vernarrt sind, die aber auch […] vergehen wird. Was sie brauchen, das ist Ruhm, die Befriedigung ihrer Eitelkeit, aber von Freiheit verstehen sie nichts. […] Die Nation braucht einen Führer, aber keine Theorien über Regierung, keine großen Worte, keine Reden von Ideologen[1], von denen die Franzosen nichts verstehen. Man gebe ihnen ihre Steckenpferde[2], das genügt ihnen, sie werden sich damit amüsieren und sich führen lassen, wenn man ihnen nur geschickt das Ziel verheimlicht, auf das man sie zumarschieren läßt.

1 jemand, der in engen Denkmustern befangen ist
2 Hobbys

Miot de Mélito: Mémoires I. Übers. v. Johann von Fleischmann. Schweizerbart 1927, S. 163 f. Zit. nach Friedrich M. Kircheisen: Napoleon I. Bd. 1. Cotta, Stuttgart 1927, S. 128.

Erster Blick

1 Vergleiche die Situation in Q1 mit den Bildern D2 auf S. 66 und Q2 auf S. 82.

Napoleons Aufstieg

2 Nenne die Stationen Napoleons auf dem Weg zum Kaiser Frankreichs (VT1–VT3).

3 Erkläre, warum Napoleon um 1804 so beliebt war (VT2, VT4, VT5). ○ → S. 259

4 MK Das Gemälde Q1 befindet sich heute im Saal 702 im Louvre in Paris. Finde das Gemälde im virtuellen Museum (D1 W08) und beschreibe es.

5 Beurteile, was mit dieser Art der Krönung zum Ausdruck gebracht werden sollte (Q1). ○ → S. 259

Hat Napoleon die Revolution verraten?

6 Fasse zusammen, welche Grundideen der Revolution Napoleon übernommen und welche er abgeschafft hat (VT3–VT5).

7 SP Lies Q2 und antworte Napoleon aus der Sicht eines Jakobiners. So kannst du beginnen: „Napoleon, du verachtest die Freiheitsideen der Revolution und damit auch das französische Volk …"

8 Beurteile Napoleons Karriere (Q1, Q2, VT). ●

AFB I: 2, 4, 6 AFB II: 3, 7 AFB III: 1, 5, 8

Wird Europa französisch?

Napoleon war nach 1799 der mächtigste Mann Frankreichs, aber er wollte mehr. Er glaubte, Frankreich habe als fortschrittliches Land das Recht, den anderen europäischen Staaten Reformen aufzuzwingen. Sein großes Ziel war ein einheitliches Europa unter französischer Herrschaft – doch zu welchem Preis?

Rheinbund
Bündnis von zunächst 16, später 40 deutschen Staaten. Der Rheinbund war mit Napoleon verbündet. Die Staaten verpflichteten sich, im Krieg an seiner Seite zu stehen. Die großen Staaten Österreich und Preußen gehörten nicht dazu.

Mediatisierung
Um 1800 gab es in Deutschland Hunderte selbstständiger Territorialstaaten (Herrschaftsgebiete), die zum Teil sehr klein waren. Dazu kamen zahlreiche unabhängige Städte. Napoleon ließ die Territorien und Städte zu etwa 40 größeren Gebieten zusammenlegen.

VT1 Krieg in Deutschland

Deutschland gehörte zu den ersten Zielen Napoleons. Seine Truppen besetzten bereits 1801 alle Länder links des Rheins, die dann zu Frankreich gehörten. Angesichts der neuen Machtverhältnisse schlossen sich viele deutsche Fürsten zum **Rheinbund** zusammen und unterstellten sich Napoleon freiwillig. Damit traten sie aus dem Heiligen Römischen Reich Deutscher Nation aus. Daraufhin legte Franz II. seinen Titel als Kaiser des Reiches ab und beendete so – nach rund 700 Jahren – im Jahr 1806 das Heilige Römische Reich Deutscher Nation. Als Franz I. regierte er nun nur noch Österreich. Im selben Jahr besiegte Napoleon Preußen und zog in Berlin ein. Drei Jahre später schlug er auch Österreich.

VT2 Auswirkungen: Mediatisierung

Die Zeit der französischen Besatzung hinterließ in den betroffenen Ländern deutliche Spuren. In Deutschland beendete Napoleon die Zersplitterung in viele kleine Territorialstaaten und schuf größere politische Gebiete **(D1)**. Im Zuge dieser **Mediatisierung** verlor Preußen viel von seinem Gebiet, zum Beispiel an das neu gegründete Königreich Westfalen. Westfalen sollte ein Musterstaat nach französischem Vorbild werden. Verwaltung und Rechtsprechung orientierten sich am Code civil. Damit wurden Adelsprivilegien und die Abhängigkeit der Bauern abgeschafft. Auch andere deutsche Staaten übernahmen den Code civil.

Schon gewusst?

Napoleon setzte seinen jüngeren Bruder Jérôme als König von Westfalen ein. Seine Untertanen nahmen ihn nicht ernst und nannten ihn „König Lustik“, weil „lustig“ eines der wenigen Wörter war, die er auf Deutsch sagen konnte.

VT3 Liberale Ideen

Viele Deutsche waren von den Ideen der Französischen Revolution begeistert und verfolgten mit großer Anteilnahme, was in Frankreich geschah. Mit den französischen Truppen kamen die Ideen der Aufklärung und damit Fortschritt und Aufbruch in die erstarrten deutschen Verhältnisse.

VT4 Preußische Reformen

1806 erlitt die preußische Armee eine schwere Niederlage gegen Napoleon. Der preußische König und seine adligen Berater waren überzeugt, dass ihr Scheitern auch auf Missstände im Staat zurückzuführen sei. Die gesellschaftlichen und militärischen Strukturen in Preußen waren veraltet. Nun sollte Preußen ein moderner Staat werden. Viele Bauern und Bäuerinnen waren noch vollkommen an ihren Gutsherrn und seinen Boden gebunden. Es gab dieselben Missstände wie in Frankreich vor der Revolution. Das änderte sich jetzt: Die Bauern wurden frei. Die Bauernbefreiung brachte aber nicht allen ein besseres Leben. Vielen fehlte das Geld, um Land zu kaufen, und so wurden sie zu Arbeitern auf den Feldern der Adligen oder zogen auf Arbeitssuche in die Städte.
Mit vielen weiteren Reformen wurde Preußen zu einem gut funktionierenden Staat umgebaut. Die Monarchie wurde allerdings nicht angetastet.

VT5 Neues Nationalbewusstsein

Die Besatzung Deutschlands durch die Franzosen führte zu vielen Konflikten. So mussten die Städte für die Unterkunft und Verpflegung der Soldaten sorgen. Auf Dauer wuchs die Empörung darüber. Es bildete sich ein neues Bewusstsein heraus, das sich gegen „die Franzosen“ richtete. Für viele Deutsche wurde die Gründung eines deutschen

Nationalstaates zum höchsten Ziel. Gerade junge Menschen begeisterten sich für diese Idee und wollten „für das Vaterland“ gegen die Franzosen kämpfen.

VT6 Bündnisse in Europa

Die Fürsten und Herrscher der anderen europäischen Länder kämpften in unterschiedlichen Koalitionen gegen Frankreich, manche scherten aus und verbündeten sich mit Napoleon, zahlreiche Friedensverträge wurden geschlossen und wieder gebrochen. Vorübergehend gelang es Napoleon tatsächlich, die Landkarte Europas nach seinen Vorstellungen neu zu ordnen.

VT7 Krieg gegen Großbritannien

Großbritannien blieb Frankreichs hartnäckigster Gegner. Seit die Briten 1805 einen klaren Seesieg errungen hatten, war Frankreichs Flotte der britischen weit unterlegen. So war an eine Eroberung Großbritanniens nicht zu denken. Um das Land zu schwächen, befahl Napoleon eine **Kontinentalsperre**, der sich alle verbündeten oder besetzten Länder anschließen mussten: Die Blockade traf Großbritannien empfindlich, aber auch die Wirtschaft in Frankreich litt darunter.

VT8 Niederlage in Russland

Als Russland sich entschied, den Handel mit Großbritannien wieder aufzunehmen, zog Napoleon 1812 mit einem riesigen Heer – 600 000 Soldaten aus Frankreich und allen besetzten Ländern – gegen Russland. Das Unternehmen endete in einer Katastrophe: Zwar konnten die Truppen, schon stark geschwächt, Moskau einnehmen, aber die Stadt war vorher verlassen und in Brand gesteckt worden. Der Rückweg, mitten im Winter und ohne Lebensmittelnachschub, wurde zur Qual. Nur 110 000 Soldaten überlebten den Russlandfeldzug. Auf russischer Seite starben mindestens 210 000 Soldaten, wahrscheinlich aber noch viele mehr.

VT9 Napoleons Sturz

Die Niederlage in Russland ließ den Widerstand gegen die französische Besatzung rasch anwachsen. Besonders in Preußen begeisterten sich viele Menschen für die **Befreiungskriege**. 1813 kam es bei Leipzig zur „Völkerschlacht“: Die vereinten russischen, preußischen und österreichischen Heere besiegten die napoleonischen Truppen. Über 90 000 Soldaten starben in dieser Schlacht. Viele deutsche Staaten, die auf Napoleons Seite gekämpft hatten, wechselten während des Kampfes oder danach die Seiten, sodass Napoleon fast keine Verbündeten mehr hatte. Napoleon wurde zur Abdankung gezwungen und verbannt. Knapp ein Jahr später kehrte er nach Paris zurück und übernahm erneut den Oberbefehl über das Heer. Bei Waterloo im heutigen Belgien wurde er jedoch 1815 von einem britisch-preußischen Heer vernichtend geschlagen.

Kontinentalsperre
Großbritannien wurde vom Rest des Kontinents abgeschottet. Es durften keinerlei Waren vom europäischen Festland nach Großbritannien gebracht werden – und umgekehrt.

Befreiungskriege
Ab 1813 kämpften mehrere europäische Länder gemeinsam gegen die französische Vorherrschaft. Diese Kriege, in denen Napoleons Truppen besiegt wurden, wurden später „Befreiungskriege“ genannt.

Q1 Rückzug Napoleons aus Russland

Radierung eines unbekannten Künstlers, um 1812, 15 × 18 cm, Staatliche Museen Berlin, Kunstbibliothek

D1 Deutschland vor (1789) und nach der Neuordnung durch Napoleon (1812)

Q2 „Tiefe Erniedrigung"

Ein anonymes Flugblatt gegen Napoleon, 1806:

Bemerkt es, liebe Deutsche, dort wo seit Jahrhunderten Pläne zum Untergang unseres Vaterlandes geschmiedet [wurden ...], im treulosen Pariser Kabinette, entwirft Napoleon, dessen schimpflicher Oberherrschaft unsere Fürsten wie schlaftrunken zusehen, eine neue deutsche Staatsverfassung, und [...] läßt seine Heere im ohnmächtigen Deutschland zu Hunderttausenden stehen. [...] Völlig gewinnt es das Ansehen, als hätten Franz [von Österreich] und Friedrich Wilhelm [von Preußen] vergessen, daß sie über Millionen beherzte, mutvolle, mannfeste, ehrliche Deutsche gebieten. [...] Sollte diesem Kern der germanischen Nation Freiheit nicht heiliger als das Leben selbst sein?

Zit. nach Eckart Kleßmann (Hrsg.): Deutschland unter Napoleon in Augenzeugenberichten. Rauch, Düsseldorf 1965, S. 89.

Q3 Demokratie und Monarchie

Der Reformer Karl von Hardenberg schreibt um 1807:

Also eine Revolution im guten Sinn, gerade hinführend zu dem großen Zwecke der Veredelung der Menschheit, durch Weisheit der Regierung und nicht durch gewaltsame Impulsion[1] von innen oder außen – das ist unser Ziel, unser leitendes Prinzip. Demokratische Grundsätze in einer monarchischen Regierung: Dies scheint mir die angemessene Form für den gegenwärtigen Zeitgeist. Die reine Demokratie müssen wir noch dem Jahre 2440 überlassen.

1 Anstoß

Zit. nach Werner Conze: Die preußische Reform unter Stein und Hardenberg. Quellen und Arbeitshefte zur Geschichte und Politik. Klett, Stuttgart 1973, S. 11.

Q4 Napoleon und Europa

Vor dem Feldzug gegen Russland sagt Napoleon 1811 zu seinem Polizeiminister Joseph Fouché:

Ich brauche 800000 Mann, und ich habe sie; ganz Europa werde ich hinter mir herschleifen! [...] Ich habe meine Bestimmung noch nicht erfüllt; ich will beenden, was kaum begonnen. Wir brauchen ein europäisches Gesetz, einen europäischen Gerichtshof, eine einheitliche Münze, die gleichen Gewichte und Maße [...]. Aus allen Völkern Europas muß ich ein Volk und aus Paris die Hauptstadt der Welt machen.

Zit. nach Friedrich Max Kircheisen (Hrsg.): Gespräche mit Napoleon. Bd. 2. Lutz, Stuttgart 1912, S. 163.

Q5 Der „Leichenkopf"

Anonyme Radierung, um 1813, nachträglich koloriert, 11,5 × 9,2 cm, Deutsches Historisches Museen Berlin

Q6 „Tot – alles – alles – tot"

Ein Augenzeuge berichtet 1813 in einem Brief von der Rückkehr westfälischer Soldaten aus dem Russlandfeldzug:

Teurer Vater, [...] und da stand denn ein Häufchen von ungefähr fünfzig Mann dieser Unglücklichen, die dem Graus der Elemente, den feindlichen Schwertern und dem Hunger entflohen waren. [...] Wie sahen die Unglücklichen aus! Die Köpfe und die Füße in Lumpen gehüllt, der übrige Körper bedeckt mit Fetzen von allen möglichen Stoffen oder Strohmatten. Auch Tierfelle, noch voll des vertrockneten Blutes, bedeckten ihre Blößen. [...] Die meisten der Unglücklichen konnten ihre Körper kaum noch fortschleppen, so matt und krank waren sie. Ihre Gesichter, geschwärzt von dem Rauch der Lagerfeuer, bedeckt mit wochenlangem Straßenschmutz, zerfressen von allen möglichen Krankheiten [...] und zernagt von Ungeziefer, sahen mit gespenstischem Ausdruck aus den Lumpen hervor. [...] Ist es möglich, teurer Vater, daß ein Mensch solch eine Gewalt über die Welt besitzt, daß er hunderttausendfaches Unglück über seine Mitmenschen bringen kann? [...] Ich versuchte mir Auskunft von ihnen über das Schicksal unseres Fritz[1] zu verschaffen, aber so viel ich auch fragte, ich erhielt nur ein blödes Lachen als Antwort oder ein anderer hob den Arm und flüsterte halb irre: „Tot – alles – alles – tot."

1 ein Bekannter/Verwandter des Briefschreibers

Zit. nach Eckart Kleßmann (Hrsg.): Napoleons Rußlandfeldzug in Augenzeugenberichten. Rauch, Düsseldorf 1964, S. 391.

Erster Blick

1 Überlegt: Wie könnte Europa französisch werden?

Besatzung oder Befreiung?

2 Beschreibe die Veränderungen durch die Mediatisierung (VT2). Liste auf, welche Territorien an Fläche zugenommen haben und welche neu entstanden sind (D1).

3 Erkläre, wie von Hardenberg die preußischen Reformen begründete (Q3, VT4).

4 Informiert euch über die einzelnen preußischen Reformen (VT4). Recherchiert dazu die Situation vor und nach den Reformen.

5 SP Bereitet zu zweit ein Streitgespräch über Q2 vor und führt es auf. Ist Krieg die einzige Lösung? ○ → S. 259

6 Arbeite heraus, wie die Bevölkerung in Deutschland auf die französische Vorherrschaft blickte (VT3, VT4, VT5, Q2).

Erobert Napoleon ganz Europa?

7 Nenne die Pläne, die Napoleon für Europa hatte (Q4).

8 Erstelle eine Zeitleiste zur Europapolitik Napoleons (VT).

9 SP Lass einige der Personen auf der Zeichnung (Q1) sprechen. Formuliere dazu Texte für Sprechblasen.

10 Fasse in fünf Sätzen den Augenzeugenbericht Q6 zusammen.

11 Interpretiere die Karikatur Q5 mithilfe der Arbeitsschritte auf S. 85.

12 Beurteile, warum Napoleon mit seinem Ziel, Europa unter französischer Vorherrschaft zu einigen, gescheitert ist. ●

AFB I: 1, 2, 7, 8, 10 AFB II: 3, 4, 6, 9 AFB III: 5, 11, 12

Musterlösung D11
Mit Geschichtskarten arbeiten

MK Mit Geschichtskarten arbeiten

Karten kennst du aus dem Erdkundeunterricht, du kennst Straßenkarten, vielleicht Wanderkarten oder Stadtpläne. Sie helfen uns bei der Orientierung – und genau das ist auch die Aufgabe von Geschichtskarten. An einem Beispiel wird dir auf dieser Seite gezeigt, wie du mit einer Geschichtskarte arbeiten kannst.

VT1 Orientierung in Raum und Zeit

Karten erleichtern das Verständnis der Geschichte. Aus einer Geschichtskarte kann man schnell und anschaulich Informationen darüber bekommen, in welchem Raum der Welt, an welchen Orten und zu welcher Zeit sich Ereignisse und Entwicklungen abgespielt haben. So kann man „auf einen Blick“ sehen, welche Staaten Nachbarn, Freunde oder Feinde waren, wer mit wem Handel trieb oder Krieg führte. Allerdings muss man hierfür die besondere „Zeichensprache“ der Karte verstehen. Diese wird in der sogenannten Legende erklärt. Sie zeigt dir die Bedeutung der verwendeten Farben und Zeichen sowie den Maßstab.

Man unterscheidet statische Karten, die die Situation zu einem bestimmten Zeitpunkt darstellen, und dynamische Karten, die eine Entwicklung zeigen, zum Beispiel das Wachsen eines Staates.

VT2 Vereinfachung

Genauso wie eine geographische Karte lässt die Geschichtskarte viele Einzelheiten weg. Aus der Vielzahl an Ereignissen wählt sie Informationen zu einem ganz bestimmten Thema und zu einem bestimmten Zeitabschnitt aus. Deshalb vereinfacht eine Geschichtskarte immer. Für das in D1 gezeigte Beispiel heißt das: Man könnte wohl noch viel mehr Farben verwenden, um die Beziehungen der einzelnen Staaten zu Napoleon genauer darzustellen – aber dann würde es sehr unübersichtlich.

D1 Europa unter napoleonischer Herrschaft bis 1812

Erklärvideo V07
Mit Geschichtskarten arbeiten

Arbeitsschritte

1. Beschreiben

- Nenne das Thema der Karte.
- Nenne die dargestellte Region, den gezeigten Zeitraum und den Maßstab.
- Halte fest, ob die Karte eher einen Zustand oder eine Entwicklung darstellt, also statisch oder dynamisch ist.

2. Untersuchen

- Beschreibe mithilfe der Legende die Informationen, die du der Karte entnehmen kannst. Erkläre dabei die Bedeutung der Farben, Zeichen und Symbole.
- Benenne Einzelheiten, die dir besonders auffallen.
- Stelle fest, zu welchen Informationen der Karte du bereits etwas weißt.
- Wenn es sich um eine dynamische Karte handelt, erläutere die Veränderungen.

3. Deuten

- Fasse die wichtigsten Aussagen der Karte in wenigen Sätzen zusammen.
- Ordne die Karte in den historischen Zusammenhang ein: Welche Entwicklungen, welche Probleme lassen sich ablesen?
- Überlege dir, auf welche Fragen die Karte keine Antwort gibt.

Formulierungshilfen

Beschreiben

Die Karte heißt …
Sie zeigt …
Die Karte zeigt nur an einigen Stellen Entwicklungen, z. B. …

Untersuchen

Die Legende erläutert, wie die verschiedenen Farben der Karte zu verstehen sind: …
Ein kräftig gezeichneter lilafarbene Umriss macht deutlich, …
Außerdem markiert eine punktierte Linie …
Die Länder „ohne Farbe" …
Mir war schon bekannt, dass Großbritannien …
Die Karte zeigt die Situation …, aber auch die Ausdehnung Frankreichs von …

Deuten

Napoleon ist es gelungen, …
Bis auf wenige Länder am Rande …
Preußen und Österreich …
Die Kontinentalsperre ab 1806 …
Die Situation ist das Ergebnis von …
Die Karte zeigt die Situation vor …
Die Karte zeigt nicht, welche Beziehungen die Verbündeten …
Die Größe Russlands ist nicht ablesbar …

1 Interpretiere die Karte D1 mithilfe der Arbeitsschritte. Verwende dabei die Formulierungshilfen.

2 Fasse in sechs Sätzen die politische Situation vor Napoleons Russlandfeldzug zusammen. Beziehe dabei dein Wissen aus VT1–VT7 (S. 100/101) sowie Q4 (S. 103) mit ein.

3 Erkläre, warum man eine Geschichtskarte ohne Vorwissen und erläuternde Texte nicht verstehen kann.

AFB II: 2, 3 AFB III: 1

Wiener Kongress: Neuordnung Europas?

1814 und 1815 trafen sich Vertreter europäischer Staaten in Wien, um eine Neuordnung Europas zu verhandeln. Ihre Themen: Wie konnte dauerhaft Frieden gesichert werden? Was sollten die Herrscher mit den freiheitlichen Ideen der Französischen Revolution tun? Wie ließ sich künftig die Vorherrschaft eines Staates verhindern?

Restauration
(von lat. restaurare = wiederherstellen) Wiederherstellung der alten Ordnung aus der Zeit vor der Französischen Revolution. Davon profitierten die adligen Herrscher: Sie erhielten ihre alten Vorrechte wieder.

Legitimitätsprinzip
(von lat. legitim = rechtmäßig) Auffassung der damaligen Fürsten: Nur ihre Herrschaft sei rechtmäßig, da sie von Gottes Gnaden regierten. Dieses Recht werde weitervererbt. Eine Mitbestimmung des Volkes lehnten sie ab.

VT1 Wie soll Europa künftig aussehen?

Die Jahre seit dem Ausbruch der Französischen Revolution hatten Europa grundlegend verändert: Die Ideen der Menschenrechte und der Mitbestimmung des Volkes hatten die absolute Machtposition der Herrscher infrage gestellt. Zudem hatten Napoleons Eroberungen die europäische Staatenwelt kräftig durcheinandergewirbelt.
Nach dem Sieg über Frankreich kamen 1814/15 auf dem Wiener Kongress Vertreter der europäischen Staaten zusammen. Sie berieten darüber, wie der Frieden in Europa dauerhaft gesichert und die Vorherrschaft eines einzelnen Staates künftig verhindert werden könne. Nach langen Verhandlungen einigten sich die Staaten auf ein genau durchdachtes Mächtegleichgewicht.

VT2 Der Deutsche Bund

Deutschland kam aufgrund seiner Größe und seiner zentralen Lage eine Schlüsselstellung für die Stabilität Europas zu. An einem geeinten Deutschland hatten weder seine Nachbarn noch die Fürsten der deutschen Einzelstaaten ein Interesse. So entstand ein Kompromiss: 37 Fürstentümer und vier freie Reichsstädte schlossen sich zum Deutschen Bund zusammen. Dieser hatte kein gemeinsames Staatsoberhaupt, keine gemeinsame Staatsbürgerschaft und kein Parlament (**D1**). Aber er ermöglichte eine gemeinsame Verteidigung gegen Angriffe von außen. Vertreter der Bundesstaaten trafen sich auf Bundesversammlungen in Frankfurt. Wichtige Beschlüsse, die für den gesamten Bund gelten sollten, mussten dort mit Zweidrittelmehrheit gefasst werden. Ansonsten konnten die einzelnen Bundesstaaten ihre Angelegenheiten weitgehend unabhängig regeln.

VT3 Die Zeit der Restauration

Doch auf dem Wiener Kongress ging es nicht nur um das Mächtegleichgewicht. Unter Napoleons Vorherrschaft hatten sich die freiheitlichen Ideen der Französischen Revolution weit in Europa verbreitet. Nach dem Willen der Fürsten sollte diese Entwicklung rückgängig gemacht werden **(Restauration)**. Dies betraf insbesondere die Idee der Volkssouveränität. Fast alle in Wien versammelten Herrscher lehnten es ab, ihre Macht durch gewählte Parlamente einschränken zu lassen. Sie beharrten auf dem **Legitimitätsprinzip**.

D1 Aufbau des Deutschen Bundes

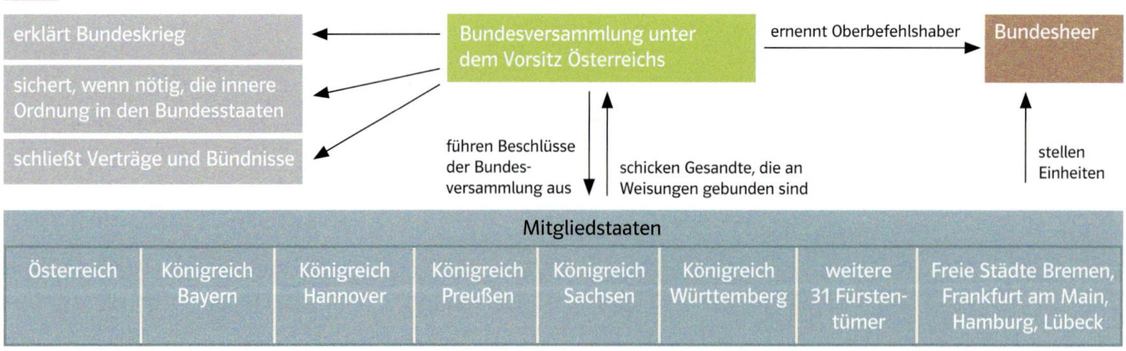

Q1 Sicherheit durch Deutschen Bund?

Der Göttinger Historiker Ludwig Heeren bewertet als Zeitgenosse 1816 die Rolle Deutschlands:

Der Deutsche Bund macht geographisch den Mittelpunkt des Staatensystems von Europa aus. [... Auch] den fremden Mächten kann es nicht gleichgültig seyn, wie der Centralstaat von Europa geformt ist! Wäre dieser Staat eine große Monarchie mit strenger politischer Einheit; ausgerüstet mit allen den materiellen Staatskräften, die Deutschland besitzt – welch sicherer Ruhestand wäre für sie [die fremden Mächte] möglich? [...] Würde ein solcher Staat lange der Versuchung widerstehen können, die Vorherrschaft in Europa sich zuzueignen, wozu seine Lage und seine Macht ihn zu berechtigen scheinen? [...] Es liegt [... jedoch] in dem Charakter eines Bundesstaates[1], daß, wie stark er auch zur Verteidigung seyn mag, er doch zu schwach zum Angriff ist [...]. Mit Recht werden wir also den Deutschen Bund den Friedensstaat von Europa nennen können.

1 Zusammenschluss mehrerer Einzelstaaten

Zit. nach Hagen Schulze/Ina Ulrike Paul (Hrsg.): Europäische Geschichte. Quellen und Materialien. bsv, München 1980, S. 187–189.

Q2 Fehlerhafte Verfassung?

Der preußische Politiker Freiherr vom und zum Stein schreibt 1815 an den russischen Zaren:

Unsere neuen Gesetzgeber haben an die Stelle des alten Deutschen Reiches mit einem Haupte, gesetzgebender Versammlung, Gerichtshöfen, einer inneren Einrichtung, die ein Ganzes bildete – einen Deutschen Bund gesetzt, ohne Haupt, ohne Gerichtshöfe, schwach verbunden für die allgemeine Verteidigung. Die Rechte der Einzelnen sind durch nichts gesichert als die unbestimmte Erklärung, „daß es Landstände [als eine Art von Volksvertretung] geben soll", ohne daß etwas über deren Befugnisse festgestellt ist. [...] Von einer so fehlerhaften Verfassung läßt sich nur ein sehr schwacher Einfluß auf das öffentliche Glück Deutschlands erwarten.

Zit. nach Deutsche Geschichte in Quellen und Darstellung. Bd. 7: Vom Deutschen Bund zum Kaiserreich 1815–1871. Reclam, Stuttgart 1997, S. 55–57.

D2 Eine Friedensgemeinschaft?

Der Historiker Wolf D. Gruner urteilt 2014:

In Wien wurde ein bis heute gültiger Grundzug der internationalen Politik entwickelt, nämlich der Wille und das Ziel der Hauptakteure, dass ein von den großen Staaten dominiertes[1] internationales System zum Interessenausgleich fähig und in Krisenlagen flexibel sein müsse, um die Stabilität und Anpassungsfähigkeit der bestehenden Ordnung zu bewahren. [...] Der Wiener Kongress [...] leistete [so] einen wichtigen Beitrag für den Weg Europas von einer „Konfliktgemeinschaft" zu einer „Friedensgemeinschaft".

1 beherrschtes

Wolf D. Gruner: Der Wiener Kongress 1814/15. Reclam, Stuttgart 2014, S. 207–212.

D3 W09
Website
KI-Texterkennung

AB1 D12
Arbeitsblatt
Mit KI Quellentexte entschlüsseln

Erster Blick

1 Erkläre den Begriff Restauration (VT3) in deinen eigenen Worten.

Friedenssicherung und Restauration

2 SP Gib wieder, wie 1815 der Frieden gesichert und wie mit den Forderungen von 1789 umgegangen werden sollte. Nutze folgende Begriffe: Menschenrechte, Mitbestimmung des Volkes, Restauration, Legitimitätsprinzip, Neuordnung der Staatenwelt, Vorherrschaft, Mächtegleichgewicht (Q1, VT1–VT3).

3 Erläutere, wie sich heutige Staaten Gruner zufolge verhalten sollten (D2). ●

Der Deutsche Bund

4 Beschreibe, wie der Deutsche Bund aufgebaut war (D1, VT2). ○ → S. 259

5 Erkläre, warum für den Deutschen Bund keine Volksvertretung vorgesehen war (D1, VT3).

6 Vergleiche Q1 und Q2. Verfasse ein Streitgespräch der beiden Verfasser über die Rolle des Deutschen Bundes.

7 MK Erschließt die erste Seite der Bundesakte (D3 W09, AB1 D12). Diskutiert, wie KI für historisches Forschen hilfreich sein kann.

AFB I: 2, 4 AFB II: 1, 3, 5 AFB III: 6, 7

Bürger fordern Einheit und Freiheit

Viele Deutsche hatten nach den Kämpfen gegen Napoleon auf einen gemeinsamen Staat und auf politische Mitbestimmung gehofft. Doch beide Erwartungen gingen auf dem Wiener Kongress 1815 nicht in Erfüllung. Wie reagierte die Bevölkerung auf die Beschlüsse von Wien?

VT1 Für Freiheit, Gleichberechtigung …

Die Kräfte, die an den vorrevolutionären Verhältnissen festhalten wollten, schienen beim Wiener Kongress den Sieg davongetragen zu haben. Die Fürsten hatten ihren absoluten Machtanspruch betont und dem Prinzip der Volkssouveränität (Volksherrschaft) eine Absage erteilt. Doch die Ideen der Aufklärung und der Französischen Revolution ließen sich nicht mehr aus den Köpfen der Menschen vertreiben. So entwickelte sich in Deutschland allmählich ein selbstbewusstes Bürgertum, das persönliche Grundrechte, Gleichberechtigung mit dem Adel und politische Mitbestimmung durch ein gewähltes Parlament forderte. All diese **liberalen** Forderungen wollten die Bürger in neuen Verfassungen festschreiben lassen.

AB1 D13
Arbeitsblatt
Sprechblasen in einem digitalen Bild einfügen

VT2 … und einen Nationalstaat

Viele Deutsche fühlten sich zu Beginn des 19. Jahrhunderts nicht mehr nur als Rheinländer, Sachsen oder Bayern, sondern auch als Angehörige einer gemeinsamen deutschen **Nation**. Die Erfahrungen der Besatzungszeit unter Napoleon und der gemeinsam erlebte Befreiungskrieg lösten ein Gefühl der Zusammengehörigkeit aus. Immer mehr Deutsche wollten nun in einem Nationalstaat leben. England und Frankreich galten dabei als Vorbilder.

VT3 Das Wartburgfest

Der Deutsche Bund erwies sich für viele Deutsche als Enttäuschung, weil liberale und nationale Ziele nicht umgesetzt worden waren. So wurde weder ein einheitlicher Nationalstaat geschaffen noch führten alle Einzelstaaten verbindliche Verfassungen ein. Insbesondere junge Studenten, von denen einige freiwillig in den Befreiungskriegen mitgekämpft hatten, wollten dies nicht hinnehmen. Sie schlossen sich in Burschenschaften zusammen und wählten als Zeichen ihrer Verbundenheit die drei Farben **Schwarz, Rot und Gold**. 1817 versammelten sich rund 500 Studenten zu einer Protestversammlung auf der Wartburg bei Eisenach. Dort forderten sie ein geeintes Deutschland, in dem persönliche Freiheiten und die Rechte der Bürger gesichert sein sollten. Öffentlich verbrannten sie Symbole der verhassten Fürstenherrschaft (Q1). Die Herrscher der Staaten des Deutschen Bundes beobachteten diese Proteste voller Misstrauen. Manche Fürsten ließen die Studenten überwachen.

VT4 Die Karlsbader Beschlüsse

Als im Jahr 1819 ein Student den Schriftsteller August von Kotzebue ermordete, weil dieser die liberale Nationalbewegung ver-

Q1 Wartburgfest 1817
Studenten verbrennen Symbole der Fürstenherrschaft und fürstentreue Bücher. Nachträglich kolorierter Holzstich, um 1880

Q2 Hambacher Fest

Kolorierte Lithografie, 1832

spottet hatte, griffen die Regierungen des Deutschen Bundes hart durch: In den „Karlsbader Beschlüssen" verboten sie die Burschenschaften und setzten staatliche Aufseher für Studenten und Professoren an den Universitäten ein. Zeitungen und Zeitschriften wurden fortan zensiert. So hofften die Fürsten, den Wunsch nach politischer Teilhabe kontrollieren und revolutionäre Entwicklungen unterdrücken zu können.

VT5 Die nationale Begeisterung wächst

Doch die liberalen und nationalen Ideen ließen sich nicht verbieten. 15 Jahre nach dem Wartburgfest versammelten sich im Jahr 1832 etwa 25 000 Menschen aus ganz Deutschland auf dem Hambacher Schloss in der bayerischen Pfalz zu einer großen Protestdemonstration (Q2). Hier kamen neben Professoren und Studenten auch Bürger, Handwerker und Kleinbauern zusammen. Redner forderten einen gemeinsamen Nationalstaat mit einer demokratischen Verfassung – vielleicht sogar ohne einen König! Das Hambacher Fest zeigte, dass in Deutschland eine mächtige liberale und nationale Bewegung entstanden war.

Ein Versuch der französischen Regierung, alle deutschen Gebiete links des Rheins an Frankreich anzuschließen, löste 1840 eine weitere Welle nationaler Emotionen aus. Die Empörung vieler Deutscher war groß. Nationale Gedichte und Lieder wurden verfasst, so auch das „Lied der Deutschen", das später zur deutschen Nationalhymne wurde.

Der Nationalstaat wurde für das Bürgertum als Ziel noch wichtiger. Der dabei aufkommende **Nationalismus** war in Teilen auch mit einer Überschätzung der eigenen Nation verbunden. Der Wunsch nach einem liberalen Verfassungsstaat rückte gegenüber den nationalen Forderungen zum ersten Mal in den Hintergrund.

VT6 Rückzug ins Private

Zwar war die deutsche Nationalbewegung stetig angewachsen, doch mit ihren liberalen und nationalen Forderungen stieß sie nach wie vor auf entschiedene Abwehr der Regierungen des Deutschen Bundes. Enttäuscht von der Politik und den eigenen eingeschränkten Möglichkeiten der Mitbestimmung zogen sich viele Bürger ins Privatleben zurück. Manche verfolgten das politische Geschehen fortan nur noch in den Zeitungen. Man wartete ab und suchte das häusliche Glück im Privaten.

liberal, Liberalismus
(von lat. liber = frei) Der Liberalismus fordert das Recht des einzelnen Menschen auf seine persönliche Freiheit und wendet sich gegen Vorrechte des Adels. Auch freies Unternehmertum, Gewaltenteilung, Rechtsstaatlichkeit und Pressefreiheit zählen zu den Forderungen.

Nation
Merkmale einer Nation können sein: gemeinsame Sprache, Kultur, Abstammung und Geschichte. Hauptmerkmal ist ein Zusammengehörigkeitsgefühl der Menschen, die in einem Gebiet zusammenleben.

Schwarz, Rot, Gold
Studenten hatten diese Farben von der Uniform eines Regiments übernommen, das freiwillig gegen Napoleon gekämpft hatte. Sie entwickelten sich später zu den deutschen Nationalfarben.

Nationalismus
übersteigerter Stolz auf die eigene Nation, oft verbunden mit der Herabsetzung anderer Völker und Nationen

Q3 Der Denker-Club

Der Text auf der Tafel rechts lautet: „Gesetze des Denker-Clubs: I. Der Präsident eröffnet präcise 8 Uhr die Sitzung. II. Schweigen ist das erste Gesetz dieser gelehrten Gesellschaft. III. Auf das kein Mitglied in Versuchung gerathen möge, seiner Zunge freien Lauf zu lassen, so werden beim Eintritt Maulkörbe ausgetheilt. IV. Der Gegenstand, welcher in jedesmaliger Sitzung durch ein reifes Nachdenken gründlich erörtert werden soll, befindet sich auf einer Tafel mit grossen Buchstaben deutlich geschrieben." Karikatur, um 1825

Q4 Was wollen die Burschenschaften?

Der Jurastudent Heinrich von Gagern schreibt 1818:

Wir wünschen, daß Deutschland als ein Land und das deutsche Volk als ein Volk angesehen werden könne. So wie wir dies so sehr als möglich in der Wirklichkeit wünschen, so zeigen wir dies in der Form unsres Burschenlebens. Landsmannschaftliche Parteien sind verbannt, und wir leben in einer deutschen Burschenschaft, im Geiste als ein Volk, wie wir es in ganz Deutschland gerne in der Wirklichkeit täten. [...] Wir wünschen eine Verfassung für das Volk und nach dem Zeitgeiste und nach der Aufklärung desselben, nicht daß jeder Fürst seinem Volke gibt, was er Lust hat und wie es seinem Privatinteresse dienlich ist. Überhaupt wünschen wir, daß die Fürsten davon ausgehen und überzeugt sein möchten, daß sie des Landes wegen, nicht aber das Land ihretwegen existiere. Die bestehende Meinung ist auch, daß überhaupt die Verfassung nicht von den einzelnen Staaten ausgehen solle, sondern daß die eigentlichen Grundzüge der deutschen Verfassung gemeinschaftlich sein sollten, ausgesprochen durch die deutsche Bundesverfassung.

Zit. nach Wolfgang Lautemann/Manfred Schlenke (Hrsg.): Geschichte in Quellen. Bd. 5: Das bürgerliche Zeitalter 1815–1914. Bearb. von Günter Schönbrunn. bsv, München 1980, S. 83.

Q5 „Friede den Hütten! Krieg den Palästen!"

Aus einer 1834 verfassten Flugschrift:

Das Leben der Vornehmen ist ein langer Sonntag, sie wohnen in schönen Häusern, sie tragen zierliche[1] Kleider, sie haben feiste[2] Gesichter und reden eine eigne Sprache [...]. Der Fürst ist der Kopf des Blutegels, der über euch hinkriecht, die Minister sind seine Zähne und die Beamten sein Schwanz. [...] Nach den Artikeln [der Verfassung] ist der Großherzog unverletzlich, heilig und unverantwortlich. Seine Würde ist erblich in der Familie, er hat das Recht Krieg zu führen und ausschließliche Verfügung über das Militär. [...] Er bleibt im Besitz einer fast unbeschränkten Gewalt.

1 hübsch, elegant
2 fett, aufgedunsen

Georg Büchner: Der Hessische Landbote. In: Georg Büchner: Werke und Briefe. dtv, München 1994, S. 40–56.

Q6 Über die liberale Bewegung

Der preußische Außenminister schreibt 1819:

Ihr Zweck ist: die Gesellschaft umzuschmelzen; die politischen Unterschiede, welche zwischen Deutschlands Völkern bestehen, aufzuheben; die wirkliche Einheit dieses großen Landes an die Stelle [... des Deutschen Bundes] zu setzen, und durch den Ruin der gegenwärtigen Ordnung der Dinge zu einer neuen Ordnung zu gelangen; als Mittel zu diesem Zwecke bemächtigen sie sich der heranwachsenden Generation, welcher sie [...] von den Schulen bis zu den Universitäten, denselben Geist, dieselben Gesinnungen, dieselben Gewohnheiten mitteilen. [...] Die Lehre dieser Sektierer[1] [...] läßt sich auf zwei Maximen[2] zurückführen: die erste ist, daß das Ziel die Mittel heiligt; die zweite, daß die Handlungen an sich gleichgültig sind, daß ihre Verdienstlichkeit von den Ideen abhängt, aus denen sie flossen, und daß diese Ideen immer lobenswert sind, wenn sie Deutschlands Unabhängigkeit und Freiheit zum Gegenstande haben.

1 Spalter
2 Grundsätze

Zit. nach Wolfgang Lautemann/Manfred Schlenke (Hrsg.): Geschichte in Quellen. Bd. 5: Das bürgerliche Zeitalter 1815–1914. bsv, München 1980, S. 89.

Q7 Das Lied der Deutschen

Der Dichter Hoffmann von Fallersleben schrieb 1841 das „Lied der Deutschen" nach einer Melodie Joseph Haydns. 1922 wurde es zur deutschen Nationalhymne erklärt. Aufgrund des Missbrauchs der ersten Strophe durch die Nationalsozialisten in der Zeit der NS-Diktatur wird seit 1952 nur die dritte Strophe gesungen. Die erste und die dritte Strophe lauten:

Deutschland, Deutschland über alles,
Über alles in der Welt,
Wenn es stets zu Schutz und Trutze,
Brüderlich zusammenhält
Von der Maas bis an die Memel,
Von der Etsch bis an den Belt.
Deutschland, Deutschland über alles,
Über alles in der Welt!
[...]
Einigkeit und Recht und Freiheit
Für das deutsche Vaterland,
Danach lasst uns alle streben
Brüderlich mit Herz und Hand!
Einigkeit und Recht und Freiheit
Sind des Glückes Unterpfand:
Blüh im Glanze dieses Glückes,
Blühe, deutsches Vaterland!

August Heinrich Hoffmann von Fallersleben: Das Lied der Deutschen. Zit. nach Hagen Schulze: Kleine Deutsche Geschichte. C.H. Beck, München 1996, S. 99.

Erster Blick

1 Betrachtet Q1, Q2 und Q3: Welche Stimmung kommt darin jeweils zum Ausdruck?

Bürgerinnen und Bürger protestieren

2 Erkläre die Forderungen liberaler und nationaler Gruppen anhand konkreter Beispiele (Q4, VT1–VT3).

3 MK Formuliere die Forderungen der Teilnehmer des Hambacher Festes (Q2, VT4, VT5). Arbeite digital: Füge dem digitalisierten Bild von Q2 entsprechende Sprechblasen hinzu. Nutze AB1 D13.

4 Überprüfe die Abbildung Q2 daraufhin, ob der Zeichner Sympathien für die Demonstrierenden hatte. ○ → S. 260

5 SP Schreibe die Regeln des Denker-Clubs so neu, dass sich eine freie und offene Diskussion ergeben kann. Bausteine könnten sein: „seine Meinung frei sagen", „Fehler der Regierung nennen", „alle Bürger sollen mitbestimmen" (Q3).

6 Arbeite heraus, woran Q5 Kritik übt. Gehe dabei auf die verwendete Sprache ein. ●

Die Haltung der Fürsten

7 Interpretiere die Karikatur Q3 mithilfe von VT4. Nutze die Arbeitsschritte auf S. 85.

8 Arbeite aus Q6 die Kritikpunkte an den Zielen der nationalen und liberalen Bewegung heraus.

9 Untersuche den Liedtext (Q7): Was könnte 1841 bei den Regierungen Anstoß erregt haben? Notiere die betreffenden Zeilen und begründe. ○ → S. 260

10 Fasse die Entwicklung des Konflikts zwischen den Fürsten und den liberal und national gesinnten Gruppen zusammen.

AFB I: 1, 10 AFB II: 2, 3, 5, 6, 8, 9 AFB III: 4, 7

Revolution in Deutschland: Kommt es zum Umsturz?

Im Jahr 1848 erreichte die Unzufriedenheit der Bevölkerung mit den politischen Verhältnissen ihren Höhepunkt. Der Sturm der Revolution fegte über Europa – auch über die Staaten des Deutschen Bundes.

VT1 Königssturz in Paris

Ende Februar 1848 kamen sensationelle Nachrichten aus Paris: Arbeiter und Studenten waren für ein allgemeines Wahlrecht auf die Straße gegangen. Sie kämpften gegen die Soldaten des Königs – und siegten: Der französische König floh nach England. Frankreich wurde eine Republik.

VT2 Proteste in den Städten

Diese Nachricht aus Frankreich ermunterte viele Deutsche. Liberale Bürger forderten im März 1848 auf Versammlungen in den Städten Meinungs- und Pressefreiheit, Wahlen zu einem deutschen Parlament und mehr Rechte gegenüber den Fürsten. Handwerker und Arbeiter beteiligten sich ebenfalls, demonstrierten für höhere Löhne und günstigere Nahrungsmittelpreise. Viele Fürsten erfüllten diese Forderungen und nahmen liberale Bürger in ihre Regierungen auf, um ihre Herrschaft zu retten.

VT3 Revolution auch auf dem Land

Auch außerhalb der Städte kam es zu Protesten. Die Landbevölkerung verlangte ein Ende der Abhängigkeit von ihren Grundherren. Es kam zu Übergriffen und Plünderungen. Durch Zugeständnisse an die Bauern beruhigte sich die Lage jedoch schnell: Abgaben und Dienste, die nach der Agrarreform 1807 noch bestanden, wurden ebenso wie die meisten Vorrechte der Grundherren abgeschafft. Viele Landbewohner waren nun zufrieden und stellten die traditionelle Herrschaft nicht weiter infrage.

AB1 D14
Arbeitsblatt
Ein digitales Schaubild entwerfen

VT4 Demonstrationen in Berlin

Am 18. März brachen auch in Berlin Unruhen aus (Q1). Demonstranten zogen zum Schloss. König Friedrich Wilhelm IV. setzte zunächst seine Soldaten ein und ließ die Menschen auseinandertreiben. Doch dann sagte er die Erfüllung einiger Forderungen zu: Preußen sollte eine Verfassung erhalten, der Deutsche Bund sollte zu einem Staat für alle Deutschen werden und ein Parlament sowie eigene Gerichte bekommen. Die Pressezensur sollte aufgehoben werden. Dies schien die aufgeheizte Lage in Berlin zu beruhigen. Doch kurze Zeit später kam es erneut zu Kämpfen. Darüber berichtet in der folgenden ausgedachten Erzählung ein Berliner Arzt seiner Cousine Clara.

VT5 ❐ Revolution in Berlin

Nach den Zugeständnissen des Königs zog ich mit vielen dankbaren Bürgern vor das königliche Schloss. Doch plötzlich fielen Schüsse, Clara. Soldaten stürmten auf uns zu. Barrikaden wurden errichtet. Ich konnte mich gerade noch über eine Seitengasse retten. Zitternd erreichte ich meine Wohnung, Kanonendonner und Gewehrschüsse im Ohr. War das die Revolution, mit ihrer Gewalt und dem Terror wie vor 60 Jahren in Frankreich? Als es am nächsten Tag hell wurde, waren vor dem Schloss mehr als hundert Tote der letzten Nacht aufgebahrt worden. Die Menge rief immer wieder nach dem König. Und tatsächlich: Das Schlosstor öffnete sich und der König ritt auf einem Pferd an den Toten vorbei. Er verneigte sich vor ihnen und als aus der Menge gerufen wurde: „Den Hut ab", nahm er diesen ab! Die Revolution schien gesiegt zu haben. Und was taten wir braven Preußen? Wir dankten unserem König und gingen nach Hause. Ruhe kehrte ein. Ich war stolz und berührt. Ein weiteres Blutvergießen oder eine Plünderung des Schlosses war nicht zu erwarten. So kann man Revolutionen aushalten, dachte ich mir. ❐

Q1 Straßenkämpfe in Berlin

Die zeitgenössische kolorierte Kreidelithografie zeigt den Kampf um die Barrikade auf dem Alexanderplatz in der Nacht vom 18. zum 19. März 1848.

Q2 „An mein Volk und an die deutsche Nation!"

Der preußische König Friedrich Wilhelm IV. am 21. März 1848:

Deutschland ist von innerer Gärung ergriffen und kann durch äußere Gefahr von mehr als einer Seite bedroht werden. Rettung aus dieser doppelten, dringenden Gefahr kann nur aus der innigsten Vereinigung der deutschen Fürsten und Völker unter einer Leitung hervorgehen. Ich übernehme heute diese Leitung für die Tage der Gefahr. [...] Ich habe heute [...] mich und mein Volk unter das ehrwürdige Banner des deutschen Reiches gestellt. Preußen geht fortan in Deutschland auf. [...] Ich beabsichtige [...], den Fürsten und Ständen Deutschlands die Gelegenheit zu eröffnen, [...] zu einer gemeinschaftlichen Versammlung zusammenzutreten. [...] [Diese Versammlung wird] über die Wiedergeburt und Gründung eines neuen Deutschlands beraten, eines einigen, nicht einförmigen Deutschlands, einer Einheit in der Verschiedenheit, einer Einheit mit Freiheit. Allgemeine Einführung wahrer konstitutioneller Verfassungen, [...] gleiche politische und bürgerliche Rechte für alle religiösen Glaubensbekenntnisse und eine wahrhaft volksthümliche, freisinnige Verwaltung werden allein solche sichere und innere Freiheit zu bewirken und zu befestigen im Stande sein.

Zit. nach Hans Jessen (Hrsg.): Die deutsche Revolution 1848/49 in Augenzeugenberichten. Rauch, Düsseldorf 1968, S. 46 f.

Erster Blick

1 Erläutert, wer sich in Q1 gegenübersteht. Diskutiert, mit welcher der beiden Seiten der Künstler wohl sympathisiert.

Verlauf der Revolution in Berlin

2 MK Arbeitet zu zweit. Fasst die Entwicklung im Frühjahr 1848 in einem digitalen Schaubild zusammen (AB1 D14, Q1, VT1–VT4). ○ → S. 260

3 Erläutere die Aussagen des Königs in Q2. Welchen Zweck verfolgte er?

4 SP Gestaltet ein Plakat mit Argumenten für und gegen die Behauptung, dass die Revolutionäre 1848 in Berlin gesiegt hätten. Ihr könnt folgende Stichworte verwenden: Demonstrationen vor dem Schloss, Zusagen des Königs, Barrikadenkämpfe, Verneigung des Königs, kein Blutvergießen, keine Schlossplünderung, König wird nicht verhaftet (Q1, Q2, VT4–VT5).

Die Revolution – unterschiedliche Perspektiven

5 Ein Berliner Bürger hängt sich das Bild Q1 im Jahr 1852 in seine Wohnung. Erläutere, was sich daraus über seine politische Einstellung erfahren lässt. ○ → S. 260

6 SP Schreibe die Geschichtserzählung so neu, dass nun der Erzähler entweder ein glühender Verfechter einer totalen Revolution ist oder ein königstreuer Gegner jeglicher Veränderung (VT5). ●

AFB I: 2 AFB II: 3, 5 AFB III: 1, 4, 6

Das erste deutsche Parlament

Die Proteste des Frühjahrs 1848 schienen erfolgreich zu sein: Erstmals in der deutschen Geschichte kamen vom Volk gewählte Abgeordnete zusammen, um eine Verfassung auszuarbeiten. Welche politischen Ziele hatten die Abgeordneten – und was beschlossen sie?

Nationalversammlung
vom Volk gewählte Versammlung von Abgeordneten, die eine Verfassung ausarbeiten soll

parlamentarische Republik
In einer Republik gibt es keinen Monarchen, sondern ein gewähltes oder ernanntes Staatsoberhaupt auf Zeit. Das Volk wählt das Parlament. Das Parlament wählt die Regierung und kontrolliert diese.

parlamentarische Monarchie
Monarchie, die von einem Parlament kontrolliert wird. Das Volk wählt das Parlament. Das Parlament wählt die Regierung und kontrolliert diese. Der Monarch hat nur klar begrenzte, meist repräsentative Rechte.

→ Themen verknüpfen
Zum Begriff konstitutionelle Monarchie kannst du auf Seite 91 nachlesen.

VT1 Ein frei gewähltes Parlament

In fast allen deutschen Staaten gaben die Regierungen den Protesten der Bevölkerung im Frühjahr 1848 nach und erfüllten einen Teil der Forderungen. Eine **Nationalversammlung** sollte eine Verfassung für ein geeintes Deutschland ausarbeiten, um diese Zugeständnisse dauerhaft zu sichern und das Ziel einer nationalen Einheit zu verwirklichen.

Diese Nationalversammlung sollte durch eine allgemeine und gleiche Wahl aller Männer, die über ein gewisses Einkommen verfügten, gebildet werden. Zehn bis zwanzig Prozent der Männer blieben so von der Wahl ausgeschlossen. Frauen durften nicht wählen oder gewählt werden.

Das erste frei gewählte Parlament für ganz Deutschland trat am 18. Mai 1848 in der Frankfurter Paulskirche zusammen (**Q1**): Für jeweils 50 000 Einwohner hatten die Einzelstaaten einen Abgeordneten entsandt, der entweder direkt oder über Wahlmänner gewählt worden war. So waren 585 Abgeordnete zusammengekommen, überwiegend angesehene und gebildete Persönlichkeiten: Rechtsanwälte, Geistliche, Ärzte, Professoren, Gymnasiallehrer, Richter und andere höhere Beamte. Dagegen gehörten nur vier Handwerker und drei Bauern der Nationalversammlung an. Arbeiter und Frauen waren gar nicht vertreten.

VT2 Politische Gruppierungen entstehen

Auch wenn vor allem Angehörige des Bürgertums im Parlament vertreten waren, zeigten sich schon früh unterschiedliche politische Vorstellungen der Abgeordneten. Bald bildeten sie Gruppen, deren Mitglieder dieselbe politische Meinung vertraten. Sie trafen sich in Gaststätten und Cafés, um zu diskutieren und eine gemeinsame Position zu finden. So entstanden Vorläufer der heutigen Parteien. Sie hatten noch keine Parteinamen, sondern wurden nach ihrem Tagungsort benannt. Die radikalen Demokraten, die insbesondere die Monarchie abschaffen wollten, hießen zum Beispiel „Deutscher Hof".

Auch im Parlament saßen Angehörige ähnlicher Vorstellungen zusammen. So war bald an der Sitzordnung die politische Zugehörigkeit zu erkennen. Dabei entstanden die Bezeichnungen „links", „Mitte" und „rechts", die wir auch heute noch kennen und nutzen.

VT3 Wer soll Deutschland regieren?

Die links sitzenden Abgeordneten wollten eine **parlamentarische Republik**. Viele Liberale in der Mitte wünschten sich eine **parlamentarische Monarchie**. Dagegen wollten die rechts Sitzenden zwar bürgerliche Rechte und Freiheiten einführen, die bestehende Staatsform der meisten Länder, die konstitutionelle Monarchie, wollten sie aber beibehalten. Dies bevorzugte eine breite Mehrheit der Abgeordneten.

Daher sah die am 27. März 1849 beschlossene erste Verfassung für ganz Deutschland vor, dass die Macht zwischen einem Kaiser und einem gewählten Parlament aufgeteilt werden sollte (**D4**). Der Kaiser sollte die Regierung ernennen. Außerdem wurde ein Katalog von Grundrechten für alle Deutschen formuliert.

VT4 Großdeutsch oder kleindeutsch?

Auch die Frage, welche Gebiete zum künftigen deutschen Nationalstaat gehören sollten, war umstritten. Im Deutschen Bund lebten nämlich nicht nur Deutsche, sondern auch Menschen anderer Nationalitäten. Unklar war zudem der Umgang mit dem Vielvölkerstaat Österreich. Zu ihm gehörten viele Gebiete, in denen Tschechen, Polen, Slowaken, Kroaten, Slowenen, Italiener, Rumänen, Ukrainer und Ungarn lebten.

Die Befürworter einer sogenannten großdeutschen Lösung wollten Österreich in den künftigen deutschen Nationalstaat einbeziehen. Allerdings sollten nur die Teile Österreichs dazugehören, in denen überwiegend deutschsprachige Menschen lebten. Die österreichischen Abgeordneten lehnten dies ab, weil dies das Ende ihres Vielvölkerstaates bedeutet hätte. Da Österreich so nicht gewonnen werden konnte, entschied sich die Mehrheit der Abgeordneten für die sogenannte kleindeutsche Lösung. Diese sah einen Nationalstaat ohne Österreich vor. Preußen sollte dagegen mit all seinen Gebieten zum neuen Nationalstaat dazugehören – auch mit den vorwiegend von Polen bewohnten Regionen im Osten. Da Preußen im neuen Staat eine Führungsrolle zugedacht war, wurde die Kaiserkrone dem preußischen König angeboten.

D1 W10
Website
Abgeordnete der Paulskirche

D2 W11
Website
Paulskirche virtuell erkunden

D3 W12
Website
Bundestag 360°

Q1 Sitzung der Nationalversammlung

Dieser Druck von 1848 nach einer Zeichnung von Fritz Bamberger zeigt den Sitzungssaal samt Tribüne in der Frankfurter Paulskirche.

1. Figur der Germania als Symbol für Deutschland
2. Schwarz-rot-goldene Fahnen, Symbolfarben der deutschen Nationalbewegung
3. Vorhang mit dem Bild des alten deutschen Reichsadlers
4. Präsidium: leitet die Versammlung
5. Rednerpult
6. Protokollanten, die die Debatten mitschreiben
7. Sitzreihen der Abgeordneten
8. Zuschauende und Berichterstatter auf den Besuchertribünen

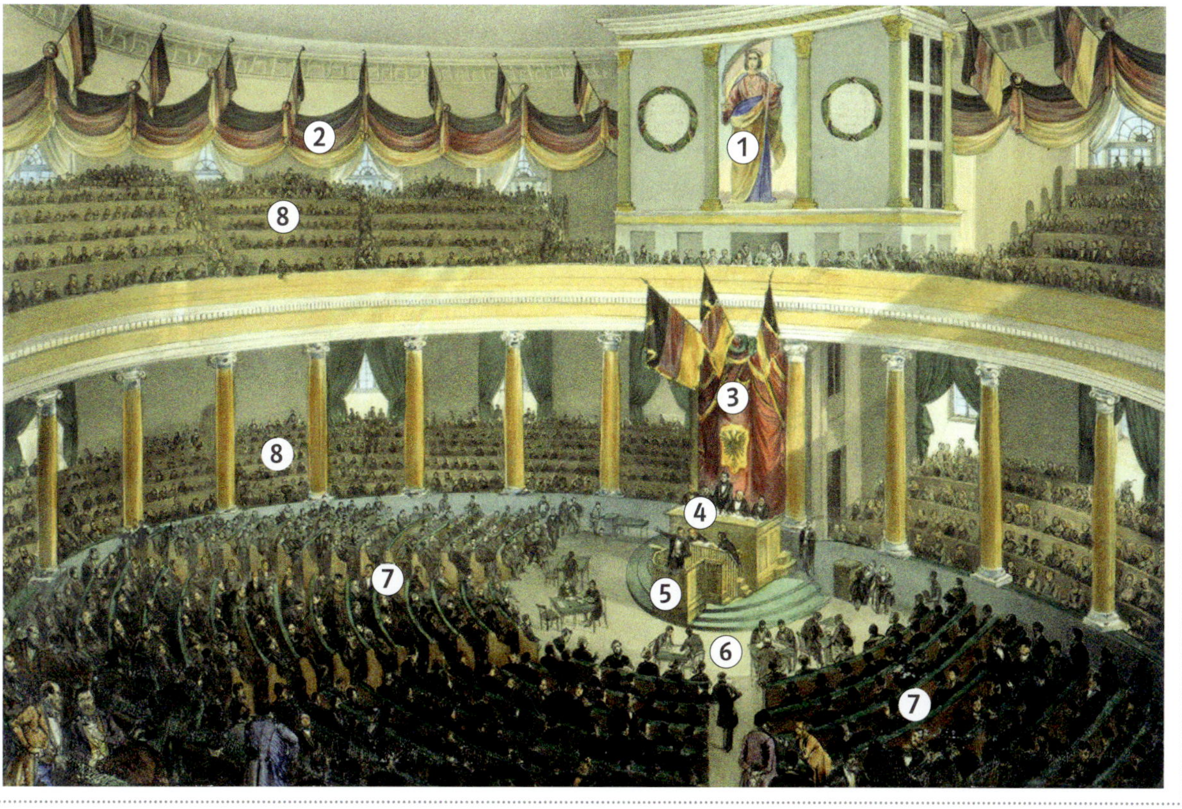

Q2 Der deutsche Michel im Jahr 1848

Der Michel steht für den typischen Deutschen. Karikatur, 1848

Frühling — Sommer — Herbst

Q3 Grundrechte des deutschen Volkes

Die folgenden Grundrechte stehen in der Reichsverfassung von 1849:

- § 130 Dem deutschen Volke sollen die nachstehenden Grundrechte gewährleistet sein. [...] keine Verfassung oder Gesetzgebung eines deutschen Einzelstaates soll dieselben je aufheben oder beschränken können. [...]
- § 133 Jeder Deutsche hat das Recht, an jedem Ort des Reichsgebietes seinen Aufenthalt und Wohnsitz zu nehmen [...].
- § 137 Vor dem Gesetz gilt kein Unterschied der Stände. Der Adel als Stand ist aufgehoben. Alle Standesvorrechte sind abgeschafft. Die Deutschen sind vor dem Gesetze gleich. [...] Die Wehrpflicht ist für alle gleich [...].
- § 138 Die Freiheit der Person ist unverletzlich. [...]
- § 139 Die Todesstrafe [...], sowie die Strafen des Prangers, der Brandmarkung und der körperlichen Züchtigung sind abgeschafft.
- § 140 Die Wohnung ist unverletzlich. [...]
- § 142 Das Briefgeheimnis ist gewährleistet.
- § 143 Jeder Deutsche hat das Recht, durch Wort, Schrift, Druck und bildliche Darstellung seine Meinung frei zu äußern. [...]
- § 144 Jeder Deutsche hat volle Glaubens- und Gewissensfreiheit. [...]
- § 161 Die Deutschen haben das Recht, sich friedlich und ohne Waffen zu versammeln.
- § 162 Die Deutschen haben das Recht, Vereine zu bilden. [...]
- § 164 Das Eigentum ist unverletzlich.

Zit. nach Wolfgang Lautemann/Manfred Schlenke (Hrsg.): Geschichte in Quellen. Bd. 5: Das bürgerliche Zeitalter 1815–1914. bsv, München 1980, S. 228 f.

Q4 Staatliche Unterstützung?

Aus einer Bittschrift von Berliner Arbeitern an die Nationalversammlung vom 25. Mai 1848:

Abgeordnete des Volkes. Es spricht zu Ihnen der große Teil der Nation, durch dessen Fleiß und Anstrengung die kostbarsten wie die notwendigsten Güter des Lebens geschaffen werden [...]. Vergessen Sie uns nicht in Ihren Beschlüssen, [so] wie man in dem Ihnen vorgelegten Verfassungsentwurf uns vergessen [hat ...]. Wir verlangen, daß es in der Verfassung heißt: „Der Staat verpflichtet sich, einem jeden, der arbeiten will, eine den menschlichen Bedürfnissen angemessene Existenz zu geben. Der Staat übernimmt die unentgeltlich zu leistende Erziehung der Jugend.“

Zit. nach Eduard Bernstein (Hrsg.): Dokumente des Socialismus. Bd. III. Stuttgart 1903, S. 40.

Q5 Website

W13

Grundgesetz der Bundesrepublik

D4 Die Reichsverfassung von 1849

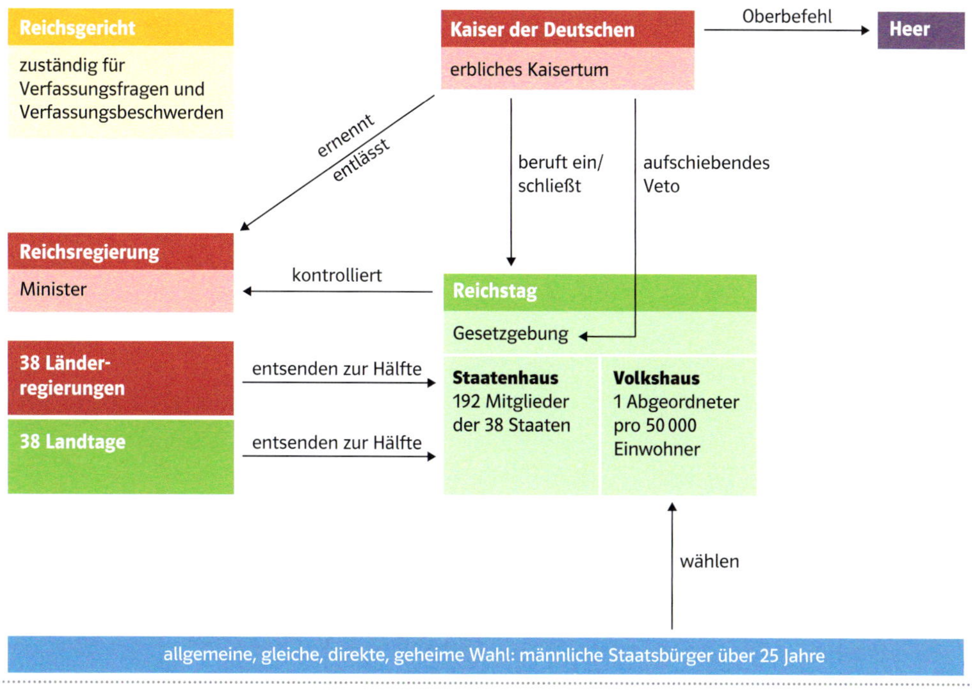

Erster Blick

1 Besprecht gemeinsam, was ein Parlament ist: Was sind die Aufgaben eines Parlaments, wer sitzt dort und wer wählt es?

Das erste deutsche Parlament: Wahl, Abgeordnete und Ziele

2 Zähle jeweils auf: Wer durfte die Nationalversammlung wählen und wer nicht? Welche Bevölkerungsgruppen waren im Parlament vertreten und welche nicht (VT1)? Beurteile dies aus zeitgenössischer und aus heutiger Perspektive.

3 Vergleiche den Sitzungssaal der Paulskirche mit dem Deutschen Bundestag (D3 W12). Nutze die Zahlen in Q1.

4 MK Erkunde den heutigen Plenarsaal der Paulskirche virtuell (D2 W11) und vergleiche mit Q1. Berücksichtige die Arbeitsschritte auf S. 275.
●

5 SP Ein links sitzender Abgeordneter will in der Paulskirche eine Rede für die Rechte der Arbeiter halten. Verfasse diese Rede (Q4, VT3).
○ → S. 260

6 MK Informiere dich über einen Abgeordneten der Paulskirche aus der Nähe deines Heimatortes. Erstelle einen Steckbrief, in dem du auch auf seine politischen Forderungen eingehst (D1 W10).

7 Erläutere, welche Entwicklung der Haltung zur Revolution sich aus Q2 herauslesen lässt. Begründe anhand des Geschehens.
○ → S. 260

Wie soll die neue Verfassung für Deutschland aussehen?

8 Fasse in Form eines Schaubildes zusammen, für welche Staatsform sich die verschiedenen Abgeordneten einsetzten (VT3).
○ → S. 260

9 Skizziere, welches Staatsgebiet der künftige deutsche Nationalstaat umfassen sollte (VT4).

10 SP Beschreibe, wie die Nationalversammlung die Macht im deutschen Nationalstaat verteilen wollte (D4). Gehe dabei von sieben Institutionen aus und formuliere jeweils: „Der Kaiser darf … Er darf nicht …", „Der Reichstag darf … Er darf nicht …".

11 Nenne Grundrechte und Freiheiten, die in der neuen Verfassung für die Deutschen vorgesehen waren (Q3). Vergleiche dann die Grundrechte von 1849 mit den seit 1949 geltenden Artikeln 1–19 des Grundgesetzes (Q5 W13).

AFB I: 1, 6, 8, 9, 10 AFB II: 4, 5, 7 AFB III: 2, 3, 11

MK Gemeinsam digital diskutieren

Mehr als 500 Abgeordnete diskutierten in der Frankfurter Paulskirche über eine Verfassung und die Bildung eines Nationalstaates. Eine beachtliche Zahl von Teilnehmern angesichts der großen Fragen, über die abzustimmen war. Dabei kann Meinungsbildung schon in kleineren Gruppen wie einer Klasse herausfordernd sein. Hier lernst du, den Austausch von Informationen und Argumenten im Team digital zu organisieren.

VT1 Zusammenarbeit in der Nationalversammlung

Die Mitglieder des ersten gesamtdeutschen Parlaments diskutierten über eine freiheitliche Verfassung, die Größe und das Oberhaupt eines zukünftigen deutschen Nationalstaats. Abgeordnete mit ähnlichen politischen Ansichten trafen sich in Frankfurter Gaststätten, tauschten sich aus und stimmten ihr Vorgehen ab. Die nach diesen Lokalen benannten Gruppen gelten als Vorläufer heutiger Parteien. Anders als heute aber wurden die Parlamentsdebatten nur auf Papier dokumentiert. Zudem fehlte es an Lautsprechern und Beratungsräumen sowie an Erfahrungen mit Diskussionsprozessen in einem Parlament.

VT2 Zusammenarbeit in der digitalen Welt

Digitale Werkzeuge wie Etherpads (D2) können heute die Zusammenarbeit im Team unterstützen. Mit ihnen können Informationen und Argumente in gemeinsam arbeitenden Gruppen orts- und zeitunabhängig ausgetauscht werden. Wie jede Teamarbeit sollten auch digitale Kommunikation und Kooperation gut organisiert werden. Zum Schutz der Persönlichkeit ist darauf zu achten, keine persönlichen Angaben wie Klarnamen zu verwenden und nur Anwendungen zu nutzen, die den Datenschutz berücksichtigen. Sind digitale Werkzeuge aber besser geeignet, Gruppenarbeiten oder Meinungsbildung zu organisieren?

D1 Website
W14

DHM: Abgeordnete der Nationalversammlung

AB1 Arbeitsblatt
D15

Gemeinsam arbeiten und diskutieren

D2 Screenshot eines Etherpads

In diesem digitalen Dokument wurden Informationen zur Nationalversammlung gesammelt, um ein Rollenspiel vorzubereiten.

1. URL (Adresse des Etherpads)
2. Formatierung des Textes
3. Texte einzelner Teilnehmenden
4. Einstellungen (Speichern, ...)
5. Namen der Teilnehmenden
6. Chatfunktion

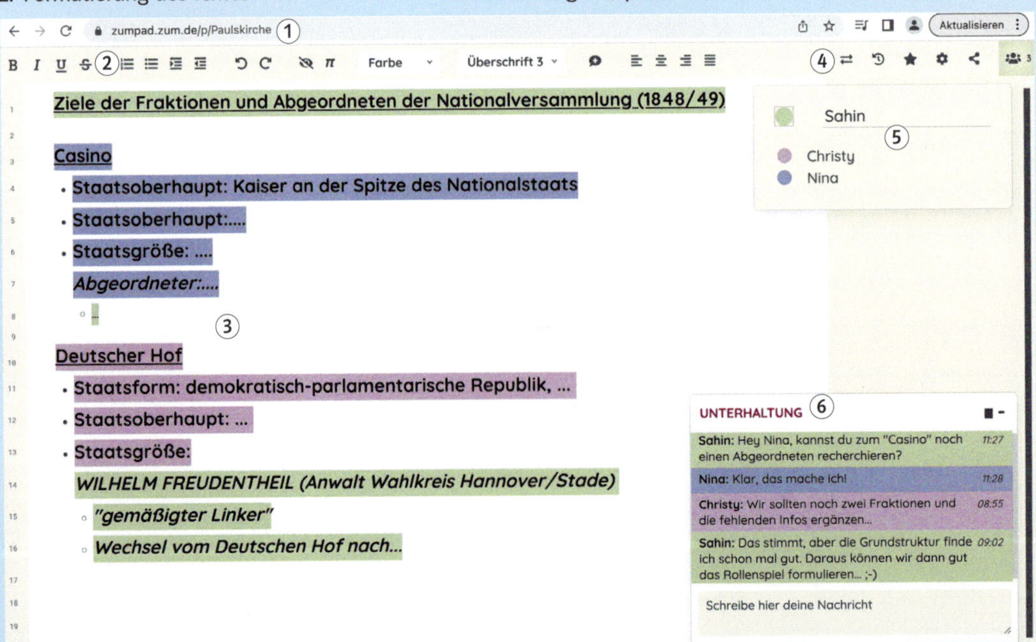

Arbeitsschritte

1. Zusammenarbeit vorbereiten

- Klärt zunächst das Ziel der digitalen Zusammenarbeit und wählt gemeinsam eine geeignete Anwendung aus (Seriosität des Anbieters, Datenschutzeinstellungen sowie Funktionalität beachten).
- Ruft die Anwendung über den Browser auf und verschafft euch einen Überblick über die Funktionsweise.
- Erstellt ein gemeinsames digitales Dokument und stellt allen Teammitgliedern den Zugang bereit, z.B. durch einen Link.

2. Kommunizieren und kooperieren

- Legt eine Struktur für die Zusammenarbeit an, etwa durch Gliederung von Unterthemen oder die Formulierung von Aufgaben für einzelne Teammitglieder.
- Tragt eigene Inhalte in das digitale Dokument ein oder reagiert auf bereits eingetragene Inhalte durch Ergänzungen, Kommentare oder Hinweise.
- Berücksichtigt auch beim digitalen Arbeiten Kommunikationsregeln, die im persönlichen Miteinander gelten.

3. Zusammenfassen und bewerten

- Überprüft die Inhalte des digitalen Dokuments hinsichtlich Vollständigkeit, Verständlichkeit und der festgelegten Zielstellung.
- Speichert die finale Version des digitalen Dokuments auf einem Computer, damit sie auch ohne Internet zur Verfügung steht.
- Stellt das Dokument allen Teammitgliedern zur Verfügung.
- Bewertet abschließend die digitale Zusammenarbeit und formuliert ggf. Vorschläge zur Verbesserung.

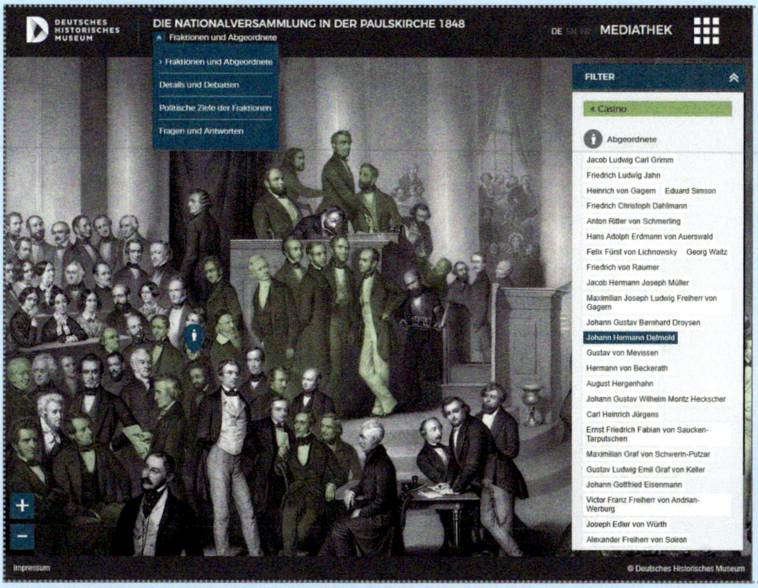

D3 Website des DHM zur Nationalversammlung (Screenshot)
Die Website des Deutschen Historischen Museums (DHM) ermöglicht eine Recherche zu Debatten und politischen Zielen der Fraktionen der Nationalversammlung. Außerdem werden einzelne Abgeordnete, wie hier der Hannoveraner Anwalt Johann Hermann Detmold, vorgestellt.

1 Besprecht in der Klasse, ob und wie digitale Werkzeuge das Arbeiten im Team erleichtern können (VT2, D2).

2 Erarbeitet in Kleingruppen und mithilfe eines Etherpads eine Diskussion zwischen Abgeordneten der Nationalversammlung als Rollenspiel (D1 W14, D3, AB1 D15).

a) Recherchiert arbeitsteilig zu vier politischen Gruppierungen der Nationalversammlung und jeweils einem Abgeordneten (D1 W14, D1 W10 auf S. 115). Notiert Informationen zu den politischen Vorstellungen über Staatsform, Staatsgröße und Staatsoberhaupt im Etherpad.

b) Formuliert ausgehend von euren Rechercheergebnissen ein Rollenspiel zwischen vier Abgeordneten der Nationalversammlung, die über unterschiedliche politische Vorstellungen diskutieren.

c) Präsentiert das Rollenspiel vor der Klasse.

d) Bewertet die digitale Zusammenarbeit bei der Erstellung des Rollenspiels. Tauscht euch dazu über eure Erfahrungen aus und formuliert Verbesserungsvorschläge.

AFB I: 1 AFB III: 2

Das Ende der Revolution von 1848/1849

Die von der Nationalversammlung verabschiedete Verfassung trat nie in Kraft. Die Fürsten fanden zu alter Stärke zurück und widersetzten sich. So kam es weder zur vom Volk erhofften Mitbestimmung noch zu einem Nationalstaat. War die Revolution damit gescheitert?

Hohenzollern
preußische Herrscherfamilie, zu der die deutschen Kaiser seit 1871 gehörten

VT1 Eine Kaiserkrone im Angebot

Am 3. April 1849 empfing der preußische König Friedrich Wilhelm IV. eine Abordnung der Frankfurter Nationalversammlung. Diese bot ihm die Kaiserkrone an, die nach dem Willen der Abgeordneten fortan der **Hohenzollern**-Familie erblich zustehen sollte. Doch in Berlin hatte sich die Lage nach dem revolutionären Jahr 1848 grundlegend geändert: Königstreue Soldaten hatten wieder die Kontrolle in der Stadt übernommen (Q1). Und auch in Wien hatten kaiserliche Truppen nach heftigen Kämpfen die Revolution beendet. Die beiden mächtigsten Monarchen Deutschlands, der preußische König und der österreichische Kaiser, hatten ihre Macht also zurückgewonnen. Friedrich Wilhelm IV. lehnte die ihm angebotene Krone ab: Eine Kaiserkrone aus den Händen der Volksvertreter entsprach nicht seinem Herrschaftsverständnis.

Q1 „Neue Wrangel'sche Straßenreinigungsmaschine“

Karikatur zur Wiederbesetzung Berlins durch preußische Truppen unter dem Oberbefehl von General Wrangel, 1848

VT2 Das Ende der Nationalversammlung

Nach der Ablehnung der Krone betrachtete die Mehrheit der Nationalversammlung ihr Ziel eines kleindeutschen Nationalstaates mit freiheitlicher Verfassung als gescheitert. Preußen und Österreich riefen ihre Abgeordneten zurück. Das Parlament löste sich selbst auf. Nur eine Minderheit linker Abgeordneter wollte nicht aufgeben: Sie forderten eine radikale Revolution nach französischem Vorbild. Ihr Ziel war eine Republik. Diese etwa 100 Abgeordneten versammelten sich in Stuttgart im „Rumpfparlament“. Nachdem dieses im Juni 1849 durch das Militär aufgelöst worden war, erhoben sich in Baden und in der Pfalz viele Enttäuschte in einem Aufstand. Doch auch hier behielten die Soldaten die Oberhand und stellten mit Waffengewalt die alte Ordnung wieder her (Q3). Gegen die Aufständischen wurden zahlreiche Todesurteile und langjährige Haftstrafen verhängt.

VT3 Rückkehr zur alten Ordnung?

Die Revolution war damit am Ende, die Fürsten hatten gesiegt. Überall wurden die alten Verhältnisse wiederhergestellt. Erfolge der Revolution, wie Pressefreiheit und demokratisches Wahlrecht, wurden in den meisten deutschen Ländern wieder rückgängig gemacht. Viele Liberale verließen Deutschland nun und hofften darauf, in anderen Ländern ein freieres Leben führen zu können. Allerdings räumten manche Herrschende Zugeständnisse ein. Damit wollten sie weiteren revolutionären Bewegungen vorbeugen. So behielten die Bauern die 1848 erlangten Freiheiten. In fast allen deutschen Staaten hatten die Fürsten zudem Verfassungen zu respektieren und benötigten die Zustimmung der jeweiligen Parlamente, um Gesetze zu erlassen.

Dies wurde in den einzelnen Ländern ganz unterschiedlich umgesetzt. Der preußische

Q2 Wie sich die Zeiten ändern

Karikatur aus dem Jahr 1849

Im Jahre 1848

„Guten Tag, Herr Hofrat Gumpel." „Ihr Diener! Bester Freund, ein Wort im Vertrauen – nennen Sie mich einfach Herr Gumpel und lassen Sie den Hofrat weg!"

Im Jahre 1849

„Guten Tag, Herr Gumpel." „Guten Tag! Lieber Mann, ein Wort im Vertrauen – nennen Sie mich einfach Herr Hofrat und lassen Sie den Gumpel weg!"

König etwa verordnete (oktroyierte) eigenständig, ohne parlamentarische Mitwirkung, eine Verfassung. Für das dort neu eingeführte Abgeordnetenhaus galt: Je mehr Steuern ein Bürger zahlte, desto mehr Gewicht hatte seine Stimme bei den Wahlen. Zudem wurde die Regierung Preußens weiterhin alleine vom König ernannt. Noch weiter ging der österreichische Kaiser Franz Joseph. Er setzte die von ihm 1849 erlassene Verfassung außer Kraft und regierte in den folgenden Jahren wieder absolutistisch.

VT4 Kein einheitlicher Nationalstaat

Die Idee eines vereinten Deutschland blieb bei den Bürgern zwar auch nach der Revolution lebendig, schien jedoch in weite Ferne gerückt. Weil es keine Alternativen gab, wurde der Deutsche Bund in alter Form wiederbelebt. Es gab jedoch keine Einigung über notwendige Reformen des Bundes. Lähmend wirkte insbesondere die zunehmende Rivalität zwischen Österreich und Preußen, die beide eine Führungsrolle in Deutschland beanspruchten.

VT5 Was blieb von der Revolution?

Auch wenn es 1850 wieder einen Deutschen Bund gab, in dem viele Fürsten zu alter Herrschaft zurückkehrten: Die Uhren konnten nicht vollständig zurückgedreht werden. In Deutschland war eine aktive Öffentlichkeit aus politisch interessierten und einflussreichen Bürgern entstanden, die die Entwicklungen in den einzelnen Bundesstaaten verfolgte und diskutierte. So wurde es für die Fürsten immer schwieriger, den Bürgern gesicherte Rechte und Verfassungen mit gewählten Parlamenten vorzuenthalten. Die Mehrheit der Bevölkerung hielt zudem am Wunsch nach einem geeinten Deutschland fest.

Schon gewusst?

Nach dem raschen Ende der Revolution von 1848/49 **wanderten viele Liberale aus Deutschland aus**. Einer der bekanntesten „Forty-Eighters" war **Carl Schurz (1829–1906)**. Diesem gelang es, 1849 aus der eingeschlossenen Festung Rastatt zu flüchten und 1852 **in die USA überzusiedeln**.

Dort schloss er sich der Partei der Republikaner an, die damals für die Befreiung der Sklaven eintrat. Als erster gebürtiger Deutscher zog er in den Senat ein und war **von 1877 bis 1881 Innenminister der USA**. Allerdings unterstützte er in dieser Funktion die Umsetzung von Zwangsmaßnahmen gegen die indigene Bevölkerung. Diese sollte gegen ihren Willen teils umgesiedelt und umerzogen werden.

Q3 Kapitulation der Festung Rastatt am 23. Juli 1849

In Rastatt hatten sich etwa 6 000 bewaffnete radikale Demokraten verschanzt. Mit ihrer Kapitulation vor der preußischen Armee endete die Revolution in Deutschland. Kolorierte Kreidelithografie aus dem „Neuruppiner Bilderbogen", 1849

Q4 Bedenken des Königs

Gegenüber der Delegation der Paulskirche erklärt der preußische König am 3. April 1849:

Aber, Meine Herren, Ich würde ihr Vertrauen nicht rechtfertigen, Ich würde dem Sinne des deutschen Volkes nicht entsprechen, Ich würde Deutschlands Einheit nicht aufrichten, wollte Ich mit Verletzung heiliger Rechte und Meiner früheren ausdrücklichen und feierlichen Versicherung, ohne das freie Einverständniß der gekrönten Häupter, der Fürsten und der freien Städte Deutschlands eine Entschließung fassen, welche für sie und die von ihnen regierten deutschen Stämme die entscheidendsten Folgen haben muß. An den Regierungen der einzelnen deutschen Staaten wird es daher jetzt sein, in gemeinsamer Berathung zu prüfen, ob die Verfassung dem Einzelnen, wie dem Ganzen, frommt[1], ob die Mir zugedachten Rechte Mich in den Stand setzen würden, mit starker Hand, wie ein solcher Beruf es von Mir fordert, die Geschicke des großen deutschen Vaterlandes zu leiten und die Hoffnungen seiner Völker zu erfüllen.

1 nutzt

Zit. nach Wolfgang Hartwig/Helmut Hinze (Hrsg.): Deutsche Geschichte in Quellen und Darstellung. Bd. 7: Vom Deutschen Bund zum Kaiserreich. Reclam, Stuttgart 1997, S. 333 f.

AB1 D16

Arbeitsblatt

Einen Pecha-Kucha-Vortrag halten

Q5 Krone des Hochverrats

In einem Privatbrief schreibt Friedrich Wilhelm IV. am 23. Dezember 1848:

Jeder deutsche Edelmann [...] ist hundertmal zu gut dazu, um solch ein Diadem[1] aus Dreck und Letten[2] der Revolution, des Treubruchs und des Hochverrats geschmiedet, anzunehmen. Die alte, legitime, seit 1806 ruhende Krone deutscher Nation, das Diadem von Gottes Gnaden, das den, der es trägt, zur höchsten Obrigkeit Deutschlands macht, der man Gehorsam schuldet um des Gewissens willen, das kann man annehmen, wenn man in sich die Kraft dazu fühlt und die angeborenen Pflichten es zulassen. Die Krone aber vergibt keiner als Kaiser Franz Joseph [von Österreich], ich und unseresgleichen und wehe dem, der es ohne uns versucht und wehe dem, der sie annimmt, wenn ihr Preis der Verlust eines Drittels von Deutschland und der edelsten Stämme unseres deutschen Volkes ist. Gott hilf uns! Amen.

1 Krone
2 bröckelnder Ton

Zit. nach Wolfgang Lautemann/Manfred Schlenke (Hrsg.): Geschichte in Quellen. Bd. 5: Das bürgerliche Zeitalter 1815–1914. bsv, München 1980, S. 222.

Q6 Friedrich Wilhelm IV. mit Kaiserkrone

Die Unterschrift lautet: „Soll ich? – Soll ich nich? – Soll ich?! – Knöppe, ihr wollt! – Nu jerade nich!!" Karikatur, 1849

Erster Blick

1 Beschreibe Q1 und Q2. Erkläre, wie das Wiedererstarken der konservativen Kräfte dargestellt wird.

Die Ablehnung der Kaiserkrone

2 Erläutere anhand von VT1, warum König Friedrich Wilhelm IV. die ihm angebotene Kaiserkrone ablehnte.

3 Vergleiche die Karikatur Q6 mit den beiden Texten Q4 und Q5 und erkläre das Verhalten des Königs. ○ → S. 261

4 SP Schreibe zu Q5 einen Zeitungskommentar aus der Sicht eines liberalen Journalisten. Notiere dir dafür zunächst in Stichworten deine Argumente. Überlege dir dann Formulierungen, die deine liberale Leserschaft ansprechen.

Das Ende der Revolution

5 Die Abbildung Q3 erscheint 1849 in einer konservativen und in einer liberalen Zeitung. Formuliere mithilfe von VT1 und VT2 jeweils passende Bildunterschriften. ○ → S. 261

6 MK Fasse den Verlauf der Revolution von 1848/49 in einem Pecha-Kucha-Vortrag zusammen. Recherchiere hierfür zehn Bilder auf Wikipedia und nutze AB1 D16.

7 Liste Ergebnisse und Errungenschaften der Revolution von 1848/49 auf (VT3–VT5).

8 Verfasse zu der Frage, wie die Revolution zu bewerten ist, eine Antwort aus der Sicht einer Bäuerin, eines linken Abgeordneten der Paulskirche und eines vermögenden Bürgers. ●

Ist die Revolution gescheitert?

9 Organisiert aus der Perspektive heutiger Historikerinnen und Historiker eine Pro-und-Kontra-Diskussion zur Frage, ob die Revolution von 1848/49 gescheitert ist (Arbeitsschritte auf S. 281). Als inhaltliche Grundlage könnt ihr die Unterkapitel „Revolution in Deutschland" (S. 112–113), „Das erste deutsche Parlament" (S. 114–117) und „Das Ende der Revolution" (S. 120–123) nutzen.

a) Überlegt zunächst, was Erfolg und Scheitern bei einer Revolution heißen könnte.

b) Teilt anschließend die Materialien untereinander auf und sammelt Argumente.

c) Führt nun die Diskussion und die Auswertung mithilfe der oben genannten Arbeitsschritte durch.

AFB I: 7 AFB II: 1, 2, 6 AFB III: 3, 4, 5, 8, 9

Reichsgründung „von oben“ – endlich Einheit und Freiheit?

1871 ging für viele Deutsche ein Traum in Erfüllung: Mit dem Deutschen Reich wurde der lang ersehnte gemeinsame Nationalstaat gegründet. Wie kam es dazu?

Annexion, annektieren
gewaltsame Aneignung eines fremden Staatsgebietes

Norddeutscher Bund
Dieser wurde 1866 als Nachfolger des Deutschen Bundes gegründet. Er wurde von Preußen beherrscht und wurde zur Vorstufe für das 1871 gegründete Deutsche Reich.

VT1 Staatsgründung im Krieg

Anfang des Jahres 1871 herrschte Krieg zwischen Deutschen und Franzosen. Paris war von deutschen Soldaten eingeschlossen, im Schloss von Versailles hatten die deutschen Befehlshaber ihr Quartier errichtet. Am 18. Januar 1871 wurde dort im Spiegelsaal der preußische König Wilhelm I. zum „Deutschen Kaiser“ ausgerufen und damit das Deutsche Reich gegründet. Die Hoffnung vieler Deutscher auf einen gemeinsamen Staat schien erfüllt. Doch warum entstand dieser Nationalstaat während eines Krieges?

VT2 Streit: Wer bestimmt in Deutschland?

Rückblick: Die Jahre nach der Revolution von 1848 waren von der Rivalität zwischen Preußen und Österreich geprägt. Beide Monarchien stritten um die Vorherrschaft in Deutschland. Trotz der gescheiterten Revolution blieb auch der Wunsch nach einem deutschen Nationalstaat ein bestimmendes Thema. Vor allem der preußische König konnte sich ein geeintes Deutschland vorstellen – allerdings unter preußischer Führung. Dies führte immer wieder zu Konflikten zwischen Preußen und Österreich.

VT3 Otto von Bismarck

Das Ziel eines geeinten Deutschlands unter preußischer Führung verfolgte auch der seit 1862 amtierende preußische Ministerpräsident Otto von Bismarck. Er prägte jahrzehntelang die deutsche Politik. Rigoros setzte er preußische Machtinteressen durch, bemühte sich aber auch um eine ausgleichende Politik gegenüber den europäischen Großmächten.

VT4 Mit Kriegen zum Ziel?

Bismarck setzte auch Kriege als politisches Mittel ein: Im Jahr 1864 beschloss Dänemark die **Annexion** von Schleswig, das zum Teil von Dänen bewohnt wurde. Schleswig gehörte jedoch zum Deutschen Bund. Deshalb zogen Preußen und Österreich im Namen des Deutschen Bundes gegen Dänemark in den Krieg und besetzten Schleswig und Holstein. Dies führte zu einem Konflikt zwischen Preußen und Österreich: Während Preußen die Gebiete annektieren wollte, bestand Österreich auf deren Unabhängigkeit. 1866 kam es deshalb zum Krieg zwischen den beiden Staaten. Preußen bezwang Österreich und errang die Vormachtstellung in Deutschland. Dieser Krieg brachte zugleich das Ende des Deutschen Bundes. Preußen annektierte mit Schleswig-Holstein, Hannover und weiten Teilen Hessens große Gebiete im Norden Deutschlands. Es gründete einen **Norddeutschen Bund** (D2) und schloss gleichzeitig geheime Verteidigungsbündnisse mit den süddeutschen Staaten.

VT5 Der Deutsch-Französische Krieg

Die neue Machtstellung Preußens in Norddeutschland führte zu Spannungen mit Frankreich. Ein starkes Preußen an Frankreichs Ostgrenze stand dem französischen Machtstreben in Mitteleuropa entgegen. Im Sommer 1870 spitzte sich die Situation zu:

Schon gewusst?

Kennst du den **Bismarck-Hering**? Das ist ein sauer eingelegter Hering, den man mit Bratkartoffeln oder auf Brötchen isst. Angeblich soll Reichskanzler Bismarck diesen Hering besonders gerne gemocht haben und so soll der Name entstanden sein.

Bismarck galt als Reichsgründer und deshalb feierte man ihn im Kaiserreich auf vielerlei Art und Weise – manches davon aus heutiger Sicht ziemlich verrückt: Neben Bismarck-Denkmälern, -Plätzen, -Straßen und -Münzen gab es auch eine Bismarck-Torte, einen Bismarck-Schnaps, Bismarck-Zigarren und sogar Sparbüchsen in Form eines Bismarck-Kopfes.

D1 Deutschland 1866

D2 Deutschland nach 1866

Frankreich erklärte Preußen den Krieg und stand nun als Aggressor da. Gleichzeitig gelang es Preußen, die süddeutschen Staaten, die eine französische Vorherrschaft fürchteten, auf seiner Seite zu halten. Überraschend wurde der Krieg zugunsten Preußens und seiner Verbündeten entschieden. Ein Friedensvertrag legte fest, dass Frankreich eine hohe Kriegsentschädigung zahlen musste. Zudem musste es das Elsass sowie große Teile von Lothringen abtreten.

VT6 Gründung des Deutschen Reiches

Der gemeinsame Krieg gegen Frankreich rief in Deutschland eine Welle nationaler Begeisterung hervor. Noch im Herbst 1870 schlossen sich Baden, Hessen, Bayern und Württemberg dem Norddeutschen Bund unter preußischer Führung an. Damit war der Weg zu einem Deutschen Reich geebnet.

Bismarck überzeugte den bayerischen König Ludwig II., dem preußischen König Wilhelm I. im Namen aller deutschen Fürsten die Kaiserwürde anzutragen. So kam es zur Krönung im Spiegelsaal von Versailles.

VT7 Waren Einheit und Freiheit erreicht?

Nur auf den ersten Blick waren mit der Reichsgründung die Ziele von 1848/49 verwirklicht worden: Deutschland war zwar geeint, allerdings durch eine Reichsgründung „von oben" – also durch Monarchen und Adlige, nicht durch eine vom Parlament erarbeitete Verfassung. Das neue Deutsche Reich war ein Nationalstaat, aber kein liberaler. Es gab zwar ein Parlament, dessen Abgeordnete nach einem allgemeinen und gleichen Männerwahlrecht gewählt wurden, aber die Regierung wurde vom Kaiser ernannt und nicht vom Parlament gewählt. Dennoch waren viele Anhänger der Nationalbewegung optimistisch, dass sich bald auch ihre Hoffnungen auf Grundrechte und ein starkes Parlament erfüllen würden.

AB1 D17
Arbeitsblatt
Eine digitale Zeitleiste erstellen

AB2 D18
Arbeitsblatt
Gemeinsam arbeiten und diskutieren

Q1 Der Tod bedankt sich für die reiche Ernte

Diese französische Karikatur von 1870 zeigt einen Albtraum Bismarcks angesichts des Deutsch-Französischen Krieges 1870/71. Lithografie von Honoré Daumier

Q2 Unbehagen eines Liberalen

Der liberale Historiker Jacob Burckhardt (1818–1897) bewertet die Reichsgründung im April 1872:

Bismarck hat nur in eigene Hand genommen, was mit der Zeit doch geschehen wäre, aber ohne ihn und gegen ihn [...] und führte die 3 Kriege 64, 66, 70. Aber nun sind wir erst am Anfang. Nicht wahr, all unser Thun ist jetzt als beliebig, dilettantisch[1], launenhaft in einen zunehmend-lächerlichen Contrast gerathen zu der hohen und bis in alles Detail durchgebildeten Zweckmäßigkeit des Militärwesens. Letzteres muß nun das Muster alles Daseins werden. Für Sie, verehrter Herr und Freund, ist es nun am interessantesten, zu beobachten wie die Staats- und Verwaltungsmaschine militärisch umgestaltet werden wird [...]. Die preußische Dynastie ist jetzt so gestellt, daß sie und ihr Stab überhaupt gar nie mehr mächtig genug sein können. Vom Innehalten auf dieser Bahn ist keine Rede mehr.

1 nicht fachmännisch, unzulänglich

Brief von Jacob Burckhardt an Friedrich von Preen. In: Max Burckhardt (Hrsg.): Jacob Burckhardt. Briefe. Bd. 5: 1868–1875. Schwabe, Basel 1963, S.159–161.

Q3 „Eisen und Blut"

Nur eine Woche nach seiner Ernennung zum Ministerpräsidenten äußert sich Bismarck 1862 gegenüber Abgeordneten zur preußischen Politik:

Nicht auf Preußens Liberalismus sieht Deutschland, sondern auf seine Macht [...]. Preußen muß seine Kraft zusammenfassen und zusammenhalten auf den günstigen Augenblick, der schon einige Male verpaßt ist; Preußens Grenzen nach den Wiener Verträgen sind zu einem gesunden Staatsleben nicht günstig; nicht durch Reden und Majoritätsbeschlüsse[1] werden die großen Fragen der Zeit entschieden – das ist der große Fehler von 1848 und 1849 gewesen –, sondern durch Eisen und Blut.

1 Mehrheitsbeschlüsse

Zit. nach Lothar Gall (Hrsg.): Bismarck. Die großen Reden. Severin und Siedler, Berlin 1981, S. 62 f.

Erster Blick

1 Viele Deutsche hatten sich nach einem gemeinsamen Nationalstaat gesehnt. Beschreibe mithilfe der Karte D2, was 1871 durch die neuen Grenzen ein- und was ausgeschlossen wurde.

Wie kam es zur Reichsgründung?

2 MK Stelle den Weg vom Ende der Revolution 1849 bis zur Reichsgründung 1871 als Zeitleiste dar (VT1–VT6). Du kannst auch digital arbeiten (AB1 D17). ○ → S. 261

3 Erläutere, wie sich die Machtverteilung in Deutschland in den Jahren 1866 und 1867 entwickelte (D1, D2, VT4).

4 SP Entwirf eine Antwort auf Q3 aus der Sicht eines überzeugten Liberalen. Reagiere dabei auf die Argumente Bismarcks. ○ → S. 261

5 SP Im Jahr 1849 hatte Friedrich Wilhelm IV. die Kaiserkrone abgelehnt. Schreibe aus Sicht von Wilhelm I. einen Brief, in dem er erklärt, warum er 1871 die Krone annahm (VT1–VT6).

Die Reichsgründung im Urteil der Zeitgenossen

6 Erläutere, welche Rolle der Künstler in Q5 Bismarck bei der Reichsgründung zuschreibt (VT3–VT6).

Q4 Begeisterung über die Reichsgründung

Als die Nachrichten vom Friedensschluss mit Frankreich am 3. März 1871 in Berlin eintreffen, notiert die Baronin von Spitzemberg in ihrem Tagebuch:

Mittags fand die Verlesung der kaiserlichen Depesche[1] vom Schloße aus statt, Viktoria ward geschossen[2] und mit allen Glocken geläutet. In der Stadt wogte die Menge auf und ab [...]. Und was für ein Friede für uns Deutsche! Herrlicher und glorreicher als wir einen geschlossen! Vereint zu einem Reiche, dem größten, mächtigsten, gefürchtetsten in Europa, groß durch seine physische Macht nicht allein, größer noch durch seine Bildung und den Geist, der das Volk durchdringt! [...] Glücklich sind wir, daß wir [...] noch jung genug sind, um uns unter seinen Strahlen zu wärmen, um die, so Gott will, recht reichen und segensvollen Früchte zu genießen, die aus dieser unter Blut und Tränen gesäten Saat hervorgehen. Möge Gott den Geist meines Volkes also lenken, daß seine Entwicklung eine friedliche und zivilisatorische bleibe, sein Reich ein Reich des Lichts, der Freiheit, der wahren, christlichen Gesittung sei!

1 Eilnachricht, Telegramm
2 Viktoria = Sieg; Kanonenschüsse als Siegeszeichen

Zit. nach Rudolf Vierhaus (Hrsg.): Am Hof der Hohenzollern. Aus dem Tagebuch der Baronin Spitzemberg 1865–1914. dtv, München 1965, S. 51 f.

Q5 Bismarck als Schmied

Bismarck überreicht Germania (Symbolfigur für Deutschland) ein Schwert, in das der Begriff „Unitas" (lat.: Einheit) eingraviert ist. Holzstich nach einem Gemälde von Guido Schmitt, um 1895

Nutze folgende Begriffe: Held, Schwert, Symbol, Einheit, Hammer, Amboss.

7 Vergleiche, wie die Abbildungen Q1 und Q5 die Politik Bismarcks jeweils bewerten.

8 Arbeite aus dem Tagebucheintrag der Baronin sowohl die Begeisterung über die Reichsgründung als auch die leisen Zukunftszweifel heraus (Q4).

9 Untersuche, wie der Liberale Burckhardt die Reichsgründung beurteilt und wovor er warnt (Q2).

10 Fasse die unterschiedlichen Urteile über die Politik Bismarcks und die Reichsgründung zusammen.

Reichsgründung – endlich Einheit und Freiheit?

11 Untersuche, ob mit der Reichsgründung 1871 die Ziele der Nationalversammlung von 1848 erfüllt wurden (VT6, VT7). Liste dazu in einer Tabelle die Erwartungen von 1848 auf und prüfe, inwieweit diese eingelöst wurden. ○ → S. 261

12 Beurteilt aus heutiger Perspektive, ob mit der Reichsgründung Einheit und Freiheit erreicht wurden. Ihr könnt mithilfe von AB2 D18 auch digital arbeiten.

AFB I: 1, 2, 10 AFB II: 3, 4, 5, 6, 8, 9, 11 AFB III: 7, 12

Videos: Kapitelsteckbriefe V08
Zeitalter der Revolutionen V09

1 Überblickswissen Französische Revolution I

Wichtige Ereignisse zeitlich einordnen

Schreibe die Ereignisse in der richtigen Reihenfolge in dein Heft.

A Der französische König wird hingerichtet.
B Napoleon wird Kaiser der Franzosen.
C Robespierre und die Jakobiner üben eine Schreckensherrschaft aus.
D Die französische Nationalversammlung beschließt die Menschenrechte.
E Das französische Volk verfasst Beschwerdehefte.
F Napoleons Truppen besiegen Preußen.
G Robespierre wird gestürzt und hingerichtet.
H Napoleon wird verbannt.
I Die Bastille wird gestürmt.

2 Überblickswissen Französische Revolution II

Fachbegriffe erklären

Schreibe die Begriffe in dein Heft und erkläre, was sie bedeuten.
Beginne so: Unter Aufklärung versteht man …

Aufklärung

Revolution

Menschenrechte

Verfassung

konstitutionelle Monarchie

Jakobiner

Code civil

preußische Reformen

3 Der Dritte Stand

Eine Karikatur untersuchen

a) Entschlüssele die Karikatur, wie du es im Kompetenztraining „Mit Karikaturen arbeiten“ gelernt hast (S. 84/85).
b) Vergleiche Q1 mit der Karikatur auf Seite 64. Stelle fest, was sich verändert hat.
c) Gib der Karikatur einen treffenden Titel.

Q1 Karikatur über die drei Stände, 1789

1. Es lebe der König, es lebe die Nation
2. Frieden und Eintracht
3. Steuerhoheit
4. Gleichheit und Freiheit
5. Entlastung des Volkes
6. unermüdlich

4 Politische Ideen der Revolution von 1848/1849

MK Ein Hörspiel auswerten

Beschreibe die Sicht der Wirtin auf die Nationalversammlung im Hörspiel D1 A03. Unter welchen Bedingungen würde sie von einem „großen Tag für die Demokratie“ sprechen? Bewerte ihre Einstellung aus heutiger Sicht.

D1 A03

Audio

Hörspiel: Ein großer Tag für die Demokratie?

5 Forderungen von 1848 heute

Gegenwartsbezüge herstellen

Verfasse ein Interview mit den Politikerinnen und Politikern aus D2. Lass sie darin erklären, warum sie sich zum Jahrestag der Revolution von 1848 vor die Barrikade gestellt haben und was sie mit der Auswahl der Plakate zeigen wollen.

D2 Erinnern an den 175. Jahrestag der Revolution von 1848

Im Jahr 2023 zeigen Berlins Bürgermeisterin Giffey, Bundespräsident Steinmeier und die damalige Präsidentin des Berliner Abgeordnetenhauses Seibeld vor einer nachgebauten Straßenkampfbarrikade politische Forderungen der Revolutionäre von 1848. Foto 2023

6 1871 – wurden Einheit und Freiheit erreicht?

Eine Diskussion führen

Fünf Personen kommen kurz nach der Reichsgründung in einem Berliner Kaffeehaus ins Gespräch. Sie diskutieren, ob die Wünsche der Deutschen nach einem freiheitlichen Nationalstaat in Erfüllung gegangen sind. Gestaltet das Gespräch als Diskussion. Benutzt folgende Rollenkarten und die Arbeitsschritte für die Durchführung einer Pro- und-Kontra-Diskussion (S. 281):

Franz Wertmüller, 50 Jahre alt, besitzt eine kleine Buchdruckerei, hat an den Barrikadenkämpfen in Berlin teilgenommen und saß als linker Abgeordneter in der Nationalversammlung.

Amalie Schwenke, 43 Jahre alt. Ihr Vater besitzt eine Baumwollspinnerei. Dort hat sie schon in jungen Jahren den harten Alltag der Arbeiter beobachtet.

Dr. Ludwig Müller, 66 Jahre alt, Rechtsanwalt aus Potsdam. Er saß als liberaler Abgeordneter im Paulskirchenparlament und hat an der Reichsverfassung von 1849 mitgearbeitet. Sein Sohn hat als preußischer Soldat in den Kriegen 1866/67 und 1870/71 gekämpft.

Friedrich Maibach, 55 Jahre alt, adliger Landbesitzer in Ostpreußen. Er saß für die Konservativen im Paulskirchenparlament und hat im Krieg 1870/71 als Offizier auf preußischer Seite mitgekämpft.

Louise Bönicke, 38 Jahre alt, wurde in Wien geboren und ihre Eltern und Geschwister wohnen noch immer dort. Ihr Bruder wurde im preußisch-österreichischen Krieg 1866 schwer verwundet.

4

Epochenüberblick und -vertiefung 1750 bis 1900

Industrialisierung und soziale Frage

Für die Geschichte der Menschheit hat die Industrialisierung eine hohe Bedeutung. Die Anfänge im 18. Jahrhundert werden deshalb auch als „Industrielle Revolution" beschrieben. Erst durch den Übergang von der handwerklichen zur industriell-maschinellen Produktion ist unsere Welt so geworden, wie wir sie heute kennen. Wie kam es zu diesem Umbruch und wie hat er das Leben der Menschen im 19. Jahrhundert verändert?

1750 1775 1800 182

ab etwa 1760
Anfänge der Industrialisierung in England

1769
Watts erste Verbesserungen der Dampfmaschine werden patentiert.

1825
erste Eisenbahnstrecke in England

D1 Industriegebiete um 1850

1850 | 1875 | 1900

1834
ndung des Deutschen Zollvereins

1835
Eisenbahnstrecke in Deutschland

ab 1840
erste Etappe der Industrialisierung in Deutschland: Aufschwung der Schwerindustrie

1848
Karl Marx und Friedrich Engels veröffentlichen „Das Kommunistische Manifest".

1875
Gründung der Sozialistischen Arbeiterpartei, des Vorläufers der SPD

ab 1880
zweite Etappe der Industrialisierung in Deutschland: Aufschwung der Elektro- und Chemieindustrie

ab 1883
Sozialgesetzgebung in Deutschland

Orientieren und Entdecken

- Was kommt dir bei dem Begriff „Industrielle Revolution" in den Sinn? Erstelle eine Mindmap.
- Überlege mithilfe von **D2**, wie und wozu alte Industriegelände heute genutzt werden können.
- Beschreibe anhand der Karte **D1**, wo sich die großen Industriegebiete befanden und was dort abgebaut bzw. produziert wurde.
- In den 150 Jahren zwischen 1750 und 1900 gab es zahlreiche Erfindungen. Recherchiert dazu im Internet und stellt euch die Erfindungen gegenseitig in der Klasse vor.
- Die Industrialisierung brachte den Menschen große Fortschritte, aber auch einige Probleme. Überlege, welche das sein könnten.
- Vor der Industrialisierung gab es keine Trennung zwischen Wohn- und Arbeitsplatz. Auch heute bevorzugen immer mehr Berufstätige das sogenannte Homeoffice. Wie verhält sich das bei den Erwachsenen in deinem Umfeld?

D2 Ankunft beim Stadtradeln auf dem Gelände der Zeche Zollverein

Das Gelände des ehemaligen Steinkohlebergwerks ist UNESCO-Weltkulturerbe und wird heute vielseitig genutzt, zum Beispiel durch das Ruhr Museum. Foto, 2017

An Stationen lernen

Aus dem Sport kennst du vielleicht das Zirkeltraining. Dort kannst du an Übungsstationen bestimmte Fertigkeiten trainieren. So ein Zirkeltraining funktioniert auch im Geschichtsunterricht: Hier wird ein Themenbereich in Teilthemen aufgefächert. Jedes Teilthema bildet eine Station, die ihr in Gruppen- oder Partnerarbeit bearbeiten könnt. Man spricht dann auch von einem Lernzirkel.

VT1 Vor- und Nachbereitung

Im Unterschied zum Sport gibt es beim Stationenlernen Phasen, die der Vor- und Nachbereitung dienen. Eure Lehrerin bzw. euer Lehrer bereitet zunächst die Stationen vor und erklärt sie euch. Ihr sammelt dann in einem ersten Schritt Fragen und Vermutungen zum Thema. Nachdem ihr die Stationen bearbeitet habt, folgt die Präsentation der Themen. So könnt ihr eure Ergebnisse überprüfen und ergänzen.

VT2 Selbstorganisation

Ihr könnt die Reihenfolge, in der ihr die Stationen bearbeitet, selbst festlegen. Es gibt Pflichtstationen, die ihr bearbeiten müsst, und Wahlstationen, die ihr zusätzlich bearbeiten könnt. Ob eure Arbeit gelingt, hängt davon ab, wie gut ihr euch dabei organisiert. Bei Gruppenarbeit übernehmt ihr die Aufgabenverteilung und die Absprache mit den anderen Gruppen an den Stationen. Am Ende präsentiert jede Gruppe eine ausgewählte Station. Überlegt abschließend, was gut gelaufen ist und was ihr beim nächsten Mal anders machen wollt.

Arbeitsschritte

1. Phase: Vorbereitung

- Sammelt und notiert zu einem neuen Thema zunächst eigene Vermutungen und Fragen.
- Lasst euch die Themenbereiche der Stationen von eurer Lehrerin/eurem Lehrer vorstellen.
- Lasst euch die Arbeitsweise erklären: die freie Wahl der Reihenfolge, die Pflicht- und Wahlstationen, die Zeitplanung und die Bildung der Gruppen.
- Bildet Gruppen von maximal vier Personen, plant die Reihenfolge der Stationen und sprecht euch mit den anderen Gruppen ab.
- Legt euch die notwendigen Arbeitsmaterialien bereit.
- Fertigt einen Laufzettel an, mit dem ihr kontrolliert, welche Stationen ihr schon bearbeitet habt.
- Legt für eure Arbeitsergebnisse eine Projektmappe an.

2. Phase: Durchführung

- Lest und besprecht in der Gruppe die Aufgaben, berücksichtigt auch die Form der Präsentation.
- Verteilt ggf. einzelne Aufgaben untereinander.
- Teilt euch selbstständig die Zeit für das Lesen, Anfertigen von Notizen und Besprechen eurer Ergebnisse ein. Die Pflichtstationen solltet ihr in der vorgegebenen Zeit erledigen. Über die Erarbeitung der Wahlstationen entscheidet ihr je nach Interesse und Zeit selbst.
- Teilt die Präsentationen der einzelnen Stationen unter den Gruppen auf (z.B. durch Losen).
- Erarbeitet die Präsentation zu der euch zugeteilten Station.
- Sammelt eure Arbeitsergebnisse in einer Projektmappe.

3. Phase: Auswertung

- Präsentiert die euch zugeteilte Station, während die anderen eure Ergebnisse mit den eigenen vergleichen.
- Klärt jeweils am Ende, was unklar geblieben ist.
- Überprüft und beantwortet danach die in der Vorbereitungsphase notierten Vermutungen und Fragen.
- Diskutiert die Bedeutung der einzelnen Stationen für das gesamte Thema. Wägt zum Schluss gemeinsam in der Diskussion ab, warum einzelne Faktoren für euch ein besonderes Gewicht haben.
- Reflexionsphase: Tauscht euch darüber aus, was beim Stationenlernen gut und was weniger gut gelaufen ist.

An Stationen lernen: Die zwei Seiten des Fortschritts

Station 1 (Pflicht)

Ein Ablaufschema erstellen

Wie entwickelte sich der Leitsektor Textilindustrie in England zwischen 1750 und 1850?

Informationstext: Lest VT1 und VT3 auf S. 134/135.

Aufgabenstellung: Erstellt ein Ablaufschema zur Entwicklung der Textilindustrie in England. Beginnt dabei mit der gestiegenen Bevölkerungszahl und dem steigenden Bedarf an Textilien. Formuliert die einzelnen Schritte in Stichworten und benutzt Pfeile, um den Ablauf darzustellen.

Materialien: Q3 auf S. 137, Tonkarton oder Flipchart, Filzstifte oder Computer

Präsentationsform: Plakat oder digitales Flussdiagramm

Station 2 (Pflicht)

Eine Jubiläumsrede formulieren

Der 50. Jahrestag der ersten Eisenbahnfahrt in Deutschland

Informationstext: Lest VT1–VT4 auf S. 138/139.

Aufgabenstellung: Formuliert eine Rede zum Jahrestag der ersten Eisenbahnfahrt. Blickt auf die letzten 50 Jahre zurück. Arbeitet die positiven Auswirkungen des Eisenbahnbaus in Deutschland heraus, aber vergesst die Schwierigkeiten und Probleme nicht.

Materialien: Q1–Q5, D1–D3 auf S. 138–141

Präsentationsform: Tragt eure Rede vor.

Station 3 (Pflicht)

Ein Rollenspiel vorbereiten

Verschiedene Perspektiven auf die soziale Frage

Informationstext: Lest VT1 und VT2 auf S. 154 sowie VT1, VT2 auf S. 168 und VT1–VT3 auf S. 170.

Aufgabenstellung: Erstellt vier bis fünf Rollenkarten für ein Rollenspiel zur sozialen Frage und deren Lösungsversuche. Die Personen können z. B. ein Fabrikbesitzer, ein ungelernter Arbeiter mit Familie, ein junges Mädchen, ein junger Gewerkschaftler usw. sein. Notiert auf den Rollenkarten Informationen und Handlungsanweisungen zur jeweiligen Person, wie: Alter, Beruf, Herkunft, Charaktereigenschaften, Beziehung zu den anderen Rollen, …

Materialien: Q1–Q4 auf S. 168/169 sowie Q1–Q3 und D1 auf S. 170/171

Präsentationsform: Stellt die einzelnen Rollen vor bzw. spielt das Rollenspiel.

Station 4 (Pflicht)

Ein Werbeplakat entwerfen

Welche Gründe sprechen für die Reise mit der Eisenbahn?

Informationstext: Lest VT4 auf S. 138/139.

Materialien: Q1, Q2, Q5, D1, D3 auf S. 138–141

Aufgabenstellung: Erstellt ein Werbeplakat für eine Reise mit der Eisenbahn als modernem Verkehrsmittel des 19. Jahrhunderts. Formuliert dazu einen prägnanten Leitsatz und präsentiert die Vorteile der Reise mit der Eisenbahn. Achtet auf eine große Schrift und darauf, dass Farbgebung und Bild/Motiv zum Reiseerlebnis passen. Überlegt euch vorher, welche Zielgruppen ihr ansprechen möchtet.

Materialien: Plakat, Zettel, bunte Filzstifte, ausgedruckte Bilder und Klebstoff, wenn ihr ein reales Plakat erstellen wollt. Alternativ könnt ihr auch ein digitales Plakat erstellen.

Präsentationsform: (digitales) Plakat

Station 5 (Wahl)

Einen Lückentext entwickeln

Urbanisierung – die Einwohnerzahl der Städte explodiert

Informationstext: Lest VT1, VT2 und VT6 auf S. 146/147.

Aufgabenstellung: Formuliert einen Lückentext zum Thema „Urbanisierung“ im Umfang von ca. acht Sätzen. Schreibt dazu zunächst einen normalen Informationstext und ersetzt dann zentrale Begriffe durch Lücken.

Materialien: Q1 auf S. 146, Q3 und D2 auf S. 148, Zettel und Stift

Präsentationsform: Stellt euren Lückentext vor oder gebt ihn anderen Schülerinnen und Schülern, um deren Wissen zu überprüfen.

Station 6 (Wahl)

Eine Reportage erstellen

„Industrie frisst Natur“

Informationstext: Lest VT3 auf S. 138, VT1 und VT6 auf S. 146/147.

Aufgabenstellung: Formuliert eine Zeitungsreportage über die Umweltzerstörung (z. B. über abgeholzte Wälder, verschmutzte Flüsse und versiegelte Ackerböden und Wiesen) als Folge der Industrialisierung.

Materialien: Q2 auf S. 135, Q3 auf S. 137, Q1 auf S. 145, Q4 auf S. 148

Präsentationsform: Lest eure Zeitungsreportage vor.

Warum beginnt die Industrialisierung in England?

Im letzten Drittel des 18. Jahrhunderts begann in England ein grundlegender Wandel: Die Arbeit veränderte sich, Fabriken entstanden und Menschen strömten in die wachsenden Städte. Wie veränderten sich die Arbeitsbedingungen?

Industrialisierung
ab etwa 1760 in England einsetzender, lange andauernder Prozess, bei dem die häusliche Handarbeit zunehmend durch von Maschinen unterstützte Fabrikarbeit abgelöst wurde

Marktwirtschaft
Wirtschaftsordnung, in der über Angebot und Nachfrage geregelt wird, was und wie viel produziert und zu welchem Preis etwas verkauft wird

VT1 Verbesserungen auf dem Land

Die **Industrialisierung** begann auf dem Land: Zwischen 1750 und 1850 verdreifachte sich die britische Bevölkerung nahezu. Dies lag an verbesserten hygienischen Bedingungen und vor allem an der guten Versorgung mit Lebensmitteln. Diese war durch Fortschritte in der Landwirtschaft möglich geworden. Die Landbevölkerung lernte, dass sie Getreide, Kartoffeln und Futterpflanzen am besten im Wechsel anbaute. Der Vorteil: Die Felder mussten nach der Ernte nicht mehr mehrere Monate brachliegen. Weil es ausreichend Futterpflanzen gab, wuchs der Viehbestand. Gleichzeitig entwickelten Erfinder neue Landmaschinen und verbesserten Ackergeräte wie den Pflug, indem sie stark beanspruchte Holzteile durch Eisen ersetzten. Weite Teile des ehemaligen Gemeindelandes wurden an große Landbesitzer vergeben. Dadurch entstanden große zusammenhängende Ackerflächen, die ertragreicher und kostengünstiger bewirtschaftet werden konnten. Auf der anderen Seite mussten viele Kleinbauernfamilien ihre Höfe aufgeben und sich eine neue Arbeit suchen.

Q1 Englische Baumwollfabrik

Frauen arbeiten in einer Baumwollfabrik in Lancashire. Liniengravur, 1834, gezeichnet von T. Allom, gestochen von J. Tingle

VT2 Erfolg durch freie Marktwirtschaft?

Der wirtschaftliche Aufstieg Englands hatte noch weitere Ursachen: Anders als im übrigen Europa begann sich hier zu Beginn des 19. Jahrhunderts die alte Ständegesellschaft aufzulösen. Das Bürgertum wurde an der politischen Macht beteiligt und erfolgreichen Bürgern war es möglich, in den niederen Adel aufzusteigen. Überall setzte sich die Auffassung durch, dass jeder das Recht habe, Waren aller Art herzustellen und auf den Märkten anzubieten. Der Staat solle sich nicht in die Wirtschaft einmischen, sondern mit Gesetzen für Recht und Sicherheit sorgen, damit die Wirtschaft funktionieren kann. Der schottische Gelehrte Adam Smith begründete das 1776 in seinem Buch „Der Wohlstand der Nationen" so: Wenn jeder Einzelne nach Wohlstand strebt und danach handelt, kommt das allen zugute. Denn dadurch wird die Wirtschaft gefördert und davon haben alle etwas. Das Wirtschaftssystem, das nun in England vorherrschte, nennt sich **Marktwirtschaft**.

VT3 Leitsektor Textilindustrie

Um die stetig wachsende Bevölkerung zu ernähren, mussten mehr Lebensmittel angebaut werden. Außerdem stieg der Bedarf an Alltagsgegenständen und Kleidung. Neue Produktionsanlagen waren gefragt. Geld für Entwicklung und Bau solcher Anlagen war vorhanden, denn der Handel der Kolonialmacht England nach Übersee boomte. Zudem warf die ertragreiche Landwirtschaft Gewinn ab. Wohlhabende Landbesitzer und Kaufleute hatten nun die Möglichkeit, ihr Vermögen gewinnbringend anzulegen.

Q2 Dampfmaschine in einem englischen Kohlebergwerk

Die Maschine diente zur Kohleförderung sowie zum Antrieb von Entwässerungspumpen. Gemälde, 1792, 95,5 × 153 cm

Für eine schnellere und bessere Produktion waren jedoch neue technische Ideen gefragt, vor allem im **Leitsektor** Textilindustrie. Garne und Stoffe wurden bis dahin in mühevoller Handarbeit hergestellt. Nun entwickelte James Hargreaves im Jahr 1764 die erste, noch per Hand betriebene Spinnmaschine. Im Jahr 1769 konstruierte Richard Arkwright eine Spinnmaschine, die bereits von Wasserkraft angetrieben wurde. Bald darauf wurden erste mechanische Webstühle entwickelt.

Es dauerte noch Jahrzehnte, bis die Erfindungen gewinnbringend funktionierten, aber die ununterbrochen arbeitenden Maschinen veränderten die Arbeitswelt. Wurden bislang in mühevoller Heimarbeit Garn gesponnen und Stoffe gewebt, konzentrierten die in großen Gebäuden aufgestellten Maschinen die Arbeit an einem Ort. Fabriken entstanden, die es ermöglichten, die billig aus Indien eingeführte Baumwolle von der Faser bis zum fertigen Garn mithilfe von Maschinen schnell und kostengünstig zu verarbeiten (Q1). England stieg so zum weltweit führenden Textilhersteller auf. Die Veränderungen, die durch die Fabrikarbeit für die Menschen und ihren Alltag entstanden, waren so groß, dass manche Historikerinnen und Historiker auch von der **Industriellen Revolution** sprechen.

VT4 Dampf und Eisen verändern die Welt

Für die Herstellung der neuartigen Maschinen wurde viel Eisen benötigt. Bereits 1735 war es Abraham Darby gelungen, die Schmelzöfen zur Eisengewinnung mit **Koks** zu befeuern, einem Brennmaterial, das aus Kohle gewonnen wurde. Damit ersetzte er das selten gewordene und teure Holz als Brennmaterial. Kohle gab es hingegen reichlich in England (D1).

Um 1760 pumpten bereits einfache Dampfmaschinen das einsickernde Grundwasser aus den Kohlebergwerken (Q2). Doch die Maschinen waren leistungsschwach und störanfällig. Der schottische Mechaniker James Watt verbesserte seit 1769 deren Arbeitsweise entscheidend (D2, D3). Die Maschinen wurden effizienter und konnten nun auch als Antrieb für Spinn- und Webmaschinen eingesetzt werden. Über Riemen konnte eine einzige Dampfmaschine viele andere Maschinen gleichzeitig antreiben. Eine nie ermüdende Kraftquelle war gefunden, die unabhängig von Ort und Wetter einsetzbar war. Allerdings waren die Maschinen teuer und so blieben viele Kleinbetriebe zunächst bei der Wasserkraft. Als englische Ingenieure auf die Idee kamen, eine Dampfmaschine auf Räder zu stellen und sie auf Stahlschienen fahren zu lassen, schlug die Geburtsstunde der Eisenbahn. 1825 wurde die erste öffentliche Strecke der Welt zwischen Stockton und Darlington eingeweiht.

Leitsektor
Teilbereich der Wirtschaft, der sich besonders schnell entwickelt und andere Bereiche nach sich zieht

Industrielle Revolution
Der Begriff nimmt vor allem die tiefgreifenden wirtschaftlichen und gesellschaftlichen Auswirkungen in den Blick, die den Übergang von der Agrar- zur Industriegesellschaft begleiteten.

Koks
Brennmaterial, das aus Kohle gewonnen wird. Die Qualität des mit Koks produzierten Eisens ist höher als die des mit Holz erzeugten Eisens.

D1 Die englische Industrie um 1800

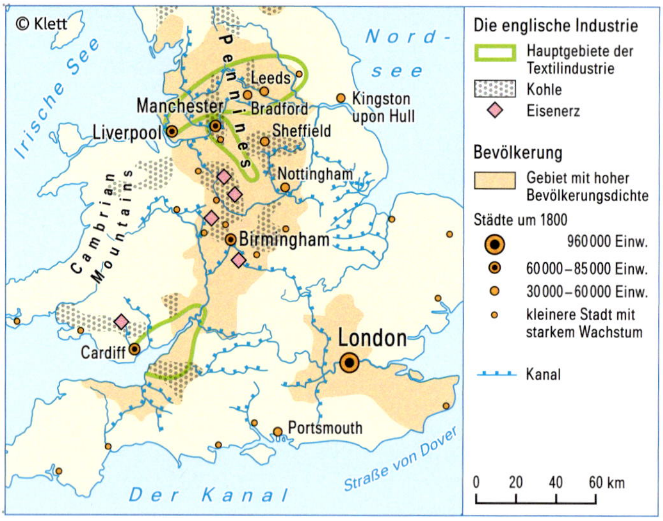

D3 I05 Animation
Dampfmaschine

D2 Dampfmaschine von James Watt (1782)

Erster Blick

1 Stellt Vermutungen an, warum die Industrialisierung in England begann.

Günstige Voraussetzungen in England

2 Nenne die günstigen Voraussetzungen in England, die den Prozess der Industrialisierung in Gang brachten (VT1–VT4).

3 Erkläre anhand von D1 den Zusammenhang zwischen Rohstoffvorkommen, Bevölkerungsdichte und Industriestandorten. ○ → S. 261

Maschinen verändern die Arbeitswelt

4 MK Verfasse eine Gebrauchsanleitung für eine Dampfmaschine (D2, D3 I05, VT4). Beschreibe dabei Schritt für Schritt die Funktionsweise der Maschine. Beachte auch die Nummerierung der Einzelteile.

5 Arbeite aus dem Bericht des preußischen Beamten heraus, ob er die dortigen Zustände als vorbildlich oder abschreckend einschätzt (Q3). ○ → S. 261

Q3 In einer Baumwollspinnerei

Der preußische Beamte May berichtet 1814 während einer Englandreise aus Manchester:

Zu Hunderten sieht man fünf und sechs Stock hohe Fabrikgebäude hervorragen, zur Seite mit turmhohen Schornsteinen versehen, welche schwarzen Steinkohlendampf aushauchen und damit andeuten, daß hier mächtige Dampfmaschinen wirksam sind. Die Wolke, welche der Steinkohlendampf bildet, ist von fernher schon zu bemerken. Die Häuser sind davon schwarz gefärbt. Der Fluß, welcher Manchester bewässert, ist so mit ausgeflossenen Farbflotten[1] angefüllt, daß er selbst einer Farbenbrühe ähnlich sieht. Das Ganze hat ein melancholisches[2] Ansehen. Doch erblickt man überall geschäftige, fröhliche und gut genährte Menschen, welches das Gemüt wieder erheitert. Bei einiger Empfehlung fällt es nicht schwer, zu Manchester in den Fabriken Zutritt zu finden. Baumwollspinnereien sieht man von aller Gattung und Art. Um Arbeitslohn zu ersparen, hat man die Anlagen der Mules[3] so weit getrieben, daß 600 Spinnspillen[4] von einer erwachsenen Person und von zwei Kindern versehen werden. Zwei Mules, welche diese Anzahl Spillen enthalten, stehen sich gegenüber. [...] Die Kinder sind zu beiden Seiten zum Anknüpfen der gerissenen Fäden in Bereitschaft. [...] In den großen Spinnereien sind die verschiedenen Arten von Maschinen wie die Bataillone[5] in einer Armee aufgestellt. Die Maschinenteile werden so viel wie möglich von Eisen, die Gestelle jetzt ganz aus Gußeisen verfertigt. Außer daß das Gußeisen in mehreren Gegenden wohlfeiler[6] als Nutzholz ist, wird durch die Anwendung desselben an Raum sowie an Versicherungskosten gespart.

1 Farbverschmutzungen
2 bedrückendes
3 Maultier, hier: Bezeichnung für Spinnmaschinen
4 Spulen
5 militärische Einheit
6 billiger

Zit. nach Jürgen Kuczynski: Darstellung der Lage der Arbeiter in England von 1760 bis 1832. Bd. 23. Akademie Verlag, Berlin 1964, S. 178 f.

Q4 Menschenfreundliche Fabriken?

Der britische Professor für Naturgeschichte und Chemie Andrew Ure schreibt 1835 über das entstehende Fabrikwesen:

Das beständige Ziel und die stete Wirkung wissenschaftlicher Verbesserungen in den Fabriken sind philanthropisch[1], denn sie streben dahin, die Arbeiter der Beschäftigung mit solchen kleinen Gegenständen zu entheben, welche den Geist erschöpfen und das Auge ermüden, oder ihnen dauernde Anstrengungen zu ersparen, welche den Körper schwächen oder verkrüppeln [...]. In geräumigen Hallen sammelt die wohltätige Kraft des Dampfes die Scharen seiner Diener um sich [...] und bringt an die Stelle der schmerzhaften Muskelanstrengung von ihrer Seite die Kraft seines eigenen gigantischen Armes und fordert dafür bloß Aufmerksamkeit und Gewandtheit, um kleine Fehler, die bisweilen bei seiner Arbeit vorkommen, schnell wiedergutzumachen [...]. Das ist das Fabriksystem voll von Wundern der Mechanik und Staatswirtschaftskunde, welches bei noch weiterem Wachstum der große Beförderer und Träger der Zivilisation zu werden verspricht [...].

1 menschenfreundlich

Andrew Ure: Das Fabrikwesen in wissenschaftlicher, moralischer und commercieller Hinsicht. Wigand, Leipzig 1835, S. 16–19.

6 SP Stell dir vor, ein Textilfabrikant kommt in deine Weberei. Du zeigst ihm deine Fabrik mit den neuesten Maschinen und willst ihn überzeugen, dass er dich mit der Herstellung des benötigten Stoffes beauftragt. Formuliere deine Argumente und entkräfte dabei auch mögliche Gegenargumente (VT3, Q1, Q3).

7 Du bist Aufseher in einer Fabrik und dort für Webstühle verantwortlich, die bisher mit Wasserkraft angetrieben wurden. Nun plant der Besitzer, eine Dampfmaschine als Antrieb anzuschaffen. Arbeite jeweils Vor- und Nachteile heraus (VT4, Q1, D2). ○ → S. 261

8 SP Überlege dir ein Streitgespräch zwischen einem Fabrikanten (Q3, Q4) und einer Arbeiterin (Q1) über die neue Fabrikarbeit. Beziehe bei der Sicht der Arbeiterin auch die veränderte Arbeitsatmosphäre mit ein.

9 Beurteilt in der Klasse, welche Veränderungen die Industrialisierung in England mit sich brachte (VT1, VT3, VT4, Q2). ●

AFB I: 1, 2 AFB II: 3, 4, 5, 6, 7 AFB III: 8, 9

Verspäteter Aufbruch in Deutschland

Erst Mitte des 19. Jahrhunderts setzte auch in den deutschen Staaten die Industrialisierung ein. Doch sie verlief anders als in England. Wie vollzog sich die Entwicklung in Deutschland?

Zunftordnungen
Sie regelten Arbeitszeiten, Betriebsgröße, Preise und Rohstoffbezug. Nur Zunftmitgliedern war es gestattet, ein Gewerbe oder Handwerk auszuüben und Waren zu verkaufen.

Gewerbefreiheit
Freiheit für jedermann, sich in einem Gewerbe seiner Wahl zu betätigen

VT1 Hemmnisse in Deutschland

In Deutschland waren die Voraussetzungen für die Industrialisierung deutlich schlechter als in England. Zwar gab es um 1800 bereits in Westfalen, im Rheinland und in Oberschlesien regionale Gewerbezentren, aber mehrheitlich war Deutschland noch ein Agrarland. Mehrere Faktoren hemmten die industrielle Entwicklung: Die Zersplitterung in Kleinstaaten behinderte den Handel, denn überall galten unterschiedliche Maße, Gewichte und Währungen. Bei der Ein- und Ausfuhr von Waren mussten zudem hohe Zölle gezahlt werden. Auch das schlechte Verkehrsnetz erschwerte den Handel: Die Händler klagten über miserable Landstraßen und langsame Postkutschen. Nachteilig waren auch die strengen Gewerbevorschriften. Sie behinderten die Entwicklung eines freien Unternehmertums, da sie genau festlegten, wem es erlaubt war, ein Unternehmen zu gründen, was und wie viel hergestellt werden durfte und zu welchem Preis es verkauft werden sollte.

VT2 Überfällige Reformen

Erst ab Anfang des 19. Jahrhunderts kam es zu Reformen in Deutschland. Die mittelalterlichen **Zunftordnungen** wurden abgeschafft, die **Gewerbefreiheit** eingeführt und die Leibeigenschaft der Bäuerinnen und Bauern aufgehoben. Allmählich setzte sich die Einsicht durch, dass ein größeres zusammenhängendes Gebiet ohne Zollschranken Handel und Gewerbe fördert. Diese Entwicklung mündete 1834 in der Gründung des Deutschen Zollvereins, in dem sich 18 Staaten des Deutschen Bundes unter Preußens Führung zu einem Handelsgebiet ohne Zollschranken zusammenschlossen (**D1**).

D1 Deutscher Zollverein und Eisenbahnnetz, 1834–1866

VT3 Verbesserungen im Verkehrswesen

Auch die Verkehrswege wurden verbessert. Nach 1815 setzten die deutschen Fürsten den unter Napoleon begonnenen Bau steinerner Chausseen fort. Auf solchen gepflasterten Landstraßen konnten Pferdefuhrwerke vier- bis fünfmal so viel Last transportieren wie auf einer unbefestigten Straße. Die Regulierung großer Flüsse seit den 1820er-Jahren, die Flussdampfschifffahrt und der Kanalbau verbesserten zudem Transportmöglichkeiten und erschlossen neue Absatzmärkte.

VT4 Leitsektor Eisenbahn

Den stärksten Impuls erhielt die Industrialisierung in Deutschland aber von einem anderen, neuen Verkehrsmittel: Die Eisenbahn und die mit ihrer Herstellung eng verbundene Eisen- und Stahlindustrie wurden zwischen den 1840er- und den 1870er-Jahren zu Triebfedern des industriellen und wirtschaftlichen Aufschwungs (**Q1**, **Q2**). Der Siegeszug der Eisenbahn begann im Jahr 1835, als zwischen Nürnberg und dem sechs Kilometer entfernten Fürth die erste Zugstrecke in Deutschland eröffnet wurde. Der Bau der Eisenbahnen veränderte die Landschaft, die Wirtschaft und das Leben der Menschen grundlegend. Güter konnten jetzt schneller und billiger zu weiter entfernten Märkten gebracht werden (**D3**).

Für Lokomotiven, Waggons und Schienen wurden große Mengen an Eisen und Stahl gebraucht. Die **Metallverhüttung** und die Befeuerung der Lokomotiven wiederum benötigten Kohle.

All dies kurbelte die Eisen- und Stahlindustrie sowie den Kohleabbau an (**D2**). Bergwerke und Fabriken sowie der Bau der Eisenbahnstrecken und Bahnhöfe ließen den Bedarf an Arbeitskräften stark wachsen. Hunderttausende Menschen fanden so neue Arbeit. In dieser Etappe der Industrialisierung setzte ein sich selbst tragender wirtschaftlicher Aufschwung ein. Diesen bezeichnet man als „Take-off".

Q1 Eisenbahnbrücke über den Rhein

Gemälde aus dem Jahr 1875, Öl auf Kupfer, angefertigt von Paul Friedrich Meyerheim im Auftrag von Albert Borsig, dessen Unternehmen Dampflokomotiven herstellte, 3,57 m × 2,70 m

VT5 Im Ruhrgebiet entstehen Fabriken

Die Industrialisierung veränderte ganze Landstriche, so auch die Region an Emscher und Ruhr. Schon seit dem Mittelalter wurde dort Kohle abgebaut und seit Mitte des 18. Jahrhunderts auch Eisen verhüttet. Mithilfe von Dampfmaschinen, die das Grundwasser abpumpten, gelang es nun, immer tiefere Schächte zu graben und so hochwertigere Kohle zu fördern. In unmittelbarer Nachbarschaft zu diesen Bergwerken entstanden bald erste Hochöfen und Stahlfabriken. So entwickelten sich Schritt für Schritt mächtige Unternehmen der **Schwerindustrie**. Diese verdrängten zwar die kleinen Handwerksbetriebe, boten aber eine Vielzahl neuer Arbeitsfelder, etwa für Schmelzer, Hammerschmiede, Fräser und Schlosser.

Aus kleinen Orten wie Bochum oder Gelsenkirchen wurden Industriestädte, die Arbeitskräfte aus nah und fern anzogen. Die Bevölkerung musste versorgt und die Fabriken mussten beliefert werden. So siedelten sich weitere Unternehmen an. Im Laufe des 19. Jahrhunderts wurde das Ruhrgebiet so nicht nur zum schwerindustriellen Zentrum Deutschlands, sondern zum größten Industriegebiet Europas.

VT6 Neue Berufe entstehen

Anfangs liefen in den Unternehmen noch alle Fäden in der Hand der Eigentümer zusammen. Je größer ihre Unternehmen wurden, desto weniger konnten sie jedoch alle Führungsaufgaben allein bewältigen: Von nun an lenkten meist Direktoren die Geschäfte des Unternehmens. Die technischen Produktionsabläufe und deren Weiterentwicklung übernahmen **Ingenieure**, die an Hochschulen ausgebildet wurden. Für die Verwaltung und das Rechnungswesen wurden Buchhalter, Büroangestellte und Schreibkräfte eingestellt.

Metallverhüttung
Verfahren, bei dem unter hohen Temperaturen Eisen und andere Metalle aus Erzgestein gewonnen werden

Schwerindustrie
Sammelbegriff für Bergbau, Eisen- und Stahlindustrie

Ingenieur
Techniker mit einer wissenschaftlichen und praxisbezogenen Ausbildung

Q2 Eröffnung der ersten deutschen Eisenbahnstrecke

Im Jahr 1835 fuhr die erste deutsche Eisenbahn zwischen Nürnberg und Fürth. Nachträglich kolorierte Lithografie, 1836

Q3 Zu viele Zollgrenzen

Im Namen des Allgemeinen Deutschen Handels- und Gewerbevereins reicht der Wirtschaftswissenschaftler Friedrich List am 20. April 1819 bei der Bundesversammlung folgende Bittschrift ein:

In einem Lande, wo notorisch[1] die Mehrzahl der Fabriken entweder eingegangen ist oder ein sieches[2] Leben kümmerlich dahinschleppt, wo die Messen und Märkte mit Waren fremder Nationen überschwemmt sind, wo die Mehrzahl der Kaufleute fast untätig geworden ist, bedarf es da noch näheren Beweises, daß das Übel den höchsten Grad erreicht habe? [...] Achtunddreißig Zoll- und Mautlinien in Deutschland lähmen den Verkehr im Innern und bringen ungefähr dieselbe Wirkung hervor, wie wenn jedes Glied des menschlichen Körpers unterbunden wird, damit das Blut ja nicht in ein anderes überfließe. Um von Hamburg nach Österreich, von Berlin in die Schweiz zu handeln, hat man zehn Staaten zu durchschneiden, zehn Zoll- und Mautordnungen[3] zu studieren, zehnmal Durchgangszoll zu bezahlen. Wer aber das Unglück hat, auf einer Grenze zu wohnen, wo drei oder vier Staaten zusammenstoßen, der verlebt sein ganzes Leben mitten unter feindlich gesinnten Zöllnern und Mautnern, der hat kein Vaterland.

1 ständig, gewohnheitsmäßig
2 krankes, schwaches
3 Zoll: Abgaben beim Einführen von Waren über eine Zollgrenze; Maut: Gebühr für die Straßenbenutzung

Friedrich List: Schriften, Reden, Briefe, 10 Bände. Hrsg. v. Erwin von Beckerath. Bd. 1, Teil 2. Hobbing, Berlin 1932, S. 491 f.

Erster Blick

1 Stelle mithilfe von Q1 erste Überlegungen dazu an, welche Chancen und Risiken die Menschen in der Erfindung der Eisenbahn sahen.

Leitsektor Eisenbahn

2 MK Das Bild Q1 ist Teil des Bilderzyklus „Lebensgeschichte einer Lokomotive". Recherchiert zu zweit im betreffenden Wikipedia-Artikel den Namen der dargestellten Brücke und arbeitet anschließend heraus, warum Albert Borsig den Bilderzyklus in Auftrag gegeben hat. Formuliert seinen Arbeitsauftrag an den Künstler. ●

3 Arbeite aus VT4, Q5 und D2 heraus, inwiefern die Eisenbahn zur Triebfeder der Industrialisierung in Deutschland wurde.

4 Die Eisenbahn wurde überwiegend positiv gesehen. Es gab jedoch auch Verlierer dieser Entwicklung. Erkläre, um welche Berufsgruppen es sich handeln könnte (Q4). ○ → S. 262

Q4 Nicht alle jubeln über die Eisenbahn

Kolorierte Lithografie von August Schöll, 1858

D2 Leitsektor Eisenbahn

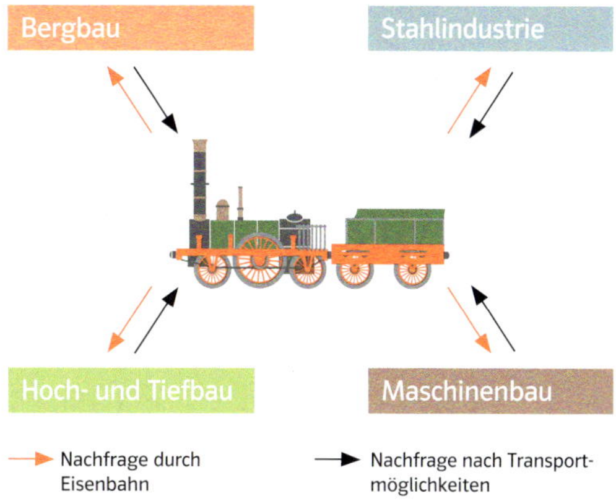

Q5 Was leistet die Eisenbahn?

Der Wirtschaftswissenschaftler Friedrich List äußert sich vor der Eröffnung der ersten deutschen Eisenbahnlinie 1835:

Was die Dampfschiffahrt für den See- und Flußverkehr, ist die Eisenbahn-Dampfwagenfahrt für den Landverkehr, ein Herkules in der Wiege, der die Völker erlösen wird von der Plage des Kriegs, der Theuerung und Hungersnoth, des Nationalhasses und der Arbeitslosigkeit, Unwissenheit und des Schlendrians[1], der ihre Felder befruchtet, ihre Werkstätten und Schachte beleben und auch den niedrigsten unter ihnen Kraft verleihen wird, sich durch den Besuch fremder Länder zu bilden, in entfernten Gegenden Arbeit und an fremden Heilquellen und Seegestaden Wiederherstellung ihrer Gesundheit zu suchen.

1 Achtlosigkeit, Bequemlichkeit

Zit. nach Karl von Rotteck/Carl Theodor Welcker (Hrsg.): Staatslexikon. Bd. 4. Hammerich, Altona 1835, S. 665.

D3 Fahrzeiten Postkutsche und Eisenbahn

km	Strecke	Reisedauer in Stunden	
		Postkutsche 1841	Eisenbahn 1851
320	Berlin–Breslau	32	11
320	Berlin–Hannover	32	6
290	Berlin–Hamburg	31 ½	8
215	Berlin–Leipzig	17 ¼	7
85	Halle–Magdeburg	6	2 ½
75	Augsburg–München	6 ½ (1845)	2 ½ (1845)
26	Düsseldorf–Elberfeld	3 ½ (1845)	1 ½ (1845)

Zusammengestellt nach Klaus Hermann: Die Personenbeförderung bei Post und Eisenbahn. In: Scripta Mercaturae 2/1977. Scripta Mercaturae Verlag, Gutenberg 1977, S. 10.

5 Die Eisenbahn und der Zollverein sind als „siamesische Zwillinge" bezeichnet worden. Erläutere, was mit diesem Vergleich gemeint sein könnte (D1, Q3, Q5). ○ → S. 262

Industrialisierung bringt Wandel in Deutschland

6 Gib zusammenfassend die Reformen und Veränderungen wieder, mit denen die Hemmnisse der Industrialisierung in Deutschland überwunden werden konnten (VT2, VT3, D1, Q5).

7 In Q1 werden verschiedene Transportmöglichkeiten abgebildet: Zug, Kutsche, Schiff, zu Fuß. Lege dafür eine vierspaltige Tabelle an und nenne die jeweiligen Vor- und Nachteile (D3, VT3, VT4).

8 SP Du arbeitest als Zeitungsredakteur oder Zeitungsredakteurin bei einer großen Zeitung um 1870. Schreibe einen Artikel, in dem du zusammenfasst, was sich in der Industrie in den letzten 50 Jahren alles verändert hat (Q2, D2, VT4–VT6). ○ → S. 262

AFB I: 1, 6, 7 AFB II: 2, 3, 4, 5, 8

Musterlösung D19
Mit Statistiken arbeiten

MK Mit Statistiken arbeiten

Statistiken erwecken den Eindruck, ihre Angaben seien präzise, wissenschaftlich ermittelt und daher objektiv. Das ist aber nicht immer der Fall. Statistiken müssen genau wie andere Materialien auch kritisch überprüft werden. Um sie zu untersuchen und möglichst gesicherte Aussagen treffen zu können, gehst du am besten Schritt für Schritt vor.

VT1 Beginn der systematischen Datenerhebungen

Seit Beginn der Industrialisierung interessierten sich die einzelnen Regierungen zunehmend dafür, wie sich die Wirtschaft in ihren Ländern entwickelte. Um diese Entwicklung zu beobachten und zu erforschen, ließen sie eigene statistische Ämter einrichten, die Daten über das wirtschaftliche und soziale Leben sammelten und auswerteten. Diese Erhebungen stehen uns auch heute noch zur Verfügung. Dadurch können wir wirtschaftliche Entwicklungen seit dem 19. Jahrhundert wesentlich besser erschließen als jene aus früheren Zeiten.

VT2 Darbietungsformen von Daten

Statistiken können als Tabelle oder als Diagramm dargestellt werden. Dieses Kompetenztraining zeigt drei häufig anzutreffende Arten der Darstellung: Balkendiagramm (**D1**), Kreisdiagramm (**D2**) und Tabelle (**D3**). Die Tabelle (**D3**) informiert über die Roheisenproduktion einzelner Länder im 19. Jahrhundert. Roheisen ist der wichtigste Grundstoff der Schwerindustrie. Es kann zu Stahl weiterverarbeitet werden, der für die Herstellung von Maschinen, Lokomotiven und Eisenbahnschienen benötigt wird. Daher galt im 19. Jahrhundert die Roheisenproduktion als eine wichtige Kennziffer für den Stand der Industrialisierung eines Landes.

D1 Bevölkerungsentwicklung ausgewählter Länder in Millionen

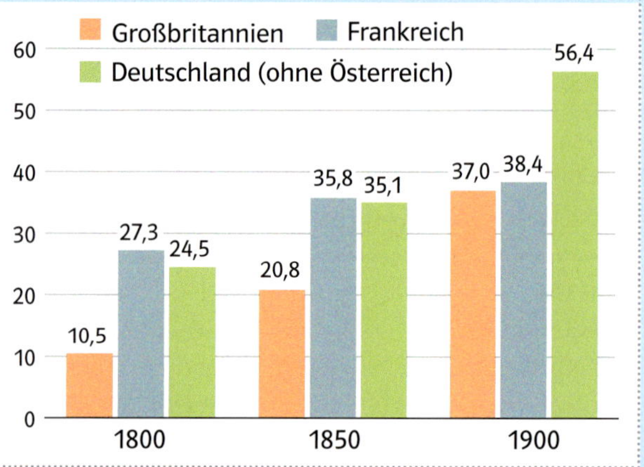

D2 Beschäftigte in den drei Hauptsektoren der Wirtschaft für Deutschland (in den Grenzen von 1871)

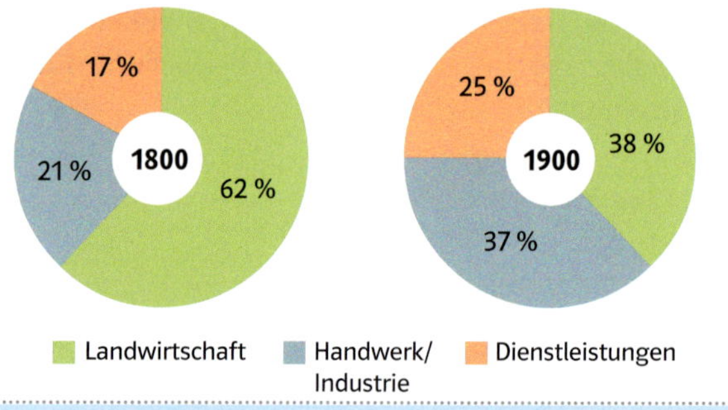

Arbeitsschritte

1. Beschreiben

- Nenne anhand der Überschrift das Thema der Statistik.
- Kläre den dargestellten Zeitraum und den geographischen Raum.
- Nenne die Größe/Einheit, in der die Daten angegeben werden.
- Achte auf das Tabellenformat bzw. die Diagrammart (absolute Zahlen, Prozentzahlen oder ein Vergleichswert).

2. Untersuchen

- Stelle fest, von wem die Statistik erstellt wurde.
- Arbeite heraus, welche Entwicklungen erkennbar sind. Achte dabei auch auf auffällige Entwicklungen/Extreme, auf Sprünge, Rückschritte, Gleichbleibendes und Fortschritte.
- Stelle fest, ob Daten fehlen, und erkläre dies gegebenenfalls.
- Überlege, welche Informationen du dir zum Verständnis der Statistik beschaffen musst.

3. Deuten

- Fasse zusammen, welche einzelnen Informationen du erhalten hast.
- Erkläre, welche zentralen Aussagen sich der Statistik entnehmen lassen.
- Überlege, ob im Untersuchungszeitraum wichtige historische Ereignisse Einfluss auf die Daten genommen haben könnten.
- Überprüfe, ob es offene oder neue Fragen gibt, die das Diagramm/die Statistik nicht beantwortet.

Formulierungshilfen

Beschreiben

Die Statistik ... zeigt in absoluten Zahlen die durchschnittliche ...
Ausgewählt wurden ...
Die Statistik endet 1913, ein Jahr später beginnt ...

Untersuchen

Der Vergleich der drei Länder zeigt, dass Großbritannien ...
Zu Beginn des 20. Jahrhunderts nimmt jedoch ...
1910 bis 1913 produziert Deutschland etwa so viel Roheisen wie ...

Deuten

Alle drei Staaten entwickeln sich bis 1913 zu ...
Da die Produktion von Rüstungsgütern große Mengen an Roheisen erfordert, kann für die Zeit vermutet werden, ...

D3 Roheisenproduktion ausgewählter Länder

Die Zahlen geben den jeweiligen Jahresdurchschnitt in 1000 Tonnen an.

	Großbritannien	Frankreich	Deutschland
1800–1814	248	200	–
1820–1824	418	150	75
1840–1844	1465	395	160
1860–1864	4219	1065	613
1880–1884	8295	1918	2893
1900–1904	8778	2665	7925
1910–1913	9792	4664	14 836

Brian R. Mitchell: Statistischer Anhang. In: Carlo M. Cipolla/Knud Borchardt: Die Entwicklung der industriellen Gesellschaften. Bd. 4. Fischer, Stuttgart/New York 1985, S. 504.

1 Erläutere die Zusammenhänge zwischen der Bevölkerungsentwicklung und der Industrialisierung (D1).

2 Weise nach, dass sich die Struktur der Beschäftigungsverhältnisse durch die Industrialisierung veränderte (D1, D2).

3 Untersuche D3. Nutze die Arbeitsschritte und Formulierungshilfen.

4 Erkläre den Verlauf der Industrialisierung in den drei ausgewählten Ländern (D3).

5 Erläutere die Vor- und Nachteile der jeweiligen Tabellenform oder Diagrammart (D1–D3).

6 Wandle die Tabelle D3 in ein Balkendiagramm um.

7 Der Anstieg der Roheisenproduktion ist in D3 in absoluten Zahlen angegeben. Errechne die prozentuale Steigerung zwischen den ausgewählten Intervallen und fertige eine neue Tabelle an.

AFB I: 6, 7 AFB II: 1, 2, 3, 4, 5

Berlins Weg zur Industriemetropole

Noch zu Beginn des 19. Jahrhunderts galt Berlin als kleine, unbedeutende Handels- und Residenzstadt Preußens in ländlicher Umgebung. Wie konnte sich Berlin in weniger als einem Jahrhundert zur Industriestadt entwickeln?

VT1 Berlins Aufstieg

In Berlins Umgebung gibt es kaum Bodenschätze. Trotzdem entwickelte sich Berlin Anfang des 19. Jahrhunderts zu einem attraktiven Standort – dank der preußischen Reformgesetze und weitblickender Staatsbeamter, die für Veränderungen offen waren und die Reformen umsetzten. Auch das hervorragende System der Wasserstraßen trug dazu bei.

Den Anfang machte infolge des Eisenbahnbooms der Maschinenbau. Bald folgten Elektrounternehmen wie Siemens (1847), die AEG (Allgemeine Elektrizitäts-Gesellschaft) (1883), Telefunken (1903) oder der Lampenhersteller Osram (1905). Sie machten Berlin zu einem weltweit führenden Zentrum der Strom- und Elektroindustrie. Chemikalien-Hersteller wie Schering (1864) oder Agfa (Aktien-Gesellschaft für Anilin-Fabrikation) (1873) boten Tausende Arbeitsplätze. Als sich 1870 die Deutsche Bank gründete, stieg Berlin zum Banken-, Versicherungs- und Industriezentrum des Deutschen Reiches auf. Attraktive Arbeitsmöglichkeiten lockten die Menschen an. Eine enorme Wanderungsbewegung nach Berlin aus dem nahen Umfeld, anderen preußischen Gebieten, vor allem aus Schlesien, setzte ein. In Berlin wurden Rohstoffe weiterverarbeitet.

D1 Ehemaliges Tor der Borsig-Werke in Berlin-Tegel

Die Borsig-Werke wurden seit den 1870er-Jahren zum zweitgrößten Lieferanten von Lokomotiven weltweit. Foto, 2016

VT2 Randwanderung der Fabriken

Parallel zur Dynamik der Stadt entwickelte sich eine enorme Raumnot beim Ausbau der Fabriken und unerlässlichen Arbeiterwohnquartiere. Deshalb suchten die boomenden Unternehmen in der zweiten Hälfte des 19. Jahrhunderts neue Standorte mit einer guten Anbindung an die Wasserstraßen. Sie fanden sie in den Vororten Moabit, Charlottenburg, Tegel und Schöneweide. Diese Verlegung der Industrien in Randbezirke Berlins brachte ein neues Problem mit sich, denn die Arbeiterinnen und Arbeiter mussten täglich zur Fabrik gebracht werden. Seit Ende der 1870er-Jahre wurden daher die Ring- und Stadtbahnen auf- und ausgebaut.

VT3 Der Berliner Lokomotivkönig

„Feuerland" nannten die Berliner den Norden ihrer Stadt. Hier gründete 1837 der zugewanderte Breslauer Zimmermann und Eisengießer August Borsig (1804–1854) an der Chausseestraße eine Maschinenbauanstalt. Borsig hatte in seiner Heimatstadt die Kunst- und Bauhandwerkschule und danach in Berlin das Königliche Gewerbeinstitut absolviert. Anfangs nahm Borsig Aufträge aller Art an, aber bald widmete er sich der Instandhaltung englischer und amerikanischer Lokomotiven. Dabei erwarb er sich umfangreiches Fachwissen und baute 1841 seine erste verbesserte eigene Lokomotive.

Aus Platzmangel lagerte Borsig 1849 Teile der Fabrikation nach Moabit aus (**Q1**). Unter seinem Sohn Albert entwickelten sich die Borsig-Werke zur damals größten Lokomotivfabrik des Kontinents (**Q2**). In der dritten Generation zog das Unternehmen erneut um und bündelte seine Produktion in Berlin-Tegel (**D1**). Neben Lokomotiven und Dampfkesseln baute Borsig seit den 1890er-Jahren auch Anlagen für die chemische Industrie und Pumpen zur Grundwasserabsenkung.

Q1 Borsigs Maschinenbauanstalt zu Berlin-Moabit
Gemälde von Karl Eduard Biermann 1847, Öl auf Leinwand, 110 × 161,5 cm

D2 W15
Website
Berliner Industriegeschichte

D3 W16
Website
Borsig GmbH

Q2 „Kind der preußischen Industrie"

Am Samstag, den 21. August 1858, verließ die 1000. Lokomotive, die von der Köln-Mindener-Eisenbahngesellschaft bestellt worden war, das Borsig-Werk. Albert Borsig (1829–1878) richtete an diesem Tag für seine 2800 Arbeiter, ihre Familien und zahlreiche Gäste und Schaulustige auf dem Fabrikhof an der Berliner Chausseestraße ein ganztägiges Volksfest aus, zu dem nach Zeitungsangaben 30 000 Besucherinnen und Besucher kamen. Albert Borsig hielt folgende Taufrede:

Meine lieben Freunde und Arbeiter! Noch manche sind unter Euch, die vor 17 Jahren mit an der 1sten Lokomotive gearbeitet [haben]. Damals brauchtet Ihr ein volles Jahr zu dieser Arbeit. Wie muß Euch, Ihr älteren Arbeiter, wie muß Euch Allen, die Ihr hier stehet, das Herz im Leibe lachen, heute, da Ihr der 1000sten das Geleit gebet. Sehet! Da steht sie vor Euch im festlichen Schmucke, von Kränzen der Freude umwunden, die stattliche Nummer 1000. Sie ist getauft auf den Namen „Borussia"[1] und Ihr Alle seid Pathen dieser Taufe. Lasset uns denn heute, da der Täufling hinausziehen soll in die weite Welt, der scheidenden „Borussia" unseren Segensruf nachsenden. „Ziehe hin, ‚Borussia', Du Kind der Preußischen Industrie, ziehe hin in Frieden und erzähle dem Rheine von dem Wachsthume unserer Fabrik, von dem Fleiße, der Treue und Ausdauer der Berliner Arbeiter! [...]" Sehet, meine lieben Freunde und Arbeiter, der heutige Tag und Triumph ist unser Werk. Uns gereichet zum Ruhme, was die „Borussia" auf ihrer großen Lebensreise erzählen wird mit feuriger Sprache.

1 neulat. = Preußen; auch eine Frauengestalt, die den Staat Preußen symbolisiert

Zit nach: Archiv des Deutschen Technikmuseums Berlin, Bestand Borsig, I.2.001 – 52.

1 Überlegt: Was verbindet ihr heute mit Berlin als Wirtschaftsstandort?

2 Erläutere Berlins Vorteile als Wirtschaftsstandort (VT1, VT2).

3 MK Erstelle mithilfe von D2 W15 eine digitale Zeitleiste zu den wichtigsten Stationen der Berliner Industriegeschichte.

4 Interpretiere das Gemälde Q1. Beachte besonders die Hinweise auf die Frühphase der Industrialisierung.

5 SP Ein Landarbeitersohn aus Brandenburg kommt zur Arbeitssuche nach Berlin und sieht die Fabrik in Q1. Schreibe seine Eindrücke auf. ○ → S. 262

6 Gib den Aufstieg August Borsigs wieder (VT3).

7 Arbeite das Selbstverständnis des Unternehmers Albert Borsig auf Grundlage von Q2 heraus.

8 MK Diskutiert anhand der Website des heutigen Unternehmens Borsig die Bedeutung von Geschichte für die Werbung von Firmen (D3 W16). ●

AFB I: 1, 6 AFB II: 2, 3, 5, 7 AFB III: 4, 8

Die Industrialisierung verändert den Alltag

Der Wandel Deutschlands zum Industriestaat betraf die Menschen in Stadt und Land. Immer größere Teile der Landbevölkerung wanderten in die Städte ab und hofften auf Arbeit und ein besseres Leben. Erfüllten sich ihre Hoffnungen?

Urbanisierung
Begriff für das zahlenmäßige Wachstum der Städte und die Ausbreitung typisch städtischer Lebensformen

D1 W17 **Website**
Virtuelles Kartenforum

VT1 Menschen ziehen in die Städte

Die neuen Arbeitsmöglichkeiten in den Fabriken zogen Menschen von nah und fern in die wachsenden Städte. Während die Landgemeinden etwa ein Drittel ihrer Einwohnerschaft verloren, wuchsen die Städte rasant (**D2**). Diese **Urbanisierung** führte zu einem Mangel an Wohnraum. Um Abhilfe zu schaffen, ließen die Stadtverwaltungen in der Nähe der Industriegebiete neue Wohnviertel bauen.

Auf engstem Raum entstanden mehrstöckige Mietskasernen mit mehreren Hinterhöfen (**Q3**). Um die Jahrhundertwende verbesserte sich die Wohnqualität für Facharbeiter, Meister und Angestellte, die sich eine höhere Miete leisten konnten. Neben den Elendsvierteln entstanden Wohngebiete für Besserverdiener. In den Städten trennten sich die sozialen Schichten räumlich voneinander.

VT2 Städter müssen versorgt werden

Die Versorgung der wachsenden Bevölkerung mit Lebensmitteln, frischem Wasser, Heizmaterial, Gas und Strom stellte die Städte vor große Herausforderungen. Kommunale Versorgungsunternehmen für Gas, Elektrizität und Wasser entstanden, Abwasserkanalisation, Kläranlagen, Müllabfuhr, Straßenreinigung und Friedhöfe wurden städtisch organisiert. Zentrale Schlachthäuser, Krankenhäuser, Schulen wurden gebaut. In immer mehr Städten fuhren elektrische Straßenbahnen. Im letzten Viertel des Jahrhunderts eröffneten die ersten Warenhäuser wie Wertheim, Karstadt und Hertie. Sie boten ein vielfältiges Angebot zu festen Preisen (**Q4**, **Q5**).

VT3 Die Arbeit ändert sich

Mit der Industrialisierung bildete sich die Trennung von Arbeitsplatz und Wohnung sowie zwischen Arbeitszeit und Freizeit heraus. Arbeit fand nun nicht mehr in familiärer Gemeinschaft und häuslicher Umgebung statt, sondern die Menschen legten täglich oft weite Wege zur Fabrik zurück, wo Maschinen Art und Tempo der Arbeit vorgaben. Oft ersetzten oder erleichterten Maschinen die körperliche Schwerstarbeit, aber die eintönigen Tätigkeiten wiederholten sich stetig und verlangten dabei Konzentration und Ausdauer. Lärm, Hitze, Gestank und Staub in den Fabriken belasteten die Gesundheit. Gearbeitet wurde meist zwölf bis 14 Stunden an sechs Tagen in der Woche. Urlaub gab es nicht, für Verspätungen oder Regelverstöße waren Lohnabzüge festgesetzt (**Q8**).

Seit Mitte des 19. Jahrhunderts überwanden Unternehmer mithilfe der Gasbeleuchtung endgültig die Abhängigkeit vom Tageslicht und in den Fabriken wurde ein effektiver Mehrschichtenbetrieb eingeführt. Die Elektrizität setzte sich seit den 1870er-Jahren erst sehr langsam durch. Sie wurde im Haushalt und in Fabriken zunächst nur als weiterer Lichtspender genutzt, denn es gab noch

Q1 Elektrische Straßenbahn in Berlin
Spittelmarkt, 1896

keine geeigneten elektrischen Geräte. 1920 war erst die Hälfte der Berliner Wohnungen ans Stromnetz angeschlossen.

VT4 Neue Berufe

Je größer die Unternehmen wurden, desto weniger konnte ein Einzelner alle Führungs- und Kontrollaufgaben ausfüllen. Eine neue qualifizierte Führungselite, die wir heute als Manager bezeichnen, entstand. An technischen Hochschulen ausgebildete Ingenieure waren für die technischen Abläufe zuständig. Die Verwaltungsarbeit in den Unternehmen erledigten Buchhalter und Büroangestellte. Für Frauen eröffneten sich ebenfalls neue Berufsfelder: Gering qualifizierte Frauen aus dem bäuerlichen oder handwerklichen Milieu arbeiteten in den Fabriken oder als Dienstmädchen. Andere wurden Warenhausverkäuferin, Kontoristin, Sekretärin oder Telefonistin (Q2). Töchter aus den gehobenen Schichten wurden Lehrerin oder Ärztin. Für die meisten berufstätigen Frauen bedeutete allerdings die Heirat oder spätestens die Familiengründung den Ausstieg aus der Arbeitswelt.

VT5 Wandel der Esskultur

Neue Transportmöglichkeiten mit Eisenbahn und Kühlschiffen, die aufkommende Konservenindustrie und die Lebensmittelchemie veränderten die Ernährung. Das Lebensmittelangebot wurde unabhängig von der Region und der Jahreszeit. Während früher die Qualität der Waren oft schwankte, produzierten Unternehmen jetzt Markenartikel von gleichbleibender Qualität. Das Essen wurde schmackhafter, nährwertreicher und leichter verdaulich, die Zubereitung wurde vereinfacht und weniger zeitaufwendig. Die gemeinsamen Mahlzeiten der Familie waren unter der Woche bei unterschiedlichem Arbeitsbeginn und -ende der Familienmitglieder nicht mehr möglich.

VT6 „Dicke Luft" in den Städten

Während der Industrialisierung galten rauchende Fabrikschornsteine lange Zeit als Zeichen von Fortschritt und wirtschaftlichem Erfolg. Die damit einhergehende Luftverschmutzung wurde daher von den meisten Menschen akzeptiert. Gleichgültig ging man auch mit den Flüssen um. Sie dienten nicht mehr nur dem Fischfang und der Schifffahrt, sondern transportierten die Abfälle der Stadt und die Abwässer der Fabriken.

Q2 Telefonistinnen bei der Arbeit

Seit den 1880er-Jahren entstand in Deutschland das Telefonnetz. Die Vermittlung zwischen zwei Partnern nahm die Telefonistin per Hand vor. Vermittlungsstelle des Fernsprechamtes Berlin-Moabit, 1906

VT7 Veränderte Landwirtschaft

Die Entwicklung landwirtschaftlicher Maschinen wie Dampfpflug und Dreschmaschine veränderte auch den Alltag auf dem Lande (Q7). Diese Maschinen waren jedoch sehr teuer und nur wohlhabende Großbauern konnten sich solche Geräte leisten. Seit Jahrtausenden nutzten die Menschen natürliche Düngung mit Jauche und Mist, um die Fruchtbarkeit des Bodens zu steigern. 1840 wies der Chemiker Justus Liebig nach, dass Pflanzen neben organischen Stoffen auch anorganische Stoffe wie Phosphor, Kali, Kalk und Stickstoff zum Wachsen brauchen. Er entwickelte einen Mineraldünger, mit dem der Bodenertrag um ein Vielfaches gesteigert werden konnte. Die Abkehr immer weiterer Teile der Bevölkerung von der Selbstversorgung führte dazu, dass der Bauer zu einem gewinnorientierten landwirtschaftlichen Unternehmer wurde, der marktwirtschaftlich dachte und handelte.

D2 Einwohnerzahl deutscher Städte

	um 1816/19	1871	1910
Berlin	198 000	826 000	2 071 000
Dortmund	4000	44 000	214 000
Essen	5000	52 000	295 000
Hamburg	128 000	290 000	931 000
Hannover	15 000	88 000	302 000
Köln	50 000	129 000	517 000
Leipzig	35 000	107 000	679 000
München	54 000	169 000	596 000

Zusammengestellt nach Jürgen Reulecke: Geschichte der Urbanisierung in Deutschland. Suhrkamp, Frankfurt a. M. 1985, S. 203.

Q4 Verstädterung eines Dorfes

Der Schriftsteller Karl Scheffler schildert die Veränderungen eines Dorfes bei Hamburg:

Zuerst wurden weiter oben am Fluße einige große Fabriken gebaut. [...] Mit den Fabriken kamen Menschen ins Dorf, die dort früher nie zu sehen gewesen waren [...]. Es waren Scharen jener Arbeiter und Arbeiterinnen, die sich von den ländlichen und handwerklichen Arbeitern auf den ersten Blick unterschieden, weil sie nichts gelernt hatten als ein paar Handgriffe, weil kein Berufsgeist in ihnen war, weil sie zur Klasse derer gehörten, die in der Folge Proletarier[1] genannt worden sind. Da der Weg zur Stadt weit war, stellte sich bald das Bedürfnis heraus, für diese Arbeiter im Dorfe selbst Wohnungen zu schaffen. [...] Einsam im Felde erhoben sich hohe, kahle Stockwerkshäuser, in denen arme Familien schmutzig und ohne Behagen nebeneinander hausten; ein ungepflegter, schnell verwahrlosender Hof schloß sich an. [...] Die Stockwerkshäuser brauchten besondere Anlagen für Licht, Wasser und Kanalisation, weil die Zusammenballung vieler Menschen in einer Wohnkaserne eine gewisse Sorge für die Volksgesundheit erfordert.

1 Angehörige der wirtschaftlich unselbstständigen Schicht, die für wenig Lohn hart arbeiteten

Karl Scheffler: Der junge Tobias. Insel-Verlag, Leipzig 1927, S. 27–29.

Q3 Kaufhausbummel

Gustav Stresemann beschrieb 1900 das Treiben in Berliner Warenhäusern:

Wenn man heute in einer Familie hört: Wir gehen zu Wertheim, so heißt das nicht in erster Linie, wir brauchen irgendetwas besonders notwendig für unsere Wirtschaft, sondern man spricht wie von einem Ausfluge, den man etwa nach irgend einem schönen Orte der Umgebung macht. Man wählt sich dazu einen Nachmittag, an dem man möglichst viel Zeit hat, verabredet sich womöglich noch mit Bekannten. In der Leipzigerstraße angekommen, bewundert man erst eine ganze Zeit lang die Schaufenster, dann ergeht man sich in den Erdgeschossräumen, sieht sich die verschiedensten Auslagen an, kauft vielleicht hier und da, lässt sich durch den Fahrstuhl nach dem ersten Stock befördern und nimmt womöglich eine Tasse Schokolade nebst dem obligaten Stück Torte oder Apfelkuchen. Hat man Bekannte gefunden oder mitgebracht, so bleibt man wohl plaudernd längere Zeit sitzen, zeigt die gegenseitigen Einkäufe und reizt sich dadurch gegenseitig zu neuen Ausgaben.

Gustav Stresemann: Die Warenhäuser. Ihre Entstehung, Entwicklung und volkswirtschaftliche Bedeutung. In: Zeitschrift für die gesamte Staatswissenschaft, Bd. 56, Heft 4 (1900), S. 714.

Erster Blick

1 Stelle Vermutungen an, welche Lebens- und Arbeitsmöglichkeiten die Städte um 1850 den Menschen boten, die es auf dem Lande nicht gab.

Urbanisierung

2 Untersuche, welche Städte am deutlichsten wuchsen (D2).
○ → S. 262

3 Liste die Veränderungen von Städten in der zweiten Hälfte des 19. Jahrhunderts auf (VT1, VT2, VT6, Q1).

4 MK Überprüfe die in VT1 und VT2 geschilderte Verstädterung infolge der Industrialisierung am Beispiel Berlins. Recherchiere dazu im Virtuellen Kartenforum (D1 W17) historische Karten Berlins von 1732 und 1906. Achte beim Kartenvergleich besonders auf die Ausdehnung der Stadt und den Ausbau der Verkehrswege.

Urbanes Leben

5 SP Schreibe einen Tagebucheintrag über deinen ersten Besuch im Kaufhaus Wertheim (Q3, Q5).
○ → S. 262

Q5 Neues Einkaufserlebnis

Kaufhaus Wertheim, Berlin, Foto, 1906

Q6 Modernisierung der Landwirtschaft

Der preußische Statistiker von Viebahn über die beginnende Mechanisierung der Landwirtschaft, 1859:

Während Männer vom Fach noch vor wenigen Jahrzehnten einen ernstlichen Streit darüber führen konnten, ob der Gebrauch der Maschine in der deutschen Landwirtschaft eine Zukunft habe, hat derselbe in den letzten Jahren bedeutende und erfreuliche Fortschritte gemacht [...]. Durch den Gebrauch besserer Pflüge kann ein Drittel der Zugkraft entbehrt, durch die Sämaschine ein Drittel des Samens, durch die Dreschmaschine ein Drittel der Dreschkosten erspart [...] werden. Keineswegs aber darf bei diesen vollkommneren Werkzeugen das Verständnis des Landwirts abnehmen [...].

Zit. nach Werner Pöls (Hrsg.): Deutsche Sozialgeschichte. Dokumente und Skizzen. Bd. 1: 1815–1870. C. H. Beck, München 1973, S. 316–318.

Q7 Strenge Strafen

Auszug aus der Fabrikordnung der Baumwollspinnerei Staub & Söhne in Altenstadt von 1853:

§ 6: Jeder Arbeiter ist für die ihm anvertrauten Gegenstände persönlich verantwortlich. Wenn er dieselben bei Nachfragen nicht gleich vorweisen kann, werden sie auf seine Kosten durch neue ersetzt.

§ 7: Wenn in einem Arbeitssaal während der Arbeitszeit [...] ein Gegenstand beschädigt wird, [...] so sind die Arbeiter des ganzen Saales bis zur Nachweisung des Täters für den Schaden haftbar. [...]

§ 9: Ferner werden bestraft: 1. Unehrerbietiges Betragen gegen die Aufseher. [...] 4. Störung anderer Arbeiter. 5. Verspätung und Versäumnisse und besonders der Unfug des blauen Montags und des Herbeiholens von Speise und Trank. 6. Unvorsichtigkeit mit Feuer und Licht. 7. Das Tabakrauchen. 8. Lärm machen auf dem Weg zu und von der Fabrik. [...]

§ 13: Die erhobenen Geldstrafen [...] werden zur Unterstützung kranker und beschädigter Arbeiter verwendet. [...]

§ 22: Die Fabrikbesitzer sind jedoch zur augenblicklichen Entlassung des Arbeiters ohne Vergütung von Lohn berechtigt, wenn dieser [...] sich zuschulden kommen läßt:
1. Diebstahl oder Untreue. 2. Prügelei, Unzucht oder Betrunkenheit im Fabrikgebäude. 3. Komplotte oder Auflehnung gegen die Fabrikordnung. [...]

Zit. nach Peter Borscheid: Textilarbeiterschaft in der Industrialisierung. Industrielle Welt. Bd. 25. Hrsg. v. Werner Conze. Klett-Cotta, Stuttgart 1978, S. 545 f.

6 Führt ein Streitgespräch über die Stadtentwicklung in der Zeit aus der Perspektive eines Arbeiters und eines Angehörigen des Bürgertums (VT1, VT2, VT4, VT6, Q4, Q5).

7 Versetze dich in die Rolle einer Großmutter bzw. eines Großvaters. Du lebst schon dein ganzes Leben lang auf einem kleinen Bauernhof in dem Dorf bei Hamburg (Q4). Berichte deinen Enkelkindern, wie sich das Dorf und das Miteinander der Menschen im Zuge der Industrialisierung verändert haben.

Veränderte Arbeitsbedingungen

8 SP Erstelle das Anforderungsprofil an eine Telefonistin (Q2).
○ → S. 262

9 Untersuche, welche Regeln Arbeiterinnen und Arbeiter in Fabriken befolgen mussten (VT3, Q7).

10 Wem nutzten und wem schadeten die Veränderungen in der Landwirtschaft? Beurteile aus der Perspektive eines Klein- und eines Großbauern (VT7, Q6).

AFB I: 1, 3 AFB II: 2, 5, 7, 8, 9 AFB III: 4, 6, 10

SP Operatorentraining: Erläutern

Ursachen, die zu einem historischen Ereignis geführt haben, Gründe für einen historischen Sachverhalt oder die Folgen, die sich aus einem Ereignis ergeben haben, können ganz schön komplex sein. Dann kann es helfen, weitere Informationen zu recherchieren und etwa Beispiele oder wichtige Quellenzitate zu ergänzen. So erläuterst du eine historische Situation, eine Handlung oder ein Ereignis.

D1 Modelltexte

A: **Erläutere die Folgen des industriellen Wandels für die Menschen auf dem Land.**
Für die Menschen auf dem Land hatte der industrielle Wandel weitreichende Folgen. Die Entwicklung besserer landwirtschaftlicher Geräte und Agrarreformen führten zur planvolleren Bearbeitung der Felder. Zum Beispiel konnten durch Einsatz neuer Mineraldünger die Ernteerträge gesteigert werden. Infolgedessen versorgten die Bäuerinnen und Bauern nicht mehr nur sich selbst und ihr Gesinde, sondern sie begannen ihre Produkte zu verkaufen, um andere damit zu versorgen und zu ernähren. Allerdings wirkte sich die Steigerung der Produktivität nicht nur positiv aus. Durch die zunehmende Produktivität wuchsen die Höfe der Großbauern. Aus diesem Grund stellten sie Saisonkräfte ein. Für die unterbäuerliche Schicht reichten die Erträge ihrer Felder nicht immer zum Überleben. Kleinbauern suchten deshalb neue Erwerbschancen und begannen, ihren Unterhalt beispielsweise als Bäcker, Metzger oder Schneider zu verdienen. Der industrielle Wandel hatte einen starken Einfluss auf das Leben der Menschen auf dem Land.

B: **Erläutere die Folgen des industriellen Wandels für die Menschen in den Städten.**
Für die Menschen in den Städten hatte der industrielle Wandel tiefgreifende Folgen. Schon um 1840 entwickelten sich neue Industriezweige, die zu Antriebsmotoren der Wirtschaft wurden. Infolgedessen entstanden für viele Menschen Arbeitsmöglichkeiten in den neu geschaffenen Fabriken. Allerdings wirkte sich die Entwicklung der Wirtschaft nicht nur positiv aus. Viele Menschen, die Arbeit suchten, zogen in die Städte, bezahlbarer Wohnraum wurde jedoch immer knapper. Aus diesem Grund wurden zusätzliche Wohnviertel errichtet. Außerdem musste die Versorgung der Menschen mit beispielsweise Lebensmitteln, Heizmaterial und Wasser gewährleistet werden. Viele Menschen litten unter Armut und der Enge der Stadt. Sie sehnten sich nach der Natur und dem Landleben. Die zunehmende Elektrifizierung führte um 1890 zur Veränderung der Städte. Ein Beispiel dafür sind die Straßenbahnen, die zur Verbesserung der Infrastruktur führten, oder die elektrische Straßenbeleuchtung. Der industrielle Wandel brachte also deutliche Auswirkungen auf das Leben in der Stadt mit sich.

Q1 Arbeiterinnen in einer Spulenwicklerei in Berlin

Solche Fotos wurden von firmeneigenen Fotografen zu Werbezwecken aufgenommen. Fotografie von Georg Wilhelm Büxenstein, um 1900

Schritt für Schritt

Erläutern:

Erkläre eine historische Situation, eine Handlung oder ein Ereignis ausführlich und gib zusätzliche Informationen und Beispiele an.

Das gehört in den Text

- Am *Anfang* nennst du die Hypothese (Annahme über einen historischen Sachverhalt), die deine Erläuterung leitet.
- Im *Hauptteil* werden historische Ereignisse, Situationen oder Handlungen erklärt. Außerdem werden Gründe, Ursachen und Folgen durch zusätzliche Informationen und Beispiele ergänzt.
- Am *Ende* ziehst du eine Schlussfolgerung.

Darauf musst du achten

- Zeitform: *Präteritum*
- Die Hypothese am Anfang deiner Erläuterung ergibt sich manchmal direkt aus der Fragestellung, manchmal musst du sie selbst entwickeln.
- Betrachte unterschiedliches Material, z. B. den Verfassertext, Quellen und Darstellungen, um eine umfassende Erläuterung zu verfassen.
- Nicht immer stimmt man den Einschätzungen von Zeitgenossen oder Historikerinnen und Historikern zu. Du kannst die indirekte Rede bzw. den Konjunktiv I verwenden, um deutlich zu machen, dass es sich nicht um deine eigene Meinung handelt.

Formulierungshilfen

- Mit diesen Formulierungen kannst du Zusammenhänge herstellen und verdeutlichen: *… da/weil/aufgrund/aus diesem Grund …; Infolgedessen/Infolge von …; Deshalb/Dadurch/Deswegen …; Dies kann man erklären mit …*
- Wenn du Gründe und Argumente einschränken möchtest, kannst du diese Formulierungen nutzen: *Aber/Allerdings/Jedoch/Trotzdem/Zwar/Trotz allem …; Einschränkend muss man sagen, dass …*
- Um Beispiele zu geben, helfen dir folgende Formulierungen: *Zum Beispiel …; Beispielsweise …; Als Beispiel kann man anführen, dass …*

1 Lies in **D1** die Modelltexte A und B. Welche Folgen des industriellen Wandels werden für die Menschen auf dem Land und in der Stadt angeführt? Vergleiche die Folgen: Wie hat sich das Leben in den unterschiedlichen Lebensräumen verändert?

2 Vergleiche die beiden Modelltexte. Schreibe die Formulierungen heraus, die in beiden Texten gleich sind. Überlege, warum die ähnlichen Textstellen besonders wichtig für eine Erläuterung sind. Die Hinweise in „Schritt für Schritt" helfen dir.

3 Unterscheide mithilfe der Modelltexte **D1** Gründe und Folgen des industriellen Wandels auf dem Land und in den Städten.

4 Gruppenarbeit: Welche Folgen hatte der industrielle Wandel für die Frauen? Nutzt die Quellen **Q2** auf S. 155 und **Q1** und recherchiert weitere Informationen, z. B. im Internet. Notiert Stichpunkte zur Situation der Frauen und zu Beispielen, die die Situation verdeutlichen.

5 Erläutert gemeinsam die Folgen des industriellen Wandels für die Frauen Ende des 19. Jahrhunderts.

a) Verfasst eine Einleitung. Stellt dazu eine Hypothese zur Situation der Frauen auf.

b) Erklärt die Folgen des industriellen Wandels für Frauen, indem ihr eure Erkenntnisse zusammenführt und auf Beispiele eingeht.

c) Was lässt sich abschließend über die Situation der Frauen infolge des industriellen Wandels sagen? Verfasst den Schluss eurer Erläuterung.

AFB II: 4, 5 AFB III: 1, 2, 3

Frauen auf dem Weg zur Emanzipation

Im 19. Jahrhundert hatten Frauen in Deutschland weitaus weniger Rechte als Männer. Wie wurde das begründet und was unternahmen Frauen dagegen?

Emanzipation
Abbau von Benachteiligungen in Recht, Politik, Bildung und Beruf

D1 W18
Website
Digitales deutsches Frauenarchiv

VT1 Haushalt und Beruf

Besonders in der zweiten Hälfte des Jahrhunderts galt der bürgerliche Haushalt als gesellschaftliches Vorbild. Die Aufgaben der Ehefrau sollten die Haushaltsführung und die Kindererziehung sein. Politische Betätigung war Frauen nicht erlaubt.
Weibliche Berufstätigkeit galt im Bürgertum als nicht standesgemäß. Dagegen waren Arbeiterfamilien oft auf ein zusätzliches Einkommen angewiesen. Viele Frauen arbeiteten in der Textilherstellung, entweder in der Fabrik oder in Heimarbeit. Die Arbeiterinnen mussten sich zusätzlich um den Haushalt und die Kindererziehung kümmern. Um die Jahrhundertwende entstand allmählich ein neues Berufsfeld für Frauen des Bürgertums. Sie arbeiteten in Büroberufen, in denen kaum körperliche Arbeit geleistet werden musste.

VT2 Frauenbewegungen

Frauen lehnten sich gegen ihre rechtliche Benachteiligung auf. Seit 1865 gab es den von Louise Otto-Peters gegründeten bürgerlichen Allgemeinen Deutschen Frauenverein. Seine Ziele waren bessere Bildungs- und Berufschancen für Frauen. Die Forderung nach politischer Gleichberechtigung und dem Frauenwahlrecht war in der bürgerlichen Frauenbewegung umstritten.
Um mehr Rechte und bessere Bildungsmöglichkeiten ging es auch der proletarischen Frauenbewegung, in der Clara Zetkin eine wichtige Rolle spielte (Q3). Ihr Ziel war die vollständige Frauen**emanzipation** in einer neuen, gleichberechtigten Gesellschaft. Aber selbst die Sozialdemokraten taten sich schwer damit, die Forderungen der Frauen anzuerkennen. Erst 1891 wurden diese ins Parteiprogramm aufgenommen.

Q1 Aufruf zum Frauentag 1914
Plakatausschnitt, Entwurf Karl Maria Stadler, 1914

VT3 Kleine Fortschritte

Erste Schritte in Richtung Gleichberechtigung gab es erst gegen Ende des Kaiserreiches (Q1, Q2). 1908 erhielten Frauen das Recht, sich in Parteien und Vereinen politisch zu betätigen. Im selben Jahr wurden in Preußen Frauen zum Studium zugelassen und die höheren Mädchenschulen den Knabenschulen annähernd gleichgestellt. Das Wahlrecht erhielten die Frauen allerdings erst im November 1918.
Heute sind Frauen den Männern rechtlich vollkommen gleichgestellt (Q4). Die tatsächliche Gleichstellung ist allerdings immer noch nicht überall erreicht. Frauen verdienen nach wie vor oft weniger als Männer auf vergleichbaren Positionen, sie arbeiten häufiger in Teilzeit und nehmen weitaus seltener berufliche Führungspositionen ein. In den Köpfen wirken noch immer alte Rollenbilder nach.

Schon gewusst?
1911 wurde zum ersten Mal ein Internationaler Frauentag gefeiert. Zur Erinnerung an die Beteiligung von Frauen an der russischen Februarrevolution 1917 legte später zunächst die kommunistische Frauenbewegung den 8. März als Datum fest. Dem schlossen sich 1975 die Vereinten Nationen an. In zahlreichen Ländern ist heute der 8. März ein gesetzlicher Feiertag. In Deutschland ist dies nur in Berlin und in Mecklenburg-Vorpommern der Fall.

Q2 Männer- und Frauenrechte 1900

Aus dem „Bürgerlichen Gesetzbuch“ (BGB) von 1900:

§. 1354. Dem Manne steht die Entscheidung in allen das gemeinschaftliche eheliche Leben betreffenden Angelegenheiten zu; [...]

§. 1356. Die Frau ist, unbeschadet[1] der Vorschriften des § 1354, berechtigt und verpflichtet, das gemeinschaftliche Hauswesen zu leiten.

Zu Arbeiten im Hauswesen und im Geschäfte des Mannes ist die Frau verpflichtet, soweit eine solche Thätigkeit nach den Verhältnissen, in denen die Ehegatten leben, üblich ist. [...]

§. 1363. Das Vermögen der Frau wird durch die Eheschließung der Verwaltung und Nutznießung[2] des Mannes unterworfen [...].

§. 1627. Der Vater hat kraft[3] der elterlichen Gewalt das Recht und die Pflicht, für die Person und das Vermögen des Kindes zu sorgen.

1 in Einklang mit
2 Verwendung
3 aufgrund

Zit. nach https://www.koeblergerhard.de/Fontes/BGBDR18961900.htm (Zugriff: 05.04.2024).

Q3 Forderungen der Frauenbewegung

Aus dem Programm des bürgerlichen Allgemeinen Deutschen Frauenvereins, 1905:

I. Bildung. [...]

b) eine Reorganisation der höheren Mädchenschule, durch welche diese, unbeschadet[1] ihrer dem Wirkungskreise der Frau entsprechenden Besonderheit, den höheren Knabenschulen gleichwertig wird [...].

c) unbeschränkte Zulassung ordnungsgemäß vorgebildeter Frauen zu allen wissenschaftlichen, technischen und künstlerischen Hochschulen.

II. Berufstätigkeit. [...] In Anbetracht der großen Zahl von Frauen, die unverheiratet bleiben, und der weiteren Zahl derer, die in der Ehe keine ausreichende wirtschaftliche Versorgung finden können, ist die Berufsarbeit der Frau eine wirtschaftliche und sittliche[2] Notwendigkeit.

1 in Einklang mit
2 soziale

Zit. nach Gerhard A. Ritter/Jürgen Kocka (Hrsg.): Deutsche Sozialgeschichte. Dokumente und Skizzen, Bd. II: 1870–1914, C. H. Beck, München 1974, S. 422–424.

Q4 Männer- und Frauenrechte 2023

Aus dem „Bürgerlichen Gesetzbuch“ (BGB) von 2023:

§ 1354 (weggefallen)

§ 1356 (1) Die Ehegatten regeln die Haushaltsführung im gegenseitigen Einvernehmen. [...] (2) Beide Ehegatten sind berechtigt, erwerbstätig zu sein. [...]

§ 1363 (1) Die Ehegatten leben im Güterstand der Zugewinngemeinschaft[1], wenn sie nicht durch Ehevertrag etwas anderes vereinbaren. [...]

§ 1627 Die Eltern haben die elterliche Sorge in eigener Verantwortung und in gegenseitigem Einvernehmen zum Wohl des Kindes auszuüben. Bei Meinungsverschiedenheiten müssen sie versuchen, sich zu einigen.

1 In der Ehe bleibt das Vermögen der Ehepartner getrennt. Endet jedoch die Ehe, wird das in dieser Zeit erworbene Vermögen gleichmäßig auf beide Ehepartner aufgeteilt.

Zit. nach http://www.gesetze-im-internet.de/bgb (Zugriff: 05.04.2024).

Erster Blick

1 Veranstaltet ein Brainstorming zum Thema „Gleichstellung von Männern und Frauen“.

Frauenrechte und -forderungen

2 Fasse zusammen, welche Rechte Männer und Frauen ab 1900 hatten (Q2).

3 Vergleiche die Forderungen der bürgerlichen Frauen und der Arbeiterbewegung (Q1, Q3, VT2). Beurteile ihre Erfolge (VT3).

4 SP Eine Tochter aus einer Arztfamilie möchte als Sekretärin arbeiten. Ihr Vater lehnt das ab. Formuliere anhand des VT für beide Seiten historisch passende Argumente. ○ → S. 263

5 Vergleiche die rechtliche Situation von Frauen heute und um 1900 (Q2, Q4).

6 MK Informiere dich mit D1 W18 über eine Akteurin der Frauenbewegung. Stelle sie der Klasse vor. ●

AFB I: 1, 2 AFB II: 4, 6 AFB III: 3, 5

Die soziale Frage

Die Industrialisierung brachte langfristig wirtschaftliches Wachstum und modernisierte den Alltag, aber gleichzeitig lebte ein Teil der Bevölkerung in bedrückender Armut. Mit welchen Problemen hatten die Menschen zu kämpfen?

Agrarreformen
Abhängige Bauern werden persönlich frei und können ihr Dorf verlassen, um woanders zu arbeiten. Sie brauchen auch nicht mehr die Einwilligung des Grundherrn, wenn sie heiraten wollen.

Pauperismus
Eine im 19. Jahrhundert auftretende neue Form der Massenarmut, die nicht mehr nur einzelne Personen betrifft, sondern eine große Gruppe, die auch bei anstrengendster Arbeit kein ausreichendes Einkommen erzielt.

VT1 Neue Massenarmut

Als Folge der **Agrarreformen** der deutschen Staaten zu Beginn des 19. Jahrhunderts verschlechterte sich die Lage der unterbäuerlichen, abhängigen Landbevölkerung und vieler Kleinbauern erheblich, denn sie hatten kein Geld, um sich eigenes Acker- und Weideland zu kaufen. Zur gleichen Zeit brach das Heimgewerbe zum Teil weg, das auf dem Land im Familienverband ausgeübt wurde. Gegen die günstigen in England gefertigten Industrieprodukte konnte es nicht bestehen. Weitere Belastungsfaktoren waren das enorme Bevölkerungswachstum nach 1815 und wiederholte Missernten. Die drohende Verarmung, die neue Freiheit, weggehen zu können, und die Hoffnung auf ein besseres Leben trieben einen Teil der Landbevölkerung zur Auswanderung nach Übersee, der größte Teil wanderte aber in die Städte ab. Dort gab es nach der verkündeten Gewerbefreiheit im Handwerk und dem Bevölkerungswachstum mehr Gesellen als Arbeitsplätze, denn die Industrialisierung kam erst langsam in Gang und stellte in der ersten Hälfte des Jahrhunderts noch nicht genügend Arbeitsplätze zur Verfügung. Die Folge waren sinkende Löhne und steigende Arbeitslosigkeit. Die Städte waren auf einen Ansturm der Landbevölkerung nicht vorbereitet. Es fehlten Wohnungen, eine Gesundheitsinfrastruktur wie Wasserversorgung und -entsorgung (Q1, Q3). Die mangelnde Hygiene in den Armenquartieren war der Nährboden für Krankheiten. Die Krise mit Verelendungserscheinungen wie Hunger, Kinderarbeit (Q2, Q3), überlangen Arbeitszeiten, erbärmlichen Wohnverhältnissen und schweren gesundheitlichen Schäden erreichte Mitte der 1840er-Jahre ihren Höhepunkt und wurde als **Pauperismus** bezeichnet.

VT2 Die soziale Frage

Seit der Mitte des Jahrhunderts fand die Landbevölkerung in den Fabriken der enorm wachsenden Städte neue Arbeitsplätze. Dabei waren die Arbeitsbedingungen oft katastrophal und die Arbeitszeiten betrugen zehn bis zwölf Stunden. Innerhalb der Arbeiterschaft gab es eine ausgeprägte Hierarchie zwischen relativ gut verdienenden Facharbeitern und wesentlich schlechter gestellten, ungelernten Arbeiterinnen und Arbeitern. Für diese Gruppe blieben die Wohnverhältnisse in den Städten bedrückend. Die Löhne in den Fabriken für die Geringqualifizierten waren oft so niedrig, dass viele Menschen dauerhaft am Rande des Existenzminimums lebten. Der Lohn eines Arbeiters reichte oft kaum für den Lebensunterhalt seiner Familie aus. Ehefrauen und Kinder mussten einen Teil zum Lebensunterhalt beitragen. Manche Familien waren gezwungen, ein Zimmer oder Bett in ihrer engen Wohnung zu vermieten. Wenn die Arbeiter aufgrund von Krankheit oder Alter nicht mehr arbeiten konnten oder entlassen wurden, drohte die Verelendung. All diese Probleme wurden als „soziale Frage" zusammengefasst.

Q1 Baracken der Obdachlosen in Berlin
Holzstich nach einer Zeichnung von Georg Koch, 1872

Q2 „Einmal ausschlafen“

Adelheid Popp (1869–1939) muss nach drei Jahren Schule als zehnjähriges Kind in der Fabrik arbeiten.

Wir zogen in die Stadt zu einem alten Ehepaar in eine kleine Kammer, wo in einem Bett das Ehepaar, im andern meine Mutter und ich schliefen. Ich wurde in einer Werkstätte aufgenommen, wo ich Tücher häkeln lernte; bei zwölfstündiger fleißiger Arbeit verdiente ich 20 bis 25 Kreuzer[1] am Tag [...]. Wenn ich frühmorgens um 6 Uhr in die Arbeit laufen mußte, dann schliefen andere Kinder meines Alters noch. Wenn ich um 8 Uhr abends nach Hause eilte, dann gingen die anderen gut genährt und gepflegt zu Bette. Während ich gebückt bei meiner Arbeit saß und Masche an Masche reihte, spielten sie, gingen spazieren oder sie saßen in der Schule. Damals nahm ich mein Los als etwas Selbstverständliches hin, nur ein heißer Wunsch überkam mich immer wieder: mich nur einmal ausschlafen zu können.

1 Münze von geringem Wert

Adelheid Popp: Jugend einer Arbeiterin. Hrsg. v. Hans J. Schütz. Dietz, Bonn 1980, S. 36.

Q3 Kinderarbeit

Zigarrenherstellung in Berlin. Foto, um 1910

Q4 Wohnungselend

Der Journalist und SPD-Politiker Albert Südekum (1871–1944) begleitete 1908 seinen Freund, einen Arzt, bei Hausbesuchen in Berliner Mietskasernen.

In diesem Quergebäude gab es fast nur zweiräumige Wohnungen, aus Stube und Küche bestehend. Viele Mieter teilten ihre Räume noch mit Schlafburschen oder Logiermädchen. Die Patientin meines Freundes, die Frau eines Gelegenheitsarbeiters, [...] litt an einer schmerzhaften Fußverstauchung und Sehnenzerrung, die sie sich durch einen Fall auf der Treppe beim Zeitungsaustragen zugezogen hatte. Der „Fall“ war medizinisch betrachtet nicht bedenklich. Um so schärfer trat hier hervor, welchen Jammer schon ein kleiner Unfall, eine leichte Erkrankung in das sogenannte Heim des Armen bringt. Nur wenig ärmlicher Hausrat fand sich in dem unwohnlichen Raum. [...] Außer der Frau und ihrem Manne lebten in dieser Küche noch drei Kinder, von denen das älteste, ein Mädchen, 14 Jahre, die beiden Knaben etwa 7 und 4 Jahre alt waren. [...] Wie die Familie schlief? Mann und Frau in dem einzigen Bett. Die Kinder wurden auf ausgebreiteten Kleidungsstücken untergebracht und durften erst dann ins Bett kriechen, wenn Vater und Mutter – gewöhnlich vor 5 Uhr morgens – aufgestanden waren. [...] Den ganzen Hausstand mußte das 14-jährige Mädchen besorgen, das stundenweise als Ausläuferin beschäftigt war.

Albert Südekum: Großstädtisches Wohnungselend, Berlin 1908, S. 15–18.

Erster Blick

1 Stelle Vermutungen an, was mit dem Begriff „soziale Frage“ gemeint sein könnte.

Gründe für die Landflucht

2 Stelle die Gründe für die in der ersten Hälfte des 19. Jahrhunderts auftretende neue Form der Massenarmut in einer Mindmap zusammen (VT1).

Soziale Missstände

3 SP Schreibe für eine Zeitung im Kaiserreich eine Reportage über den Alltag von Kindern, die arbeiten müssen (VT2, Q2–Q4).
○ → S. 263

4 MK Arbeitet zu zweit: Wählt zwei Erklärvideos zur „sozialen Frage“ auf einer Videoplattform aus und analysiert jeweils ein Video. Welches würdet ihr euren Mitschülern empfehlen?

AFB I: 1 AFB II: 2, 3 AFB III: 4

Video: Kapitelsteckbrief V10
Industrialisierung und soziale Frage

1 Die Industrialisierung – gut erklärt?

MK Ein Erklärvideo erschließen

Fasst arbeitsteilig zusammen, wie das Erklärvideo (D1 V11) die einzelnen Phasen der Industrialisierung darstellt. Vergleicht die Informationen aus dem Video mit eurem Wissen über die Zeit der Industrialisierung. Diskutiert dann über Stärken und Schwächen des Erklärvideos.

D1 V11
Erklärvideo
Die Industrialisierung

2 Überblickswissen zur Industrialisierung

SP Begriffe erklären

Schreibe die Erklärungen und den jeweils gesuchten Begriff auf. Setze mithilfe der Zahlen die Buchstaben für das Lösungswort zusammen.

- **A** Leitsektor der Industrialisierung in England (5)
- **B** Transportmittel, das den Industrialisierungsprozess beschleunigte (9)
- **C** James Watt machte diese Maschine effektiver. (1)
- **D** planmäßig angelegte Straße (4)
- **E** Erfinder der ersten Spinnmaschine (10)
- **F** wissenschaftliche Methode zur zahlenmäßigen Erfassung und Darstellung einer Entwicklung (4)
- **G** Zusammenschluss von Staaten in Deutschland zu einem einheitlichen Handelsgebiet (7)
- **H** mehrstöckiges Wohnhaus für Arbeiter (2)
- **I** neue Form der Massenarmut (2)
- **J** neuer technischer Beruf für Frauen (3)
- **K** Beruf, der den „alten" Werkmeister ablöste (1)
- **L** neue Einkaufsmöglichkeit in den Großstädten (8)
- **M** Vordenker der freien Marktwirtschaft (3)
- **N** schwerindustrielles Zentrum Deutschlands (6)
- **O** Berliner Eisenbahnkönig (3)
- **P** Ausbreitung städtischer Lebensformen (1)
- **Q** künstliche Wasserstraße (3)
- **R** Chemiker, der den Mineraldünger entwickelte (6)

3 Urbanisierung

Einen Text auswerten

a) Arbeite aus der Textquelle Q1 heraus, wie öffentliche Hygiene und Industrialisierung zusammenhängen.

b) Überall in Deutschland übernahmen die Städte selbst den Aufbau einer Kanalisation. Suche nach einer Begründung dafür.

Q1 Öffentliche Hygiene in Berlin, um 1835

In einem Rückblick von 1907 heißt es dazu:

Die besseren Wohnungen hatten ihre Kloseträume[1], aber ohne Abfluß. Nachts durchfuhren geschlossene Wagen [...] die Straßen. Jeder dieser Wagen führte etwa hundert verdeckte Eimer. Zehn bis zwölf mit Laternen ausgerüstete alte Frauen begleiteten das unheimliche Gefährt, drangen mit leeren Eimern in jedes Haus, holten die gefüllten und stellten sie in den Wagen. [...] Jedes Haus hatte auf dem Hofe Abtritte[1] für die kleineren Mieter und die Dienerschaft. Zu jedem Abtritt gehörte eine Senkgrube von 2–3 Metern Tiefe und Breite. War diese gefüllt, was etwa alle zwei Monde[2] der Fall war, dann kamen Bauern aus den naheliegenden Dörfern, schaufelten den kostbaren Inhalt in ihre offenen, keineswegs undurchlässigen Kastenwagen und fuhren holpernd, stuckernd, „von Düften duftend süß" und deutliche Spuren hinterlassend, der Heimat zu! Von diesen unbeschreiblich ekelhaften und gesundheitsschädlichen Plagen hat uns Anfangs der sechziger Jahre die Kanalisation erlöst!

1 Toiletten
2 Monate

Zit. nach Hartwig Brandt/Ewald Grothe (Hrsg.): Quellen zur Alltagsgeschichte der Deutschen 1815–1870. Wissenschaftliche Buchgesellschaft, Darmstadt 2005, S. 44 f.

4 Veränderung der Arbeitswelt

Eine Statistik auswerten

Untersuche, wie sich durch die Industrialisierung die Arbeit in Deutschland veränderte. Werte dazu die Statistik D2 aus. Nutze die Arbeitsschritte zur Auswertung von Statistiken von S. 143.

5 Arbeit und soziale Sicherung

Eine Bildquelle untersuchen

a) Schreibe einen Zeitungsbericht zu dem Unfall in einer Maschinenfabrik (Q2). Beschreibe dazu das Bild und achte dabei auch auf die Antriebsart der Maschinen.
b) Finde heraus, auf welche Weise versucht wurde, die Folgen solcher Arbeitsunfälle zu mildern (S. 168–171).
c) Formuliere ein Merkblatt für die Arbeiter, wie solche Unfälle zu vermeiden sind.

D2 Entwicklung der Beschäftigungsbereiche im 19. Jahrhundert in Deutschland

Beschäftigungsbereich	1800	1850	1900
Land- und Forstwirtschaft, Fischerei	62 %	55 %	38 %
Produktion von gewerblichen und industriellen Gütern	21 %	24 %	37 %
Dienstleistungen	17 %	21 %	25 %
Beschäftigte insgesamt (in Mio.)	10,5	15,8	25,5

Zusammengestellt nach Friedrich Wilhelm Henning: Die Industrialisierung in Deutschland 1800–1914. 8. Aufl. Schöningh, Paderborn 1993, S. 20.

Q2 Unfall in einer Maschinenfabrik

Nachträglich kolorierter Holzstich nach einer Zeichnung von Johann Bahr, 1889, 32,4 × 48 cm

5

Längsschnitt 1000 bis heute

Armut und Reichtum

Oft heißt es, dass die wachsende Ungleichheit zwischen Armen und Reichen ein Risiko für unsere Demokratie darstellt. Menschen fürchten soziale Unterschiede, weil sie glauben, dass diese zu politischen und gesellschaftlichen Unruhen führen. Aber ist das zwangsläufig so? Wie sind Menschen früher mit gesellschaftlichen Unterschieden umgegangen? Wer galt im Laufe der Geschichte als arm und wer als reich? Und wie sind die Menschen dieser Ungleichheit begegnet?

1000

1250

ab dem 11. Jahrhundert
Zahlreiche neue Städte werden gegründet.

ab 1200
Entstehung der Bettelorden

1348/49
Pestepidemie in Europa

15. Jahrhundert
Aufstieg der Kaufleute

D1 Karte zu Einkommensverhältnissen in einem Berliner Stadtteil

Abbildung der Einkommen von Einwohnern in Berlin, nördlich und südlich der Bernauer Straße, 2023

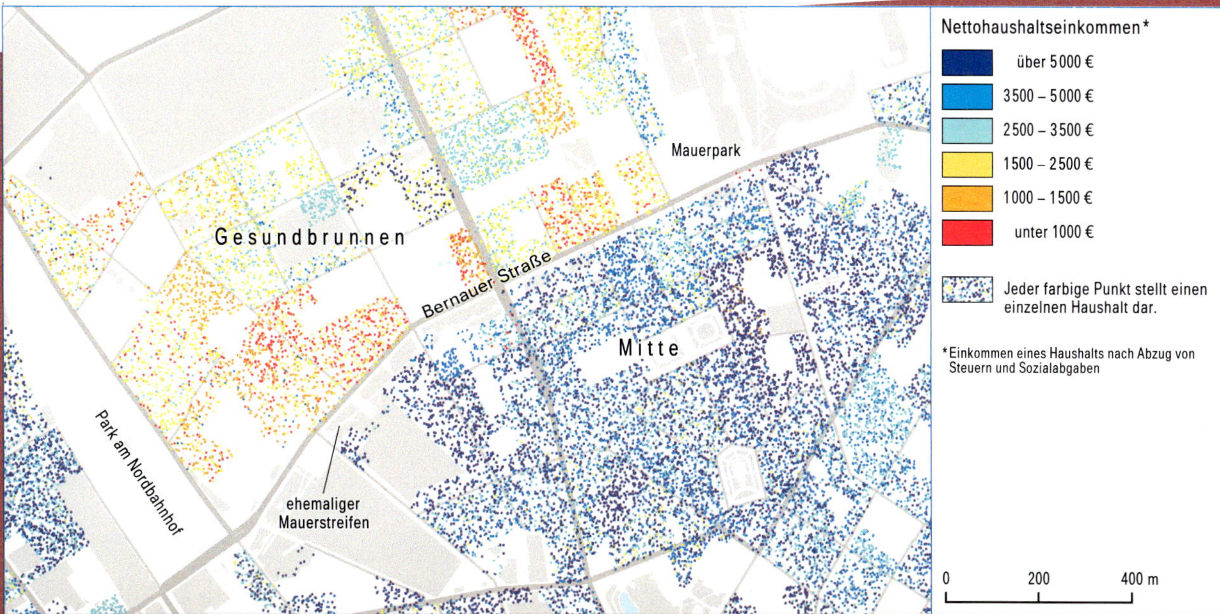

1500 — 1700 — 1900

1609
Das erste deutsche Armenhaus wird in Bremen gegründet.

1848
Karl Marx und Friedrich Engels veröffentlichen „Das Kommunistische Manifest".

1875
Gründung der Sozialistischen Arbeiterpartei, des Vorläufers der SPD

ab 1883
Sozialgesetzgebung in Deutschland

Orientieren und Entdecken

Wo begegnen euch Armut und Reichtum in eurem Alltag? Sammelt Beispiele und erstellt eine Mindmap.

Q1 zeigt eine Statue zum Thema Armut, die für großes Aufsehen und Diskussion gesorgt hat. Warum? Sammelt eure Ideen.

In diesem Kapitel werdet ihr in einem Längsschnitt zum Thema „Armut und Reichtum" verschiedene Epochen untersuchen. Studiert die Zeitleiste. Welche Epochen kennt ihr bereits? Wie grenzt man sie voneinander ab? Fasst euer Wissen in jeweils drei Sätzen pro Epoche zusammen.

Die Karte **D1** zeigt, wie Menschen mit unterschiedlichen Einkommen in einer deutschen Stadt wohnen. Beschreibe in einem Satz, was du siehst. Erkläre in einem zweiten Satz, wie es zu einem solchen Bild kommen kann.

Q1 Obdachloser Jesus

Bronzeskulptur des kanadischen Künstlers Timothy Schmalz. Von der Skulptur gibt es weltweit über 50 Exemplare. Die abgebildete Skulptur wurde 2019 in Liverpool aufgestellt.

Armenfürsorge im Mittelalter – wie kommt ein Reicher in den Himmel?

Die Menschen des Mittelalters akzeptierten Armut als wichtigen Bestandteil ihrer Lebenswelt. Besonders in der städtischen Gesellschaft gehörten die Armen zum Straßenbild. Warum ließen die Leute diesen Zustand zu, statt ihn zu ändern?

Hunger
Ein Mensch hungert, wenn er dauerhaft weniger Energie aus Nahrungsmitteln erhält, als nötig wäre, um gesund zu bleiben. Hunger kann einen Erwachsenen in sechs bis zehn Wochen töten.

Armut
Wir unterscheiden heute absolute und relative Armut. Als absolut (oder extrem) arm gilt, wer seine physischen Grundbedürfnisse nicht befriedigen kann. Heute ist das eine Person, die weniger als 1,90 US-Dollar pro Tag zur Verfügung hat. Relative Armut ist gemeint, wenn jemand weniger als die Hälfte des Durchschnittseinkommens zur Verfügung hat.

Almosen
(altgriech. = Mitleid) Geld- oder Sachspenden für einen Bedürftigen

VT1 Wer war arm im Mittelalter?

Aus unserer heutigen Sicht waren die meisten Menschen im Mittelalter arm. Die Landbevölkerung lebte von der Hand in den Mund, und wenn schlechtes Wetter ihre Ernte zerstörte, litten die Menschen an **Hunger**. Auch Arbeiter in den Städten lebten ein sehr einfaches Leben, das ihnen keine Vorsorge für schlechtere Zeiten ermöglichte. Hier war die Selbstversorgung noch schwieriger als auf dem Land.

Seit dem 11. Jahrhundert waren in Europa zunehmend Städte entstanden. Bettelnde in großer Zahl gehörten bald zum alltäglichen Stadtbild. Als arm galt, wer sich nicht um die eigene Versorgung, also das eigene Überleben kümmern konnte. Das waren zum Beispiel Menschen, die ihren Besitz durch Kriege oder Überfälle verloren hatten. Auch wer wegen einer Verletzung, einer Krankheit oder seines hohen Alters nicht für sich sorgen konnte, war „ein armer Mann“. Die Mehrheit der Armen waren allerdings unverheiratete und verwitwete Frauen.

Menschen haben **Armut** aber zu allen Zeiten sehr unterschiedlich empfunden. Im Mittelalter hätten sich vermutlich nur sehr wenige Menschen selbst als arm bezeichnet. Viel wichtiger war für sie die Frage, ob sie frei oder unfrei, geschützt oder schutzlos oder ob sie von höherem oder von niederem Stand waren.

VT2 Jesus als Retter der Armen

Für die Menschen des Mittelalters war das Leben in der Gemeinschaft ebenso zentral wie das Leben mit und für Gott. Das wichtigste soziale Netz bot die eigene Familie, die einem in Krankheit und Not half. Jesus verkörperte dabei das Idealbild der christlichen Nächstenliebe. Er hatte Arme und Kranke nicht nur als Bestandteil der Gesellschaft akzeptiert, sondern ihnen sogar besondere Zuwendung gewidmet (Q4).

Daher forderte auch die Kirche, dass alle Gläubigen freiwillig den zehnten Teil ihres Besitzes abgeben sollten, damit sie Bedürftigen helfen konnte. Später zog die Kirche diesen Zehnten wie eine Steuer ein. Die Armen bekamen **Almosen**, die vor allem an Festtagen, bei Hochzeiten oder Begräbnissen von Mitmenschen gespendet wurden. Auch andere Randgruppen wie Gaukler, Wahrsager oder Menschen mit Behinderungen wurden bedacht (Q1, Q3, Q5).

Q1 Der heilige Martin

St. Martin ist eine der am häufigsten dargestellten Figuren des Mittelalters. Er soll im 4. Jahrhundert seinen Soldatenmantel mit einem frierenden Bettler geteilt haben. Wandfresko, 14. Jahrhundert

Zur Fürsorge für die Armen organisierte die Kirche Herbergen für Arme und Kranke, in denen sie leben und essen konnten. Häufig wurden diese Unterkünfte direkt von reichen Bürgern oder Adligen finanziert, indem diese zu Lebzeiten oder in ihrem Testament der Kirche Gelder oder Ländereien vermachten.

VT3 Betteln als Gewinn für alle?

Die Menschen des Mittelalters bewerteten Armut nicht als Problem oder Ungerechtigkeit. In der mittelalterlichen Ständeordnung waren die Menschen selbstverständlich ungleich. Das Leben der Leute war durchdrungen von einem tiefen Glauben, der die Welt als von Gott geschaffenes, geordnetes System verstand, dessen Einzelteile sinnvoll zueinander passten. Die Ständeordnung wurde als Spiegel der göttlichen Ordnung gesehen. Arme Menschen hatten einen wichtigen Platz, weil sie den Reichen die Möglichkeit gaben, durch wohltätige Almosen die eigene Seele zu retten. Die regelmäßige finanzielle Unterstützung der Armen sollte den Reichen einen Platz im Himmel sichern. Über Almosen konnten sie ihre Sünden sühnen und gleichzeitig die eigene Frömmigkeit und den eigenen Reichtum zeigen.
Das Betteln war somit allgemein anerkannt als ein wechselseitiges Geben und Nehmen: Die Armen beteten für die Almosengeber und trugen so aktiv zu deren Seelenheil bei (Q5).

VT4 Armut als Lebensstil

Nicht jeder im Mittelalter fand, dass die Kirche die Werte von Jesus Christus angemessen vertrat. Immer wieder kritisierten Menschen, dass die Geistlichen sich prunkvoll kleideten und ausschweifend lebten, obwohl sie vom armen Jesus als Vorbild predigten. Mit der Zeit bildeten sich Gruppen von Mönchen, die beschlossen, dass nur ein Leben in absoluter selbstgewählter Armut ein wirklich gottgefälliges Leben sei. Diese Mönche gründeten **Bettelorden** (zum Beispiel Franziskaner und Dominikaner), in denen Armut als Abkehr von der Welt gefeiert wurde. Ihnen war es weder erlaubt, Eigentum zu besitzen, noch einer Arbeit nachzugehen (Q6). Einer der bekanntesten dieser Mönche war Franz von Assisi (1181/2–1226). Geboren als Sohn eines reichen italienischen Tuchhändlers, warf er als Erwachsener seinem Vater die teuren Kleider vor die Füße und verzichtete auf alles Geld. Als Gründer des Franziskanerordens rief er zu einem bedürfnislosen Leben und zur Fürsorge für die Armen auf. Anders als die klassischen Mönche waren die Bettelmönche im Stadtbild sehr präsent.

Q2 Das Leben als Glücksrad

Englische Buchmalerei um 1470. Eine verbreitete Idee im Mittelalter ist die Vorstellung vom Glücksrad als Symbol für die launische Natur des Schicksals, verkörpert in Frau Fortuna rechts im Bild.

VT5 Was können wir wissen?

Vom Leben reicher und adliger Menschen im Mittelalter zeugen viele Gemälde, Briefe oder Fensterbilder und Teppiche. Die Lebensumstände der Armen lassen sich hingegen nur schwer rekonstruieren (D1). Nur in Ausnahmefällen konnten arme Menschen schreiben. Selten wurden sie gemalt. Einzelne Informationen geben uns Testamente, Bewaffnungslisten und Steuerbücher.

→ Themen verknüpfen
Zur Ständeordnung im Mittelalter kannst du noch einmal auf Seite 30/31 nachlesen.

Bettelorden
Bettelorden sind christliche Ordensgemeinschaften, die sich einem Leben in Armut verpflichten.

Q3 Armenspeisung

Französische Buchmalerei aus dem 13. Jahrhundert.

Q4 Vorbild Jesu

Aus dem Evangelium des Matthäus:

Jesus sprach zu ihm: Willst du vollkommen sein, so geh hin, verkaufe, was du hast, und gib's den Armen, so wirst du einen Schatz im Himmel haben.

Die gute Nachricht, Matthäus 19,12. Übersetzung Lutherbibel, revidiert 2017, © 2016 Deutsche Bibelgesellschaft, Stuttgart.

Q5 Gottes Ordnung

Aus der Lebensgeschichte des Heiligen Eligius:

Gott hätte alle Menschen reich erschaffen können, aber er wollte, dass es auf dieser Welt Arme gibt, damit die Reichen Gelegenheit erhalten, sich von ihren Sünden freizukaufen.

Borislaw Geremek: Geschichte der Armut. Übers. v. Friedrich Griese. Artemis, München 1988, S.27.

Q6 Freiwillig arm

Aus der Weltchronik des Burchard von Ursberg über die Bettelmönche (1210):

(Die Franziskaner) gingen mit ganz nackten Füßen einher, sowohl im Sommer wie im Winter, und sie nahmen weder Geld noch irgend etwas anderes entgegen außer Speisen und wenn manchmal jemand ihnen freiwillig die notwendige Kleidung auftrug, denn niemanden baten sie um irgend etwas.

Ernst Pitz: Leben im Mittelalter. Piper, München 1990, S.372.

Erster Blick

1 Betrachte die Überschrift des Kapitels und überlege mit deinem Nachbarn: Was könnte mit dieser Frage gemeint sein?

Was wissen wir?

2 MK Zur Untersuchung im Längsschnitt kannst du Fragen an ein Thema formulieren, die du für die unterschiedlichen Epochen immer wieder anwendest, z.B.: Wer galt als arm? Was waren Ursachen für Armut? Erstelle eine Tabelle oder verwende das AB1 D20 und fülle es mithilfe des VT aus.

Armut als Teil der göttlichen Ordnung

3 SP Arbeite heraus, wie Menschen die Existenz von Armen in der Gesellschaft begründeten (VT3, Q2 und Q5). Schreibt zu zweit einen Dialog: Ein Stadtbewohner des Mittelalters erklärt einer Person aus der Gegenwart, warum es Arme gibt und andersherum.

Vorbilder der Barmherzigkeit

4 Beschreibe das Bild Q1. Notiere in einem Satz: St. Martin ist ein Vorbild, weil …

5 Q3 zeigt eine Person, die Almosen verteilt. Informiere dich noch einmal in Q4, Q7 und VT2: Was sind Almosen? Dann beschreibe den Almosengeber in Q3. Erläutere, wie er dargestellt ist. Wird er als Vorbild präsentiert?

6 Im Jahr 2013 benannte sich Papst Franziskus nach dem Vorbild des Franz von Assisi. Begründe, warum Franz ein Vorbild für ihn war (Q6, VT4).

7 SP Arbeite mit einem Partner. Partner A schreibt einen Werbebrief eines Franziskanermönchs im Jahr 1230, in dem er neue Mitglieder anwerben will. Lies dazu Q4 und Q6 und benutze folgende Be-

Q7 Almosentasche um 1340

Reiche Menschen besaßen im Mittelalter eine Almosentasche, die sie gut sichtbar durch die Straßen trugen, um ihr Geld für die Armen zu entnehmen. Diese Almosentasche ist aus Seide auf Leinenstoff gefertigt und mit Golddraht und Glasperlen bestickt.

D1 Das Schweigen der Geschichte

Der italienische Historiker Armando Sapori machte sich im Jahr 1982 Gedanken über die Armen in der Geschichtsschreibung. Er betont, dass wir sehr wenig über sie wissen können, weil nur wenig überliefert ist:

Von dem Armen geht alles mit dem Tode unter: Das Dunkel des Lebens findet seine Entsprechung im Vergessen.

Zit. nach Wolfram Fischer: Armut in der Geschichte. Vandenhoeck & Ruprecht, Göttingen 1982, S. 7.

AB1 D20

Arbeitsblatt

Ergebnissicherung: Längsschnitt „Armut und Reichtum"

griffe: „Nachfolge Christi", „Nächstenliebe". Partner B schreibt einen Brief aus der Gegenwart. Auch er wirbt dafür, aus der Gesellschaft „auszusteigen". Formuliert Argumente und Verlockungen. Vergleicht danach eure Briefe.

Helfen für das gute Gewissen?

8 SP Entwerft einen Dialog in Partnerarbeit. Ein adliger Grundherr des Mittelalters liegt im Sterben und erklärt seinem Sohn, was dieser in seiner Grabrede über den Vater sagen soll. Benutzt folgende Begriffe: Almosen für die Armen, armer Sünder, Barmherzigkeit, … (VT3, Q5).

9 MK Im Mittelalter versprachen sich die Menschen von ihrer Nächstenliebe Fürsprecher im Himmel. Warum helfen Menschen heute? Recherchiere im Internet: Welche Spendengalas sind heute beliebt bei den Deutschen? Für wen spenden diese? Erläutere: Warum spenden Menschen? Was versprechen sie sich davon? ●

Was wissen wir nicht?

10 Gib das Historikerzitat in D1 in deinen Worten wieder. Beurteile: Wird man in 500 Jahren mehr über die heutigen Armen wissen oder über die heutigen Reichen? ○ → S. 263

11 Die Erzählungen über den Heiligen Martin (Q1) oder Robin Hood, die sich um die Armen kümmerten, stammen aus dem Mittelalter. Nimm Stellung: Inwiefern eignen sich solche Geschichten oder Märchen, um uns etwas über Armut und Reichtum im Mittelalter zu erzählen? ○ → S. 263

AFB I: 1, 4 AFB II: 2, 3, 5, 6, 7, 8, 9 AFB III: 10, 11

Frühe Neuzeit: Echte und unechte Arme

Im Spätmittelalter begann sich die Einstellung der Menschen zum Betteln zu ändern. In den Quellen findet sich nun häufig die Frage: Wer ist ein wirklich bedürftiger Bettler und wer ist ein unechter Bettler, der eigentlich arbeiten könnte?

Vogt
ein Beamter im Mittelalter und in der Frühen Neuzeit

Kirchspiel
ein Pfarrbezirk, in dem mehrere Ortschaften einem Pfarrer zugeordnet sind

Zuchthaus
Zuchthäuser entstanden als Sammelhäuser für Bedürftige, die dort zum Arbeiten erzogen werden sollten. Heute benutzen wir das Wort in der Bedeutung von „Gefängnis".

Q1 Bettlerpaar
Kupferstich von 1470

VT1 Bettler als Störer der Ordnung?

Bereits das Spätmittelalter war eine Zeit der Krisen, die bis in die Frühe Neuzeit dauerte. Verheerende Regenfälle, Missernten und Hungersnöte infolge einer allgemeinen Klimaabkühlung, Pestausbrüche und unzählige Kriege stürzten Familien in Tod und Armut (Q1). In einer Welt, in der es an Arbeitskräften fehlte, galten Bettler nun als Ausdruck der gestörten Ordnung. Untätigkeit und mangelnder Arbeitswille wurden jetzt als moralisches Problem angesehen.

AB1 D21
Arbeitsblatt
Ergebnissicherung: Längsschnitt „Armut und Reichtum"

VT2 Neue Einstellung zur Armut

Gleichzeitig wandelte sich seit dem Spätmittelalter generell die Einstellung zu Armut und Arbeit: Die Menschen erlernten spezialisierte Berufe, führten feste Arbeitszeiten ein und begannen zunehmend, Geld zu nutzen. Das führte dazu, dass ehrgeizige Kaufleute und Handwerker zu Vermögen kommen konnten. Reichtum wurde als Ergebnis von Fleiß betrachtet. Armut war nicht länger göttliches Schicksal, sondern selbstverschuldetes Übel.

In den großen Städten wurde es verboten, sogenannten „unechten" Bettlern Almosen zu geben. In städtischen „Bettelordnungen" wurde festgeschrieben, wem es erlaubt war zu betteln. Ein Armen- oder Bettel**vogt** war für die Überprüfung zuständig. Kranke und Alte durften ebenso weiter um Almosen bitten wie Leute, die wegen eines Verlustes oder Unfalls arbeitsunfähig waren (Q2). Sie erhielten ab dem 14. Jahrhundert Bettelzeichen, um sich ausweisen zu können. Zwar bekamen diese Menschen Unterstützung, sie wurden aber von bestimmten Aktivitäten des Soziallebens ausgeschlossen, zum Beispiel dem Wirtshausbesuch oder dem Glücksspiel.

Die wichtigste Voraussetzung, um ein Bettelzeichen zu erhalten, war, dass man im **Kirchspiel** heimisch war. Seit dem Spätmittelalter wurde die Aufenthaltsdauer fremder Bettler in den Städten auf wenige Tage eingeschränkt (Q4).

VT3 Wer half jetzt?

Die Unterstützung für die „echten" Armen organisierte in der Frühen Neuzeit nicht länger die Kirche, sondern die weltliche Stadtverwaltung, die Geld an die Armen verteilte. Betteln sollte überflüssig werden. Armenherbergen wurden zu Armenhäusern (später **Zuchthäusern**) und immer öfter wurden Bettelverbote erlassen. Wer gegen sie verstieß, musste mit harten Strafen wie der Brandmarkung oder dem öffentlichen Auspeitschen rechnen.

Schon gewusst?

Sich „anständig" zu kleiden, spielte im Mittelalter eine große Rolle. Es bedeutete, sich dem eigenen Stand angemessen anzuziehen. **Kleiderordnungen** regelten die Kleidung, die man tragen durfte, sehr genau. So konnte man Angehörige der unterschiedlichen Stände auf den ersten Blick an Stoffen und Farben unterscheiden.

Q2 Bittschrift einer Witwe

Bedürftige, die sich Hilfe aus der städtischen Armenfürsorge erhofften, wandten sich häufig in Briefen an den Bürgermeister und den Stadtrat, so wie die Witwe Anna Sophia Brauns 1708 in Osnabrück:

[...] muss [ich] höchst notdränglich klagend vortragen, wie daß mein Mann ist über 30 Jahre ein Bürger auf der Neustadt gewesen, da er als dann vor etlichen Wochen ist gestorben, und [mich] mit zwei kleinen Kindern in einem betrübten Witwenstand sitzen gelassen, davon ein Knabe in allen Gliedern ganz verlahmet, zu dem bin [ich] nicht gesund, also das [ich] meinen Kindern das Brot nicht erwerben kann. Bin derowegen genötiget christliche milde Herzen um eine christmilde Beisteuer anzusprechen.

Zit. nach Armut denken – Armut lenken. Drucke, Handschriften und Objekte erzählen aus der Frühen Neuzeit (1500–1800). Eine Ausstellungder Universität Osnabrück. Unter: https://www.ausstellung-armut-fnz.uni-osnabrueck.de/selbstdarstellungen/einleitung/bittschriften_erzaehlen_von_armut.html (Zugriff: 19.02.2024).

Q3 Verordnung eines Herzogs

Der mecklenburgische Herzog Adolf Friedrich III. ruft in einer Verordnung im Jahr 1745 dazu auf, fremden Bettlern keine Almosen zu geben:

So wird auch jeder vernünfftige von selbst erkennen, wie es GOTT weit gefällig seyn müsste für Einheimische, gebrichliche und nothleidende Haus-Arme zu sorgen, als selbigen durch frembde unbekannte Bettler und Vagabunden das Brodt von dem Munde wegnehmen zu laßen.

Adolf Friedrich III. Mecklenburg-Strelitz, 1745. Unter: https://www.km.uni-osnabrueck.de/flip/armut/5_verordnungen1745/html5/index.html?&locale=DEU&pn=1 (Zugriff: 16.02.2024).

D1 Wortwolke zur Bewertung von Armut

Die Wortwolke zeigt Begriffe aus der Verordnung des Herzogs Adolph Friedrich III. (1715), die in Zusammenhang mit Armen und Bettlern genannt werden.

Erster Blick

1 Beschreibe das Bettlerpaar (Q1). Welcher Eindruck von den Armen wird hier vermittelt?

Echte und unechte Bettler

2 Arbeite heraus, woran der Unterschied zwischen echten und falschen Bettlern in der Frühen Neuzeit festgemacht wurde (VT2). Ergänze dein AB1 D21.

3 Fasse zusammen, warum Anna Sophia Brauns 1708 um Hilfe aus der Armenfürsorge bat (Q2). Notiere das Ergebnis in AB1 D21.

4 Nenne die Gründe des Herzogs, weshalb fremde Bettler nicht versorgt werden sollten (Q4).

Diskriminierung

5 SP Untersuche die Wortwolke D1 zu den Begriffen für Arme aus einer Verordnung des frühen 18. Jahrhunderts. Beurteile, inwiefern Bedürftige über die Sprache diskriminiert wurden. ○ → S. 263

6 Erstellt eure eigene Wortwolke, indem ihr sammelt, was euch zum Begriff „Arme" in der Gegenwart einfällt. Vergleicht eure Ergebnisse mit D1. ●

AFB I: 1, 3, 4 AFB II: 2, 6 AFB III: 5

Wachsender Reichtum

Über lange Zeit in der Geschichte wurde Reichtum als Landbesitz vererbt oder gewaltsam übernommen. Beim Übergang vom Mittelalter zur Neuzeit kam es zu einem Umbruch: Erfolgreiche Kaufleute und Händler konnten sich jetzt selbst ein Vermögen erwirtschaften. Was führte zu diesem Wandel und welche gesellschaftlichen Folgen hatte er?

Hanse
Städtebund mit dem Schwerpunkt an Nord- und Ostsee. Hauptziele waren die Förderung des Handels und der Schutz der Kaufleute.

Zünfte
Als Interessensvereinigung von Handwerkern regelten die Zünfte Einkommen, Pflichten und Rechte ihrer Mitglieder.

Wechselbrief
Ein Papier, das die Auszahlung einer bestimmten Summe Geldes an einem bestimmten Ort zusichert. Händler konnten damit für ihr eingezahltes Geld einen Beleg, einen sogenannten Wechsel, bekommen und ihn anderswo wieder einlösen.

VT1 Die Macht der Kaufleute

Seit dem 11. Jahrhundert wurden in Europa viele Städte gegründet. Manche entwickelten sich zu Handels- und Marktzentren. Im späten Mittelalter entdeckten Kaufleute der **Hanse** und aus den norditalienischen Städten, dass sie durch den Fernhandel zu großen Reichtümern gelangen konnten. Salz, Pelze, Seide und seltene Gewürze waren besonders an den Höfen sehr begehrt. Die Kaufleute erschlossen Handelswege durch ganz Europa und bis nach Arabien, Indien und China.

In den Städten bildete sich eine kleine Oberschicht der Kaufleute, die sehr vermögend wurde. Diese sogenannten Patrizier wurden so selbstbewusst, dass sie Räte mit Bürgermeistern an der Spitze wählten. Ab dem 13. Jahrhundert erkämpften sich die Räte in vielen Städten die Macht und drängten den Einfluss des Adels und der Geistlichkeit zurück. Sie kontrollierten zunehmend die Wirtschaft und die Politik in der Stadt, beschlossen Gesetze und waren für Frieden und Ordnung zuständig. Da die Räte nicht bezahlt wurden, konnten nur wohlhabende Bürger solche Ämter übernehmen.

Auch Handwerker konnten Geld und Besitz anhäufen. Ihre Organisation in **Zünften** bedeutete allerdings, dass sie persönliche Bereicherung strikt ablehnten. Die Zünfte vertraten die Haltung, dass Handwerker so viel produzieren sollten, wie gebraucht wurde. Es ging ihnen nicht darum, Gewinn anzuhäufen.

VT2 Geld regiert die Welt

Mit den Händlern kamen viele Neuerungen aus anderen Ländern nach Europa. So übernahmen die Europäer zum Beispiel die arabisch-indischen Ziffern mit der Zahl Null. Italienische Kaufleute erkannten den Vorteil des Geldes und gründeten erste Banken, in denen sie Kredite und **Wechselbriefe** vergaben. Kaufleute mussten nun weder ihre Waren noch Bargeld überall in der Welt mit sich führen und konnten weniger leicht ausgeraubt werden.

Einzelne Händler, aber auch ganze Städte (besonders die Hansestädte), konnten nun sehr reich werden. Der Bedarf an Geld wuchs ständig. Kaufmannsfamilien pflegten enge Verbindungen durch ganz Europa. Kaiser, Könige und Bürgerfamilien entwickelten eine Lust am Luxus, den man bis heute an den Schlössern, Rathäusern und Wohnhäusern aus dieser Zeit erkennen kann.

VT3 Der Einfluss der Fugger

Geldverleih wurde zum wichtigen Machtinstrument. Ein Beispiel ist die Familie Fugger aus Augsburg: Der Kaufmann Jakob Fugger verwaltete ein Handelshaus mit Niederlassungen in ganz Europa. Er galt im 15. und 16. Jahrhundert als reichster Mann des Kontinents. Angefangen hatten die Fugger als Stoffhändler. Später wurden sie Bankiers und ihre Geschäfte mit Adligen und Fürsten machten sie immer mächtiger. Jakob Fugger stieg sogar zu einem der wichtigsten Geldgeber des deutschen Kaisers Karl V. auf (**Q1**). Bei der Kaiserwahl 1519 verhalf er ihm mit Bestechungsgeldern zum Erfolg. Karl V. überließ den Fuggern als Gegenleistung die Aufsicht über die größte Kupfer- und Silbermine Europas. Die Familie konnte nun selbst den Preis für die Edelmetalle bestimmen.

Schon gewusst?

Im 14. Jahrhundert entwickelte sich in Italien das **Bank- und Kreditwesen.** Der Name Bank stammt vom Wechseltisch der italienischen Kaufleute (ital.: banca). Glaubten die Kunden, der Geldverleiher habe sie betrogen, schlugen sie die Bank in Stücke. (Kaputte Bank heißt auf Italienisch: „banca rotta“.)

Q1 „Wo euer Schatz ist, da ist euer Herz"

Unter diesem Titel verfasste der Dichter Hans Sachs eine Schrift über den guten und schlechten Gebrauch von Besitz. Kolorierter Holzschnitt, 25,2 × 38,3 cm, um 1530

Q2 Die Macht der Fugger

Jakob Fugger erinnert Kaiser Karl V. 1523 in einem Brief an seine Schulden:

Allerdurchlauchtigster, großmächtigster römischer Kaiser, allergnädigster Herr! [...] Es ist allgemein bekannt und liegt offen zutage, dass Eure Majestät die römische Krone[1] ohne mich nicht erlangt hätten. [...] Demnach ist meine untertänige Bitte an Eure Kaiserliche Majestät, Sie möge meine untertänigen Dienste, die Eure Kaiserliche Majestät zu hohem Nutzen gediehen sind, gnädig bedenken und [...] veranlassen, dass mir meine ausstehende Summe Geld samt Zinsen ohne längeren Verzug entrichtet und bezahlt wird.

1 die Kaiserwürde

Zit. nach Eugen Ortner: Glück und Macht der Fugger. Lübbe, Bergisch Gladbach, 1979, S. 277 ff.

Q3 Kaiser Karl hilft den Fuggern

1522/23 beschloss der Reichstag, Monopole zu verhindern. Einzelne Kaufleute sollten nicht alleinige Verkäufer einer bestimmten Ware sein. Dazu schrieb Karl V. an seinen Verwalter:

Jakob Fugger [und andere] sollen einen Monopolhandel betreiben [...]. Nun sind wir der Meinung, daß im heiligen Reich kein Monopolhandel betrieben werden soll [...]. Dennoch können wir zurzeit aus bestimmten Gründen nicht dulden, dass gegen die genannten Kaufleute [...] vorgegangen und gegen sie ein Gerichtsverfahren eröffnet wird. Deshalb befehlen wir dir, dass du [...] bis auf einen weiteren Befehl von uns nichts mehr unternimmst.

Zit. nach Jakob Strieder: Augsburger Wirtschaftsleben und Wirtschaftsgeist im Zeitalter der Fugger. In: Heinz F. Deininger (Hrsg.): Das reiche Augsburg. Duncker & Humblot, München 1938, S. 370 f.

Erster Blick

1 In der Frühen Neuzeit konnten Menschen durch Geschäfte reich werden (VT1). Besprecht, wie man heutzutage zu Reichtum gelangen kann.

Reichtum und Macht

2 „Geld regiert die Welt"? Was ist damit gemeint? Erläutere für die Frühe Neuzeit (VT2, VT3).

3 SP In der Frühen Neuzeit standen auch viele dem Reichtum kritisch gegenüber. Untersuche Q1 anhand der Arbeitsschritte auf S. 29. Verfasse Sprechblasen für die beiden Kaufleute in rotem Mantel. Beginne so: „Ich will, dass mein Besitz …" ●

4 Analysiere mit deinem Sitznachbarn Q2: Wo nutzt der Autor einen schmeichlerischen, wo nutzt er einen strengen Ton? ○ → S. 263

5 Arbeite aus Q3 und VT3 heraus, was Kaiser Karl V. mit seinem Brief bezweckt. Was erfährst du aus Q2 über seine möglichen Gründe?

AFB I: 1 AFB II: 2, 3, 4, 5

Arbeiter kämpfen für ihre Rechte

Die Industrialisierung brachte eine neue Form von Armut mit sich. Im 19. Jahrhundert waren Arbeiter, Arbeiterinnen und Kinder den Fabrikherren schutzlos ausgeliefert. Sie arbeiteten oft mehr als zwölf Stunden und konnten dennoch kaum von ihrem Lohn leben. Gab es Lösungen, um ihre Lage zu verbessern?

Gewerkschaft
freiwilliger Zusammenschluss von Arbeitnehmern, um gegenüber den Arbeitgebern bessere Arbeitsbedingungen und höhere Löhne durchzusetzen

Genossenschaft
Zusammenschluss von mehreren Personen, die gemeinsam wirtschaftliche, soziale oder kulturelle Ziele verfolgen. Dadurch können sie z. B. günstiger wirtschaften.

Proletariat
die wirtschaftlich unselbstständige Schicht, die außer der eigenen Arbeitskraft nichts besitzt

Bourgeoisie
Wohlhabendes Bürgertum, das auf Kosten der Proletarier lebt. Gemeint sind Unternehmer, Beamte, Gelehrte und Ärzte.

VT1 Arbeiter verbünden sich

Die Arbeiter suchten nach Lösungen für ihre Situation. Sie erkannten, dass sie am ehesten Verbesserungen erreichen konnten, wenn sie sich zusammenschlossen. **Gewerkschaften** entstanden, die mit den Arbeitgebern verhandeln oder durch die Androhung von Streiks Druck ausüben konnten (Q1, Q2). Außerdem gründeten Arbeiter nach dem **Genossenschaft**sgedanken Selbsthilfeeinrichtungen wie Krankenkassen, Streikkassen und eigene Lebensmittelläden. Genossenschaften stützen sich mehr auf ihre Mitglieder als auf anonymes Kapital und haben nicht nur ein finanzielles, sondern auch ein moralisches Ziel.

VT2 Arbeiterparteien

Teile der Arbeiterschaft erkannten, dass eine wirkliche Verbesserung ihrer Lage nur durch eine Veränderung der bestehenden politischen Ordnung zu erreichen war. Ab den 1860er-Jahren gründeten sie daher verschiedene Arbeiterparteien, die sich 1875 zur Sozialistischen Arbeiterpartei (SAP) zusammenschlossen. 1890 benannte sich die SAP in Sozialdemokratische Partei Deutschlands (SPD) um. Die Sozialdemokraten wollten durch demokratisch errungene Wahlerfolge an die Macht kommen und durch Reformen einen Staat schaffen, in dem soziale Gerechtigkeit herrscht (Q3).

VT3 Eine Revolution als Lösung

Einen radikaleren Weg schlugen der deutsche Philosoph und Wirtschaftswissenschaftler Karl Marx und sein Freund Friedrich Engels im Jahr 1848 vor. In ihrem „Manifest der Kommunistischen Partei" entwickelten sie die Theorie, dass die Gesellschaft in zwei Klassen zerfalle: das **Proletariat** und die **Bourgeoisie**. Diese beiden Klassen stünden sich im Wirtschaftssystem des Kapitalismus auf immer und ewig feindlich gegenüber. Der Gegensatz könne nur durch die Abschaffung des Privateigentums beseitigt werden. Erst dann sei die Voraussetzung geschaffen, dass alle Menschen gleich sein können. Weil die Unternehmer ihren Besitz aber niemals freiwillig abgeben würden, müsse dieses Ziel durch eine gewaltsame Revolution erreicht werden (Q4).

Q1 Der Streik
Gemälde von Robert Köhler, 1886, 1,81 × 2,75 m

AB1 D22
Arbeitsblatt
Gemeinsam Fragen entwickeln

Q2 Aufgaben der Gewerkschaften

Aus einer Rede des SPD-Vorsitzenden August Bebel über die Aufgaben der Gewerkschaften, 1900:

Der einzelne Arbeiter ist dem Unternehmer gegenüber machtlos. Jeder Versuch, auf eigene Faust seine Lage zu verbessern, endet in der Regel mit einer Niederlage. [...] Die einzige Möglichkeit, seine Arbeit und damit seine Lebensbedingungen auf einige Dauer zu verbessern, ist die Vereinigung mit Seinesgleichen. Deshalb ist der Beitritt zu einer Gewerkschaft eine Lebensnotwendigkeit für jeden Arbeiter. Die Gewerkschaft erstrebt: Erhöhung des Lohnes nach Maßgabe der Verhältnisse des Arbeitsmarktes, Verkürzung der Arbeitszeit, Herbeiführung menschenwürdiger Zustände im Betrieb, Rechtsschutz, Arbeitslosenunterstützung.

Zit. nach Helmut Hirsch (Hrsg.): August Bebel. Kiepenhauer & Witsch, Köln/Berlin 1968, S. 352.

Q4 Die Sozialdemokratie

Aus dem Programm der Sozialistischen Arbeiterpartei Deutschlands, beschlossen 1875 in Gotha:

I. [...] Die Befreiung der Arbeit erfordert die Verwandlung der Arbeitsmittel in Gemeingut der Gesellschaft und die genossenschaftliche Regelung der Gesamtarbeit mit gemeinnütziger Verwendung und gerechter Verteilung des Arbeitsertrages. Die Befreiung der Arbeit muß das Werk der Arbeiterklasse sein, der gegenüber alle anderen Klassen nur eine reaktionäre Masse sind.

II. Von diesen Grundsätzen ausgehend, erstrebt die Sozialistische Arbeiterpartei Deutschlands mit allen gesetzlichen Mitteln den freien Staat und die sozialistische Gesellschaft, die Zerbrechung des ehernen Lohngesetzes durch Abschaffung des Systems der Lohnarbeit, die Aufhebung der Ausbeutung in jeder Gestalt, die Beseitigung aller sozialen und politischen Ungleichheit. [...]

Zit. nach Hans Fenske (Hrsg.): Im Bismarck'schen Reich. Quellen zum politischen Denken der Deutschen im 19. und 20. Jahrhundert. Bd. VI. WBG, Darmstadt 1978, S. 141 f.

Q3 Gewaltsamer Umsturz

Aus dem 1848 veröffentlichten „Kommunistischen Manifest" von Karl Marx und Friedrich Engels:

Die ganze Gesellschaft spaltet sich mehr und mehr in zwei große feindliche Lager [...]: Bourgeoisie und Proletariat [...] Im Anfang kämpfen die einzelnen Arbeiter, dann die Arbeiter einer Fabrik, dann die Arbeiter eines Arbeitszweiges an einem Ort gegen den einzelnen Bourgeois, der sie direkt ausbeutet. Sie richten ihre Angriffe nicht nur gegen die bürgerlichen Produktionsverhältnisse, sie richten sie gegen die Produktionsinstrumente selbst; sie vernichten die fremden konkurrierenden Waren, sie zerschlagen die Maschinen, sie stecken die Fabriken in Brand [...]. Die Kommunisten verschmähen es, ihre Ansichten und Absichten zu verheimlichen. Sie erklären es offen, daß ihre Zwecke nur erreicht werden können durch den gewaltsamen Umsturz aller bisherigen Gesellschaftsordnung. Mögen die herrschenden Klassen vor einer kommunistischen Revolution zittern. Die Proletarier haben nichts in ihr zu verlieren als ihre Ketten. Sie haben eine Welt zu gewinnen. Proletarier aller Länder, vereinigt euch!

Zit. nach Wolfgang Lautemann/Manfred Schlenke (Hrsg.): Geschichte in Quellen. Bd. 5: Das bürgerliche Zeitalter. bsv, München 1980, S. 866, 870, 872 f.

Erster Blick

1 Überlegt: Welche Möglichkeiten haben Arbeitnehmer heute, ihre Forderungen durchzusetzen?

Verschiedene Lösungswege

2 „Alle für einen, einer für alle!" Erläutere den genossenschaftlichen Grundgedanken (VT1).

3 MK Recherchiere im Internet, in welchen Bereichen Genossenschaften tätig sind, und erstelle eine Übersicht. ●

4 SP Beschreibe und interpretiere Q1: Beginne: „In der Mitte des Bildes sieht man … Im Hintergrund erkennt man … Am linken Bildrand hingegen …". ○ → S. 263

5 Erarbeitet gemeinsam in einem Etherpad (AB1 D22) Lösungsansätze der Arbeiter zur Verbesserung ihrer Lage und stellt sie in einer Tabelle dar (Q2–Q4).

6 Ein Gewerkschaftsmitglied wirbt in der Mittagspause um neue Mitglieder. Verfasse eine kurze Rede (Q2).

AFB I: 1 AFB II: 2, 3, 5, 6 AFB III: 4

Staat, Kirche und Fabrikanten reagieren

Immer mehr Personen und Familien gerieten unverschuldet in Not. Welche Lösungen entwickelten sich außerhalb der Arbeiterschaft?

Sozialversicherung
Versicherung gegen Risiken wie Krankheit, Mutterschaft, Pflegebedürftigkeit, Arbeitsunfall, Berufskrankheit, Arbeitslosigkeit, Erwerbsminderung, Alter und Tod

VT1 Neue Armut

Seit den 1830er-Jahren gab es Millionen von Proletariern, die sich von ihrer Arbeit bestenfalls geradeso ernähren konnten. Ein immer größerer Teil der Öffentlichkeit war überzeugt, dass Elend und Armut kein naturgegebenes oder persönlich zu verantwortendes Schicksal seien, sondern dass gegen die soziale Frage etwas getan werden müsse.

VT2 Der Staat

Arbeitsschutzvorschriften begrenzten ab 1839 die Kinderarbeit in Preußen. Seit 1878 ging Reichskanzler Otto von Bismarck gegen alle sozialistischen und sozialdemokratischen Parteien vor, hielt aber gleichzeitig sozialpolitisches Handeln des Staates für dringend geboten (Q1). Die Arbeiterschaft sollte so stärker an den monarchischen Staat gebunden werden. Zwischen 1883 und 1889 wurden mehrere sozialpolitische Gesetze verabschiedet. Sie begründeten ein einzigartiges staatliches Kranken-, Unfall- und Rentenversicherungssystem, in das sowohl Arbeitnehmer als auch Arbeitgeber einzahlen mussten (D1). Es sind die Wurzeln unseres heutigen Sozialversicherungssystems.

VT3 Die Kirchen

Die Kirchen sahen die Bekämpfung der Armut als eine Aufgabe christlicher Nächstenliebe. Der evangelische Theologe Johann Hinrich Wichern errichtete in Hamburg ein Haus für evangelische Waisenkinder und obdachlose Jugendliche, die dort ein Handwerk erlernten (das „Rauhe Haus"). Adolph Kolping, ein katholischer Priester aus Elberfeld, gründete Gesellenvereine, die ledige Arbeiter zu einem sparsamen und gesitteten Lebenswandel anhielten.

VT4 Die Fabrikanten

Auch die Unternehmer kümmerten sich um bessere Lebensbedingungen für ihre Arbeiterschaft. Damit wollten sie die qualifizierten Arbeiterinnen und Arbeiter an ihre Betriebe binden und Streiks vermeiden. Sie ließen Werkswohnungen erbauen, unterstützten Betriebskrankenkassen und gründeten eigene Konsumvereine, Kindergärten, Schulen und Krankenhäuser (Q2). Mit diesen Verbesserungen war jedoch auch immer der Anspruch auf Kontrolle über die eigenen Arbeiterinnen und Arbeiter verbunden (Q3).

D1 Deutsches Sozialversicherungssystem Ende des 19. Jahrhunderts

Jahr	Versicherung	Beiträge	Leistungen
1883	Krankenversicherung für Arbeiter und (freiwillig ab 1892) für ihre Angehörigen	2–3 % des Lohnes: • 2/3 vom Arbeiter • 1/3 vom Arbeitgeber	• ärztliche Behandlung und Medizin • Krankenhauskosten • Krankengeld: die ersten beiden Krankentage unbezahlt, danach 50 % des Lohnes
1884	Unfallversicherung für Arbeiter	Arbeitgeber	• Heilungskosten • bei Erwerbsunfähigkeit 2/3 des Einkommens • bei Tod 1/5 des Einkommens für Witwe
1889	Invaliditäts- und Altersversicherung für Arbeiter und Landarbeiter (ab 1911 auch für Angehörige)	1 % des Lohnes: • 1/2 vom Arbeiter • 1/2 vom Arbeitgeber	• Invalidenrente bei Erwerbsunfähigkeit • Altersrente ab 70. Lebensjahr

Zusammengestellt nach Rainer Bölling/Johann Henseler (Hrsg.): Das deutsche Kaiserreich 1871–1918. Ploetz, Freiburg 1986, S. 47 f.

Q1 Eine politische Antwort

In zwei Reden am 15. und 20. März 1884 erklärt Reichskanzler Otto von Bismarck, was er mit seinen Sozialreformen erreichen will.

Die Frage von Arbeitszeit und Lohnhöhe ist durch staatliche Einwirkung überhaupt durch Gesetze außerordentlich schwierig zu lösen. [...] Denn wenn man die milchgebende Kuh oder die eierlegende Henne mit einem Male schlachtet, so geht damit die Industrie ein, um die es sich handelt, weil sie die ihr auferlegte Last der kurzen Arbeit für hohe Löhne nicht tragen kann. Dann leidet darunter der Arbeiter ebenso wie der Unternehmer. [...] Der eigentliche Beschwerdepunkt des Arbeiters ist die Unsicherheit seiner Existenz. Er ist nicht sicher, daß er immer Arbeit haben wird, er ist nicht sicher, daß er immer gesund ist, und er sieht voraus, daß er einmal alt und arbeitsunfähig sein wird. [...] [S]olange der Staat ihm da nicht entgegenkommt, oder solange er zu dem Entgegenkommen des Staates kein Vertrauen hat, da wird er [...] zu dem sozialistischen Wunderdoktor laufen, und ohne großes Nachdenken sich von ihm Dinge versprechen lassen, die nicht gehalten werden.

Otto von Bismarck: Die gesammelten Werke. Reden, Bd. 12. Verlag für Politik u. Wirtschaft, Berlin 2. Aufl. 1929, S. 438.

Q2 Arbeitersiedlung Kronenberg

Alfred Krupp ließ die Siedlung 1872–1874 für seine Beschäftigten in Essen bauen. Holzstich, 1890

Q3 Ein Unternehmer an seine Arbeiter

Aus dem Entwurf einer Rede Alfred Krupps, 1877:

Ich habe den Mut gehabt, für die Verbesserung der Lage der Arbeiter Wohnungen zu bauen, worin bereits 20 000 Seelen untergebracht sind, ihnen Schulen zu gründen und Einrichtungen zu treffen zur billigen Beschaffung von allem Bedarf. Ich habe mich dadurch in eine Schuldenlast gesetzt, die abgetragen werden muß. Damit dies geschehen kann, muß jeder seine Schuldigkeit tun in Friede und Eintracht und in Übereinstimmung mit unsern Vorschriften. [...] Nach getaner Arbeit verbleibt[1] im Kreise der Eurigen, bei den Eltern, bei der Frau und den Kindern und sinnt über Haushalt und Erziehung. Das sei Eure Politik, dabei werdet Ihr frohe Stunden erleben. [...] Höhere Politik treiben erfordert mehr freie Zeit und Einblicke in die Verhältnisse, als dem Arbeiter verliehen ist.

1 Krupp spricht hier die Arbeiter direkt an.

Ernst Schraepler: Quellen zur Geschichte der Sozialen Frage in Deutschland 1871 bis zur Gegenwart. Muster-Schmidt, Göttingen 1996, S. 102 f.

Erster Blick

1 Erstelle eine Liste mit Notsituationen, in die Arbeiter geraten konnten.

Die Lösungsvorschläge

2 Erstelle eine Tabelle. Schreibe in die linke Spalte die drei Gruppen (Staat, Kirche, Unternehmer) und in die andere die Lösungsvorschläge. ○ → S. 264

3 Arbeite heraus, welche Gedanken Bismarck leiten, nicht direkt in die Wirtschaft einzugreifen, sondern ein Sozialversicherungssystem aufzubauen (VT1, Q1).

4 SP Stell dir vor, du arbeitest im Unternehmen Alfred Krupps. Bewerte die Ratschläge deines Chefs zur Lebensführung und verfasse eine Gegenrede (VT3, Q2, Q3).

Unser Sozialversicherungssystem

5 MK Recherchiere im Internet die Säulen unseres heutigen Sozialversicherungssystems.

AFB I: 1, 2 AFB II: 3, 5 AFB III: 4

Video: Kapitelsteckbrief Armut und Reichtum V12

1 Überblickswissen vom Mittelalter bis zur Neuzeit

Richtige und falsche Aussagen unterscheiden

Überprüfe, ob die folgenden Aussagen richtig oder falsch sind. Korrigiere die falschen.

A Menschen haben schon immer versucht, Armut zu bekämpfen.
B Die Franziskaner- und Dominikanermönche gehören zu den Bettelorden.
C Bedürftige aus der Fremde wurden im Mittelalter mit besonderer Nachsicht behandelt.
D In der Frühen Neuzeit nahmen Kaufleute Einfluss auf die Politik der Könige und Kaiser.
E Die Industrialisierung hatte kaum Einfluss auf das Leben der Menschen.
F Bei der sozialen Frage ging es darum, ob Frauen im Unternehmen mitarbeiten durften.
G Erste Sozialversicherungen gab es in Deutschland um 1850.

2 Armenfürsorge im Mittelalter – wie kommt ein Reicher in den Himmel?

Ein bekanntes Zitat untersuchen

„Leichter geht ein Kamel durch ein Nadelöhr, als dass ein Reicher in das Reich Gottes gelangt." Dieses Zitat stammt aus dem Markusevangelium (10,25). Entscheide, ob dieses Bibelzitat die Verhaltensweise der Menschen im Mittelalter gegenüber den Armen erklären kann. Gehe dabei auf folgende Fragen ein:

- Was sagt das Zitat aus?
- Was ist mit dem Reich Gottes gemeint? Wie kannst Du es beschreiben?

3 Armenfürsorge vom Mittelalter bis heute

SP Standpunkte formulieren

Im Mittelalter waren Bettler im Straßenbild akzeptiert. In der Frühen Neuzeit sollte Betteln überflüssig werden. Arbeitet zu dritt: Verfasst ein Gespräch zwischen einem mittelalterlichen Bischof, einem Stadtrat der Frühen Neuzeit und einem Politiker/einer Politikerin im heutigen Deutschland. Diskutiert, wie ihr der Armut in der Stadt begegnen wollt. Erwähnt auch die Bedeutung der fremden Bettler.

Untersuche Q1 anhand der Arbeitsschritte auf S. 29. Verfasse eine Antwort des Kaufmanns auf die Fragen: „Wie bist du zu deinem Reichtum gekommen? Wie stehst du zu der Kritik, die dir entgegengebracht wird?"

Q1 Kaufmann und Teufel
Später kolorierter Holzschnitt von 1532

4 Längsschnitt: Armut und Reichtum

MK Eine thematische Zeitleiste erstellen

a) Erarbeitet in Partnerarbeit eine Zeitleiste zum Längsschnitt Armut und Reichtum. Überlegt euch zuerst ein Konzept: Welche Zeitabschnitte wollt ihr abbilden? Wie groß muss die Zeitleiste werden? Wollt ihr unterschiedliche Farben und/oder Symbole benutzen? Folgende Begriffe sollten in der Zeitleiste unbedingt vorkommen:

Armenhäuser – Erfolg der Fugger – Industrialisierung – Anfänge des Sozialismus – Frühe Neuzeit – Bettelorden – Hochmittelalter – Bettelverbote

Nutzt das vorangegangene Kapitel, um Zeiten und Begriffe nachzuschlagen. Findet weitere wichtige Informationen mithilfe des Internets.

b) Vergleicht eure Lösungen in der Klasse. Welche Unterschiede zwischen den Zeitleisten könnt ihr feststellen? Wie ist es dazu gekommen?

5 Gegenwartsbezüge

Ein Referat halten

Halte ein Referat zum Thema „Wie helfen wir den Armen? – Ein Gang durch die Geschichte". Verwende als Einstieg in dein Referat die Bildquelle Q2. Ein „bedingungsloses Grundeinkommen" wird in Deutschland seit den 1980er-Jahren immer wieder diskutiert, um Menschen, insbesondere Kinder und Ältere, vor drohender Armut zu bewahren. Benutze für deinen Vortrag Stichwortkarten mit Überschriften – unten findest du ein paar (ungeordnete) Beispiele. Binde auch Q2 in deinen Vortrag ein.

Wer war arm im Mittelalter?

Armut ist Schicksal

Arbeiter vereinigt euch.

Wer half den Armen und was versprach man sich davon?

Geld regiert die Welt.

Wem nutzt Armut?

Freiwillige Armut

Q2 Demonstration in Zürich für ein bedingungsloses Grundeinkommen
In der Schweiz wurde 2016 eine Volksinitiative für ein bedingungsloses Grundeinkommen von den Stimmbürgern mehrheitlich abgelehnt. Foto, April 2016

6

Längsschnitt um 1200 bis heute

Migration und Bevölkerung

Migration ist so alt wie die Menschheit selbst. Menschen sind schon immer gereist und gewandert, manchmal auf der Suche nach besseren Orten zum Leben, wegen Problemen in ihrer Heimat oder aus Neugier und Wissensdrang. Diese Wanderungsbewegungen haben nicht nur die Menschen selbst beeinflusst, sondern auch die Orte, an die sie gegangen sind.

1200 | 1600 | 1700 | 1800

12. Jahrhundert
Einwanderung vor allem deutschsprachiger Siedler ins heutige Brandenburg

16. Jahrhundert
Vertreibung und Vernichtung der Indigenen Amerikas

1619
Erste Sklavenschiffe erreichen Nordamerika.

1685
Flucht der Hugenotten nach Preußen

1816/1817
Hungerwinter in Europa

D1 Weltweite Migrationsgeschichte, 1500–1914

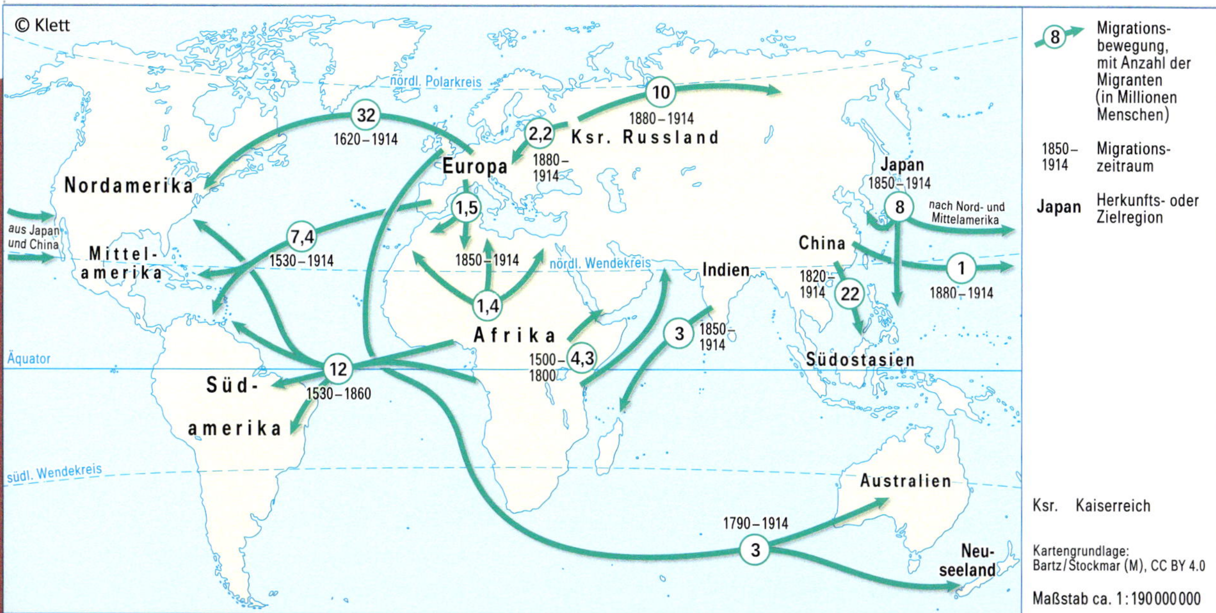

1900

1848/49
Revolution in Deutschland

1861–65
Amerikanischer Bürgerkrieg; Ende der Sklaverei in den USA

ab 1933
Flucht und Vertreibung deutscher Juden und politischer Gegner

1939–1945
Millionen Kriegsopfer, Vertriebene und Geflüchtete

1951
Genfer Flüchtlings-konvention

1960er-Jahre
Anwerben ausländischer Arbeitskräfte in DDR und BRD

1995
Schengener Abkommen tritt in Kraft.

Orientieren und Entdecken

Welche Migrationsbewegungen aus der Vergangenheit kennst du?

Nennt Gründe für Migration. Sortiert sie in der Klasse nach dem Grad der Freiwilligkeit. Ihr könnt dazu auch die Zeitleiste nutzen.

Q1 zeigt den Sturz der Statue von Edward Colston, einem Sklavenhändler aus dem 17. Jahrhundert. Beschreibe die Leute auf dem Bild. Nimm Stellung zu dieser Aktion.

D1 zeigt die weltweiten Wanderungsbewegungen von 1500 bis 1914. Was fällt dir auf?

In (fast) jeder Familie gibt es Migrationserfahrungen. Befrage deine Eltern, Großeltern oder andere Verwandte zu ihren Erfahrungen oder zur Familiengeschichte. Hast du zu Hause einen Gegenstand, der „gewandert" ist? Stelle ihn in der Klasse vor und erzähle seine Geschichte.

Q1 Demonstranten stürzen die Statue eines Sklavenhändlers

Demonstranten stürzen in Bristol (England) eine Statue von Edward Colston (1636–1721) ins Hafenbecken. Der wohlhabende Kaufmann wurde vermutlich vor allem durch den Sklavenhandel reich. Er spendete einen Großteil seines Vermögens für gemeinnützige Zwecke und galt in England als „Menschenfreund". Foto, 2020

Die mittelalterliche Ostsiedlung in Brandenburg

Nach Osten! Diesem Ruf folgten zahlreiche Menschen ab dem 12. Jahrhundert und siedelten sich in Brandenburg an. Was erhofften sie sich davon?

→ Themen verknüpfen
Zum Mittelalter kannst du noch einmal auf den Seiten 20 bis 37 nachlesen.

→ Themen verknüpfen
Erfahre mehr zu den Kreuzzügen der Christen auf den Seiten 200 bis 203.

Wenden
Benennung einiger Stämme, die u.a. im heutigen Bundesland Brandenburg ansässig waren und eine slawische Sprache sprachen. Weitere slawische Sprachen sind z.B. Sorbisch, Polnisch und Russisch.

D1 W19
Websites
Kloster Lehnin

VT1 „Deutsches Reich" im Westen

Um 1100 war das von Karl dem Großen um 800 geformte Frankenreich längst wieder zerfallen. Im Ostfrankenreich, das etwa bis zur Elbe reichte, sprachen die Menschen deutsche Dialekte. So bürgerte sich nach und nach der Begriff „deutsches Reich" ein. Auch die Herrschaft der zahlreichen Landesherren beruhte auf überall ähnlichen Rechtsvorstellungen, z.B. dem Lehnswesen. Und wenn Erfindungen Verbesserungen in der vorherrschenden Landwirtschaft ermöglichten, verbreiteten sich diese überall. Reisende Kaufleute oder wandernde Mönche sorgten dafür.

VT2 Kreuzzug nach Brandenburg

Die muslimische Herrschaft über Jerusalem beenden – dieses Ziel verfolgten ab 1095 Kreuzzüge christlicher Ritter. 1147 wandelten einige Fürsten und Bischöfe aus dem Ostfrankenreich diese Idee ab: Ein „**Wendenkreuzzug**" sollte das Gebiet zwischen Elbe und Oder unter ihre Herrschaft bringen. Dass die dort lebenden Wenden keine Christen waren, sondern Naturgottheiten verehrten, lieferte aber nur einen Vorwand. Die Eroberer wollten vor allem mehr Macht und größeres Ansehen für sich erreichen. Zudem erwarteten sie sich höhere Einkünfte durch neue Abgaben.

Um nach ihrem Sieg die Herrschaft abzusichern, bauten sie zum Beispiel Burgen und legten neue Dörfer an, von denen sich einige zu Städten weiterentwickelten (Q1). Neu angesiedelte Klöster, wie z.B. das in Lehnin, verbreiteten Bildung und sollten zudem die Wenden vom Christentum überzeugen.

VT3 Neue Siedler benötigt

In einigen Gebieten westlich der Elbe kam es zu einem kräftigen Bevölkerungswachstum, der Platz wurde knapp. Bauernsöhne ohne Land mussten sich jetzt als Knechte oder Tagelöhner durchschlagen. Für sie klang es verlockend, als Siedler in die neu eroberten Gebiete zu ziehen, zumal ihnen Vergünstigungen angeboten wurden (Q2). Dazu gehörten zum Beispiel Steuerbefreiung für einige Jahre oder die Möglichkeit, die Pacht von Flächen in der Familie weiterzuvererben. Menschen aus verschiedenen Gebieten bis hin zu den heutigen Niederlanden und Belgien ließen sich anwerben. Auf zugewanderte Flamen aus dem heutigen Belgien führt man den Namen des Höhenzugs Fläming zurück.

Das neue Leben der Siedler begann allerdings mit harter Arbeit und wenigen Erträgen. Denn sie mussten zunächst Wälder roden oder Sümpfe trockenlegen, indem sie Gräben anlegten. Erst danach konnten sie mit Ackerbau und Viehzucht beginnen. Auch ihre Häuser mussten die Siedler selbst bauen.

Die Siedler brachten aber auch Fortschritt mit. Der von ihnen benutzte Räderpflug etwa verteilt die Nährstoffe besser im Boden, was ertragreichere Ernten ermöglichte.

Insgesamt dauerte es rund 400 Jahre, bis die deutschen Siedler und die schon ansässige slawische Bevölkerung verschmolzen.

Schon gewusst?

Das gelbe Ortseingangsschild von **Cottbus** ist auch beschriftet mit Chóśebuz. Ortsfremde sind irritiert – aber **Chóśebuz ist der Name der Stadt auf Sorbisch.** Insgesamt rund 60 000 Sorben leben in den Bundesländern Brandenburg und Sachsen. Als anerkannte Minderheit haben die Sorben Anspruch auf einen besonderen Schutz. Ihre eng miteinander verwandten slawischen Sprachen Nieder- und Obersorbisch, die Kultur und Traditionen wie Feste, Bräuche und Trachten sollen sie bewahren können.
Am Dolnoserbski Gymnazium in Chóśebuz pflegen dies auch Lernende und Lehrkräfte. Für den Unterricht ist zum Beispiel vor Jahren eine Ausgabe dieses Buches ins Sorbische übersetzt worden.

Q1 Ein Dorf wird gegründet

Der Grundherr im grünen Gewand übergibt eine mit „Mit Gottes Gnaden gebe ich …“ beschriftete Urkunde an den Leiter der Gruppe, den Bauermeister. Die Bauern erkennt man an ihrer einfachen Kleidung. Buchmalerei aus dem Heidelberger Sachsenspiegel, 14. Jahrhundert

Q2 „Das beste Land zum Bewohnen“

Aufruf verschiedener geistlicher und weltlicher Fürsten, 1108. Formulierungen, die aus der Bibel übernommen wurden, sind kursiv gesetzt.

Erhoben haben sich wider[1] *uns* die grausamen Feinde, *Männer ohne Barmherzigkeit*, und *sie bedrücken uns hart*; ja, ihrer Bosheit sich rühmend, entweihen sie die Kirchen Christi mit ihrem Götzendienst[2], zerstören die Altäre und [...] begehen schreckliche Verbrechen. Denn sie] schonen niemand und rauben, morden, vernichten und bringen mit ausgesuchten Martern[3] um, enthaupten viele und opfern die Köpfe ihren Götzen. [...]

Macht euch auf, ihr Fürsten, gegen die Feinde Christi, *nehmt auf den Schild*[4], *gürtet euch*[5], *ihr starken Söhne* und kommt, *all ihr Kriegsleute!* [... Ihr,] die ihr Christus und die Kirche liebt; und wie die Franzosen[6] bereitet euch zur Befreiung Jerusalems. [...]

Die Heiden[7] sind schlimm, aber ihr Land ist sehr gut an Fleisch, Honig, Mehl [...] und, wenn es bebaut wird, voller Reichtum der Ernten vom Lande, so daß ihm keines verglichen werden kann. So sagen die, denen es bekannt ist. [...] ihr berühmten Männer und Bezwinger der Welt, hier könnt ihr eure Seelen retten und, wenn es euch so gefällt, das beste Land zum Bewohnen gewinnen.

1 gegen
2 Gottesdienst zu Naturgottheiten (abwertend gemeint)
3 Schmerzen, die jemandem zugefügt werden
4 Teil der Rüstung des Ritters
5 hier: bindet euer Schwert um
6 hier: die Teilnehmer am ersten Kreuzzug nach Jerusalem
7 Menschen, die nicht Christen sind (abwertend gemeint)

Herbert Helbig/Lorenz Weinreich (Hrsg.): Urkunden und erzählende Quellen zur deutschen Ostsiedlung im Mittelalter. Erster Teil: Mittel- und Norddeutschland, Ostseeküste. WBG, Darmstadt, 3. Aufl. 1984, S. 97, 99, 101, 103.

Erster Blick

1 Eine dünn besiedelte Gegend soll von mehr Menschen bewohnt und landwirtschaftlich genutzt werden. Stelle einige Aufgaben zusammen, die zu lösen sind.

Gehen oder bleiben?

2 Versetze dich in einen landlosen Bauernsohn und stelle gegenüber, was für einen Neuanfang im Osten und was dagegen spricht (VT2, VT3).

3 SP Berichte als Zuhörer des Aufrufs Q2 deiner Familie über den Inhalt. Benutze Formulierungen wie „Stellt euch vor, welche Gefahren …“, „Sogar in der Bibel steht ja, dass …“ und „Deshalb sollen wir …“.

4 Entwickelt ein Rollenspiel zur Frage „Gehen oder bleiben?“ Lasst einen landlosen Bauernsohn, dessen Verlobte und seine Eltern mitdiskutieren (VT, Q2).
○ → S. 264

Zu wessen Nutzen?

5 Beschreibe die drei Teile der Bildquelle Q1 von links nach rechts. Erkläre dann die Bedeutung des Grundherrn, des Bauermeisters und der Bauern.

6 MK Recherchiert die Geschichte des Klosters Lehnin bis zur Auflösung 1542. Erläutert auch, wozu es diente, und erstellt eine digitale Präsentation (VT2, D1 W19).

7 Beurteilt ausgehend vom Wendenkreuzzug, inwieweit die Vorgehensweise der weltlichen und geistlichen Fürsten mit dem verwendeten Begriff übereinstimmt (VT2, VT3, Q2). ●

AFB I: 1, 3 AFB II: 2, 5, 6 AFB III: 4, 7

Hugenotten – neue Heimat in Brandenburg

Religion und Macht waren im Europa des 16. und 17. Jahrhunderts eng verbunden. In Frankreich fürchtete sich der katholische König Ludwig XIV. vor Machtverlust durch die protestantische Minderheit, die Hugenotten. Seit 1685 wurden sie massiv verfolgt und flohen in protestantische Länder wie Brandenburg-Preußen. Wie wurden sie dort aufgenommen? Welche Spuren der Hugenotten finden wir noch heute?

Edikt
eine Verordnung, Bekanntmachung oder Anweisung durch den Staat

Emigration/emigrieren
Das dauerhafte Verlassen des Heimatlandes. Auf die Emigration (Auswanderung) folgt die Immigration (Einwanderung) im Zielland.

Integration
Das Eingliedern eines Menschen oder einer Gruppe in eine Gesellschaft. Dazu zählen zum Beispiel das Erlernen der Landessprache, der Schulbesuch oder die Aufnahme einer Arbeit.

VT1 Die Hugenottenkriege

Die Anhänger der Reformation wurden in Frankreich Hugenotten genannt. Darunter waren viele Adlige, denen es um mehr Freiheit für ihren Stand ging. Im 16. Jahrhundert kam es zu einer Reihe von Bürgerkriegen, bei denen die katholischen Machthabender gegen die protestantischen Hugenotten vorgingen, um die Einheit des katholischen Glaubens wiederherzustellen. Dabei spielte nicht nur der Glaube eine Rolle. Der Monarchie und der katholischen Kirche ging es um Machterhalt. Ein wichtiges Ereignis war die Bartholomäusnacht im Jahr 1572, bei der mehrere Tausend Protestanten ermordet wurden. Auslöser war die Hochzeit des späteren Königs Heinrich IV., eines Hugenotten, und der katholischen Margarete von Valois. Erst 1598 endeten die Kriege, nachdem Heinrich IV. zum Katholizismus übertrat, um König zu werden. In seinem **Edikt** von Nantes sicherte er den Hugenotten religiöse Toleranz und Bürgerrechte zu.

VT2 Das Edikt von Fointainebleau

Die Hugenotten erlebten einige Jahrzehnte des Friedens und der Anerkennung in der französischen Gesellschaft. Dies änderte sich 1685 mit dem Edikt von Fointainebleau durch König Ludwig XIV. Das Edikt hob die meisten Rechte der Hugenotten auf und zwang sie, zum katholischen Glauben überzutreten oder zu **emigrieren**. Viele flohen daraufhin aus Frankreich, insbesondere in protestantische Länder wie die Niederlande, England, die Schweiz und Brandenburg-Preußen. Diese Auswanderung hatte erhebliche Auswirkungen auf Frankreich, da sie einen Verlust an Fachkenntnissen, wirtschaftlichem Potenzial und kultureller Vielfalt mit sich brachte.

VT3 Das Edikt von Potsdam

Das Edikt von Potsdam durch den Kurfürsten Friedrich Wilhelm wurde im gleichen Jahr wie das Edikt von Fontainebleau erlassen und kann als Reaktion auf die religiöse Verfolgung der Hugenotten verstanden werden (Q1). Es gewährte den Hugenotten in Brandenburg-Preußen religiöse Freiheiten. Brandenburg-Preußen hatte sehr unter der Pest und dem Dreißigjährigen Krieg gelitten – beides hatte große Teile der Bevölkerung dahingerafft. In den Hugenotten sah der Kurfürst auch die Chance, die Städte und Dörfer zu besiedeln und die Wirtschaft aufzubauen. Es kamen etwa 20 000 Hugenotten in Städte wie Berlin, wo um 1700 etwa jeder fünfte Einwohner französischer Abstammung war (Q2).

VT4 Ein neues Zuhause

Viele Hugenotten brachten handwerkliche und technische Kenntnisse mit. Wirtschaftliche Privilegien förderten zusätzlich ihre **Integration**. Der Kurfürst befreite sie für zehn Jahre von Steuern, überließ ihnen Bau- und Ackerland und enthob sie von der Zunftpflicht. Diese Sonderrechte verhalfen ihnen, die Entwicklung der Städte und Gemeinden schnell voranzubringen (D1). Sie prägten das Stadtbild durch eigene Kirchen, Schulen und Manufakturen, führten neue Wirtschaftszweige wie die Seidenraupenzucht ein und hinterließen Spuren in der deutschen Esskultur und Sprache. Es gab aber auch Protest gegen die französischen Flüchtlinge, vor allem aus Sorge um eine ausreichende Versorgung mit Lebensmitteln und Wohnraum, aber auch um die Vorherrschaft der einheimischen Zünfte.

Q1 Das Edikt von Potsdam

Auszug von 1685 in einer Fassung von 1874:

8. Diejenigen, welche einige Manufakturen von Tuch, Stoffen, Hüten oder was sonst ihre Profession mit sich bringt, anzurichten willens sind, wollen Wir nicht allein mit allen desfalls verlangten Freiheiten, Privilegien und Begnadigung versehen, sondern auch dahin bedacht sein und die Anstalt machen, dass ihnen auch mit Geld und anderen Notwendigkeiten, deren sie zur Fortsetzung ihres Vorhabens bedürfen werden, soviel als möglich, beigestanden und an die Hand gegangen werden soll.

11. In einer jeden Stadt wollen Wir [...] Unseren französischen Glaubensgenossen einen besonderen Prediger halten, auch einen bequemen Ort anweisen lassen, woselbst die Ausübung der reformierten Religion in französischer Sprache und der Gottesdienst mit eben den Gebräuchen und Zeremonien gehalten werden soll, wie es bisher bei den evangelisch-reformierten Kirchen in Frankreich gebräuchlich gewesen ist.

Max Beheim-Schwarzbach: Das Potsdamer Edikt. Hohenzollersche Colonisationen, Leipzig 1874. Unter: https://www.literaturport.de/literaturlandschaft/orte-berlinbrandenburg/text/das-potsdamer-edikt-1685/ (Zugriff: 30.01.2024).

Q2 Hugenotten auf dem Weg nach Brandenburg

Holzstich, um 1860, nachträglich koloriert

Schon gewusst?

Während Kurfürst Friedrich Wilhelm die protestantischen Hugenotten förderte, verbot er den katholischen Sorben ihre Sprache und Gottesdienste. Juden erhielten nur eine beschränkte Einwanderungserlaubnis und sie durften ihre Religion nicht frei ausüben.

Erster Blick

1 Glaubenskriege prägten Europa in der Frühen Neuzeit. Beschreibe, welche Rolle die Herrscher dabei spielten (VT1).

Warum fliehen?

2 Nenne Gründe der Hugenotten, ihre Heimat zu verlassen. Was sprach für Brandenburg-Preußen als Zielland (VT1–VT3)?

3 SP Welche Gedanken hatten die fliehenden Familien auf dem Weg nach Brandenburg-Preußen? Verfasse einen kurzen Brief an die Heimat aus der Sicht einer der abgebildeten Personen in Q2.

Warum bleiben?

4 Welche Privilegien für die Hugenotten werden in Q1 beschrieben? Erläutere die Vorteile der Hugenotten-Migration nach Brandenburg-Preußen für die Hugenotten und die Einheimischen (Q1, VT3, VT4).

5 MK Die Hugenotten prägten die Regionen, in die sie flohen. Recherchiere ihre Spuren in Berlin und Brandenburg. ◯ → S. 264

AFB I: 1; 2 AFB II: 3, 4, 5

Verschleppt und versklavt

Im späten 15. Jahrhundert begann die Kolonialherrschaft der Europäer. Sie war von Vernichtung, Ausbeutung und Sklaverei geprägt. Zwischen dem 16. und 19. Jahrhundert verschleppten Europäer mehr als zwölf Millionen afrikanische Frauen, Männer und Kinder nach Nord- und Südamerika. Wie rechtfertigten sie ihr Handeln? Wie erging es den Sklaven?

→ Themen verknüpfen
Erfahre mehr zum Kolonialismus ab Seite 230.

Zwangsmigration
Mit Gewalt erzwungene Migration vieler Menschen. Dazu zählen auch Verschleppungen, Vertreibungen, Umsiedlungen und Deportationen.

D1 W20
Website
Datenbank transatlantischer Sklavenhandel

VT1 Die Ausbeutung beginnt

Bei der Eroberung der amerikanischen Kontinente gingen die Europäer rücksichtslos vor, nahmen der indigenen Bevölkerung ihr Land und zwangen sie zur Arbeit. Neben Waffen brachten die Europäer eine noch viel tödlichere Fracht mit: Krankheiten wie die Pocken, denen ganze Hochkulturen zum Opfer fielen, darunter die Azteken. Durch die annähernde Vernichtung der indigenen Bevölkerung mangelte es an Arbeitskräften, die begehrte Handelswaren wie Zuckerrohr, Baumwolle oder Tabak ernten konnten. In den folgenden Jahren bauten die europäischen Seemächte (allen voran Portugal, Spanien, die Niederlande, England) einen Wirtschaftszweig auf, der Menschen zur Handelsware zwischen Afrika, dem amerikanischen Doppelkontinent und Europa machte.

VT2 Menschen werden zu Ware

Sklaverei gab es schon lange. In den großen Reichen Europas wurden Menschen häufig als Kriegsbeute gefangen genommen. In Afrika entwickelte sich durch afrikanische Sklavenfänger und arabische Sklavenhändler seit dem 7. Jahrhundert ein Netzwerk aus Wegen und Märkten, auf das später auch die Europäer zugriffen. Christen und Muslime durften die Anhänger ihres eigenen Glaubens nicht versklaven – Andersgläubige jedoch zur Ware erklären. Missionarischer Eifer, Rassismus und wirtschaftliche Interessen trieben den Sklavenhandel an.

VT3 Brandenburgs Sklavenhafen

Auch Kurfürst Friedrich Wilhelm beteiligte sich am Sklavenhandel. Nach dem Ende des Dreißigjährigen Krieges musste das Land aufgebaut werden und das war teuer. So gründete der Kurfürst 1682 die Brandenburgisch-afrikanische Compagnie (BAC) mit dem Ziel, in Westafrika einen Handelsstützpunkt aufzubauen und mit Kolonialwaren wie Kaffee oder Zucker Geld zu verdienen. Im heutigen Ghana wurde Großfriedrichsburg gegründet, eine Kolonie, von der aus bis 1711 etwa 30 000 Afrikaner auf den amerikanischen Doppelkontinent verschleppt wurden (**Zwangsmigration**).

VT4 Massengrab Atlantik

Die gefangenen Afrikanerinnen und Afrikaner wurden von Sklavenjägern an Händler verkauft und in den afrikanischen Häfen auf Schiffe gezwängt. Die Bedingungen während der langen Fahrt über den Atlantik waren katastrophal. Viele Menschen starben bereits an Bord (Q1). Die Überlebenden wurden dann an Plantagenbesitzer in Brasilien, der Karibik und Nordamerika verkauft.

VT5 Der lange Weg zur Freiheit

Sklavinnen und Sklaven galten als Eigentum der Plantagenbesitzer und ihrer Familien, die durch die günstigen Arbeitskräfte reich wurden. Sklaven trugen zum wirtschaftlichen Aufstieg der westlichen Welt bei, während die Menschen in ihrer afrikanischen Heimat fehlten. Dieses Ungleichgewicht prägt die globale Wirtschaft bis heute.
Die versklavten Menschen hatten keine Rechte und waren Willkür und Gewalt ausgesetzt. Plantagenbesitzer rechtfertigten dies mit der rassistischen Annahme, den Schwarzen Menschen überlegen zu sein. Der Widerstand unter Sklaven und weißen Gegnern der Sklaverei wuchs, doch erst 1888 schaffte Brasilien als letztes Land Amerikas den Sklavenhandel ab. Es dauerte aber noch lange, bis Schwarze und weiße Menschen rechtlich gleichgestellt wurden.

Q1 Erinnerungen eines ehemaligen Sklaven

Olaudah Equiano wird mit zwölf Jahren versklavt und nach Amerika verschleppt. Er beschreibt 1789 seine Eindrücke auf dem Sklavenschiff und seine Beobachtungen am Sklavenhafen in Barbados:

Die Geschlossenheit des Stauraums, die Hitze des Klimas, dazu die Menge Menschen, die so dicht zusammengepfropft waren, daß man sich kaum umdrehen konnte, all das ließ uns beinahe ersticken. Die starken Ausdünstungen, die dadurch entstanden, machten die Luft bald vor lauter ekelhaftem Gestank zum Atmen völlig untauglich und ließ unter den Sklaven Krankheiten ausbrechen, an denen viele starben, die so Opfer des sorglosen Geizes, wie ich es nennen will, ihrer Käufer wurden. Diese elende Lage wurde noch verschlimmert durch den Druck der schmerzenden Ketten, die nun unerträglich wurden [...]. Das Schreien der Frauen und das Ächzen der Sterbenden machte das Ganze zu einer Szene des unvorstellbaren Grauens. [...] Nur wenige Tage blieben wir in der Obhut des Kaufmanns, dann wurden wir auf die übliche Weise verkauft: Auf ein Zeichen hin (zum Beispiel das Schlagen einer Trommel) eilen die Käufer sofort auf den Hof, wo die Sklaven eingesperrt sind, und wählen sich den Haufen, der ihnen am besten gefällt. Der Lärm und das Geschrei, das diesen Vorgang begleitet, und die Gier, die sich in den Gesichtern der Käufer zeigt, vermehren nicht weniger die Angst der verschreckten Afrikaner, die in diesen Männern die Diener des Todes zu sehen glauben, vor dem sie so lange zitterten. Auf diese Weise wurden skrupellos Verwandte und Freunde getrennt, um sich nie im Leben wiederzusehen.

Olaudah Equiano: Merkwürdige Lebensgeschichte des Sklaven Olaudah Equiano, von ihm selbst veröffentlicht im Jahre 1789. Hrsg. v. Paul Edwards. Übers. v. Brigitte Wünnenberg. Insel Verlag, Frankfurt a.M. 1990. S. 67, 71.

Q2 Harriet Tubman

Von 1810 bis zum Bürgerkrieg nutzten viele Sklaven aus dem Süden der USA die „Underground Railroad", ein Netz von Menschen und Verstecken, um in die Nordstaaten oder nach Kanada zu fliehen. Die ehemalige Sklavin Harriet Tubman kehrte immer wieder zurück, um anderen bei der Flucht zu helfen. Mural (Wandbild) von Michael Rosato, Maryland/USA, 2019

Erster Blick

1 Etwa 13 Prozent der US-amerikanischen Bevölkerung haben afrikanische Vorfahren. Tragt euer Wissen darüber zusammen.

Menschen als Ware

2 Erläutere, welche Folgen die rassistische Weltsicht auf den Umgang mit den versklavten Menschen hatte (VT2, VT4, Q1).

3 MK Sieh dir das Video der Sklavenschifffahrten (D1 W20) aus Afrika an und beschreibe dessen Aussage. ○ → S. 264

Freiheit für alle?

4 Der Journalist Jens Bisky schrieb 2020 über Friedrich Wilhelm: „Toleriert wurde, was ihm nützte." Arbeite heraus, worauf sich das Zitat bezieht (VT3 und S. 178/179).

5 SP Überlegt in Gruppen, was der Künstler mit dem Wandbild Q2 aussagen wollte (VT5). Verfasst eine Sprechblase für Harriet Tubman: Was könnte sie gerade ihrem Gegenüber gesagt haben?

6 Bewerte folgende These: „Der wirtschaftliche Aufstieg westlicher Staaten ist zum großen Teil der Ausbeutung Afrikas zu verdanken" (VT5). ●

AFB I: 1, 3 AFB II: 2, 4, 5 AFB III: 6

Vernichtung der Indigenen in Nordamerika

Europäer drangen in Nordamerika immer weiter nach Westen vor. Die Indigenen wurden dabei vertrieben und vernichtet. Kann das Unrecht jemals wieder gutgemacht werden?

Native Americans
eine nicht wertende Bezeichnung für die indigene Bevölkerung in den USA

Reservat
eigens für die indigene Bevölkerung ausgewiesenes Territorium mit besonderer Rechtsstellung

VT1 Vertreibung und Vernichtung

Die Siedler drangen auf dem nordamerikanischen Kontinent in mehreren Phasen vom Atlantik bis zum Pazifik vor (D1). Die Erschließung des Landes war mit der Vertreibung und Vernichtung der indigenen Bevölkerung verbunden. Vom 16. Jahrhundert an sank die geschätzte Zahl von mehreren Millionen Indigenen im Gebiet der heutigen USA durch Kriege und eingeschleppte Krankheitserreger auf etwa 240 000 im Jahr 1900. Immer wieder neue Grenzziehungen drängten die **Native Americans** westwärts. Zum Teil kauften die Siedler ihnen auch Land ab (Q1, D2).

Nach und nach wurden die indigenen Gruppen in **Reservate** gedrängt. Einige lebten noch in der Steppe vor dem Hochgebirge der Rocky Mountains (Great Plains). Doch der Ausbau der Eisenbahn und der Abschuss fast aller Bisonherden gefährdeten ihre Existenz. Indigene der Dakota, Cheyenne und Arapaho schlossen sich in letztlich aussichtslosen Kämpfen gegen die US-Amerikaner zusammen. 1890 ermordete ein US-Regiment in South Dakota am Fluss Wounded Knee rund 300 Sioux-Angehörige. Das Massaker brach den Widerstand indigener Gruppen. Heute erinnert eine Gedenkstätte an die Sioux.

D1 Europäische Besiedlung im Gebiet der heutigen USA

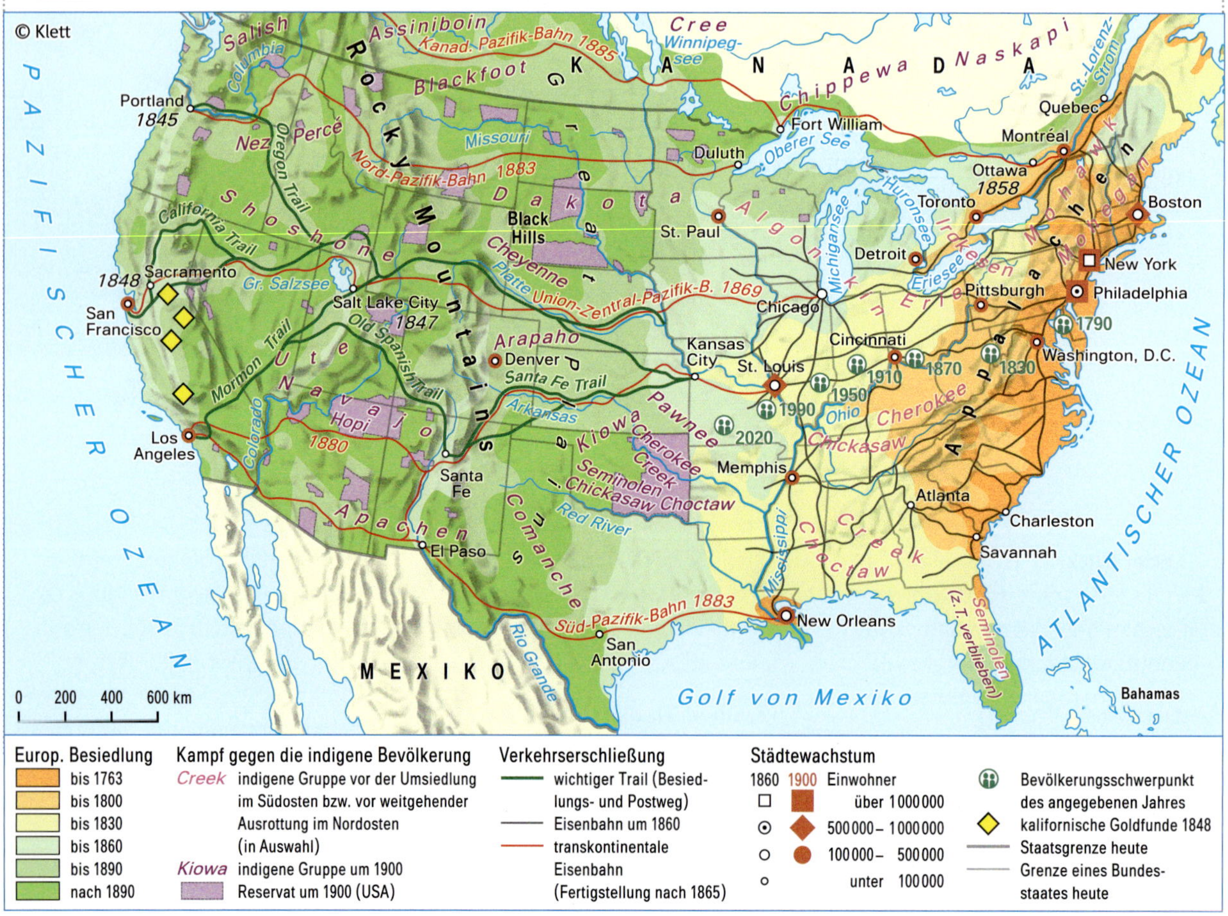

D2 John Locke zu Gemeingut und Eigentum

Die US-amerikanische Historikerin Jill Lepore erklärt, warum die Indigenen in den USA enteignet wurden. Als Begründung verweist sie auf den englischen Philosophen John Locke (1632–1704). Seine Argumentation sei sehr einflussreich auch bei den amerikanischen Siedlern gewesen:

„Gott gab die Welt den Menschen gemeinsam“, schrieb Locke, aber „man kann nicht annehmen, er habe beabsichtigt, dass sie immer Gemeingut und unkultiviert[1] bleiben sollte. Er gab sie dem Fleißigen und Verständigen zur Nutznießung[2] (und Arbeit sollte seinen Rechtsanspruch darauf bewirken)“. Menschen, die „große Bodenflächen brach liegen lassen“, ohne landwirtschaftliche Nutzung, und in gemeinschaftlichem Eigentum lebten, hätten sich deshalb „nicht der Übereinkunft der übrigen Menschheit angeschlossen“. Ein Volk, das nicht an Landbesitz in der Hand von Einzelpersonen glaubt, kann keine Verträge zum Verkauf von Land abschließen, und man kann ihm nicht nachsagen, dass es eine Regierung habe, denn der einzige Daseinszweck der Regierung ist es, Eigentum zu schützen.

1 nicht bearbeitetes Ackerland
2 wirtschaftliche Nutzung

Jill Lepore: Diese Wahrheiten. Geschichte der Vereinigten Staaten von Amerika. Übers. v. Werner Roller. Beck, München 2019, S. 85.

Q1 Christliche Missionierung

Das Gemälde zeigt die Irokesin Kateri Tekakwitha (ca. 1656–1680), die in einem französischen Missionsdorf in Kanada den christlichen Glauben angenommen hatte. Nach ihrem Tod im Alter von 24 Jahren wurde Kateri zu einer Heiligen erhoben, da ihr sowohl von Franzosen als auch Irokesen Wunderheilungen zugeschrieben wurden. Unter den heutigen Irokesen ist sie eine umstrittene Figur. Aus dem Gedächtnis gemalt von P. Claude Chauchetière zwischen 1682 und 1693.

Erster Blick

1 Was weißt du schon über die indigene Bevölkerung der USA? Nenne Bücher oder Filme.

Vertreibung, Vernichtung, Missionierung

2 Arbeite aus der Karte D1 heraus, in welchen Schritten die Vertreibung und Vernichtung der indigenen Bevölkerung erfolgte. ○ → S. 264

3 Beschreibe den Zusammenhang zwischen Eigentum und Mitwirkung bei der Regierung (D2). Nimm Stellung zu der Begründung der Enteignung der Indigenen.

4 Diskutiert, ob heutige Gerichte der indigenen Bevölkerung eine Rückgabe oder Entschädigung für den Verlust ihres Landes zusprechen sollten (D1).

5 MK Arbeite aus Q1 christlich-europäische und indigene Kulturmerkmale heraus. Recherchiert und diskutiert, warum die Heilige Kateri heute unter den Irokesen eine „umstrittene“ Figur ist.

AFB I: 1 AFB II: 2, 5 AFB III: 3, 4

Aus Deutschland nach Amerika

Ende des 19. Jahrhunderts waren die USA das beliebteste Auswanderungsziel für Menschen aus der ganzen Welt. Die Nation war noch jung und versprach Neubeginn, Aufbruch und ein besseres Leben. Viele Deutsche verließen ihre Heimat aus wirtschaftlichen Gründen, nach der gescheiterten Revolution von 1848/49 kamen politische Gründe hinzu. Wie lebten die Einwanderer in der „Neuen Welt"?

→ Themen verknüpfen
Erfahre mehr zur Industrialisierung und sozialen Frage ab Seite 146.

Kettenmigration
Migrantinnen und Migranten folgen bereits Ausgewanderten ins Zielgebiet. So erhalten sie Informationen und Unterstützung am neuen Wohn- und Arbeitsort. Das soziale Netz kann Integrationsprozesse erleichtern, aber auch behindern.

D1 W21
Website
Die Spuren deutscher Auswanderung

VT1 Auswanderungsgründe

Die ersten Auswanderer aus Deutschland kamen bereits zur Kolonialzeit und erschlossen bis dahin unbesiedelte Gebiete oder trugen zur Vertreibung der indigenen Bevölkerung bei. Im 19. Jahrhundert verdreifachte sich die Bevölkerung Europas. Zunächst waren es Bauernfamilien, die vor Hungersnöten wie nach dem Hungerwinter 1816/1817 flohen. Die Industrialisierung veränderte die Arbeits- und Lebensverhältnisse stark, es kam zu Hunger und Arbeitslosigkeit, vor allem Handwerker wanderten ab. In den wachsenden Städten litten besonders die einfachen Arbeiterinnen und Arbeiter unter beengten und schlechten Lebensumständen.
Die USA versprachen viel Ackerland und Wohlstand für Fleißige. Dafür nahmen die Menschen eine beschwerliche und gefährliche Reise auf sich. Die großen Segel- und Dampfschiffe fuhren ab Bremerhaven oder Hamburg Richtung Amerika. Segelschiffe benötigten bis zu sechs Wochen. Ab 1850 wurden sie von Dampfschiffen ersetzt, sodass sich die Reise deutlich verkürzte. Die Fahrten waren dennoch gefährlich, durch Schiffsunglücke und Krankheiten an Bord gelangten manche gar nicht erst an ihr Ziel.

VT2 Vom Tellerwäscher zum Millionär?

Viele erreichten zuerst den Hafen von New York, wo sie seit 1886 bereits vom Schiff aus die Freiheitsstatue sehen konnten (Q1). Die meisten Emigranten reisten dritter Klasse – im Gegensatz zu den ersten und zweiten Klassen entschied ihr Gesundheitszustand, ob sie einreisen durften. Geistige oder körperliche Beeinträchtigungen konnten zu Abschiebung führen.
Anschließend suchten sich die Emigranten Ziele im Landesinneren. Viele zog es zu Verwandten oder Bekannten auf dem Land oder in deutsche Stadtviertel wie Little Germany in New York (**Kettenmigration**). Dort fühlten sie sich weniger allein, sprachen ihre Sprache und konnten sogar deutschsprachige Tageszeitungen kaufen. Den Kontakt in die Heimat hielten Auswanderer über Briefe, in denen sie vom Heimweh, ihrem Alltag und den (verbesserten) Lebensbedingungen berichteten (Q3). Einige Auswanderer kehrten auch wieder nach Deutschland zurück.

VT3 Von Einwanderern zu Einheimischen

Die Gesellschaft in den USA war vielfältiger als die der Einwanderer. Manche begegneten dem mit Neugier und Dankbarkeit, andere mit Rassismus und Abneigung gegenüber Afroamerikanern, Chinesen oder Native Americans. Diskriminierung und rassistische Überzeugungen waren in den USA allgegenwärtig (Q2). Für jüdische Einwanderer wirkte ein Neuanfang in den USA besonders attraktiv, da ihnen in Deutschland die freie Wahl von Beruf und Wohnort bis 1871 verboten blieb. Die Deutschen waren die größte Einwanderer-Gruppe in den USA und zeigten dies auch stolz bis zum Ersten und spätestens dann Zweiten Weltkrieg. Lange fühlten sie sich als Deutsche und als Amerikaner. Aber mit Deutschland als Kriegsgegner sahen sich die Einwanderer gezwungen, sich zu entscheiden.

Schon gewusst?
Zwischen 1820 und 1890 wanderten etwa fünf Millionen Deutsche in die USA aus – ein Drittel der Einwanderer. In der zweiten Hälfte des 19. Jahrhunderts war New York nach Berlin und Wien die Stadt mit den meisten deutschsprachigen Einwohnern.

Q1 Ankunft in New York

Foto, 1905

Q2 Zu viele Einwanderer?

Auf dem Titelblatt der US-amerikanischen Zeitschrift „Judge" erschien 1890 diese Karikatur von Victor Gillam. Die Unterschrift lautet: „Die vorgesehene Müllabkippstelle für Emigranten." Das rechte Schiff hat die Flagge „Europäisches Müllschiff", auf dem linken Boot steht derselbe Text. Die Freiheitsstatue sagt: „Herr Windom, wenn Sie diese Insel zu einem Müllhaufen machen, gehe ich zurück nach Frankreich." William Windom war damals Finanzminister und beugt sich über das skizzierte Finanzministerium. Musée des Arts et Métiers, Paris

Q3 Brief an eine Freundin

Die Schriftstellerin Mathilde Franziska Anneke wanderte infolge der gescheiterten 1848er-Revolution mit ihrem Mann in die USA aus. Sie wird eine bedeutende Frauenrechtlerin und Aktivistin. An eine Freundin schreibt sie 1850:

Es gefällt uns hier nun recht gut, um so mehr da wir ein sahen, daß man nur eine Arbeit zu beginnen braucht, um glücklich existieren zu können. Dazu sind die staatlichen Einrichtungen so vortrefflich, um jedem Menschen das zu gewähren, was ihm zu seiner menschlichen Entwicklung not tut. Der Unterschied der Stände fällt hier ganz fort. Die Bildung ist im allgemeinen auf einer viel höheren Stufe wie in Deutschland, allein die feinere Bildung, die wahrhafte Ästhetik[1], die ist nicht zu finden. Ein näheres Anschließen an die Menschen hier würde mir, so glaube ich jetzt, schwer werden. Drum habe ich denn auch keine einzige Freundin – und ich sehne mich immer nur nach Einer, die nun so fern, so fern ist. [...] Kommt Ihr alle hieher, machen wir uns vereint [...] diese wunderschöne Fremde zur Heimat.

1 Gemeint sind Kunst und Architektur.

Zit. nach Maria Wagner: Mathilde Franziska Anneke in Selbstzeugnissen und Dokumenten. Fischer, Frankfurt a.M. 1980, S. 81.

Erster Blick

1 Tragt Gründe für die Auswanderung im 19. Jahrhundert zusammen (VT1). Wie haben sie sich über die Jahre verändert?

In der Fremde

2 SP Welche Hoffnungen und Sorgen hatten die Menschen, als sie das erste Mal die Freiheitsstatue sahen? Versetze dich in die Lage einer der Personen in Q1 und verfasse einen kurzen Eintrag ins Reisetagebuch. ○ → S. 264

3 Analysiere die Karikatur Q2 und nimm Stellung zur Darstellung.

(Ein)heimisch werden

4 Begründe, weshalb die meisten Deutschen an Orte gingen, wo bereits deutsche Auswanderer lebten (VT2). Kennst du Beispiele aus der Gegenwart? ●

5 Beschreibe anhand des Briefes Q3, warum Mathilde ihre neue Heimat trotz Heimweh schätzt (VT3).

6 MK Nimm Stellung zu den Gründen, die Donna Webster in D1 W21 für ihr Interesse an ihren deutschen Vorfahren anführt. ●

AFB I: 1, 5 AFB II: 2, 4 AFB III: 3, 6

Arbeitsmigration in Deutschland

Das 20. Jahrhundert war von globalen Kriegen und politischen Neuordnungen geprägt. Neue Transportmöglichkeiten vereinfachten zudem das Überwinden großer Distanzen. Auf der Suche nach einem Neubeginn und besserer Arbeit migrieren immer mehr Menschen. Heute ist Deutschland ein modernes Einwanderungsland. Wie kam es dazu?

→ Themen verknüpfen
Zu den Reisemöglichkeiten während der Industrialisierung kannst du auf Seite 138/139, zur Land-Stadt-Migration ab Seite 146 und zur Auswanderung nach Nordamerika auf Seite 184/185 nachlesen.

Anwerbeabkommen
ein Vertrag, in dem festgelegt ist, dass Menschen aus dem einen Land in das andere zum Arbeiten gehen dürfen

Freizügigkeit
Bürgerinnen und Bürger der EU dürfen sich im europäischen Binnenmarkt frei bewegen und in einem anderen Land arbeiten.

VT1 Die Situation nach dem Krieg

Nach dem Zweiten Weltkrieg waren Millionen Menschen tot, vertrieben oder geflohen. Deutschlands Städte und Industrieanlagen waren zerstört und mussten wieder aufgebaut werden. Deutschland war geteilt: in die Bundesrepublik (BRD) und die Deutsche Demokratische Republik (DDR). Überall fehlten Arbeitskräfte.

VT2 BRD wirbt Arbeitskräfte an

Seit den späten 1950er-Jahren erlebte die BRD einen starken wirtschaftlichen Aufschwung (das sogenannte Wirtschaftswunder). Um den enormen Arbeitskräftebedarf vor allem in der Industrie zu decken, wurden Arbeitskräfte aus dem Ausland angeworben (Italien, Griechenland, Spanien, Tunesien, Jugoslawien). 1961 schloss die BRD ein **Anwerbeabkommen** mit der Türkei, wo große Arbeitslosigkeit herrschte.

Die Menschen wurden als „Gastarbeiter" bezeichnet, weil sie nur für eine befristete Zeit in Deutschland arbeiten sollten. Sie lebten meist in Sammelunterkünften fernab der deutschen Bevölkerung, erhielten keine Sprachkurse und die Kinder wenig Unterstützung in der Schule – eine Integration war anfangs nicht vorgesehen (**Q1**).

1973 wuchs in der BRD die Arbeitslosigkeit und die Regierung beschloss einen Anwerbestopp. Von insgesamt 14 Millionen „Gastarbeitern" kehrten elf Millionen in ihre Heimatländer zurück. In Griechenland und Spanien beispielsweise hatte sich die wirtschaftliche Situation inzwischen entspannt. Die Türkei war zu dieser Zeit von politischen Unruhen geprägt, sodass sich viele fürs Bleiben entschieden. Sie durften ihre Familienangehörigen nachholen. In vielen Stadtteilen, zum Beispiel in Kreuzberg, entstand eine überwiegend türkisch geprägte Gemeinschaft.

VT3 „Vertragsarbeiter" in der DDR

Auch in der DDR fehlte es an Arbeitskräften. Bis zum Bau der Mauer 1961 verließen 2,8 Millionen Menschen das Land aus politischen und wirtschaftlichen Gründen. Die DDR schloss ab 1965 Verträge mit „sozialistischen Bruderstaaten". Es kamen sogenannte Vertragsarbeiter aus Vietnam, China, Polen oder Mosambik. Nach zwei bis fünf Jahren sollten sie in ihre Heimatländer zurückkehren, deshalb lebten sie häufig abgeschottet in Wohnheimen. Der Familiennachzug war ausgeschlossen. Mit dem Ende der DDR liefen auch die Regierungsabkommen aus. Die größte Gruppe der Arbeitsmigranten kam aus Vietnam – von den etwa 60 000 Vietnamesen blieb etwa ein Viertel (**Q2**).

VT4 Das Einwanderungsland heute

Die Kinder und Enkel ehemaliger Arbeitsmigranten sind oft Deutsche mit einer Familiengeschichte, die in der Türkei, Italien oder Vietnam wurzelt. Viele fühlen sich mit dem Land ihrer Eltern oder Großeltern verbunden und sind zugleich in Deutschland zu Hause. Oft sprechen sie beide Sprachen oder sogar mehr.

Aufgrund der Alterung unserer Gesellschaft und des Fachkräftemangels hat Arbeitsmigration heute wieder an Bedeutung gewonnen. Für Bürgerinnen und Bürger der Europäischen Union (EU) ist es relativ unproblematisch, wegen der Arbeit innerhalb der EU umzuziehen. Für sie gilt **Freizügigkeit**.

Schon gewusst?
„Ma Germans" bedeutet im südlichen Mosambik „die, die aus Deutschland zurückkommen". Schnell wurde daraus Madgermans und bezeichnet die (enttäuschten) aus der DDR heimgekehrten „Vertragsarbeiter".

Q1 Tülays Schulbesuche

Tülay Ustas Vater ging 1965 von Anatolien (Türkei) nach Berlin. Einen Teil seines Gehalts schickte er seiner Frau und der kleinen Tochter. 1970 zog die Familie nach und 1971 wurde Tülay eingeschult. Sie erinnert sich:

In der Ausländerregelklasse in Berlin-Kreuzberg war ich die Klassenbeste und Klassensprecherin. Als ich in Berlin-Steglitz in eine normale sechste Klasse kam, war das eine Katastrophe. Meine Mitschüler verstanden mich nicht, weil mein Deutsch zu schlecht war. Ich wurde ausgelacht und – verstummte. Außer in Mathe konnte man mir im ersten Halbjahr keine Zensuren geben. Also, Integration sieht anders aus. Ich fühlte mich benachteiligt und hatte einen schweren Stand, aber die Lehrer bemühten sich sehr, und das hat geholfen.

Heike Schüler: Vier Generationen einer türkisch-deutschen Familie, in: Deutscher Paritätischer Wohlfahrtsverband (Hrsg.): Merhaba Berlin. Geschichten vom Ankommen und Hierbleiben. Unter: https://www.paritaet-berlin.de/fileadmin/user_upload/redaktion/pdf/publikationen/Merhaba_Berlin_Anwerbeabkommen.pdf, S. 23 (Zugriff: 19.04.2024).

Q2 „Bleiberecht für DDR-Vertragsarbeiter“

Nach dem Ende der DDR mussten die ehemaligen „Vertragsarbeiter“ um ihre Arbeit und die daran verbundene Aufenthaltserlaubnis bangen. Demonstration in Berlin, Foto, 1992

D1 Website

W22

App „Glasfäden: Aus dem Osten in den Osten“

Erster Blick

1 Deutschland ist ein Einwanderungsland. Kannst du dir vorstellen, in einem anderen Land zu leben? Was findest du interessant daran und was würde dich zögern lassen?

„Wir riefen Arbeitskräfte, …“

2 In der BRD und DDR wurde um Arbeitskräfte aus dem Ausland geworben. Benenne Unterschiede und Gemeinsamkeiten im Umgang mit den Arbeitskräften (VT2, VT3). ○ → S. 264

„… und es kamen Menschen.“

3 MK Sucht auf einer Videoplattform eurer Wahl das Lied „Der Gastarbeiter“ von Eko Fresh. Beurteilt, warum sich viele der Einwanderer lange Zeit in Deutschland nicht zu Hause fühlten (VT2).

4 Erläutere, welche Probleme Tülay beim Schulwechsel hatte (Q1, VT2).

5 MK Informiere dich über die App „Glasfäden“ (D2 W22). Gestalte einen eigenen Comic zu einer Migrationsgeschichte. Lass dich von den Menschen in diesem Kapitel oder aus deinem Freundes- und Familienkreis inspirieren.

6 Viele Asylsuchende, immigrierte Arbeiter und ihre Familien wurden seit den 1990er-Jahren rassistisch bedroht. Die Gewalt gegen „Fremde“ wuchs in ganz Deutschland.

a) Think: Informiert euch zu Rostock-Lichtenhagen 1992, Mölln 1992, Solingen 1993, Lübeck 1996, den NSU-Morden 1998–2011, Halle 2019 oder Hanau 2020.

b) Pair: Vergleicht eure Ergebnisse mit einem Partner/einer Partnerin.

c) Share: Stellt eure Ergebnisse in der Klasse vor.

7 Welche Vorteile bringt die Freizügigkeit innerhalb der EU mit sich? Diskutiere das mit einem Partner/einer Partnerin (VT4). ●

AFB I: 1, 2 AFB II: 4, 5, 6 AFB III: 3, 7

Video: Kapitelsteckbrief Migration und Bevölkerung V13

1 Überblickswissen

Was gehört zusammen?

a) Ordne den Wortanfängen der ersten Spalte die Wortendungen der zweiten Spalte so zu, dass sinnvolle Begriffe entstehen. Schreibe sie in dein Heft.

b) Erkläre die einzelnen Begriffe.

Freiheits-	gration
Freizügig-	kreuzzug
Inte-	statue
Gast-	handel
Reser-	Americans
Ost-	arbeiter
Huge-	migration
Glaubens-	vate
Wenden-	siedlung
Vertrags-	keit
Sklaven-	krieg
Native	arbeiter
Ketten-	notten

2 Black Independence Day

Geschichte aufarbeiten

a) Die Spuren der heutigen US-Bevölkerung führen weit zurück und in alle Welt. Wer kam woher und warum? Benenne die Gruppen und ordne die Migrationsgründe nach dem Grad der Freiwilligkeit.

b) Am 19. Juni („Juneteenth" oder „Black Independence Day") erinnern die Menschen in den USA bereits seit 1866 an die Sklavenbefreiung. Im Jahr 2020 erhielt der Gedenktag besondere Aufmerksamkeit, als die Tötung des Afroamerikaners George Floyd durch einen weißen Polizisten landesweite Proteste gegen Rassismus und Polizeigewalt nach sich zog. Seit 2021 ist Juneteenth ein offizieller bundesweiter Feiertag in den USA. Beurteile, welche Bedeutung dieser Feiertag für Schwarze Menschen hat.

3 Migration als Normalfall der Geschichte

SP Einen Text auswerten

a) Lest D1. Erstellt in Partnerarbeit ein Interview und fragt einen deutschen Auswanderer, der in die USA eingewandert ist, nach den Gründen.

b) Nimm Stellung zur Überschrift von D1.

D1 Migration ist ein Normalfall seit Beginn der menschlichen Existenz

Migrationsforscher Jochen Oltmer über die Massenauswanderung Deutscher im 19. Jahrhundert:

Über lange Zeit hinweg ging die Vorstellung um, Ausgewanderte aus Europa seien abenteuerlustige Menschen gewesen – aber von solchen Perspektiven ist die Forschung heute weg. Man muss sich vor allem mit der Frage beschäftigen, warum diese Menschen Europa überhaupt verließen. Die Antwort: Weil sie die Vorstellung hatten, andernorts bessere Chancen zu haben. Das konnten Erwerbschancen, Arbeitsmarktchancen, Heiratschancen oder Chancen auf einen besseren Lebensstil sein. Ob allerdings diese Vorstellungen am Ende auch umgesetzt werden konnten, ist eine ganz andere Frage. Klar ist: Migration ist ein Normalfall seit Beginn der menschlichen Existenz. Egal, wohin wir schauen, in welche Zeit und welchen Raum, immer findet Migration statt. [...] Der überwiegende Teil der Migrierenden, die Europa im späten 18., im 19. und im frühen 20. Jahrhundert verließen, war nicht ganz arm, aber auch nicht im Entferntesten wohlhabend genug, um ohne Unterstützung auszuwandern. Auch deshalb gingen Menschen in der Regel dorthin, wo bereits Verwandte oder Bekannte lebten, die diese Unterstützung leisten konnten.

Renate Zöller im Gespräch mit Jochen Oltmer: Migration ist ein Normalfall seit Beginn der menschlichen Existenz. 11/2022. Unter: https://www.kulturforum.info/de/kk-magazin/im-gespraech/8778-migration-ist-ein-normalfall-seit-beginn-der-menschlichen-existenz (Zugriff: 02.05.2024).

4 Als „Gäste" eingewandert

MK Ein Hörspiel auswerten

Im Podcast D2 W23 kommt es zu einem fiktiven Gespräch zwischen Enkelin und Großvater, in dem sich der ehemalige „Gastarbeiter" an seine erste Zeit in der neuen Heimat erinnert.

a) Beschreibe die Situation, in der die beiden miteinander sprechen.

b) Bewerte die damalige Politik gegenüber den Arbeitskräften aus dem Ausland aus heutiger Sicht.

c) Zu welchem Migrationsthema würdest du ein Hörspiel erstellen? Denkt euch in Kleingruppen ein Skript für fünf Minuten Hörspiel aus. Würdet ihr zum Beispiel eine Zeitreise unternehmen? Ein Interview führen – und wenn ja, mit wem? Oder wollt ihr Quellen befragen?

5 Längsschnitt: Migration und Bevölkerung

Mit Geschichtskarten arbeiten

Werte Karte D3 mithilfe der Arbeitsschritte auf S.105 aus.

a) Beschreibe, welches Thema, welche Region und welchen Zeitraum die Karte abbildet.

b) Untersuche die Karte genauer: Welche Informationen kannst du entnehmen? Wozu weißt du schon etwas? Welche Bedeutung haben die Farben der Pfeile?

c) Deuten: Fasse die wichtigsten Aussagen der Karte in wenigen Sätzen zusammen. Ordne die Karte in einen historischen Zusammenhang ein. Auf welche Fragen gibt die Karte keine Antworten?

d) Vergleiche die Karte mit Karte D1 auf S.175. Begründe, weshalb die Weltkarte nicht um die Angaben aus Karte D3 ergänzt wurde.

D2 W23

Website

Eine Stunde History: „Gastarbeitende" – Das Anwerbeabkommen

D3 Migration von und nach Deutschland

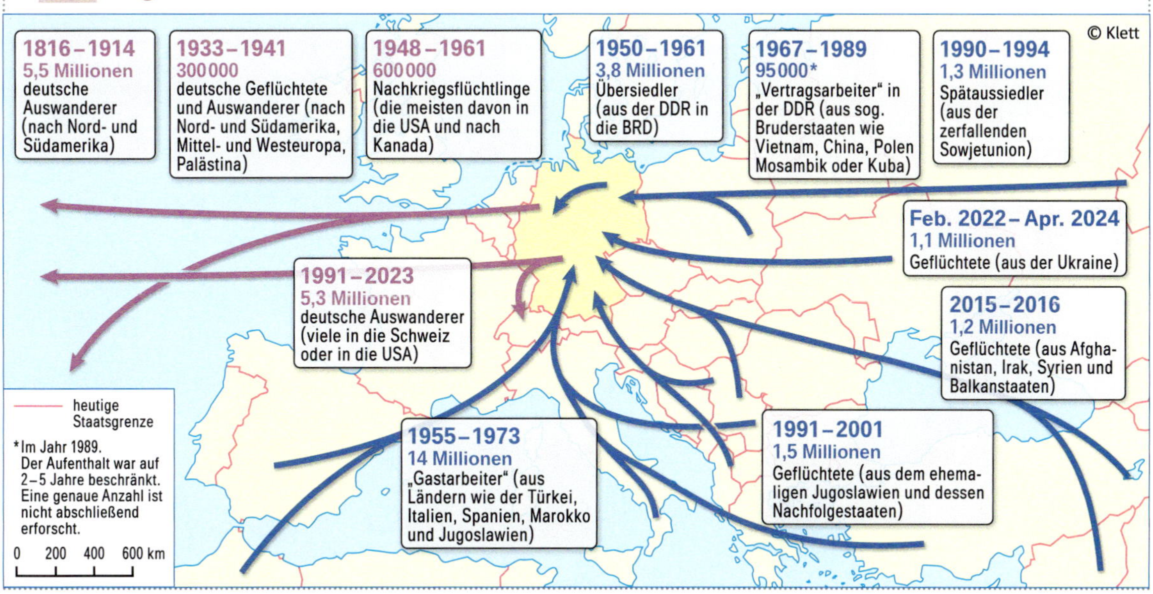

7

Längsschnitt (Wahlmodul) um 1250 v. Chr. bis 1900

Juden, Christen und Muslime begegnen sich

Religionen prägen das Zusammenleben der Menschen bis heute. Besonders die drei Weltreligionen Judentum, Christentum und Islam, die einen Gott verehren, bestimmten lange Zeit den Alltag und das politische Handeln der Menschen in Europa und um das Mittelmeer. In diesem Kapitel erfährst du, wie diese Religionen seit ihrem Entstehen bis in die Neuzeit miteinander umgingen.

0 — 250 — 500

12. Jh. v. Chr. Israeliten besiedeln die Bergländer beiderseits des Jordan.

962 v. Chr. Tempelbau in Jerusalem

30 n. Chr. Jesus von Nazareth wird vom römischen Statthalter zum Tode am Kreuz verurteilt.

1./2. Jahrhundert Vertreibung der Juden aus Jerusalem

380 Das Christentum wird Staatsreligion im Römischen Reich.

622 Mohammed siedelt nach Medina über. Beginn der islamischen Zeitrechnung

7./8. Jahrhundert arabische Eroberungen; Verbreitung des Islam

D1 Religionen und ihre Konflikte um 1100

1000	1250	1450	1550	1750	1850

1096–1099 erster Kreuzzug nach Palästina

1096 Judenverfolgung im Rheinland

1291 Ende der christlichen Herrschaft in Palästina

1453 Türkische Osmanen erobern Konstantinopel.

1529 Türken belagern Wien.

1791 Juden werden zu gleichberechtigten Staatsbürgern in Frankreich.

1812 Gleichberechtigung der Juden in Preußen

1871 Gleichberechtigung der Juden in Deutschland

Orientieren und Entdecken

- Was wisst ihr schon über die drei Religionen Judentum, Christentum und Islam? Tauscht euch in der Klasse dazu aus.
- Was sagt die Karte **D1** über das Verhältnis der Religionen im Mittelalter aus? Erläutere das Thema der Karte.
- Wo gibt es heute Konflikte zwischen den drei Religionen? Nenne Beispiele.
- Wäre eine Begegnung wie auf dem Foto **D2** im Mittelalter möglich gewesen? Stelle Vermutungen an und begründe sie.
- Wodurch kann ein friedliches Zusammenleben unterschiedlicher Religionen und Weltanschauungen ermöglicht werden?

D2 Drei Religionen begegnen sich

Ein christlicher Pfarrer, ein jüdischer Rabbiner und ein muslimischer Imam werben mit Ziegelsteinen in ihren Händen für den Bau eines gemeinsamen Gebetshauses in Berlin. Foto, 2014

Die Entstehung des Judentums

Das Judentum ist die älteste der Religionen, deren Anhänger an nur einen Gott glauben. Christen und Muslime wussten, dass ihre Religionen mit der jüdischen zusammenhängen. Wie wirkte sich dieses Wissen auf das Zusammenleben aus? Und warum lebten Jüdinnen und Juden seit der Antike über zahlreiche Länder verstreut?

VT1 Das Judentum und seine Religion

Das Judentum gründet seine Religion und Kultur auf die **Tora** und die übrigen Schriften der jüdischen Bibel. Sie lehren die Juden, das auserwählte Volk Gottes zu sein, da Gott einst mit ihren Anführern Abraham und Moses einen ewigen Bund geschlossen habe: Gott habe dem jüdischen Volk das Land Kanaan (Israel) geschenkt. Dafür müsse das Volk die Gesetze befolgen, die Gott an Moses übergeben hatte.

VT2 Vertreibung aus dem Land Israel

Gesichert wissen Historikerinnen und Historiker, dass die **Israeliten** im Laufe des 12. Jahrhunderts v. Chr. die Bergländer beiderseits des Flusses Jordan besiedelten. 962 v. Chr. ließ ihr König Salomo in der Stadt Jerusalem einen Tempel als Zentrum ihrer Gottesverehrung errichten. Nach Salomos Tod wurde das Reich in das Nordreich (Israel) und das Königreich Juda im Süden getrennt. Dessen Einwohner wurden Judäer genannt. Davon leitet sich das Wort „Juden" ab.
Im 8. Jahrhundert v. Chr. wurde erst das Nordreich und um 586 v. Chr. auch Juda von fremden Herrschern erobert. Die Bewohnerinnen und Bewohner beider Teile wurden nach Persien und Babylon verschleppt und mussten nun außerhalb ihrer Heimat leben. In dieser **Diaspora** entstanden wesentliche jüdische Grundüberzeugungen wie der Glaube an den einen und einzigen Gott, der sein Volk zu einem besonderen Dienst erwählt hat.

VT3 Kulturelle Leistungen in der Diaspora

Obwohl Jüdinnen und Juden ab dem Jahr 538 v. Chr. wieder in ihre Heimat zurückkehren durften, blieben einige im Exil. Belebt durch die jüdischen Gemeinden, entwickelten sich in Babylon und Ägypten viele Städte zu bedeutenden kulturellen Zentren. Die Hafenstadt Alexandria wurde ein Knotenpunkt jüdischer Wissenschaft und Kultur. Hier entstand im 3./2. Jahrhundert v. Chr. die erste vollständige Übersetzung der jüdischen Bibel in die griechische Alltagssprache (**D1**).

VT4 Leben in der Diaspora

Im 1. Jahrhundert v. Chr. eroberten die Römer Juda und machten es zur römischen Provinz Judäa. Die Juden wehrten sich in drei Aufständen gegen die gewaltsame Besatzung – allerdings ohne Erfolg: Nach dem ersten Aufstand zerstörten die Römer im Jahr 70 n. Chr. den Tempel, in einem weiteren im Jahr 135 vertrieben sie Jüdinnen und Juden aus Jerusalem. Viele Jüdinnen und Juden verließen Judäa. Die meisten lebten nun verstreut in den Städten des Römischen Reiches.
Zu Mittelpunkten des sozialen und religiösen Lebens der Juden wurden die **Synagogen**. Darin lehrten **Rabbiner** die Gemeinde, ein Leben nach den Gesetzen der Tora und den Regeln ihrer Religion zu führen (**Q1**). Hier stand nicht mehr wie früher im Tempel die Opferung von Tieren im Mittelpunkt, sondern das Feiern von Gebetsgottesdiensten. Die Ausrichtung auf die Tora gab den Juden Zusammenhalt in der Diaspora.

VT5 Juden, Christen und Muslime

Als das Römische Reich zerfiel, wurden die Juden Untertanen neuer christlicher und islamischer Herrscher. Diese kannten die engen Beziehungen ihrer Religionen zum Judentum: Die Muslime wussten, dass der jüdische Glaube Mohammed zur Gründung des Islam angeregt hatte. Den Christen war bewusst, dass Jesus Jude gewesen war. Zudem glaubten die Anhänger aller drei Religionen an den einen und einzigen Gott. Deshalb erlaubten christliche und islamische Herrscher den Juden, ihre Religion unter ihrer Herrschaft auszuüben. So gab es zeitweilig ein friedliches Nebeneinander der Religionen.

Tora
Die fünf Bücher Moses, heiligster Teil des Tanach, der jüdischen Bibel. Der Tanach entspricht dem Alten Testament der Christen.

Israeliten
Angehörige der Zwölf Stämme Israels und ihre Nachkommen. Sie bilden das Volk Israel.

Diaspora
(griech.: Verstreutheit) Bezeichnung für das Leben der Jüdinnen und Juden unter Andersgläubigen

Synagoge
Jüdisches Gotteshaus. Hier finden die Gottesdienste statt. Es dient als Gemeindezentrum und Ausbildungsstätte für das Studium der religiösen Schriften.

Rabbiner
„Lehrer" der jüdischen Religionsvorschriften, geistlicher Leiter der Gemeinden

D1 Siedlungsgebiete der Juden von ca. 1000 v. Chr. bis 1200 n. Chr.

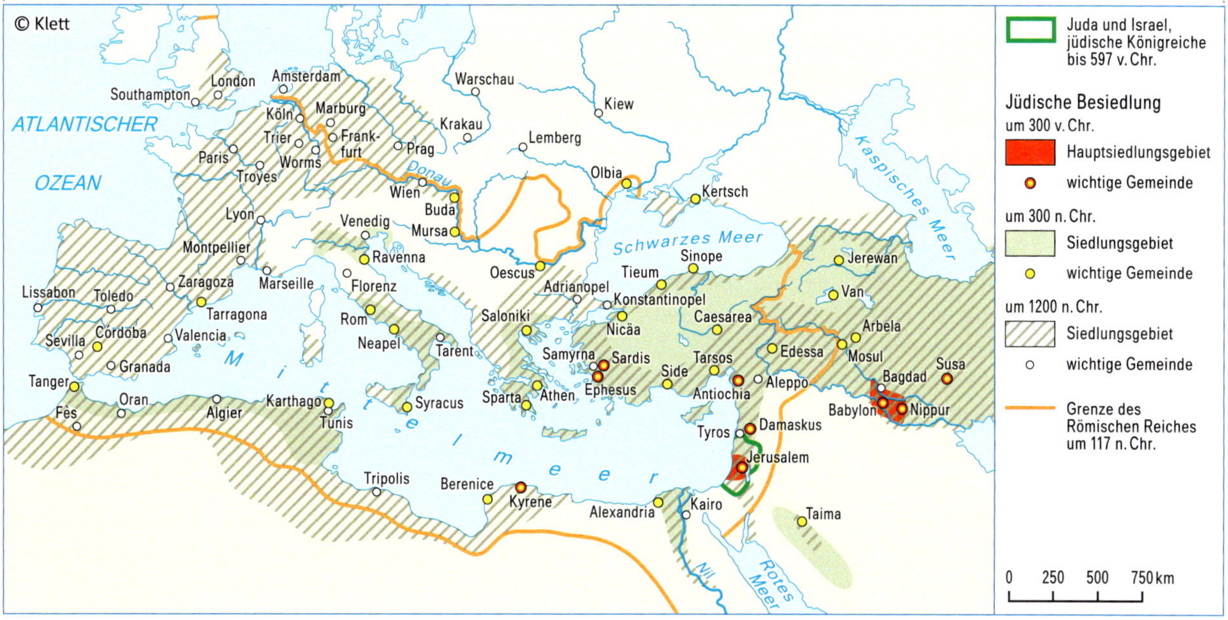

Q1 Verhaltensregeln gegenüber Nichtjuden

Ein Rabbiner aus Regensburg lehrt um 1200:

Will ein Jude einen Nichtjuden töten, dieser aber nicht jenen, müssen wir dem Nichtjuden beistehen. Man soll niemandem Unrecht tun, auch nicht Andersgläubigen. An dem Vermögen derer, die Arbeiter drücken[1], gestohlene Sachen kaufen und zu ihrem Hausgerät heidnische Zieraten[2] halten, ist kein Segen [...]. In dem Verkehr mit Nichtjuden sei ebenso redlich[3] wie im Verkehr mit Juden! Mache den Nichtjuden auf seinen Irrtum [wenn er dir etwas zu überhöhtem Preis abkaufen will] aufmerksam; besser du lebst von Almosen[4], als daß du, zur Schmach des Judentums und des jüdischen Namens, mit fremdem Geld davonläufst. [...] Flieht ein Mörder zu dir, so gewähre ihm keinen Schutz, auch wenn es ein Jude ist [...]. Kannst du mit dem Wenigen, das du besitzt, dich ernähren, so nimm nicht von anderen, um reich zu werden [...].

1 um ihren Lohn bringen
2 Schmuck
3 aufrichtig, ehrlich, verlässlich
4 Spenden, milde Gaben

Zit. nach Julius Höxter: Quellenbuch zur jüdischen Geschichte und Literatur. III. Teil. Reprint, Verlag Moraschа, Zürich 1983, S. 84 f.

Erster Blick

1 Erläutere mithilfe von VT5, wie das Bild auf S. 190 die Beziehung zwischen Juden, Christen und Muslimen darstellt.

Merkmale des Judentums

2 SP Schreibe einen Eintrag über das Judentum für ein Schülerlexikon. Nenne die wichtigsten Merkmale der jüdischen Religion (VT).

3 MK Erschließe den Wikipedia-Artikel zu einem der Begriffe in der Randspalte. Überlege, welche Informationen fehlen, und formuliere sie.

Juden in der Diaspora

4 Beschreibe die Veränderungen des jüdischen Siedlungsgebiets von ca. 1000 v. Chr. bis 1200 n. Chr. (D1). ○ → S. 264

5 Erläutere, warum Jüdinnen und Juden über viele Länder verstreut lebten (VT2, VT4). ○ → S. 265

6 Erkläre, wie Jüdinnen und Juden in der Diaspora eine Lebensweise nach ihrer Religion und Kultur sicherstellten (Q1, VT3, VT4).

Juden, Christen und Muslime

7 Begründe, warum die Begegnung von Juden, Christen und Muslimen zu Beginn des Mittelalters oft friedlich verlief (VT5).

8 Beurteile, inwiefern die Verhaltensvorschriften in Q1 ein friedliches Zusammenleben der drei Religionen hätten begünstigen können. ●

AFB I: 2, 4 AFB II: 1, 3, 5, 6, 7 AFB III: 8

Das Christentum und seine jüdischen Wurzeln

Im Römischen Reich war ein neuer Glaube an nur einen Gott entstanden: das Christentum. Seine Lehre verbreitete sich im gesamten Reich und prägte seit dem Mittelalter ganz Europa. Wie entwickelten sich das Christentum und sein Verhältnis zu anderen Kulturen?

monotheistische Religion
Glaubenslehre, die auf der Verehrung eines Gottes beruht

Kirche
(von griech. ekklesia = Versammlung) organisierte Gemeinschaft der Gläubigen, aber auch das Gebäude, in dem Gott verehrt wird

Jüngstes Gericht
In einigen Texten der Bibel wird das baldige Ende der Welt angekündigt. Dabei kehre Christus zurück, um die Menschen zu richten und die Guten zu retten.

VT1 Christliche Gemeinden

Im Römischen Reich lebten zahlreiche Völker zusammen. Sie verehrten meist mehrere Götter. Nur das Judentum war eine **monotheistische Religion**, der auch Jesus von Nazareth angehörte. Seine Anhänger glaubten daran, dass er der Sohn Gottes (Christus) sei, und nannten sich Christen. So entstand eine neue Religion.

Die religiösen Grundsätze von Juden und Christen unterschieden sich anfangs kaum voneinander. Beide beteten zum Gott Israels, der die Welt erschaffen und den Bund mit seinem Volk geschlossen habe. Viele Christen besuchten weiterhin den Tempel oder eine Synagoge und hielten die jüdischen Regeln und Bräuche ein, während sie gleichzeitig Jesus verehrten, der für sie gestorben und auferstanden sei.

Deutlichere Unterschiede zwischen Christen und Juden entstanden erst, als Christen aus Judäa in die großen Städte des Römischen Reiches zogen, um ihre Lehre zu verbreiten. Dort waren die meisten Menschen von der griechisch-römischen Kultur geprägt. Ihnen gefiel der monotheistische Glaube der Christen, weil sich deren Gott für sie interessierte, unabhängig von ihrer Herkunft oder ihrem sozialen Stand (**Q1**). Sie mussten sich nur taufen lassen, brauchten aber die jüdischen Gesetze, Speisevorschriften und Feste nicht zu übernehmen.

VT2 Vom Christentum zur Kirche

Die Christen sahen ihren Auftrag in der Missionierung aller Völker. Sie verkündeten überall in den Städten des Römischen Reiches ihren Glauben und gründeten Gemeinden – oft in enger Nachbarschaft zu jüdischen Gemeinden. Die Anerkennung durch die römischen Kaiser im 4. Jahrhundert beschleunigte die Verbreitung des Christentums (**D1**). So bildete sich eine Rangfolge von Bischöfen, Priestern und Diakonen heraus – die **Kirche**. An der Spitze sollte der Bischof von Rom stehen, der seit dem 6. Jahrhundert den Titel Papst beanspruchte (**Q2**). Rom mit den Gräbern der Apostel Petrus und Paulus wurde neben Jerusalem zur heiligen Stadt des Christentums.

Die Kirchenoberhäupter bestimmten, was gelesen, gedacht und verkündet werden sollte, und verboten abweichende Lehren. Sie betrachteten die Juden zunehmend als Feinde und beschuldigten sie, von Gott abgefallen und sogar für die Kreuzigung von Jesus verantwortlich zu sein. In Wahrheit hatten aber die Römer Jesus zum Tode verurteilt.

VT3 Die Kirche setzt sich durch

Mit dem Zerfall des Römischen Reiches im 5. Jahrhundert blieb von der römischen Verwaltung oft nur die Kirche mit ihren Bistümern übrig. In den Städten hatte sich das Christentum inzwischen als vorherrschende Religion durchgesetzt. Bischöfe übten dort meist auch politische Herrschaftsrechte aus und missionierten das Umland sowie die germanischen und slawischen Völker in der Nachbarschaft. Auf dieser Grundlage entwickelte sich die Herrschaft der Kirche und des Klerus im Mittelalter. Der Papst in Rom beanspruchte 1075 schließlich sogar die allgemeine Hoheit über die Kirche sowie über Kaiser und Könige.

Er konnte sich dabei auf eine breite religiöse Bewegung stützen, die das **Jüngste Gericht** erwartete und von allen Gläubigen ein Leben nach dem Vorbild Jesu verlangte. Die Kirche sollte von allem weltlichen Einfluss befreit werden und als geistliche Gewalt über die gesamte bekannte Welt herrschen. Daraus leitete die Kirche auch den Auftrag ab, alle Völker und Andersgläubigen mit Wort und Schwert zu missionieren.

D1 Die Ausbreitung des Christentums vom 1. bis zum 11. Jahrhundert

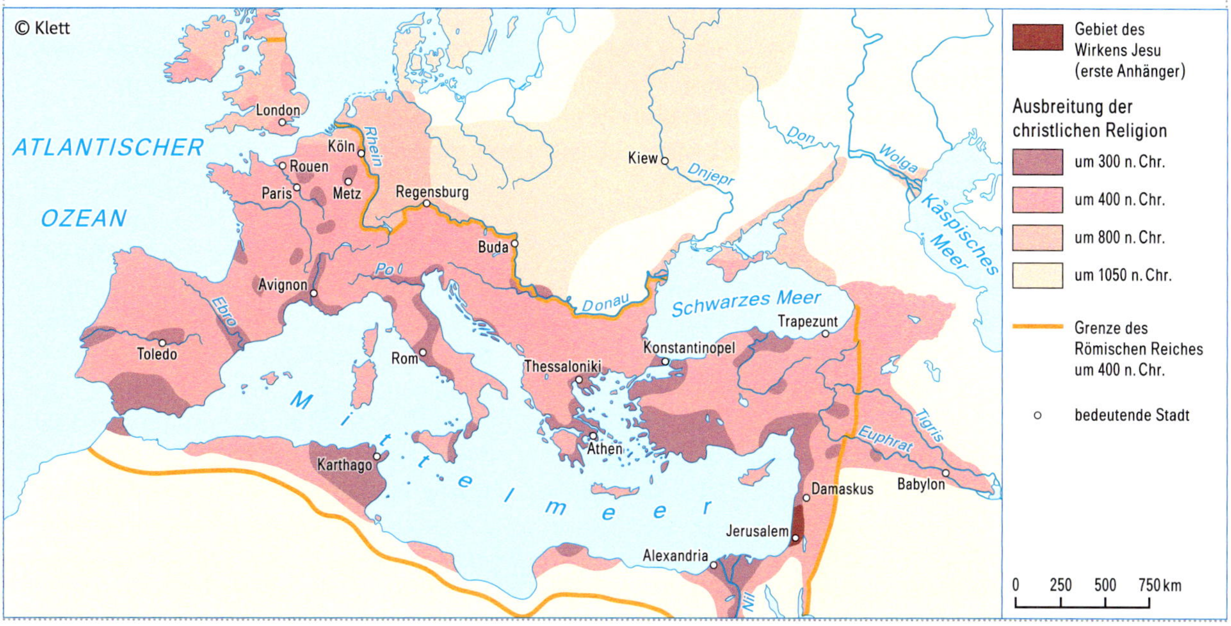

Q1 Ein Gott für alle

Aus einem Brief, der vermutlich von einem Schüler des Apostels Paulus zwischen 50 und 70 n. Chr. verfasst wurde:

Da ist nicht mehr Grieche oder Jude, Beschnittener[1] oder Unbeschnittener, Nichtgrieche, Skythe[2], Sklave, Freier, sondern alles und in allen Christus.

1 hier: Bezeichnung für Juden
2 einstiges Reitervolk vom Schwarzen Meer

Kolosser 3.11., in: Die Bibel nach Martin Luthers Übersetzung, revidiert 2017 © 2016 Deutsche Bibelgesellschaft, Stuttgart, auch unter: https://www.bibleserver.com/de/verse/Kolosser3,11 (Zugriff: 12.09.2022).

Q2 Die Einheit der Kirche

Der Bischof von Karthago Cyprian über die Einheit der Kirche, 3. Jahrhundert:

Der Herr spricht zu Petrus die Worte: „Ich sage dir: Du bist Petrus, und auf diesen Felsen werde ich bauen meine Kirche […]. Auf e i n e n baut er die Kirche, und obwohl er den Aposteln allen nach seiner Auferstehung gleiche Gewalt erteilt […], so hat er dennoch, um die Einheit deutlich hervorzuheben, durch sein Machtwort es so gefügt, daß der Ursprung eben dieser Einheit von e i n e m sich herleitet.

Cyprian von Karthago: Über die Einheit der katholischen Kirche. Teil 1, Kap. 4. In: Des heiligen Kirchenvaters Caecilius Cyprianus sämtliche Schriften. Übers. v. Julius Baer. Kösel, München 1918.

Erster Blick

1 Diskutiert, wo und warum euch das Christentum heute in vielen Lebensbereichen begegnet.

Ausbreitung des Christentums

2 Beschreibe anhand von D1, wie sich das Christentum ausbreitete.

3 Lies Q1. Halte eine Rede, in der du die Vorzüge des christlichen Glaubens erklärst. Gehe dabei besonders auf die Zuhörenden ein.
SP

4 Gib wieder, wie Cyprian die Einheit der Kirche und den Vorrang des Bischofs von Rom begründet (Q2).

5 Begründe, warum sich das Christentum durchsetzen konnte (VT1–VT3, Q1). ○ → S. 265

Juden und Christen

6 Arbeite die Entwicklung des Verhältnisses von Juden und Christen heraus (VT1–VT3).

7 Bewerte die Haltung der Christen gegenüber Juden im Mittelalter aus heutiger Sicht (VT1–VT3, Q1). ●

AFB I: 2, 4 AFB II: 3, 5, 6 AFB III: 1, 7

Der Islam – ein neuer Glaube verbreitet sich

Der Araber Mohammed schuf im 7. Jahrhundert eine neue Religion: den Islam. Rasch gelang es ihm und seinen Nachfolgern, den Glauben zu verbreiten und Gebiete zu erobern, zu denen auch jüdische Gemeinden und große von Christen bewohnte Reiche gehörten. Wie kam es zur Ausdehnung des Islam und wie lebten die Menschen unterschiedlicher Religionen miteinander?

Prophet
Verkünder der Botschaft eines Gottes

Pilger
Gläubiger, der zu wichtigen religiösen Orten reist

Kalif
Religiöses und politisches Nachfolgeamt des Propheten Mohammed. Seit dem 11. Jahrhundert wurden Kalifen nur noch als geistliches Oberhaupt anerkannt, die wirkliche Macht hatten Sultane und andere Fürsten.

VT1 Mohammed und der Islam

Mohammed wurde um 570 als Sohn einer angesehenen, aber armen Familie in der arabischen Stadt Mekka geboren. Mekka war ein bekannter Pilgerort, in dem die Araber verschiedene Götter verehrten.

Als Kaufmann reiste Mohammed viel und lernte dabei Juden und Christen kennen, die nur an einen Gott glaubten. Dies ließ ihn an der religiösen Tradition seines Volkes zweifeln, das an eine Vielzahl von Göttern glaubte. Immer öfter zog er sich zum Meditieren zurück. Dabei soll ihm seinem Bericht zufolge eines Nachts im Jahr 610 n. Chr. der Erzengel Gabriel erschienen sein. Der Engel habe ihm befohlen, den Islam, die Hingabe an den einen Gott (arab. Allah), zu verkünden. Fortan verstand sich Mohammed als **Prophet**, der die von jüdischen und christlichen Propheten begonnene Bekehrung der Menschheit zu Allah vollenden müsse. In seiner Heimatstadt Mekka war er mit der Verkündung des Islam wenig erfolgreich. Doch arabische **Pilger** aus Medina hörten seine Predigten an. Sie boten ihm an, Oberhaupt ihrer Stadt zu werden, um dort Frieden unter den zerstrittenen Einwohnern zu stiften. Im Gegenzug versprachen sie, sich zum Islam zu bekennen. Mohammed sagte zu und siedelte im Jahr 622 nach Medina über. Dies war die Wende für ihn und den Islam. Mohammed war nun Prophet und Herrscher zugleich. Bis zu seinem Tod im Jahr 632 gewann er viele arabische Stämme für den Islam – teils friedlich, teils in kriegerischen Auseinandersetzungen.

VT2 „Heiliger Krieg"?

Mohammeds Nachfolger, die **Kalifen**, setzten die Eroberungen fort. Um 750 umfasste der

D1 Die Verbreitung islamischer Herrschaftsgebiete im 7./8. Jahrhundert

Q1 Arabische Gelehrte am Sterbebett des christlichen Königs Wilhelm II. von Sizilien (1153–1189)

Hilfestellung zu den Bildern (von links nach rechts): Ein Arzt prüft Urin, der König ist krank, ein Astrologe fertigt ein Horoskop an, der verstorbene König, Totenmesse. Buchmalerei, um 1195

Machtbereich islamischer Herrscher ein Gebiet, das von Indien über Nordafrika bis nach Spanien reichte (D1). Eine große Rolle spielten dabei religiöse Motive: Mohammed hatte die **Muslime** zum „Einsatz von Vermögen und Leben" für die Sache Allahs verpflichtet. Dieser Dschihad („Bemühen") konnte nach dem Verständnis des **Koran** eine entschlossene geistige Haltung oder den Einsatz mit der Waffe bedeuten. Wer dabei starb, so stand es im Koran, käme sofort ins Paradies. Nach Mohammeds Tod wurden seine Worte als Aufruf zum **„Heiligen Krieg"** umgedeutet und weltliche Kämpfe um Macht damit gerechtfertigt. Jedoch steht im Koran nirgends, dass Krieg „heilig" ist.

VT3 Tolerantes Miteinander

Die Muslime wollten die besiegten Völker zwar beherrschen, aber nicht unbedingt zum Islam bekehren. Gegenüber Juden und Christen waren sie meist tolerant, denn Anhänger dieser Religionen glaubten ihrer Auffassung nach an denselben Gott wie sie (Q3). Juden und Christen durften deshalb ihre Religion und ihren Besitz behalten. Allerdings mussten sie die islamische Herrschaft anerkennen, eine Sondersteuer zahlen und durften keine Synagogen oder Kirchen bauen (Q4).

VT4 Blütezeit der islamischen Kultur

Als muslimische Heere im 8./9. Jahrhundert große Teile von Spanien und Sizilien eroberten, gerieten die dortigen jüdischen Gemeinden und die von Christen bewohnten Gebiete unter islamische Herrschaft. Diese Begegnung förderte vom 9. bis zum 11. Jahrhundert die islamische Kultur.

Das Zusammenleben der unterschiedlichen Religionen verlief nicht immer spannungsfrei. So kam es 1066 in Granada sogar zu einem Juden**pogrom**. Doch meist war es von einem Miteinander geprägt: Jüdische Kaufleute hatten einen wesentlichen Anteil am Fernhandel in den islamischen Ländern. Juden und Christen konnten in muslimischen Reichen in hohe politische Ämter aufsteigen und studierten gemeinsam mit arabischen Wissenschaftlern die antiken Schriften der gelehrten Griechen, Römer und Inder. Zusammen erbrachten sie neue Leistungen in Medizin, Mathematik, Geometrie, Physik, Chemie und Astronomie, die lange Zeit unübertroffen blieben (Q5).

VT5 Spanien und Sizilien

Spanien und Sizilien waren vom 9. bis zum 11. Jahrhundert sozusagen die Schaufenster der islamischen Kultur für das christliche Europa (Q1, Q8).

So war zum Beispiel Córdoba damals mit mehr als einer halben Million Einwohnerinnen und Einwohnern nach Konstantinopel die größte Stadt Europas. Hier gab es 17 Hochschulen, 80 Schulen und 20 Bibliotheken sowie teilweise gepflasterte Straßen, die nachts von Laternen erleuchtet wurden. Im christlichen Europa gab es damals nichts Vergleichbares (Q6, Q7).

Muslim
(arab.: der, der sich Allah hingibt) Angehöriger des Islam

Koran
(arab.: Lesung, Vortrag, das Vorgetragene) Heilige Schrift der Muslime, die um 650 entstanden ist. Der Koran enthält 114 Kapitel (Suren), die dem Propheten Mohammed offenbart wurden.

„Heiliger Krieg"
Krieg, der angeblich von Gott gewollt ist und zur Verbreitung einer Religion dienen soll. Tatsächlich wird in keiner der heiligen Schriften ein solcher Krieg erwähnt oder gefordert.

Pogrom
gewalttätige Angriffe gegen Minderheiten in einer Gesellschaft

Q2 Die fünf Hauptpflichten des Muslim

Nach dem Bericht Ibn Umars (Sohn des Kalifen Omar) sagte der Prophet Mohammed:

Der Islam basiert auf fünf grundlegenden Pflichten: Dem Glaubensbekenntnis – „Es gibt keinen Gott außer Gott, und Muhammad ist der Gesandte Gottes“ –, dem [täglichen] Gebet, der gesetzlichen [Armen-]Abgabe, der Wallfahrt[1] [nach Mekka] sowie dem Fasten im Ramadan[2].

1 Fahrt oder Wanderung zu einer heiligen Stätte
2 Fastenmonat der Muslime

Sahih al-Buhari: Nachrichten von Taten und Aussprüchen des Propheten Muhammad. Ausgew., übers., hrsg. v. Dieter Ferchl. Reclam, Stuttgart 1991, S. 33.

Q4 Pflichten der Unterworfenen

Aus einem Vertrag unterworfener Christen, vermutlich 9. Jahrhundert:

Wir werden [...] weder neue Klöster [und] Kirchen [...] bauen noch [...] diejenigen instand setzen, welche verfallen sind. [...] Wir werden alle bei uns durchreisenden Muslime drei Tage lang aufnehmen und verpflegen. [...] Wir werden unsere Religion weder öffentlich kundtun noch jemanden dazu bekehren. Wir werden keine Verwandten daran hindern, zum Islam überzutreten. [...] Wir werden nicht danach trachten, den Muslimen zu ähneln, indem wir irgendwelche ihrer Kleidungsstücke [...] nachahmen. [...] Wir werden keine Sättel besteigen, keine Schwerter umgürten und irgendwelche Waffen weder tragen noch mit uns führen. [...] Wir werden uns an der Stirn scheren. [...] Wir werden keine Häuser bauen, die höher sind als die der Muslime.

Bernard Lewis (Hrsg.): Der Islam von den Anfängen bis zur Eroberung von Konstantinopel, Bd. 2. Übers. v. Hartmut Fähndrich. Artemis, Zürich/München 1982, S. 272 f.

Q3 Verhalten gegenüber Juden und Christen

a) Aus dem Koran, Sure 3, Verse 64 u. 84:

Sprich: „Ihr Buchbesitzer[1]! / Kommt her zu einem Wort zwischen uns und euch auf gleicher Basis! / Dass wir keinem dienen außer Gott, / dass wir ihm nichts beigesellen / und dass wir uns nicht untereinander zu Herren nehmen neben Gott.“ / [...] Sprich: „Wir glauben an Gott und was auf uns herabgesandt ward, / und [...] an das, was Moses und was Jesus überbracht ward / und den Propheten von ihrem Herrn. / Wir machen zwischen keinem von ihnen einen Unterschied. [...]“

b) Aus dem Koran, Sure 29, Vers 46:

[...] Sprecht: „Wir glauben an das, was auf uns herabgesandt / und was auf euch herabgesandt wurde. Unser Gott und euer Gott sind einer. [...]“

1 Gemeint sind Juden und Christen.

Der Koran. Übertr. v. Hartmut Bobzin. C. H. Beck, München 2010, S. 53 f., 56, 348.

Q5 Christen und arabische Kultur

Ein Christ aus Córdoba berichtet (um 850):

Viele meiner Glaubensgenossen lesen die Gedichte und Märchen der Araber, sie studieren die Schriften der muslimischen Theologen und Philosophen, nicht um sie zu widerlegen, sondern um zu lernen, wie man sich [...] im Arabischen ausdrückt. [...] Ach, alle jungen Christen [...] kennen nur die Sprache und Literatur der Araber [...] und sprechen überall laut aus, diese Literatur sei bewunderungswürdig! [...] O Schmerz! Die Christen haben sogar ihre Sprache vergessen, und unter Tausenden findet man kaum einen, der einen erträglichen lateinischen Brief zu schreiben versteht.

Bischof Alvaro von Córdoba. Zit. nach Sigrid Hunke: Allahs Sonne über dem Abendland. Fischer, Frankfurt a. M. 1990, S. 338.

Erster Blick

1 MK Mohammed trug den Beinamen Ibn Abd Allah (VT1). Recherchiere im Internet, wie dieser Name übersetzt werden kann, und begründe, warum man Mohammed so nannte.

Entwicklung des Islam

2 Gib wieder, welche Bedeutung die Begegnung mit Christen und Juden für Mohammed hatte (VT1).

3 Nenne die religiösen Pflichten, die ein Muslim erfüllen muss (Q2).

4 Beschreibe mithilfe einer Tabelle die zeitliche und räumliche Verbreitung des Islam und begründe, wie es dazu kam (D1, VT1, VT2, VT4). ○ → S. 265

Beziehungen zwischen Muslimen, Juden und Christen

5 Erläutere aus Sicht eines Muslims im 7. Jahrhundert dein Verhältnis zu Juden und Christen (Q3).

6 Beurteile aus der Sicht eines Christen die Bedingungen des Vertrags in Q4.

Q6 Die Große Moschee von Córdoba

Die zwischen dem 8. und 10. Jahrhundert erbaute Moschee zählte damals zu den größten Gotteshäusern der muslimischen Welt. Als christliche Herrscher Córdoba im 13. Jahrhundert eroberten, wurden Teile der Moschee zu einer Kathedrale umgebaut. Noch heute dient sie als christliche Kirche.

Q7 Website

W24

Rundgang durch die Moschee von Córdoba

Q8 Christen und Muslime in Messina/Sizilien

In der zweiten Hälfte des 11. Jahrhunderts eroberten christliche Herrscher Sizilien zurück. Ein Muslim berichtet 1185 über das Leben unter christlicher Herrschaft:

In ihr [der Stadt Messina] lebst du Tag und Nacht in Sicherheit, auch wenn du fremdartig aussiehst, handelst und sprichst. [...] Die Insel selbst hat viele Städte, kultivierte[1] Gebiete und Landgüter. [...] Doch sie ist bevölkert von Kreuzesanbetern [...]. Sie behandeln die Muslime, welche sich auf ihren Ländereien und Landgütern befinden, gut und gehen anständig mit ihnen um. [...] Die schönste Stadt der Insel ist [Palermo], der Sitz ihres Königs. In ihr befindet sich der Wohnsitz der Eingesessenen unter den Muslimen, und sie haben dort viele Moscheen, speziell ihnen gehörende Märkte und Vorstädte. [...] Der König hat viel Vertrauen zu den Muslimen und verläßt sich auf sie in seinen Angelegenheiten und wichtigen Geschäften [...].

1 mit gezüchteten Nutz- und Zierpflanzen bepflanzte

Ibn Dschubair. Zit. nach Manfred Fleischhammer (Hrsg.): Altarabische Prosa. Reclam, Leipzig 1991, S. 192–194.

7 Ein damaliges christliches Elternpaar streitet darüber, ob der Sohn eine arabische Sprachschule besuchen soll. Gestaltet ein Rollenspiel dazu (Q5, VT4, Arbeitsschritte auf S. 281). ○ → S. 265

8 SP Schreibe eine Geschichte zu Q1 und stelle darin das Verhältnis der Christen zur arabischen Wissenschaft dar. Verwende die folgenden Wörter: Gelehrte, Krankheit, Vertrauen, Respekt, Fortschritt, Schicksal und Trauer.

9 MK Erkunde die Große Moschee von Córdoba (Q6, Q7 W24). Finde Beispiele islamischer und christlicher Elemente. ●

Toleranz der Kulturen?

10 Beschreibe die Beispiele toleranten Miteinanders in Spanien und auf Sizilien (Q1, Q8, VT4, VT5).

11 Beurteile anhand des VT und der Materialien den Einfluss von Toleranz auf den wissenschaftlichen und kulturellen Fortschritt.

AFB I: 2, 3, 10 AFB II: 1, 4, 5, 8, 9 AFB III: 6, 7, 11

Die Kreuzzüge – Kriege im Namen Gottes?

Der Vorstoß muslimischer Türken auf Konstantinopel löste eine gewaltige christliche Gegenbewegung aus – die Kreuzzüge. Zehntausende Christen machten sich auf den Weg ins „Heilige Land", um gegen die Muslime zu kämpfen. Viele blieben dort und besetzten das Land. Warum schlossen sich Menschen den Kreuzzügen an? Und wie verhielten sich die Besatzer?

Seldschuken
ein türkisches Herrschergeschlecht muslimischen Glaubens

Abendland
(auch: Okzident) mittelalterliche Bezeichnung für das westliche Europa; Gegenbegriff: Morgenland (Orient)

Konzil
Kirchenversammlung, bei der über kirchliche Angelegenheiten beraten und entschieden wird

Kreuzzug
Ursprünglich der vom Papst verkündete „Heilige Krieg" der Christen Europas zur Verteidigung und Verbreitung des Christentums. Kreuzzüge wurden im Mittelalter gegen Muslime in Palästina und Spanien, nichtchristliche Ostseevölker, jüdische Gemeinden im Rheinland und gegen christliche Sekten in Südfrankreich geführt.

VT1 „Gott will es!"

Im 11. Jahrhundert eroberten türkische **Seldschuken** Jerusalem und Kleinasien, das bis dahin zum christlichen Byzantinischen Reich gehört hatte. Als die türkischen Truppen schließlich auch Konstantinopel, die Hauptstadt des Reiches, bedrohten, rief der byzantinische Kaiser Papst Urban II. zu Hilfe. Dem Papst kam das gelegen. Er stritt nämlich mit dem römisch-deutschen Kaiser um die Frage, wer von beiden mächtiger sei. Half Urban jetzt dem Byzantinischen Reich, so konnte er zeigen, dass er das eigentliche Oberhaupt der christlichen Welt war. Zudem schien ihm hier eine willkommene Gelegenheit gegeben, die andauernden blutigen Kämpfe zwischen den Fürsten und Rittern des **Abendlandes** zu beenden. Er musste ihnen nur ein lohnendes Ziel aufzeigen, das ihren gemeinsamen Einsatz verlangte.

Das tat Papst Urban II. 1095 auf einem **Konzil** in der französischen Stadt Clermont. In einer Rede vor Bischöfen und Adligen forderte er die europäischen Christen zur Verteidigung ihrer Religion und zur Befreiung der heiligen Stadt Jerusalem von den Muslimen auf (**D1**, **Q2**). Er versprach ihnen, dass der **Kreuzzug** eine Buße für all ihre Sünden sein würde. Der Aufruf begeisterte die Zuhörer so sehr, dass sie gerufen haben sollen: „Gott will es!" Viele der Anwesenden verpflichteten sich sofort zur Teilnahme am Kreuzzug ins **„Heilige Land"**. Wanderprediger verbreiteten die Rede in ganz Frankreich und entfachten überall Begeisterung für den Kreuzzug.

VT2 Der Kreuzzug der Bauern

Der Papst hatte den Beginn des Kreuzzuges auf den 14. August 1096 festgesetzt. Aber ihre hohen Erwartungen trieben viele Menschen zur Eile an. So zogen schon im April 1096 vor allem Bauern los, die von Rittern und Predigern angeführt wurden. Die meisten Kreuzzügler waren jedoch unerfahren im Kampf und schlecht ausgerüstet. Zudem schlossen sich auch viele Diebe und Verbrecher an, die weniger aus religiösen Motiven als aus Beutegier handelten. Außerdem wirkten die Missernten des Vorjahres nach und erschwerten die Versorgung des Heeres. So kam es während des gesamten Kreuzzugs zu Plünderungen. Statt weiter nach Osten zu ziehen, begannen die Kreuzfahrerheere, in den jüdischen Vierteln von Speyer, Worms, Mainz und Köln sowie in Trier, Metz und Regensburg zu rauben und zu morden. Zwar versuchten Bischöfe und manche christliche Stadtbewohner, die Juden zu schützen, doch meist waren sie machtlos. Häuser von Juden wurden gestürmt, geplündert und zerstört und ihre Bewohner getötet. Die Täter versuchten, ihre Gewalt damit zu rechtfertigen, dass sie Jesus rächen wollten, den die Juden angeblich gekreuzigt hätten. Erst danach setzten die Kreuzfahrerheere ihren Weg bis Konstantinopel fort. Im Oktober 1096 wurden sie bei der Stadt Nikäa von türkischen Truppen völlig vernichtet.

VT3 Der Kreuzzug der Ritter

Die Ritter bereiteten sich sorgfältig auf den Kreuzzug vor. Im Mai 1097 begannen sie unter der Leitung einiger europäischer Fürsten, vor allem aus Frankreich und Süditalien, Kleinasien zu erobern. Zugute kam ihnen, dass die islamischen Herrscher sie lange Zeit falsch einschätzten. Diese sahen in den Angriffen keine Religionskriege, sondern den Versuch europäischer Feinde, arabische Gebiete im Osten zu erobern. Sie erkannten nicht, dass sie es mit fanatischen Glaubenskriegern zu tun hatten, die in ihnen gottlose Heiden sahen. Da die Muslime sich nicht ver-

Q1 Kreuzzüge aus europäischer Sicht
Muslime morden, plündern und schänden Kirchen. Christliche Buchmalerei aus Frankreich, um 1325

bündeten, kam es auch zu keiner gemeinsamen Abwehr.
Dennoch brauchten die Ritter zwei Jahre, um **Palästina** zu erobern und Jerusalem zu erreichen. Erst am 15. Juli 1099 erstürmten sie schließlich die Stadt (Q3, Q4). Es folgten sechs weitere Kreuzzüge. Fast 200 Jahre hielten Kreuzfahrer Teile des „Heiligen Landes" besetzt.

VT4 Friedliches Miteinander

Ein Teil der Kreuzfahrer blieb nach der Eroberung Jerusalems im „Heiligen Land". Adlige aus Westeuropa herrschten nun über Teile Palästinas und Syriens, wo überwiegend Muslime und syrische Christen lebten. Bauern ließen sich in Kolonien auf dem Land nieder. Die meisten Kreuzfahrer aber zogen als freie Bürger in die großen Städte. Dort lebten sie mit Juden und Muslimen zusammen.
Der Kontakt zueinander wurde dadurch erschwert, dass die Einheimischen Arabisch, die europäischen Christen aber fast nur Französisch sprachen. Manche Europäer passten sich zwar an die Sitten der orientalischen Kultur an, doch die meisten hielten an ihren eigenen Traditionen und Bräuchen fest.
Dennoch lebten Muslime und Christen überwiegend friedlich nebeneinander. Sie begannen, sich für die Sprache, Wissenschaft und Kultur der anderen zu interessieren, und lernten voneinander. Insbesondere in Jerusalem begegneten sich Pilger beider Religionen, da sich dort sowohl islamische als auch christliche Heiligtümer befanden. Viele christliche Pilger blieben jedoch nur kurz im „Heiligen Land" und reisten dann wieder zurück. Land und Leute kennenzulernen, interessierte sie nicht. Oft verschlechterten sie sogar durch Gewalttaten gegen Muslime das Verhältnis zwischen den dort lebenden Europäern und den Einheimischen (Q6).
1291 endete die Herrschaft der Kreuzfahrer mit dem Verlust der Festung Akkon, die von Muslimen erobert wurde.

VT5 Handelsreisen in den Orient

Die Kreuzzüge förderten auch eine andere Form der Begegnung zwischen Europa und dem **Orient**: den Orienthandel der italienischen Städte Genua, Pisa und Venedig. Die Kreuzfahrer waren darauf angewiesen, dass sie von deren Schiffen versorgt und mit Europa verbunden wurden (Q5). Dafür traten sie den Städten Gebiete am östlichen Mittelmeer ab, auf denen diese Handelsstützpunkte anlegten. Von hier aus verkauften die städtischen Händler vor allem Bauholz und Eisenwaren in den Orient. Im Gegenzug erwarben sie dort orientalische Waren, die sich in Europa mit großem Gewinn verkaufen ließen: Gewürze, Stoffe, Edelsteine und Edelmetalle.
Anfangs ging es auch den Städten um die Religion und die Unterstützung der Kreuzzüge, später zählte vor allem das Geschäft.

„Heiliges Land"
religiöse Bezeichnung für Jerusalem und Umgebung, da dort viele heilige Stätten von Juden, Christen und Muslimen zu finden sind

Palästina
jüdisch-arabisch besiedeltes Gebiet am östlichen Mittelmeer zwischen der Küste und dem Fluss Jordan

Orient
(von lat. oriri = aufgehen)
aus europäischer Sicht die Länder der Erde in Richtung des Sonnenaufgangs am Morgen (daher auch Morgenland); Gegenbegriff: Okzident (Abendland)

D1 A04
Audio
Hörspiel: In der Kathedrale von Clermont

Q2 Der Papst ruft zum Kreuzzug auf

Der Mönch Robert von Reims hört im Jahr 1095 die Rede von Urban II. und überliefert sie 1107 so:

Ihr Volk der Franken[1], [...] Gottes geliebtes und auserwähltes Volk. [...] Aus dem Land Jerusalem und der Stadt Konstantinopel kam schlimme Nachricht [...]: Ein fremdes Volk, ein ganz gottfernes Volk, [...] hat die Länder der dortigen Christen besetzt, durch Mord, Raub und Brand entvölkert [...]. Es hat die Kirche Gottes gründlich zerstört [...]. Sie beflecken die Altäre mit ihren Abscheulichkeiten und stürzen sie um [...]. Wem anders obliegt die Aufgabe, [...] dieses Land zu befreien, als euch? [...] [Euer] Land, in dem ihr wohnt, ist [...] dicht bevölkert. Es [...] liefert seinen Bauern kaum die bloße Nahrung. [...] Daher kommt es, daß ihr euch gegenseitig [...] bekämpft [...]. Aufhören soll unter euch der Haß [...]. Nehmt das Land dort dem gottlosen Volk, macht es euch untertan. [...] Jerusalem ist der Mittelpunkt der Erde, das fruchtbarste aller Länder [...]. [Jerusalem] erfleht unablässig eure Hilfe. [...] Schlagt also diesen Weg ein zur Vergebung eurer Sünden, nie verwelkender Ruhm ist euch im Himmelreich gewiß.

1 hier: Kreuzfahrer

Zit. nach Arno Borst: Lebensformen im Mittelalter. Ullstein, Frankfurt a.M./Berlin 1988, S. 318–320.

Q3 Eroberung aus christlicher Sicht

Ein christlicher Augenzeuge berichtet um 1110 von der Eroberung Jerusalems:

In die Stadt eingedrungen, verfolgten unsere Pilger die [Muslime] bis zum Tempel des Salomo, wo sie sich gesammelt hatten und wo sie während des ganzen Tages den Unsrigen den wütendsten Kampf lieferten, so daß der ganze Tempel von ihrem Blut überrieselt war. Nachdem die Unsrigen die Heiden endlich zu Boden geschlagen hatten, ergriffen sie im Tempel eine große Zahl Männer und Frauen und töteten oder ließen leben, wie es ihnen gut schien. Bald durcheilten die Kreuzfahrer die ganze Stadt und rafften Gold, Silber, Pferde und Maulesel an sich. [...] Dann, glücklich und vor Freude weinend, gingen die Unsrigen hin, um das Grab Unseres Erlösers zu verehren [...].

Régine Pernoud (Hrsg.): Die Kreuzzüge in Augenzeugenberichten. Übers. v. Hagen Thürnau. dtv, München 1980, S. 101.

Q4 Eroberung aus muslimischer Sicht

Der muslimische Geschichtsschreiber Ibn al-Athīr berichtet im Jahr 1231 von der Eroberung Jerusalems im Jahr 1099:

Die Einwohner wurden ans Schwert geliefert, und die Franken blieben eine Woche in der Stadt, während derer sie die Einwohner mordeten. [...] [In der al-Aqsa-Moschee] töteten die Franken mehr als siebzigtausend Muslime, unter ihnen viele Imame[1], Religionsgelehrte, Fromme und Asketen[2] [...]. Aus dem Felsendom raubten die Franken [...] unermeßliche Beute. Die Flüchtlinge erreichten Bagdad im Ramadan[3] [...]. In der Kanzlei des Kalifen gaben sie einen Bericht, der die Augen mit Tränen füllte [...] bei der Erzählung, was die Muslime in der erhabenen heiligen Stadt erlitten hatten.

1 Vorbeter in einer Moschee
2 enthaltsam lebende Menschen
3 muslimischer Fastenmonat

Francesco Gabrieli (Hrsg.): Die Kreuzzüge aus arabischer Sicht. Übers. v. Barbara v. Kaltenborn-Stachau u. Lutz Richter-Bernburg. dtv, München 1976, S. 49 f.

Erster Blick

1 Viele Kriege wurden und werden im Namen einer Religion geführt. Nenne Beispiele.

Gründe für die Kreuzzüge

2 Erkläre, warum es zum ersten Kreuzzug kam (Q2, VT).

3 Beschreibe, was der Papst mit seinem Aufruf beabsichtigte (VT1).

4 Arbeite heraus, wie der Papst seine Zuhörer für den Kreuzzug zu begeistern suchte (Q2).

5 Liste auf, mit welchen Kenntnissen über die Muslime und das „Heilige Land" und mit welchen Erwartungen sich Bauern und Ritter auf den Kreuzzug begaben (Q1, Q2, VT2, VT3). ○ → S. 265

Verlauf und Bewertung der Kreuzzüge

6 Erörtere, welchen Einfluss das Feindbild, das die Kreuzfahrer von den Muslimen hatten (Q1, Q2), auf ihr Verhalten (Q3, Q4) ausübte.

7 Untersuche, inwieweit sich die Berichte Q3 und Q4 gegenseitig bestätigen, ergänzen oder widersprechen. ○ → S. 265

Q5 Zusammenleben mit den Christen

Ein muslimischer Augenzeuge berichtet um 1140 von seinen Erfahrungen mit den Franken (wie die Kreuzfahrer in Palästina nach ihrer überwiegenden Herkunft genannt wurden):

Als ich mich in Jerusalem aufhielt, ging ich gewöhnlich in die Moschee al-Aqsa. An ihrer Seite liegt ein kleiner Betraum, den die Franken in eine Kirche umgewandelt haben. Wenn ich in die Moschee al-Aqsa kam, wo sich [...] [christliche Ritter], meine Freunde, eingerichtet hatten, stellten sie mir immer den kleinen Betraum [für meine Gebete] zur Verfügung. Eines Tages trat ich dort ein [...], um mit dem Gebet zu beginnen. Da stürzte ein Franke herbei, ergriff mich, drehte mich mit dem Gesicht nach Osten[1] und sagte: „So betet man!" Sofort schritten einige [Ritter] ein, griffen und entfernten ihn [...]. Er wartete aber einen Augenblick ab, in dem sie nicht achtgaben, stürzte sich wieder auf mich [und] drehte mich mit dem Gesicht nach Osten [...]. Wieder griffen die [Ritter] ein, entfernten ihn und entschuldigten sich mit den Worten bei mir: „Er ist ein Fremder, der erst in diesen Tagen aus dem Frankenland gekommen ist und noch nie jemanden gesehen hat, der sich beim Gebet nicht nach Osten gewandt hätte."

1 Richtung, in die die Christen in Europa damals üblicherweise beteten

Francesco Gabrieli (Hrsg.): Die Kreuzzüge aus arabischer Sicht. Übers. v. Barbara v. Kaltenborn-Stachau u. Lutz Richter-Bernburg. dtv, München 1976, S. 121 f.

Q6 Zusammenleben mit den Muslimen

Ein christlicher Augenzeuge berichtet 1127 über seine Zeit im „Heiligen Land":

Wir, die wir Abendländer waren, sind Orientalen geworden; dieser, der Römer oder Franke war, ist hier [...] Bewohner Palästinas geworden; jener, der [in Frankreich] in Reims oder Chartres wohnte, betrachtet sich [hier jetzt] als Bürger von Tyrus oder Antiochia. Wir haben schon unsere Geburtsorte vergessen; mehrere von uns wissen sie schon nicht mehr, oder wenigstens hören [wir] sie nicht mehr davon sprechen. Manche von uns besitzen in diesem Land Häuser und Diener, die ihnen gehören [...]; ein anderer hat eine Frau geheiratet, die durchaus nicht seine Landsmännin ist, eine [christliche] Syrerin oder Armenierin oder sogar eine [frühere Muslimin], die die Gnade der [christlichen] Taufe empfangen hat; [...] sie sprechen verschiedene Sprachen und haben es doch alle schon fertiggebracht, sich zu verstehen. Die verschiedensten Mundarten sind jetzt der einen wie der anderen Nation gemeinsam, und das Vertrauen nähert die entferntesten [... Völker] einander an.

Régine Pernoud (Hrsg.): Die Kreuzzüge in Augenzeugenberichten. Übers. v. Hagen Thürnau. dtv, München 1975, S. 125.

8 MK Vergleiche die Darstellung der Kreuzzüge im Hörspiel D1 A04 mit der Darstellung im Buch. Diskutiert anschließend, ob das Hörspiel gelungen ist. ●

9 SP Schreibe als jüdischer Einwohner von Mainz auf Basis von VT2 in dein Tagebuch, was du erlebt hast. Berichte von deinen Eindrücken, Gedanken und Gefühlen.

Zusammenleben im „Heiligen Land"

10 Nenne Faktoren, die das Verhältnis zwischen Kreuzfahrern und Einheimischen im „Heiligen Land" beeinflussten (VT4).

11 Erläutere an Q5 und Q6, wie ein gelungenes Zusammenleben zwischen europäischen Christen und ansässigen Muslimen aussah bzw. hätte aussehen können.

12 Beurteile, inwiefern die Kreuzzüge zu einer Begegnung Europas mit dem Orient beitrugen (VT4, VT5). ○ → S. 265

AFB I: 1, 3, 5, 10 AFB II: 2, 4, 7, 9, 11 AFB III: 6, 8, 12

Europa und das Osmanische Reich

Der Aufstieg der muslimischen Osmanen zur Großmacht im 15. Jahrhundert forderte Europa heraus. Wie reagierten Kirche, Herrscher und die Bevölkerung darauf?

Osmanen
Eine Herrscherfamilie aus dem Nordwesten Anatoliens, die sich nach ihrem Anführer Osman (1258–1326) benannte. Die Osmanen gehörten zu den Turkvölkern, die aus Zentralasien stammten, und werden seit dem Mittelalter in Europa als Türken bezeichnet.

VT1 Sieg über Konstantinopel

Seit dem 13. Jahrhundert eroberten die türkischen **Osmanen** große Teile Anatoliens und des Balkans. Als sie schließlich im Mai 1453 Konstantinopel, die Hauptstadt des Byzantinischen Reiches, einnahmen, war die einstige Großmacht im östlichen Mittelmeerraum endgültig besiegt. Konstantinopel wurde in Istanbul umbenannt und die (neue) Hauptstadt des Osmanischen Reiches. Darüber hinaus wurde die Handelsverbindung nach Asien unterbrochen – ein Schock für das christliche Europa. Als Reaktion darauf erschienen in ganz Europa zahlreiche Flugschriften gegen die Osmanen, die das Feindbild von den angeblich blutrünstigen Türken verbreiteten und damit bewusst Ängste in der Bevölkerung schürten. Der Papst rief zum Kreuzzug gegen die Osmanen auf. Da das osmanische Reich über ein stehendes Heer verfügte sowie Schießpulver einsetzte, war es militärisch sehr erfolgreich und gefürchtet.

Q1 Eroberung Konstantinopels unter Sultan Mohammad II.
Kupferstich von Matthäus Merian d. Ä. (1593–1650)

VT2 Die osmanische Großmacht

Die osmanischen Sultane sahen sich als die Erben der römischen Kaiser und der mongolischen Khane. Unter Sultan Süleyman I. erreichte das Osmanische Reich seine größte Ausdehnung (D1). Er führte Kriege mit Venedig, mit den persischen Safawiden und mit den deutschen Kaisern. Die gut ausgebildeten Truppen drangen bis Bagdad und Ägypten sowie auf den Balkan vor. 1529 belagerte Süleyman I. die Stadt Wien, die zum Heiligen Römischen Reich Deutscher Nation gehörte. Er musste die Belagerung zwar aufgeben, brachte aber Ungarn und weitere Gebiete in seine Abhängigkeit.

Doch die Beziehungen zu den europäischen Herrschern waren nicht nur von Krieg bestimmt. So erhielt Venedig vom Osmanischen Reich Handelsprivilegien, mit Frankreich schloss Süleyman ein langfristiges Bündnis gegen den Kaiser des Heiligen Römischen Reichs.

VT3 Zündfunke der Renaissance

Die Auswirkungen der Expansion auf Europa waren vielfältig: Manche Historikerinnen und Historiker sehen in ihr auch den „Zündfunken" für die Renaissance. Byzantinische Gelehrte und mit ihnen ganze Bibliotheken antiker Literatur gelangten nach Italien und machten antikes Wissen wieder mehr Gelehrten zugänglich. Aber auch neue Waren und Sitten kamen nach Europa, wie zum Beispiel der Kaffee oder die türkische Mode oder Musik.

Reisende lobten die prächtige Architektur sowie die gerechte Justiz und Verwaltung. In den osmanischen Städten lebten armenische Christen, Juden und Muslime friedlich nebeneinander. Zudem wurden den verschiedenen Völkern im osmanischen Herrschaftsgebiet lokale Besonderheiten zugestanden, sodass es unterschiedliche Sprachen und vielfältige kulturelle Traditionen gab.

D1 Expansion des Osmanischen Reiches

Q2 Die „schönere Religion"?

Der Reformator Martin Luther schrieb 1530:

Wir sehen, dass die Religion der Türken und Mohammeds an Zeremonien und [...] Bräuchen viel schöner ist als unsere [...]. Ich glaube [...], kein [Christ] [...], wenn er drei Tage unter Türken wäre, würde bei seinem Glauben bleiben [...]. Weil wir jetzt [...] den Türken und seine Religion in der Nachbarschaft haben, müssen unsere [Christen] ermahnt werden, dass sie nicht angezogen durch den äußeren Glanz seiner Religion und Bräuche [...] Christus verleugnen und Mohammed folgen. Sie müssen lernen, dass die Religion Christi etwas anderes ist als [schöne] Zeremonien und Bräuche [...]. Wenn sie das nicht lernen, besteht die Gefahr, dass die meisten der Unsrigen Türken [Muslime] werden.

Martin Luther: Werke, Bd. 30, II. Abtl., Weimar 1909, S. 206/207. A. d. Lat. übers. v. Peter Offergeld.

Erster Blick

1 Beschreibe anhand der Karte D1, welche Gebiete die Osmanen im 15. und 16. Jahrhundert eroberten.

Reaktionen auf die Osmanen

2 SP Du bist ein Deutscher am Hofe des Sultans Süleyman. Schreibe einen Reisebericht für deine Landsleute. Nutze Formulierungen aus VT3 und Q2. ○ → S. 266

3 Beschreibe Q1 und ordne die Aussage der Bildquelle in den historischen Kontext ein (VT1).

4 Überprüfe, ob Luthers Ermahnung berechtigt war (Q2). ●

5 Stelle in einem Schaubild dar, wie sich die osmanische Expansion auf Europa auswirkte (VT1–VT3).

AFB I: 1 AFB II: 2, 3, 5 AFB III: 4

Jüdisches Leben im Mittelalter

Jüdinnen und Juden waren im Mittelalter in vielen Städten Europas zu Hause. Ihre Situation änderte sich im Laufe des Mittelalters – jedoch meist nicht zum Guten. Wie lebten sie, welche Rolle spielten sie in den Städten und weshalb kam es zu Veränderungen?

Schon gewusst?

„Bist du meschugge? Erst beim Kartenspiel zocken, dabei ein großes Bohei machen und totalen Stuss reden, am Ende aber vor dem Schlamassel davonlaufen wollen? Na, dann Hals- und Beinbruch!"
In dieser erfundenen Ermahnung stecken sechs Worte oder Wendungen, die aus dem Jiddischen in unser Hochdeutsch übernommen wurden. Es gibt auch noch etliche mehr. **Die jiddische Sprache** hat sich aus dem Deutsch entwickelt, das im Mittelalter gesprochen wurde. Nachdem viele Jüdinnen und Juden nach Osteuropa vertrieben wurden bzw. geflüchtet waren, kamen Worte aus dem Hebräischen und aus slawischen Sprachen hinzu. Während die Gottesdienste in der Synagoge ausschließlich auf Hebräisch stattfanden, sprachen die Mitglieder der jüdischen Gemeinden untereinander Jiddisch. **Heute sprechen Jüdinnen und Juden in Israel Ivrit, ein modernes Hebräisch**, das auch die israelische Amtssprache ist. Rund 1,5 Millionen Menschen, u.a. in Israel, den USA und in Amsterdam, sprechen auch heute noch Jiddisch. Fast alle gehören zu den ultraorthodoxen Juden, die ihr Leben in allem an den heiligen Schriften ausrichten.

Schutzprivileg/ Schutzbrief
Eine Art Vertrag, in dem spezielle Rechte (hier: Schutz durch den Landesherrn) versprochen werden. Als Gegenleistung des Begünstigten (hier: bestimmter Juden) werden Geldzahlungen oder spezielle Dienste vereinbart.

VT1 Jüdinnen und Juden in der Stadt

Jüdische Gemeinden gab es in vielen Städten des mittelalterlichen Europas, vor allem entlang damaliger Handelswege und großer Flüsse, zum Beispiel am Rhein (Mainz, Worms, Speyer und Köln). Juden siedelten möglichst in unmittelbarer Nähe zueinander, um ihre religiösen Regeln und kulturellen Bräuche leben zu können (Q1). So entstanden oft eigene Judengassen oder -viertel mit einer Synagoge sowie jüdischen Badehäusern, Metzgereien und Bäckereien. Diese stellten nach den Regeln jüdischer Speisevorschriften koschere („taugliche") Lebensmittel her. Lange Zeit wohnten Juden und Christen friedlich nebeneinander, ohne eine strikte Abgrenzung. Oft befanden sich die jüdischen Viertel sogar in direkter Nähe zu den zentralen christlichen Gotteshäusern.

VT2 Wirtschaftliche Situation

Für Juden war es in der von Christen beherrschten Stadtgesellschaft oft schwierig, ihren Lebensunterhalt zu verdienen. Da ihnen als Nicht-Christen in vielen Städten die Mitgliedschaft in einer Zunft verweigert wurde, waren sie vor allem in der Ausübung handwerklicher Berufe stark eingeschränkt. Deshalb waren viele Juden arm. Andere verdienten hingegen gut und erlangten hohes Ansehen, denn Juden waren meist gebildeter als die übrige Bevölkerung. Da sie schon als Kinder mit den religiösen Schriften vertraut gemacht wurden, konnten sie (anders als die meisten Christen) lesen und schreiben. So arbeiteten einige Juden als Ärzte oder Gelehrte (Q3), andere waren als Fernhändler erfolgreich und nutzten die guten Kontakte zu entfernteren jüdischen Gemeinden, die bis in den Orient reichten.
Vermögende Händler verliehen zudem Geld. Manche Schuldner zahlten jedoch ihre Schulden nicht zurück, auch verteuerten Steuern die Geschäfte. Die deshalb notwendigen hohen Zinsen erregten Wut und Neid vieler Christinnen und Christen, denn ihre Kirche verurteilte den Zinsgewinn als unmoralisch. Dennoch gab es auch christliche Geldverleiher, die jedoch ihre Zinseinnahmen verheimlichten.

VT3 Willkommene Bürger

1084 lud der Bischof von Speyer Juden aus Mainz in seine Stadt ein. Er versprach ihnen **Schutzprivilegien** (Q2) und erwartete im Gegenzug, dass die jüdischen Fernhändler und Kaufleute über Zölle und Steuern die Einnahmen Speyers erhöhten. Außerdem waren Mainzer Juden für ihre Bildung bekannt, davon sollte künftig auch Speyer profitieren. Das Beispiel zeigt, dass jüdische Gemeinden oft wesentlich zum Auf- und Ausbau von Städten beitrugen.

VT4 Erfundene Vorwürfe

Jüdische Stadtbewohner litten allerdings immer wieder unter gewalttätigen Übergriffen durch Christen. Ihre religiösen Bräuche (Q1)

wirkten auf viele Christen fremd und weckten Vorbehalte und Misstrauen. Einige warfen den Juden vor, dass sie in Jesus nicht den Sohn Gottes sehen und dass sie zudem die Schuld an seiner Hinrichtung trügen, für die in Wahrheit die Römer verantwortlich waren. Diese Vorbehalte schlugen oft in Hass und Gewalt um, gegen die auch die Schutzprivilegien für Juden nichts bewirken konnten. Dies zeigte sich zum Beispiel 1095, als der Papst zu einem Kreuzzug der Christen nach Jerusalem aufrief, um die Muslime als „Feinde des Christentums" zu vertreiben. Daraufhin verübten im Rheinland und anderswo Kreuzfahrer und religiöse Fanatiker brutale Angriffe auf Juden, in denen sie ebenfalls Feinde des Christentums sahen.
Auch später wurden Jüdinnen und Juden für Notzeiten und Katastrophen verantwortlich gemacht. So gaben 1348 viele Christen den Juden die Schuld für die Pest und warfen ihnen vor, dass sie die Brunnen vergiftet hätten, obwohl auch viele Juden an der Seuche gestorben waren (Q4). Tatsächlich wurde die Pest durch Parasiten (wie Flöhe) übertragen. Diese bösartigen und frei erfundenen Vorwürfe führten in zahlreichen Städten Mitteleuropas zu **Pogromen** durch Christen. Tausende Juden wurden dabei ermordet. Ihr Eigentum verteilten die Täter oft unter sich.

VT5 Ausgrenzung und Vertreibung

Spätestens ab dem 15. Jahrhundert wurden viele Jüdinnen und Juden ausgewiesen. Wo sie bleiben durften, wiesen ihnen die Stadträte oft ein räumlich beschränktes Wohnviertel (**Ghetto**) zu, in dem sie getrennt von den übrigen Stadtbewohnern leben sollten. Viele der vertriebenen Juden flohen nach Osteuropa und fanden unter anderem in Polen Aufnahme.

VT6 Beispiel Berlin und Brandenburg

In Berlin und den Städten Brandenburgs berichten nur wenige Quellen über Juden im Mittelalter. Ein in Spandau gefundener jüdischer Grabstein aus dem Herbst 1244 erinnert an „Herrn Jona Sohn des Dan". Das Protokollbuch des Berliner Stadtrats vermerkt zum Beispiel 1295, dass die Wollweber kein Garn bei Juden kaufen dürften.
In Perleberg in der Prignitz entstand um 1250 am Marktplatz der Judenhof, an dem sich die Synagoge und eine Mikwe (ein religiöses Tauchbad) befanden. Ausgrabungen dokumentieren das. Je nach Situation wurde im Judenhof studiert, Recht gesprochen, gefeiert oder getrauert. Ein verschließbares Tor sorgte dafür, dass die Gemeinde samstags ungestört den Sabbat begehen konnte. Erfahrene jüdische Fernhändler verrechneten auf dem Markt Münzen aus unterschiedlichen Herkunftsländern – eine für die Stadt wichtige Aufgabe.
1510 wurden alle in Brandenburg lebenden Juden des Landes verwiesen. Den Anlass lieferte ein christlicher Dieb, der in einer Dorfkirche ein Altargefäß mit Hostien darin gestohlen hatte. Christen glauben, dass diese gesegneten Brotstücke den Menschen von Christus gegeben werden. Der Dieb behauptete, dass Juden die gestohlenen Hostien zerstören wollten. Er und rund 40 Juden wurden nach einem Prozess verbrannt, die übrigen Juden vertrieben. Erst um 1800 siedelten sich in Perleberg wieder Juden an.

Pogrom
gewalttätige Angriffe gegen Minderheiten in einer Gesellschaft

Ghetto
Seit dem 15. Jahrhundert Bezeichnung für ein geschlossenes Wohnviertel. Der Begriff stammt aus dem Italienischen und wurde auf den Wohnbereich von Jüdinnen und Juden übertragen, die teils freiwillig, teils erzwungen dort zusammenlebten.

D1 W25
Websites
Jüdische Gemeinden in Berlin und Brandenburg

Q1 Ein jüdisches Ehepaar begeht das Pessachfest

Das Pessachfest erinnert an die Befreiung des Volkes Israel aus der ägyptischen Sklaverei. Gläubige nehmen dann keine gesäuerten Lebensmittel zu sich, also zum Beispiel nichts, was aus Getreide hergestellt wird. Das Fest beginnt mit einem Gottesdienst und dem Sederabend, einer zeremoniellen Mahlzeit. Buchmalerei (Ausschnitt), 15. Jahrhundert

Q2 Privileg für die Juden von Speyer

Der Bischof von Speyer bietet Juden in Mainz an, sich in Speyer anzusiedeln (13. September 1084):

Als ich, Rüdiger, [...] Bischof von Speyer, den Weiler[1] Speyer zu einer Stadt gemacht habe, habe ich geglaubt, die Ehre unseres Ortes um ein Vielfaches zu vergrößern, wenn ich hier auch Juden ansammelte. Ich siedelte also die Versammelten außerhalb der Gemeinschaft und des Wohnbezirks der übrigen Bürger an, und damit sie nicht so leicht durch die Unverschämtheit des Pöbels[2] beunruhigt würden, habe ich sie mit einer Mauer umgeben [...]. Innerhalb ihres Wohnbezirks und in der Gegend außerhalb des Hafens bis zum Schiffshafen und im Schiffshafen selbst habe ich ihnen das Recht zugestanden, Gold und Silber frei zu tauschen und alles zu kaufen und zu verkaufen, was sie wünschen. Dasselbe Recht habe ich ihnen auch in der gesamten Stadt zugestanden. Außerdem habe ich ihnen aus dem Kirchengut einen Begräbnisplatz unter einem Erbvertrag[3] gegeben. Auch dies habe ich hinzugefügt, daß ein fremder Jude, der bei ihnen zu Gast ist, dort keinen Zoll zahlen muß. Schließlich [...], daß wie der Stadtrichter unter den Bürgern, so auch ihr Synagogenvorsteher über alle Klagen, die sie untereinander erheben oder die gegen sie erhoben werden, entscheiden soll [...]. Geschlachtetes Fleisch, das sie nach ihrem Gesetz für sich als verboten betrachten, dürfen sie an Christen verkaufen [...]. Kurz, ich habe ihnen als Gipfel meines Wohlwollens ein Gesetz verliehen, das besser ist, als es das jüdische Volk in irgendeiner anderen Stadt des deutschen Reiches besitzt.

1 Wohnsiedlung aus wenigen Gebäuden
2 einfache, ungebildete Bevölkerung
3 Jemand wird durch einen Vertrag als Erbe bestimmt.

Julius Schoeps/Hiltrud Wallenborn (Hrsg.): Juden in Europa – Ihre Geschichte in Quellen, Bd. 1. WBG, Darmstadt 2001, S. 120 f.

Q3 Ein jüdischer Arzt behandelt einen Bischof

Das Glas enthält eine Urinprobe des Patienten. Diese diente zur Diagnose von Krankheiten. Die Person rechts ist mit einem Hut dargestellt, der sie als Jude markieren soll. Ursprünglich ist der Hut Teil einer jüdischen Tracht. Ab dem 13. Jahrhundert war das Tragen des Hutes in Teilen Europas für Juden vorgeschrieben. Holzschnitt, 1487

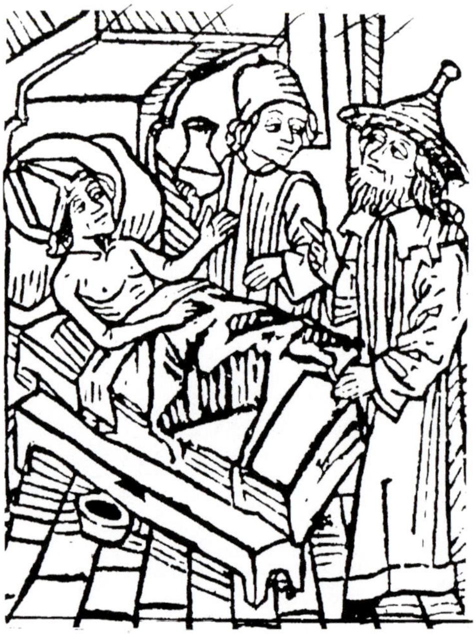

Q4 Konrad von Megenberg zur Brunnenvergiftung

Konrad von Megenberg (1309–1374) war Domherr in Regensburg. In seinem Buch „Causa terre motus“ über Erdbeben und die Pest schreibt er 1349:

Man fand in einigen Brunnen mit Gift gefüllte Säckchen. Deshalb wurde eine unbestimmte Zahl von Juden im Rheinland, in Franken und allen deutschen Ländern ermordet. Dabei ist unklar, ob dies überhaupt Juden getan haben. Wäre es so gewesen, hätte es das Unheil gewiss verschlimmert. Doch weiß ich andererseits, daß keine andere Stadt mehr Juden zählte als Wien. Unter diesen waren aber die Pestopfer so zahlreich, daß sie ihren Friedhof in großem Umfang erweitern und hierfür zwei Grundstücke erwerben mussten. Sie wären freilich recht dumm gewesen, sich selbst zu vergiften.

Zit. nach Klaus Bergoldt: Der Schwarze Tod in Europa. C. H. Beck, München 1994, S. 127.

Q5 König Philipp II. weist Juden aus

Die Kreuzzüge schufen ein religiös aufgeheiztes Klima. In Frankreich mussten sich männliche Juden durch einen gelben Kreis an ihrer Kleidung kennzeichnen. 1182 wurden die französischen Juden ausgewiesen und ihr Eigentum beschlagnahmt. Bald darauf konnten sie zwar zurückkehren, mussten aber persönliche Nachteile in Kauf nehmen. In Deutschland setzten sich die Kennzeichnungen (gelber Fleck oder Ring) erst im Zusammenhang mit der Errichtung der Ghettos im 15. Jahrhundert durch. Französische Buchmalerei (Ausschnitt), 14./15. Jahrhundert

Erster Blick

1 Lest gemeinsam den „Schon gewusst?"-Kasten. Arbeitet heraus, welche sechs Worte oder Wendungen aus dem Jiddischen stammen könnten. Begründet eure Entscheidung.

Juden und Christen – eine gute Nachbarschaft?

2 SP Beschreibe das jüdische Leben in mittelalterlichen Städten und seine Entwicklung (VT). Ordne die Abläufe mit Formulierungen wie „zunächst", „später", „schließlich" oder „eine Zeit lang". Ergänze ggf. genauere Zeitangaben.

3 Gib die zentralen Privilegien für jüdische Zuwanderinnen und Zuwanderer wieder, die der Bischof von Speyer in Q2 verspricht.

4 Weise nach, dass der Bischof sowohl seine eigenen Interessen als Stadtherr als auch diejenigen von Jüdinnen und Juden verfolgte (Q2).

5 Erkläre auf Basis eigener Vermutungen, warum ein erkrankter Bischof einen jüdischen Arzt, also einen Nicht-Christen, rufen lässt (Q3, VT2).

6 Arbeite aus Q4 heraus, wie Konrad von Megenberg auf den Vorwurf der Brunnenvergiftung durch Juden reagiert.

Willkommen – geduldet – verfolgt?

7 Organisiert zu dieser Fragestellung ein Think-Pair-Share. Nutzt dafür die Arbeitsschritte auf S. 280.

a) Sprecht euch zu zweit ab, wer von euch sich mit welchem der folgenden Themen beschäftigt:

- Jüdinnen und Juden im Mittelalter: willkommen und/oder geduldet? (VT1–VT3, VT6, Q1–Q3)
- Jüdinnen und Juden im Mittelalter: verfolgt? (VT4–VT6, Q4, Q5)

b) Stellt euch gegenseitig eure Arbeitsergebnisse vor und macht euch Notizen dazu.

c) Präsentiert die Ergebnisse eurer Partnerin/eures Partners vor der Klasse. Fasst abschließend zusammen, wie sich das Leben von Jüdinnen und Juden im Mittelalter veränderte.

Vergangenheit und Gegenwart

8 MK Recherchiert mithilfe von D1 W25 arbeitsteilig zu heutigem jüdischen Leben in eurer Region. Präsentiert euch gegenseitig eure Ergebnisse. ○ → S. 266

9 Diskutiert, was wir aus dem Schicksal der Jüdinnen und Juden im Mittelalter über den gesellschaftlichen Umgang mit Minderheiten heute lernen können. ●

AFB I: 2, 3 AFB II: 1, 4, 5, 6, 7, 8 AFB III: 9

Jüdisches Leben im 19. Jahrhundert

Seit mehr als 1700 Jahren leben Menschen jüdischen Glaubens in Deutschland. Es gab Zeiten der Toleranz und des friedlichen Miteinanders mit der christlichen Bevölkerung, aber auch immer wieder Anfeindungen und Verfolgungen. Bis zum Beginn des 19. Jahrhunderts waren Jüdinnen und Juden der übrigen Bevölkerung rechtlich nicht gleichgestellt. Wie entwickelten sich ihre Lebensverhältnisse danach?

Antisemitismus
Im 19. Jahrhundert entstandene Form der Judenfeindschaft. Im Vordergrund stand nicht der religiöse Gegensatz. Seine Vertreter waren vielmehr der Überzeugung, es gebe verschiedene, höher- und minderwertige „Rassen". Die „jüdische Rasse" sei minderwertig. Deshalb könnten Juden nicht zum deutschen Volk gehören und nicht die gleichen Rechte beanspruchen.

VT1 Rechtliche Gleichstellung

Nach der Französischen Revolution hob die Nationalversammlung 1791 alle Sondergesetze für die jüdische Bevölkerung auf. Sie hatte jetzt dieselben Rechte wie alle anderen Bürger. Unter dem Einfluss der Herrschaft Napoleons wirkte sich das französische Beispiel auch in deutschen Staaten aus. So wurden Juden in Preußen 1812 zu Staatsbürgern erklärt und ihren christlichen Mitbürgerinnen und Mitbürgern fast vollständig gleichgestellt. Im Zuge der Restauration wurden solche Zugeständnisse allerdings zum Teil wieder rückgängig gemacht.
Die endgültige rechtliche Gleichstellung erreichten die Juden mit der Reichsgründung 1871. Dafür hatten sie auch selbst jahrzehntelang gekämpft. So zum Beispiel Gabriel Riesser (1806–1863): Der Jurist gab eine Zeitschrift heraus und war Abgeordneter in der Paulskirchenversammlung. 1860 wurde er in Hamburg der erste jüdische Richter Deutschlands.

VT2 Wandel jüdischer Lebensweise

Allmählich änderte sich auch die Lebensweise jüdischer Menschen in Deutschland. Für viele war das Judentum nicht mehr eine Lebensform, die den gesamten Alltag bestimmte, sondern eine Religion, die man vor allem im Gottesdienst und an Feiertagen ausübte.

D1 W26
Website
Gabriel Riesser als einer von „100 Köpfen der Demokratie"

VT3 Emanzipation und Antisemitismus

Trotz der formalen rechtlichen Gleichstellung blieben Jüdinnen und Juden in Deutschland in mancher Beziehung „Bürger zweiter Klasse". Vor allem im Staatsdienst – beim Militär, in der Verwaltung und an den Universitäten – hatten sie kaum Aufstiegschancen. Zahlreiche Jüdinnen und Juden brachten es aber auch zu Wohlstand und Einfluss. Als Ärzte und Anwälte, Kaufleute, Unternehmer und Bankiers etablierten sie sich im Bürgertum. Auch im kulturellen Leben spielten sie eine wichtige Rolle.
In der Bevölkerung nahmen die Vorbehalte gegenüber dem Judentum jedoch teilweise wieder zu. Es entstand eine neue Form von Judenfeindschaft: der **Antisemitismus** (**Q2**). Antisemitisches Gedankengut fand im Kaiserreich zwar nie massenhafte Verbreitung, gewann aber doch zahlreiche Anhänger. Antisemitismus war keine deutsche Besonderheit – überall in Europa verbreitete er sich.

Q1 Die neue Synagoge in Berlin
Der prächtige Bau an der Oranienburger Straße wurde 1866 eingeweiht. Daran nahm auch der preußische Ministerpräsident Bismarck teil. Nach Kriegszerstörungen wurde das Gebäude teilweise restauriert und ist heute ein Kulturzentrum. Kolorierter Holzstich nach einer Zeichnung von F. Wagner, um 1870

Q2 Organisierter Antisemitismus

Aus der Satzung der Deutschen Antisemitischen Vereinigung, 1886:

Die Grundsätze und Ziele der Vereinigung gehen aus der Erkenntnis hervor, daß die Geschichte aller Zeiten die Unverbesserlichkeit der jüdischen Rasse erwiesen hat und daß hinsichtlich der Moral und Lebensauffassung eine unüberbrückbare Kluft zwischen Deutschtum und Judentum besteht. Die Juden haben von der ihnen unüberlegter Weise gewährten Gleichberechtigung den denkbar schlechtesten Gebrauch gemacht und die Judenfrage[1] zu einer Existenz-Frage für das deutsche Volk gestaltet. Jüdischer Wucher hat in allen Kreisen der Bevölkerung [...] unzählige Opfer gefordert [...]. In die Verwaltungs-, Communal[2]-, Lehr- und Richter-Aemter sind Juden ungehindert eingedrungen und haben hier deutsche Sitte, [...] und deutsches Recht verfälscht und untergraben. [...] Nirgends betheiligt sich der Jude an der ehrlichen produktiven Arbeit, aber durch Hausierhandel und Magazin-Wesen[3] hat er das redliche Handwerk und den soliden Handel verdrängt [...]. Durch internationale Verbündung beherrscht der Jude den Weltmarkt und so heimst er unverdienter Maßen alle Früchte des Kulturfleißes der Nationen ein.

1 Mit diesem Begriff werden das Judentum und jüdische Menschen als Problem gekennzeichnet.
2 städtisch
3 Handel in Warenhäusern

Zit. nach Michael Wolffsohn/Uwe Puschner: Geschichte der Juden in Deutschland. Quellen und Kontroversen. bsv, München 1992, S. 91 f.

Q3 Aufruf des Zentralvereins deutscher Staatsbürger jüdischen Glaubens

Der Zentralverein wurde 1893 gegründet. Er vertrat vor allem das bürgerlich-liberale Judentum und war die mitgliederstärkste jüdische Organisation im Kaiserreich. Der Aufruf stammt aus dem Gründungsjahr des Vereins:

An die deutschen Staatsbürger jüdischen Glaubens. Wir folgen nur der Pflicht, unsere Stellung im Vaterlande durch eigene Kraft zu wahren, und sind überzeugt, daß einer solchen Haltung die Achtung unserer Mitbürger nicht fehlen wird. Der Verein will alle Kräfte zur Selbstverteidigung aufrufen, in dem einzelnen das Bewußtsein unserer unbedingten Gleichberechtigung stärken und in ihm das Gefühl unserer Zusammengehörigkeit mit dem deutschen Volke durch die Anfeindung unserer Gegner nicht verkümmern lassen. [...]

Leitsätze des Zentralvereins.

1. Wir deutschen Staatsbürger jüdischen Glaubens stehen fest auf dem Boden der deutschen Nationalität. Unsere Gemeinschaft mit den Juden anderer Länder ist keine andere als die Gemeinschaft der Katholiken und Protestanten Deutschlands mit den Katholiken und Protestanten anderer Länder. Wir erfüllen als Staatsbürger freudig unsere Pflicht und halten fest an unseren verfassungsmäßigen Rechten. [...]

3. Wir haben keine andere Moral als unsere andersgläubigen Mitbürger. Wir verdammen die unsittliche Handlung des einzelnen, wes Glaubens er sei.

Zit. nach Michael Wolffsohn/Uwe Puschner: Geschichte der Juden in Deutschland. Quellen und Kontroversen. bsv, München 1992, S. 96 f.

Erster Blick

1 Führt in der Klasse ein Brainstorming durch: Was wisst ihr über jüdisches Leben in Deutschland heute? Arbeitet digital. MK

Emanzipation und Antisemitismus

2 Arbeite heraus, was Q1 über Stellung und Selbstverständnis der jüdischen Gemeinde aussagt.

3 Untersuche am Beispiel von Gabriel Riesser (VT1), welche Hindernisse und Chancen es für jüdische Emanzipation gab (D1 W26). ● MK

4 Der Rassismus ist eine Ideologie, in der Menschengruppen nach angeblich unveränderlichen biologischen Merkmalen und Eigenschaften eingeteilt und bewertet werden. Überprüfe die Formulierungen in Q2 daraufhin.

5 Arbeite aus Q3 die Position des Zentralvereins heraus: Gegen welche Vorwürfe (Q2) setzt er sich zur Wehr?

6 Der jüdische Rechtsanwalt David Hirsch aus Berlin kennt Angriffe wie in Q2 gut. Schreibe aus seiner Perspektive einen Brief an seinen Sohn Emil, in dem du dich damit auseinandersetzt und Möglichkeiten erörterst, wie du darauf reagieren kannst. ○ → S. 266 SP

AFB I: 1 AFB II: 2, 3, 5, 6 AFB III: 4

Video: Kapitelsteckbrief V14
Juden, Christen und Muslime begegnen sich

1 Überblickswissen Religionen begegnen sich I

Begriffe erklären

a) Ordne den Wortanfängen der ersten Spalte die Wortendungen der zweiten Spalte so zu, dass sinnvolle Begriffe entstehen. Trage sie in dein Heft ein.

a) Erkläre die einzelnen Begriffe

Is-	zug
To-	lam
Syn-	che
Rab-	lif
Dia-	agoge
Pro-	ra
Ka-	spora
Mus-	lim
Kir-	biner
Kreuz-	phet

2 Überblickswissen Religionen begegnen sich II

Richtige und falsche Aussagen unterscheiden

Schreibe die folgenden Aussagen in dein Heft und korrigiere dabei die vier falschen:

A Jüdinnen und Juden glaubten, das auserwählte Volk Gottes zu sein.

B Jüdinnen und Juden behielten in der Diaspora ihre Religion bei.

C Die jüdische und die christliche Religion waren Mohammed völlig unbekannt.

D Die Kalifen setzten die von Mohammed begonnene Ausbreitung der islamischen Herrschaft fort.

E Papst Urban II. forderte alle Christen zu einem toleranten Umgang mit Andersgläubigen auf.

F Die Kreuzzüge brachten den Orienthandel der italienischen Seestädte zum Erliegen.

G In der arabischen Wissenschaft waren nur arabische Gelehrte tätig.

H Spanien und Sizilien erlebten zeitweise eine Blüte der islamischen Kultur.

I Die Christen glaubten, dass ihre Religion der jüdischen überlegen sei.

3 Aufruf zum Kreuzzug

Eine Abbildung kommentieren

a) Schildere der Reihe nach, wo, wann und warum das dargestellte Ereignis (Q1) stattgefunden hat.

b) Beschreibe, wie der Künstler das Ereignis ca. 400 Jahre später dargestellt hat (auf dem Spruchband steht in Latein: „Gott will es"), und beurteile, ob die Darstellung trotz des zeitlichen Abstands eine realitätsnahe Vorstellung davon vermittelt.

c) Schreibe aus heutiger Sicht einen Protestbrief an den Papst.

Q1 Papst Urban II. ruft zum Kreuzzug auf

Nachträglich kolorierter Holzschnitt, um 1480

4 Kreuzzug – unterschiedliche Perspektiven

SP Ein Streitgespräch gestalten

Ein Wanderprediger hat den Bauern eines Dorfes gerade vorgetragen, was Papst Urban II. bei seinem Aufruf zum Kreuzzug gesagt hat. Bauer Heinrich ist begeistert und möchte teilnehmen. Aber als er seinen Herrn, den Ritter Ludwig, um Erlaubnis bittet, ist der ganz anderer Ansicht. Gestaltet zu zweit ein Gespräch dazu.

5 Blüte der arabischen Wissenschaft

SP Einen Informationstext schreiben

Schreibe einen Lexikonartikel über die Blüte der arabischen Wissenschaft in Spanien und Sizilien. Dein Text sollte folgende Fragen beantworten:

- Welche Leistungen hat die arabische Wissenschaft hervorgebracht?
- Welche religiösen und gesellschaftlichen Voraussetzungen haben ihre Blüte gefördert?
- Welche Bedeutung hatte Toleranz dabei?

6 Jüdische Religion und Geschichte

Einen Vortrag halten

Halte einen Vortrag über die jüdische Religion und ihre Geschichte. Gehe dabei auf folgende Fragen ein:

- Woran glauben Jüdinnen und Juden?
- Wie verhält sich die jüdische Religion zum Christentum und zum Islam?
- Wie verloren Jüdinnen und Juden ihr Land?
- Wie lebten Jüdinnen und Juden im Mittelalter?
- Wodurch war das jüdische Leben in Deutschland während des 19. Jahrhunderts geprägt?

7 Jerusalem – Stadt dreier Religionen

Einen Stadtplan auswerten

a) Beschreibe die Karte D1 mit wenigen Sätzen. Zähle auf, welche heiligen Stätten die drei Religionen in Jerusalem haben, und erläutere deren religiöse Bedeutung.

b) Diskutiert, ob die Verteilung der Menschen und Religionen in D1 eher auf ein Miteinander oder ein Nebeneinander der Religionen und Kulturen hinweist.

D1 Die Altstadt von Jerusalem

Hier, im Zentrum von Jerusalem, leben heute ca. 33 000 Menschen, davon im

- armenischen Viertel: ca. 2000 Armenier; Religion: Christentum nach armenischer Glaubenslehre;
- christlichen Viertel: ca. 3000 Araber (Palästinenser); Religion: Christentum nach griechischer Glaubenslehre;
- jüdischen Viertel: ca. 5000 Juden; Religion: Judentum z. T. strenggläubiger Richtung;
- muslimischen Viertel: ca. 21 000 Araber (Palästinenser); Religion: Islam.

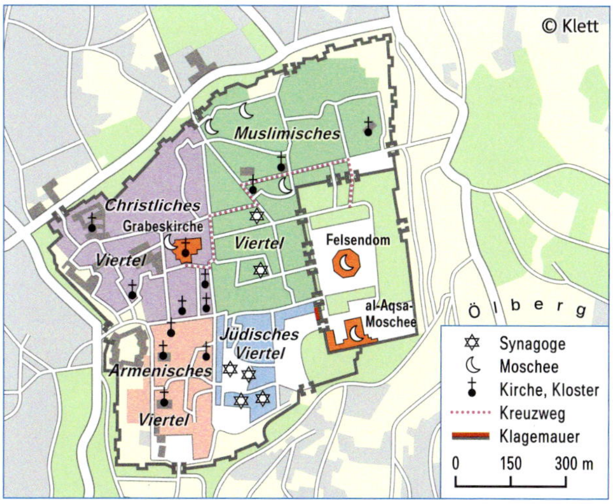

8

Längsschnitt (Wahlmodul) um 1000 bis 1900

Stadtentwicklung im Laufe der Jahrhunderte

Die Stadt ist eine der erfolgreichsten Erfindungen der Menschheit, schließlich lebt heute mehr als die Hälfte aller Menschen in Städten. Entstanden sind sie, als dank Ackerbau und Viehzucht Nahrungsüberschüsse erwirtschaftet wurden und deshalb nicht mehr alle Menschen die Nahrung beschaffen mussten. Stattdessen konnten sie neuen Aufgaben nachgehen. Doch welche Auswirkungen auf das Zusammenleben hatte das? Und stimmt, was man im Mittelalter sinngemäß sagte, nämlich: „Stadtluft macht frei“?

1000 — 1150 — 1300 — 1450

1147
„Wendenkreuzzug“, Verdrängung der Wenden östlich der Elbe

1170
Gründung von Brandenburg an der Havel

1237
erste Erwähnung von Cölln

1244
erste Erwähnung von Berlin

1486
Berlin wird Residenzstadt.

D1 Besiedlung und Stadtentstehung in Ostmitteleuropa 1100 bis 1400

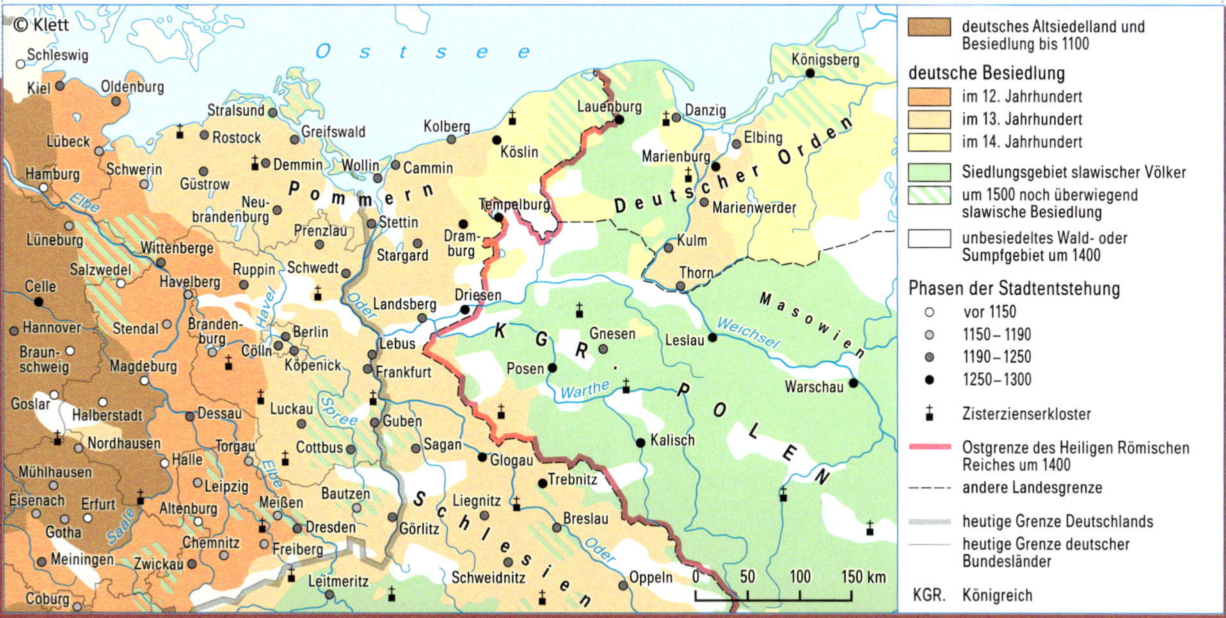

1600 — 1750 — 1900

1618–1648
Dreißigjähriger Krieg

ab 1660
Ausbau Potsdams zur Residenz- und Garnisonsstadt

1709
Fünf Gemeinden vereinigen sich zum größeren Berlin.

1740
Friedrich II. wird König von Preußen.

nach 1815
Berlin steigt zu einer führenden Industriestadt auf.

Orientieren und Entdecken

Was fällt dir zum Begriff „Stadt" ein? Erstelle eine Mindmap.

Kennst du Unterschiede zwischen europäischen Städten von heute und solchen in anderen Jahrhunderten? Oder kannst du Unterschiede zu heutigen Städten in Asien bzw. Südamerika nennen? Erstelle eine Tabelle.

Erläutere anhand der Karte **D1**, wie sich die deutsche Besiedlung ab dem 12. Jahrhundert vollzog.

Die meisten Städte bestehen schon seit mehreren Hundert Jahren. Schreibe auf, was du über die Geschichte deiner Stadt (Wohnort oder Schulort) weißt. Schreibe auch mindestens drei Ideen auf, wie du fehlende Informationen erhalten kannst.

Im Holländischen Viertel Potsdams (**D2**) sollten Häuser im heimatlichen Baustil zuwandernde Arbeitskräfte anziehen. Diskutiere mit Arbeitspartnern, ob die Gebäude als Anreiz ausreichten oder welche weiteren Angebote notwendig wären.

D2 Das Holländische Viertel in Potsdam

Zwischen 1734 und 1742 wurden fast 150 Gebäude in dem in den Niederlanden verbreiteten Baustil errichtet. So sollten Arbeitskräfte aus dem seinerzeit in vielen Bereichen führenden Land Europas angezogen werden.
Foto, 2019

Leben im Schutz einer Mauer

Mehr als Dreiviertel der Deutschen leben in Städten, in Berlin und Brandenburg ist dieser Anteil sogar noch höher. Warum entstanden die Städte und was machte sie so interessant?

Q1 Stadtansicht von Köln, 1493

Der nachträglich eingefärbte (kolorierte) Holzschnitt aus der Schedel'schen Weltchronik zeigt die Stadt Köln von der Rheinseite aus. Im Norden (rechts) erkennt man die Dombaustelle. Maße: 20 × 52 cm

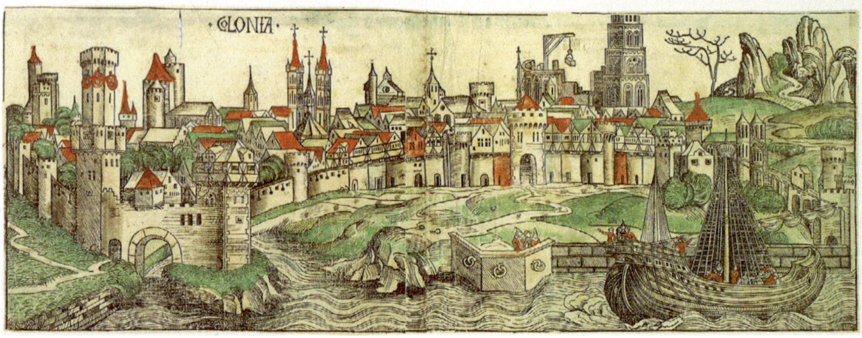

D1 A05

Audio

Kuno besucht eine Stadt

VT1 Warum wurden Städte gegründet?

Einige deutsche Städte wie Trier, Köln oder Passau sind bereits 2000 Jahre alt. Die meisten wurden aber seit dem 11. Jahrhundert gegründet, auch weil die Bevölkerung wuchs. Wohlhabende Städte erhöhten das Ansehen ihres Stadtherrn, weshalb im Mittelalter Bischöfe, Herzöge oder Grafen dieses Vorrecht (Stadtherr zu sein) gerne vom König übernahmen. Von ihnen beauftragte adlige Vertreter erließen dann Regeln für das Zusammenleben der Stadtbewohner, sprachen Recht und zogen Steuern ein. Die Einzelheiten regelte das **Stadtrecht**.

Eine Stadtgründung brachte viele Vorteile: Die Stadtbewohnerinnen und -bewohner fertigten als Handwerker Waren an oder handelten als Kaufleute damit. Andere fanden als Tagelöhner Arbeit mit Hilfstätigkeiten. Die Menschen aus der Stadt und der Umgebung konnten Märkte besuchen und sich versorgen. Alle waren durch Wälle oder Mauern vor Überfällen und Raubzügen geschützt. Die Inhaber der Stadtherrschaft nahmen wiederum von den Kaufleuten und Handwerkern Abgaben wie Steuern und Zölle.

VT2 Macht Stadtluft frei?

Alle Stadtbewohner, Frauen wie Männer, waren freie Menschen (anders auf dem Land) (**Q2**). Das mit allerlei Vorrechten verbundene **Bürgerrecht** konnten aber nur wohlhabende Stadtbewohner mit eigenem Grundstück erwerben. Diese Bürger wurden immer selbstbewusster und konnten nach und nach in einigen Städten die Stadtherrschaft übernehmen – meist mit Gewalt. Sie regierten sich dann mit einem Stadtrat und Bürgermeister selbst (**D2**).

VT3 Kaufleute und Handwerker

Die wenigen Kaufleute, die Fernhandel betrieben, waren in den Städten sehr einflussreich. Sie verfügten über Geld und wichtige Informationen aus ihren Reisen. Viel mehr Stadtbewohner arbeiteten als Handwerker. Fast überall bestand für sie Zunftzwang. Die Zünfte als Vereinigungen von Handwerksmeistern schützten sich durch strenge Regeln: Jeder Betrieb durfte nur eine vorgegebene Menge Waren herstellen und zu festgelegten Preisen verkaufen. Die Gründung neuer Betriebe war kaum möglich. Nur die Zunftmeister als Eigentümer der Betriebe konnten Bürger werden.

Stadtrecht
Der Stadtherr verlieh dem Ort durch seine Urkunde städtische Rechte, z. B. einen Markt abzuhalten, Münzen zu prägen sowie eine eigene Gerichtsbarkeit.

Bürger/Bürgerrecht
Im Mittelalter durften Bürger den Stadtrat wählen und bei städtischen Gerichten einen Prozess führen. Außerdem konnten sie selbstständig als Kaufmann oder Handwerker arbeiten und auf dem Markt ihre Waren verkaufen. Sie konnten ihre Rechte vererben.

D2 Stadtregierung im Mittelalter

Beispielhafter Aufbau der bürgerlichen Selbstverwaltung in den Städten. Varianten waren möglich: Manche Städte hatten zwei oder mehr Bürgermeister. Der Stadtrat konnte zweigeteilt sein: in einen Großen (oder weiteren) und einen Kleinen (oder engeren) Rat.

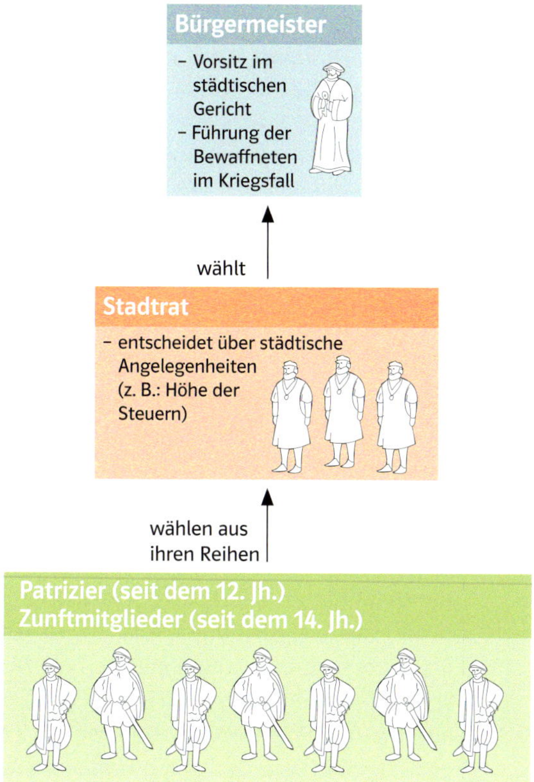

Schon gewusst?

In manchen unserer Begriffe und Redewendungen leben mittelalterliche Vorstellungen weiter. Hier ein paar Beispiele: Städter fühlten sich innerhalb der Stadtmauer sicher wie in einer Burg – also nannten sie sich „Bürger". Die Wohlhabenden konnten sich feuerfeste Gebäude aus Stein leisten, sie waren „steinreich". Die anderen aber lebten „unter Dach und Fach" in Fachwerkhäusern.

Q2 Stadtluft macht frei

Aus dem Stadtrecht für Bern, gegeben von Kaiser Friedrich II. 1218:

Jeder Mensch, welcher an diesen Ort kommt und da bleiben will, soll frei sitzen[1] und verweilen. War er aber jemandes Servus[2] – und hat er seinen Herrn verleugnet[3] – dann soll ihn der Herr binnen Jahresfrist mit sieben nahen Blutsverwandten desselben überweisen[4], daß er sein Servus sei. Andernfalls, wenn er nach Ablauf von Jahr und Tag nicht anerkannt[5] wird, dann soll er frei in der Stadt verweilen. Und er soll in Zukunft weder ihm noch einem andern sich zu verantworten[6] haben.

1 hier: sich aufhalten
2 hier: Höriger, Leibeigener
3 behauptet, dass dieser nicht sein Herr ist
4 veraltet für: beweisen
5 die Hörigkeit nicht bewiesen ist
6 sich für sein Handeln, seinen Aufenthaltsort rechtfertigen

Zit. nach: Hans Strahm: Stadtluft macht frei, in: Das Problem der Freiheit in der deutschen und schweizerischen Geschichte/ Mainauvorträge 1953. Vorträge und Forschungen. Bd. 2. Hrsg. Konstanzer Arbeitskreis für mittelalterliche Geschichte. Thorbecke, Sigmaringen 1955, S. 103.

Erster Blick

1 Beschreibt Köln um 1500 und sammelt Kennzeichen einer Stadt im Mittelalter (Q1).

Das Stadtbild – im Mittelalter und heute

2 Nenne die wichtigsten Merkmale einer mittelalterlichen Stadt. Kuno stellt sie dir vor (D1 A05 🔈). ○ → S. 266

3 Untersuche die Karte D2 auf S. 215 und finde heraus, welche Städte in deiner Umgebung im 12. Jahrhundert bereits bestanden.

4 MK Begib dich auf die Suche nach mittelalterlichen Spuren in deinem Heimatort. Recherchiere jeweils die Baugeschichte und heutige Nutzung. Vergleiche deine Ergebnisse anschließend mit dem Wikipedia-Artikel zu deinem Heimatort und beurteile, ob du Ergänzungen vornehmen würdest. ●

Leben in der Stadt

5 „Stadtluft macht frei." Erläutere die Bedeutung dieser Redensart (Q2, VT2).

6 Erkläre das Prinzip der Selbstregierung in der Stadt (D2, VT2, VT3).

7 SP Erörtere, inwiefern das Leben in der mittelalterlichen Stadt Vorteile hatte. Beurteile dazu unterschiedliche Sachverhalte („in Hinblick auf …", „bezüglich …") und fasse zusammen („… komme ich zu dem Ergebnis …"). Unterscheide zwischen Bürgern und anderen Bewohnern (VT2, VT3, Q1, Q2, D1, D2).

AFB I: 1, 2 AFB II: 3, 5, 6 AFB III: 4, 7

Berlin – Stadt der steten Veränderung

„Jeder fängt klein an", sagt der Volksmund. Das gilt auch für Städte, aber Berlin fing immerhin doppelt an, mit einer Schwester namens „Cölln". Auf ein langsames, stetiges Wachstum folgte im 19. Jahrhundert eine Bevölkerungsexplosion. Wie ist sie zu erklären – und welche Folgen brachte sie mit sich?

→ Themen verknüpfen
Erfahre mehr zu verwandten Themen:

zur mittelalterlichen Ostsiedlung in Brandenburg auf Seite 176/177;

zu den „Bettelorden" und zur Armenfürsorge im Mittelalter auf den Seiten 160 bis 163;

zum Dreißigjährigen Krieg auf Seite 54/55;

zu den Hugenotten aus Frankreich auf Seite 178/179;

zur Napoleonischen Herrschaft und den preußischen Reformen auf den Seiten 100 bis 103;

zum Berlin während der Industrialisierung ab Seite 144.

VT1 Die aufblühende Doppelstadt

Wie oft verdanken wir die Informationen über die Anfänge den Archäologen. Sie haben ermittelt, dass im 12. Jahrhundert nebeneinander zwei Siedlungen an einer Stelle entstanden, an der man die Spree gut überqueren konnte: Berlin und Cölln. 1237 wurde Cölln erstmals erwähnt, Berlin erst später. Müsste die heutige Stadt also nicht eigentlich Cölln heißen?
Wie dem auch sei, der Landesherr holte Siedler in die damalige Grenzregion des Reiches zwischen Elbe und Oder. Dass von hier Handelswege in alle Himmelsrichtungen führten, brachte Wohlstand in die Doppelstadt, die auch Mitglied des Kaufmannsbundes der Hanse wurde. Ihren Wohlstand zeigten um 1300 zwei Rathäuser, drei große Kirchen, je ein Kloster der Franziskaner und der Dominikaner – beide Orden bemühten sich auch um die Bildung – sowie zwei Spitäler für Arme und Kranke, gestiftet von reichen Bürgern.

VT2 Aus fünf mach eins

Diese Leistungsfähigkeit der Stadt trug dazu bei, dass Berlin-Cölln 1262 die Residenzstadt der Landesherren wurde. 200 Jahre später gerieten die etwa 8000 Bürger in einen Konflikt um den Bauplatz, den der zum Kurfürsten aufgestiegene Landesherr (aus dem Geschlecht der Hohenzollern) für sein Schloss nutzen wollte. 1448 schlug der Kurfürst diesen als „Berliner Unwillen" bekannten Widerstand nieder. Von nun an konnten die Kurfürsten ungestört ihre Residenzstadt prägen und sie ab 1658 zur Festungsstadt ausbauen. Bevölkerungsverluste wie beispielsweise im Dreißigjährigen Krieg glichen die Kurfürsten durch die Aufnahme von Flüchtlingen aus, darunter Juden aus Wien oder rund 5000 aus Frankreich geflohene Hugenotten. Daran, dass um 1700 jeder vierte Berliner ein Hugenotte war, erinnert die Französische Friedrichstadtkirche am Gendarmenmarkt. Heute wird sie meist „Französischer Dom" genannt. 1709 erfolgte die Zusammenfassung der vorherigen Gemeinden Cölln, Friedrichswerder, Dorotheenstadt und Friedrichsstadt mit Berlin zu einer Einheitsgemeinde mit jetzt rund 55 000 Einwohnern. Dadurch wurden die Grundlagen für die weitere Entwicklung und das weitere Wachstum der Residenzstadt gelegt: 75 Jahre später hatten sich die Einwohnerzahl fast verdreifacht und das Stadtgebiet versiebenfacht.

VT3 Wegweisende Reformen

Napoleons Erfolge zu Beginn des 19. Jahrhunderts hatten deutlich gemacht: Wer sich nicht erneuert, geht unter. Auch im von Berlin aus regierten Preußen konnten die Menschen dank der Bauernbefreiung (1807) zukünftig über ihren Wohn- und Arbeitsort frei entscheiden. Eigenes Land besaßen sie dadurch aber nicht und suchten deshalb ihr Glück in den Städten. Die 1810 eingeführte Gewerbefreiheit beseitigte viele Zwänge und erleichterte die Gründung eines eigenen Handwerksbetriebes. Das schuf Arbeitsplätze, und manche dieser Betriebe wuchsen in recht kurzer Zeit zu stattlichen Fabriken heran.
Gleichzeitig stieg die Einwohnerzahl rasant: Waren es um 1850 rund 430 000 Einwohner, so hatte sich die Einwohnerzahl bis 1890 fast vervierfacht auf 1,6 Millionen (**Q1–Q3**). Auch in dieser Phase wurden Vororte eingemeindet, nun solche mit Industrieansiedlungen wie Moabit, Wedding und Gesundbrunnen. 1920 erreichte die Stadt mit dem Groß-Berlin-Gesetz ihre heutige Größe und auch ungefähr die heutige Einwohnerzahl. Nur London und New York waren noch größer.

Q1 Wohnungsbau in Berlin

Das Tempo der Gründerjahre. Ölgemälde von Friedrich Kaiser, 31,5 × 42 cm, um 1865 oder 1875

VT4 Wohnverhältnisse um 1900

Es ist in den Städten heute ebenso wie in Berlin um 1900: Reiche und ärmere Menschen wohnen in unterschiedlich komfortablen Gebäuden und meist in unterschiedlichen Gegenden. Nicht nur in Berlin zeugen Villen am Stadtrand und im Jugendstil gestaltete Mehrfamilienhäuser bis heute davon, wie die Wohlhabenden um 1900 wohnten.

Viel mehr Menschen lebten aber in überfüllten Mietskasernen, feuchten Kellerwohnungen oder sehr einfachen Siedlungen (**Q4**, **Q5**). Und selbst dafür zahlten die Menschen ein Viertel oder mehr ihres Einkommens. Frauen und auch Kinder mussten mitverdienen – und wer nicht zahlen konnte, dem wurde sofort gekündigt. Plötzliche Arbeits- und damit auch Einkommenslosigkeit führten zu sofortiger Wohnungsnot.

Im Vergleich zu heute wurde sehr viel länger am Tag und an sechs Tagen die Woche gearbeitet. Dagegen boten Eckkneipen oder große Ausflugsrestaurants in innerstädtischen Parks wie dem Tiergarten etwas Geselligkeit und Abwechslung. Wohlhabende besuchten die Theater und Opernhäuser in der Stadt.

Neu waren die wohnortnahen Kolonialwarengeschäfte und in größeren Betrieben die firmeneigenen „Konsumanstalten". Auch das Warenangebot der neuen Warenhäuser und das damit verbundene Einkaufserlebnis erschienen verlockend – wenn man es sich leisten konnte.

Trotz aller sozialen Unterschiede und Notsituationen – auch die Armen wollten selten zurück ins Dorf, aus dem sie nach Berlin gezogen waren. Der Reiz der Stadt überwog, und das Leben der Armen war auch auf dem Land beschwerlich.

Q2 Rasantes Wachstum

Ein Journalist berichtet 1866 über das Anwachsen Berlins am Beispiel der Louisenstadt. Ende 1864 lebten dort 120 000 Menschen, 15 Jahre vorher war das heute im Grenzbereich Mitte/Kreuzberg gelegene Gebiet noch rein landwirtschaftlich genutzt.

Der Charakter ist vorherrschend gewerblich: Möbel- und Bautischler, Gürtler[1] und Gießer[2], Silberschmiede u.s.w. und vorzüglich alles, was an neuen Erfindungen arbeitet, haben dort ihr Quartier aufgeschlagen. Öffentliche Gebäude, mit Ausnahme eines Krankenhauses, einiger Kasernen, der städtischen Turnhalle, der Kirchen und Stadtschulen giebt es noch gar nicht daselbst. Mit der eigentlich gewerblichen Bevölkerung mischt sich hier aber auch einerseits eine nicht unbedeutende, zur Miethe wohnende Rentner- und Beamtenbevölkerung und andererseits jene Bevölkerungsteile, die großstädtische Leben allein erzeugt, bis herunter zu jenen des allerfraglichsten Charakters[3], und zwar beider Geschlechter. [...] Der äußere Anblick des Stadtviertels ist ein sehr großartiger. Seine zweiundsiebzig Fuß[4] breiten Straßen sind überwiegend mit fünfstöckigen Häusern von sieben, neun und elf Fenster Front besetzt, von guter ornamentaler[5] Architektur und mit Ölfarbe getüncht[6]. In den verkehrsreicheren Straßen hat sich ein lebhaftes, elegant ausgestattetes Ladengeschäft[7] ausgebildet, aus dessen Schaufenstern die Gaslampen in leuchtenden Perlenschnüren auf die Straße hinausstrahlen und sie nahmhaft erhellen helfen. Ein starker Omnibusverkehr und wohlbesetzte Droschkenhalteplätze[8] deuten auf lebhafte Verbindung mit anderen Stadttheilen. [... Die Louistenstadt kann es,] obgleich wir hier nur ein weitaußen gelegenes Stadtviertel zweiter Klasse vor uns haben, mit den zentralen Prachtbauten von Paris und Wien vollständig aufnehmen.

1 Handwerker, die Metalle formen, z.B. zu Schmuckgegenständen
2 Handwerker, die Gussformen für die Metallverarbeitung herstellen
3 Menschen außerhalb der Gesellschaft
4 Maßeinheit, entspricht etwa 31,4 cm
5 mit Verzierungen versehen
6 hier: bemalt, gestrichen
7 hier: Geschäfte in Ladenlokalen, bilden Einkaufsstraße
8 Sammelplätze von Kutschen

Julius Faucher: Die Bewegung für Wohnungsreform. In: Vierteljahrsschrift für Volkswirtschaft und Kulturgeschichte 4 (1866), S. 96 f. Zit. nach Hans-J. Teuteberg/Clemens Wischermann: Wohnalltag in Deutschland 1850–1914. Coppenrath, Münster 1985, S. 53.

Q3 Verkehrsunfall um 1900

Auf der Alten Jacobstraße in Berlin-Mitte, Foto von Max Hilbrecht

Q4 Kellerwohnung

Die undatierte Zeichnung von Heinrich Zille (1858–1929) zeigt eine Kellerwohnung. Die Familie fertigt Puppen in Heimarbeit.

In dem Brief, den der Mann in seiner Hand hält, teilt der Vermieter mit, dass er die Miete erhöht. Er begründet das damit, dass sich die Lage in Deutschland deutlich verbessert habe.

Q5 Aus Akten der Baupolizei

Auszüge aus Akten der Berliner Bauaufsicht, betreffend das Haus Friedrichstr. 34:

Berlin den 6. Sep. 1882

[...] [I]n der Küche ist der Fußboden mit samt der Balkenlage verfault, ich habe meinen Wirth[1] schon öfters darauf aufmerksam gemacht, und ihnen gebeten, es zu reparirn resp.[2] es in Bewohnbaren Zustande wieder herstellen zu lassen, da Gefahr vorhanden ist, mit samt dem Fußboden durch zu brechen und in Keller runter zu fallen auch verbreitet das in Fäulnis übergegangene Holz einen pestialischen[3] Geruch [...] aber mein Wirth Herr S. weigert sich es machen zu lassen [...]. C. R. Bäckermeister

(Vermerk: eingegangen am 6. 10. 1891)

Man fühlt sich veranlaßt, hiermit folgende Anzeige zu erstatten. In dem Hause Friedrichstr. 34 befinden sich Wohnungen, die für Menschen im höchsten Maße gesundheitsschädlich sind. Es sind in diesem Hause circa 10–12 Fuß tiefe Kellereien, die von Menschen bewohnt werden. Nicht allein die ungesunde Luft, die diese Räume enthalten, sondern sogar so feucht ist es, daß bei feuchter Witterung daß Wasser von den Wänden läuft. Man möchte also dringend bitten, daß es dem Eigenthümer des Hauses verboten wird, diese Räume als Wohnräume zu vermieten,

1 hier: Vermieter
2 beziehungsweise
3 (eigentlich bestialisch) schrecklich

Landesarchiv Berlin: Bestand Baupolizei, Rep 206 Acc. 1022, Nr. 449. Zit. nach Hans-J. Teuteberg/Clemens Wischermann: Wohnalltag in Deutschland 1850–1914. Coppenrath, Münster 1985, S. 180.

Erster Blick

1 Zilles Bild Q4 zeigt das Leben einer Berliner Familie. Tauscht euch darüber aus.

Die Stadt wächst

2 MK Erstelle einen Kurzvortrag über das Wachstum Berlins von der Gründung bis 1920 (VT1–VT3). ●

3 Beschreibe die Situation in der Louisenstadt um 1866 (Q2).

4 Analysiere das Gemälde Q1 zur Veränderung Berlins um 1870. Nutze dafür die Arbeitsschritte auf S. 29.

5 Beschreibe das städtische Leben in der Alten Jacobstraße um 1900 (Q3). Vergleiche damit die Schilderung der Louisenstadt im Jahr 1866 (Q2).

Reich, arm, (un)frei?

6 Analysiere Q5: Arbeite Mängel heraus, die im Zustand des Gebäudes begründet sind. Nimm anschließend zu der Wohnsituation aus heutiger Sicht Stellung: Ist sie menschenwürdig?

7 SP Als ortsfremder Reisender kommst du um 1900 nach Berlin und beobachtest das Leben der Reichen und das der Armen. Schreibe einen ausführlichen Tagebucheintrag dazu.

8 Erörtere, wie „frei" die Stadtluft in Berlin macht. Berücksichtige die Ereignisse der Jahre 1448 und 1808 sowie die Situation um 1900 (VT2, VT3, Q3). ○ → S. 266

AFB I: 1, 3 AFB II: 2, 4, 7 AFB III: 5, 6, 8

Hinter Fassaden und vor Kulissen – das vielseitige Potsdam

„Kleider machen Leute!" Dass man von ihrer Kleidung auf Menschen schließen kann, glauben viele. Gilt das auch für Gebäude, deren Fassaden im übertragenen Sinn ja Kleider sind? Und wie äußert sich das in Potsdam? Wie kam es dazu?

D1 „Maurische Moschee" Potsdam
Das Dampfmaschinenhaus von 1842 versorgt Schloss Sanssouci mit Wasser.

Fassade
die dem öffentlichen Raum (z. B. der Straße) zugewandte Seite eines Gebäudes, die meist aufwändiger gestaltet ist

→ Themen verknüpfen
Du kannst noch einmal nachlesen:
zu den Slawen und zur mittelalterlichen Ostsiedlung in Brandenburg auf Seite 176/177;

zum Dreißigjährigen Krieg auf Seite 54/55;

zu Ludwig XIV. auf den Seiten 56 bis 59;

über Friedrich II. auf Seite 74/75.

VT1 Mehr Schein als Sein: Fassaden

Mitten in Potsdam eine alte Moschee? Touristen reiben sich die Augen. Lebten hier schon im 19. Jahrhundert Muslime? Nein, denn die „Maurische Moschee" ist gar keine, die Gestaltung der **Fassade** nur die fantasievolle Verkleidung für eine technische Anlage. Das scheinbare Minarett kaschiert den Schornstein einer Dampfmaschine, die Wasser aus der Havel zum Schloss Sanssouci pumpte (**D1**). Die Touristen bestaunen eine von vielen beeindruckenden Fassaden in Potsdam.

VT2 Ein Städtchen wie viele

Um das Jahr 1000 wurde das ursprünglich von Slawen besiedelte Potsdam erstmals in einer Urkunde erwähnt. Die von Fischern bewohnte Siedlung blieb über Jahrhunderte unbedeutend, zumal auf dem vorhandenen Übergang über die Havel kein wichtiger Handelsweg lag. Nach dem Dreißigjährigen Krieg schließlich war das Leben in dem Städtchen fast ausgelöscht, denn bei Kriegsende 1648 wohnten nur noch 700 Einwohner in 79 Häusern. Gleichzeitig standen eineinhalb mal so viele Häuser leer.

VT3 Residenz der Landesherren

Das Jahr 1660 brachte die Kehrtwende: Der im nahen Berlin ansässige Kurfürst von Brandenburg, Friedrich Wilhelm, machte Potsdam zu seiner Sommerresidenz (**D4**). Er fand hier sowohl genügend Platz für sein Jagdvergnügen als auch für ein prachtvoll wirkendes Schloss mitsamt einer Gartenanlage – so wie es Ludwig XIV. mit Versailles und andere Herrscher vorgemacht hatten. Wie anderswo auch sollte hier die prächtig gestaltete Anlage den Machtanspruch des Landesherrn verdeutlichen und festigen.
Friedrich Wilhelm verfügte über eine gut gefüllte Kasse und holte Künstler, Architekten, Handwerker und Gärtner nach Potsdam, damit sie zu Ehren des Landesherrn Kultur in die Provinz brachten. Für die Hofgesellschaft entstand gleichzeitig in der Nachbarschaft des Schlosses ein repräsentativ gestalteter Straßenzug mit 21 Häusern – die „kurfürstliche Freiheit".
Auch unter den folgenden Kurfürsten, die bald schon zu Königen aufgestiegen, wurde weiter rege gebaut: Schlösser mit Gartenanlagen wie Schloss Sanssouci und das Neue Palais durch Friedrich II., aber auch Bürgerhäuser, Kirchen und Stadttore. Und alle verband, dass ihre Fassaden die Bedeutung des Herrschers hervorheben sollten.
Diesem Gedanken bleibt gewissermaßen auch das aktuelle Potsdam treu: Denn hinter der rekonstruierten Fassade des „Stadtschloss" genannten Baus Friedrich Wilhelms befindet sich heute ein Neubau. In diesem tagen die vom heutigen Landesherrn – dem Volk – gewählten Abgeordneten des Landes Brandenburg (**D3**).

VT4 Die riesige Kaserne

Im 18. Jahrhundert wurde eine Stadtmauer gebaut, die einem Angriff mit Kanonen nie standgehalten hätte. Allerdings sollte sie das auch nicht. In den kleinen Fachwerkhäusern der Potsdamer waren vom König Soldaten untergebracht worden, sie wurden zwangsweise „einquartiert". Die Familien mussten die Soldaten auch verpflegen und sogar einkleiden. Die ganze Stadt war zur Kaserne geworden – und die Mauer sollte verhindern, dass die Soldaten nachts desertierten. Weggelaufen wären viele gern, die mit Alkohol und Tricks in die Armee gelockt worden waren. Der Landesherr wollte sein „stehendes Heer" schnell bei Konflikten im Inland oder nach außen einsetzen können.

Mit der wachsenden politischen Bedeutung der brandenburgisch-preußischen Herrscher, die ab 1871 sogar Deutsche Kaiser waren, wuchs die Zahl der Soldaten immer weiter an. Deshalb wurden im 19. Jahrhundert große Kasernenanlagen nur für das Militär errichtet.

VT5 Zuwanderer willkommen

Für den stetigen Ausbau von Potsdam fehlten Arbeitskräfte und Fachleute. Die Landesherren nutzten deshalb ihre Chance, wenn sie interessante Siedler für sich gewinnen konnten. So kamen 20000 Hugenotten nach Brandenburg, als Ludwig XIV. 1685 den französischen Protestanten ihre Religionsausübung verbot und viele von ihnen aus Frankreich flohen. Fast 50 Jahre später kamen aus dem Erzbistum Salzburg vertriebene Protestanten. Viele Protestanten wurden durch ihren Glauben zu besonderem Fleiß angetrieben, um sich so ihren Platz im Himmel zu verdienen. Dies machte sie als Zuwanderer besonders interessant.

Der „Soldatenkönig" Friedrich Wilhelm I. begeisterte sich seit seiner Jugend für die Kultur Hollands, das im 18. Jahrhundert u.a. im technischen Bereich führend war. Deshalb bemühte er sich um eine freiwillige Ansiedlung von Holländern. Für sie ließ er 1734–1742 das „Holländische Viertel" erbauen, heute eine touristische Hauptattraktion der Stadt. Trotz der Häuser in heimatlicher Architektur und zahlreicher Vergünstigungen – u.a., dass es keine Einquartierungen geben werde – folgten nur rund 40 Familien dem Ruf an die abgelegene Havel. Weitere fast 100 Häuser wurden an andere vergeben.

Wie anderswo auch wurden im 18. Jahrhundert Manufakturen im Raum Potsdam errichtet, wodurch die Kaufleute und Handwerker unter den Zuwanderern sehr willkommen waren. Diese Manufakturen produzierten zum Beispiel Waffen für die Armee, aber auch Luxuswaren wie die dem Porzellan ähnlichen Fayencen. Alle wirtschaftlichen Aktivitäten brachten dem König zudem Einnahmen.

VT6 Filmkulissen – Fassaden der Gegenwart

Liebesszenen, Bauchtanz, ein Mord – Asta Nielsen spielt in „Der Totentanz" eine Frau, die ihren Weg sucht. Mit diesem 1912 in (Potsdam-)Babelsberg gedrehten Stummfilm begann das dortige Filmstudio seinen Aufstieg. Heute ist es das zweitälteste der Welt und das größte in Europa. **Kulissen** gibt es dort zuhauf – beispielsweise als veränderbare Hauswände eines 15000 m² umfassenden Straßenzuges (D2). Sie ermöglichen Außenaufnahmen für Filme, die überall in der Welt spielen könnten. Potsdam und das Land Brandenburg setzen in die „Medienstadt Babelsberg" große Erwartungen.

D2 Kulisse im Studio Babelsberg: „Neue Berliner Straße"
Foto, Potsdam 2017

→ **Themen verknüpfen**
Lies mehr zu Kurfürst Friedrich Wilhelm und den Hugenotten in Brandenburg auf Seite 178/179.

Kulisse
im Theater oder Film die bewegliche Hintergrunddarstellung eines Gebäudes, eines Straßenzuges, einer Landschaft, ...

D3 Landtagsgebäude „Stadtschloss“

Das Potsdamer Stadtschloss diente brandenburgischen Kurfürsten und preußischen Königen ab 1660 als Residenz. 1945 brannte es vollständig aus und wurde 1959/60 abgerissen. 2014 bezog der Brandenburgische Landtag das anstelle des im Krieg zerstörten Stadtschlosses errichtete Gebäude. Foto, 2014

D4 Ein Paradies

Der Publizist Joachim Nölte schreibt 2018 über die Wahl von Potsdam zur Residenzstadt im Jahr 1660:

Hier in Potsdam konnten fürstliche Träume wahr werden. [...] Und es gab eine Landschaft, die – wenn man sie nur weiträumig genug betrachtete – mehr an Reizen zu bieten hatte, als das sonstige Berliner Umland. [...] Überhaupt spielte die Landschaft für die Mächtigen im Zeitalter des Barock[1] eine sehr wichtige Rolle. [...] In einer Zeit, als aufwändiger Pomp[2] darüber hinwegtäuschte, dass das Leben in den Schlössern keinesfalls immer bequem und einladend war, spielte sich viel in freier Natur ab. Gerade hier setzten sich die Fürsten gern in Szene. Mal auf der Jagd, mal beim Promenieren[3] durch die bunten Gärten, mal beim neckischen[4] Spiel im Heckenlabyrinth[5]. Für ein solches Leben hatte der nach dem Dreißigjährigen Krieg regierende Herrscher der Mark Brandenburg Potsdam und seine Umgebung ausersehen.

Beflügelt wurde er von einem väterlichen Berater, dem weitgereisten und welterfahrenen Johann Moritz Fürst von Naussau-Siegen, der meinte: „Das ganze Eyland[6] muss ein Paradies werden [...], weil die Edelleute[7] daraus sind.“ Kurz: Eine edle Landschaft bringt edle Menschen hervor. Ein klarer Fingerzeig für den neuen Landesvater.

1 Kunst- und Architekturstil im 17. und 18. Jahrhundert
2 Pracht, Luxus
3 spazieren gehen, um gesehen zu werden
4 Scherze machend, flott
5 Gestaltungselement barocker Gärten, Sichtschutz
6 veraltet: Insellandschaft
7 Adlige

Joachim Nölte: Potsdam – wie es wurde, was es ist. Geschichte der Stadt in zehn Kapiteln. Edition Terra, Berlin 2018, S. 29.

Q1 Anwerbung von Holländern

Über die Anwerbung holländischer Handwerker berichtete eine Potsdamer Zeitung 1742:

Unserm hochseligsten[1] Monarchen [König Friedrich Wilhelm I., gestorben 1740] war zur Genüge bekannt[2], daß Holland ein rechter Sammelplatz[3] der besten Manufakturen zu nennen sei; er wußte aber auch zugleich, wie ungern solche Künstler[4] ihr Vaterland zu verlassen pflegen. Se[ine] Maj[estät] suchten demnach diese Hinderniß dadurch aus dem Wege zu räumen, dass Sie Befehl ertheilten[5], man sollte in Potsdamm eine gantz neue Holländische Wohnung[6] erbauen [... und alle] Holländische Häuser mit den nöthigen Meubeln[7] mußten versehen werden. [...] Hauptsächlich wurden dergleichen Leute[4] dadurch noch sehr ermuntert und angelocket, daß seine Königl[iche] Maj[estät] ihnen Befehl ertheilten, von ihrer Arbeit so viel zu verfertigen, als sie nur immer könnten, mit der allergnädigsten Versicherung[8], Sie wolten hernach vor den Verkauf in höchster Person Sorge tragen[9].

1 verstorben
2 hier: wusste genau
3 hier: Standort
4 hier: mit dem Betrieb der Manufakturen vertraute Personen
5 hier: die Anweisung gaben, dazu aufforderten
6 hier: Siedlung nach holländischem Vorbild
7 Möbel
8 Zusicherung, Versprechen
9 Der König werde sich selbst um den Verkauf kümmern.

Zit. nach Martin Hürlimann (Hrsg.): Die Residenzstadt Potsdam. Berichte und Bilder. Atlantis, Berlin 1933, S. 53 f.

Q2 Potsdamer Soldatenleben

Ein Bericht aus dem Jahr 1786 schildert das Leben der einquartierten Soldaten in Potsdam:

[Man sieht überall Soldaten, auch schaut aus den meisten Häusern ein Kopf mit steifen Locken und einem Schnurrbart heraus. Hier sieht man allerhand Wäsche trocknen, dort hängen Hosen und Westen aus dem Fenster, oder es rasirt sich ein Unterofficier vor einem Spiegel, der ohne Rahmen ans Fenster gelehnt ist; einer andrer macht auch wohl vor den Augen aller Vorübergehenden Toilette[1]. [...]

Ein mittelgroßes Haus muß vier Soldaten aufnehmen, die zusammen wohnen und essen. Ihre Casse ist gemeinschaftliche, jeder führt sie der Reihe nach eine Woche lang und muß daraus die täglichen Ausgaben bestreiten.

Es gehen unter den Soldaten oft die entsetzlichsten Dinge vor, und die gemeinen Soldaten[2] der Potsdamer Garnison sind gewiß nicht der edelste[3] Teil der preußischen Armee. Die Befehlshaber aller Regimenter[4] müssen ihre größten Leute hierher schicken; das machen sie sich dann zu Nutze, um nicht nur die größten, sondern auch die schlechtesten auszusuchen, die sie selbst gern los sein möchten. [...]

Deshalb ist die Disciplin hier schärfer als sonst irgendwo.

1 hier: Körperpflege, er wäscht sich etc.
2 einfache Soldaten, keine Offiziere
3 hier: nicht der beste (Teil)
4 militärische Einheiten

Zit. nach Berlin im Jahre 1786. Schilderungen der Zeitgenossen. Grunow, Leipzig 1886, S. 100 f.

Q3 Ein unangenehmer Ort

Der Bischof Rulemann Eylert (geb. 1770) erinnert sich an Potsdam um 1800:

Potsdam war damals [...] ein unangenehmer Ort. Wenngleich in einer zwar nicht fruchtbaren, doch schönen Umgebung die zweite Residenzstadt und die Garnisonsstadt[1] der Garden[2], hatte sie in ihren menschenleeren breiten Straßen, in ihren prächtigen Häusern doch etwas Unheimliches und Ödes. Überall [...] trat Zwang und die damit verbundene Beengung feindselig in den Weg. Dies hatte vorzüglich seinen Grund in der vorherrschenden Gewalt, die das Militär ausübte. Nur prächtig uniformierte Gardisten sah man und diese sklavisch-submiß[3] gegen[4] ihre Offiziere, die überall als Herren, die zu befehlen hatten, auftraten. Man [...] war froh, wenn man mit ihnen nichts zu tun hatte.

1 Dort sind die Soldaten in Friedenszeiten untergebracht.
2 militärische Einheit mit besonderen Aufgaben, z. B. Schutz des Herrschers
3 unterwürfig
4 veraltet für: gegenüber (ihren Offizieren)

Zit. nach Martin Hürlimann (Hrsg.): Die Residenzstadt Potsdam. Berichte und Bilder. Atlantis, Berlin 1933, S. 263.

Erster Blick

1 Alles nur Verkleidung? Diskutiert über die Wirkung der Fassaden von Gebäuden am Beispiel der vermeintlichen „Maurischen Moschee" und von anderen Gebäuden, die ihr kennt (D1, VT1, D3).

Potsdam im Wandel

2 MK Bereite ein Kurzreferat über Potsdam im 17. und 18. Jahrhundert vor, das du im Rahmen eines Klassenausflugs halten kannst. ●

3 Erkläre, warum Potsdam als Residenz-, Garnison- und Medienstadt bezeichnet werden kann (VT3, VT4, VT6, D2).

(K)Ein Paradies?

4 Arbeite heraus, worin Joachim Nölte die Motive für die Wahl Potsdams als Sommerresidenz der Landesherren sieht (VT, D4).

5 SP Versetze dich in die Lage eines holländischen Handwerkers, der dem Ruf des Königs folgen will. Schreibe einem Verwandten einen Brief, in dem du deine Entscheidung erläuterst (VT5, Q1 und D2, S. 214). ○ → S. 266

6 Stelle die Informationen zusammen, die Q2 und Q3 über das Leben von Soldaten und von Bürgern in Potsdam um 1800 geben.

7 Ein „Paradies" oder ein „unangenehmer Ort"? Setze dich mit diesen widersprüchlichen Sichtweisen auf Potsdam auseinander (D4, Q3).

AFB I: 6 AFB II: 2, 3, 4, 5 AFB III: 1, 7

Video: Kapitelsteckbrief V15
Stadtentwicklung im Laufe der Jahrhunderte

1 Überblickswissen

Begriffe erklären

Erläutere die folgenden Begriffe mit eigenen Worten.

A Bürger
B Garnisonstadt
C Residenzstadt
D „Stadtluft macht frei."
E Stadtrecht
F Zunft

2 Historische Ortsansicht

Einen Stadtplan auswerten

a) Beschreibe anhand des Stadtplans Q1 die Anordnung von Schutzanlagen, öffentlichen und privaten Gebäuden, Straßen und Plätzen der Stadt Frankfurt an der Oder im 17. Jahrhundert.

b) Höre den Bericht Kunos über seinen Besuch in einer mittelalterlichen Stadt und vergleiche die tatsächlichen Gegebenheiten in Frankfurt mit den von Kuno genannten Merkmalen einer Stadt (D1 A06).

c) Führe als Kunos Vetter Besucher durch Frankfurt. Beginne an der Sankt-Georg-Kirche außerhalb der Stadt und verlasse Frankfurt wieder am Lebuser Tor.

D1 A06
Audio
Kuno besucht eine Stadt

Q1 Francofvrtum ad Viadrum/Franckfurt an der Oder

Kolorierter Kupferstich eines Plans von Matthäus Merian, um 1650.
Die Darstellung ist nicht wie heute üblich genordet, sondern nach Osten ausgerichtet. Der Brückenkopf auf der rechten Oderseite (oben) liegt also im Osten und das Lebuser Tor (links) im Norden der Stadt.

1. Kirche St. Marien
2. Rathaus
3. Kirche St. Nikolai
4. Minoritenkirche, heute Konzerthalle
5. Kirche St. Georg
6. Kloster der Kartäuser, existiert nicht mehr
7. Lebuser Tor, existiert nicht mehr
8. Gubener Tor, existiert nicht mehr
9. Brücktor, existiert nicht mehr

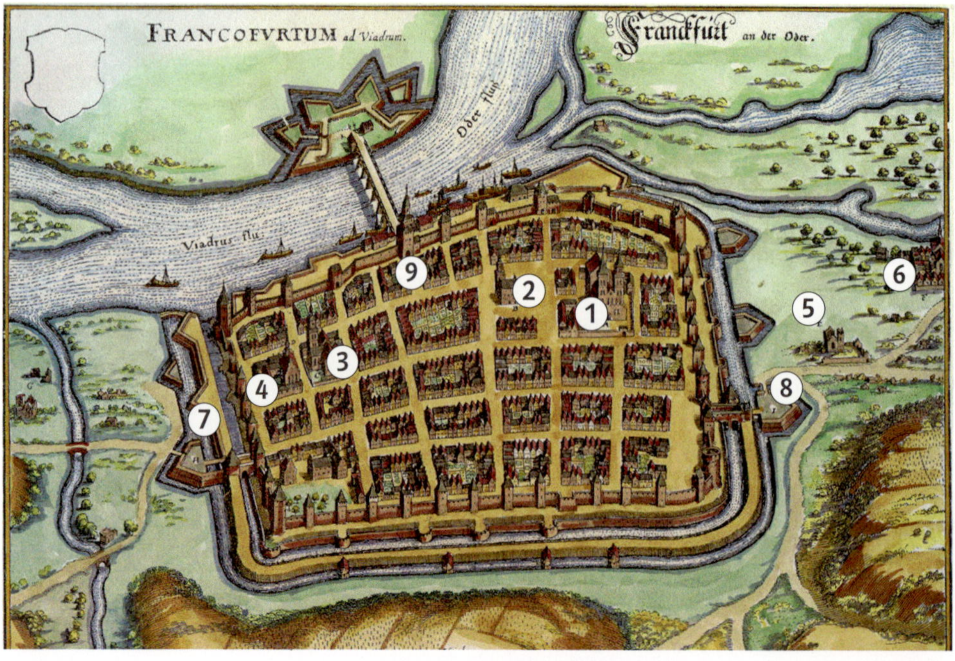

3 Analyse zur Stadtgründung

SP Eine Gründungsurkunde untersuchen

Interpretiere die Gründungsurkunde von Frankfurt (Oder) (Q2). Gehe dazu wie folgt vor:

a) Übertrage das Dokument in modernes Deutsch.

b) Erarbeite dann die Regelungen, die der Markgraf für seine Stadt trifft.

c) Beurteile, welche der Regelungen eher vorteilhaft sind für die Stadt und ihre Einwohner und welche eher für den Markgrafen.

d) Halte auch fest, welche Fragen du auf Basis der Urkunde nicht beantworten kannst.

4 Längsschnitt: Stadtentwicklung im Laufe der Jahrhunderte

MK Eine Präsentation erstellen

Recherchiere im Internet oder einer Bücherei Informationen zur Geschichte deiner Heimatstadt im Mittelalter und der Neuzeit bis zum 19. Jahrhundert. Erstelle von erhalten gebliebenen Gebäuden Fotos und fasse alles in einer digitalen Präsentation zusammen.

Alternativ lohnt sich auch eine Recherche für folgende Orte: Berlin, Brandenburg an der Havel, Frankfurt (Oder), Jüterborg, Perleberg, Salzwedel, Stendal, Wittstock.

Q2 Frankfurt (Oder) wird gegründet

Urkunde von Markgraf Johann von Brandenburg, 1253:

Im Namen der heiligen Dreifaltigkeit. Amen. [...] Wir haben Gottfried von Herzberg, Unserem Getreuen[1], die Stadt Frankfurt in der Form zu erbauen gegeben[2], daß der dritte Teil des ganzen Zinses[3] [...] ihm gehören soll [...] Und Wir geben der Stadt 124 Hufen[4] an Weide und Äckern, und zwar so, daß von jeder dieser 124 Hufen, die unter den Pflug genommen werden sollen, Uns ein jährlicher Zins von einem Vierdung[5] gegeben werden soll. Auch geben Wir den Einwohnern dieser Stadt eine Wiese und einen Werder[6], der ganz nahe bei diesen Äckern und am Ende dieser Äcker liegt. Wenn die sieben Jahre der Freiheit[7] enden, die Wir dieser Stadt [...] gegeben hatten, wollen Wir, daß sich diese Stadt desselben Rechts[8] freuen soll wie Unsere Stadt Berlin und es daran genug sein lasse. Außerdem sollen in dieser Stadt (alle Leute), seien es Käufer oder Verkäufer, (bei Geschäften) von zwei Schilling leichter Pfennige[9] oder von einem Schilling schwerer Pfennige[9] oder darunter, noch[10] auch von Essensspeise[11], Eiern, Käse, Butter, Heringen und von Fischen, zumal, die von der Hand verkauft werden, keinen Zoll[12] [... zahlen]. Von den Kaufwaren aber, die zu der Stadt gebracht werden, soll man den gewöhnlichen Zoll entrichten. [...] Das Kaufhaus und was sie auf dem Markt dieser Stadt an Nützlichem bauen können, das soll, so gebieten Wir, zu Nutzen der Stadt[13] verwandt werden, doch haben Wir Uns in dem Kaufhaus, auf dem Markt und auch auf den Jahrmärkten von jedem Stand [... eine Abgabe vorbehalten]. Wenn sie eine Brücke in eigener Arbeit und auf eigene Kosten bauen, so geben Wir sie frei und ledig[14] zum Gebrauch der Stadt, jedoch so, daß dafür ein Zoll zu zahlen ist, der nach Unserer und der Bürger Entscheidung festgesetzt wird. Auch soll dieser Schultheiß[15] zwei Mühlen haben [...] Gegeben zu Spandau durch die Hand Heidenrichs[16], im Jahre der Gnade 1253 [...]

1 Beauftragter, Vertrauensmann
2 hier: mit der Umsetzung der Vorgaben in der Urkunde beauftragt
3 hier: Abgaben, Steuern
4 Flächenmaß, entspricht etwa 17 000 m². 124 Hufen entsprechen etwa 3000 Fußballfeldern.
5 eine Viertelmark (Währung)
6 Insel
7 Befreiung von Steuern und Abgaben
8 Rechte der Bürger, z. B. Kaufleute, wie in Berlin
9 verschiedene Münzen mit unterschiedlichem (Edel-)Metallgehalt
10 hier: außerdem
11 Mahlzeit
12 Steuer auf Waren
13 also nicht zu Nutzen des Markgrafen als Landesherrn
14 hier: ausschließlich
15 Beamter des Markgrafen, auch Richter, zunächst der genannte Gottfried von Herzberg
16 Heidenrich schrieb im Auftrag des Markgrafen die Urkunde.

Zit. nach Herbert Helbig/Lorenz Weinreich (Hrsg.): Urkunden und erzählende Quellen zur deutschen Ostsiedlung im Mittelalter. Erster Teil: Mittel- und Norddeutschland, Ostseeküste. WBG, Darmstadt, 3. Auflage 1984, S. 243, 245, 247, 249, 251.

9

Längsschnitt (Wahlmodul) um 1500 bis 1914

Europäische Expansion und Kolonialismus

Um 1500 brachen europäische Seeleute zu Erkundungsreisen in ferne Länder auf. Eher zufällig entdeckte Christoph Kolumbus dabei einen Seeweg zu einem Kontinent, der den Europäern bis dahin unbekannt war: Amerika. Damit begann die Ausdehnung europäischer Mächte in andere Erdteile. Die globale Vernetzung von Kultur und Wirtschaft, die Migration von Millionen Menschen, die Vernichtung ganzer Völker, die Versklavung von Millionen Afrikanern und die teils jahrhundertelange Unterwerfung fremder Länder unter europäische Herrschaft sind nur einige Folgen dieser Entwicklung.

1490 — 1550 — 1650

1492
Christoph Kolumbus landet in Amerika.

seit 1519
Hernán Cortés erobert das mexikanische Reich der Azteken.

seit 1525
Verschleppung von Afrikanerinnen und Afrikanern nach Mittel- und Südamerika, später auch nach Nordamerika

seit 1532
Francisco Pizarro erobert das Inkareich in Südamerika.

seit 1550
Europäische Mächte gründen Kolonien in Afrika, Asien und Amerika.

D1 Europäische Erkundungsfahrten um 1500

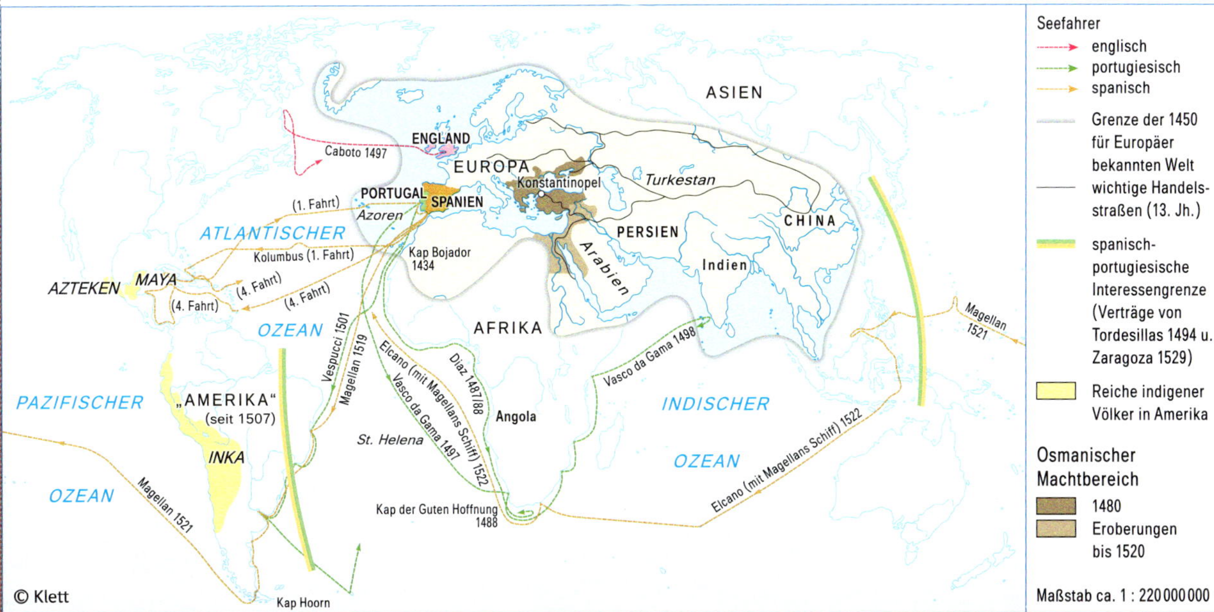

1750 — 1850

seit 1682
koloniale Unternehmungen von Brandenburg, Beteiligung am Handel mit Afrika und Amerika

seit 1800
russische Expansion nach Zentralasien

um 1880
Ein Wettlauf um die Kolonien beginnt.

1884/85
Afrika-Konferenz in Berlin: 13 europäische Staaten und die USA einigen sich über die Rahmenbedingungen bei der Errichtung von Kolonien in Afrika.

Orientieren und Entdecken

Beschreibe anhand der Karte **D1**, welche Gebiete der Welt den Europäern um 1450 unbekannt waren.

Dieses Kapitel beschäftigt sich mit der Ausdehnung europäischer Mächte seit 1500. Sammelt Fragen, die euch dazu einfallen. Bedenkt, dass sich zu dieser Zeit der Übergang vom Mittelalter zur Neuzeit vollzog.

Viele Menschen rufen heute zu einer kritischen Aufarbeitung der kolonialen Vergangenheit europäischer Staaten auf. Suche nach Erklärungen dafür und untersuche dazu **Q1**.

Q1 Genozid-Denkmal in Windhuk, der Hauptstadt Namibias

Das Denkmal wurde in Nordkorea hergestellt und steht seit 2014 an der Stelle eines Reiterdenkmals, das ab 1912 an den Sieg deutscher Kolonialtruppen über die Herero und Nama erinnerte. Die Kolonialisten hatten 1904–1907 Zehntausende Angehörige beider Volksgruppen ermordet oder in der Wüste verdursten lassen, als diese versuchten, sich gegen Unterdrückung und Ausbeutung zu wehren. Das brutale Vorgehen der deutschen Kolonialtruppen gilt als erster Genozid (Völkermord) des 20. Jahrhunderts. Foto, 2020

Europäer suchen einen Seeweg nach Indien

Am 12. Oktober 1492 erreichte der Seefahrer Christoph Kolumbus nach langer Schiffsreise endlich Land. Kolumbus glaubte, Indien erreicht zu haben. Doch das war falsch. Er war auf einem Kontinent gelandet, der den Europäern bisher unbekannt war: Amerika. Wie kam es zu diesem Irrtum? Und wie verlief die Begegnung der Europäer mit den Einheimischen?

Q1 Kolumbus' Ankunft in der „Neuen Welt"

Das Bild zeigt mehrere Ereignisse gleichzeitig, die Kolumbus in seinem Bordbuch beschreibt. Nachträglich kolorierter Kupferstich des Europäers Theodor de Bry, 1594

D1 W27 **Websites**
Wikipedia zu Christoph Kolumbus

Astrolabium, Quadrant
Messgeräte, mit denen sich durch die Orientierung an Himmelskörpern die Position von Schiffen bestimmen lässt

VT1 Unterbrochene Handelswege

Schon in der Antike und im Mittelalter gab es Handelsbeziehungen zwischen Europa und den Ländern im Fernen Osten, die wir heute als Indien, Malaysia, Japan und China kennen. Handel mit diesen Gebieten, damals oft vereinfacht als „Indien" bezeichnet, versprach großen Reichtum. Kostbare Gewürze und begehrte Luxuswaren wie Porzellan und Seide kamen von dort über den Landweg nach Europa. Im Gegenzug exportierten Europäer flämische Tuche, Eisen, Kupfer und Blei nach Asien.

Dieser Handel wurde jedoch immer schwieriger. Mit der Eroberung Konstantinopels im Jahr 1453 kontrollierten muslimische Herrscher fast alle Küsten der Region und somit auch die Handelswege über Land und über das Mittelmeer zwischen Europa und Asien. Es galt also für die Europäer, neue Wege nach Osten zu finden – am besten per Schiff.

VT2 Per Schiff in ferne Regionen

Die Herrscher des damals führenden Seefahrerstaates Portugal förderten schon seit längerer Zeit die Erkundung neuer Schiffsrouten. In Zusammenarbeit mit italienischen Kaufleuten und Seefahrern erkundeten sie Regionen, die den Europäern bis dahin unbekannt waren, und ließen Gelehrte nach technischen Verbesserungen forschen. So wurde die Seefahrt erleichtert und besser planbar: Mit neu entwickelten Messinstrumenten wie dem **Astrolabium** oder dem **Quadranten** konnten die Seefahrer ihre Position besser bestimmen. Dadurch ließen sich genauere Karten anlegen.

Ein neuer Schiffstyp, die Karavelle, ermöglichte zudem Fahrten auf das offene Meer (D3). Dabei halfen auch neuartige Segel, mit denen die Schiffe im Zickzackkurs gegen den Wind fahren konnten.

Die Portugiesen vermuteten, dass der Seeweg nach Indien um Afrika herum führen müsse. Immer weiter südlich tasteten sie sich entlang der afrikanischen Küste vor, doch bis nach Indien gelangten sie zunächst nicht.

VT3 Kolumbus: Westwärts nach Osten?

Der Seefahrer Christoph Kolumbus aus Genua war wie viele damalige Gelehrte und Kapitäne fest davon überzeugt, dass die Erde eine Kugel war, die in jede Richtung befahren werden konnte. Ausgehend davon entwickelte Kolumbus eine andere Idee, wie man nach Indien gelangen könne: Man müsse nur lange genug nach Westen segeln, um irgendwann im östlichen Indien anzukommen (D2).

Kolumbus war fest entschlossen, sich selbst auf die Reise zu begeben. Doch zunächst war niemand bereit, diese Reise zu finanzieren. Erst nach langen Verhandlungen erhielt er Geld vom spanischen Königspaar. Bedingung war, dass Kolumbus neues Land für die spanische Krone in Besitz nehmen sollte. So konnte es am 3. August 1492 losgehen: Mit drei Schiffen und 120 Mann Besatzung stach Kolumbus in See, um westwärts nach Indien zu segeln.

VT4 Ankunft in der „Neuen Welt"

Die Fahrt der drei Schiffe dauerte viel länger als geplant. Kolumbus hatte große Mühe, die Ruhe unter seiner Besatzung zu wahren. Diese hatte Angst vor der Fahrt ins Ungewisse. Unbekannte Naturschauspiele wie die Rauchwolken eines Vulkans auf Teneriffa betrachtete die Mannschaft als schlechte Vorzeichen. Immer wieder drängte sie zur Umkehr. Zudem machten Krankheiten und Mangelernährung den Seefahrern zu schaffen. Erst nach über zehn Wochen kam die frohe Kunde: Land in Sicht!

Die kleine Flotte hatte die Karibik erreicht und landete am 12. Oktober 1492 vermutlich auf der Insel Guanahani, dem heutigen San Salvador (Q2). Kolumbus war fest davon überzeugt, in Indien gelandet zu sein. Deswegen bezeichnete er die dort lebenden Menschen fälschlicherweise als „Indianer". Für Kolumbus waren die aus seiner Sicht heidnischen und unzivilisierten Einheimischen fortan Untertanen der spanischen Krone, in deren Auftrag er segelte. Doch Kolumbus wollte nicht nur neue spanische Untertanen gewinnen. Er hoffte auch, Gold und andere Reichtümer zu finden. Das Gold, das die Einheimischen besaßen, bestätigte seine Hoffnungen (Q5).

Kolumbus segelte noch weiter nach Kuba und Hispaniola (Haiti), ehe er mit Pflanzen und Tieren der Region, Gold und einigen gewaltsam verschleppten Einheimischen nach Spanien zurückkehrte. Einen Teil der Besatzung ließ er auf den Inseln zurück. Diese sollten fortan Teil des spanischen Weltreiches sein – ob die dort lebenden **indigenen Völker** dies nun wollten oder nicht.

VT5 Wie Amerika zu seinem Namen kam

Kolumbus unternahm später noch drei weitere Reisen und betrat dabei im heutigen Honduras auch erstmals das Festland des amerikanischen Kontinents.

Mittlerweile hatte der portugiesische Seefahrer Vasco da Gama im Jahr 1498 auf dem Weg um Afrika herum tatsächlich das ersehnte Ziel Indien erreicht. Allmählich wurde damit klar: Bei dem Land, das Kolumbus wenige Jahre zuvor erreicht hatte, handelte es sich um einen Kontinent, der den Europäern bisher unbekannt war. Andere Seefahrer brachen nun ebenfalls in diese „Neue Welt" auf. So auch der aus Florenz stammende Seefahrer Amerigo Vespucci, der per Schiff die brasilianische Küste erkundete. Ein deutscher Kartograf zeichnete nach dieser Reise eine Karte der Region. Zu Ehren Vespuccis nannte er sie: America.

indigene Völker (von lat. indigena = einheimisch, inländisch) fachsprachliche Bezeichnung für die einheimische Bevölkerung einer Region und ihre Nachfahren

D2 106
Animation
Santa Maria

D3 Europa und die Lage der „Ostländer"

Nachzeichnung einer Karte des Italieners Paolo Toscanelli von 1474 auf einer heutigen Karte. Kolumbus orientierte sich an Toscanelli.

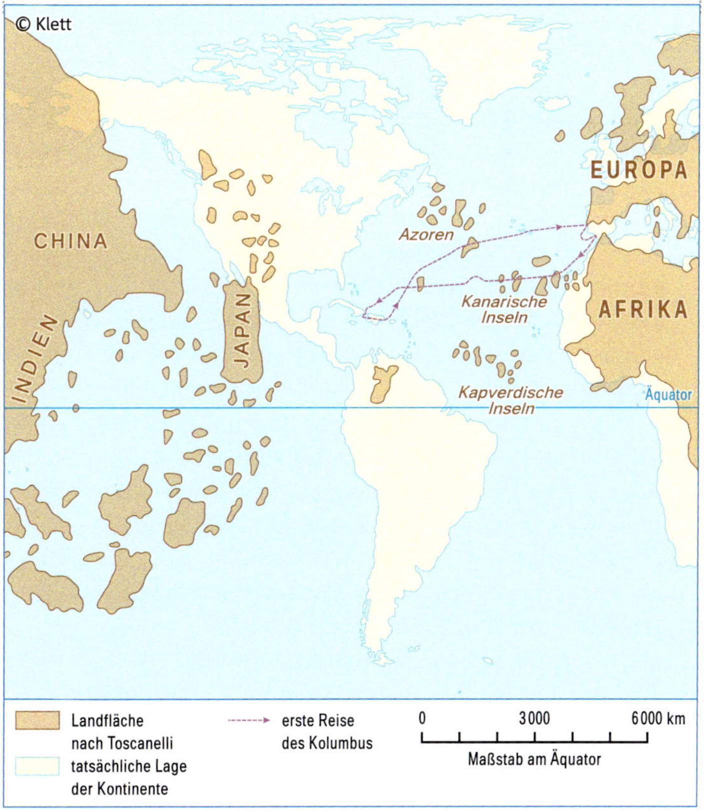

D4 Schnitt durch eine Karavelle

Auf solch einem Schiff könnte Kolumbus nach Westen gesegelt sein. Die Karavellen waren etwa 20 bis 25 Meter lang. Rekonstruktionszeichnung

1 Admiralskajüte
2 Steuerruder
3 Kompass
4 Luke zum Laderaum
5 Kanone
6 Entwässerungspumpe
7 Hebevorrichtung für Anker und Segel
8 Pökelfleisch
9 Schiffszwieback
10 Fässer
11 Ölvorrat
12 Wasservorrat
13 Laderaum
14 Weinfässer
15 Zwiebeln und Knoblauch
16 Mehlsäcke
17 Waffen- und Munitionskammer
18 Abstellkammer für Segel
19 Lagerraum für Taue

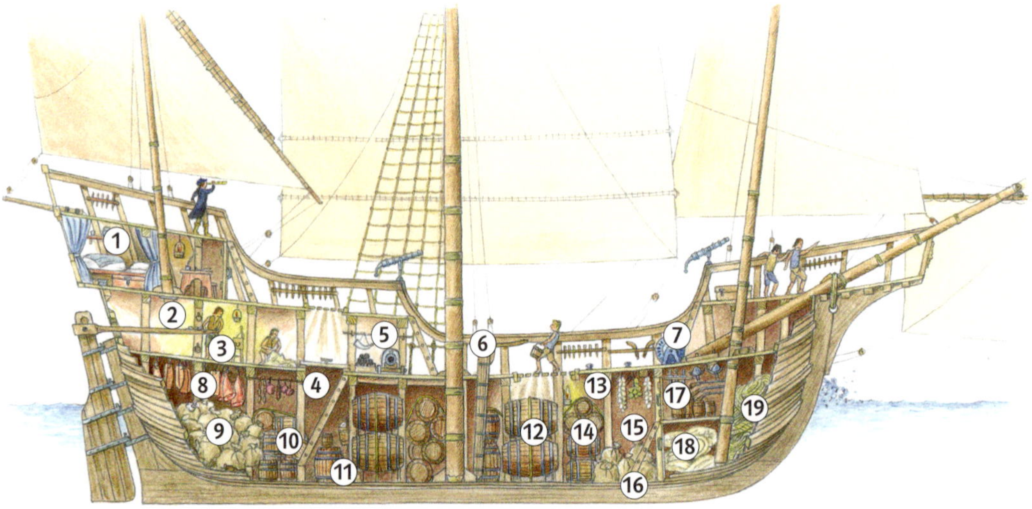

Q2 „Land in Sicht"

Während der ersten Reise führte Kolumbus ein Bordtagebuch. Das Original ist verloren gegangen. Eine Zusammenfassung hat später der Bischof Bartolomé de Las Casas (1474–1566) angefertigt:

12. Oktober 1492: Zwei Stunden nach Mitternacht tauchte das Land vor ihnen auf [...]. Sie holten alle Segel ein [...] und drehten bei; so brachten sie die Zeit bis zum Freitag, an dem sie dann eine kleine Insel der Bahamas erreichten, die in der Sprache der Indios[1] Guanahani heißt. Schon bald sahen sie nackte Leute am Strand. Der Admiral [Kolumbus] ging mit dem bewaffneten Boot an Land, [...] rief die beiden Kapitäne und die anderen, die an Land gegangen waren, zu sich [...] und sagte, sie sollten bestätigen und rechtlich bezeugen, daß er vor aller Augen von der Insel Besitz ergriff, wie er es dann auch im Namen des Königs und der Königin [von Spanien], seiner Herren, tat. [...] Das Folgende sind wörtliche Äußerungen des Admirals in seinem Buch über die erste Fahrt und die Entdeckung dieser Indien: „Da ich (sagte er) ihre Freundschaft gewinnen wollte, und bemerkte, daß es Leute waren, die sich eher durch Liebe für unseren heiligen Glauben gewinnen und zu ihm bekehren ließen, gab ich einigen von ihnen ein paar bunte Mützen und einige Ketten aus Glasperlen, die sie sich um den Hals hängten, und allerhand andere Dinge von geringem Wert, an denen sie großes Vergnügen fanden, und uns derart zugetan waren, daß es ein wahres Wunder war. [...] Sie sind sicher hervorragende Arbeitskräfte; sie haben einen aufgeweckten Verstand, denn ich sehe, daß sie sehr schnell alles nachsagen können, was man ihnen vorspricht. Außerdem glaube ich, daß man sie leicht zum Christentum bekehren könnte, denn es scheint mir, daß sie noch keine Religion haben."

1 Fremdbezeichnung der Europäer für die dort lebende indigene Bevölkerung. Der Begriff ist heute nicht mehr gebräuchlich, da er als diskriminierend verstanden werden kann.

Zit. nach Eberhard Schmitt (Hrsg.): Dokumente zur Geschichte der europäischen Expansion. Bd. 2. C. H. Beck, München 1984, S. 112–114.

Q3 Die Spanier landen 1519 an der Küste Mexikos

Buchmalerei aus dem „Codex Duran“. Diese Handschrift aus dem 16. Jahrhundert wurde von einem in Mexiko lebenden spanischen Mönch etwa zwischen 1550 und 1600 verfasst. Er hat vermutlich auch Berichte von Einheimischen in sein Geschichtsbuch einfließen lassen.

Q4 Vespucci über seine Fahrt nach Südamerika

In einem als Reisebericht formulierten Brief schreibt der Seefahrer Amerigo Vespucci 1502/03 an ein Mitglied der einflussreichen Kaufmannsfamilie der Medici:

[Der Großteil der Menschen meinte,] es gäbe überhaupt kein Festland südlich des Äquators, sondern nur noch das Meer, welches sie Atlantik nannten. Dass aber diese ihre Vorstellung falsch ist [...], hat diese meine letzte Seefahrt bewiesen, da ich in jenen südlichen Breiten einen Kontinent fand, der mit Völkern und Tieren dichter besiedelt ist als unser Europa oder Asien und Afrika.

Zit. nach Robert Wallisch: Der Mundus Novus des Amerigo Vespucci. Verlag der Österreichischen Akademie der Wissenschaften, Wien 2002, S. 13.

Q5 Die Suche nach Gold

Christoph Kolumbus über seine Landung in Amerika:

[Ich bemerkte], daß einige von diesen Männern die Nase durchlöchert und durch die Öffnung ein Stück Gold geschoben hatten. Mit Hilfe der Zeichensprache erfuhr ich, daß man gegen Süden fahren müsse, um zu einem König zu gelangen, der große, goldene Gefäße und viele Goldstücke besaß. [...] Alles, was sie besitzen, geben sie freudig für jeden noch so törichten Gegenstand. [...] Ich habe [...] verboten, daß irgend jemand sich etwas davon aneigne, indem ich mir das ausschließliche Recht vorbehielt, es für Eure Hoheiten zu erwerben.

Christoph Kolumbus: Bordbuch. Mit einem Nachwort von Frauke Gewecke. Insel Verlag, Frankfurt a. M. 2006, S. 50 f. Übers. v. Anton Zahorsky 1941 beim Rascher Verlag, Zürich.

Erster Blick

1 Beschreibe anhand von D4 und D2 I06, wie wohl der Alltag der Seeleute ausgesehen hat.

Warum segelt Kolumbus gen Westen nach Indien?

2 Begründe, warum Kolumbus Richtung Westen nach Indien aufbrach (D3, VT1–VT3).

3 SP Stell dir vor, du wärst Kolumbus und müsstest den König von deinem Plan überzeugen. Überlege dir zunächst Argumente, die für die Seefahrt sprechen. Notiere auch mögliche Risiken und wie du sie entkräften kannst. Schreibe dann eine Rede (VT1, VT3). ○ → S. 266

Kulturen treffen aufeinander

4 Beschreibe, wie die Begegnung von Kolumbus mit den Einheimischen in Q2 dargestellt wird.

5 Arbeite heraus, wie Kolumbus die Einheimischen charakterisiert (Q2, Q5), und bewerte seine Haltung (VT4).

6 Vermute, welche Passagen wohl für Kolumbus' Auftraggeber ins Bordtagebuch aufgenommen wurden (Q2, Q5). ●

Der europäische Blick

7 MK Recherchiere im englischen und spanischen Wikipedia-Artikel zu Christoph Kolumbus das Bild zur Ankunft der Europäer in Amerika 1492 (D1 W27). Vergleiche die Bilder mit Q1 und erläutere die Unterschiede.

8 Analysiere Q1 und Q3: Von wem stammen die Quellen und welche Absichten stehen hinter den Bildern? Beurteile, ob die Quellen die Perspektive der Einheimischen zeigen. ○ → S. 267

9 Bewerte, ob es gerechtfertigt war, den Kontinent Amerika nach Amerigo Vespucci zu benennen (Q4, VT5).

AFB I: 1, 4 AFB II: 2, 3, 6 AFB III: 5, 7, 8, 9

Für Gott, Gold und Gewürze – die Eroberung Mittel- und Südamerikas

Nach den Fahrten des Kolumbus machten sich zahlreiche europäische Eroberer auf den Weg nach Amerika, da sie sich Reichtum und sozialen Aufstieg versprachen. Sie stießen auf viele den Europäern bis dahin unbekannte Kulturen. Wie verlief der erste Kontakt zwischen ihnen? Und welche Folgen hatte die Eroberung Mittel- und Südamerikas durch die Europäer für die dort lebenden Menschen?

Konquistadoren
(von span. conquista = Eroberung) Bezeichnung für Spanier und Portugiesen, die aus Abenteuerlust, vor allem aber um reich zu werden, ihre Heimat in Richtung Amerika verließen

VT1 Auf nach Amerika

Kolumbus' Reisen spornten auch andere europäische Seefahrer an. Sie hofften, in Mittel- und Südamerika ihr Glück und reiche Beute zu machen. Treibende Kraft bei der Eroberung dieser Gebiete waren spanische **Konquistadoren.** Diese organisierten Schiffe und Mannschaften und segelten auf eigene Faust Richtung Amerika (**D1**). Zwar mussten sie ein Fünftel der Beute als Steuer an den König abgeben, einen großen Teil konnten sie jedoch behalten.

D1 Mittel- und Südamerika zur Zeit der Eroberungen durch die Europäer

VT2 Die Azteken

In Amerika trafen die europäischen Konquistadoren auf die mächtigen Azteken: Kunstvolle Bilder, Inschriften, Tempel und Skulpturen, die nicht von den Eroberern zerstört wurden, geben noch heute Auskunft über deren blühende Kultur.

Anfang des 14. Jahrhunderts hatten die Azteken einige indigene Völker im heutigen Mexiko unterworfen. An der Spitze der Aztekenherrschaft stand ein Fürst. Adlige und Beamte waren zuständig für die Verwaltung. Die Mehrheit der Bevölkerung bestand aus freien Bauern, Handwerkern und Kaufleuten. Landwirtschaft, Handwerk, Bildung und Städte waren weit entwickelt (**D2**, **Q2**).

Religion spielte für die Azteken eine große Rolle. Bedeutsam in ihrem Glauben war die Furcht vor einem Weltuntergang. Um diesen zu verhindern, so glaubten die Azteken, müssten sie ihren Göttern regelmäßig Menschenopfer darbringen.

VT3 Das Inkareich

Auch das Reich der Inka im Süden des amerikanischen Kontinents wurde zum Ziel der Konquistadoren. Der Herrscher dieses Reiches stammte der Legende nach direkt von der Sonne ab. Beamte regelten alles in seinem Land. Persönlichen Besitz gab es nicht, da der Staat für alle sorgte. Dafür waren alle zur Arbeit verpflichtet. Ein Straßennetz von 40 000 Kilometern Länge verband alle Regionen. Meldeläufer nutzten es, um wichtige Nachrichten im gesamten Reich zu verbreiten. Städte wie Cuzco und Machu Picchu zeugen noch heute vom kulturellen Reichtum der Inka.

VT4 Rücksichtslose Eroberung

Zu den spanischen Konquistadoren gehörten Hernán Cortés und Francisco Pizarro. Beide gingen rücksichtslos gegen die indigene Bevölkerung vor.

Cortés eroberte zwischen 1519 und 1521 mit nur wenigen Konquistadoren aus Europa das von Montezuma regierte Reich der Azteken. Pizarro unterwarf im Jahr 1532 das Reich der Inka. Obwohl die Inka sich heftig wehrten, gelang es den Spaniern, auch sie schnell zu besiegen.

Wieso konnten die zahlenmäßig unterlegenen Spanier die beiden indigenen Reiche so schnell erobern? Azteken und Inka hatten zuvor andere indigene Völker unterworfen und teils blutig unterdrückt. Um sich zu rächen, verbündeten sich manche von ihnen nun mit den Spaniern. Somit kämpften Zehntausende Einheimische auf Seiten der spanischen Eroberer.

Die Folgen der Unterwerfung durch die Spanier waren verheerend: Zwischen 1492 und 1650 ging die einheimische Bevölkerung im Herrschaftsbereich der Spanier geschätzt von 35 auf vier Millionen zurück. Das lag zu einem großen Teil an den von den Spaniern eingeschleppten Krankheiten. Diese waren für die indigenen Völker eine große Bedrohung, denn sie besaßen keine Abwehrkräfte dagegen. Die Überlebenden hatten fortan unter der neu eingerichteten **Kolonialherrschaft** der spanischen und portugiesischen Eroberer zu leben. Diese zwangen die Einheimischen, in Bergwerken und auf **Plantagen** unter unmenschlichen Bedingungen für sie zu arbeiten.

Die katholische Kirche unterstützte oder duldete die Eroberungen in Amerika. Missionare brachen dorthin auf, um die Einheimischen zum christlichen Glauben zu bekehren. Diese konnten durch die Taufe der Versklavung entgehen. Das Wirken der Missionare konnte als unterdrückende Bevormundung oder als Hilfe gegen die Gewalt der spanischen Kolonisatoren wahrgenommen werden.

Q1 Begegnung von Cortés und Montezuma

Montezuma (links) wird von drei hochgestellten Azteken begleitet, im Bildvordergrund die von ihm mitgebrachten Willkommensgeschenke. Rechts neben Cortés steht seine Dolmetscherin Malinche. Die nachkolorierte Zeichnung stammt aus einer zwischen 1560 und 1590 entstandenen Bildergeschichte aus Tlaxcala. Die Tlaxcalteken schickten sie an den spanischen König, um ihm ihre Unterstützung der Spanier darzustellen.

VT5 Woher stammt unser Wissen?

Das meiste von dem, was wir heute über die Eroberung Mittel- und Südamerikas wissen, stammt aus zeitgenössischen Berichten der europäischen Eroberer und Missionare. Im 16. Jahrhundert sind viele indigene Berichte in Text- und Bildform verloren gegangen. Unser Wissen über die Zeit haben wir daher vor allem von spanischen Mönchen, die als Missionare in Südamerika lebten. Manche von ihnen befragten die Einheimischen nach deren mündlicher Überlieferung. Somit sind in die spanischen Berichte teils auch die Perspektiven und Erzählungen der Einheimischen eingeflossen. Erst im 20. Jahrhundert begannen Historikerinnen und Historiker damit, diese Quellen genauer zu erschließen. Doch bis heute ist es schwierig, darin zwischen der Perspektive der Einheimischen und der Perspektive der Eroberer zu unterscheiden.

Kolonialherrschaft
Bezeichnung für die zunächst von den Europäern errichtete Herrschaft über von ihnen eroberte Gebiete. Die dort lebenden Menschen wurden von den Eroberern unterworfen.

Plantage
Großer landwirtschaftlicher Hof, auf dem nur eine Pflanzenart angebaut wird. Im Amerika jener Zeit waren dies vor allem Kaffee, Kakao, Zuckerrohr und Baumwolle.

D2 Tenochtitlan-Tlatelolco

Die Doppelstadt lag auf einer Insel inmitten eines Sees. Historikerinnen und Historiker gehen davon aus, dass deutlich mehr als 150 000 Menschen in der Doppelstadt lebten. Heute befindet sich dort die Hauptstadt von Mexiko. Wandgemälde (Ausschnitt) des mexikanischen Malers Diego Riviera, 1945

Q2 Der Blick auf Tenochtitlan-Tlatelolco

Montezuma, der Herrscher der Azteken, führte den Spanier Cortés mit seinem Gefolge auf die Tempelpyramide in Tlatelolco. Der Spanier Bernal Diaz berichtet:

Wir sahen die drei Dammstraßen, die nach Mexiko führten. [...] Wir sahen die große Wasserleitung, die von Chapultepec kommt und die ganze Stadt mit süßem Wasser versorgt, und die langen hölzernen Brücken, von denen die Dammstraßen unterbrochen waren, um die Verbindung zwischen den vielen Teilen des Sees zu ermöglichen. Auf dem See wimmelte es von Fahrzeugen, die Waren und Lebensmittel aller Art geladen hatten. Wir stellten einwandfrei fest, daß man Mexiko nur über die Zugbrücken oder in Kähnen erreichen konnte. Aus allen Orten ragten die weißen Opfertempel wie Burgen über die Häuser mit ihren Söllern[1], über kleinere kapellenartige Bauten und über die Befestigungstürme hinaus. Es war ein einmaliger Blick. [...] Dann besahen wir uns von hier oben aus noch einmal den Marktplatz mit seinem Gewimmel von Menschen, die einen Lärm machten, den man über eine Stunde weit hören konnte. Leute, die Konstantinopel und Rom gesehen hatten, erzählten, daß sie noch nirgendwo einen so großen und volkreichen Marktplatz gefunden hätten.

1 eine Art Balkon

Zit. nach Eberhard Schmitt (Hrsg.): Dokumente zur Geschichte der europäischen Expansion. Bd. 2. C. H. Beck, München 1984, S. 330.

Q3 „Dieses ozeanische Festland zum Geschenk gegeben"

Der spanische Rechtsberater Palacios Rubios verfasste 1513 im Auftrag von König Ferdinand II. ein Dokument zum Umgang mit der indigenen Bevölkerung in Amerika. Bei ersten Begegnung mit den Einheimischen sollten die Spanier folgende Worte mitteilen:

Einer der letzten Päpste [...] hat kraft seiner Herrschaft über die Welt diese Inseln und dieses ozeanische Festland den Katholischen Königen von Spanien [...] und ihren Nachfolgern in diesen Königreichen, unseren Herren, mit allem, was darin ist, zum Geschenk gegeben, wie es in gewissen, darüber ausgestellten Urkunden geschrieben steht, die ihr einsehen könnt, so ihr wollt. [...] Deswegen bitten und ersuchen wir euch [...], daß ihr die Kirche als Oberherrn der ganzen Welt [...] sowie an seiner Statt seine Majestät als Herrn und König dieser Insel und dieses Festlandes [...] anerkennt [...]. Wenn ihr das aber nicht tut und böswillig zögert, dann werde ich, das versichern wir euch, mit Gottes Hilfe gewaltsam gegen euch vorgehen, euch überall und auf alle mögliche Art mit Krieg überziehen, euch unter das Joch und unter den Gehorsam der Kirche und seiner Majestät beugen, eure Frauen und Kinder zu Sklaven machen, sie verkaufen und über sie nach dem Befehl Seiner Majestät verfügen.

Zit. nach Eberhard Schmitt (Hrsg.): Dokumente zur Geschichte der Europäischen Expansion. Bd. 3. C. H. Beck, München 1987, S. 472 f.

Q4 Glaube an die Rückkehr des Quetzalcoatl

Der spanische Missionar Sahagún lebte seit 1529 im Land der Azteken. Er schreibt 1569, die Azteken hätten die Ankunft der Spanier 1519 als Rückkehr des Gottes Quetzalcoatl gedeutet. Dies hätten ihm Einheimische so erzählt:

[Als die Spanier vor rund 50 Jahren kamen], eilt man, Moctezuma zu benachrichtigen. Als der es hörte, sandte er sofort Boten ab, indem er gewissermaßen so dachte: Es ist unser Fürst Quetzalcoatl, der gekommen ist. Denn so war sein Wille gewesen, dass er wiederkommen wird, dass er herkommt, seinen Thron wiedereinnehmen wird, weil er nach Osten gegangen war, als er fortzog. Und er schickte fünf Boten ab, die ihn empfangen, ihm Geschenke bringen sollten.

Bernardino de Sahagún: Aus der Welt der Azteken. Die Chronik des Fray Bernardino de Sahagún. Mit einem Vorwort v. Juan Rulfo. Übers. v. Leonhard Schultze-Jena (u. a.). Ausgew. u. mit einem Nachwort versehen von Claus Litterscheid. Insel-Verlag, Frankfurt a. M. 1989, S. 246.

D3 Mythos von der Rückkehr des Quetzalcoatl

Die US-Historikerin Camilla Townsend widerspricht, dass die Azteken die Ankunft der Spanier 1519 mit der Rückkehr des Gottes Quetzalcoatl verbanden. Sie glaubt, dies sei eine später erfundene Behauptung:

Es gibt keinen Beleg für die Existenz eines älteren Mythos, der das Verschwinden oder die Rückkehr eines Gottes erzählen würde. Vielmehr tauchen in den ersten Jahren nach der spanischen Eroberung in verschiedenen Dokumenten einzelne Elemente der Geschichte [...] auf.

Erst in Sahagúns Codex[1], in den 1560er-Jahren, werden all diese Elemente in einer Erzählung zusammengefügt. [...] Zu jener Zeit hatten spanische Priester mit den Einheimischen bereits über Jahre interagiert[2], und neue europäische Elemente waren nahtlos eingefügt worden: Wie sie es auch anderswo gewohnt waren [...], hatten die [spanischen] Priester theoretisiert[3], dass ein christlicher Heiliger früher bereits die Neue Welt besucht hatte, und dieser Heilige würde in den Geschichten der Azteken als der Held Quetzalcoatl wieder auftauchen. [...].

Die [aztekische] Generation der 1570er-Jahre war davon überzeugt, dass ihre Vorfahren dies geglaubt hätten, denn dies stellte zugleich die notwendige Erklärung dafür dar, warum sie [die Vorfahren] eine derart unwirksame Verteidigung [gegen die Spanier] geleistet hatten.

1 Sammlung von Blättern, in einem Buch zusammengebunden
2 Kontakt gehabt
3 angenommen, überlegt, vermutet

Camilla Townsend: Burying the White Gods. New Perspectives on the Conquest of Mexico. Zit. nach König/Riekenberg/Rinke (Hrsg.): Die Eroberung einer neuen Welt. Präkolumbianische Kulturen, europäische Eroberung, Kolonialherrschaft in Amerika. Wochenschau-Verlag, Schwalbach im Taunus 2012.

Erster Blick

1 Gestaltet das Gespräch in Q1 nach. ○ → S. 267

Spanier und Einheimische begegnen sich

2 Erkläre, wie es zur Begegnung von Spaniern und den indigenen Völkern Amerikas kam (D1, VT1).

3 Erkläre anhand von D2 und Q2, warum die Azteken eine Hochkultur waren.

4 SP Verfasse den Bericht eines damaligen Geschichtsschreibers über die Begegnung der Spanier mit den Einheimischen (Q1, Q2, VT2–VT4). Berichte entweder aus spanischer oder einheimischer Perspektive. Vergleicht eure Berichte. ○ → S. 267

Woher wissen wir etwas über die Einheimischen?

5 Beschreibe, von wem die Informationen über die Einheimischen jeweils stammen (Q1, Q2, Q4). Erläutere dann den Zusammenhang der Herkunft des Autors mit dem Inhalt der Quelle. ○ → S. 267

6 Erkläre, wie der Bericht von Sahagún (Q4) laut der Historikerin (D3) entstanden ist.

7 Erörtert, worin das Problem der zeitgenössischen Quellen über die Einheimischen besteht (VT5). Arbeitet heraus, was die Legende von der Ankunft der Spanier als Rückkehr der Götter für beide Seiten attraktiv machte (Q4, D3).

Folgen für die Einheimischen

8 Beschreibe, welche Folgen die spanische Eroberung für die lokale Bevölkerung hatte (Q3, VT4).

9 Bewertet die in Q3 enthaltenen Forderungen und Drohungen der Spanier gegenüber der indigenen Bevölkerung. ●

AFB I: 8 AFB II: 1, 2, 3, 4, 5, 6 AFB III: 7, 9

Europäer errichten weltweit Kolonien

Nicht nur Spanier und Portugiesen brachen in ferne Regionen auf, auch andere europäische Mächte suchten ihren wirtschaftlichen Vorteil auf anderen Kontinenten und gründeten Kolonien. Welche Auswirkungen waren damit verbunden?

Expansion
Ausbreitung (hier: der Europäer auf andere Kontinente)

Kolonie
(von lat. colere = Land bestellen) Seit dem 17. Jahrhundert bezeichnet man damit ein Gebiet, das von einem anderen Staat abhängig ist.

→ Themen verknüpfen
Zum transatlantischen Sklavenhandel kannst du noch einmal auf Seite 180/181 nachlesen.

VT1 Streben nach Macht und Reichtum

Mit der Eroberung Mittel- und Südamerikas und der Entdeckung des Seewegs nach Indien begann die **Expansion** der Europäer. Neben Spanien und Portugal wollten weitere europäische Länder ihren Anteil an den Reichtümern Amerikas, Afrikas und Asiens (**D1**) erhalten. Mit staatlicher Unterstützung erkundeten niederländische, englische und französische Seefahrer die Ozeane. In der Ferne gründeten sie **Kolonien** oder schlossen Verträge mit einheimischen Herrschern. Diese Kolonien und Stützpunkte sollten das Hinterland für den Handel mit Luxusgütern und Gewürzen, aber auch Rohstoffen für die eigene Wirtschaft erschließen. Dabei wurde die einheimische Bevölkerung häufig ausgebeutet und unterdrückt.

VT2 Die Vernetzung der Welt

Zwischen Europa, Amerika, Asien und Afrika begann ein reger Handel mit Rohstoffen wie Baumwolle sowie mit Gold, Silber, Gewürzen, Tee, Zucker und Textilwaren. Damit einher ging ein globaler Austausch von Pflanzen und Tieren: Mais, Kartoffeln, Tomaten und Tabak kamen so nach Europa. Umgekehrt führten die Europäer Pferde, Schweine, Rinder und Hühner in Amerika ein. Aber auch die weltweite Migration von Menschen wurde in Gang gesetzt. Durch den dramatischen Rückgang der indigenen Bevölkerung in Amerika fehlten Arbeitskräfte für die Plantagen und Minen. Deshalb versklavten die Europäer mehr als zwölf Millionen Afrikaner und verschifften diese unter unmenschlichen Bedingungen nach Amerika. In Europa verließen zudem Tausende Menschen freiwillig ihre Heimat, weil sie sich in Amerika ein besseres Leben erhofften.

VT3 Vernetzung und Krieg

Der Austausch von Rohstoffen, Waren und Menschen ging einher mit einer Vielzahl von Konflikten und Kriegen zwischen den europäischen Mächten. Gewaltsam versuchten sie, ihre Einflusszonen und damit ihren Reichtum zu vergrößern. Diese Auseinandersetzungen dauerten mit Unterbrechungen bis ins 20. Jahrhundert an.

Q1 Statuen im englischen Bristol

Die Bilder zeigen alle den gleichen Ort:

a) Statue des britischen Sklavenhändlers Edward Colston
b) die gleiche Statue ergänzt durch eine Sklavenkette um die Füße der Statue
c) die Statue ersetzt durch die Darstellung einer Black-Lives-Matter-Aktivistin

D1 Europäische Kolonialreiche und Handelsströme am Ende des 18. Jahrhunderts

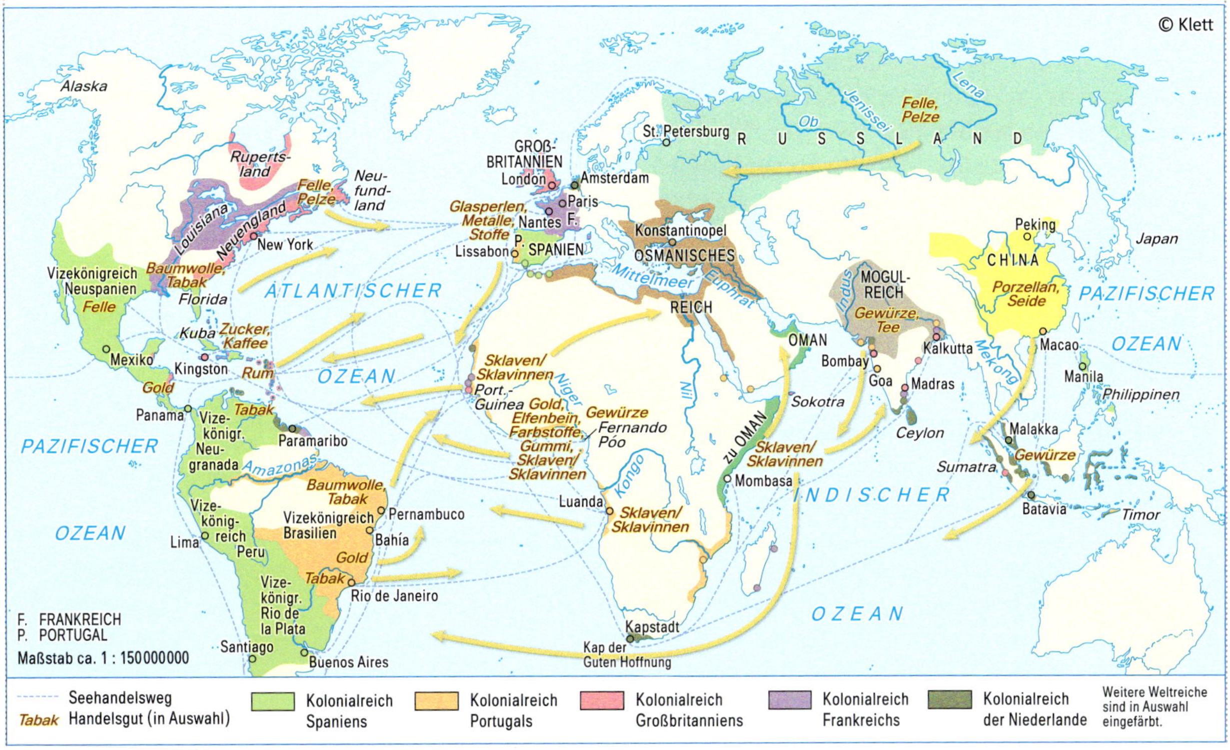

D2 Sklavenhandel europäischer Mächte

Der Historiker Klaus Koschorke schreibt 2022:

Im 18. Jh. erreichte der transatlantische Sklavenhandel seinen Höhepunkt. In dieser Zeit wurden geschätzt ca. 6 133 000 Afrikaner in die Neue Welt[1] verschleppt. [...] 42 % der zwangsexportierten Afrikaner wurden in die Karibik verschleppt, 38 % nach Brasilien und knapp 5 % nach Nordamerika. Waren es anfangs v.a. die Portugiesen, so beteiligten sich seit dem 17. Jh. alle im Afrika-Geschäft tätigen europäischen Mächte am lukrativen Sklavenhandel. Dabei gab es ein Zusammenspiel zwischen europäischen Kaufleuten, regionalen (afrikanischen oder arabischen) Zwischenhändlern bzw. Sklavenjägern sowie afrikanischen Chiefs, die meist mit europäischen Waren bezahlt wurden.

1 Amerika

Klaus Koschorke: Grundzüge der Außereuropäischen Christentumsgeschichte. Asien, Afrika und Lateinamerika 1450–2000. UTB, Tübingen 2022, S. 92.

Erster Blick

1 Nenne Waren und Rohstoffe, die wir heute aus anderen Ländern beziehen.

Handelsströme im 18. Jahrhundert

2 Erstelle eine Tabelle mit den europäischen Staaten und den Regionen, in denen ihre Kolonien lagen (D1). ○ → S. 267

3 Beschreibe die Handelsströme Ende des 18. Jahrhunderts (D1).

4 Erläutere anhand von D2 die Entwicklung des Sklavenhandels. ●

Kolonialismus und sein Erbe

5 Erläutere, wie es zum Kolonialismus kam und welche Auswirkungen für die Einheimischen damit verbunden waren (VT1, VT2, D2).

6 MK Recherchiere im Internet, wer Edward Colston war und was mit der Statue Q1a geschah (S. 174 Q1).

7 SP Nimm in einem kurzen Text Stellung, wie du heute mit dem Denkmal umgehen würdest (Q1a–c).

AFB I: 1, 3 AFB II: 2, 4, 5, 6 AFB III: 7

SP Operatorentraining: Erklären

Warum sind die europäischen Mächte nach Amerika aufgebrochen? Was waren Anlässe, Ursachen und Motive? Manchmal ist es gar nicht so leicht, historische Zusammenhänge zu verstehen oder herauszufinden, welche Ursachen zu einem historischen Ereignis geführt haben. Mit einer Erklärung kannst du Warum-Fragen beantworten und historische Sachverhalte nachvollziehbar machen. Dabei findest du je nach Fragestellung heraus, was Anlässe, Motive, Ursachen und Folgen eines historischen Ereignisses waren. Beim Schreiben kannst du deine Gedanken ordnen und strukturieren. So kannst du dein Wissen an andere weitergeben oder die Informationen, die du herausgefunden hast, später noch einmal nachlesen.

D1 Modelltext

Erkläre, warum europäische Mächte in die „Neue Welt" aufbrachen.

Warum brachen europäische Mächte in die „Neue Welt" auf? Bereits im 16. Jahrhundert brachen spanische und portugiesische Seefahrer mit der Absicht auf, einen neuen Seeweg nach Indien zu entdecken. Zuerst gelangten sie jedoch nach Mittel- und Südamerika. Dort war das Land keineswegs unbewohnt. Die Menschen waren weit entwickelt und das Land reich an Schätzen. Auch andere europäische Mächte wollten ihren Anteil an diesen Reichtümern. Deshalb brachen auch niederländische, englische und französische Seefahrer in die „Neue Welt" auf. Sie unterwarfen die Menschen, die in den Gebieten lebten, um Kolonien und Handelsstützpunkte zu errichten. Eines ihrer Motive war der Handel mit den erschlossenen Reichtümern. Infolgedessen verschifften sie wertvolle Rohstoffe nach Europa, aber auch Pflanzen und Schätze. Die Europäer brachten außerdem Tiere wie Pferde, Schweine und Hühner nach Amerika. Darüber hinaus versklavten sie etwa elf Millionen Afrikaner, um sie als billige Arbeitskräfte in Amerika einzusetzen. Zudem brachen einige Menschen aus persönlichen Gründen mit Schiffen in die „Neue Welt" auf. Sie erhofften sich ein neues, besseres Leben. Es gab also verschiedene Gründe, aus denen europäische Mächte in die „Neue Welt" aufbrachen.

Gründe für den Aufbruch in die „Neue Welt" (vgl. Aufgabe 1a): Entdeckung des Seewegs nach Indien

Sprachliche Besonderheiten: Benennen von Gründen/Motiven (vgl. Aufgabe 1 b): mit der Absicht

D2 Grundlegende Veränderungen

Der Historiker Ewald Frie schreibt in seinem Buch „Die Geschichte der Welt":

Der neue Kontinent, auf den Kolumbus 1492 unabsichtlich gestoßen war, hat die Welt ganz grundlegend verändert. Er hat das Christentum, das sich nach dem Fall Konstantinopels in der Defensive[1] befand, auf eine neue Grundlage gestellt. Er hat Europa mit neuem Selbstbewusstsein ausgestattet und reich gemacht. Für die meisten Menschen vor allem in der Mitte und im Süden „Amerikas" war die Ankunft der Europäer eine schlechte Nachricht. Die Karibik und auch Südamerika, weniger der Norden, haben binnen einer oder zwei Generationen ihr Gesicht verändert. Abgebrochen ist aber auch diese Geschichte nicht. Das zeigt das Fort- und Neuleben von Tenochtitlan (=Mexiko-City) und Cuzco[2], allen Plünderungen und Seuchen zum Trotz.

1 Konstantinopel, ehemals Hauptstadt des Oströmischen Reiches, wurde im Jahr 1453 erobert und Teil des islamisch geprägten Osmanischen Reiches. Das Christentum befand sich also in der Defensive (Verteidigung, Abwehr).

2 Hauptstadt des Inkareiches

Ewald Frie: Die Geschichte der Welt. C.H. Beck, 2. Aufl. München 2017, S. 221.

Schritt für Schritt

Erklären:

Gib Gründe oder Ursachen an, die zu einem historischen Ereignis geführt haben, oder stelle die Folgen eines historischen Sachverhaltes nachvollziehbar dar. Beantworte so eine Warum-Frage.

Das gehört in den Text

- Am *Anfang* nennst du die Frage, die du in deiner Erklärung beantworten willst.
- Im *Hauptteil* werden Ursachen und Gründe für ein historisches Ereignis genannt oder dessen Folgen aufgezeigt. Zu Gründen zählen z. B. Anlässe, Motive und Ziele, die mit dem historischen Ereignis in Verbindung stehen.
- Am *Ende* beantwortest du die Frage, die z. B. in der Aufgabe gestellt wurde.

Darauf musst du achten

- Zeitform: Um einen historischen Sachverhalt zu erklären, wird das *Präteritum* verwendet.
- Manchmal kennt der Leser deiner Erklärung die Frage nicht, auf die du antwortest. Deshalb kannst du sie am Anfang wiederholen.
- Damit eine Erklärung glaubhaft und nachvollziehbar ist, sollte sie verschiedene Gründe einbeziehen.
- Nicht immer stimmt man den Gründen, die Zeitgenossen oder Historiker anführen, zu. Du kannst die indirekte Rede (Konjunktiv I) verwenden, um deutlich zu machen, dass du nicht deine eigene Meinung aufschreibst.

Formulierungshilfen

- Um Zusammenhänge herzustellen und zu verdeutlichen:
  ... da/weil/aus diesem Grund;
  Dies kann man erklären mit ...;
  So/damit/um ... zu/sodass, ...
- Um Anlässe, Motive, Ursachen und Folgen herauszustellen:
  Mit der Absicht ...;
  Ein Motiv war es ...;
  Als Ursache kann ... betrachtet werden;
  Eine Folge von ... ist, dass ...
- Um Gründe und Argumente zu gliedern:
  Erstens, Zweitens, Drittens ...;
  Außerdem/Darüber hinaus/
  Des Weiteren ...;
  Aber .../Auch ...

1 Lies den Modelltext D1.

a) Welche Gründe werden für den Aufbruch in die „Neue Welt" angeführt? Vergleiche mit dem VT auf S. 238: Sind alle Gründe genannt?

b) Finde mithilfe von „Schritt für Schritt" die sprachlichen Besonderheiten der Erklärung. Schreibe Beispiele aus dem Modelltext heraus.

2 Unterscheide mithilfe des Modelltextes D1 Anlässe, Motive und Ursachen für den Aufbruch der europäischen Mächte in die „Neue Welt".

3 Diskutiert in der Klasse das Zitat von Ewald Frie (D2). Was meint er mit der Aussage, dass das Christentum auf „eine neue Grundlage gestellt" wurde? Warum war die Ankunft der Europäer „eine schlechte Nachricht" für die Einheimischen?

4 Erklärt die Folgen der Kolonialisierung Amerikas für Europa und die „Neue Welt". Bearbeitet dazu in Gruppenarbeit folgende Aufgaben:

a) Verfasst gemeinsam einen Einleitungssatz, der in die Fragestellung der Erklärung einführt.

b) Sammelt Gründe für den Hauptteil eurer Erklärung. Nutzt dafür D1 und VT1 auf S. 234 und VT4–VT5 auf S. 235. Verknüpft die Gründe in einem Fließtext. Die Formulierungshilfen in „Schritt für Schritt" helfen euch.

AFB I: 1b AFB II: 2, 4 AFB III: 1a, 3

Umstrittene Erinnerung: Nichts zu feiern am Columbus Day?

In vielen Ländern wird die Ankunft von Christoph Kolumbus in Amerika am 12. Oktober 1492 mit einem Feiertag begangen. Weltweit gibt es zudem Denkmäler, die den Seefahrer würdigen. Doch das Gedenken an Kolumbus ist umstritten. Welche Argumente haben Befürworter und Gegner der Erinnerung an Kolumbus? Wie wird der Feiertag in einzelnen amerikanischen Staaten begangen? Und welche Form der Erinnerung hältst du für angemessen?

Q1 Tag der indigenen Völker

Die Stadt Seattle schaffte 2014 den Columbus Day ab und feiert seitdem in jedem Oktober den Tag der indigenen Völker. US-Präsident Joe Biden erkannte 2021 den zweiten Montag im Oktober offiziell als „Indigenous People's Day" an. Foto, 9. Oktober 2017

Q2 Präsident Trump würdigt Columbus Day

In einer Rede anlässlich des Columbus Day sagt US-Präsident Donald Trump am 11. Oktober 2019:

Am 12. Oktober 1492 landete Christoph Kolumbus nach einer gefährlichen, zweimonatigen Reise über den tückischen Atlantik mit seiner Besatzung an Bord der Niña, Pinta und Santa Maria auf den heutigen Bahamas. Diese Reise [...] läutete das Zeitalter der Erkundung ein, veränderte den Lauf der Geschichte und legte den Grundstein für die Entwicklung unserer Nation. Heute gedenken wir dieses großen Entdeckers, dessen Mut, Geschicklichkeit und Entdeckerdrang den Kern des amerikanischen Geistes ausmachen. Während Kolumbus vom Hafen von Palos unter spanischer Flagge segelte, war er stolz darauf, dass er ein Bürger von Genua, Italien, war. Die Feier des Kolumbus-Tages ist daher eine angemessene Gelegenheit, die mehr als 16 Millionen Amerikaner, die das italienische Erbe beanspruchen, zu würdigen und das Vermächtnis von Generationen von Italo-Amerikanern, die unsere Nation mitgestaltet haben, weiterzutragen. [...] Die mutige Reise von Kolumbus in die Neue Welt brachte zwei Kontinente zusammen und ermöglichte zum ersten Mal eine globale Perspektive. [...] Am Kolumbus-Tag lassen wir uns vom Abenteuergeist dieses unerschrockenen Pioniers inspirieren.

Zit. nach Donald Trump: Presidential Proclamation on Columbus Day, 2019. (11.10.2019). Unter: https://www.whitehouse.gov/presidential-actions/presidential-proclamation-columbus-day-2019/ (Zugriff: 10.01.2020). Übers. von Anja Neubert.

Q3 Abschaffung des Columbus Day

Der Bürgermeister der Stadt Somerville (bei Boston, USA) erklärt 2018 in einem Facebook-Post, warum die Stadt nicht – wie bis dahin üblich – den Columbus Day, sondern den Tag der indigenen Völker feiert:

In diesem Jahr wird die Stadt Somerville am Montag, dem 8. Oktober, den Tag der indigenen Völker begehen. […] Wir haben über dieses Thema sorgfältig nachgedacht, und viele innerhalb und außerhalb unserer Stadt haben überzeugende Argumente für diese Veränderung angeführt. Tatsächlich habe ich im vergangenen Jahr Briefe von Schülern der East Somerville Community School erhalten, in denen sie auf diese Veränderung drängten. Einer fragte: „Warum sollten wir an jemanden gedenken, der unschuldige Menschen ermordet hat?" Berechtigte Frage, unausweichliche Antwort: Wir sollten es nicht. […]

Kolumbus war nicht der erste Europäer, der nach Amerika segelte. Er hat nichts entdeckt. Tatsächlich landete er auf Kontinenten, wo Menschen seit über 10.000 Jahren lebten. […] Das bringt mich zu der Geschichte, die wir einfach nicht unter den Teppich kehren dürfen. Kolumbus nahm an den frühen Stadien dessen teil, was später zu einem Genozid[1] wurde. Auf der Insel Hispaniola[2], wo Kolumbus seine erste Kolonie gründete, berichten Chronisten dieser Ära von Versklavung und Folter. […] Traurigerweise verloren beim jahrhundertelangen Ausbeuten zweier Kontinente weitere Millionen Menschen ihr Leben. Die Anerkennung dieses Verlustes und der Respekt vor den Menschen, die ihn erlitten haben, ist nicht viel verlangt von denjenigen unter uns, deren Familien in der Folge hierher ausgewandert sind. […]

Es geht nicht darum, die Geschichte zu löschen. Es geht darum, die volle Tragweite der Geschichte zu erkennen und denjenigen gegenüber respektvoller zu sein, die gelitten haben. […] Wir wissen es besser und in Somerville werden wir es jetzt besser machen. Am 8. Oktober wünsche ich allen einen schönen „Tag der indigenen Völker".

1 Völkermord
2 hier liegen heute Haiti und die Dominikanische Republik

Joseph A. Curtatone, 13.09.2018. Unter: https://www.facebook.com/jcurtatone/posts/1779972792128948 (Zugriff: 10.01.2020). Übers. v. Anja Neubert.

D1 Kolumbus-Tag

Wikipedia-Artikel über das Erinnern an die Fahrten des Kolumbus

WIKIPEDIA
Die freie Enzyklopädie

Hauptseite
Themenportale
Zufälliger Artikel

Mitmachen
Artikel verbessern
Neuen Artikel anlegen
Autorenportal
Hilfe
Letzte Änderungen

Artikel Diskussion Lesen Bearbeiten

Kolumbus-Tag

In vielen Ländern wird Christoph Kolumbus' Ankunft in der Neuen Welt am 12. Oktober 1492 mit einem Feiertag begangen. Gedenktage der Entdeckung Amerikas, meist als , es in Teilen Amerikas schon im 19. Jahrhundert. In den USA wird der Tag bis heute **Columbus Day** genannt. Ab 1915 erhielt er im spanischsprachigen Raum die Bezeichnun 1990er Jahre in ganz Lateinamerika hieß und zumindest inoffiziell noch heute in den meisten hispanoamerikanischen Ländern genannt wird. Seitdem wurde der Feiertag in z der 12. Oktober seit 1918 Nationalfeiertag und wird seit den 1920er Jahren oft **Día de la Hispanidad** („Tag der Hispanität") genannt.

Inhaltsverzeichnis [Verbergen]
1 Lateinamerika
2 Spanien
3 USA
4 Proteste, Umbenennungen und Abschaffung

D2 W28 Website

Kolumbus-Tag weltweit

1 SP Das Foto (Q1) erscheint am Tag nach der Feier in einer südamerikanischen Tageszeitung. Formuliere die Bildunterschrift.

2 Nenne die Gründe, warum in Somerville der Columbus Day umbenannt wurde (Q3).

3 MK Recherchiert ausgehend von D2 W28, wie der Kolumbus-Tag heute in verschiedenen Ländern genannt und begangen wird. Haltet eure Ergebnisse in einer Tabelle fest und entwickelt anschließend eigene Ideen für eine angemessene Benennung dieses Tages.

4 MK Stellt die Argumente aus Q2 und Q3 für einen digitalen Kurznachrichtendienst in zwei Nachrichten mit jeweils 280 Zeichen vergleichend gegenüber. Diskutiert anschließend Vor- und Nachteile der Kommunikation über Kurznachrichtendienste.

5 Der Bürgermeister von Somerville erwähnt die Initiative von Schülerinnen und Schülern der East Somerville Community School (Q3). Wie würdet ihr euch an der Debatte um den Columbus Day beteiligen? Gestaltet eine Pro-und-Kontra-Diskussion unter dem Titel „Umstrittene Erinnerung: Nichts zu feiern am Columbus Day?".

AFB I: 2 AFB II: 1, 3 AFB III: 4, 5

Die Unterwerfung der Welt

In den 1880er-Jahren wetteiferten europäische Staaten darum, ihren Machtbereich auf Gebiete in Afrika und Asien auszuweiten. Warum taten sie das und welche Folgen hatte der europäische Imperialismus für die dort lebenden Menschen?

Q1 Kuchen der Könige und Kaiser

Karikatur aus der französischen Zeitschrift „Le Petit Journal", 1898

1. China
2. Vereinigtes Königreich
3. Deutschland
4. Russland
5. Frankreich
6. Japan

Imperialismus (von lat. imperare = herrschen) Das Streben, die eigene Herrschaft auf andere auszudehnen. 1880 bis 1914 war die Zeit des Hochimperialismus.

Sozialdarwinismus Nach dem Naturforschers Charles Darwin (1809–1882) überleben in der Natur die stärksten und am besten angepassten Arten. Anhänger übertrugen die Theorie auf die Menschheit.

VT1 Die Verteilung Afrikas und Asiens

Mitte der 1880er-Jahre wollten nach Spanien, Portugal, dem Vereinigten Königreich, Frankreich und den Niederlanden auch Staaten wie Belgien, Italien und Deutschland zu Kolonialmächten aufsteigen. Nachdem europäische Staaten bis dahin zumeist nur die Küstenregionen von Afrika und Asien in Besitz genommen hatten, wollten sie nun in das Innere der riesigen Kontinente vordringen. Möglich wurde dies durch die Errungenschaften der Industrialisierung: Dampfschiffe und Eisenbahnen. Telegrafenleitungen vernetzten die in Besitz genommenen Regionen. An der Aufteilung Asiens und der Unterdrückung der dort lebenden Menschen beteiligten sich auch die USA, Japan und Russland.

Manche Herrscher in Afrika und Asien schlossen freiwillig Verträge mit europäischen Mächten. Sie hofften, so ihre eigene Herrschaft sichern oder gegen Rivalen verteidigen zu können. Die Versprechungen der Europäer erwiesen sich jedoch als falsch. Mit zunehmender Gewalt erweiterten sie ihre Gebiete. Die Kolonialtruppen waren mit modernen Waffen wie dem Maschinengewehr ausgestattet und den häufig nur mit Speeren, Pfeil und Bogen sowie Äxten bewaffneten einheimischen Kämpfern überlegen.

VT2 Motive und Ziele

Viele Nationen wollten Kolonien, weil sie aufgrund der Vorstellung des Sozialdarwinismus überzeugt waren, die Staaten der Welt befänden sich in einem „Kampf ums Dasein". Sie hielten ihre Kultur für überlegen und glaubten daher, das Recht und die Pflicht zu haben, andere Völker zu „zivilisieren" und zu missionieren. Auch die Suche nach Land für die eigenen Siedler, nach billigen Rohstoffen und neuen Märkten für den Absatz eigener Produkte spielte eine Rolle.

VT3 Folgen bis heute

Ungerechtigkeit, Erniedrigung, Gewalt und Enteignungen kennzeichneten den Alltag der indigenen Bevölkerung. Wer sich nicht fügte, riskierte massive Strafen. Millionen von Menschen starben infolge von Vertreibung, Zwangsarbeit, Hunger, Strafmaßnahmen und in Kriegen.

Willkürlich gezogene Ländergrenzen führen noch immer zu Spannungen zwischen verschiedenen Volksgruppen (wie in Ruanda, Nigeria, Mali). Die rücksichtslose Ausbeutung der Bodenschätze und der Anbau landwirtschaftlicher Produkte vor allem für den Export verschärfen bis heute die Abhängigkeit von reichen Industrienationen. Nicht zuletzt hat der Kolonialismus rassistische Denkmuster geprägt, die Hass und Gewalt schüren.

Q2 Website W29

Digitale Sammlung: Kolonialismus auf Ansichtskarten

D1 Kolonialmächte und Kolonien 1914

Q3 Bedeutung von Kolonien für Frankreich

Ministerpräsident Jules Ferry am 28. Juli 1885:

Diese kluge und maßvolle Kolonialpolitik ist für Frankreich einfach lebensnotwendig zu einer Zeit, in der alle Länder sich gegen ausländische Erzeugnisse sperren, was jedes Land nötigt, sich die für seine Landwirtschaft und seine Industrie unentbehrlichen Absatzmärkte zu sichern [...]. Die überlegeneren Rassen[1] haben außerdem ein Recht gegenüber den unterlegenen Rassen und in dieser Hinsicht sollte Frankreich sich nicht der Pflicht entziehen die Völker zu zivilisieren, die mehr oder minder barbarisch[2] geblieben sind [...].

1 Einteilung der Menschen in Gruppen mit angeblich typischen Merkmalen, um sie voneinander abzugrenzen bzw. die eigene Gruppe zu überhöhen. Wissenschaftler haben nachgewiesen, dass es keine menschlichen Rassen gibt.

2 unzivilisiert, unkultiviert, unmenschlich, roh

Zit. nach Ludwig Zimmermann: Der Imperialismus. Ernst Klett Verlag, Stuttgart 1971, S. 27.

Q4 „Missbrauch der Macht"

Der spätere französische Ministerpräsident Georges Clemenceau antwortet Ferry am 30. Juli 1885:

Überlegene Rassen! Minderwertige Rassen! Das ist leicht gesagt! Ich für meinen Teil bin da vorsichtig [...]. Nein! Nein, es gibt kein Recht für so genannte überlegene Nationen gegenüber unterlegenen Nationen. Wir sollten nicht die Gewalt mit der heuchlerischen Bezeichnung Kultur verhüllen. Sprechen wir nicht von Recht oder Pflicht. Die Eroberung, die Sie propagieren, ist nichts anderes als der Missbrauch der Macht, die die Wissenschaft unserer Kultur gegenüber zurückgebliebenen Kulturen gibt. Sie dient dazu, sich der Menschen zu bemächtigen, sie zu foltern oder alles aus ihnen herauszuholen zum Profit des angeblichen Kulturbringers.

Zit. nach Klaus Wohlt: „Gloire à la plus grande France". Imperialismus – das französische Beispiel. In: Praxis Geschichte. 1/1993, S. 22.

Erster Blick

1 Beschreibe anhand der Karte D1 die „Unterwerfung der Welt".

Motive und Ziele der Europäer

2 Erkläre, wie Befürworter die Kolonialisierung rechtfertigten (Q3, VT2).

3 Erläutere, wie die Europäer vorgingen (VT3).

4 Erkläre mit VT4, was Clemenceau mit „Missbrauch der Macht" meint (Q4).

5 MK Beschreibe mit Q2 W29, wie Indigene dargestellt wurden.

Folgen für die Einheimischen

6 SP Formuliere in Sprechblasen, was der chinesische Beamte in Q1 den europäischen Mächten sagen könnte (VT3). ○ → S. 267

AFB I: 1, 5 AFB II: 2, 3, 4 AFB III: 6

Afrika – Land, das niemandem gehört?

Viele Europäer rechtfertigten die Inbesitznahme von Gebieten in Afrika mit dem Hinweis, das Land auf diesem Kontinent würde niemandem gehören und es sei ihre Pflicht, den dort lebenden Menschen die Fortschritte europäischer Zivilisation zu bringen. Dabei gab es in Afrika viele Reiche und Kulturen.

Q1 Gewichte zum Abwiegen von Gold

Aus dem Reich der Aschanti. Ihr Wohlstand ging auf die reichen Goldvorhaben in der Küstenregion des heutigen Ghana und den Sklavenhandel zurück.

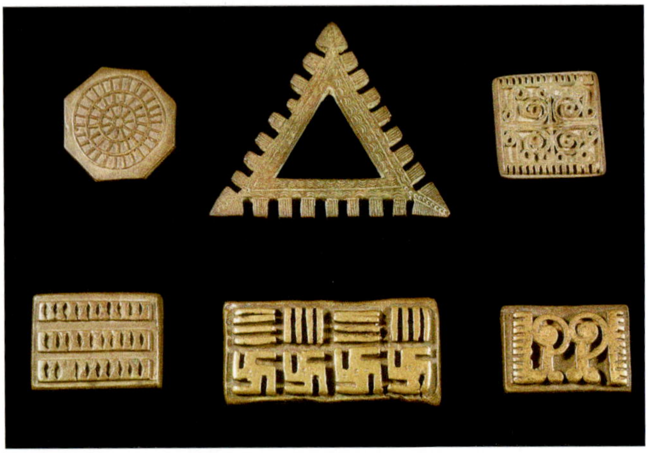

→ Themen verknüpfen
Du kannst noch einmal zum transatlantischen Handel auf Seite 238/239 und zur Sklaverei auf Seite 180/181 nachlesen.

VT1 Unbekanntes Afrika

Obwohl Karawanen seit der Antike Gold, Elfenbein und Sklaven nach Europa brachten, war Afrika für die meisten Europäer weitgehend unbekannt. Erst als sie einen Seeweg nach Indien suchten, begannen sie, sich für die Küstenregionen zu interessieren und erste Stützpunkte zu errichten. Was fanden sie in Afrika vor?

In den zahlreichen Regionen gab es Reiche von unterschiedlicher Größe mit verschieden entwickelten Organisations- und Siedlungsformen, Kulturen und Religionen. Neben zahlreichen islamischen Reichen im nördlichen Afrika und in den großen Savannenregionen gab es auch Staatsbildungen in anderen Teilen des Kontinents. In einigen regierten Könige, die sich auf eine gut funktionierende Verwaltung und große Armeen stützten. Ihre „Hauptstädte" wie Ibadan im heutigen Nigeria hatten zeitweise 70 000 Einwohner. Manche dieser Reiche zerfielen im Laufe der Zeit oder wurden von stärkeren Nachbarn unterworfen. In anderen Regionen lebten die Menschen in Gruppen zusammen, kannten aber keine staatlichen Strukturen. Diese Völker waren meist Nomaden und haben wenige Spuren hinterlassen.

Bis heute wissen wir nicht viel über die frühen Reiche. Die Erzählungen ihrer Geschichte meist mündlich von Generation zu Generation überliefert und erst im 19. Jahrhundert aufgeschrieben. Inwieweit sie die Vergangenheit zutreffend widerspiegeln, ist daher schwer zu sagen. Auch Missionare, Kaufleute und Forscher beschrieben seit 1500, was sie sahen. Diese Berichte sind jedoch gefärbt, da ihren Urteilen europäische Maßstäbe zugrunde lagen.

VT2 Begehrlichkeiten und Sklaverei

Am Anfang der Neuzeit begann die Einbindung Afrikas in ein System von Handelsbeziehungen zwischen Europa, Afrika und Amerika. Für Waren aus Europa verkauften afrikanische Herrscher Sklaven. Sie sollten die Plantagen der Europäer in der „Neuen Welt" bewirtschaften. Die Reichtümer, die so erwirtschaftet und von Europäern angeeignet wurden, waren eine wichtige Grundlage für die Entwicklung von Handel und Industrie in Europa und Amerika. Die Folgen des Bevölkerungsverlusts für die afrikanischen Gesellschaften waren dramatisch, auch wenn der Sklavenhandel seit 1807 verboten und die Sklaverei später abgeschafft wurden. Gleichermaßen dramatisch war aber das nun wachsende Interesse der Europäer an den Rohstoffen Afrikas. Neben Gold und Diamanten gehörten dazu Palmöle, die als Schmiermittel oder zur Herstellung von Margarine benutzt wurden, Holz, Baumwolle und Gummi sowie Eisenerz und Kupfer. Einheimische Herrscher mussten sich dabei schließlich den Europäern unterwerfen. Deren modernen Waffen waren sie nicht gewachsen.

Schon gewusst?

Timbuktu im Großreich **Mali** wurde im 13. und 14. Jahrhundert zur Drehscheibe des Saharahandels für Salz, Gold und Sklaven, Elfenbein und Gewürze. Auch zahlreiche Gelehrte kamen. Im 15. Jahrhundert gab es in Timbuktu etwa 150 Koranschulen und mehrere große Bibliotheken. Das Foto von 2016 zeigt, wie eine der vielen erhaltenen Schriften über Mathematik, Astronomie, Astrologie oder den Koran digitalisiert wird.

Q2 „Die Wärme der menschlichen Stimme"

Ein Sänger leitet seinen Bericht über die Gründung des Mali-Reiches ein:

Ich bin Sänger. Ich bin Djeli Mamoudou Kouyate [...]. Ich bin Meister in der Kunst der Rede. [...] Die Kunst der Rede hat kein Geheimnis für uns: ohne uns verfielen die Namen der Könige in Vergessenheit. Wir sind das Gedächtnis der Menschen. Durch das Wort geben wir den Taten der Könige Leben vor den jungen Generationen. Ich erhielt meine Wissenschaft von meinem Vater Djeli Kedian, und dieser erhielt sie von seinem Vater. Die Geschichte hat kein Geheimnis für uns. Das einfache Volk lehren wir, was wir für richtig halten [...]. Könige lehrte ich die Geschichte ihrer Ahnen, damit das Leben der Ahnen ihnen als Beispiel diene; denn die Welt ist alt, aber die Zukunft geht aus der Vergangenheit hervor. [...] Andere Völker bedienen sich der Schrift, um die Vergangenheit festzuhalten. Aber diese Erfindung hat ihr Gedächtnis getötet. Sie fühlen die Vergangenheit nicht mehr, denn die Schrift hat nicht die Wärme der menschlichen Stimme. Bei ihnen glauben alle zu wissen, obwohl doch Wissen geheim bleiben muß.

Zit. nach Franz Ansprenger: Kolonisierung und Entkolonisierung in Afrika. 3. Aufl., Klett, Stuttgart 1979, S. 8 f.

Q3 Eine Stadt wie in Europa?

Der Hamburger Heinrich Barth nahm zwischen 1849 und 1855 im Auftrag der britischen Regierung an einer Forschungsreise teil und besuchte Kano im heutigen Nigeria:

Es war ein reiches, lebendiges Bild einer kleinen Welt für sich, äußerlich durchaus von dem, was man in europäischen Städten zu sehen gewohnt ist, verschieden und doch [...] ähnlich. Hier war eine Reihe Läden voll einheimischer und fremder Waren, mit Käufern und Verkäufern in allen Abstufungen von Gestalt, Farbe und Kleidung, aber alle auf das eine Ziel bedacht, durch Übervorteilung des Anderen sich einen kleinen Gewinn zu machen; dort eine große Schattenbude [...] voll halb nackter, halb verhungerter Sklaven, ihrer Heimat, ihren Weibern oder Männern, ihren Eltern oder Kindern entrissen, wie Vieh in Reihen aufgestellt und verzweifelnd auf die Käufer starrend, ängstlich erwartend, in wessen Hände ihr Schicksal sie führen würde. Ein anderer Teil der Buden war mit Lebensbedürfnissen aller Art angefüllt, wo der Reiche die schmackhaftesten Dinge für sein Haus findet und der Arme anhält und begierig auf ein Stück trockenen Brotes schaut, um seinen Hunger zu stillen.

Heinrich Barth: Reisen und Entdeckungen in Nord- und Central-Afrika in den Jahren 1849 bis 1855. Bd. 2. Perthes, Gotha 1857, S. 127.

Erster Blick

1 Beschreibe, was Objekte wie Q1 über Afrika „erzählen".

Unser Wissen über Afrika

2 Fasst zusammen, wie der Sänger über Geschichte denkt (Q3). Diskutiert Vor- und Nachteile mündlicher Überlieferungen (VT1).

3 MK Bewerte die Bedeutung der Digitalisierung von Quellen für das kulturelle Erbe Afrikas (**„Schon gewusst?"**). ○ → S. 267

4 Untersuche Q3. Überlege, welche Folgen derartige Berichte auf das europäische Bild von Afrika gehabt haben könnten.

5 SP Nimm in einem kurzen Text Stellung zur Frage aus der Kapitelüberschrift. ●

AFB I: 1 AFB II: 4 AFB III: 2, 3, 5

Deutsche Außenpolitik im Zeitalter des Imperialismus

Das Deutsche Reich war Ende des 19. Jahrhunderts die wirtschaftlich und militärisch stärkste Nation in Europa. Vielen Deutschen reichte das aber nicht: Wie andere Großmächte sollte auch Deutschland eine Kolonial- und schließlich sogar „Weltmacht" werden. Was bedeutete dies für die einheimische Bevölkerung in den Kolonien? Welche Folgen hatte diese Politik für den Frieden in Europa?

Revanche
(frz.) hier Vergeltung für die als schmachvoll empfundene Niederlage von 1871 und die Abtretung Elsass-Lothringens

Empire
(von lat. imperare = herrschen) Reich, das über viele Länder außerhalb seiner eigenen Grenzen herrscht

VT1 Sicherheit statt Expansion

Die Reichsgründung 1871 hatte den Wunsch vieler Deutscher nach einer einheitlichen Nation erfüllt. Die europäischen Großmächte – das Vereinigte Königreich, das Russische Reich und Österreich-Ungarn – befürchteten hingegen, dass das Deutsche Reich die Vorherrschaft auf dem Kontinent anstreben könnte. Frankreich wiederum strebte nach **Revanche** für die Niederlage gegen Deutschland. Reichskanzler Otto von Bismarck betrachtete es als seine Hauptaufgabe, die Bedenken der anderen Großmächte zu zerstreuen. Er versicherte ihnen, dass das Deutsche Reich keine weitere Expansion in Europa plane. Zugleich schuf er ein System von Bündnissen (D1), das den Frieden in Europa erhalten und Frankreich isolieren sollte.

VT2 Braucht Deutschland Kolonien?

In den 1880er-Jahren mehrten sich die Stimmen in Bevölkerung, Politik und Wirtschaft, die auch für Deutschland Kolonien forderten. Allerdings gab es – vor allem unter den Sozialdemokraten – auch Gegner einer deutschen Kolonialpolitik. Reichskanzler Bismarck gab den Forderungen der zahlreichen Kolonialbefürworter schließlich nach. Ab 1884/85 nahm auch das Deutsche Reich große Gebiete in Afrika und Ozeanien in Besitz. Trotz dieses Kurswechsels blieb Bismarck bis zu seinem Rücktritt im Jahr 1890 ein vorsichtiger Kolonialpolitiker. Konflikte mit anderen Staaten aufgrund von Rivalitäten in Übersee gefährdeten in seinen Augen unnötig die Sicherheit des Reiches.

VT3 Deutschland betreibt „Weltpolitik"

Bismarcks Nachfolger hielten dessen gemäßigte Außen- und Kolonialpolitik für nicht mehr zeitgemäß. Unter Führung Kaiser Wilhelms II. forderten sie, dass das Deutsche Reich aufgrund seiner Größe und Stärke „Weltpolitik" betreiben müsse (Q3). Vorbild war das Vereinigte Königreich Großbritannien und Irland, dessen **Empire** fast ein Viertel der Welt umfasste. Wie die Briten begann daher auch das Deutsche Reich, eine große Flotte zu bauen. Diese sollte die eigenen Interessen schützen oder im Konfliktfall militärisch durchsetzen.

Große Teile der Bevölkerung unterstützten diese Politik. Sie versprachen sich davon mehr Macht und Ansehen, Einfluss und Reichtum für das Deutsche Reich. Nur die Anhänger der Sozialdemokraten (Q6) und einige Linksliberale beobachteten die Entwicklung mit großer Sorge.

D1 Das Bismarck'sche Bündnissystem

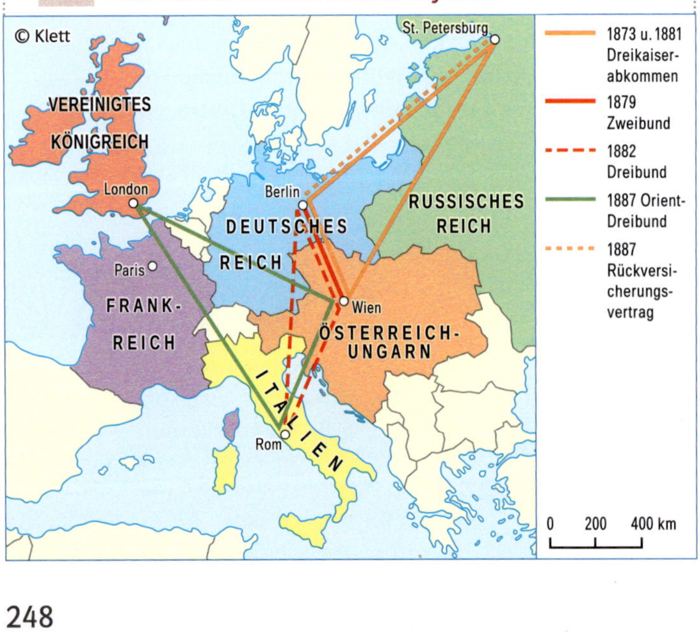

VT4 Unterdrückung und Ausbeutung

Die deutsche Kolonialherrschaft hatte weitreichende Folgen für das Leben der einheimischen Bevölkerung. Rücksichtslos griffen die Kolonialisten in deren Alltag, Kultur und überlieferte Normen ein. Deutsche Farmer, Viehzüchter und Plantagenbesitzer verdrängten die Einheimischen von ihrem Besitz. Die Kolonialverwaltung führte Steuern ein und zwang die Menschen, für die Kolonialisten zu arbeiten. Viele Zwangsarbeiter mussten Straßen und Eisenbahnlinien bauen. Die Strafen bei Weigerung oder für geringe Vergehen waren hart.

VT5 Widerstand und Vernichtung

Von Anfang an wehrten sich viele Einheimische in allen Kolonien gegen die Unterdrückung und Ausbeutung, Misshandlungen und Gewalt. 1904 griffen die Herero im heutigen Namibia deutsche Farmen und Stützpunkte an. Nachdem die Kolonialtruppen deren Widerstand gebrochen hatten, flohen die Herero – Männer, Frauen und Kinder – in die Omaheke-Wüste. Die meisten von ihnen verdursteten oder verhungerten dort, weil die Besatzer sie an der Rückkehr hinderten. Wer es dennoch wagte, zurückzukehren, auf den wurde geschossen. Aufgrund der Grausamkeit der deutschen Kriegführung schlossen sich Ende 1904 die Nama, die zunächst auf Seiten der Kolonialisten gekämpft hatten, den Herero an. Die Folgen der brutalen Niederschlagung des Widerstands waren schrecklich. Die Zahl der Opfer wird auf 60 000 bis 80 000 Herero und 10 000 Nama geschätzt. Weitere Tausende starben in Arbeits- und Straflagern. Die deutsche Kolonialmacht beging Völkermord.

Fast zeitgleich wehrte sich die einheimische Bevölkerung im heutigen Tansania. Die Zahl der Menschen, die bei den Kämpfen und infolge der gezielten Vernichtung von Ernten starb, wird auf 75 000 bis 300 000 geschätzt. Die Folgen dieses Vorgehens sind auch heute noch spürbar (**Q5**).

Q1 „Deutsche Reichskolonialuhr"

Ein Verkaufsschlager im Kaiserreich. Foto, 1904

VT6 Spannungen und Kriegsgefahr

Nach 1900 legten das Vereinigte Königreich, Frankreich und das Russische Reich ihre kolonialen Konflikte in anderen Regionen der Welt bei. Daraus entwickelten sich bündnisähnliche Vereinbarungen (**Triple Entente**). Anlass war das aggressive Auftreten des Deutschen Reiches in zahlreichen internationalen Krisen, aber auch der vom Vereinigten Königreich als Bedrohung empfundene Bau einer großen deutschen Flotte. Viele deutsche Politiker empfanden die Triple Entente wiederum als gezielte Einkreisung des Reiches. Verhandlungen über eine Rüstungsbegrenzung scheiterten am gegenseitigen Misstrauen und an für beide Seiten unerfüllbaren Forderungen.

Da sich alle Mächte bald bedroht fühlten, rüsteten sie nicht nur zur See, sondern auch zu Lande immer stärker auf. Angesichts der wachsenden Spannungen, Krisen und der hohen Kosten des **Rüstungswettlaufs** hielten immer mehr Politiker und Militärs sowie Teile der Bevölkerung in fast allen Ländern Europas einen großen Krieg für unvermeidlich. Im Deutschen Reich wollten manche 1913/14 sogar einen **Präventivkrieg**. Sozialisten in Europa warnten vor dem Wettrüsten.

Triple Entente
informelles Bündnis zwischen dem Vereinigten Königreich, Frankreich und Russland

Rüstungswettlauf
Staaten vergrößern in immer schnellerem Tempo ihre Armeen und Flotten, um gegenüber einem möglichen Gegner nicht unterlegen zu sein und an Macht und Einfluss zu verlieren.

Präventivkrieg
Wenn sich ein Staat bedroht fühlt, glaubt er angreifen zu müssen, bevor mögliche Gegner dies tun, um eine größere Siegeschance zu haben.

Q2 W30

Website
Digitale Sammlung: Deutsche Geschichte in Dokumenten und Bildern

Q3 „Hammer oder Amboß"?

Staatssekretär und Leiter des Auswärtigen Amts, Bernhard Graf von Bülow, rechtfertigt die Weltpolitik im Reichstag am 11. Dezember 1899:

Die rapide Zunahme unserer Bevölkerung, der beispiellose Aufschwung unserer Industrie, die Tüchtigkeit unserer Kaufleute, kurz, die gewaltige Vitalität des deutschen Volkes haben uns in die Weltwirthschaft verflochten und in die Weltpolitik hineingezogen. Wenn die Engländer von einer Greater Britain[1] reden, wenn die Franzosen sprechen von einer Nouvelle France[2], wenn die Russen sich Asien erschließen, haben auch wir Anspruch auf ein größeres Deutschland [...], nicht im Sinne der Eroberung, wohl aber im Sinne der friedlichen Ausdehnung unseres Handels [...]. Das Mittel, meine Herren, in dieser Welt den Kampf ums Dasein durchzufechten ohne starke Rüstung zu Lande und zu Wasser, ist für ein Volk von bald 60 Millionen [...] noch nicht gefunden worden. In dem kommenden Jahrhundert wird das deutsche Volk Hammer oder Amboß sein.

1 „Größeres Britannien"; das mit dem Vereinigten Königreich verbundene Kolonialreich
2 „Neufrankreich"; das französische Kolonialreich

Stenographische Berichte über die Verhandlungen des Reichstags. 1898/1900. Bd. 168. Berlin 1900, S. 3293, 3295.

Q4 Unpassende Gesetze

Das Volk der Nama lebte Ende des 19. Jahrhunderts unter deutscher Kolonialherrschaft in Afrika. Ihr Anführer Hendrik Witbooi erläutert 1892 einem Freund seine Haltung gegenüber der Kolonialmacht:

Ich schreibe Euch [...], daß ich damit nicht einverstanden bin, und daß ich nicht haben will, daß Ihr Weißen Farmplätze auf meinem Gebiet gebt. Ich wünsche auch nicht, daß Ihr einem Weißen einen Platz auf Eurem Gebiet gebt. Ich denke so: dieses Afrika ist das Land der roten Kapitaine[1]; wir sind von derselben Farbe und Lebensart, haben gemeinschaftliche Gesetze, die für uns und unsere Leute genügen. Wir sind nicht hart gegeneinander, sondern ordnen Dinge in Frieden und Brüderschaft. Wenn Leute eines Kapitains mit Menschen eines anderen Kapitains auf demselben Platz wohnen, so halten sie Frieden [...]. Sie stellen keine Gesetze gegeneinander auf über Wasser, Weide, Wege, um Geld daraus zu schlagen. Für jeden Reisenden, der durch unser Land kommt, halten wir diese Dinge frei zur Verfügung, sei er von roter, weißer oder schwarzer Farbe. Das ist recht und gut [...]. Wir benachteiligen auf diese Art niemanden, weder an seinen Lebensmöglichkeiten noch an seinem Geld [...]. Die weißen Menschen aber handeln ganz anders. Ihre Gesetze sind unpassend für uns rote Menschen und undurchführbar. Diese unbarmherzigen Gesetze bedrücken den Menschen von allen Seiten; sie kennen kein Gefühl oder Rücksicht darauf, ob ein Mensch reich ist oder arm.

1 die Anführer der jeweiligen Gemeinschaft

Hendrik Witbooi: Afrika den Afrikanern! Aufzeichnungen eines Nama-Häuptlings aus der Zeit der deutschen Eroberung Südwestafrikas 1884 bis 1894. Hrsg. v. Wolfgang Reinhard, Dietz, Berlin/Bonn 1982, S. 132 f.

Q5 „Wir müssen Antworten suchen"

Bundespräsident Frank-Walter Steinmeier in einer Rede in Tansania am 1. November 2023:

Ich trauere mit Ihnen um Chief[1] Songea und um die anderen Hingerichteten. Ich verneige mich vor den Opfern der deutschen Kolonialherrschaft. Und als deutscher Bundespräsident möchte ich um Verzeihung bitten für das, was Deutsche hier Ihren Vorfahren angetan haben. Ich bitte um Verzeihung, und ich möchte Ihnen versichern, dass wir Deutsche mit Ihnen nach Antworten suchen werden auf die offenen Fragen, die Ihnen keine Ruhe lassen. [...] Meine Botschaft an Sie ist: Ich bin heute als Präsident eines anderen Deutschlands nach Songea gekommen. Eines anderen Landes als jenes, das Ihre Vorfahren kennenlernen mussten. [...] Niemand soll vergessen, was damals geschehen ist. Und meine große Hoffnung ist, dass die gemeinsame Aufarbeitung der Vergangenheit gerade auch junge Menschen mit einbezieht: Schülerinnen und Schüler, Studierende, Wissenschaftlerinnen und Wissenschaftler, Museumsleute.

1 das Oberhaupt einer indigenen Gruppe

Zit. nach https://www.bundespraesident.de/SharedDocs/Reden/DE/Frank-Walter-Steinmeier/Reden/2023/11/231101-Songea-Maji-Maji-Museum.html (Zugriff: 02.02.2024).

Q6 „Im Dreadnought-Fieber"

Karikatur aus der sozialdemokratischen Zeitschrift „Der wahre Jacob" vom 22. Juni 1909. „Dreadnought" (= „Fürchtenichts") bezeichnet einen Typ von Schlachtschiffen, der zuerst im Vereinigten Königreich gebaut wurde.

Q7 „Natürliche Befürchtungen"

Außenminister Sir Edward Grey begründet 1911 die britische Politik gegenüber Deutschland:

Die deutsche Stärke ist an sich schon eine Gewähr[1] dafür, daß kein anderes Land einen Streit mit Deutschland wünschen oder suchen wird. Das ist die eine Seite der Sache, auf die die Deutschen mit Recht stolz sein können, aber ich meine, die deutsche öffentliche Meinung sollte bedenken, daß die Sache ihre Kehrseite hat, und zwar: Wenn eine Nation die größte Armee in der Welt besitzt und wenn sie eine sehr große Flotte hat und fortfährt, eine noch größere Flotte zu bauen, dann muß sie alles, was in ihren Kräften steht, tun, um den natürlichen Befürchtungen vorzubeugen, die sonst bei Ländern, die keine aggressiven Absichten gegen jene Macht haben, dahin entstehen würden, daß jene Macht mit ihrer Armee und Flotte aggressive Absichten gegen sie hege.

1 Garantie, Versicherung

Zit. nach George P. Gooch/Harold W. Temperley (Hrsg.): Die Britischen Amtlichen Dokumente. Bd. 7/2. DVA, Stuttgart 1932, S. 1199. Übers. v. Lutz Hermann.

Erster Blick

1 Beschreibe die Reichskolonialuhr Q1 und nimm Stellung dazu.

Kontinental- oder Weltpolitik?

2 Fasse die Grundzüge deutscher Außenpolitik bis 1890 zusammen und begründe sie (VT1, VT2, D1).

3 MK Recherchiert zu zweit die Originaltexte der in D1 aufgeführten Bündnisse (Q2 W30). Erstellt eine Übersicht zu Vertragspartnern, Inhalten und Zielen. ○ → S. 267

4 Erkläre die Motive für den Übergang zur Weltpolitik unter Wilhelm II. (VT3, Q3).

Kolonialpolitik und Widerstand

5 Fasse zusammen, was Hendrik Witbooi den deutschen Kolonialisten vorwirft (Q4). Nimm Stellung.

6 Arbeite die Ursachen der kriegerischen Auseinandersetzung zwischen einheimischer Bevölkerung und Kolonialisten heraus (VT4, VT5, Q4).

7 SP Schreibe dem Bundespräsidenten einen Brief aus der Perspektive eines Nachfahren des von den Kolonialisten hingerichteten Chiefs (Q5). ○ → S. 267

Spannungen in Europa

8 Erläutere die Gründe für die wachsenden Spannungen in Europa zwischen 1900 und 1914 (VT6, Q4, Q6, Q7).

9 Veranstaltet mit den Arbeitsschritten auf S. 281 ein Rollenspiel über die Möglichkeiten, einen großen Konflikt zu verhindern. Erarbeitet dabei folgende Rollen: ●

a) deutscher Diplomat und Sozialdemokrat (VT3, Q6),

b) britischer Diplomat (VT3, VT6, Q7).

AFB II: 2, 3, 4, 6, 7, 8, 9 AFB III: 1, 5

Video: Kapitelsteckbrief Europäische Expansion und Kolonialismus V16

1 Überblickswissen zur Europäischen Expansion

Ein Rätsel lösen

a) Beantworte die Fragen. Die Zahlen in Klammern bezeichnen die Lösungsbuchstaben. Richtig zusammengesetzt, ergeben diese das Lösungswort.

b) Erkläre das Lösungswort.

A In wessen Auftrag sollte Christoph Kolumbus neues Land in Besitz nehmen? (4)

B Nach wem wurde der für Europäer bis zur Ankunft des Kolumbus unbekannte Kontinent benannt? (3)

C Wie hießen die Spanier und Portugiesen, die aus Abenteuerlust, vor allem aber um reich zu werden, ihre Heimat in Richtung Amerika verließen? (2)

D Welche Stadt befindet sich heute an der Stelle der Azteken-Doppelstadt Tenochtitlan-Tlatelolco? (6)

E Woran starb zwischen 1492 und 1650 ein Großteil der indigenen Bevölkerung Südamerikas? (1)

F Von welchem Kontinent verschleppten Europäer infolgedessen mehr als zwölf Millionen Sklavinnen und Sklaven als Arbeitskräfte? (4)

G Was baute das Deutsche Reich auf, um die eigenen Interessen schützen zu können? (2)

2 Überblickswissen zur Kolonialisierung

Eine Übersicht erstellen

Liste die heutigen Länder auf, die von den europäischen Mächten um 1900 in Afrika, Asien und Amerika beherrscht wurden. Nutze dazu die Karte zu den Kolonialmächten und ihren Kolonien 1914 (S. 245) und einen Atlas.

Kolonialmächte	Heutige Länder
Vereinigtes Königreich	Afrika: Ägypten, Sudan, … Asien: Indien, …
Frankreich	
Deutsches Reich	
…	
…	
…	

3 Umgang der Europäer mit indigenen Völkern

Eine Textquelle untersuchen

a) Lies Q1 und gib den Umgang der Europäer mit den indigenen Völkern Amerikas in deinen eigenen Worten wieder.

b) Erkläre, warum Cortés so vorging.

c) Bewerte das Verhalten aus heutiger Sicht.

Q1 Zerstörung der Götterbilder

Ein spanischer Geistlicher berichtet 1525:

Aber neben all den schrecklichen Berichten erregte einer unseren Jubel. Alle Götzenbilder[1], die auf den Höfen standen, ließ Cortés umwerfen, dann zerbrechen, in Stücke schlagen und schließlich über die hohen Treppenstufen hinabwerfen. Nur das eine große Marmorbild blieb stehen, weil es zu gewaltig war und nicht so leicht zerstört werden konnte. Über den Bildersturz geriet Montezuma, der dabei war, in große Erregung; und auch alle Höflinge entsetzten sich und klagten: „Oh wir Unglücklichen, wir Armen! Die Götter werden uns in ihrem Zorn die Feldfrüchte nehmen, von denen wir leben, und uns Hungers sterben lassen; auch alle Arten von Krankheiten werden über uns kommen, wie es schon oft geschah, wenn die Götter nicht versöhnt waren."

1 Götze = abwertende Bezeichnung für einen der eigenen Religion fremden Gott

Peter Martyr von Anghiera: Acht Dekaden über die neue Welt. Bd. 2. Übers. v. Hans Klingelhöfer, WBG, Darmstadt 1975, S. 53 f.

4 Aufarbeitung der Vergangenheit

Das Gröbenufer in Berlin-Friedrichshain wurde nach jahrelangen kontroversen Debatten umbenannt und heißt jetzt May-Ayim-Ufer. Am 7. Februar 2010 fanden sich viele Menschen zur Enthüllung einer Gedenktafel vor Ort ein. Die Umbenennung ist ein Beispiel für den Wandel der Gedenkkultur in Deutschland, aber auch in vielen anderen europäischen Ländern.

MK Recherchieren und Beurteilen

a) Recherchiere im Internet, wer Gröben und May-Ayim waren. Nutze die Arbeitsschritte zu Internetrecherchen auf S. 275.

b) Nimm Stellung zu den Gründen, die es für oder gegen eine Umbenennung des Gröbenufers gab.

c) Gestaltet ein Rollenspiel mit Anwohnerinnen und Anwohnern sowie Ratsmitgliedern, die über die Umbenennung diskutieren.

5 Aufarbeitung und Versöhnung

MK Ein Foto analysieren

a) Untersuche das Foto Q2, auf dem sich Chief Alfons Maharero und Wolf-Thilo von Trotha die Hand reichen.

b) Recherchiere dazu weitere Informationen.

c) Diskutiert Möglichkeiten der Versöhnung zwischen ehemaligen Kolonialmächten und unterdrückten Völkern.

Q2 Am Grab des Herero-Chiefs Samuel Maharero

Auf Einladung von Alfons Maharero reiste Wolf-Thilo von Trotha, Nachkomme des für den Völkermord an den Herero und Nama verantwortlichen deutschen Generals, nach Okahandja (Namibia). Dort befindet sich das Grab von Samuel Maharero, dem Urgroßvater von Alfons Maharero. Dieser hatte die Herero 1904 in den Widerstand gegen die deutsche Kolonialmacht geführt. Foto, 2007

Denkanstöße

Alles hat Geschichte – auch du!

S. 14–15

6 Heute werden geschichtliche Ereignisse oft in PC-Spielen rekonstruiert. Schreibe einen kurzen Werbetext für das Spiel in D2. Überlege genau: Welche Vorteile bringt ein solches Spiel, um etwas über die Geschichte des Mittelalters herauszufinden?
Mache zunächst Angaben zu Namen und Thema des PC-Spiels. Nutze das Bild D2 für Ideen. Finde dann Kaufargumente für zwei Zielgruppen: Was würden Jugendliche an dem Spiel schätzen? Wie könnte man Eltern und Schulen dazu bringen, es zu kaufen?

Wie finden wir etwas über die Vergangenheit heraus?

S. 16–17

2 Ordne die Abbildungen Q1–Q3 einer Quellenart zu (VT1).
Beachte, dass eine der Quellen zu zwei Gruppen gehören oder sie zwei Arten von Quellen enthalten kann.

6 Erstelle anhand von VT3 und VT4 in Stichworten ein Merkblatt für Historikerinnen und Historiker. Was müssen sie tun und beachten? Nummeriere die Schritte.
Einige der Schritte sind im Folgenden schon genannt.
Ergänze die fehlenden:
1. Fragen stellen
2. ...
3. Sichtweise der Quellen prüfen
4. Informationen auswerten, Schlussfolgerungen und Vermutungen formulieren
5. ...

Arbeite wie die Profis

S. 18–19

6 Wähle eines der Beispiele für eine Längsschnittarbeit aus VT3. Überlege: Welche Zeiträume würdest du für diese Längsschnittarbeit untersuchen müssen? Erstelle eine digitale Zeitleiste (AB1 D02).
Wähle einen Untersuchungsgegenstand, über den du schon etwas weißt. Wo hat sich im Laufe der Zeit besonders viel verändert? In welchem Zeitraum kann man die Untersuchung überhaupt beginnen? Welche Epochen sind für die Untersuchung gar nicht wichtig? Wo müsste man in die Tiefe gehen?

1 Epochenüberblick: Herrschaft und Leben im Mittelalter

Mittelalter – Ordnung und Wandel

S. 22–23

5 Arbeite heraus, wie Hildegard von Bingen die Ordnung der mittelalterlichen Gesellschaft begründet.
Skizziere zunächst, wie laut Hildegard von Bingen die gesellschaftliche Ordnung aufgebaut ist. Arbeite dann heraus, wer aus Hildegards Sicht die Gesellschaft so geordnet hat und warum sie sich daher nicht ändern kann.

Das Reich des Mittelalters

S. 24–27

3 Untersuche die Reichsinsignien (Q2). Ordne ihnen Begriffe zu, die ihre Bedeutung beschreiben.
Du kannst eine Tabelle erstellen:

Name	Beschreibung	Bedeutung
Reichsapfel	Sieht aus wie ein Apfel, eine Kugel mit einem großen Kreuz	Symbolisiert die Welt, Kreuz ganz oben = die ganze christliche Welt
Krone	...	

6 Erkläre den Unterschied zwischen König und Kaiser im Mittelalter. Nutze dazu die Begriffe Wahl, Krönung, Rom, Reich (VT2–VT4, Q4).
Liste zunächst auf, was du über den König, seine Wahl und seine Unterstützer weißt, und was du über den Kaiser, seine Krönung und sein Reich weißt.

Wer betet? Wer schützt? Wer arbeitet?

S. 30–31

3 Teilt die Klasse in zwei Gruppen ein: Schreibt zu dem in Q1 dargestellten Geschehen jeweils einen kurzen Augenzeugenbericht aus der Perspektive der Bauern (rechts) bzw. des Grundherrn (links) (VT1, VT2).
Die Gruppe „Grundherr" sollte vor allem erklären, warum sie die genannten Abgaben und Dienste für richtig und angemessen hält. Die Gruppe „Bauern" sollte erklären, womit sie möglicherweise zufrieden ist und womit nicht.

Zum Herrschen geboren? – Der Adel

S. 32–33

3 Vergleiche dein heutiges Leben mit dem Leben von adligen Jungen und Mädchen im Mittelalter (VT2).
Lege eine Tabelle an, um verschiedene Aspekte des Lebens von adligen Jungen und Mädchen im Mittelalter und von Jungen und Mädchen heute gegenüberzustellen. Formuliere anschließend ein Ergebnis zu deinem Vergleich.

	Adlige Jungen und Mädchen im Mittelalter	Jungen und Mädchen heute
Rechte und Freiheiten	… …	… …
Aufgaben und Pflichten		
Hoffnungen und Erwartungen der Familie		

Bete und arbeite! – Die Geistlichen

S. 34–35

5 Beschreibe Q1. Formuliere in Sprech- oder Denkblasen, was die Personen (Eltern, Mönche, Junge) sagen oder denken könnten.
Versetze dich in die jeweilige Person und ihren Blick auf die Situation. Die Gedanken der Personen sind vermutlich recht unterschiedlich. Berücksichtige mögliche Gründe, Abmachungen und Sorgen, die mit dem Eintritt ins Kloster verbunden sein können.

Immer nur arbeiten! – Die Bauern

S. 36–37

2 Nenne Merkmale eines mittelalterlichen Dorfes (D1).
Orientiere dich dabei an folgenden Fragen:
- Welche Gebäude gab es in einem Dorf und was gehörte noch zum Dorf dazu?
- Wie sahen die Häuser aus?
- Wie lebten die Menschen? Wo befand sich ihr Vieh?

2 Epochenüberblick: Die Frühe Neuzeit

Neue Zeiten – neues Denken – neuer Glaube

S. 44–45

5 Analysiere, wie das Titelbild des Buches „Leviathan" den frühmodernen Staat veranschaulicht (Q2, VT4). Beachte dabei die Schritt-für-Schritt-Hinweise zum Analysieren von Quellen auf S. 39.
Beachte bei deiner Analyse, mit welchen Rechten der Staat ausgestattet ist und wie das Verhältnis von Volk und Staat dargestellt wird.

Neue Weltbilder

S. 46–47

4a Legt die Rollen fest und erarbeitet Rollenkarten. Der eine Berater lehnt die Überlegungen von Kopernikus ab, der andere hat eine eher fortschrittliche Haltung. Welcher Position folgt der Papst?
Beachtet bei der Erstellung der Rollenkarten die folgenden Aspekte:

Papst	• Es ist deine Aufgabe, das Gespräch zu moderieren. Du erteilst das Wort und kannst es auch wieder entziehen. • Überlege, welche Fragen du an deine beiden Berater hast. • Fordere im Gespräch ggf. den nötigen Respekt dir gegenüber (als Papst) ein. • Am Ende solltest du die für dich entscheidenden Argumente in einem Fazit zusammenfassen und auf dieser Grundlage deine eigene Position (als Papst) benennen.

Berater 1 (ablehnende Haltung)	• Du lehnst die Überlegungen Kopernikus ab und möchtest das alte Weltbild bewahren. • Überlege dir Schwierigkeiten, die mit dem neuen Weltbild verbunden sind. Was bedeutet dies für die über 1000 Jahre alte Kirche, wenn die Erde nicht mehr Mittelpunkt des Universums ist. Welche Folge hat dies möglicherweise für die päpstliche Autorität?
Berater 2 (fortschrittlichere Haltung)	• Du befürwortest die Überlegungen Kopernikus und möchtest diese mit der Kirche zusammenbringen. • Du hast eine besonders schwierige Aufgabe, denn du musst unbedingt verhindern, dass du Kirche und Papst nicht insgesamt infrage stellst, sonst landest du noch bei der Inquisition (vgl. VT3). • Wenn das Weltbild sich wandelt, muss es die Kirche vielleicht auch, um „mit der Zeit zu gehen"? Entwickle Ideen, wie die alten kirchlichen Lehren an das neue Weltbild angepasst werden könnten.

Erfindungen verändern das Leben

S. 48–49

3 Stell dir vor, du hast eine der drei Erfindungen das erste Mal gesehen. In einem Brief berichtest du einem Bekannten von deinem Erlebnis. Schreibe, was du gesehen und wie du dich gefühlt hast. Berichte auch, was du über die Erfindung denkst.
Versuche, dir möglichst eine konkrete Situation vorzustellen, über die du in deinem Brief berichtest, z. B.
- Du hast in der Stadt eine der neuen Druckwerkstätten besucht und dort eine Führung erhalten. Recherchiere zusätzlich nach Abbildungen, die dir die neue Drucktechnik zeigen.
- Ein reicher Bekannter hat dir stolz seine neu erstandene Taschenuhr gezeigt (Q1).
- Zu Ehren des Geburtstags des Königs gab es ein großes Feuerwerk, das zu beobachtet hast.

Die Reformation – eine fortschrittliche Bewegung?

S. 50–53

7 Vergleiche die beiden Darstellungen von Luther und begründe, welcher Zeichner ein Anhänger der Reformation war (Q1, Q2).
Beschreibe zunächst die beiden Bilder einzeln: Wie wird Luther dargestellt (Kleidung, Gesichtsausdruck, Handhaltung ...)? Welche Symbole oder Gegenstände hat der Zeichner genutzt und was bedeuten sie? Wer ist noch auf dem Bild zu erkennen? Überlege dann, auf welchem Bild Luther positiv dargestellt wird.

8 Analysiere, auf welche Weise sich die Reformation an vielen Orten durchsetzte (Q6, VT4).
Die Mitglieder der Kirchengemeinden diskutierten nicht nur, sondern übten oft auf andere Weise Druck aus, um ihre Vorstellungen durchzusetzen. Dabei war man nicht immer rücksichtsvoll. Finde also heraus, welcher Methoden sie sich noch bedienten.

9 Liste genau auf, welche Menschen wie ihr Alltagsleben änderten (Q5).
Unterscheide dabei zwischen Menschen mit religiösen Ämtern oder Rollen und den anderen Menschen.

Europa im Dreißigjährigen Krieg

S. 54–55

2 Du besuchst die Prager Burg. Erkläre deinen Begleitern den Prager Fenstersturz und seine Folgen (Q1, D1, VT).
Schaue dir für die Beantwortung der Frage zunächst noch einmal die in der Aufgabe angegebenen Materialien an. Arbeite aus dem VT die Ereignisse in chronologischer Reihenfolge heraus. Die Karte D1 hilft dir bei der geographischen Orientierung.

4 Krieg der Konfessionen oder Machtkampf? Beurteile den Dreißigjährigen Krieg (VT1, VT2, Q2, Q3).
Suche zunächst Argumente für die eine Einschätzung (Krieg der Konfessionen) und dann für die andere (Machtkampf). Stelle diese gegenüber und entscheide dich, was in deinen Augen schwerer wiegt. Vergiss nicht, auszudrücken, warum du dich genauso entscheidest.

6 Reiter verbreiten die Nachricht vom Friedensschluss. Entwerft einen Dialog, in dem ein Reiter die Beschlüsse verkündet (VT4) und Zuhörer ihre Gedanken dazu ausdrücken (VT3).
Benutze für deinen Dialog Formulierungen wie „Ihr werdet sicher gern hören", „Man hat sich darauf geeinigt", „Endlich sind wir nicht mehr bedroht von".

Macht und Pracht im Absolutismus – das Vorbild Ludwig XIV.

S. 56–59

3 Nenne die Argumente, mit denen Bossuet die absolutistische Herrschaft begründet (Q3). Gehe auch auf die Rolle der Untertanen ein.
Folgende Fragen können dir helfen:
- Weshalb entstanden laut Bossuet Staaten?
- Welche Rolle spielte Gott?
- Was ergibt sich daraus für die Fürsten – und was für das einfache Volk?

4 Nimm Stellung zu Bossuets Argumentation (Q3).
Löse zunächst Aufgabe 3. Kläre dann, auf welcher Seite Bossuet steht (Befürworter oder Gegner des Absolutismus?).
Äußere dich schließlich aus heutiger Sicht dazu.

8 Untersuche die Gliederung der französischen Gesellschaft in absolutistischer Zeit (D4). Arbeite dabei insbesondere die Verteilung der Bevölkerung auf die drei Stände heraus. Vergleiche diese dann mit der Verteilung der Rechte und Pflichten.
Beachte sowohl die Bedeutung der unterschiedlich eingefärbten Flächen als auch die zwiebelartige Form des Schaubilds. Berücksichtige außerdem die insgesamt elf ausgewiesenen Teilgruppen der Bevölkerung.
Informationen zu Rechten und Pflichten stellt das Schaubild ebenfalls bereit. Um diese mit der Verteilung der Bevölkerung auf die drei Stände zu vergleichen, kannst du dir z. B. die Frage stellen, ob das Ergebnis aus deiner Sicht „gerecht" ist. Deine Bewertung solltest du nicht nur begründen, sondern auch erklären, was du inhaltlich unter „gerecht" verstehst.

England: Die Macht des Königs wird beschränkt

S. 62–63

3 Analysiere Q2. Auf welche Weise wird die Macht des Königs beschränkt?
Untersuche vor allem §14 daraufhin, wie der Rat des Königreichs gebildet wird, wie er einberufen wird, worüber er verhandelt und wann er beschlussfähig ist.

3 Epochenüberblick und -vertiefung: Zeitalter der Revolutionen

Wer soll herrschen?

S. 68–71

3 Drei Perser (Q2) wollen ihre Mitmenschen von den Vorteilen der Herrschaftsformen überzeugen. Gestaltet ein Rollenspiel, bei dem weitere Mitspieler sehr kritische Fragen stellen (Q2, D1, VT2).
Bearbeitet als Vorbereitung zunächst S. 70, Aufgabe 2. Nutzt eure Ergebnisse, um Argumente der drei Perser (dafür) sowie der Kritiker (dagegen) herauszuarbeiten.

5a Gestaltet arbeitsteilig Plakate für einen Wahlkampf um das Jahr 1900. Berücksichtigt die politischen, gesellschaftlichen und wirtschaftlichen Vorstellungen der Liberalen, Konservativen und gemäßigten Sozialisten (D2, VT3, VT4).
Konkrete Angaben zu den jeweiligen Vorstellungen (politisch, gesellschaftlich, wirtschaftlich) findet ihr in den Materialien. Bedenkt bei der Erstellung der Wahlplakate besonders die Wertigkeit der einzelnen Bereiche für die jeweilige Partei – behandelt diese alle Bereiche gleichwertig oder betont sie einen besonders?

6 Ein Grundbesitzer, ein Industriearbeiter und ein Fabrikbesitzer wählen. Beurteile, welche der drei politischen Strömungen wohl von der jeweiligen Person gewählt wird (D2, VT3, VT4).
Der Grundbesitzer ist adlig, der Industriearbeiter muss aufgrund schlechter Bezahlung und Arbeitsbedingungen oft Not leiden und der Fabrikbesitzer ist wohlhabend. Versetzt euch in die drei Personen und überlegt, was diese wohl für die Zukunft wirtschaftlich, gesellschaftlich und politisch jeweils erwarten.

Im Zeichen der Vernunft: Ideen der Aufklärung

→ S. 72–73

6 Du bist Anhänger der Aufklärung und warst Teilnehmer der Veranstaltung (Q1). Schreibe einen Tagebucheintrag.
So könnte dein Tagebucheintrag beginnen: Heute fand im Salon der Madame Geoffrin eine ganz großartige Veranstaltung statt. Ich habe es ungemein genossen, mich im Kreis anderer aufgeklärt denkender Menschen aufzuhalten ...

Friedrich II. – ein aufgeklärter Herrscher?

→ S. 74–75

4 Vergleiche die Darstellung Friedrichs II. (Q1) mit dem Herrscherbild Ludwigs XIV. (Q1 auf S. 60).
Lasse die beiden Bilder auf dich wirken und notiere zunächst Stichworte zu beiden. Stelle diese einander gegenüber, z. B. in einer Tabelle, und formuliere das Ergebnis in ganzen Sätzen aus.
Orientiere dich auch an der Fachmethode „Herrscherbilder analysieren", S. 60.

Die Gründung der USA

→ S. 76–79

4 Analysiere den Bericht des Deutsch-Amerikaners Friedrich Kapp (Q4). Was sagt er aus über die Einstellung der Offiziere zur „Macht des Volkes"?
Stelle gegenüber, wie Kapp selbst den Unabhängigkeitskrieg bewertete und welche falschen Urteile die deutschen Offiziere aus seiner Sicht von den Vereinigten Staaten hatten.

Frankreich in der Krise

→ S. 80–83

3 Lies die Geschichte von Julie (VT4–VT6). Arbeite heraus, worüber sich der Dritte Stand beklagte und was der Anlass für die Einberufung der Generalstände war.
Beachte, dass der Dritte Stand aus ganz verschiedenen Gruppen besteht, die sich auch über unterschiedliche Probleme beklagen. Du kannst zunächst die einzelnen Klagen sammeln. Dann überlegst du, ob es auch eine gemeinsame Beschwerde gibt.

- Die reichen Bürger – hier ist es ein reicher Weinhändler – möchten mehr Mitbestimmung im Staat.
- Die Handwerker ...
- Der Dritte Stand hat eine (oder keine?) gemeinsame Beschwerde, nämlich ...

Zum Schluss beantwortest du die Frage, was der Anlass für die Einberufung der Generalstände war. Lies dazu VT6.

6 Liste die unterschiedlichen Interessen der Bevölkerungsgruppen in einer Tabelle auf (VT).
Deine Tabelle sollte die drei Stände enthalten: Klerus, Adel und Dritter Stand. Den Dritten Stand solltest du noch unterteilen, weil es dort ja sehr unterschiedliche Interessen gab. Denke aber daran, dass es auch gemeinsame Interessen gab.

Klerus	Adel	Dritter Stand			
...	...	Reiche Bürger	Handwerker	Tagelöhner	Bauern
...	...	...	...	...	...
...	...	...	...	...	...

10 Benenne die Personengruppen in Q2. Erläutere, was Kleidung und Sitzordnung über die Generalstände aussagen.
Um die Aufgabe zu lösen, musst du zunächst erkennen, wer wo sitzt. Hoch oben über der Versammlung – auf dem Bild links oben – sitzen der König und seine Minister. Auf der Galerie sind Zuschauer zu sehen. Auf der unteren Fläche erkennt man drei verschiedene Gruppen, die sich durch ihre Kleidung unterscheiden ...

11 Schreibe ein Streitgespräch zwischen einem Vertreter des Dritten Standes und einem Adligen: Wie soll abgestimmt werden (VT7)? Sammle zunächst Argumente für jede Seite. Überlege auch, wie die Vertreter die Argumente der Gegenseite entkräften könnten.
Du kannst dein Streitgespräch zum Beispiel wie folgt beginnen:
Adliger: Aber warum seid ihr denn nie zufrieden? Ihr dürft doch mit abstimmen: Jeder Stand eine Stimme, das ist doch wirklich großzügig!
Vertreter des Dritten Standes: Wir haben doppelt so viele Abgeordnete wie ihr! Und weißt du, warum? Weil wir für weit über 90 Prozent der Franzosen sprechen! ...

„Freiheit, Gleichheit, Brüderlichkeit!" – Das alte Regime wird gestürzt

S. 86–87

3 Beschreibe die in Q1 erkennbaren Einzelheiten und die Gesamtwirkung des Bildes.
Achte zum Beispiel auf die Farben und ihre Wirkung. Beachte auch die Größe der Menschen und des Gebäudes.

6 Beschreibe und analysiere die Symbole in Q3. Du kannst auch digital arbeiten. Nutze dafür das Arbeitsblatt mit Symbolerklärungen (D1 104).
Einige der Symbole stehen im unmittelbaren Zusammenhang mit der Revolution, wie z. B. das „göttliche Auge der Vorsehung" (oben, Mitte) als Symbol der Erleuchtung und Weisheit oder die „Mütze der Jakobiner", aufgehängt zwischen den zwei Spalten der Artikel. Diese wurde von den Jakobinern getragen und galt als Symbol der Freiheit. Weitere Bildelemente erinnern an bekannte religiöse Symbole – findest du sie?

Die Revolution radikalisiert sich

S. 90–95

3 Diskutiert, warum die Hinrichtung des Königs öffentlich stattfand (Q1, VT2).
Versetze dich zur Beantwortung dieser Frage in die Lage der Zuschauer, aber auch in die des Königs. Betrachte das Bild und schätze, wie viele Personen wohl anwesend waren und welche Stimmung dort herrschte.

10 Interpretiere die Karikatur Q3 mithilfe der Arbeitsschritte auf S. 85. Erläutere dabei, wie der Karikaturist die Hinrichtung des Königs beurteilte.
Bei der Lösung der Aufgabe hilft dir die Bildunterschrift. Berücksichtige auch, dass die Karikatur von einem Engländer gezeichnet wurde.

Napoleon beendet die Revolution

S. 98–99

3 Erkläre, warum Napoleon um 1804 so beliebt war (VT2, VT4, VT5).
Diese Aufgabe kannst du mit einer Concept Map lösen: In die Mitte schreibst du „Gründe für Napoleons Beliebtheit" und gruppierst anschließend die verschiedenen möglichen Gründe um die Mitte: erfolgreicher Feldherr – Siege für Frankreich – Sehnsucht nach Ruhe – ...

5 Beurteile, was mit dieser Art der Krönung zum Ausdruck gebracht werden sollte (Q1).
Untersuche für deine Beurteilung zunächst das Gemälde. Bedenke auch, dass das Gemälde zwei Jahre nach der Krönung angefertigt wurde und diesen Moment für die Ewigkeit festhalten sollte.
Mögliche Formulierungshilfen:
Die Krönungszeremonie ist sehr prunkvoll, die Kleidung ..., die Umgebung ..., die Menschen ..., der Schmuck ... Napoleon ist nicht der französische König, sondern ein Soldat. Mit der Krönung will er zeigen, dass ... Auch wenn Napoleon den Papst einlud, setzte er die Krone zunächst sich selbst und dann seiner Frau auf, um zu zeigen, ...

Wir Europa französisch?

S. 100–103

5 Bereitet zu zweit ein Streitgespräch über Q2 vor und führt es auf. Ist Krieg die einzige Lösung?
Du könntest das Streitgespräch zwischen zwei jungen Männern stattfinden lassen:
A: Schau dir das Flugblatt an! Komm mit mir! Wir melden uns freiwillig für die Armee und werfen die Franzosen endlich aus unserem Land!
B: Ich weiß nicht. Uns geht es doch nicht schlecht. Da ist es doch gleichgültig, ob die Franzosen oder ein deutscher König da oben sitzen.
A: Wie kannst du das sagen! ...

Wiener Kongress: Neuordnung Europas?

S. 106–107

4 Beschreibe, wie der Deutsche Bund aufgebaut war (D1, VT2).
Betrachte zunächst das Schaubild D1 genau und lies dann im VT nach, welche Informationen sich dort zur Zusammensetzung und zu den Aufgaben des Deutschen Bundes finden. Du kannst deine Ergebnisse in einer Tabelle zusammenfassen:

Zusammensetzung	Aufgaben	Meine Fragen/Meine Bewertung
...	...	...

Bürger fordern Einheit und Freiheit

S. 108–111

4 Überprüfe die Abbildung Q2 daraufhin, ob der Zeichner Sympathien für die Demonstrierenden hatte.
Achte darauf, wie die Menschen dargestellt werden und welche Stimmung der Zeichner zum Ausdruck bringt.

9 Untersuche den Liedtext (Q7): Was könnte 1841 bei den Regierungen Anstoß erregt haben? Notiere die betreffenden Zeilen und begründe.
Lies dir zunächst den Verfassertext und Q7 noch einmal gründlich durch: Welche Forderungen haben die Liberalen, die von den Herrschenden abgelehnt werden? Gehe nun den Liedtext Zeile für Zeile durch und erstelle eine Tabelle:

Forderungen im „Lied der Deutschen"	Könnte aus diesem Grund Anstoß erregt haben
…	…

Revolution in Deutschland: Kommt es zum Umsturz?

S. 112–113

2 Arbeitet zu zweit. Fasst die Entwicklung im Frühjahr 1848 in einem digitalen Schaubild zusammen (AB1, Q1, VT1–VT4)
Du kannst so beginnen:
Ende Februar 1848:
Studenten und Arbeiter gehen in Paris auf die Straße, der König setzt Soldaten ein.
↓
Flucht des frz. Königs,
Frankreich ist wieder Republik.
↓
…

5 Ein Berliner Bürger hängt sich das Bild Q1 im Jahr 1852 in seine Wohnung. Erläutere, was sich daraus über seine politische Einstellung erfahren lässt.
Beschreibe zunächst, was auf dem Bild dargestellt ist. Suche nun nach Hinweisen, ob der Maler Sympathie für die dargestellten Menschen gehabt hat. Achte dabei auf die Perspektive, die Lichtführung (Was ist hell? Was dunkel?) sowie auf weitere Elemente wie Fahnen oder heroische Posen. Aus den gesammelten Informationen ergibt sich, wen das Bild als politische Botschaft anspricht – und damit ein Hinweis auf die politische Einstellung des Bürgers.

Das erste deutsche Parlament

S. 114–117

5 Ein links sitzender Abgeordneter will in der Paulskirche eine Rede für die Rechte der Arbeiter halten. Verfasse diese Rede (Q4, VT3).
Lies dir zunächst den VT unter der Frage „Was bedeutet es, wenn ein Abgeordneter links sitzt?" durch. Achte zudem darauf, ob die Arbeiter und ihre Forderungen in der Nationalversammlung überhaupt eine Rolle gespielt haben. Sammle mithilfe von Q4 konkrete Forderungen für deine Rede. Schreibe nun die Rede. In dieser kannst du dich zunächst mit deiner politischen Grundauffassung vorstellen, dann die konkreten Forderungen aus Q4 aufgreifen und einen Appell an die Nationalversammlung formulieren, diese Forderungen zu erfüllen.

7 Erläutere, welche Entwicklung der Haltung zur Revolution sich aus Q2 herauslesen lässt. Begründe anhand des Geschehens.
Sammle zunächst zu den drei Bildern alle Details, die vom Zeichner jeweils verändert wurden. Achte dabei auch auf den Gesichtsausdruck und auf die Kleidung. Beschreibe nun von links nach rechts, wie sich die Stimmung des deutschen Michels verändert, indem du die einzelnen Details beschreibst. Fasse zum Schluss dein Ergebnis zusammen.

8 Fasse in Form eines Schaubildes zusammen, für welche Staatsform sich die verschiedenen Abgeordneten einsetzten (VT3).
Du kannst so vorgehen:

Abgeordnete	Staatsform
linke Abgeordnete	• Republik • Staatsoberhaupt: gewählt • Regierung: durch das Parlament
gewählt und kontrolliert	
…	…

Das Ende der Revolution von 1848/1849

S. 120–123

3 Vergleiche die Karikatur Q6 mit den beiden Texten Q4 und Q5 und erkläre das Verhalten des Königs.
Arbeite zunächst aus Q6 die Haltung des Königs heraus. Fasse nun die Bedenken des Königs in Q4 zusammen und vergleiche diese mit seinen Aussagen in Q5. Formuliere abschließend eine Zusammenfassung zum Verhalten des Königs.

5 Die Abbildung Q3 erscheint 1849 in einer konservativen und in einer liberalen Zeitung. Formuliere mithilfe von VT1 und VT2 jeweils passende Bildunterschriften.
Informiere dich zunächst mit VT1 und VT2 über die unmittelbare Vorgeschichte der in Q3 abgebildeten Kapitulation. Betrachte dann ausgiebig Q3 und bestimme die beiden abgebildeten unterschiedlichen Gruppen.
Erinnere dich dann an die jeweilige Haltung konservativer und liberaler Kräfte zur Revolution von 1848. Auf dieser Grundlage kannst du deine Bildunterschriften verfassen.

Reichsgründung „von oben" – endlich Einheit und Freiheit?

S. 124–127

2 Stelle den Weg vom Ende der Revolution 1849 bis zur Reichsgründung 1871 als Zeitstrahl dar (VT1–VT6). Du kannst auch digital arbeiten (AB1 D17).
Du kannst so beginnen:
seit 1849:
intensivierte Rivalität zwischen Preußen und Österreich
↓
1862:
Streit um Vorherrschaft in Deutschland
Bismarck wird Ministerpräsident von Preußen
↓
...

4 Entwirf eine Antwort auf Q3 aus der Sicht eines überzeugten Liberalen. Reagiere dabei auf die Argumente Bismarcks.
Greife jeweils die einzelnen Argumente Bismarcks auf und widerlege diese. Du kannst z. B. so beginnen:
„Sie behaupten, dass Deutschland auf Preußens Macht und nicht auf seinen Liberalismus sehe. Hier irren Sie. Es sind der Liberalismus, die Verfassung und das Parlament, die Rechte der Bürger, die Preußen groß und stark und zu einem Vorbild für Deutschland gemacht haben ..."

11 Untersuche, ob mit der Reichsgründung 1871 die Ziele der Nationalversammlung von 1848 erfüllt wurden (VT6, VT7). Liste dazu in einer Tabelle die Erwartungen von 1848 auf und prüfe, inwieweit diese eingelöst wurden.
Du kannst so vorgehen:

Ziel der Frankfurter Nationalversammlung 1848/49	Wurde es 1871 erreicht?
Gründung eines deutschen Nationalstaates	Ja, aber nur als kleindeutsche Lösung
...	...

4 Epochenüberblick und -vertiefung: Industrialisierung und soziale Frage

Warum beginnt die Industrialisierung in England?

S. 134–137

3 Erkläre anhand von D1 den Zusammenhang zwischen Rohstoffvorkommen, Bevölkerungsdichte und Industriestandorten.
Benenne zunächst geographisch genau, in welchen Teilen Englands und Schottlands es welche Art von Rohstoffen gibt. Dann listest du die dort gelegenen Städte auf sowie die Arten der Industrie. Beantworte die Fragestellung, welche Voraussetzungen gegeben sind, damit sich eine Landschaft zu einer Industrieregion entwickeln kann. Besonderheit: Achte auf den Großraum London.

5 Arbeite aus dem Bericht des preußischen Beamten heraus, ob er die dortigen Zustände als vorbildlich oder abschreckend einschätzt (Q3).
Achte darauf, dass der preußische Beamte sowohl Negatives als auch Positives zu berichten weiß. Du kannst dich abschließend dazu äußern, ob er das Gesehene gut oder schlecht findet.

7 Du bist Aufseher in einer Fabrik und dort für Webstühle verantwortlich, die bisher mit Wasserkraft angetrieben wurden. Nun plant der Besitzer, eine Dampfmaschine als Antrieb anzuschaffen. Arbeite jeweils Vor- und Nachteile heraus (VT4, Q1, D2).

Denke an Aspekte wie Höhe des Wasserstandes des Flusses, technische Reife der Maschinen, Auswirkungen für die Arbeiter, Anschaffungskosten usw.

Verspäteter Aufbruch in Deutschland

S. 138–141

4 Die Eisenbahn wurde überwiegend positiv gesehen. Es gab jedoch auch Verlierer dieser Entwicklung. Erkläre, um welche Berufsgruppen es sich handeln könnte (Q4).
Die Abbildung zeigt bereits eine Berufsgruppe. Berücksichtige davon ausgehend weitere Berufsgruppen, die von der Eisenbahn verdrängt wurden.

5 Die Eisenbahn und der Zollverein sind als „siamesische Zwillinge" bezeichnet worden. Erläutere, was mit diesem Vergleich gemeint sein könnte (D1, Q3, Q5).
Der Begriff „siamesische Zwillinge" stammt eigentlich aus der Medizin und bezeichnet eineiige Zwillinge, die körperlich miteinander verbunden sind.

8 Du arbeitest als Zeitungsredakteur oder Zeitungsredakteurin bei einer großen Zeitung um 1870. Schreibe einen Artikel, in dem du zusammenfasst, was sich in der Industrie in den letzten 50 Jahren alles verändert hat (Q2, D2, VT4–VT6).
Versetz dich in die Rolle der Zeitungsredakteurin oder des Zeitungsredakteurs, die oder der die Veränderungen der letzten Jahrzehnte selbst miterlebt hat. Versuche also, die Fakten aus Quellen und Verfassertext nicht nur trocken aneinanderzureihen, sondern schreibe euphorisch und staune darüber, wie viel sich in so kurzer Zeit verändert hat.

Berlins Weg zur Industriemetropole

S. 144–145

5 Ein Landarbeitersohn aus Brandenburg kommt zur Arbeitssuche nach Berlin und sieht die Fabrik in Q1. Schreibe seine Eindrücke auf.
Bedenke, dass der junge Mann aus einer dörflichen Umgebung kommt, die er bisher noch nie verlassen hat. Er kennt Fabriken allenfalls vom Hörensagen.
Du musst dem jungen Mann gewisse Charaktereigenschaften zuweisen: a) Entweder ist er ein ängstlicher Typ, der in dörflichen Bahnen denkt und die Fabrik als bedrohlich und chaotisch empfindet, oder b) er ist ein selbstbewusster junger Mann, der Vertrauen zu sich hat, fasziniert ist von der Größe der Fabrik, der Industrialisierung aufgeschlossen gegenübersteht und seine Zukunftschancen sieht, oder c) er ist ein nachdenklicher, realistischer Charakter, der eine gewisse skeptische Zuversicht an den Tag legt.

Die Industrialisierung verändert den Alltag

S. 146–149

2 Untersuche, welche Städte am deutlichsten wuchsen (D2).
Beispiel: Zwischen 1819 und 1871 nahm die Bevölkerung Essens um etwa 940 % zu. Rechenweg: $(n2 - n1) : n1 \times 100 = x$

5 Schreibe einen Tagebucheintrag über deinen ersten Besuch im Kaufhaus Wertheim (Q4, Q5).
Versetze dich in eine Person hinein, die bisher nur kleine Läden mit einem überschaubaren Angebot kennt. Die heutige Diskussion um die Zukunft der Warenhäuser gab es noch nicht. Einkaufen ist für diese Person bisher zwar ein herausgehobener Anlass, aber stets anlassgebunden und zielgerichtet gewesen. Im Warenhaus ist Einkaufen mehr als zielgerichtete Bedürfnisbefriedigung, es ist ein gesellschaftliches Ereignis mit Unterhaltungs- und Vergnügungsaspekten.

8 Erstelle das Anforderungsprofil für eine Telefonistin (Q2).
Ein Anforderungsprofil ist eine Beschreibung der fachlichen, sozialen und persönlichen Fähigkeiten, die eine Person mitbringen muss, um eine Position erfolgreich zu erfüllen. Folgende Oberbegriffe sollen enthalten sein, die dann in Unterpunkten genauer gegliedert werden (bei b–d solltest du mindestens drei Unterpunkte nennen):
a) vorab eine Auflistung der Kern- und Nebenaufgaben einer Telefonistin,
b) fachliche Qualifikationen (z. B. sichere Beherrschung der deutschen Sprache in Wort und Schrift, ...),
c) soziale Kompetenzen (z. B. Teamfähigkeit, ...),
d) persönliche Fähigkeiten (z. B. Belastbarkeit, Pioniergeist, ...),

e) Ausbildung/Schulabschluss/Berufserfahrung.

Frauen auf dem Weg zur Emanzipation

S. 152–153

4 Eine Tochter aus einer Arztfamilie möchte als Sekretärin arbeiten. Ihr Vater lehnt das ab. Formuliere anhand des VT für beide Seiten historisch passende Argumente.
Zwei Beispiele für mögliche Argumente:
Tochter: Ich möchte über ein eigenes Einkommen verfügen.
Vater: Unsere Familie hat genug Geld, du hast diese Arbeit nicht nötig.

Die soziale Frage

S. 154–155

3 Schreibe für eine Zeitung im Kaiserreich eine Reportage über den Alltag von Kindern, die arbeiten müssen (VT2, Q2–Q4).
Eine Reportage soll nicht nur informieren, sondern auch die Atmosphäre wiedergeben. Ein packender Einstieg soll den Leser oder die Leserin für das Thema interessieren und zum Weiterlesen animieren. Dieses Thema wird dann im Laufe der Reportage aus verschiedenen Perspektiven betrachtet.

- Die Zeitform einer Reportage ist immer das Präsens.
- Die Sprache ist mit vielen Adjektiven versehen.
- Eingestreute Zitate von Betroffenen lockern den Text auf.
- Zum Ende hin werden alle begonnenen Geschichten beendet; meist wird ein kleiner Ausblick in die Zukunft gegeben.

5 Längsschnitt: Armut und Reichtum

Armenfürsorge im Mittelalter – wie kommt ein Reicher in den Himmel?

S. 160–163

10 Gib das Historikerzitat in D1 in deinen Worten wieder. Beurteile: Wird man in 500 Jahren mehr über die heutigen Armen wissen oder über die heutigen Reichen?
Sammele zuerst Quellentypen, aus denen Historiker in 500 Jahren Informationen über die Situation von armen und reichen Deutschen gewinnen können: Was wird im Jahr 2550 aus unserer heutigen Gegenwart noch vorhanden sein? Überlege dann, ob sich die Zeugnisse über Arme und Reiche unterscheiden. Wie glaubwürdig werden die Überbleibsel sein?

11 Die Erzählungen über den Heiligen Martin (Q1) oder Robin Hood, die sich um die Armen kümmerten, stammen aus dem Mittelalter. Nimm Stellung: Inwiefern eignen sich solche Geschichten oder Märchen, um uns etwas über Armut und Reichtum im Mittelalter zu erzählen?
Fasse zunächst zusammen, was du über Robin Hood und den Heiligen Martin weißt. Glaubst du, diese Geschichten haben genau so stattgefunden? Welche Elemente geben Hinweise auf Verhältnisse und Menschen im Mittelalter?

Frühe Neuzeit: Echte und unechte Arme

S. 164–165

5 Untersuche die Wortwolke zu den Begriffen für Arme aus einer Verordnung des frühen 18. Jahrhunderts. Beurteile, inwiefern Bedürftige über die Sprache diskriminiert wurden.
Je öfter ein Wort genannt wird, desto größer wird es in der Wortwolke dargestellt. Die blauen Begriffe bezeichnen ein positives Armenbild, die roten Begriffe ein negatives Bettlerbild und die gelben Begriffe finanzielle Gesichtspunkte.

Wachsender Reichtum

S. 166–167

4 Analysiere mit deinem Sitznachbarn Q1: Wo nutzt der Autor einen schmeichlerischen, wo nutzt er einen strengen Ton?
Untersuche einerseits Z. 1–2 und 5–8, andererseits Z. 2–4 und 9–11.

Arbeiter kämpfen für ihre Rechte

S. 168–169

4 Beschreibe das Bild Q1: Beginne: „In der Mitte des Bildes sieht man ... Im Hintergrund erkennt man ... Am linken Bildrand hingegen ...". Interpretiere dann das Bild.
Die Hilfestellungen zur Bildbeschreibung findest du bereits in der Aufgabenstellung. Bei der Bildinterpretation kann es dir helfen, zu überlegen, was die Personen im Bild jeweils sagen könnten.

Staat, Kirche und Fabrikanten reagieren

S. 170–171

2 Erstelle eine Tabelle. Schreibe in die linke Spalte die drei Gruppen (Staat, Kirche, Unternehmer) und in die andere die Lösungsvorschläge.
Die Tabelle kann so aussehen:

Akteure	Maßnahmen
...	Verabschiedung von Sozialgesetzen
Kirche	...
...	...

6 Längsschnitt: Migration und Bevölkerung

Die mittelalterliche Ostsiedlung in Brandenburg

S. 176–177

4 Entwickelt ein Rollenspiel zur Frage „Gehen oder bleiben?" Lasst einen landlosen Bauernsohn, dessen Verlobte und seine Eltern mitdiskutieren (VT, Q2).
Versetzt euch in die einzelnen Personen und berücksichtigt deren ganz persönliche Sicht auf die zu entscheidende Frage.

Hugenotten – neue Heimat in Brandenburg

S. 178–179

5 Die Hugenotten prägten die Regionen, in die sie flohen. Nenne die Beispiele aus D1 und recherchiere weitere Spuren von ihnen in Berlin und Brandenburg.
Verwende die Suchbegriffe „Hugenotten Berlin Brandenburg".

Verschleppt und versklavt

S. 180–181

3 Sieh dir den das Video der Sklavenschifffahrten (D1 W20) aus Afrika an und beschreibe die Aussage.
Untersuche folgende Fragen:
Wohin wurden die meisten Sklaven verschleppt?
Wann fuhren die meisten Sklavenschiffe?
Welche europäischen Mächte ließen die meisten Sklavenschiffe fahren und wohin?

Vernichtung der Indigenen in Nordamerika

S. 182–183

2 Arbeite aus der Karte D1 heraus, in welchen Schritten die Vertreibung und Vernichtung der indigenen Bevölkerung erfolgte.
Orientiere dich an den Arbeitsschritten der Fachmethode „Mit Geschichtskarten arbeiten", S. 105.

Aus Deutschland nach Amerika

S. 184–185

2 Welche Hoffnungen und Sorgen hatten die Menschen, als sie das erste Mal die Freiheitsstatue sahen? Versetze dich in die Lage einer der Personen in Q1 und verfasse einen kurzen Eintrag in (d)ein Reisetagebuch.
Beginne den Eintrag mit der Beschreibung der Situation und der Stimmung: Was siehst du? Was machen die Menschen um dich herum? Wie fühlst du dich? Worauf freust du dich? Wovor hast du Angst?

Arbeitsmigration in Deutschland

S. 186–187

2 In der BRD und DDR wurde um Arbeitskräfte aus dem Ausland geworben. Benenne Unterschiede und Gemeinsamkeiten im Umgang mit den Arbeitskräften (VT2, VT3).
Erstelle hierzu eine Tabelle.

7 Längsschnitt: Juden, Christen und Muslime begegnen sich

Die Entstehung des Judentums

S. 191–192

4 Beschreibe die Veränderungen des jüdischen Siedlungsgebiets von ca. 1000 v. Chr. bis 1200 n. Chr. (D1).
Suche in der Legende die Zeitangaben. Schreibe sie dann in chronologischer Reihenfolge untereinander in dein Heft und trage hinter jeder die jeweiligen Gebiete der Verbreitung des Judentums ein. Benutze zur Gebietsbestimmung die Namen der Meere, Flüsse und Städte.

5 Erläutere, warum Jüdinnen und Juden über viele Länder verstreut lebten (VT2, VT4).
Beantworte dazu folgende Fragen:
- Wie lebten Jüdinnen und Juden ursprünglich?
- Wie kamen sie an ein Land?
- Wo lag dieses Land?
- Wodurch verloren sie es?
- Welche Folgen hatte der Verlust?

Das Christentum und seine jüdischen Wurzeln

→ S.194–195

5 Begründe, warum sich das Christentum durchsetzen konnte (VT1–VT3, Q1).
Denke an die Zielgruppe und die Botschaft des Christentums, die Position der Kirche und ihr Verhältnis zum Staat seit Konstantin I.

Der Islam – ein neuer Glaube verbreitet sich

→ S.196–199

4 Beschreibe mithilfe einer Tabelle die zeitliche und räumliche Verbreitung des Islam und begründe, wie es dazu kam (D1, VT1, VT2, VT4).
Gehe so vor:
a) Lege eine Tabelle mit den Spalten „Zeit" und „räumliche Verbreitung" an.
b) Trage in die Zeitspalte in chronologischer Folge die Zeitangaben zur Verbreitung des Islam ein, die du in D1 und im VT findest.
c) Ordne den Zeitangaben in der zweiten Spalte die Gebiete zu, in die sich der Islam verbreitet hat.

7 Ein damaliges christliches Elternpaar streitet darüber, ob der Sohn eine arabische Sprachschule besuchen soll. Gestaltet ein Rollenspiel dazu (Q5, VT4, Arbeitsschritte auf S. 281).
Geht so vor:
- Legt zunächst fest, wer welche Rolle spielen soll.
- Stellt in arbeitsteiliger Gruppenarbeit Pro- und Kontra-Argumente für die einzelnen Rollen zusammen.
- Führt das Rollenspiel durch.
- Besprecht in der Klasse, welche Argumente am überzeugendsten waren.
- Mögliche weiterführende Frage: Kann eine vergleichbare Problemsituation wie in der Aufgabe auch heute noch vorkommen?

Die Kreuzzüge – Kriege im Namen Gottes?

→ S.200–203

5 Liste auf, mit welchen Kenntnissen über die Muslime und das „Heilige Land" und mit welchen Erwartungen sich Bauern und Ritter auf den Kreuzzug begaben (Q1, Q2, VT2, VT3).
Gehe so vor:
- Lies zunächst den VT und die genannten Quellen sorgfältig durch.
- Unterscheide nun zwischen dem, was den Bauern und Rittern mitgeteilt wurde, und den Erwartungen, die dadurch bei ihnen geweckt wurden.
- Liste beides getrennt unter den Überschriften „Vermittelte Informationen" und „Geweckte Erwartungen" auf.

7 Untersuche, inwieweit sich die Berichte Q3 und Q4 gegenseitig bestätigen, ergänzen oder widersprechen.
Du kannst so verfahren:
a) Lege eine dreispaltige Tabelle mit den Oberbegriffen „Bestätigung", „Ergänzung", „Widerspruch" an.
b) Lies nun dieTexte vergleichend und trage in Stichworten unter „Bestätigung" ein, was in beiden übereinstimmt.
c) Trage dann unter „Ergänzung" ein, was wir in einem der Texte genauer erfahren oder was der andere ganz auslässt.
d) Prüfe schließlich, ob es Widersprüchliches gibt.

12 Beurteile, inwiefern die Kreuzzüge zu einer Begegnung Europas mit dem Orient beitrugen (VT4, VT5).
Du kannst dich von folgenden Fragen leiten lassen:
- Vermehrten die Kreuzzüge für Europäer die Chancen, mit dem Orient und den dort lebenden Menschen bekannt zu werden?
- Wurden die Chancen von den Europäern genutzt?
- Welche Kenntnisse vermittelte der Orienthandel den Europäern?
- Wie kam es zu ersten Kenntnissen über den Fernen Osten und was erfuhren die Europäer?

Europa und das Osmanische Reich
S. 204–205

2 Du bist ein Deutscher am Hofe des Sultans Süleyman. Schreibe einen Reisebericht für deine Landsleute. Nutze Formulierungen aus VT3 und Q2.
Gehe auf die Architektur, die staatlichen Einrichtungen, die Religion und das Zusammenleben ein.

Jüdisches Leben im Mittelalter
S. 206–209

8 Recherchiert mithilfe von D1 W26 arbeitsteilig zu heutigem jüdischen Leben in eurer Region. Präsentiert euch gegenseitig eure Ergebnisse.
Außer der angegebenen Adresse kommen ggf. auch andere Seiten im Internet infrage. Zudem gibt es möglicherweise auch gedrucktes Material (Bücher, Aufsätze) dazu, vielleicht sogar in der Schulbibliothek?

Jüdisches Leben im 19. Jahrhundert
S. 210–211

6 Der jüdische Rechtsanwalt David Hirsch aus Berlin kennt Angriffe wie in Q2 gut. Schreibe aus seiner Perspektive einen Brief an seinen Sohn Emil, in dem du dich damit auseinandersetzt und Möglichkeiten erörterst, wie du darauf reagieren kannst.
Mache dir vorher Notizen: Auf welche Angriffe oder Vorwürfe willst du eingehen? Du kannst erklären, wie sie zustande kommen. Du kannst sie mit geeigneten Argumenten ganz oder eventuell auch nur für deine Person zurückweisen.

8 Längsschnitt: Stadtentwicklung im Laufe der Jahrhunderte

Leben im Schutz einer Mauer
S. 216–217

2 Nenne die wichtigsten Merkmale einer mittelalterlichen Stadt. Kuno stellt sie dir vor (D1 A05).
Liste zunächst alle Kennzeichen auf, die du der Geschichtserzählung entnehmen kannst. Trage sie dann in die folgende Tabelle ein:

Kunos Standort	Kennzeichen
am Stadtrand	...
im Handwerkerviertel	...
im Stadtkern	...

Berlin – Stadt der steten Veränderung
S. 218–211

8 Erörtere, wie „frei“ die Stadtluft in Berlin macht. Berücksichtige die Ereignisse der Jahre 1448 und 1808 sowie die Situation um 1900 (VT2, VT3, Q3).
Überlege zunächst, was du bei dieser Aufgabe bei Stadtbewohnern unter „frei“ verstehen willst. Für den Teil, der auf die Zeit um 1900 entfällt, können dir deine Lösungen zur Aufgabe 7 und auch 5 und 6 helfen.

Hinter Fassaden und vor Kulissen – das vielseitige Potsdam
S. 222–225

5 Versetze dich in die Lage eines holländischen Handwerkers, der dem Ruf des Königs folgen will. Schreibe einem Verwandten einen Brief, in dem du deine Entscheidung erläuterst (VT5, Q1 und D2, S. 214).
Der Handwerker muss Vor- und Nachteile abwägen, wie er sie für den Moment und für seine Zukunft sieht. Was hat er, was erwartet ihn in Potsdam? Seine wirtschaftliche und seine familiäre Situation, die Einstellung zu Heimat und Fremde, ... können eine Rolle spielen. Helfen können auch die Lösungen von Aufgabe 2 und 3, die die Zeit um 1740 betreffen.

9 Längsschnitt: Europäische Expansion und Kolonialismus

Europäer suchen einen Seeweg nach Indien
S. 230–233

3 Stell dir vor, du wärst Kolumbus und müsstest den König von deinem Plan überzeugen. Überlege dir zunächst Argumente, die für die Seefahrt sprechen. Notiere auch mögliche Risiken und wie du sie entkräften kannst. Schreibe dann eine Rede (VT1, VT3).

Gehe dabei auf folgende Aspekte ein:
- damalige Handelssituation in Europa
- geografisches Wissen jener Zeit
- Chancen der Reise
- Vorteile für das spanische Königshaus
- Risiken bei der Überfahrt und wie du mit diesen Risiken umgehen wirst

8 Analysiere Q1 und Q3: Von wem stammen die Quellen und welche Absichten stehen hinter den Bildern? Beurteile, ob die Quellen die Perspektive der Einheimischen zeigen.
Es gibt nur wenige erhaltene Quellen, die schriftlich von Einheimischen selbst verfasst wurden. Vieles, was Historikerinnen und Historiker heute über die indigene Bevölkerung wissen, haben Spanier damals aufgeschrieben. Sie befragten dazu auch Einheimische oder nahmen heute nicht mehr bekannte Quellen zu Hilfe. Indem du die beiden Quellen Q1 und Q3 analysierst, denkst du darüber nach, was wir eigentlich über die Zeit damals wissen können und auf welche Weise die Informationen die damaligen Ereignisse abbilden.

Für Gott, Gold und Gewürze – die Eroberung Mittel- und Südamerikas
S. 234–237

1 Gestaltet das Gespräch in Q1 nach.
Versetzt euch dabei jeweils in die Lage der beteiligten Personen. Das Gespräch könnte Fragen nach deren Herkunft, ihrer Stellung sowie nach Aufgaben und Wünschen beinhalten.

4 Verfasse den Bericht eines damaligen Geschichtsschreibers über die Begegnung der Spanier mit den Einheimischen (Q1, Q2, VT2–VT4). Berichte entweder aus spanischer oder einheimischer Perspektive. Vergleicht eure Berichte.
Beachte die jeweilige Perspektive: Was hätte ein Spanier, was ein Azteke oder Inka festgehalten? Worüber hätte er jeweils berichten wollen? Wie hätte er über das eigene Handeln und über die Gegenseite berichtet?

5 Beschreibe, von wem die Informationen über die Einheimischen jeweils stammen (Q1, Q2, Q4). Erläutere dann den Zusammenhang der Herkunft des Autors mit dem Inhalt der Quelle.
Notiere dafür zunächst Namen, Herkunft und Beruf der Verfasser.

Europäer errichten weltweit Kolonien
S. 238–239

2 Erstelle eine Tabelle mit den europäischen Staaten und den Regionen, in denen ihre Kolonien lagen (D1).
Nutze dafür einen Atlas oder die Karte hinten im Buch.

Die Unterwerfung der Welt
S. 244–245

6 Formuliere in Sprechblasen, was der chinesische Beamte in Q1 den europäischen Mächten sagen könnte (VT3).
Beschreibe die Mimik und Gestik des chinesischen Beamten. Dann schlussfolgere, was der Zeichner über die einzelnen Staaten und über die politische Situation sagen wollte. Bedenke die Konsequenzen, die die Aufteilung Chinas für die damalige Bevölkerung hatte.

Afrika – Land, das niemandem gehört?
S. 246–247

3 Bewertet die Bedeutung der Digitalisierung von Quellen für das kulturelle Erbe Afrikas („Schon gewusst?").
Beachte die Gefährdung durch Klima und Kriege.

Deutsche Außenpolitik im Zeitalter des Imperialismus
S. 248–251

3 Recherchiert zu zweit die Originaltexte der in D1 aufgeführten Bündnisse (Q2 W31). Erstellt eine Übersicht zu Vertragspartnern, Inhalten und Zielen.
In der Ergebnisliste der digitalen Sammlung (Q2) sind die Vertragstexte des Zweibundes, des Dreikaiservertrages, des Dreibundes und des geheimen Rückversicherungsvertrages verlinkt. Analysiere die Texte und stelle die genannten Kriterien in einer Tabelle gegenüber.

7 Schreibe dem Bundespräsidenten einen Brief aus der Perspektive eines Nachfahren des von den Kolonialisten hingerichteten Chiefs (Q5).
Überlege, was der Nachfahre eines hingerichteten Chiefs erreichen möchte und welche Begründung er dafür anführen könnte.

Wichtige Bildgattungen in Band 7/8

Buchmalerei
Buchmalereien sind Abbildungen, die sich vor allem in mittelalterlichen Handschriften finden. Meistens waren dies Bibeltexte. Der Buchdruck war noch nicht erfunden. Die Texte wurden in Klöstern von Hand auf Pergament geschrieben. Bilder, ausgemalte Anfangsbuchstaben (Initialen) oder Verzierungen am Rand sollten sie verschönern und noch kostbarer machen. Damit wollte man unterstreichen, wie wertvoll den Gläubigen das Wort Gottes war. Herrscher und weltliche oder geistliche Fürsten gaben solche Handschriften für sich selbst oder als Geschenk in Auftrag. Einfache Menschen bekamen sie nicht zu sehen. Heute können Buchmalereien als Quellen für Glaubens- oder Herrschaftsvorstellungen dienen, die damals verbreitet waren.
→ S. 24, Q1; S. 25, Q3; S. 27, Q7; S. 28, Q1; S. 31, Q2; S. 34, Q1; S. 38, Q2; S. 40, Q1; S. 41, Q2; S. 62, Q1; S. 161, Q2, S. 162, Q3; S. 177, Q1; S. 197, Q1; S. 201, Q1; S. 207, Q1; S. 209, Q5; S. 233, Q3

Fotografie
Der Begriff Fotografie kommt aus dem Griechischen und bedeutet so viel wie „Schreiben oder Zeichnen mit Licht". Mithilfe eines Fotoapparats wird das Bild auf einem lichtempfindlichen Material eingefangen und dauerhaft gespeichert. Als die Fotografie in der ersten Hälfte des 19. Jahrhunderts erfunden wurde, verwendete man dafür Glasplatten, später Fotofilme. In der Gegenwart arbeiten Fotografen meist mit digitalen Speichern. Lange Zeit war Fotografieren aufwendig: Man benötigte eine schwere Ausrüstung, die Bilder mussten an Ort und Stelle sofort entwickelt werden. 1887 wurde der Rollfilm erfunden, mit dem man mehrere Bilder machen und diese erst später entwickeln konnte. Die höhere Lichtempfindlichkeit erlaubte jetzt auch Aufnahmen von bewegten Objekten und ohne Stativ. Erst mit der Kleinbildkamera (Leica, 1924) entstanden neue Möglichkeiten der mobilen, schnellen Fotografie. Die Farbfotografie wurde kurz nach der Jahrhundertwende entwickelt, seit den 1930er-Jahren verbreitete sie sich. Erst seit den 1960er-Jahren ist es in Deutschland keine Besonderheit mehr, einen Fotoapparat zu besitzen. Entsprechend massenhaft sind Fotos seitdem geworden, während zuvor nur Bessergestellte sich fotografieren ließen und später selbst Kameras besaßen. Fotografien können besonders gut historische Ereignisse, alltagsgeschichtliche Verhältnisse (z. B. Wohnungen, Straßen, Fabriken, Stadtansichten) oder das Aussehen von Personen dokumentieren. Allerdings sind sie kein direktes Abbild von Realität. Denn was sie zeigen, hängt von den Gestaltungsabsichten der Fotografen und von der verwendeten Technik ab. Immer wieder gezeigte Fotos (Ikonen) können bestimmte Deutungen eines Ereignisses transportieren und auf diese Weise selbst „Geschichte machen".
→ S. 88, Q1; S. 146, Q1; S. 147, Q2; S. 149, Q5; S. 150, Q1; S. 155, Q4; S. 168, Q1; S. 173, Q2; S. 185, Q1; S. 187, Q2; S. 220, Q3; S. 242, Q1; S. 253, Q2, Q3

Gemälde
Bei einem Gemälde wird feuchte Farbe mithilfe eines Pinsels, Spachtels oder eines anderen Werkzeugs auf einen speziellen Bildträger (Papier, Leinwand, Holz) aufgebracht. In Abgrenzung zur Buch- und Wandmalerei spricht man auch von Tafelmalerei. Dabei können unterschiedliche Arten von Farbe verwendet werden (z. B. Ölfarbe oder Aquarellfarbe). Vor dem Farbauftrag wird der Träger grundiert. Danach wird die Farbe durch ein Bindemittel haltbar gemacht. Die grundlegenden Mal- und Darstellungstechniken (Perspektiven) der Tafelmalerei entwickelten sich in der Renaissance (15. Jahrhundert). Ziel war bis ins 19. Jahrhundert meist die möglichst genaue Wiedergabe von Wirklichkeit. Danach rückte – auch als Gegenbewegung zur Fotografie – die persönliche Wahrnehmung des Künstlers in den Mittelpunkt. Gemälde können ganz verschiedene Themen behandeln: Menschen und ihre Gesichter (Porträt), Landschaften, Städte, Szenen alltäglichen Lebens, religiöse Themen. Historiengemälde stellen meist

rückblickend Personen und Ereignisse aus der Vergangenheit dar, denen man in der Zeit, in der die Bilder entstanden sind, besondere Bedeutung zuschrieb. Sie sind deshalb keine Quelle für die dargestellte Zeit, sondern für die Sichtweisen ihrer Entstehungszeit.
→ S. 52, Q3; S. 60, Q1; S. 68, Q1; S. 72, Q1; S. 74, Q1; S. 78, Q2; S. 82, Q2; S. 86, Q1; S. 87, Q3; S. 95, Q7; S. 99, Q1; S. 135, Q2; S. 139, Q1; S. 145, Q1; S. 183, Q1; S. 219, Q1

Holzschnitt
Der Holzschnitt ist eine Hochdrucktechnik. Diese Technik funktioniert so: Auf einer Holzplatte zeichnet man spiegelbildlich das Bild auf, das gedruckt werden soll. Wo das Bild weiß bleiben soll, wird die Holzoberfläche weggeschnitten. Auf die verbleibende Oberfläche wird (in der Regel schwarze) Druckfarbe aufgetragen. Drückt man die Holzplatte dann auf Papier, entsteht ein Schwarz-Weiß-Bild mit kräftigen Linien. Die Holzschnitttechnik kam in Europa zum Ende des Mittelalters etwa ab 1400 auf.
→ S. 31, Q1; S. 38, Q1; S. 41, Q3; S. 50, Q1; S. 51, Q2; S. 53, Q6; S. 167, Q1; S. 172, Q1; S. 204, Q1; S. 208, Q3; S. 212, Q1; S. 216, Q1

Karikatur
Eine Karikatur ist eine Zeichnung, die Personen, politische Ereignisse oder gesellschaftliche Verhältnisse zugespitzt und kritisch darstellt. Oft geschieht dies durch Spott und Verfremdung. Der Karikaturist will sein zeitgenössisches Publikum zum Nachdenken bringen und zur Kritik aufrufen. Als Quelle sagt uns die Karikatur nichts darüber, wie historische Personen und Situationen tatsächlich waren. Sie vermittelt uns vielmehr die kritische Wahrnehmung des Karikaturisten. Es handelt sich also um eine zeitgenössische Deutung, mit der wir uns rückblickend auseinandersetzen können.
→ S. 65, Q3; S. 76, Q1; S. 84, Q1; S. 93, Q3; S. 103, Q6; S. 110, Q3; S. 116, Q2; S. 120, Q1; S. 121, Q2; S. 123, Q6; S. 128, Q1; S. 185, Q3; S. 221, Q4; S. 244, Q1; S. 251, Q6

Lithografie
Bei der Lithografie (Steindruck) werden Kalkschieferplatten als Druckplatten verwendet. Die Zeichnung wird mit Fettfarbe auf den Stein aufgebracht. Dann wird der Stein gewässert. Nur die fettfreien Stellen nehmen Wasser an. Anschließend wird der Stein mit (fetthaltiger) Farbe versehen. Die gefetteten Stellen nehmen Farbe an, die gewässerten nicht. Verwendet man mehrere Steine mit unterschiedlichen Farben, kann man auch Farbdrucke herstellen. Die Technik hat mehrere Vorteile: Der Zeichner kann auf einer glatten Fläche arbeiten; man kann große Formate drucken; die Druckplatte nutzt sich nicht ab, man kann also viele Drucke herstellen. Das Verfahren wurde besonders für den Nachdruck von Gemälden verwendet und es war technische Voraussetzung für das Aufkommen des Plakats.
→ S. 109, Q2; S. 113, Q1; S. 122, Q3; S. 126, Q1; S. 140, Q2; S. 141, Q4

Plakat
Plakate sind öffentliche Aushänge. Sie sollen informieren und werben. Unterscheiden lassen sich politische Plakate und Plakate, die für Produkte oder für Veranstaltungen werben. Das Plakat vereint mehrere Bestandteile: Bilder, grafische Elemente oder Symbole und kurze Texte.
→ S. 152, Q1

Radierung
Bei der Radierung verwendet man eine Druckplatte aus Metall (Kupfer, Zink, Messing) mit einer säurebeständigen Schicht (Wachs, Harz). In die Beschichtung werden mit einer Nadel die Linien des Bildes eingeritzt. Dadurch wird an diesen Stellen die Druckplatte freigelegt. Behandelt man die Platte anschließend mit Säure, frisst diese an den freigelegten Stellen Vertiefungen ein. Diese Vertiefungen nehmen dann die Farbe auf. Mit der Radierung lassen sich sehr feine Bilder herstellen. Aber mit einer Platte lassen sich nur wenige Drucke anfertigen. Die Technik kam ab etwa 1700 in Gebrauch.
→ S. 81, Q1; S. 91, Q2; S. 101, Q1; S. 103, Q5

Rekonstruktion

Eine Rekonstruktion ist eine moderne Darstellung historischer Gegenstände, Bauwerke oder Situationen, die heute nicht mehr vorhanden oder erkennbar sind. Sie stützt sich auf historische Forschungen. Eine Rekonstruktion kann als Zeichnung oder als Modell (auch in digitaler Form) dargestellt werden. Der Vorteil einer Rekonstruktion ist ihre Anschaulichkeit: Man kann einen bildlichen Eindruck von etwas gewinnen, was so nicht mehr existiert. Eine Gefahr besteht darin, dass auch Dinge dargestellt werden, zu denen es keine eindeutigen Forschungsergebnisse gibt. Rekonstruktionszeichnungen werden häufig in Kinder- und Jugendsachbüchern verwendet.

→ S. 37, D1, D2; S. 232, D4

Skulptur

Skulpturen sind dreidimensionale Kunstwerke. Sie können aus unterschiedlichen Materialien wie Stein, Holz oder Metall hergestellt sein. Alle möglichen Lebewesen können dargestellt werden. Der wichtigste Gegenstand war aber immer die menschliche Figur. Das begann schon bei den Venus-Darstellungen der Frühzeit um 35 000 v. Chr. Im alten Ägypten wurden Götter, Pharaonen und höhergestellte Personen in Skulpturen dargestellt. Skulpturen im antiken Griechenland zeigten die menschliche Gestalt als Idealbild, egal ob als Gott, Held oder Sportler. Zum ersten Mal erschien hier der Mensch in seinen natürlichen Haltungen und Bewegungen.

→ S. 158, Q1; S. 229, Q1; S. 238, Q1

Stich

Der *Kupferstich* wurde wie der Holzschnitt im 15. Jahrhundert entwickelt. In eine Kupferplatte ritzt man mit einem Stichel spiegelbildlich das Bild ein, das gedruckt werden soll. In die Vertiefungen wird Farbe eingerieben, die nicht-druckende Oberfläche der Platte wird gesäubert. Drückt man die Platte auf ein Papier, entsteht ein Bild mit sehr viel feineren Linien als beim Holzschnitt. Damit lassen sich auch Tiefe oder Licht und Schatten darstellen. Wenn man mehrere Platten verwendet, kann man auch farbige Bilder herstellen.

Allerdings war der Kupferstich aufwendiger und teurer als der Holzschnitt. Es gab deshalb neben dem Kupferstich auch den *Holzstich*, bei dem eine Holzplatte verwendet wurde, und den Stahlstich auf einer Stahlplatte. Holz- und Stahlstiche wurden vor allem für Buchillustrationen, später auch für Zeitungen verwendet. Sie schmückten repräsentative Bildbände über die Länder und Städte, die Menschen, Tiere und Pflanzen Europas und der Welt. Diese Bücher sollten ihre Leser auf anschauliche Weise informieren und belehren.

→ S. 45, Q2; S. 54, Q1; S. 90, Q1; S. 108, Q1; S. 127, Q5; S. 134, Q1; S. 154, Q1; S. 157, Q2; S. 171, Q2; S. 179, Q2; S. 181, Q1; S. 210, Q1; S. 230, Q1

Wandmalerei

Die Wandmalerei ist die älteste Form von Malerei überhaupt. Sie begann schon als Höhlenmalerei in der Frühzeit vor etwa 60 000 Jahren. Die Höhlenbilder stellen häufig Tiere und Jagdszenen dar. Im alten Ägypten finden sich Wandmalereien vor allem in Gräbern höhergestellter Personen. Sie zeigen zumeist die Produktion von Nahrungsmitteln, die die Toten nach damaligem Glauben auf ihrem Weg ins Jenseits benötigten. Als Quelle gibt uns Wandmalerei vor allem darüber Auskunft, was Menschen früher glaubten und welche Traditionen ihnen wichtig waren.

→ S. 160, Q1; S. 181, Q3; S. 236, Q3

Glossar Kompetenztraining

Fachmethoden

Mit Bildquellen arbeiten, Band 7/8, S. 28–29

Arbeitsschritte

1. Beschreiben

- Erfasse, welches Thema das Bild hat.
- Ordne das Bild einer Bildgattung zu.
- Stelle fest, wann, wo und unter welchen Umständen das Bild entstanden ist.
- Beschreibe, was du siehst (ohne schon zu viel zu erklären).
- Schildere, wie das Bild auf dich wirkt.

2. Untersuchen

- Erkläre den Bildaufbau. Verwende dazu geeignete Formulierungen (im Vordergrund …, im Hintergrund …, am unteren Bildrand …, in der Bildmitte …) und achte auf die Darstellung und Positionierung von Personen oder Dingen auf dem Bild.
- Analysiere nun im Detail, was zu sehen ist. Was bedeuten die Personen, Gegenstände etc.?
- Stelle fest, wer das Bild erstellt hat.

3. Deuten

- Erläutere, welche Botschaft das Bild möglicherweise vermitteln soll.
- Überlege, welche Bedeutung das Bild als Quelle hat.

Mit Herrscherbildern arbeiten, Band 7/8, S. 60–61

Arbeitsschritte

1. Beschreiben

- Erfasse, welches Thema das Bild hat.
- Stelle fest: Wann, wo und unter welchen Umständen ist es entstanden?
- Beschreibe, was du siehst (ohne schon zu viel zu erklären!).
- Schildere, wie das Bild auf dich wirkt.

2. Untersuchen

- Finde heraus, um wen es sich auf dem Bild handelt.
- Kläre, wie die Herrscherfigur dargestellt wurde. Untersuche:
  - die Anordnung auf dem Bild, die Körperhaltung, Gesten und Mimik, Blickrichtung und Kleidung,
  - die Perspektive des Künstlers beim Malen,
  - Herrschaftssymbole und deren Bedeutung,
  - künstlerische Mittel wie Farben, Lichtwirkung, Größe, Format.
- Informiere dich über den Künstler, die Entstehung des Bildes und seine Verwendung.

3. Deuten

- Formuliere zusammenfassend die Wirkung, die das Bild deiner Meinung nach bei den Zeitgenossen und späteren Generationen erzielen sollte.
- Erkläre, welcher Herrschaftsanspruch in dem Bild deutlich wird.
- Überlege, welche Bedeutung als Quelle das Bild hat.

Mit Karikaturen arbeiten, Band 7/8, S. 84–85

Arbeitsschritte

1. Beschreiben

- Erfasse, mit welchem Thema sich die Karikatur beschäftigt.
- Stelle fest: Wann, wo und unter welchen Umständen ist sie entstanden?
- Beschreibe, was du siehst (ohne schon zu viel zu erklären).
- Lies gründlich die Texte, die zur Karikatur gehören (Beschriftung, Titel, Bildunterschrift, Sprechblasen).

2. Untersuchen

- Untersuche, wen oder was die einzelnen Figuren oder Gegenstände darstellen. Prüfe, in welcher Beziehung sie zueinander stehen. Beziehe vorhandene Texte mit ein und erläutere diese.
- Informiere dich über den geschichtlichen Hintergrund: abgebildete Personen, Entstehungszeit, Karikaturist, Ort der Veröffentlichung, Adressatenkreis. Manche Angaben findest du im Geschichtsbuch, andere in Lexika oder im Internet.

3. Deuten

- Stelle fest, welche Meinung oder Kritik in der Karikatur deutlich wird. Was wollte der Zeichner ausdrücken?
- Stelle Vermutungen darüber an, ob die Aussage, die in der Karikatur steckt, für die Zeitgenossen leicht zu verstehen war.
- Nimm Stellung zu der Aussage der Karikatur.
- Überlege, welche Bedeutung als Quelle die Karikatur hat.

Mit Verfassungsschaubildern arbeiten, Band 7/8, S. 96–97

Arbeitsschritte

1. Beschreiben

- Nenne das Land, für das die Verfassung gelten soll.
- Beschreibe den Aufbau und die grafischen Elemente des Schaubildes (Farbigkeit, Symbole, Pfeile, Aufteilung).
- Recherchiere, wenn nötig, Zusatzinformationen, z. B.:
  - Wann ist die Verfassung in Kraft getreten?
  - Wie lange und für welchen geografischen Raum war sie gültig?
  - Wer hat sie beraten und beschlossen?

2. Untersuchen

- Untersuche, welche Bestandteile das Schaubild hat.
- Erläutere die Bedeutung der verschiedenen Bestandteile (Pfeile, Farben, Symbole).
- Überprüfe, wer wählen darf und wer nicht, wer gewählt wird und wer nicht.
- Erläutere, welche Aufgaben und Rechte die einzelnen Institutionen haben.
- Untersuche, welche Beziehungen es zwischen diesen Institutionen gibt.

3. Deuten

- Überprüfe, wie die Macht in dieser Verfassung verteilt ist.
- Stelle fest, um welche Staatsform es sich handelt.
- Formuliere ein Urteil darüber, wie demokratisch die Verfassung deiner Meinung nach ist.
- Stelle Vermutungen darüber an, ob alle mit dieser Verfassung zufrieden sein konnten oder ob sie Anlässe für Konflikte bot.

Mit Geschichtskarten arbeiten, Band 7/8, S. 104–105

Arbeitsschritte

1. Beschreiben

- Nenne das Thema der Karte.
- Nenne die dargestellte Region, den gezeigten Zeitraum und den Maßstab.
- Halte fest, ob die Karte eher einen Zustand oder eine Entwicklung darstellt, also statisch oder dynamisch ist.

2. Untersuchen

- Beschreibe mithilfe der Legende die Informationen, die du der Karte entnehmen kannst. Erkläre dabei die Bedeutung der Farben, Zeichen und Symbole.
- Benenne Einzelheiten, die dir besonders auffallen.
- Stelle fest, zu welchen Informationen der Karte du bereits etwas weißt.
- Wenn es sich um eine dynamische Karte handelt, erläutere die Veränderungen.

3. Deuten

- Fasse die wichtigsten Aussagen der Karte in wenigen Sätzen zusammen.
- Ordne die Karte in den historischen Zusammenhang ein: Welche Entwicklungen, welche Probleme lassen sich ablesen?
- Überlege dir, auf welche Fragen die Karte keine Antwort gibt.

Mit Statistiken arbeiten, Band 7/8, S. 142–143

Arbeitsschritte

1. Beschreiben

- Nenne anhand der Überschrift das Thema der Statistik.
- Kläre den dargestellten Zeitraum und den geographischen Raum.
- Nenne die Größe/Einheit, in der die Daten angegeben werden.
- Achte auf das Tabellenformat bzw. die Diagrammart (absolute Zahlen, Prozentzahlen oder ein Vergleichswert).

2. Untersuchen

- Stelle fest, von wem die Statistik erstellt wurde.
- Arbeite heraus, welche Entwicklungen erkennbar sind. Achte dabei auch auf auffällige Entwicklungen/Extreme, auf Sprünge, Rückschritte, Gleichbleibendes und Fortschritte.
- Stelle fest, ob Daten fehlen, und erkläre dies gegebenenfalls.
- Überlege, welche Informationen du dir zum Verständnis der Statistik beschaffen musst.

3. Deuten

- Fasse zusammen, welche einzelnen Informationen du erhalten hast.
- Erkläre, welche zentralen Aussagen sich der Statistik entnehmen lassen.
- Überlege, ob im Untersuchungszeitraum wichtige historische Ereignisse Einfluss auf die Daten genommen haben könnten.
- Überprüfe, ob es offene oder neue Fragen gibt, die das Diagramm/die Statistik nicht beantwortet.

Arbeitstechniken/Digitale Arbeitstechniken

Gemeinsam digital diskutieren, Band 7/8, S. 118–119

Arbeitsschritte

1. Zusammenarbeit vorbereiten

- Klärt zunächst das Ziel der digitalen Zusammenarbeit und wählt gemeinsam eine geeignete Anwendung aus (Seriosität des Anbieters, Datenschutzeinstellungen sowie Funktionalität beachten).
- Ruft die Anwendung über den Browser auf und verschafft euch einen Überblick über die Funktionsweise.
- Erstellt ein gemeinsames digitales Dokument und stellt allen Teammitgliedern den Zugang bereit, z. B. durch einen Link.

2. Kommunizieren und kooperieren

- Legt eine Struktur für die Zusammenarbeit an, etwa durch Gliederung von Unterthemen oder die Formulierung von Aufgaben für einzelne Teammitglieder.
- Tragt eigene Inhalte in das digitale Dokument ein oder reagiert auf bereits eingetragene Inhalte durch Ergänzungen, Kommentare oder Hinweise.
- Berücksichtigt auch beim digitalen Arbeiten Kommunikationsregeln, die im persönlichen Miteinander gelten.

3. Zusammenfassen und bewerten

- Überprüft die Inhalte des digitalen Dokuments hinsichtlich Vollständigkeit, Verständlichkeit und der festgelegten Zielstellung.
- Speichert die finale Version des digitalen Dokuments auf einem Computer, damit sie auch ohne Internet zur Verfügung steht.
- Stellt das Dokument allen Teammitgliedern zur Verfügung.
- Bewertet abschließend die digitale Zusammenarbeit und formuliert ggf. Vorschläge zur Verbesserung.

Eine Zeitleiste erstellen

Arbeitsschritte

1. Planung

- Legt Thema und Zweck der Zeitleiste fest.
- Berechnet Maßstab und Platzbedarf.
- Tragt die Zeitskala ein und nehmt die Markierung von Abschnitten vor.
- Besprecht untereinander, zu welchen Ereignissen, Personen oder Begriffen ihr Eintragungen vornehmen wollt (am besten dann, wenn ein Thema im Unterricht abgeschlossen ist).

2. Zeitleistenbausteine

- Schreibt eure Texte vor und besprecht sie miteinander.
- Sammelt passende Bilder und andere zusätzliche Materialien. Trefft daraus gemeinsam eine Auswahl und formuliert (Bild-)Unterschriften.

3. Ausgestaltung

- Klärt genau, wo welcher Baustein in der Zeitleiste hinkommen soll. Tragt, klebt oder malt dann ein, was ihr geplant habt.
- Überlegt gemeinsam, wie ihr die Zeitleiste noch anschaulicher und übersichtlicher gestalten könnt (Farben, Symbole).

Historische Orte virtuell erkunden

Arbeitsschritte

1. Informieren

- Formuliere eine Fragestellung für den virtuellen Besuch eines historischen Ortes.
- Informiere dich im Schulbuch, in Lexika oder dem Internet über den historischen Ort.
- Notiere folgende Informationen: Zeit der Entstehung, Aufbau, Funktion in der Vergangenheit, Wandel des Ortes, heutiger Zustand.
- Recherchiere ergänzende Materialien wie Fotos oder Bilder.

2. Untersuchen

- Verschaffe dir einen Überblick über das virtuelle Angebot und dessen Funktionsweise.
- Prüfe, ob eine virtuelle Erkundung oder Rekonstruktion vorliegt. Beschreibe die virtuelle Darstellung des Ortes: Entfernungen, bauliche Merkmale, Größenverhältnisse, geographische Lage.
- Vergleiche die virtuelle Darstellung mit recherchierten Materialien wie Fotos oder Bildern.

3. Beurteilen

- Fasse die mithilfe des virtuellen Angebots erarbeiteten Informationen und Antworten auf deine Fragen zusammen.
- Erläutere in eigenen Worten die Bedeutung des Ortes in der Vergangenheit und heute.
- Beurteile eine virtuelle Rekonstruktion z. B. hinsichtlich ihrer Originaltreue oder technischen Umsetzung.
- Beurteile eine virtuelle Erkundung z. B. danach, ob es offene Fragen gibt, die nur ein Besuch vor Ort beantworten kann.

Informationen im Internet recherchieren

Arbeitsschritte

1. Suchen

- Kläre, zu welchem Thema oder zu welcher Frage du recherchieren willst.
- Informiere dich über das Thema im Schulbuch oder in einem Lexikon und notiere dabei erste Namen, Informationen und Fachbegriffe.
- Gib die notierten Namen und Fachbegriffe in eine Suchmaschine ein.
- Prüfe, ob die ersten drei oder vier Fundstellen zu deinem Thema passen. Wenn nicht, grenze deine Suche z. B. durch Orts- und Zeitangaben ein.

2. Überprüfen

- Prüfe die Verlässlichkeit der recherchierten Informationen. Untersuche dazu, ob
- der Anbieter der Seite (Impressum) und der Autor des Textes genannt werden;
- ein Datum anzeigt, wann der Text veröffentlicht wurde;
- es Nachweise zur Herkunft der Informationen gibt.
- Sei besonders vorsichtig, wenn:
- Informationen fehlen oder deinem Wissen widersprechen;
- einseitige Meinungen oder Sichtweisen enthalten sind.

3. Auswerten

- Wähle die für deine Frage wichtigen und glaubwürdigen Informationen aus.
- Bereite die Informationen auf, indem du längere Texte zusammenfasst oder kurze Aussagen Wort für Wort als Zitat übernimmst.
- Notiere zu den Informationen und Zitaten jeweils den Ort, wo du sie gefunden hast. Gib dazu den Titel und die Adresse der Website (URL) an und ergänze das Datum, an dem du die Seite aufgerufen hast.

Ergebnisse digital präsentieren

Arbeitsschritte

1. Vortrag ausarbeiten

- Gliedere dein Thema in mehrere Teile. Deine Gliederung kann chronologisch (am zeitlichen Ablauf orientiert) oder logisch aufgebaut sein (etwa ein Gebäude erst von außen und dann von innen beschreiben).
- Recherchiere Informationen und ordne sie den Vortragsteilen zu.
- Formuliere den Vortrag schriftlich. Erkläre unbekannte Fachbegriffe und Personen.
- Überlege dir einen motivierenden Einstieg und plane am Ende eine Zusammenfassung ein.
- Lies deinen Text langsam, laut und deutlich vor. Stoppe die Zeit, um zu prüfen, ob dein Vortrag den Zeitvorgaben entspricht.

2. Präsentation erstellen

- Recherchiere im Internet passende Bilder, die das Gesagte veranschaulichen oder erklären.
- Öffne in einem Präsentationsprogramm eine neue Datei und benenne diese.
- Erstelle eine Startfolie mit Thema und Datum deines Vortrags sowie deinem Namen. Die Schrift sollte auch in der letzten Reihe im Klassenraum gut lesbar sein.
- Schreibe nur wichtige Informationen des Vortrags auf die Folien (Fachbegriffe, Namen, Jahreszahlen, …).
- Binde die Bilder auf den Folien ein. Nenne Medienart, Urheber, Datum und Fundort des Bildes.

3. Vortrag einüben und halten

- Lies deinen Vortragstext so oft, dass du nur noch kleine Karten mit Stichworten als Hilfe brauchst.
- Markiere auf den Karten, an welchen Stellen du die Folie weiterblättern möchtest.
- Übe deinen Vortrag und lass dir eine Rückmeldung geben, was du besser machen kannst.
- Bereite dich auf Rückfragen deines Publikums vor.
- Halte beim Vortrag Blickkontakt mit dem Publikum, drehe ihm nicht den Rücken zu und sprich möglichst deutlich und frei.
- Signalisiere den Zuhörenden, wenn dein Vortrag zu Ende ist.

Wikipedia-Artikel erschließen

Arbeitsschritte

1. Suchen

- Kläre zunächst mithilfe der Begriffsklärung, der Einleitung und des Inhaltsverzeichnisses, ob der Artikel zu deiner Fragestellung passt. Wenn nicht, suche über das Suchfeld oben rechts weiter.
- Gehe vom Inhaltsverzeichnis direkt zum Abschnitt, der zu deinem Thema passt. Lies den Abschnitt für einen ersten Überblick durch.
- Bevor du mit dem Artikel weiterarbeitest, schätze die Qualität des Artikels ein, indem du die Zahl der beteiligten Autorinnen und Autoren sowie der verwendeten Literatur und Einzelnachweise überprüfst.

2. Überprüfen

- Kläre beim zweiten Lesen Verständnisschwierigkeiten: Nutze dafür auch die thematischen Verlinkungen. Öffne diese in einem neuen Browserfenster, um den Überblick nicht zu verlieren.
- Prüfe die Verlässlichkeit genauer: Untersuche Art und Umfang der Quellen- und Literaturangaben für einzelne Informationen.
- Sei besonders vorsichtig, wenn Aussagen nicht belegt werden oder Nachweise nur von einer Quelle stammen.
- Analysiere die Diskussionsseiten und die Versionen, um strittige Punkte zur Qualität des Artikels festzustellen.

3. Aufbereiten/Auswerten

- Bereite die wichtigen und glaubwürdigen Informationen auf: Fasse längere Texte in eigenen Worten zusammen.
- Gib die Wikipedia-Seite als Quelle an, indem du die Zitierhilfe unter „Artikel zitieren" nutzt.
- Verwendest du Bilder aus der Wikipedia, mache stets genaue Quellenangaben.
- Ordne die aufbereiteten Informationen ein, indem du andere Quellen vergleichend einbeziehst. Ein Ausgangspunkt können die Literaturangaben am Ende des Artikels sein.

Operatoren verstehen und anwenden

Operatorentraining: Analysieren, Band 7/8, S. 38–39

Schritt für Schritt

Analysieren:

Bearbeite Quellen und Darstellungen unter einer besonderen Fragestellung. Nimm die enthaltenen Merkmale und Inhalte genau unter die Lupe. Beantworte die Frage anhand deiner Ergebnisse. Schreibe die Informationen strukturiert und nachvollziehbar auf.

Das gehört in den Text

- Am *Anfang* werden Entstehungszeit und -ort, Urheber und Thema der Quelle oder Darstellung genannt.
- Im *Hauptteil* erklärt man den Bildaufbau. Achte besonders darauf, welche Personen und Gegenstände dargestellt sind.
- Zum *Schluss* wird die Bildaussage zusammengefasst. Dazu kannst du die verschiedenen Bildelemente mit deinem Wissen zur Entstehungszeit verknüpfen.

Darauf musst du achten

- Beschreibe die Quelle oder Darstellung zuerst. Beachte dazu die Arbeitsschritte zur Arbeit mit Bildquellen. (Tipp: Eine Textquelle kannst du zusammenfassen.) So schaffst du eine Grundlage für deine Analyse.
- Schreibe so strukturiert und nachvollziehbar, dass jemand deine Analyse verstehen kann, ohne die Quelle zu kennen.
- Zeitform: Um eine Quelle zu analysieren, wird das Präsens verwendet.

Formulierungshilfen

- Um den Bildaufbau zu beschreiben, können Formulierungen verwendet werden wie: *Im Vordergrund/Hintergrund ...; In der Bildmitte ...; Am rechten/linken Bildrand ...*
- Um Aussagen über Bildelemente zu machen, können Formulierungen verwendet werden wie: *Das Bild zeigt, dass ...; Man kann vermuten, dass ...*

Operatorentraining: Erläutern, Band 7/8, S. 150–151

Schritt für Schritt

Erläutern:

Erkläre eine historische Situation, eine Handlung oder ein Ereignis ausführlich und gib zusätzliche Informationen und Beispiele an.

Das gehört in den Text

- Am *Anfang* nennst du die Hypothese (Annahme über einen historischen Sachverhalt), die deine Erläuterung leitet.
- Im *Hauptteil* werden historische Ereignisse, Situationen oder Handlungen erklärt. Außerdem werden Gründe, Ursachen und Folgen durch zusätzliche Informationen und Beispiele ergänzt.
- Am *Ende* ziehst du eine Schlussfolgerung.

Darauf musst du achten

- Zeitform: *Präteritum*
- Die Hypothese am Anfang deiner Erläuterung ergibt sich manchmal direkt aus der Fragestellung, manchmal musst du sie selbst entwickeln.
- Betrachte unterschiedliches Material, z. B. den Verfassertext, Quellen und Darstellungen, um eine umfassende Erläuterung zu verfassen.
- Nicht immer stimmt man den Einschätzungen von Zeitgenossen oder Historikerinnen und Historikern zu. Du kannst die indirekte Rede bzw. den Konjunktiv I verwenden, um deutlich zu machen, dass es sich nicht um deine eigene Meinung handelt.

Formulierungshilfen

- Mit diesen Formulierungen kannst du Zusammenhänge herstellen und verdeutlichen: *… da/weil/aufgrund/aus diesem Grund …; Infolgedessen/Infolge von …; Deshalb/Dadurch/Deswegen …; Dies kann man erklären mit …*
- Wenn du Gründe und Argumente einschränken möchtest, kannst du diese Formulierungen nutzen: *Aber/Allerdings/Jedoch/Trotzdem/Zwar/Trotz allem …; Einschränkend muss man sagen, dass …*
- Um Beispiele zu geben, helfen dir folgende Formulierungen: *Zum Beispiel …; Beispielsweise …; Als Beispiel kann man anführen, dass …*

Operatorentraining: Erklären, Band 7/8, S. 240–241

Schritt für Schritt

Erklären:

Gib Gründe oder Ursachen an, die zu einem historischen Ereignis geführt haben, oder stelle die Folgen eines historischen Sachverhaltes nachvollziehbar dar. Beantworte so eine Warum-Frage.

Das gehört in den Text

- Am *Anfang* nennst du die Frage, die du in deiner Erklärung beantworten willst.
- Im *Hauptteil* werden Ursachen und Gründe für ein historisches Ereignis genannt oder dessen Folgen aufgezeigt. Zu Gründen zählen z. B. Anlässe, Motive und Ziele, die mit dem historischen Ereignis in Verbindung stehen.
- Am *Ende* beantwortest du die Frage, die z. B. in der Aufgabe gestellt wurde.

Darauf musst du achten

- Zeitform: Um einen historischen Sachverhalt zu erklären, wird das *Präteritum* verwendet.
- Manchmal kennt der Leser deiner Erklärung die Frage nicht, auf die du antwortest. Deshalb kannst du sie am Anfang wiederholen.
- Damit eine Erklärung glaubhaft und nachvollziehbar ist, sollte sie verschiedene Gründe einbeziehen.
- Nicht immer stimmt man den Gründen, die Zeitgenossen oder Historiker anführen, zu. Du kannst die indirekte Rede (Konjunktiv I) verwenden, um deutlich zu machen, dass du nicht deine eigene Meinung aufschreibst.

Formulierungshilfen

- Um Zusammenhänge herzustellen und zu verdeutlichen:
  ... da/weil/aus diesem Grund;
  Dies kann man erklären mit ...;
  So/damit/um ... zu/sodass, ...
- Um Anlässe, Motive, Ursachen und Folgen herauszustellen:
  Mit der Absicht ...;
  Ein Motiv war es ...;
  Als Ursache kann ... betrachtet werden;
  Eine Folge von ... ist, dass ...
- Um Gründe und Argumente zu gliedern:
  Erstens, Zweitens, Drittens ...;
  Außerdem/Darüber hinaus/Des Weiteren ...;
  Aber .../Auch ...

Gemeinsam lernen

An Stationen lernen, Band 7/8, S. 132–133

Arbeitsschritte

1. Phase: Vorbereitung

- Sammelt und notiert zu einem neuen Thema zunächst eigene Vermutungen und Fragen.
- Lasst euch die Themenbereiche der Stationen von eurer Lehrerin/eurem Lehrer vorstellen.
- Lasst euch die Arbeitsweise erklären: die freie Wahl der Reihenfolge, die Pflicht- und Wahlstationen, die Zeitplanung und die Bildung der Gruppen.
- Bildet Gruppen von maximal vier Personen, plant die Reihenfolge der Stationen und sprecht euch mit den anderen Gruppen ab.
- Legt euch die die notwendigen Arbeitsmaterialien bereit.
- Fertigt einen Laufzettel an, mit dem ihr kontrolliert, welche Stationen ihr schon bearbeitet habt.
- Legt für eure Arbeitsergebnisse eine Projektmappe an.

2. Phase: Durchführung

- Lest und bespricht in der Gruppe die Aufgaben, berücksichtigt auch die Form der Präsentation.
- Verteilt ggf. einzelne Aufgaben untereinander.
- Teilt euch selbstständig die Zeit für das Lesen, Anfertigen von Notizen und Besprechen eurer Ergebnisse ein. Die Pflichtstationen solltet ihr in der vorgegebenen Zeit erledigen. Über die Erarbeitung der Wahlstationen entscheidet ihr je nach Interesse und Zeit selbst.
- Teilt die Präsentationen der einzelnen Stationen unter den Gruppen auf (z. B. durch Losen).
- Erarbeitet die Präsentation zu der euch zugeteilten Station.
- Sammelt eure Arbeitsergebnisse in einer Projektmappe.

3. Phase: Auswertung

- Präsentiert die euch zugeteilte Station, während die anderen eure Ergebnisse mit den eigenen vergleichen.
- Klärt jeweils am Ende, was unklar geblieben ist.
- Überprüft und beantwortet danach die in der Vorbereitungsphase notierten Vermutungen und Fragen.
- Diskutiert die Bedeutung der einzelnen Stationen für das gesamte Thema. Wägt zum Schluss gemeinsam in der Diskussion ab, warum einzelne Faktoren für euch ein besonderes Gewicht haben.
- Reflexionsphase: Tauscht euch darüber aus, was beim Stationenlernen gut und was weniger gut gelaufen ist.

Mit Think-Pair-Share lernen

Arbeitsschritte

1. Think: Arbeite allein

- Lies dir deine Aufgabe genau durch.
- Untersuche das Material entsprechend der Aufgabe.
- Halte deine Ergebnisse in Form von Notizen fest.
- Beachte in allen Arbeitsphasen die Zeitvorgabe deiner Lehrerin bzw. deines Lehrers.

2. Pair: Arbeitet zu zweit

- Stellt euch gegenseitig eure Ergebnisse vor.
- Der/Die jeweils Zuhörende notiert sich das Wichtigste.
- Falls ihr dieselbe Aufgabe gehabt habt: Tauscht euch noch einmal darüber aus und verständigt euch auf ein gemeinsames Ergebnis.

3. Share: Tauscht euch in der Gruppe/Klasse aus

- Bei verschiedenen Aufgaben: Stelle die Ergebnisse deiner Partnerin/deines Partners in der Gruppe/Klasse vor.
- Bei gleichen Aufgaben: Stellt gemeinsam eure Partnerergebnisse in der Gruppe/Klasse vor.
- Haltet in der Gruppe/Klasse das gemeinsame Ergebnis in geeigneter Form fest.
- Habt ihr euch zunächst in Gruppen ausgetauscht, so verständigt euch abschließend in der Klasse über die Arbeitsergebnisse.
- Gestaltet eine geeignete Präsentation eures Arbeitsergebnisses.

Ein Rollenspiel entwickeln

Arbeitsschritte

1. Vorbereitung

- Klärt Ziel und Inhalt (Rollen, Szene) des Spiels: Betrachtet dabei die historische Situation.
- Verteilt die Rollen: Wer spielt was? Welche Aufgabe hat die Klasse?
- Erarbeitet das Rollenverhalten (z. B. in Gruppenarbeit). Fertigt ggf. Rollenkarten an.

2. Durchführung

- Spielt die Rollen gemäß der Rollenverteilung und dem zuvor festgelegten Rollenverhalten.
- Versetzt euch dabei in die damalige Zeit.

3. Auswertung

- Spieler: Berichtet, wie ihr die eigene Rolle erlebt habt.
- Mitspieler und Klasse: Äußert euch zur Rollengestaltung der Spieler.
- Beurteilt gemeinsam die Realitätsnähe und Überzeugungskraft des Spiels.
- Beim Spiel von Entscheidungssituationen: Vergleicht und diskutiert die Entscheidung im Spiel mit der historischen Realität.
- Diskutiert weiterführende Fragen, die sich aus dem Spiel ergeben.

Pro-und-Kontra-Diskussion

Arbeitsschritte

1. Vorbereitung

- Klärt die Fragestellung der Pro-und-Kontra-Diskussion.
- Organisiert eine arbeitsgleiche Gruppenarbeit. Die Gruppen vertreten jeweils entweder die Pro- oder die Kontra-Position.
- Verschafft euch einen Überblick über die Materialien zu eurer Frage. Teilt diese unter euch auf.
- Jedes Gruppenmitglied wertet nun seine Materialien aus und sammelt Pro- und Kontra-Argumente.
- Ordnet und vergleicht gemeinsam alle Argumente nach Wichtigkeit und Überzeugungskraft.
- Formuliert gemeinsam das Plädoyer für eure Position.
- Wählt einen Gruppensprecher, der das Plädoyer hält.

2. Führen der Diskussion

- Ein Moderator eröffnet die Diskussion. Er weist auf die Gesprächsregeln hin und achtet auf deren Einhalten.
- Die beiden Gruppensprecher halten ihr Plädoyer, das jeweils etwa 3–5 Minuten dauern sollte.
- Offene Diskussion: Alle Gruppenmitglieder beteiligen sich, unterstützen eigene Argumente und antworten auf Gegenargumente.
- Der Moderator steuert die Diskussion.
- Vor und nach der Diskussion kann eine Abstimmung unter den Zuhörern zum Thema erfolgen: Stimmen sie pro oder kontra?

3. Auswertung

- Die beiden Gruppen setzen sich zusammen und halten ihren Eindruck der Diskussion fest.
- Der Moderator fasst seinen Eindruck zusammen.
- Offenes Auswertungsgespräch unter Leitung des Moderators: Wie haben sich die Gruppenmitglieder in ihrer Rolle verhalten? Welche Qualität hatten die Argumente der beiden Seiten – und wurden sie überzeugend vorgetragen?
- Wenn abgestimmt wurde: Wer hat seine Meinung geändert und warum? Wer ist bei seiner Meinung geblieben und warum?

Gallery Walk

Arbeitsschritte

1. Produkt erstellen

- Besprecht in der Lerngruppe, um welches Thema es geht, und was für ein Produkt erstellt werden soll, z. B. (Lern-)Plakat, Concept Map.
- Bildet möglichst gleich große Gruppen und ordnet euch ggf. einem Teilthema zu.
- Erarbeitet euer Thema und erstellt das Produkt. Wichtig: Jedes Gruppenmitglied muss das Produkt später vorstellen können.
- Bereitet eure Station für den Museumsrundgang vor: Hängt euer Produkt auf oder legt es auf einem Tisch aus.

2. Präsentation

- Besprecht in der Lerngruppe, worauf ihr beim Museumsrundgang besonders achten sollt.
- Bildet neue Gruppen: Jede bisherige Gruppe sollte durch eine Person darin vertreten sein (wie die Experten beim Gruppenpuzzle).
- Geht in den neuen Gruppen von Station zu Station und präsentiert euch gegenseitig eure Produkte. Im Anschluss an jede Präsentation geben die übrigen Gruppenmitglieder eine Rückmeldung. Macht euch hierzu ggf. Notizen.
- An jeder Station sollte immer nur eine Gruppe sein. Vereinbart ein Zeichen für den Wechsel (wie beim Zirkeltraining im Sportunterricht).

3. Auswertung

- Kehrt am Ende des Museumsrundgangs in eure ursprünglichen Gruppen zurück.
- Tauscht euch über eure Eindrücke aus und vergleicht die gesehenen Produkte in Hinblick auf die zu Beginn der Präsentationsphase verabredeten Kriterien.
- Setzt ggf. während des Rundgangs erhaltene Anregungen zu eurem eigenen Produkt um.
- Abschlussrunde: Besprecht in der gesamten Lerngruppe die Ergebnisse eures Museumsrundgangs. Gebt Rückmeldung zur Methode.

Mit einem Gruppenpuzzle lernen

Arbeitsschritte

1. Phase: Auftakt in der Stammgruppe

- Nähert euch dem Gesamtthema an: Welche Fragestellung oder welches Problem gilt es später gemeinsam zu lösen? Haltet die Frage und ggf. erste Annahmen dazu fest.
- Informiert euch über die Teilthemen, die nachfolgend zu erarbeiten sind.
- Verschafft euch einen Überblick über die Materialien und ordnet sie den Teilthemen zu.
- Einigt euch, wer welches Teilthema bearbeiten möchte.

2. Phase: Arbeit in der Expertengruppe

- Findet euch in eurer Expertengruppe zusammen.
- Untersucht das Material zu eurem Teilthema.
- Tauscht euch als Expertinnen und Experten über eure Ergebnisse aus und verständigt euch auf ein gemeinsames Ergebnis.
- Sichert euer gemeinsames Ergebnis: Dieses stellt ihr nachfolgend euren Stammgruppen vor.

3. Phase: Rückkehr in die Stammgruppe

- Findet euch wieder in eurer Stammgruppe zusammen. Stellt euch als Expertinnen und Experten gegenseitig eure Ergebnisse vor und sichert diese in einer gemeinsamen Tabelle.
- Diskutiert die Arbeitsergebnisse und klärt die eingangs formulierte Frage.
- Bereitet eine Präsentation vor.
- Präsentiert eure Ergebnisse und wertet sie anschließend aus.
- Diskutiert offene und/oder weiterführende Fragen.

Begriffsglossar

Abendland
(auch: Okzident) mittelalterliche Bezeichnung für das westliche Europa; Gegenbegriff: Morgenland (Orient) → S. 200

Ablass
Erlass einer Strafe für eine Sünde. Im 15. Und 16. Jahrhundert wurde diese Praxis missbraucht, indem man den Ablass einfach mit Geld kaufen konnte. → S. 50

Absolutismus
(von lat. legibus absolutus = von den Gesetzen losgelöst) von Ludwig XIV. begründete und im 17. und 18. Jh. von vielen Herrschern nachgeahmte Herrschaftsform → S. 56
Bei absolutistischer Herrschaft liegen Gesetzgebung, Regierungsgewalt und Gerichtsbarkeit ungeteilt in der Hand eines dadurch sehr mächtigen Königs. → S. 68

Adel
Führender Stand in der mittelalterlichen Gesellschaft, der seine Macht auf Grund- und Herrschaftsbesitz, die Nähe zum König und erlangte Vorrechte (Privilegien) stützte. → S. 32

Agrarreformen
Abhängige Bauern werden persönlich frei und können ihr Dorf verlassen, um woanders zu arbeiten. Sie brauchen auch nicht mehr die Einwilligung des Grundherrn, wenn sie heiraten wollen. → S. 154

Allmende
von der Allgemeinheit zumeist frei nutzbares Land oder Gewässer → S. 36

Almosen
(altgriech. = Mitleid) Geld- oder Sachspenden für einen Bedürftigen → S. 160

Annexion, annektieren
gewaltsame Aneignung eines fremden Staatsgebietes → S. 124

Antisemitismus
Im 19. Jahrhundert entstandene Form der Judenfeindschaft. Im Vordergrund stand nicht der religiöse Gegensatz. Seine Vertreter waren vielmehr der Überzeugung, es gebe verschiedene, höher- und minderwertige „Rassen". Die „jüdische Rasse" sei minderwertig. Deshalb könnten Juden nicht zum deutschen Volk gehören und nicht die gleichen Rechte beanspruchen. → S. 210

Anwerbeabkommen
ein Vertrag, in dem festgelegt ist, dass Menschen aus dem einen Land in das andere zum Arbeiten gehen dürfen → S. 186

Armut
Wir unterscheiden heute absolute und relative Armut. Als absolut (oder extrem) arm gilt, wer seine physischen Grundbedürfnisse nicht befriedigen kann. Heute ist das eine Person, die weniger als 1,90 US-Dollar pro Tag zur Verfügung hat.
Relative Armut ist gemeint, wenn jemand weniger als die Hälfte des Durchschnittseinkommens zur Verfügung hat. → S. 160

Astrolabium, Quadrant
Messgeräte, mit denen sich durch die Orientierung an Himmelskörpern die Position von Schiffen bestimmen lässt → S. 230

Aufgeklärter Absolutismus
Seit Mitte des 19. Jh. benutzter Begriff, der eine absolutistische Herrschaft beschreibt, die vom Prinzip der Vernunft geleitet sein soll. Z. B. tritt an die Stelle eines göttlichen Auftrags der „Zufall der Geburt" als Begründung der Herrschaft. → S. 74

Aufklärung
im 17. und 18. Jahrhundert verbreitete Denkrichtung, die nur gelten lässt, was eine Überprüfung durch den Verstand besteht → S. 69
Diese Denkrichtung will mit dem „Licht der Vernunft" das „Dunkel der Bevormundung" vertreiben. Der englische Begriff „enlightenment" drückt dies noch deutlicher aus. Die Philosophen der Aufklärung nennt man Aufklärer. → S. 72

Bankrott
Ist ein Staat nicht mehr zahlungsfähig, spricht man von einem Staatsbankrott. → S. 80

Befreiungskriege
Ab 1813 kämpften mehrere europäische Länder gemeinsam gegen die französische Vorherrschaft. Diese Kriege, in denen Napoleons Truppen besiegt wurden, wurden später „Befreiungskriege" genannt. → S. 101

Beschwerdehefte
(frz.: cahiers de doléances) Mit ihnen sollten die Franzosen dem König über ihre Nöte und Wünsche berichten. Es war eine der größten Volksbefragungen der Geschichte. Noch heute sind über 40 000 dieser Hefte erhalten. → S. 81

Bettelorden
Bettelorden sind christliche Ordensgemeinschaften, die sich einem Leben in Armut verpflichten. → S. 161

Bourgeoisie
wohlhabendes Bürgertum, das auf Kosten der Proletarier lebt. Gemeint sind Unternehmer, Beamte, Gelehrte und Ärzte. → S. 168

Calvinismus
Evangelische Konfession, die auf die Lehre Johannes Calvins (1509– 1564) zurückgeht. Sie prägte vor allem die Schweiz, die Niederlande und die USA. → S. 51

chronologisch
die Beschreibung von Themen als eine Abfolge von Ereignissen → S. 18

Diaspora
(griech.: Verstreutheit) Bezeichnung für das Leben der Jüdinnen und Juden unter Andersgläubigen → S. 192

Diktatur
Herrschaftsform, bei der eine Person oder Personengruppe die uneingeschränkte Macht über einen Staat und das Volk hat → S. 92

direkte/indirekte Steuern
Direkte Steuern werden auf das Einkommen und das Vermögen von Personen erhoben. Indirekte Steuern werden auf den Verbrauch von Gütern, auf Handel oder Dienstleistungen erhoben und verteuern diese für den Verbraucher. → S. 57

Direktorium
Gruppe von fünf Männern, „Direktoren", die von 1795 bis 1799 die Regierung stellten. Sie schafften viele Rechte ab, die durch die Revolution erkämpft worden waren, z. B. das Recht auf Versammlungsfreiheit und die Pressefreiheit. Sie wurden anhand einer Vorschlagsliste gewählt. → S. 98

Dorfschulze
Vorsteher eines Dorfes → S. 36

East India Company
Die britische Ostindien-Kompanie war eine Kaufmannsgesellschaft für den Indienhandel, die die Kolonialherrschaft Großbritanniens über Indien begründete. → S. 76

Edikt
eine Verordnung, Bekanntmachung oder Anweisung durch den Staat → S. 178

Emanzipation
Abbau von Benachteiligungen in Recht, Politik, Bildung und Beruf → S. 152

Emigration/emigrieren
Das dauerhafte Verlassen des Heimatlandes. Auf die Emigration (Auswanderung) folgt die Immigration (Einwanderung) im Zielland. → S. 178

Empire
(von lat. imperare = herrschen) Reich, das über viele Länder außerhalb seiner eigenen Grenzen herrscht → S. 248

Epoche
Epochen sind Zeitabschnitte, die sich durch besondere Merkmale voneinander abgrenzen. Wir geben ihnen Namen. → S. 14

Erzbischof
Bischof mit einem besonderen Amt, z. B. Leiter mehrerer Kirchenbezirke (Diözesen) → S. 22

evangelisch
Selbstbezeichnung jener Christen, die sich wie Luther allein an die Bibeltexte, insbesondere die Evangelien, halten wollten → S. 51

Expansion
Ausbreitung (hier: der Europäer auf andere Kontinente → S. 238

Fassade
die dem öffentlichen Raum (z. B. der Straße) zugewandte Seite eines Gebäudes, die meist aufwändiger gestaltet ist → S. 222

Fehde
Mit Gewalt versuchten Freie bzw. Adlige, sich Recht zu verschaffen. Der Gegner wurde gezielt geschädigt, z. B. durch Überfälle auf dessen Bauern oder Kaufleute. → S. 32

Feudalabgaben
Die Bauern waren den adligen Grundherren untertan. Sie bewirtschafteten deren Land und mussten dafür Abgaben und bestimmte Dienste (Frondienste) leisten – oft weit über ihre Kräfte. → S. 80

förderal
Charakterisiert einen Bund, der aus gleichberechtigten Gliedstaaten zusammengesetzt ist, die über eigene Rechte und Kompetenzen verfügen. Die USA und die Bundesrepublik Deutschland sind föderale Staaten. → S. 77

Freizügigkeit
Bürgerinnen und Bürger der EU dürfen sich im europäischen Binnenmarkt frei bewegen und in einem anderen Land arbeiten. → S. 186

Frondienste
unbezahlte Dienstleistungen der abhängigen Bauern für ihren adligen Herrn → S.86

Gegenreformation
Maßnahmen katholischer Fürsten zur Rückgewinnung von Gebieten, die in der Reformationszeit evangelisch geworden waren. Auch Waffengewalt wurde eingesetzt. → S.51

Generalstände
Versammlung von Vertretern aller drei Stände, die den König beraten sollte → S.81

Genossenschaft
Zusammenschluss von mehreren Personen, die gemeinsam wirtschaftliche, soziale oder kulturelle Ziele verfolgen. Dadurch können sie z. B. günstiger wirtschaften. → S. 168

geozentrisches Weltbild
die Vorstellung, dass die Erde (griech. gäa) den Mittelpunkt des Weltalls bildet → S.46

Geschichtsdarstellung
Darstellungen beschäftigen sich im Rückblick mit einem historischen Thema. Sie beruhen auf Quellen. Es gibt verschiedene Arten von Geschichtsdarstellungen: Bücher, Filme, Ausstellungen oder Computerspiele. Auch der Verfassertext deines Schulbuches ist eine Darstellung. → S.16

Gewaltenteilung
Die Gesetzgebung, die Ausführung der Gesetze und die Rechtsprechung werden in die Hände von drei verschiedenen Staatsorganen gelegt. Diese müssen voneinander unabhängig sein. → S.72

Gewerbefreiheit
Freiheit für jedermann, sich in einem Gewerbe seiner Wahl zu betätigen → S.138

Gewerkschaft
freiwilliger Zusammenschluss von Arbeitnehmern, um gegenüber den Arbeitgebern bessere Arbeitsbedingungen und höhere Löhne durchzusetzen → S. 168

Ghetto
Seit dem 15. Jahrhundert Bezeichnung für ein geschlossenes Wohnviertel. Der Begriff stammt aus dem Italienischen und wurde auf den Wohnbereich von Jüdinnen und Juden übertragen, die teils freiwillig, teils erzwungen dort zusammenlebten. → S.207

Goldene Bulle
hier: Urkunde, die verfügt, dass sieben Fürsten den König wählen dürfen – drei geistliche: die Erzbischöfe von Köln, Mainz und Trier; sowie vier weltliche: König von Böhmen, Pfalzgraf bei Rhein, Herzog von Sachsen, Markgraf von Brandenburg → S.25

Großbritannien
1707 hatten sich die Königreiche England und Schottland im „Act of Union" zu Großbritannien vereinigt. → S.76

Grundherrschaft
Organisationsform der Herrschaft auf dem Lande im Mittelalter. Die Bauern mussten an ihre Herren Abgaben zahlen und Frondienste leisten. Formen der Grundherrschaft bestanden in vielen Ländern Europas bis ins 19. Jahrhundert. → S.30

Habsburger
Katholisches Herrschergeschlecht, das über Jahrhunderte Könige und Kaiser des römisch-deutschen Reiches stellte. Ihre Besitzungen lagen vor allem in Österreich und Spanien. → S.54

Hanse
Städtebund mit dem Schwerpunkt an Nord- und Ostsee. Hauptziele waren die Förderung des Handels und der Schutz der Kaufleute. → S. 166

„Heiliger Krieg"
Krieg, der angeblich von Gott gewollt ist und zur Verbreitung einer Religion dienen soll. Tatsächlich wird in keiner der heiligen Schriften ein solcher Krieg erwähnt oder gefordert. → S.197

„Heiliges Land"
religiöse Bezeichnung für Jerusalem und Umgebung, da dort viele heilige Stätten von Juden, Christen und Muslimen zu finden sind → S.201

Heiliges Römisches Reich
Gebiet der römisch-deutschen Kaiser und Könige ab dem 13. Jahrhundert → S.24

heliozentrisches Weltbild
die Vorstellung, dass die Sonne (griech. helios) den Mittelpunkt des Weltalls bildet → S.46

Hohenzollern
Preußische Herrscherfamilie, zu der die deutschen Kaiser seit 1871 gehörten → S.120

Humanismus
(von lat. humanus = menschlich) Geisteshaltung, die im 14. Jahrhundert von Italien ausging: Mithilfe des Studiums der klassischen Sprachen (Latein, Griechisch) und der Lektüre antiker Schriften sollten die Menschen zu selbstbewussten und gebildeten Wesen werden. → S.44

Hunger
Ein Mensch hungert, wenn er dauerhaft weniger Energie aus Nahrungsmitteln erhält, als nötig wäre, um gesund zu bleiben. Hunger kann einen Erwachsenen in sechs bis zehn Wochen töten. → S. 160

Imperialismus
(von lat. imperare = herrschen) Das Streben, die eigene Herrschaft auf andere auszudehnen. 1880 bis 1914 war die Zeit des Hochimperialismus. → S. 244

indigene Völker
(von lat. indigena = einheimisch, inländisch) fachsprachliche Bezeichnung für die einheimische Bevölkerung einer Region und ihre Nachfahren → S. 231

Industrialisierung
ab etwa 1760 in England einsetzender, lange andauernder Prozess, bei dem die häusliche Handarbeit zunehmend durch maschinenunterstützte Fabrikarbeit abgelöst wurde → S. 69

Industrielle Revolution
Der Begriff nimmt vor allem die tiefgreifenden wirtschaftlichen und gesellschaftlichen Auswirkungen in den Blick, die den Übergang von der Agrar- zur Industriegesellschaft begleiteten. → S. 135

Ingenieur
Techniker mit einer wissenschaftlichen und praxisbezogenen Ausbildung → S. 139

Inquisition
Gericht der katholischen Kirche, das über die Einhaltung der christlichen Lehre wachte → S. 46

Integration
Das Eingliedern eines Menschen oder einer Gruppe in eine Gesellschaft. Dazu zählen zum Beispiel das Erlernen der Landessprache, der Schulbesuch oder die Aufnahme einer Arbeit. → S. 178

Israeliten
Angehörige der Zwölf Stämme Israels und ihre Nachkommen. Sie bilden das Volk Israel. → S. 192

Jakobiner
Bezeichnung für den wichtigsten politischen Club der Französischen Revolution; benannt nach seinem Versammlungsort, dem Jakobinerkloster Saint-Honoré in Paris → S. 90

Jüngstes Gericht
In einigen Texten der Bibel wird das baldige Ende der Welt angekündigt. Dabei kehre Christus zurück, um die Menschen zu richten und die Guten zu retten. → S. 194

Kalif
Religiöses und politisches Nachfolgeamt des Propheten Mohammed. Seit dem 11. Jahrhundert wurden Kalifen nur noch als geistliches Oberhaupt anerkannt, die wirkliche Macht hatten Sultane und andere Fürsten. → S. 196

Kettenmigration
Migrantinnen und Migranten folgen bereits Ausgewanderten ins Zielgebiet. So erhalten sie Informationen und Unterstützung am neuen Wohn- und Arbeitsort. Das soziale Netz kann Integrationsprozesse erleichtern, aber auch behindern. → S. 184

Ketzer
Bezeichnung für Christen, die nicht an die Lehren der katholischen Kirche glaubten → S. 50

Kirche
(von griech. ekklesia = Versammlung) organisierte Gemeinschaft der Gläubigen, aber auch das Gebäude, in dem Gott verehrt wird → S. 194

Kirchspiel
ein Pfarrbezirk, in dem mehrere Ortschaften einem Pfarrer zugeordnet sind → S. 164

Klerus
(lat. Priesterstand) Der geistliche Stand weihte sein Leben Gott, um dessen Wort zu verbreiten und Seelsorge zu betreiben. → S. 34

Kloster
Kann aus einem oder mehreren Gebäuden bestehen. Mönche und Nonnen führen hier gemäß den strengen Vorschriften ein von der Welt abgeschiedenes, frommes Leben. → S. 35

Koks
Brennmaterial, das aus Kohle gewonnen wird. Die Qualität des mit Koks produzierten Eisens ist höher als die des mit Holz erzeugten Eisens. → S. 135

Kolonialherrschaft
Bezeichnung für die zunächst von den Europäern errichtete Herrschaft über von ihnen eroberte Gebiete. Die dort lebenden Menschen wurden von den Eroberern unterworfen. → S. 235

Kolonie
(von lat. colere = Land bestellen) Seit dem 17. Jahrhundert bezeichnet man damit ein Gebiet, das von einem anderen Staat abhängig ist. → S. 238

Konfession
Bekenntnis; Glaubensüberzeugung, zu der sich ein Mitglied einer Religionsgemeinschaft öffentlich bekennt → S. 51

Konquistadoren
(von span. conquista = Eroberung) Bezeichnung für Spanier und Portugiesen, die aus Abenteuerlust, vor allem aber um reich zu werden, ihre Heimat in Richtung Amerika verließen → S. 234

konstitutionelle Monarchie
Staatsform mit einem König an der Spitze, der an eine Verfassung gebunden ist → S. 69

Kontinentalsperre
Großbritannien wurde vom Rest des Kontinents abgeschottet. Es durften keinerlei Waren vom europäischen Festland nach Großbritannien gebracht werden – und umgekehrt. → S. 101

Konzil
Kirchenversammlung, bei der über kirchliche Angelegenheiten beraten und entschieden wird → S. 200

Koran
(arab.: Lesung, Vortrag, das Vorgetragene) Heilige Schrift der Muslime, die um 650 entstanden ist. Der Koran enthält 114 Kapitel (Suren), die dem Propheten Mohammed offenbart wurden. → S. 197

Kreuzzug
Ursprünglich der vom Papst verkündete „Heilige Krieg" der Christen Europas zur Verteidigung und Verbreitung des Christentums. Kreuzzüge wurden im Mittelalter gegen Muslime in Palästina und Spanien, nichtchristliche Ostseevölker, jüdische Gemeinden im Rheinland und gegen christliche Sekten in Südfrankreich geführt. → S. 200

Kulisse
im Theater oder Film die bewegliche Hintergrunddarstellung eines Gebäudes, eines Straßenzuges, einer Landschaft →S. 223

Legitimitätsprinzip
(von lat. legitimus = rechtmäßig) Auffassung der damaligen Fürsten: Nur ihre Herrschaft sei rechtmäßig, da sie von Gottes Gnaden regierten. Dieses Recht werde weitervererbt. Eine Mitbestimmung des Volkes lehnten sie ab. → S. 106

Leitsektor
Teilbereich der Wirtschaft, der sich besonders schnell entwickelt und andere Bereiche nach sich zieht → S. 135

liberal, Liberalismus
(von lat. liber = frei) Der Liberalismus fordert das Recht des einzelnen Menschen auf seine persönliche Freiheit und wendet sich gegen Vorrechte des Adels. Auch freies Unternehmertum, Gewaltenteilung, Rechtsstaatlichkeit und Pressefreiheit zählen zu den Forderungen. → S. 109

Manufakturen
(von lat. manu = mit der Hand und facere = machen) Die zur Herstellung notwendigen Arbeitsschritte wurden auf verschiedene Arbeitskräfte aufgeteilt, die immer die gleichen Handgriffe ausführten (statt wie im Handwerk das gesamte Werkstück herzustellen). → S. 57

Marktwirtschaft
Wirtschaftsordnung, in der über Angebot und Nachfrage geregelt wird, was und wie viel produziert und zu welchem Preis etwas verkauft wird → S. 134

Mediatisierung
Um 1800 gab es in Deutschland Hunderte selbstständiger Territorialstaaten (Herrschaftsgebiete), die zum Teil sehr klein waren. Dazu kamen zahlreiche unabhängige Städte. Napoleon ließ die Territorien und Städte zu etwa 40 größeren Gebieten zusammenlegen. → S. 100

Menschen- und Bürgerrechte
Individuelle, angeborene, unveräußerliche und universelle Rechte, die jedem einzelnen Menschen von Natur aus zustehen. Dazu gehören Leben, Freiheit und Eigentum als allgemeine Menschenrechte sowie politische Rechte der Staatsbürgerinnen und -bürger. → S. 77

Metallverhüttung
Verfahren, bei dem unter hohen Temperaturen Eisen und andere Metalle aus Erzgestein gewonnen werden → S. 139

monotheistische Religion
Glaubenslehre, die auf der Verehrung eines Gottes beruht → S. 194

Muslim
(arab.: der, der sich Allah hingibt) Angehöriger des Islam → S. 197

Nation
Merkmale einer Nation können sein: gemeinsame Sprache, Kultur, Abstammung und Geschichte. Hauptmerkmal ist ein Zusammengehörigkeitsgefühl der Menschen, die in einem Gebiet zusammenleben. → S. 109

Nationalismus
übersteigerter Stolz auf die eigene Nation, oft verbunden mit der Herabsetzung anderer Völker und Nationen → S. 109

Nationalversammlung
vom Volk gewählte Versammlung von Abgeordneten, die eine Verfassung ausarbeiten soll → S. 114

Native Americans
eine nicht wertende Bezeichnung für die indigene Bevölkerung in den USA → S. 182

Neuzeit
Zeit vom Ende des Mittelalters bis zur Gegenwart. Das Gefühl, in einer neuen Zeit zu leben, kam in der Renaissance auf, als die Menschen vieles Alte infrage stellten. → S. 44

Norddeutscher Bund
Dieser wurde 1866 als Nachfolger des Deutschen Bundes gegründet. Er wurde von Preußen beherrscht und wurde zur Vorstufe für das 1871 gegründete Deutsche Reich. → S. 124

Orient
(von lat. oriri = aufgehen) aus europäischer Sicht die Länder der Erde in Richtung des Sonnenaufgangs am Morgen (daher auch Morgenland); Gegenbegriff: Okzident (Abendland) → S. 201

Osmanen
Eine Herrscherfamilie aus dem Nordwesten Anatoliens, die sich nach ihrem Anführer Osman (1258–1326) benannte. Die Osmanen gehörten zu den Turkvölkern, die aus Zentralasien stammten, und werden seit dem Mittelalter in Europa als Türken bezeichnet, egal ob sie türkisch sprachen oder nicht. → S. 204

Palästina
jüdisch-arabisch besiedeltes Gebiet am östlichen Mittelmeer zwischen der Küste und dem Fluss Jordan → S. 201

Papst
Bischof von Rom; dieser gilt seit dem 5. Jahrhundert als Papst und damit als Oberhaupt aller Christen. → S. 22

Parlament
(von mittellat. Parlamentum = Besprechung) Volksvertretung, die Gesetze beschließt, Ausgaben des Staates festlegt und die Regierung kontrolliert → S. 62

parlamentarische Monarchie
Monarchie, die von einem Parlament kontrolliert wird. Das Volk wählt das Parlament. Das Parlament wählt die Regierung und kontrolliert diese. Der Monarch hat nur klar begrenzte, meist repräsentative Rechte. → S. 114

parlamentarische Republik
In einer Republik gibt es keinen Monarchen, sondern ein gewähltes oder ernanntes Staatsoberhaupt auf Zeit. Das Volk wählt das Parlament. Das Parlament wählt die Regierung und kontrolliert diese. → S. 114

Pauperismus
Eine im 19. Jahrhundert auftretende neue Form der Massenarmut, die nicht mehr nur einzelne Personen betrifft, sondern eine große Gruppe, die auch bei anstrengendster Arbeit kein ausreichendes Einkommen erzielt. → S. 154

Perspektive
Der besondere Blickwinkel, den eine Quelle oder Darstellung auf die Vergangenheit liefert. Die Perspektive kann vom sozialen Stand, von der Nationalität, vom Geschlecht oder vielen anderen Bedingungen abhängen. → S. 16

Pilger
Gläubiger, der zu wichtigen religiösen Orten reist → S. 196

Plantage
Großer landwirtschaftlicher Hof, auf dem nur eine Pflanzenart angebaut wird. Im Amerika jener Zeit waren dies vor allem Kaffee, Kakao, Zuckerrohr und Baumwolle. → S. 235

Pogrom
gewalttätige Angriffe gegen Minderheiten in einer Gesellschaft → S. 197

Präventivkrieg
Wenn sich ein Staat bedroht fühlt, glaubt er angreifen zu müssen, bevor mögliche Gegner dies tun, um eine größere Siegeschance zu haben. → S. 249

Pressezensur
Einschränkung der Pressefreiheit durch staatliche Eingriffe → S. 98

Proletariat
die wirtschaftlich unselbstständige Schicht, die außer der eigenen Arbeitskraft nichts besitzt → S. 168

Prophet
Verkünder der Botschaft eines Gottes → S. 196

protestantisch
aus der Reformation entstandene Glaubensrichtung, die die verschiedenen Kirchengemeinschaften umfasst, z. B. Lutheraner, Reformierte → S. 54

puritanisch, Puritaner
Anhänger der Reformation innerhalb der Kirche von England, die gegen katholische Einflüsse und für eine Lebensführung streng nach der Bibel eintraten
→ S. 62

Quellen
Quellen nennen wir Hinterlassenschaften aus vergangenen Zeiten, die uns über die Vergangenheit informieren. → S. 14

Rabbiner
„Lehrer" der jüdischen Religionsvorschriften, geistlicher Leiter der Gemeinden Synagoge Jüdisches Gotteshaus. Hier finden die Gottesdienste statt. Es dient als Gemeindezentrum und Ausbildungsstätte für das Studium der religiösen Schriften. → S. 192

Reformabsolutismus
neuerer Begriff, der Widersprüche zwischen „aufgeklärt" und „Absolutismus" umgehen will und den Nutzen der Reformen für die Herrschenden betont
→ S. 74

Reformation
religiöse Erneuerungsbewegung des 16. Jahrhunderts, die zur Entstehung der evangelischen Kirche führte → S. 51

Reichsidee
Die mittelalterliche Vorstellung von einer überstaatlichen Einheit aller christlichen Völker knüpfte an das römische Vorbild an. Es galt, eine christliche Ordnung durchzusetzen. → S. 24

Reichstag
Versammlung, auf der der Kaiser, die bedeutendsten Fürsten und die Reichsstädte über wichtige Angelegenheiten berieten → S. 51

Reliquie
heilbringende Überreste von Heiligen oder Gegenstände, mit denen diese in Berührung gekommen sind → S. 34

Renaissance
(franz. für Wiedergeburt) geistige Bewegung, die vom Ende des 14. bis zum Ende des 16. Jahrhunderts dauerte und sich ausgehend von Italien über ganz Europa verbreitete → S. 44

Reservat
eigens für die indigene Bevölkerung ausgewiesenes Territorium mit besonderer Rechtsstellung → S. 182

Restauration
(von lat. restaurare = wiederherstellen) Wiederherstellung der alten Ordnung aus der Zeit vor der Französischen Revolution. Davon profitierten die adligen Herrscher: Sie erhielten ihre alten Vorrechte wieder.
→ S. 106

Revanche
(frz.) hier Vergeltung für die als schmachvoll empfundene Niederlage von 1871 und die Abtretung Elsass-Lothringens → S. 248

Revolution
eine radikale Veränderung der bestehenden Ordnung, oft in Form von gewaltsamen Auseinandersetzungen → S. 81

Rheinbund
Bündnis von zunächst 16, später 40 deutschen Staaten. Der Rheinbund war mit Napoleon verbündet. Die Staaten verpflichteten sich, im Krieg an seiner Seite zu stehen. Die großen Staaten Österreich und Preußen gehörten nicht dazu. → S. 100

Ritter
Die Bezeichnung „Ritter" leitet sich vom Wort „Reiter" ab. Die gepanzerten Reiterkrieger stiegen zu einer eigenen Schicht im Adel auf. → S. 32

Rüstungswettlauf
Staaten vergrößern in immer schnellerem Tempo ihre Armeen und Flotten, um gegenüber einem möglichen Gegner nicht unterlegen zu sein und an Macht und Einfluss zu verlieren. → S. 249

Sansculotten
(frz.: ohne Kniehosen) Bezeichnung für die ärmeren Bevölkerungsgruppen in Paris → S. 90

Schlesische Kriege
Die drei Kriege zwischen Preußen und Österreich um Schlesien (1740–1742, 1744/45, 1756–1763) gingen zugunsten Preußens aus, jeweils eingebunden in Auseinandersetzungen der europäischen Mächte. → S. 74

Schutzprivileg/Schutzbrief
Eine Art Vertrag, in dem spezielle Rechte (hier: Schutz durch den Landesherrn) versprochen werden. Als Gegenleistung des Begünstigten (hier: bestimmter Juden) werden Geldzahlungen oder spezielle Dienste vereinbart. → S. 206

Schwarz, Rot, Gold
Studenten hatten diese Farben von der Uniform eines Regiments übernommen, das freiwillig gegen Napoleon gekämpft hatte. Sie entwickelten sich später zu den deutschen Nationalfarben. → S. 109

Schwerindustrie
Sammelbegriff für Bergbau, Eisen- und Stahlindustrie → S.139

Seldschuken
ein türkisches Herrschergeschlecht muslimischen Glaubens → S.200

Söldner
Berufssoldat, der für Bezahlung (Sold) kämpft → S.54

Sozialdarwinismus
Nach dem Naturforschers Charles Darwin (1809–1882) überleben in der Natur die stärksten und am besten angepassten Arten. Anhänger übertrugen die Theorie auf die Menschheit. → S.244

Sozialversicherung
Versicherung gegen Risiken wie Krankheit, Mutterschaft, Pflegebedurftigkeit, Arbeitsunfall, Berufskrankheit, Arbeitslosigkeit, Erwerbsminderung, Alter und Tod → S. 170

Stände
Die mittelalterliche Gesellschaft lässt sich als Ständeordnung beschreiben. Stände sind dabei soziale Gruppen, die über bestimmte Rechte und Pflichten verfügen. Zu den drei mittelalterlichen Ständen zählen die Geistlichkeit (Klerus), der Adel und Bauern. → S.30

Tagelöhner
Mensch ohne feste Arbeitsstelle, der jeweils für einen Tag bei unterschiedlichen Personen für Lohn arbeitet → S.22

Tora
Die fünf Bücher Moses, heiligster Teil des Tanach, der jüdischen Bibel. Der Tanach entspricht dem Alten Testament der Christen. → S.192

Triple Entente
informelles Bündnis zwischen dem Vereinigten Königreich, Frankreich und Russland → S.249

Urbanisierung
Begriff für das zahlenmäßige Wachstum der Städte und die Ausbreitung typisch städtischer Lebensformen → S.146

Verfassung
Die rechtliche Festlegung der Verhältnisse in einem Staat. Dazu gehören der organisatorische Aufbau sowie die Rechte und Pflichten der Bevölkerung. → S.62

Vogt
(von lat. advocatus = der Herbeigerufene) Verwalter, Richter → S.32

Wechselbrief
Ein Papier, das die Auszahlung einer bestimmten Summe Geldes an einem bestimmten Ort zusichert. Händler konnten damit für ihr eingezahltes Geld einen Beleg, einen sogenannten Wechsel, bekommen und ihn anderswo wieder einlösen. → S. 166

Wenden
Benennung einiger Stämme, die u.a. im heutigen Bundesland Brandenburg ansässig waren und eine slawische Sprache sprachen. Weitere slawische Sprachen sind z.B. Sorbisch, Polnisch und Russisch. → S.176

Wohlfahrtsausschuss
Dieser wurde im April 1793 gegründet und hatte ursprünglich die Aufgabe, den Konvent zu kontrollieren, wurde jedoch unter dem Einfluss von Robespierre zum Machtzentrum der Jakobiner. → S.92

Wucherer
Menschen, die die Notlage anderer ausnutzen, indem sie von ihnen überhöhte Preise und Zinsen verlangen → S.91

Zuchthaus
Zuchthäuser entstanden als Sammelhäuser für Bedürftige, die dort zum Arbeiten erzogen werden sollten. Heute benutzen wir das Wort in der Bedeutung von „Gefängnis". → S. 164

Zünfte
Als Interessensvereinigung von Handwerkern regelten die Zünfte Einkommen, Pflichten und Rechte ihrer Mitglieder. → S. 166

Zunftordnungen
Sie regelten Arbeitszeiten, Betriebsgröße, Preise und Rohstoffbezug. Nur Zunftmitgliedern war es gestattet, ein Gewerbe oder Handwerk auszuüben und Waren zu verkaufen. → S.138

Zwangsmigration
Mit Gewalt erzwungene Migration vieler Menschen. Dazu zählen auch Verschleppungen, Vertreibungen, Umsiedlungen und Deportationen → S.180

Register ausgewählter Personen und Begriffe

A = Abbildung
dt. = deutsch
franz. = französisch
ital. = italienisch
K = Karte
röm. = römisch

Ü = Übersicht/Schaubild
Bei Fachbegriffen, die im Buch erläutert werden, ist die entsprechende Seitenzahl halbfett gesetzt.

A

Abendland 198, **200 f.**
Ablass **50**, 283
Absolutismus 4, **56**, 68, 74 f., 80, 257, 283, 289
Adel 4, 25, 30, **32**, 33, 40, 54, 56, 58 (A), 62, 80 f., 86, 93 (A), 108, 116, 134, 255, 258, 283, 290 f.
Agrarreform 150, **154**, 283
Allmende **36**, 40, 283
Almosen 31, **160**, 161 ff., 192
Altertum 15
Amendment 77, 79
Annexion **124**, 283
Antisemitismus **210 f.**, 211
Anwerbeabkommen **186**, 189
Arbeiterpartei 131, 159, 168 f.
Armut 20, 91, 150, 154, 158 f., **160**, 161 ff., 168, 170, 172 f., 263
Astrolabium **230**
aufgeklärter Absolutismus **74**, 75, 283
Aufklärung 5, 65, **69**, **72**, 73 f., 77, 100, 108, 110, 128, 258, 283
Azteken 180, 234 (K), 235 ff.

B

Bankrott **80**, 283
Befreiungskriege **101**, 283
Beschwerdehefte **81**, 128, 284
Bettelorden 22, 158, **161**, 172 f., 218
Bill of Rights 62 f., 68, 77, 79
Bismarck, Otto von (1815–1898), dt. Reichskanzler (1871–1890) 124 ff, 170 f., 210, 248
Black Independence Day 188
Borsig, August (1804–1854), dt. Unternehmer 144 f.
Bourgeoisie **168**, 169
BRD 175, 186 f., 189Ü
Bürgerrecht 178, **216**
Burschenschaften 108 ff.

C

Calvinismus **51**, 284
Chlodwig (466–511), König der Franken 20, 24
Christentum 22, 54, 176, 190 f., 194 f., 207, 213, 232, 240 f.
chronologisch **18**
Code civil 98, 100, 128,
Cortés, Hernán (1485–1547), spanischer Konquistador 228, 235 f., 252

D

Dampfmaschine 69, 130 (Ü), 135, 136 (A), 137, 222, 261,
DDR 175, 186 f., 189 (Ü)
Demokratie 62, 68, 70 (Ü), 77, 79, 88, 94, 102, 129, 158, 210
Deutscher Bund 106 ff., 112, 121, 259
Deutscher Zollverein 138 (K)
Deutsches Reich 125, 176, 245 (K), 252
Diaspora **192**, 193, 212
Diderot, Denis (1713–1784), franz. Philosoph 73, 81
Diktatur **92**, 111, 284
Direkte Steuer **57**, 84, 87
Direktorium **98**, 284
Dorfschulze **36**, 284
Dreifelderwirtschaft 21, 36 f., 40
Dschihad 197

E

East India Company **76**, 284
Edikt **178**, 179
Emanzipation **152**, 210 f., 263, 284
Emigration **178**
Empire **248**
Engels, Friedrich (1820–1895), dt. Philosoph und Wirtschaftswissenschaftler 131, 159, 168 f.
Epoche **14**, 15, 18, 22, 43, 159
Erzbischof **22**, 25, 34, **63**, 98, 284f.
evangelisch **51**, 179, 284f., 285
Expansion 205, 228 f., **238**, 248, 252

F

Fassade 80, **222**, 223, 225
Fehde **32**, 284
Feudalabgaben **80**, 81, 285
föderal **77**
Franziskanerorden 161
Französische Revolution 57, 66 (Ü), 67, 69, 84, 88, 90, 95, 98, 100, 106, 108, 128, 210, 286, 290
Freizügigkeit **186**, 187
Friedrich II. (1712–1786), König von Preußen 74 f., 215, 217, 222
Friedrich Wilhelm IV. (1795–1861), König v. Preußen (1840–1861) 112 f., 120, 123, 126
Frondienste 30, 58 (Ü), 80, 83, **86**, 285
Frühgeschichte 14

G

Gegenreformation **51**, 285
Generalstände **81**, 82 (A), 83, 86, 258, 285
Genossenschaft 69, **168 f.**
Genozid 229, 243
geozentrisches Weltbild **46**, 47 (A), 285
Geschichtsdarstellung **16**
Gewaltenteilung 66, 68 f., 72, 96, 109, 285, 288
Gewerbefreiheit **138**, 154, 218, 285
Gewerkschaft **168**, 169
Ghetto **207**, 209
Goldene Bulle 21, 24, **25**, 285
Gregor VII. (1020–1085), Papst 27
Großbritannien 63, 67 (K), **76**, 77, 79f. (Ü), 101, 105, 142 (Ü), 143, 248, 285, 287
Grundherrschaft 20 (Ü), 22, **30**, 36, 40 f., 285
Grundrechte 77 f., 89, 108, 116 f., 125
Guillotine 90 (A), 92 f.
Gutenberg, Johannes (1400 -1468), Buchdrucker 42, 48

H

Habsburger **54**, 285
Hambacher Fest 109, 111
Hanse 21, **166**, 218
Heiliger Krieg 196, **197**, 200
Heiliges Land **201**
Heiliges Römisches Reich 15 (Ü), **24**, 43 (K), 57, 67 (K), 75 (K), 100, 102 (K), 204,205 (K), 215 (K), 286, 293 ff.
heliozentrisches Weltbild **46**, 47 (A), 286
Herodot (484–424 v. Chr.), griechischer Schriftsteller 68, 70
Hohenzollern **120**, 218
Hugenotten 174, 178 f., 218, 223
Humanismus **44**, 64, 286
Hunger 36, 91, 103, 154, **160**, 184, 244, 247

I

Imperialismus **244**, 248
indigene Völker 229 (K), **231**, 234 (K), 235, 237, 242 f., 252
indirekte Steuer **57**, 82
Industrialisierung **5**, **69**, 130, 131, 133 f., 136 ff., 140 ff., 145 ff., 154, 156 f., 168, 172 f., 184, 186, 218, 244, 286
Industrielle Revolution 130 f., **135**, 286
Inflation 91
Ingenieur **139**, 286
Inka 234 (K), 235
Inquisition **46**, 256, 286
Integration **178**, 186 f.
Investiturstreit 19 (Ü)
Irokesen **183**
Islam 190 ff., 196, **197**, 198, 205, 213
Israeliten 190, **192**

J

Jakobiner 67 (Ü), **90**, 92 ff., 98, 128, 259, 286, 291
Jesus von Nazareth, genannt Jesus Christus (gest. um 30 n. Chr.), Stifter des Christentums 190, 192, 194 f., 198, 200, 205, 207
Judentum 190 ff., 210 f., 213
Jüngstes Gericht **194**

K

Kalif 23, 191 (K), **196**, 198, 202, 212
Kapitalismus 168
Kapp, Friedrich (1824–1884), dt.-amerikanischer Rechtsanwalt, Schriftsteller und Politiker 78 f.
Karavelle 230, 232 (A)
Karl V. (1500–1558), röm.-dt. Kaiser und König 166 f.
Karl V. (1500–1558), röm.-dt. Kaiser und König 166 f.
Karl der Große (747–814), König des Fränkischen Reichs (768–814) 20, 26
Karlsbader Beschlüsse 108 f.
Kettenmigration **184**
Ketzer **50**, 287
Kirchspiel **164**
Klerus 30, **34**, 56, 58 (A), 80 f., 86, 93, 194, 258, 287, 291
Kloster 22, 28, 30, 32, 34, **35**, 40, 52, 86, 176, 198, 213 (K), 218, 226 (A), 255, 287
Koks **135**, 287
Kolonialherrschaft 76, 180, 234 (K), 235, 237, 249 f.
Kolonie 76, 77 (K), 79 f., 180, 201, 228 (Ü), 229 (Ü), **238**, 239 f., 243 ff., 248 f., 252, 267, 287
Kolumbus, Christoph (1451–1506), ital. Seefahrer 15, 228, 230 ff., 231 ff., 240, 242 f., 252
Konfession **51**, 54, 284, 287
Konquistadoren **234 f.**, 235
Konservatismus 69
Konstitutionelle Monarchie **69**, 90, **91**, 114, 128, 287
Kontinentalsperre **101**, 104 (K), 105, 287
Konvent 90 ff., 291
Konzil 51, **200**
Kopernikus, Nikolaus (1473–1543), Astronom und Arzt 42, 46 f.
Koran **197**, 198, 247
Kreuzzüge 6, 19 (Ü), 176, 188, 191, **200**, 201 ff., 207, 209 (A), 212 f., 265, 287
Kulisse 222, **223**

L

Legitimitätsprinzip **106**, 107, 287
Leitsektor 133 f., **135**, 138, 140, 141 (A), 156, 287
Liberalismus 69, 71, **109**, 126, 261, 288
Ludwig XIV. (1638–1715), König v. Frankreich (1643–1715) 43 f., 56 ff., 64, 73, 75, 80, 178, 222 f.
Luther, Martin (1483–1546), dt. Reformator 42, 44, 50 ff., 205

M

Magna Carta Libertatum 62 f., 76
Manufakturen **57**, 81, 178 f., 223 f., 288
Marie Antoinette (1755–1793), Königin v. Frankreich (1774–1792) 90
Marktwirtschaft **134**, 156, 288
Marseillaise 91
Marx, Karl (1818–1883), dt. Sozialphilosoph 131, 159, 168 f.
Mediatisierung **100**, 103, 288
Menschen- und Bürgerrechte 57, **77**, 86 ff., 106 f., 128, 288
Merkantilismus 57, 59 (K), 64
Metallverhüttung **139**, 288
Migration 174 f., 179 f., **186**, 188 f., 228, 238
Missionar 235, 237, 246
Mittelalter 4, 6, 8, 15, 19 ff., 26 ff., 30 f., 33 f., 36 f., 40 f., 43 f., 46, 48, 53, 56, 62 f., 76, 139, 160 f., 163 f., 166, 172 f., 176 f., 191, 193 ff., 200, 202, 204, 206 f., 209, 213 f., 216 ff., 217 f., 227, 229 f., 254 f., 263, 266, 285, 287 f.
Mohammed (570–632), Stifter des Islam 14, 23, 190, 192, 196 ff., 205, 212
Monarchie 59, 68, 70, 80, 90 ff., 94, 98, 100, 102, 107, 114, 128, 178, 287, 289
monotheistische Religion **194**
Montesquieu, Charles de Secondat (1689–1755), franz. Schriftsteller u. Philosoph 66, 73, 81
Muslim 43 (K), 180, 191 (K), 192 f., **197**, 198 ff., 207, 212, 222,

N

Napoleon Bonaparte (1769–1821), Kaiser v. Frankreich (1804–1815) 98 ff., 105, 108 f., 128, 138
Nation 67, 82, 86, 91, 99 f., 102, 108, **109**, 113, 116, 123, 128, 184, 203, 242, 248, 251
Nationalismus **109**, 288
Nationalversammlung 86 f., 92, 96 f., **114**, 115 (A), 116 ff., 127 ff., 210, 260 f.
Native Americans **182**, 184, 188
Neuzeit 4, 6, 8, 15, 28, 42 f., **44**, 46, 48 f., 53, 56, 64, 79, 164 ff., 172 f., 179, 190, 227, 229, 246, 255, 263, 288
Norddeutscher Bund **124**, 125 (K), 288

O

Orient 200, **201**, 203, 206
Osmanen 191, **204**, 205 (K)
Osmanisches Reich 204, 205 (K)

Otto I. (912–973), röm.-dt. Kaiser 19 f., 20

P

Palästina 191, 200, **201**, 203
Papst 21, **22**, 24 ff., 31 (A), 40, 41 (A), 47, 50, 52 f., 98, 162, 194, 200, 202, 204, 207, 212 f., 255 f., 259, 287, 289
Parlament **62**, 63, 68, 76 f., 90 f., 98, 106, 108, 112, 114, 117 f., 120, 123, 125, 260 f., 289
parlamentarische Monarchie **114**, 289
parlamentarische Republik **114**, 289
Patrizier 166, 217 (Ü)
Pauperismus **154**
Perspektive **16**, 31, 61, 117, 123, 127, 149, 211, 233, 235, 237, 242, 251, 255, 260, 266 f., 271, 289
Pest 178, 207 f., 208
Pilger **196**, 201 f., 202
Pizarro, Francisco (1476–1541), spanischer Konquistador 228, 235
Plantage **235**, 238, 246
Pogrom **197, 207**
Präventivkrieg **249**
Pressezensur **98**, 112, 289
Proletariat **168**, 169
Prophet **196,** 197 f.
protestantisch **54**, 178, 289
Puritaner **62**, 289

Q

Quadrant **230**
Quelle **14**, 16, 18, 26 f., 35, 38 f. 45, 59, 63, 73, 78, 82, 84, 102, 107, 110 f., 116, 122 f., 151, 156, 164, 169, 171, 177, 189, 207 f., 208, 211, 227, 233, 235, 237, 247, 254 f., 262, 265, 267 f., 276 ff.

R

Rabbiner 191, **192**, 193
Reformabsolutismus **74**, 75, 289
Reformation 4, 15 (A), 19 (A), 42, 43 (A), 50, **51**, 53 (A), 54, 62, 65, 178, 256, 289 f.
Reichsidee **24**, 290
Reichsinsignien 25 (A), **27**
Reichstag 50, **51**, 52, 117 (Ü), 167, 250, 290
Reliquie **34**, 290
Renaissance **44**, 64, 268, 290
Reservat **182**
Restauration **106**, 107, 210, 290
Revanche 248
Revolution 66 ff., 71, 78, **81**, 83 f., 86 ff., 90 ff., 98 ff., 102, 106, 108, 112 f., 117, 120 ff., 126, 128 f., 152, 168 f., 175 (Ü), 184 f., 210, 259 ff., 284, 286, 290
Rheinbund **100**, 290
Ritter 29, **32**, 33, 48, 176, 200 ff., 213, 265, 290
Robespierre, Maximilien de (1758–1794), franz. Revolutionär 92 ff., 97, 128
Römisches Reich 15 (Ü), 23 (K), 190, 192, 193 (K), 194,195 (K)
Roux, Jacques (1752–1794), franz. Priester und Revolutionär 94
Russlandfeldzug 101, 103, 104 (K), 105,
Rüstungswettlauf **249**

S

Sachs, Hans (1494–1576), dt. Dichter 38, 167
Sansculotten **90**, 91–93, 94, 290
Schlesische Kriege **74**, 75 (K), 290
Schreckensherrschaft 67 (Ü), 92 f., 95, 98, 128
Schutzbrief **206**, 290
Schutzprivileg **206**, 207, 290
Schwarz, Rot, Gold 108, **109**, 290
Schwerindustrie 131 (Ü), **139**, 142, 291,
Seldschuken **200**
Sklaverei 77, 175, 180, 207, **246**
Söldner **54**, 77, 291
Sozialdarwinismus **244**
Sozialdemokraten 152, 168, 248
Sozialismus 69, 71, 173
Sozialversicherung **170**, 172
Stadtrecht 21, 38, **216**, 217, 226,
Stände **30**, 38 (A), 56 f., 59, 81, 86, 113, 116, 128 (A), 164, 185, 257 f., 285, 291
Süleyman I. (1494–1566), Sultan des Osmanischen Reiches 204 f.
Synagoge **192**, 194, 197, 206 f., 210, 213 (K)

T

Tagelöhner **22**, 30, 88 (A), 176, 216, 258, 291
Tora **192**
Triple Entente **249**

U

UNICEF 88 f.
Urban II. (1035–1099), Papst 200, 202, 212 f.
Urbanisierung 133, **146**, 148, 156, 291,
Urgeschichte 14

V

Verfassung **62**, 68 f., 76 f., 79 (Ü), 86, 90 ff., 94, 96 ff., 107, 109 f., 112, 114, 116 ff., 120 ff., 125, 128, 261, 272, 287 f., 291
Vespucci, Amerigo (1451–1512), ital. Seefahrer 46, 231, 233
Vogt **32, 164**, 291
Völkerschlacht 101
Völkerwanderung 15 (Ü), 19 (Ü)

W

Wartburgfest 108 f.
Washington, George (1732–1799), US-amerikanischer Präsident (1789–1797) 76, 78 f.
Watt, James (1736–1819), brit. Ingenieur 135 f., 156
Wechselbrief **166**
Wenden **176**, 188, 214
Wiener Kongress 66 (Ü), 106 ff., 259
Wilhelm I. (1797–1888), dt. Kaiser (1871–1888) 124 ff., 223 f.
Wohlfahrtsausschuss **92**, 291
Wucherer **91**, 291

Z

Zetkin, Clara (1857–1933), dt. Politikerin, Friedensaktivistin und Frauenrechtlerin 152
Zuchthaus **164**
Zünfte **166**, 178, 216,
Zunftordnungen **138**, 291
Zuwanderer 209, 223
Zwangsmigration **180**
Zweiter Weltkrieg 17 (A), 184, 186,

Quellenverzeichnis

Cover Getty Images Plus, München (iStock / Niklas Roskos Photography); **Zeitstrahl.1-4** Grafik: Krause, Jens, Leipzig; **Zeitstrahl.5** Lohß, Sandy, Chemnitz; **Zeitstrahl.6-14** Grafik: Krause, Jens, Leipzig; **4.o.** Picture-Alliance, Frankfurt/M. (Thomas Frey); **4.u.** Picture-Alliance, Frankfurt/M. (dpa/Felipe Trueba/UPPA/Photoshot); **5.o.** ddp media GmbH, Hamburg (Jadis). Szene aus dem Film: Die Französische Revolution (OT La Revolution Francaise - Les Annees Lumiere), 1989, Deutschland, Italien, Frankreich, Kanada, Regie: Robert Enrico, Richard T. Heffron, u.a. mit Klaus Maria Brandauer, Jane Seymour, Peter Ustinov u.v.m.; **5.u.** ullstein bild, Berlin (CARO / Rupert Oberhäuser); **6.M.** Getty Images, München (NurPhoto); **6.o.** Mauritius Images, Mittenwald (Alamy / jackie ellis); **6.u.** Picture-Alliance, Frankfurt/M. (Paul Zinken); **7.o.** stock.adobe.com, Dublin (Mistervlad); **7.u.** Picture-Alliance, Frankfurt/M. (Design Pics / Dosfotos); **14.Q1** Interfoto, München (TV-Yesterday); **15.D1** Oser, Liliane, Hamburg; **15.D2** Picture-Alliance, Frankfurt/M. (TT NEWS AGENCY); **17.Q1** Getty Images, München (Corbis Historical/VCG Wilson/Fine Art/Kontributor); **17.Q2** Deutsches Tagebucharchiv e.V., Emmendingen (Gerhard Seitz); **17.Q3** IMAGO, Berlin (Funke Foto Services / Rainer Raffalski); **18.D1** Oser, Liliane, Hamburg; **19.D2** Oser, Liliane, Hamburg; **19.D3** Oser, Liliane, Hamburg; **20.D2** Picture-Alliance, Frankfurt/M. (Thomas Frey); **21.D1** Ernst Klett Verlag GmbH, Stuttgart; **22.D1** IMAGO, Berlin (Schöning); **23.D3** Ernst Klett Verlag GmbH, Stuttgart; **24. Q1** akg-images, Berlin; **25.Q2 a** akg-images, Berlin (Nimatallah); **25.Q2 b** Alamy stock photo, Abingdon (INSADCO Photography/Willfried Gredler); **25.Q2 c** Bridgemanimages.com, Berlin; **25.Q2 d** Bridgemanimages.com, Berlin; **25.Q3 a** https://creativecommons.org/licenses/by-sa/4.0/deed.de, Mountain View (Cod. Guelf. 3.1 Aug°, folio 53r); CC-BY-SA-4.0 Lizenzbestimmungen: https://creativecommons.org/licenses/by-sa/4.0/legalcode, Herzog August Bibliothek Wolfenbüttel: Cod. Guelf. 3.1 Aug. 2°, siehe *3; **25.Q3 b** BPK, Berlin; **25.Q3 c** https://creativecommons.org/licenses/by-sa/4.0/deed.de, Mountain View (Cod. Guelf. 3.1 Aug°, folio 53r); CC-BY-SA-4.0 Lizenzbestimmungen: https://creativecommons.org/licenses/by-sa/4.0/legalcode, Herzog August Bibliothek Wolfenbüttel: Cod. Guelf. 3.1 Aug. 2°, siehe *3; **26.D1** Ernst Klett Verlag GmbH, Stuttgart; **27.Q7** akg-images, Berlin; **28.Q1** Interfoto, München (Daniel); **31.Q1** akg-images, Berlin; **31.Q2** ullstein bild, Berlin (IBERFOTO); **33.Q1** stock.adobe.com, Dublin (Adrian72); **34.Q1** akg-images, Berlin (British Library); **35.D1** Müller, Lutz-Erich, Leipzig; **37.D1 u. D2** Müller, Lutz-Erich, Leipzig; **37.D3** Lohß, Sandy, Chemnitz; **38.Q1** BPK, Berlin; **38.Q2** akg-images, Berlin; **40.Q1** BPK, Berlin; **41.Q2** ullstein bild, Berlin (Archiv Gerstenberg); **41.Q3** akg-images, Berlin; **42.D2** Picture-Alliance, Frankfurt/M. (dpa/Felipe Trueba/UPPA/Photoshot); **43.D1** Ernst Klett Verlag GmbH, Stuttgart; **45.Q2** akg-images, Berlin; **46.Q1** akg-images, Berlin; **47.D1** Lohß, Sandy, Chemnitz; **48.Q1** akg-images, Berlin; **50.Q1** akg-images, Berlin; **51.Q2** BPK, Berlin; **52.Q3** Museen der Stadt Regensburg, Foto: Peter Ferstl mit freundlicher Genehmigung des Bayerischen Nationalmuseums München; **53.Q6** akg-images, Berlin; **54.Q1** BPK, Berlin (Kunstbibliothek, SMB/Knud Petersen); **55.D1** Ernst Klett Verlag GmbH, Stuttgart; **56.D1** IMAGO, Berlin (jmfoto); **57. Q1** akg-images, Berlin; **58.D4** Lohß, Sandy, Chemnitz; **59.D5** Ernst Klett Verlag GmbH, Stuttgart; **60.Q1** BPK, Berlin (RMN / Blot); **62.Q1** Alamy stock photo, Abingdon (Granger Historical Picture Archive); **65.Q3** Interfoto, München (Mary Evans); **66.D2** ddp media GmbH, Hamburg (Jadis). Szene aus dem Film: Die Französische Revolution (OT La Revolution Francaise - Les Annees Lumiere), 1989, Deutschland, Italien, Frankreich, Kanada, Regie: Robert Enrico, Richard T. Heffron, u.a. mit Klaus Maria Brandauer, Jane Seymour, Peter Ustinov u.v.m.; **67.D1** Ernst Klett Verlag GmbH, Stuttgart; **68.Q1** akg-images, Berlin (Musée du Louvre, Paris); **70.D1** Oser, Liliane, Hamburg; **72.Q1** akg-images, Berlin (Musée du Château, Rueil-Malmaison); **74.Q1** Bridgemanimages.com, Berlin (Staatliche Schlosser und Garten, Potsdam); **75.D1** Ernst Klett Verlag GmbH, Stuttgart; **76.Q1** akg-images, Berlin (Stocktrek Images / John Parrot); **77.D1** Ernst Klett Verlag GmbH, Stuttgart; **78. Q2** akg-images, Berlin; **79.D2** Oser, Liliane, Hamburg; **81.Q1** akg-images, Berlin (Collection Magnard); **82.Q2** Bridgemanimages.com, Berlin (Photo Josse / Castles of Versailles and Trianon); **83.D1** Grafik: Lohß, Sandy, Chemnitz. Errechnet nach Angaben aus I. Stephan, Wachstumskrisen und Herrschaftsstrukturen. Die Französische Revolution. in: Imanuel Geiss/Rainer Tamchina (Hrsg.): Ansichten einer künftigen Geschichtswissenschaft 2. Carl Hanser Verlag, München 1974, S. 88 f.; **84.Q1** akg-images, Berlin; **86.Q1** akg-images, Berlin (Jean-Pierre Houël, Musée Carnavalet, Paris); **87.Q3** akg-images, Berlin (Erich Lessing); **88.Q1** Picture-Alliance, Frankfurt/M. (SZ Photo/Olaf Schülke); **90.Q1** BPK, Berlin (RMN - Grand Palais/Bulloz); **91.Q2 li.** akg-images, Berlin (Bibliothèque Nationale Paris); **91.Q2 re.** Bridgemanimages.com, Berlin (NPL - DeA Picture Library / Cabinet des Arts Graphiques, Hôtel Carnavalet, Paris); **93.Q3** akg-images, Berlin (Erich Lessing); **95.Q7** akg-images, Berlin (Sammlung Bidault de l'Isle, Musée Carnavalet, Paris); **96.D1** Oser, Liliane, Hamburg; **99.Q1** akg-images, Berlin (Erich Lessing); **101.Q1** BPK, Berlin (Kunstbibliothek, SMB/Knud Petersen); **102.D1** Ernst Klett Verlag GmbH, Stuttgart; **103.Q5** Bridgemanimages.com, Berlin (Bibliotheque Nationale, Paris / Giraudon); **104. D1** Ernst Klett Verlag GmbH, Stuttgart; **106.D1** Oser, Liliane, Hamburg; **108.Q1** akg-images, Berlin; **109.Q2** akg-images, Berlin; **110.Q3** akg-images, Berlin; **113.Q1** akg-images, Berlin; **115.Q1** BPK, Berlin (Dietmar Katz); **116.Q2** akg-images, Berlin; **117.D4** Oser, Liliane, Hamburg; **118.D2** Screenshot: © The Apache Software Foundation, adapted by Marcel Klehr — Licensed under the Apache License 2.0; The Etherpad logos by Marcel Klehr are licensed under a Creative Commons Attribution-ShareAlike 3.0 Unported License. Autorin: Anja Neubert.; **119.D3** Deutsches Historisches Museum, Berlin; https://www.dhm.de/mediathek/die-nationalversammlung-in-der-paulskirche-1848/fraktionen-und-abgeordnete/item/showFilter/Topic/casino-8/; **120.Q1** BPK, Berlin; **121.Q2** gemeinfrei; **122.Q3** BPK, Berlin; **123.Q6** BPK, Berlin; **125.D1** Ernst Klett Verlag GmbH, Stuttgart; **125.D2** Ernst Klett Verlag GmbH, Stuttgart; **126.Q1** akg-images, Berlin; **127.Q5** akg-images, Berlin; **128.Q1** ullstein bild, Berlin (Roger Viollet); **129.D1** Picture-Alliance, Frankfurt/M. (Geisler-Fotopress); **130.D2** ullstein bild, Berlin (CARO / Rupert Oberhäuser); **131.D1** Ernst Klett Verlag GmbH, Stuttgart; **134.Q1** Interfoto, München (Granger, NYC); **135.Q2** Bridgemanimages.com, Berlin (Walker Art Gallery, National Museums Liverpool); **136.D1** Ernst Klett Verlag GmbH, Stuttgart; **136.D2** Lohß, Sandy, Chemnitz; **138.D1** Ernst Klett Verlag GmbH, Stuttgart; **139.Q1** akg-images, Berlin

(Album/Prisma); **140.Q2** akg-images, Berlin; **141.D2** Lohß, Sandy, Chemnitz; **141.Q4** Mauritius Images, Mittenwald (Alamy / The History Collection); **142.D1** Grafik: Oser, Liliane, Hamburg, nach: Jürgen Sandweg/Michael Stürmer: Industrialisierung und Soziale Frage in Deutschland im 19. Jahrhundert, Oldenbourg, München 1979, S. 97.; **142.D2** Grafik: Oser, Liliane, Hamburg, zusammengestellt aus Heinrich Lutz, Zwischen Habsburg und Preußen (Die Deutschen und ihre Nation), Siedler, Berlin 1985, S. 88; Michael Stürmer, Das ruhelose Reich (Die Deutschen und ihre Nation), Severin und Siedler, Berlin 1983, S. 63.; **144.D1** IMAGO, Berlin (imageBROKER/JuliexWoodhouse); **145.Q1** Picture-Alliance, Frankfurt/M. (akg-images); **146.Q1** Mauritius Images, Mittenwald (Alamy / Abbus Archive Images); **147.Q2** akg-images, Berlin; **149.Q5** BPK, Berlin; **150.Q1** BPK, Berlin (Georg Büxenstein & Co); **152.Q1** akg-images, Berlin; **154.Q1** akg-images, Berlin; **155.Q3** akg-images, Berlin; **157.Q2** BPK, Berlin (Deutsches Historisches Museum / Arne Psille); **158.Q1** Mauritius Images, Mittenwald (Alamy / jackie ellis); **159.D1** DIE ZEIT - Zeitverlag Gerd Bucerius GmbH & Co.KG, Quelle: infas 360, GeoBasis-DE / BKG 2022; **160.Q1** akg-images, Berlin (Hedda Eid); **161.Q2** akg-images, Berlin (Getty Research Institute / SCIENCE SOURCE); **162.Q3** akg-images, Berlin (Bibliothèque Municipale, Besançon / Erich Lessing); **163.Q7** Interfoto, München (fine art images); **164.Q1** Interfoto, München (Bildarchiv Hansmann); **165.D1** Universität Osnabrück - Forschungszentrum IKFN - Institut für Kulturgeschichte der Frühen Neuzeit, Osnabrück; **167.Q1** akg-images, Berlin (Schloßmuseum, Gotha); **168.Q1** BPK, Berlin (Deutsches Historisches Museum / Arne Psille); **171.Q2** akg-images, Berlin; **172.Q1** akg-images, Berlin; **173.Q2** Picture-Alliance, Frankfurt/M. (REUTERS / Arnd Wiegmann); **174.Q1** Getty Images, München (NurPhoto); **175.D1** Ernst Klett Verlag GmbH, Stuttgart, Quelle: Rosa-Luxemburg-Stiftung (2022): Atlas der Migration. Neue Daten und Fakten über Menschen in Bewegung – Karte Auf dem Land und über Wasser. Bartz/Stockmar (M), CC BY 4.0.; **177.Q1** akg-images, Berlin (Universitätsbibliothek, Heidelberg, Cod. Pal. Germ. 164 fol. 26r.); **179.Q2** akg-images, Berlin; **181.Q2** Mauritius Images, Mittenwald (Alamy / Alan Kolnik); **182.D1** Klett Verlag, Stuttgart; **183.Q1** IMAGO, Berlin (ABACAPRESS / Eric Vandeville); **185.Q1** Bridgemanimages.com, Berlin (PVDE); **185.Q2** akg-images, Berlin (Victor); **187.Q2** akg-images, Berlin (ddrbildarchiv.de / Burkhard Lange); **189.D3** Ernst Klett Verlag GmbH, Stuttgart; **190.D2** Picture-Alliance, Frankfurt/M. (Paul Zinken); **191.D1** Ernst Klett Verlag GmbH, Stuttgart; **193.D1** Ernst Klett Verlag GmbH, Stuttgart; **195.D1** Ernst Klett Verlag GmbH, Stuttgart; **196.D1** Ernst Klett Verlag GmbH, Stuttgart; **197.Q1** Interfoto, München (Granger, NYC); **199.Q6** stock.adobe.com, Dublin (Ingo Bartussek); **201.Q1** akg-images, Berlin (British Library); **204.Q1** akg-images, Berlin; **205.D1** Ernst Klett Verlag GmbH, Stuttgart; **207.Q1** Bridgemanimages.com, Berlin (Luisa Ricciarini); **208.Q3** BPK, Berlin (Dietmar Katz); **209.Q5** Getty Images, München (Fine Art Images/Heritage Images/Hulton Archive); **210.Q1** akg-images, Berlin; **212.Q1** akg-images, Berlin; **213.D1** Ernst Klett Verlag GmbH, Stuttgart; **214.D2** stock.adobe.com, Dublin (Mistervlad); **215.D1** Ernst Klett Verlag GmbH, Stuttgart; **216.Q1** akg-images, Berlin; **217.D2** Lohß, Sandy, Chemnitz; **219.Q1** BPK, Berlin; **220.Q3** Sammlung Stiftung Stadtmuseum Berlin, Reproduktion: Dorin Alexandru Ionita, Berlin, Inv.-Nr.: IV 64/3185 V (Gemeinfrei); **221.Q4** BPK, Berlin (Heinrich Zille); **222.D1** iStockphoto, Calgary, Alberta (Christina Hanck); **223.D2** Picture-Alliance, Frankfurt/M. (dpa-Zentralbild / Ralf Hirschberger); **224.D3** Mauritius Images, Mittenwald (Alamy / Angela Serena Gilmour); **226.Q1** akg-images, Berlin; **228.Q1** Picture-Alliance, Frankfurt/M. (Design Pics / Dosfotos); **229.D1** Ernst Klett Verlag GmbH, Stuttgart; **230.Q1** akg-images, Berlin; **231.D3** Ernst Klett Verlag GmbH, Stuttgart; **232.D4** Müller, Lutz-Erich, Leipzig; **233.Q3** akg-images, Berlin (Science Source); **234.D1** Ernst Klett Verlag GmbH, Stuttgart; **235.Q1** ullstein bild, Berlin (Granger, NYC); **236.D2** akg-images, Berlin (Bildarchiv Steffens/Henri Stierlin) © Banco de México Diego Rivera Frida Kahlo Museums Trust / VG Bild-Kunst, Bonn 2024.; **238.Q1 a** Mauritius Images, Mittenwald (Martin Fowler/Alamy/Alamy Stock Photos); **238.Q1 b** Mauritius Images, Mittenwald (Mr Standfast/Alamy/Alamy Stock Photos); **238.Q1 c** Mauritius Images, Mittenwald (Lottie Hope/Alamy/Alamy Stock Photos); **239.D1** Ernst Klett Verlag GmbH, Stuttgart; **242.Q1** Alamy stock photo, Abingdon (Paul Christian Gordon); **243.D1** Seite „Kolumbus-Tag". In: Wikipedia, Die freie Enzyklopädie. Bearbeitungsstand: 14. Januar 2020, 13:43 UTC. URL: https://de.wikipedia.org/w/index.php?title=Kolumbus-Tag&oldid=195821816 (Abgerufen: 30. Januar 2020, 10:07 UTC) https://creativecommons.org/licenses/by-sa/4.0/deed.de, Mountain View, https://creativecommons.org/licenses/by-nd/4.0/, Mountain View ; CC-BY-SA-4.0 Lizenzbestimmungen: https://creativecommons.org/licenses/by-sa/4.0/legalcode; CC-BY-ND-4.0 Lizenzbestimmungen: https://creativecommons.org/licenses/by-nd/4.0/legalcode, siehe *2; **244.Q1** akg-images, Berlin; **245.D1** Ernst Klett Verlag GmbH, Stuttgart; **246.Q1** akg-images, Berlin (André Held); **247** Picture-Alliance, Frankfurt/M. (photothek.net / Thomas Imo); **248.D1** Ernst Klett Verlag GmbH, Stuttgart; **249.Q1** Picture-Alliance, Frankfurt/M. (Klaus-Dietmar Gabbert); **251.Q6** akg-images, Berlin; **253.Q2** Getty Images, München (AFP/Brigitte Weidlich); **U3** Ernst Klett Verlag GmbH, Stuttgart

*3 Lizenzbestimmungen zu CC-BY-SA-4.0 siehe: http://creativecommons.org/licenses/by-sa/4.0/legalcode

*2 Lizenzbestimmungen zu CC-BY-ND-4.0 siehe: http://creativecommons.org/licenses/by-nd/4.0/legalcode

So löst du die Aufgaben in diesem Buch

Arbeiten mit Operatoren

Anforderungsbereich III

Du diskutierst historische Fragen und Probleme. Dafür entwickelst du Argumente und Deutungen und gelangst zu einem eigenen Urteil. Außerdem setzt du dich mit den Urteilen und Standpunkten anderer auseinander.

<table>
<tr><th>Das steht in der Aufgabe</th><th>Das gehört in den Text</th><th>Formulierungshilfen</th></tr>
<tr><td>Beurteile</td><td>Schätze eine historische Situation, eine Handlung oder ein Ereignis anhand zeitgenössischer Sichtweisen und Maßstäbe ein. Entwickle so ein begründetes Sachurteil.</td><td rowspan="3">So kannst du …
… etwas aus zeitgenössischer Perspektive beurteilen:
Mit dieser Politik sollte erreicht werden, dass …
Die Menschen handelten so, weil sie …
Aus damaliger Sicht …

… etwas aus heutiger Perspektive bewerten:
Damals glaubten die Menschen …, heute dagegen …
Rückblickend betrachtet, erkennen wir …
Aus unserer heutigen Sicht …</td></tr>
<tr><td>Diskutiere/ Setze dich auseinander</td><td>Entwickle zu einer historischen Problemstellung oder einer These eine eigene Argumentation. Prüfe dabei mögliche Argumente. So gelangst du am Ende zu einer begründeten Bewertung.</td></tr>
<tr><td>Entwickle</td><td>Formuliere eine eigene Deutung eines historischen Sachverhalts. Erkläre, welche Bedeutung der Sachverhalt für die Gegenwart und Zukunft hat. Stütze dich dabei auf die Ergebnisse deiner Analyse.</td></tr>
<tr><td>Nimm Stellung/Bewerte</td><td>Schätze eine historische Situation, eine Handlung oder ein Ereignis anhand zeitgenössischer Sichtweisen und Maßstäbe ein. Beziehe anschließend heutige Werte und Positionen ein und mache die Unterschiede deutlich. Entwickle so ein begründetes Werturteil.</td><td rowspan="3">… eine Deutung formulieren:
Der Autor möchte zeigen, dass …
Daraus geht hervor, dass …
Man kann vermuten, dass …

… ein Ergebnis formulieren:
Schließlich…
Zu guter Letzt/Abschließend …
Man kann festhalten, dass …

… etwas vergleichen:
Einerseits …, andererseits …
Allerdings/Jedoch/Trotzdem …
Im Gegensatz zu …
… ist vergleichbar mit …</td></tr>
<tr><td>Überprüfe/ Prüfe</td><td>Setze dich kritisch mit einer Information, einem historischen Sachverhalt oder einer Aussage auseinander. Stelle anhand bestimmter Kriterien fest, ob sie angemessen sind.</td></tr>
<tr><td>Vergleiche</td><td>Stelle Gemeinsamkeiten, Ähnlichkeiten oder Unterschiede von historischen Sachverhalten gegenüber. Formuliere ein Ergebnis.</td></tr>
</table>

Anforderungsbereich I bis III

Diese Operatoren verlangen von dir Leistungen aus allen drei Anforderungsbereichen.

Erörtere	Setze dich mit Argumenten zu einer historischen Problemstellung oder These auseinander. Wäge die Argumente ab und überprüfe sie. Formuliere auf dieser Grundlage eine eigene Stellungnahme.
Interpretiere	Deute und bewerte einen historischen Sachverhalt auf der Basis einer genauen Analyse.
Stelle dar	Beschreibe, erkläre und beurteile einen historischen Sachverhalt in einem weiteren Zusammenhang. Beziehe deine Kenntnisse, Quellen und Deutungen anderer mit ein.

Literaturtipps

Ott, Inge: Freiheit!! Sechs Freunde in den Wirren der Französischen Revolution. Verl. Freies Geistesleben, Stuttgart 2006.
Sechs Freunde sind von den Ideen der Französischen Revolution angesteckt und begeben sich 1789 von der Provinz nach Paris. Doch sie werden auseinandergerissen und erleben die folgende Zeit auf je andere Weise, bis sie sich 1794 wiederfinden.

Röhrig, Tilman: Die Ballade vom Fetzer. Bastei Lübbe, Bergisch-Gladbach 2005.
Matthias Weber war der „Fetzer" und 1803 der letzte mit der Guillotine öffentlich Hingerichtete in Köln. In den chaotischen Zeiten der napoleonischen Besatzung ging er mit einer Bande Gleichgesinnter auf Raubzüge und entwischte den französischen und deutschen Behörden mehr als 150 Mal. Der Roman erzählt mit vielen historischen Fakten angereichert Webers Geschichte.

4 Industrialisierung und soziale Frage

Beyerlein, Gabriele: In Berlin vielleicht. Thienemann, Stuttgart 2005.
Lene Schindacker ist 14 Jahre, als sie 1886 beschließt, die Enge ihres Dorfes hinter sich zu lassen, um in der Großstadt Berlin ihr Glück zu suchen. Als Dienstmagd erlebt sie die Widrigkeiten in der autoritären Gesellschaft des Kaiserreiches – die Rechtlosigkeit der Arbeiter, wie die Unterdrückung der Frauen. Ihre Erzählung bietet eine Milieugeschichte des Kaiserreiches „von unten".

5 Armut und Reichtum

Lewin, Waldtraut: Luise, Hinterhof Nord. Ein Haus in Berlin 1890. Ravensburger Buchverl., Ravensburg 2007.
Ein Haus in Berlin, 1890: Der Traum von Luise, Tochter eines Trinkers und Hausmeisters, aus dem ärmlichen Hinterhof in die Beletage zu ziehen, drückt ihren Wunsch nach sozialem Aufstieg aus. Die Liebe zum jüdischen Gymnasiasten Bertram rückt dessen Erfüllung in greifbare Nähe. Doch die Eltern beider sind in Vorurteilen gefangen.

6 Migration und Bevölkerung

French, Howard W.: Afrika und die Entstehung der modernen Welt. Klett-Cotta, Stuttgart 2023.
Der amerikanische Journalist arbeitet in seiner packenden Darstellung 600 Jahre der transatlantischen Geschichte des afrikanischen Kontinents auf und weist ihm einen entscheidenden Beitrag zum wirtschaftlichen und politischen Aufstieg westlicher Industriestaaten zu. Dabei räumt er mit Vorurteilen über eine angeblich fehlende Geschichte Afrikas auf, stellt wichtige Persönlichkeiten vor und regt zum Nachdenken über europäische wie amerikanische Verantwortung an.

7 Juden, Christen und Muslime begegnen sich

Pressler, Mirjam: Nathan und seine Kinder. Gulliver, Weinheim 2009.
Jerusalem, zur Zeit der Kreuzzüge um 1192: Ein junger Tempelritter rettet Recha, die Tochter des jüdischen Kaufmanns Nathan, aus dem Feuer. Daraufhin richtet Sultan Saladin die schwierigste aller Fragen an Nathan: Welche Religion ist die einzig wahre?

9 Europäische Expansion und Kolonialismus

Cesco, Frederica de: Das Gold der Azteken. Arena, Würzburg 2006.
Am Ende der Blütezeit des Azteken-Reiches lebt Tecuipo, die Tochter des Montezuma, im Herrscherpalast. Doch die Hochkultur ist durch spanische Conquistadores bedroht. Gemeinsam mit ihrem Geliebten nimmt sie ihren historisch verbürgten Kampf gegen die Eroberer auf.

Literaturtipps

1 Herrschaft und Leben im Mittelalter

Bär, Anke: Endres, der Kaufmannssohn: Vom Leben in einer mittelalterlichen Hansestadt. Gerstenberg, Hildesheim 2014.
Bildergeschichte über den Lübecker Kaufmannssohn Endres mit vielen Informationen über das Leben in einer norddeutschen mittelalterlichen Hansestadt.

Parigger, Harald: Der Safranmord. Arena, Würzburg 2016.
Mutige Abenteuer, Turniere und glänzende Rüstungen – das kennzeichnet unser Bild des Ritters im Mittelalter. Dass es jedoch nicht ganz so war, zeigt dieser Kriminalroman mit seiner Geschichte über den talentlosen Minnesänger Phillipp von Mahlau.

2 Die Frühe Neuzeit

Herfurtner, Rudolf: Magdalena Himmelstürmerin. Ein Roman aus der Lutherzeit. Gerstenberg, Hildesheim 2017.
Jüterbog, 1517: Magdalenas Welt gerät aus den Fugen, als Vater und Bruder bei einem Bergwerksunglück sterben: Statt für einen Arzt gibt die Mutter ihr Geld für Ablassbriefe aus. Magdalena wird nach Wittenberg zu ihrer Tante geschickt. Hier hört sie einen gewissen Doktor Luther predigen. Seine Gedanken ermutigen Magdalena, ihr Leben in die Hand zu nehmen – und dadurch bringt sie nicht nur sich selbst in große Gefahr.

Heuck, Sigrid: Der Fremdling. Thienemann, Stuttgart 2001.
Den Trommler Michel verschlägt es während des Dreißigjährigen Krieges in ein hessisches Dorf, wo er die Bäuerin Emmerenzia kennenlernt. Die Geschichte ist durch Archivmaterial verbürgt und lässt Einblicke in das Alltagsleben während des 30 Jahre dauernden Religionskrieges zu.

Pietri, Annie: Die Spionin des Sonnenkönigs. Berlin 2006.
Im Jahr 1678 muss die 15-jährige Alix um das Vermögen ihres verstorbenen Vaters kämpfen, das ihr Onkel in seinen Besitz bringen will. Weil der die Gunst des Königs genießt, gelangt Alix im Laufe des Abenteuers an den Hof Ludwigs XIV. in Versailles.

Stuckmann, Sylvia: Pestmarie. Fischer, Frankfurt a. M. 2011.
Schwaben zur Zeit der Bauernkriege: „Pestmarie, Hexenkind, Teufelsbalg" wird Marie in den Gassen von Rottweil hinterhergezischt – und das nur, weil sie feuerrotes Haar und katzengrüne Augen hat. Wie Marie sich durch ihr Leben kämpft, erfahrt ihr in diesem spannenden Roman.

3 Zeitalter der Revolutionen

Boulley, Angeline: Firekeeper's Daughter. cbt, München 2022.
Die 18-jährige Daunis Fontaine ist zur Hälfte Native American und lebt im Ojibwe-Reservat in Michigan. Sie will eigentlich weg von hier, doch ein junger Mann lenkt sie ab. Plötzlich wird jemand von einem Drogenabhängigen ermordet und Daunis begreift, dass sie Teil einer verdeckten Ermittlung des FBI ist. Sie beginnt, die Stärken ihrer beider Identitäten zu nutzen und übernimmt Verantwortung für ihre Gemeinschaft.

Kordon, Klaus: 1848. Die Geschichte von Jette und Frieder. Beltz & Gelberg, Weinheim 2001.
Am Vorabend der Märzrevolution begegnen sich der Zimmermannsgeselle Frieder und die aus ärmlichen Verhältnissen stammende Jette. Als Frieder durch Zufall im Gefängnis landet, politisiert er sich und schließt sich der Revolution an. Aber auch Jette ist im März 1848 auf den Straßen Berlins unterwegs und gerät mitten in die Unruhen.

(weitere Literaturtipps auf der Rückseite)

Nordpolarmeer
nördl. Polarkreis
Alaska
(USA)
Kalaallit Nunaat
(dän.)
ISLAND
Reykjavik
Färöer
(dän.)
K A N A D A
Ottawa
St-Pierre u. Miquelon
(franz.)
VEREINIGTE STAATEN
(USA)
Washington
Bermuda
(brit.)
Azoren
(port.)
Madeira
(port.)
Kanarische Inseln
(span.)
nördl. Wendekreis
MEXIKO
Mexiko
Havanna
Nassau
BAHAMAS
KUBA
DOMINIK. REP.
Puerto Rico
(USA)
Kingston
HAITI
JAMAIKA
Port-au-Prince
Sto. Domingo
BELIZE
Belmopan
GUATEMALA
Guatemala
HONDURAS
Tegucigalpa
San Salvador
EL SALVADOR
NICARAGUA
Managua
COSTA RICA
San José
Panama
PANAMA
ST. K.
ANTIGUA U. BARBUDA
Guadeloupe (franz.)
DOMINICA
ST. LUCIA
Martinique (franz.)
BARBADOS
GRENADA
ST. VINCENT U. DIE GRENADINEN
TRINIDAD U. TOBAGO
Port-of-Spain
ATLANTISCHER
OZEAN
Caracas
VENEZUELA
Georgetown
GUYANA
Paramaribo
SURINAME
Franz.-Guayana
Bogotá
KOLUMBIEN
Äquator
Quito
ECUADOR
Galápagos-inseln (ecuad.)
BRASILIEN
Brasilia
PERU
Lima
PAZIFISCHER
OZEAN
BOLIVIEN
Sucre
PARAGUAY
Asunción
südl. Wendekreis
Pitcairn
(brit.)
CHILE
Santiago de Chile
ARGENTINIEN
URUGUAY
Montevideo
Buenos Aires
Falkland-In.
(brit.)
Südpolarmeer
südl. Polarkreis
Ascension
(brit.)
St. Helena
(brit.)
Tristan da Cunha
(brit.)
NORWEGEN
Oslo
DÄN.
Kopenhagen
VEREIN. KÖNIGREICH
IRLAND
Dublin
London
NL.
Amst.
Berlin
DEUTSCHLAND
B.
Br.
L.
Lux.
Paris
FRANKREICH
Be.
S.
LI.
Ljub.
SM.
KR.
AND.
MON.
VAT.
ITALIEN
Madrid
PORTUGAL
SPANIEN
Lissabon
Algier
Tunis
TUNESIEN
Tripol
Rabat
MAROKKO
ALGERIEN
Laayoune
WESTSAHARA
(marokkan. Verwaltung)
CABO VERDE
Praia
MAURETANIEN
Nouakchott
MALI
NIGER
Dakar
SENEGAL
GAMBIA
Banjul
Bamako
BURKINA FASO
Niamey
Bissau
GUINEA-BISSAU
GUINEA
Ouagadougou
Conakry
Freetown
SIERRA LEONE
Monrovia
LIBERIA
Yamous-soukro
CÔTE D'IVOIRE
GHANA
TOGO
BENIN
Accra
Lomé
Porto Novo
NIGERIA
Abuja
Malabo
ÄQUAT. GUINEA
KAMERUN
Jaunde
SÃO TOMÉ U. PRÍNCIPE
São Tomé
Libreville
GABUN
Brazzaville
Luanda
Windhu
AL. ALBANIEN
AND. ANDORRA
AR. ARMENIEN
E. Eriwan
AS. ASERBAIDSCHAN
B. BELGIEN
Br. Brüssel
BO. BOSNIEN UND HERZEGOWINA
Sa. Sarajewo
BUL. BULGARIEN
DÄN. DÄNEMARK
EST. ESTLAND
GEO. GEORGIEN
GR. GRIECHEN
ISR. ISRAEL
Je. Jerusalem
JORD. JORDANIE
K. KOSOVO
KR. KROATIEN
Z. Zagreb
L. LUXEMBU
Lux. Luxemburg
LET. LETTLAND
Spitzber (norw.)
A B C D E F G
150° 120° 90° 60° 30° 0°
1 2 3 4 5 6
60° 30° 0°